사회적 행위의 구조

다양한 이론적 시각과 쟁점들

사회적 행위의 구조

다양한 이론적 시각과 쟁점들

정창수 지음

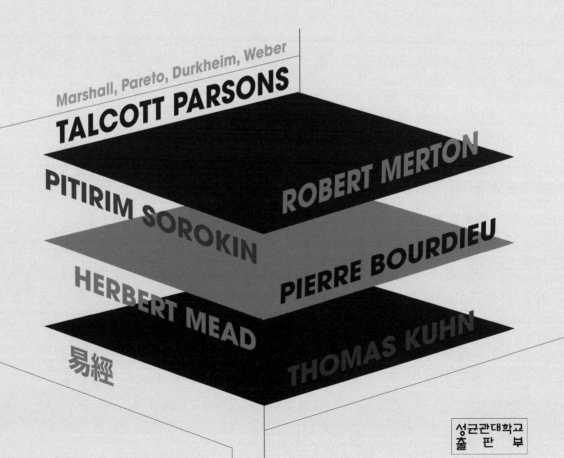

Marshall, Pareto, Durkheim, Weber

TALCOTT PARSONS

ROBERT MERTON

PITIRIM SOROKIN

PIERRE BOURDIEU

HERBERT MEAD

THOMAS KUHN

易經

성균관대학교
출판부

머리말

얼마 동안이었는지 지금은 기억조차 나지 않는다. 이 책의 처음 2/3 정도를 써 놓고 방치한 상태에서 한동안 원고의 존재조차 잊고 지냈다. 주일마다 5일 정도로 이미 정해놓은 두 곳의 방문 일정을 제외하고 남는 시간이 그다지 여유롭지도 않 았고, 있었던 경우에도 나이가 들다 보니 책상에 앉아 작업하는 데 주의력을 집중 하는 일이 점차 힘들게 느껴졌던 것이 이유가 아니었던가 하는 것이 본인의 짐작 이다. 그러던 가운데 3년 전이든가 문득 컴퓨터의 문서 폴더에 저장된 파일들을 들 여다 보았더니 그동안 잊고 지냈던 세 개의 미완성 원고가 눈에 들어왔다. 하나는 "사회학 개론," 다른 하나는 "한국 사회론," 그리고 이번에 비로소 완성되어 출판 되는 "사회적 행위의 구조"라는, 파슨스의 저서『사회적 행위의 구조』와 동명의, 표 제가 붙어 있는 원고였다. 각기 나름대로 의미가 있다고 생각했기 때문에 시작한 작업들이었다. 그러나 도중에 중단된 이유는 각기 달랐던 것 같다. 이 책의 경우에는, 안경으로도 교정되지 않은 노안 때문에 책들을 읽는 데 요구되는 집중력을 유지하기 힘들었다는 것이 가장 큰 이유였던 것이 아닌가 싶다. 파슨스를 포함하여 부르디외. 그리고 미드의 저서와 논문들은 우선 쓰여진 내용의 무게라든지 문장의 구조, 논리의 전개, 분석의 심도 등에 있어서 적어도 나에게는 그다지 쉽게 흘러가는 글읽기를 허용하는 문건들은 아니었다. 상당한 집중력의 유지가 요구되었는데, 자꾸 흐려지는 눈이 문제였다. 나쁜 글쓰기의 한 실례로 가끔 지적되기도 하는 파슨스의『사회적 행위의 구조』를 읽어가고 있을 때는 특히 심했던 것으로 기억한다.

『사회적 행위의 구조』는 미국 사회학의 초반기에서 그것을 위한 학문적 명분과 이론적 토대를 제공한 중요한 업적이었다. 그러나 본서를 쓰기 전까지 내가 파슨스의 해당 저서에 대해 알았던 것은 몇몇 사회학 이론서들에서 간략하게 소개된, 단편적인 내용이 전부였다. 따라서 내가 파슨스의 저서를 읽은 동기는 그것이 제공한 견해를 출발점으로 삼아, 또는 그것을 토대로 하여, 이 책을 쓰기 위한 것은 아니었다. 이 저서는 루이지애나 주립대에서 공부하던 시절부터 내가 쓰던 조교실의 서가에 꽂혀 있던 책이고, 귀국해서는 성균관대학교의 내 연구실에 그리고 은퇴한 다음에는 집 서가에 꽂혀 있었다. 책을 구입한 이후 전혀 읽지 않은 깨끗한 상태로 보관만 하고 있었던 것이다. 파슨스의 이론에 관해서는 그런대로 조금은 안다는 자긍심을 지니고 있었던 사람에게는 그의 가장 대표적 저서 중의 하나가 손도 대지 않은 상태로 남아 있다는 것이 그 책을 볼 때마다 항시 마음에 짐으로 남아있던 터였다.

두 권으로 출판된 상당히 두꺼운 분량의 책을 읽기로 마침내 작정하고 대충 일독(一讀)을 마친 것은, 정확하게 기억은 나지 않으나, 5년여 전이었다. 이 책의 저술은 바로 그 일독을 마친 후 이내 이루어진 결심에 따른 것이었다. 이어서 정독(精讀)하는 과정과 함께 책의 내용이 구상되고, 집필이 진행되었으나, 서두에서 말한 사정들에 의해 그 과정이 순탄하게 진행되지는 않았다. 앞에서 말했듯이, 손을 놓은 상태에서 이 책을 쓰고 있었다는 사실조차 아예 잊고 지내던 기간도 있었다. 신체적인 노쇠, 특히 시력의 저하에 따른 일의 능률의 저하가 가장 어려운 문제점이었다. 그러나 조금씩 조금씩이나마 일을 진전시켜 완성에까지 이른 데에는 두 가지 요인이 중요하게 작용했다. 하나는 그저, 대부분의 사람들이 그러려니와, 나에게도 역시 어느 시점에서 중단하기에는 그전에 이미 들인 노력이 아깝게 느껴져 그 일에 계속 매달릴 수밖에 없었던 심리가 도움으로 작용했던 것으로 여겨진다. 두 번째는, 필자가 바로 위에 지적한 심리적 요인보다는 훨씬 중요하다고 생각하는 이유이다. 그것은 파슨스의 책을 읽고 난 후 그것이 현대 사회학의 발전을 위해 중요한 하나의 자산이 되었다는 필자의 평가와 함께, 여러 학자들이 보였던 유사한 반응들과 관련된다. 그의 책을 통해 파슨스가 발전시킨 이론적 관심사들과 그로부터 또한 거둔 성과는 사회학이 한 학문 분야로서 지닌 정체성을 확립하는 데 중요한 일조를 했던 것은 분명하다. 물론 사회학계에서 이루어진 모든 발전 방향들이 파슨스가 『사회적 행위의 구조』를 통해 구상하고 강조했던 방향으로 실제로 흘러갔던 것은 아니다. 부분적으로는, 이는 파슨스 자신이 보였던 학문적 궤적에도 역시 적용되는 평가일 수도 있다는 생각이 든다.

『사회적 행위의 구조』의 핵심적 내용은 "사회적 행위"와 "사회질서"라는 두 핵심 표지어(標識語)와 함께 개인 또는 집단의 사회적 행위에 작용하는 여러 복합적인 요인들, 그중에서도 특히 "규범적" 요인의 중요성을 강조한다는 점에서 "자원론적 행위 이론"으로서 특징지어질 수 있다. 파슨스는 이와 같은 자신의 견해를 사회적 행위를 종속변인으로 하고 그에 영향을 미치는 여러 복합적인 요인들을 독립변인으로 하는, 다중회귀식의 형태로 요약해서 표현하고 있다. 파슨스의 사회학적 견해(들)을 이와 같이 간결한 형태로 정리한 공식의 이면에는 당시까지 저명한 사회학 이론가들에 의해 이루어진 학술적 성과들에 대한 비판적 결산과 함께 앞으로 사회학이 지향해야 할 과제들에 대한 제안들이 담겨 있다. 여기에는 지금에 와서도 사회학의 본질적 성격을 규정하는 데 매우 중요한 견해들이 담겨 있다는 것이 필자의 평가이다.

물론 필자가 저술한 이 책에서 군데군데 반복해서 강조하고 있듯이, 파슨스가 거둔 그와 같은 성과에 대해서는 이론적 시각에 따라 여러모로 반론들이 제기될 소지도 다분했고, 추가적인 이론적 탐색과 함께 경험적 연구 자료들을 통해 메워져야 할 공백들이 많았던 것도 사실이다. 파슨스 이론에 대한 이와 같은 진단이 일단 전제된 상태에서, 파슨스 외에 이 책에 같이 수록된 여러 이론들이 갖는 중요한 의의는 다음과 같이 한마디로 요약될 수 있다. 그것들은 파슨스의 이론에 대하여 각기 나름대로의 시각 또는 측면에서 대안적 내지는 보완적 견해들을 제시하고 있다는 점이다. 따라서 이 책은 사회적 행위, 사회의 구조적 질서 그리고 이 두 현상들 간의 연관성을 놓고 그간에 이루어진 학문적 성과와 학자들 간의 견해의 차이들 및 쟁점들을 정리하여 소개해보려는 데 일차적 목적을 두고 있다. 이와 같은 작업은 자칫하면 이미 많이 알려진 성과들을 정리하여 교과서를 만들어내는 작업 이상의 어떤 다른 의미를 부여하기 어려운 경우도 있을 것이다. 아니라면, 파슨스의 책이 그러했듯이, 사회학의 학문적 지형에 새로운 이정표를 세우기 위한 매우 창의적인 작업일 수도 있다. 머튼(Robert K. Merton)이 "고전에 대한 연구는 아무짝에도 쓸모없는 짓일 수도 있고, 놀랄 정도로 유용할 수도 있다"(Merton, 1967:30)고 말한 것은 바로 이와 같은 맥락에서였다. 필자의 개인적인 바람은 이 책이 머튼이 이야기한 양쪽 경우 가운데 중간 정도의 지점에 위치하는 것이다. 즉, 아직은 사회학 이론 분야의 좋은 교재마저 찾아보기 힘든 한국 사회학계에서 그나마 드문 이론 교재의 하나로서 쓰임새를 갖는 동시에, 사회적 행위를 주제로 한 이론적 논의와 연구를 활성화하는 데 기여했으면 하는 바람을 담고 쓰여졌다는 것이다.

책의 출판은 결국은 출판사의 결정을 통해서 이루어지게 마련이다. 이 책의 출판을 결정하는 과정에서 성균관대학교 출판사 관계자들의 고민이 쉽지는 않았을 것으로 짐작된다. 대체로 출판 환경이, 특히 독자층이 극히 제한된 전문 학술 서적의 출판 환경이 악화되는 과정이 지속되어 왔다는 것은 주지의 사실이다. 게다가 이 책은 사람들이 우선 보기에도 심리적 거부감을 느낄 정도로 두꺼운 분량을 지닌 책이다. 본인과 전공이 다른 출판부장께서 이 책의 출판을 최종적으로 결정하기 위해 긴 원고를 직접 읽는 수고를 겪어야 했다. 이에 대해 황호덕 출판부장님께 깊은 감사를 표한다. 또한 그 과정에서 같이 수고한 출판부 관계자 여러분들께도 감사의 뜻을 전한다.

2023년 5월 25일
성균관대학교 사회학과 명예교수 정창수

차례

1.

2.

3.

로버트 머튼(Robert Merton)
사회적 행위의 현장에서 본 미국 사회의 현실 ・207

4.

피티림 소로킨(Pitirim Sorokin)
행위 유형의 순환적 변동 이론 ・225

5.

피에르 부르디외(Pierre Bourdieu)
구성주의적 구조주의와 구조주의적 구성주의의 양면적 시각에서 본 사회적 행위

6.

허버트 미드(Herbert Mead)
행동과 마음과 자아와 사회

7.

토마스 쿤(Thomas Kuhn)
과학적 연구의 행위적 구조와 사회적 행위

8.

역경(易經)
사회적 행위를 보는 동양의 시각

9.

요약과 결론
현재 시점에서 본 사회적 행위 이론의 상황과 과제들

사회적 행위의 본질과
그 결정요인들에 관한
여러 견해들

01

인간들의 행동은 시대와 문화에 따라 그리고 소속된 집단의 특성과 상황, 또한 개인들의 인지적 및 행동적 성향을 포함하는 인성적 특성에 따라 매우 다양하게 나타난다. 그러나 많은 사회과학자들은 개인들의 행위가 특히 그들을 둘러싼 사회적 현실 속에서 여러 가지 방식으로 작용하는 집단의 영향력에 의해 질서 있게 나타나는 현상이라는 점에 주목하고, 그와 같은 점에서 인간 행위의 사회적 본질을 강조하는 입장을 취해 왔다. 달리 표현하면, 적어도 전부는 아니라고 할지라도 상당한 부분에 있어서, 인간 행위는 개인들이 성원으로 소속된 사회가 집합적인 수준에서 보여주는 속성들에 의해 설명이 가능한 현상이라는 것이다. 이와는 대조적으로, 인간이 어떤 행동을 하는 동기는 무엇보다도 개인들에게 그 행동이 가져오는 효용(效用), 즉 이익에 있다고 보는 견해들도 있다. 그렇다면 사회적 관계란 개인들이 그 관계에서 얻어질 편익을 얻기 위해 활용하는 수단으로서의 의미를 지니게 된다. 앞에서의 설명과는 다르게, 사회적 관계는 이제 독립 변수라기보다는 개인의 이익을 얻기 위한 동기에 의해 설명되는 종속 변수로 변하게 된다. 사회적 행위란 곧 주어진 행위 또는 사회적 관계가 개인에게 가져다 주는 효용성의 측면에서 설명될 수 있는 현상이라는 것이다. 사회적 행위를 놓고 이와 같이 정반대로 나뉘는 의견들은, 사회적 행위의 본질적 속성을 이해한다는 과제가 결코 단순한 문제가 아니라는 점을 시사한다. 문헌 속에 남아 있는 자료들을 보더라도, 인간 행위의 본질적 성격을 놓고 사람들이 의문을 제기하기 시작한 시점은 인간 문명의 이른 시기까지 거슬러 올라간다. 그러나 그 해답을 구하고자 하는 노력은 아직도 계속되고 있으며, 현재도 사회과학자들을 괴롭히는 문제로 남아 있는 상태다.

그러나 자신의 정체를 규명하고자 하는 인간의 오랜 과제와 관련하여 여기에서 우리가 주목해야 할 사실이 있다. 그것은 결과적으로 얻어진 성과가 과연 "발전"인지에 관해서는 평가가 엇갈릴 수도 있지만, 19세기부터 20세기 초반에 이르는 사이에 언급된 과제를 놓고 서구의 학문적 경향에는 실로 중요한 변화가 이루어지고 있었다는 사실이다. 그 변화란 인간 행위의 본질적 성격에 관한 문제를 주로 다룬 사람들의 직업이 철학자나 성직자들에서 이른바 사회를 전문적으로 연구하는 과학자들로 바뀌게 되었다는 점이다. 이들 사회과학자들은, 주로 종교적 교리나 철학적 성찰에 의존하던 옛 유형의 지식인들과는 달리, 체계화된 이론과 과학적 연구 방법의 결합을 통해 보다 참되거나 유용한 지식이 얻어질 수 있다고 믿는, 전적으로 새로운 부류의 지식층이었다. 이들 사회과학자들은 성찰적 능력을 지닌 인간의 사회적 행위를 이해한다는 문제가 지닌 거창한 무게와 함께 그 문제의 성격 자체에 대해서 제기되는 여러 복잡한 의문점들에도 불구하고, 그것을 대상으로 과학적 지식이 얻어질 수 있다는 신조를 토대로 지적 활동에 종사하고 있다는 점에서 소위 과학자로서의 정체성을 내세워 왔다. 그리고 바로 이 점에서 자신들이 이해하고자 하는 인간 행위의 중요한 측면들을 설명 또는 이해하는 데 전시대의 학자들과는 다른 특징을 보이게 되었다. 가장 중요한 특징을 지적하자면, 인간 행위의 속성이 그것의 바탕에 작용하는 어떤 종류의 인과적 과정 또는 법칙들을 과학적으로 규명함으로써 밝혀질 수 있다고 보았다는 것이다. 19세기 이후부터 사회과학자들이 쓴 수많은 책들과 논문들은 바로 그것을 밝히기 위한 노력들을 반영하고 있다는 점에서 특징을 찾을 수 있다.

그러나 흔히 사회학의 아버지로 간주되는 오귀스트 꽁트가 사회과학의 그와 같은 사명을 명시적으로 선언한 이후에 실제로 거둔 성과에 대해 우리는 어떻게 평가할 수 있는가? 어떤 학자들은 다른 동물들과 마찬가지로 인간 역시 모두가 그들의 개인적 이익을 위해 도움이 되는 행동을 하려는 욕구를 가지고 태어나며, 따라서 그들의 행동은 기본적으로 그러한 욕구의 표현이라고 보고 있다. 만약 인간의 어떤 행동이든지 그 저변에 개인적 이익을 얻고자 하는 동기가 작용하고 있다면, 동일한 조건 하에서 나타나는 인간의 행동을 설명하거나 예측한다는 것은 그다지 어렵지는 않을 것이다. 인간이 충족을 원하는 본능적 욕구는 한정적이며, 개인들 간에도 큰 차이는 없을 것이다. 따라서 인간의 행동을 이해, 설명 또는 더 나아가서는 통제하는 문제는 개인의 구체적인 행동의 배후에 개인에게 이익을 가져오려는 욕구가 어떻게 작용하고 있는지를 밝히는 작업에 집중함으로써 해결될 수 있을 것이다. 이와 같은 공리주의적 인간관은 근대에 들어와서 벤담(Jeremy Bentham, 1748-1832)을 비롯한 영국의 공리주의자들에 의해 비로소 제기된 새로운 관점은 아니다. 인간 행위의 기본적 동기가 "쾌락(pleasure)"의 충족이라든지 "이익"을 얻고자 하는 데 있다는 주장은 그리스나 중국의 춘추시대와 같은 인류 문명의 이른 시기부터 제기되어 왔던 주장이다.[1] 이와 같은 주장이 현재에 이르기까지 지속적으로

---

1) 에피큐러스(Epicurus, 341 B.C.–270 B.C.)는 개인들이 감각기관을 통해 체험하는 경험적 현실과 함께 그에 수반되는 쾌락과 고통만이 궁극적 현실로 받아들이는 철학적 입장의 토대 위에서 쾌락을 추구하고 고통을 회피하려는 인간의 욕구만이 개인들이 추구해야 할 유일한 선(善)임을 주장한다. 이러한 원칙을 떠난 선악에 대한 모든 논의는 현실적 근거를 결여하고 있다는 점에서 무의미하다는 것이다. 이는 쾌락의 추구야말로 선이라는 규범적 이론임과 동시에 인간이 그와 같은 동기에 의해 행동하는 동물이라는 것을 강조하는 심리학적 이론이라는 점에서 근대의 공리주의(utilitarianism)적 인간관과 궤를 같이 하고 있다(참조: de Lacy, 1967: 3–5). 중국의 경우에는 소위 공리주의적 사고를 대표하는 학파로서는 법가가 있었다. 인간의 본질에 대한 이들의 견해는 다음과 같은 한비자(韓非子, ?–233 B.C.)의 주장에 잘 표현되고 있다: "군주는 계산을 가지고 신하를 기르고 신하 역시 계산을 가지고 군주를 섬긴다. 군·신 서로가 계산하는 사이다. 자신은 손해를 보면서 국가에 이익이 되는 일을 신하는 하지 않으며 국가에 손실을 끼치면서 신하에게 이득이 되는 일을 군주는 행하지 않는다. 신하의 속생각은 자신의 손해가 이로울 수 없으며 군주의 속생각은 국가의 손실이 즐거울 수 없다. 군·신관계란 계산을 가지고 결합되는 것이다"(이운

명맥을 이어온 것은 아마 인간 사회를 살아온 개인들의 일상적 경험에 비추어 그만큼 충분한 근거가 없지 않다는 사실에 연유하는 것으로 여겨진다.

그러나 현대 산업 사회가 들어서기 이전까지는 중요 문화권에서 이러한 견해에 대해 보여준 반응은 호의적이기보다는 오히려 부정적인 평가가 대체적 추세를 형성하고 있었다고 보는 것이 옳을 것이다. 중국에서 법가 사상[2]은 중국을 통일한 진(秦, 221 B.C. - 206 B.C.)나라의 국가 운영을 위해 토대 이념을 제공했던 것은 사실이었다. 그러나 불과 15년이라는 단기간 내에 중국 최초의 제국은 파멸에 이르게 되었고, 중국 사상의 주도권 또한 한(漢, 202 B.C. - 220 A.D.)나라가 세워진 이후 국가이념으로 공식화된 유학 사상에 의해 대치되었다. 유학 사상의 요체를 이루는 인의예지(仁義禮智) 사상은 그 본질에 있어서 인성론(人性論), 즉 인간의 본성에 관한 이론으로서의 성격을 갖는다. 인간들의 타고난 윤리적 본성에 관한 유학자들의 주장은 규범적 윤리학의 영역에 속하는 주제이기 때문에 경험과학을 지향하는 사회과학자들이 관심을 둘 이유가 없다고 볼 수도 있는 문제이다. 그러나 맹자가 인의예지라는 내적 본성의 외적 표현이라고 지적한 "사단(四端)"을 미루어 본다면 인의예지는 공동체를 이루어 생활하는 사람들에게 일반적으로 요구되는 사회적 품성과 그다지 다를 것이 없는 것으로 해석된다.[3] 그와 같은 해석에 비추어 볼 때, 사회학

구 역 『한비자』 (I), 2002: 275).

2) 법가(法家) 사상은 이른바 "성악설(性惡說)"(『순자』 성악편, pp. 215-233)에 토대를 둔 중국 고대의 국가 통치 철학을 일컫는다. 순자의 "성악설"에 따르면, 인간의 본질적으로 "나면서부터 이익을 추구하는" 동물이며, 선한 행동은 "위(僞)," 즉 인위적으로 교정 또는 교화를 통해 나타나는 행동이라는 것이다. "법"에 의한 통치를 강조하는 정치 철학으로서 "법가" 사상은 이러한 인성론을 토대로 하여 발전되어 나왔으며, 중국을 하나의 왕국으로 통일하는 데 최초로 성공한 "진국(晉國)"의 통치 이념으로 채택되었다.

3) 맹자(372 B.C. - 289 B.C.)에 따르면 인간의 본성인 인의예지는 그 행위 또는 심리적 표현(그 단서가 되는 외적 반응이라는 의미에서 '단(端)'이라고 표현하고 있다)을 통해 파악이 가능한데, 인(仁)함의 단초로서는 인간은 다른 사람의 불행에 대해 불쌍히 여기는 본능적 반응을 보인다는 점을('惻隱之心 仁之端也'), 의(義)의 단초로서는 인간은 자신의 잘못에 대해서는 부끄러움을, 타인의 잘못에 대해서는 분노하는 심리적 반응을 나타낸다는 점을(羞惡之心 義之端也'), 예(禮)의 심성은 다른 사람에 대해 자신의 이익을 양보하는 것을 보고 짐작할 수 있으며(辭讓之心 禮之端也), 지(智)는 사람들이 옳고 그름을 분별할 수 있는 지적 능력이 있음을 보고 알 수 있다는 점을(是非之心 智之端也) 지적한다. 현대적 관점에서는 그와 같은 능력들이 사회화 과정을 거쳐 형성된, 후천적 산물로 간주하는 경향이 지배적이다. 그러나 그러한 능력들

자 뒤르케임(Emile Durkheim)이 "공동사회(gemeinschaft)" 내에서 구성원들로부터 관찰되는 행위적 특성들이라고 지적한 점들과 매우 유사한 측면을 보인다. 이로 미루어 고대 중국에서 유학의 득세는 인간의 행위를 이해하는 데 공리주의적 견해보다는 사람들의 집단적 삶을 위해 요구되는 공동의 가치와 규율들 아래서 행동하는 개인들의 사회적 품성을 인간의 본질적 속성으로서 강조하는 견해가 우위를 점하게 되었던 것으로 이해된다.

아리스토텔레스(Aristotle, 384 B.C. - 322 B.C.)는 앞에서 이미 언급한 그리스의 에피큐러스는 물론 맹자와도 거의 동시대를 살았던 그리스의 대표적 학자이다. 인간의 본성과 관련하여 아리스토텔레스의 입장은 "인간은 정치적인 동물"(Aristotle, 2009: 320-21)이라는 한마디에 함축되어 있다. 그 함의로 미루어 "사회적 동물"로 해석하는 것이 더 적절하게도 여겨지는 아리스토텔레스의 이 언급에는 인간의 본질적 속성에 대한 두 가지의 견해가 담겨 있다. 하나는, 도토리가 이미 내재된 속성에 따라 참나무로 자라는 것이 자연적으로 발현되는 도토리의 본질로 이해할 수 있듯이, 인간들역시 사회를 이루어 사는 것이 그들의 본연의 속성이라는 것이다. 즉, 가족을 구성하고, 그것들이 모여 부락공동체를 이루고, 그로부터 발전하여 국가라는 "자족적" 단위의 공동체를 이루어 생활하는 것은 사회적 동물로서 인간이 지닌 본질적 속성의 발로라는 것이다.

이는 개인들이 각자의 이익을 위해 행동하는 과정에서 발생할 수 있는 "만인들에 의해 만인들을 향한 투쟁"(Hobbes, 1958: 106)을 통제하기 위한, 개인들 간의 계산된 동의에 의해 국가가 발생하게 되었다는 홉스의 공리주의적 국가관과는 뚜렷한 차이를 보여주는 견해이다. [4] 홉스는 국가를 개인들의 이익을 위한 욕구 때문에 발

이 뒤르케임이 지적하는 공동체 사회에서 개인들이 보여주는 경향과 상당 부분 부합하고 있다는 점은 부인할 수 없는 것으로 여겨진다. 이러한 점에서 유학에서는, 위에서 지적한 법가의 견해와는 다르게, 인간 행위에 있어서 사회적 측면들을 보다 중요하게 고려하고 있다는 점은 분명한 것으로 평가된다. 이 점에 관한 상세한 논의는 필자의 논문(정창수, 1990)을 참조할 것.

4) 국가가 없을 때 개인들 간의 벌어질 상황과 개인들의 이기적 본성으로 인해 그러한 상황이 불가피할 수밖에 없는 이유에 관해서는 다음과 같은 홉스의 주장을 참조할 것: "Hereby it is manifest that, during the time men live without a commonpower to keep them all in awe, they are in that condition which is called

생하는 충돌을 예방함으로써 사회적 질서를 유지하기 위한 수단으로서 간주한다. 반면에 아리스토텔레스는 인간들이 국가를 구성하는 것은 타고난 "사회적" 본성에 따라 자연스럽게 발생한 과정임을 강조하고 있다. 인간이 정치적 동물이라는 아리스토텔레스의 주장에 담긴 두 번째 함의는 그의 "도덕적 자아(moral self)"의 개념과 관련지어 설명될 수 있다. 아리스토텔레스(1999: 특히 20-21)에 따르면, 도덕성을 갖춘 개인은 인간의 한 완성된 형태이기는 하지만 도덕성은 타고난 본성이라기보다는 후천적으로 이루어지는 교육, 즉 "습관(habits)"을 통해 형성된다. 관건은 그와 같은 습관들을 체득하는 데 사회가 필수적인 매개체이며 환경이 된다는 점이다. 개인들이 도덕성 자체를 가지고 태어나는 것은 아니다. 그러나 그것을 습득하는 데 필요한 이성적 능력을 가지고 태어나며, 따라서 인간의 사회성은 인간이 그것을 구현할 수 있는 기본적 경향과 능력을 보유한 데서 비로소 가능하다고 본다. 아리스토텔레스는 이에 관해 우리가 사물의 본질에 비추어 아래로 떨어지는 돌을 위로 떨어지도록 습관을 들이려고 한다고 해서 가능한 일은 결코 아니라는 비유적 표현을 빌려 인간의 사회성 역시 이미 구유된 능력을 통해 발현될 수 있다는 점을 강조한다.

인간의 사회성은 인간에 내재된 본질적 속성임과 동시에 사회 속에서 교육을 통해 후천적으로 육성된 특성이라는 아리스토텔레스의 입장은 모순된 것은 아니라는 것이 필자의 평가이다. 이는 또한 맹자의 입장에 대해서도 마찬가지로 내려질 수 있는 평가이다. [5] 그러나 인간의 사회적 속성을 강조하는 이들의 이와 같은 입장은 중국의 법가라든지 그리스의 에피큐러스 학파 그리고 근대 유럽의 공리주의 학파의 그것들과는 매우 분명한 대비를 보여준다. 개인들의 이기적 속성이 모든 인간 행위의 배경에 작용하고 있으며 그것에 대한 고려가 없이는 개인들의 행위에 대한 이해가 가능치 않다는 후자의 주장도 또한 부인하기 어려운 설득력을 갖는 것이 사실이다. 실생활 속에서, 특히 현실 정치의 현장이라든지 시정(市井)에서 얻어진 경험들로부터 얻어진 상식들은 인간이 이기적인 동물이라는 견해가 고대로부터 현대

---

war, such a war as is of every man agaist every man. ⋯ so the nature of war consists not in actual fighting but in the known disposition thereto during all the time there is no assurance to the contrary"(pp.106−07).

5) 이에 대해서는 두 사람의 입장을 비교한 Yu(2001) 역시 유사한 평가를 내리고 있다.

에 이르기까지도 왜 소멸하지 않고 매우 강력한 명맥을 유지해 왔는지를 잘 설명해준다. 물론 흔히 성선설(性善說)로 불리는 맹자의 인간관과 기본적으로 유사한 관점에서 인간의 사회적 속성을 강조한 바 있었던 아리스토텔레스의 견해가 적어도 사회적으로 공인된 이념 속에서는 동서양을 막론하고 훨씬 지배적인 영향력을 행사하고 있었던 것은 사실이다. 반면에 산업 사회의 발전과 함께 인간의 경제적 행위에 대한 관심이 점차 증대되기 시작하면서 공리주의적 인간관이 오히려 지배적인 입지를 점유하게 되고, 그러한 인간관에 배경을 둔 경제학이나 경영학과 같은 학문 분야들도 생겨나게 되었다. 그리고 이들이 인간 행위를 연구 대상으로 하는 학문 분야에서 가장 인기있는 분야로 부상하게 된 지도 이미 상당한 기간이 경과되었다.

지식인들의 인식 가운데서 이 두 대조되는 입장들 간에 상대적 입지가 인류의 지성사 가운데서 실제로 어떻게 변화해왔는지 정확하게 가늠하기는 어렵다. 단지 필자가 이와 관련하여 이야기할 수 있는 사실은, 맹자나 아리스토텔레스가 각기 동, 서양에서 차지해왔던 권위적 위상과 더불어 경제나 현실 정치의 현장이라든지 시정에서 얻어진 인간에 대한 상식적 견해들이 인간의 본질을 바라보는 두 대표적 입장을 지탱하는 중요한 바탕이 되어 왔다는 것이다. 이런 점에서 근대 유럽에 이르러 인간을 과학적으로 연구하고자 하는 노력과 관심이 폭발적으로 증가하기 시작한 19세기 후반 이전까지는[6] 인간의 본질에 관한 논의는 대체로 이 두 입장에 의해 지배되어 왔다.[7]

---

6) 메르시에(Mercier, 2018)는 19세기 후반을 문화인류학의 시작기로 분류하고 있다. 19세기 후반부는 또한 사회학의 토대가 구축되기 시작한 시기로서 꽁트(August Comte, 1798-1903)를 비롯하여 스펜서(Herbert Spencer, 1820-1903), 뒤르케임(Emile Durkheim, 1858-1917) 등이 모두 이 시기 동안에 첫 발걸음을 떼기 시작한 사회학의 발전을 위해 기여했던 인물들이었다. 심리학의 경우 역시 인간 심리에 대한 철학적 성찰을 벗어나 과학을 지향하며 실험 연구를 시작한 시기 역시 이 시기부터였다.

7) 필자는 이와 같이 결론을 내리는 데는 한 가지 매우 중요한 점에서 한계가 있음은 잘 인식을 하고 있다. 예를 들어, 14세기경 중동지역의 이슬람 사회에는 이븐 할둔(Ibn Khaldun, 1332-1406)과 같이 19세기경의 어느 저명한 서구 학자들과 비교해본다 하더라도 결코 뒤지지 않을 독창적 업적을 남긴 학자들을 배출한 문화가 이미 존재하고 있었다(Dale, 2006). 할둔이 남긴 많은 업적들 가운데 특히 왕조의 발전과 몰락을 가져왔던 역사-사회학적 요인들의 분석은 19세기 이후에야 일부 서구 학자들에게 비로소 알려지기 시작했

19세기 이전까지 인간의 본질적 속성을 설명하는 데 이 두 대표적 시각 외에 특별히 크게 주목할 만한 시각의 이론들이 발전할 계기를 갖지 못한 이유에 관해서는 어떻다고 이야기할 지식을 필자는 가지고 있지는 않다. 현재로서 우리가 이야기할 수 있는 사실은 단지, 서구 사회에서 16세기 무렵부터 본격적으로 이루어지기 시작한 자연과학 분야의 발전과 함께 19세기에 이르러서는 인간 행동에 대해서도 과학적 탐구가 가능하다는 인식이 대두되었으며, 그와 함께 인간 현상을 탐구하는 학문들이 큰 발전의 계기를 맞게 되었다는 것이다. 동시에 그 이전까지는 산업과 도시 발전으로 인해 인간 생활에 있어서 그토록 급격한 변화를 경험한 적이 없었다는 데도 이유가 있었을 것으로 짐작된다. 즉, 모든 것들이 급격하게 변화하는 와중에서 자신들의 진정한 위치와 모습 그리고 가능성을 이해한다는 것이 더욱 절실한 과제로서 다가오게 되었으리라는 것이다. 물론 19세기 이후 사회과학의 본격적인 발전과 함께 많은 새로운 이론들이 출현하는 과정에서도 앞에서 언급한 두 개의 시각의 영향력이 완전히 소실된 것은 아니었다. 새롭게 발전되어 나오는 여러 지적 흐름의 근저에는 그것들이 여전히 핵심적 시각으로서 영향을 미치고 있었다. 그러나 그로부터 파생되어 나온 지식들은 과거 사회에서와는 엄청나게 달라진 지식인들의 태도와 능력 그리고 사회적 토양과 환경의 영향을 반영하고 있었다. 달라진 중요한 요소들을 지적하자면, 자연과학의 발전과 함께 축적된 과학적 방법론에 대한 지식, 서구의 식민지들이 전 세계적으로 확장되면서 축적되어온 인류학적

다. 그 이후 이 역사-사회학자의 업적은 한 논평가(Irwin, 1997: 466)에 따르면 할둔은 20세기 영국의 저명한 역사학자 토인비(Arnold Toynbee)가 "영웅으로 모신 사람들 가운데 한 사람"으로 간주할 정도로까지 높은 평가를 받고 있다. 위에서 필자가 지적한 사실과 관련하여 주목할 점은 할둔은 국가의 흥기와 몰락을 가져온 사람들의 심리적 및 행동적 동력이 되는 "asabiyya (group-feeling)"는 인간의 내면으로부터 나오는 하나의 상수로서, 즉 본성으로서 작용하고 있다기보다는 사회구성원들의 생산 양식과 생활 양식, 그에 따른 사회적 관계의 특성, 지리적 환경 등과 같은 환경적 요인들에 의해 변화한다고 보는 점이다. 왕국의 흥기(興起)와 쇠퇴와 같은 역사적 변동은 그에 따른 산물로서 보고 있다. 필자는 할둔의 이와 같은 업적이 그가 속한 문화권에서 어떻게 이어지고 발전되었는지 알 수는 없다. 이런 점에서 본문에서 19세기까지 인간을 보는 시각에서 대체로 공리주의적 관점과 사회성 내지는 도덕적 합리성에서 찾는, 두 가지 견해가 지배적이었다고 보는 필자의 견해는 단지 필자가 교육받은 서구의 학문적 흐름 속에서 인간 속성의 문제를 다루려는 제한된 의도를 반영하고 있을 따름이다.

인 지식들, 국가들 사이에 교류가 활발하게 이루어지면서 가능하게 된 타국 학자들의 학문적 성과에 대한 정보의 빠른 취득과 교환 등을 꼽을 수 있을 것이다. 어쨌든 이와 같은 사회 및 학문적 환경의 변화와 함께 사회과학적 지식의 탐구는 철학적 발상과 분석의 수준을 탈피하여 인간 현상이 보여주는 본연의 모습을 탐구하기 위해 인간들의 생활 현장에 더욱 밀접하게 다가서기 시작했다. 여기에는 대학제도의 확장과 거기에 발을 들여놓기 시작한 전문 사회과학자들의 역할이 중요한 기여를 하게 되었다. 사회과학 분야에서 다루는 경험적 현상의 범위가 훨씬 확장되고 분석의 전문성과 심도도 깊어지게 된 것은 이들을 통해서였다. 그 대표적인 사례로서는 사회학자 뒤르케임이 당시에 이룩한 학문적 업적이 거론될 수 있다. 뒤르케임의 업적은 단순히 집단 내에서 구성원들 간에 긴밀한 사회적 유대 의식의 존재를 지적함으로써 인간이 그 본질에 있어서 사회적 존재임을 강조하는 데 그치는 것은 아니었다. 그의 대표적 저서 『사회분업론(The Division of Labor in Society)』(1964)과 『자살론(Suicide)』(1951)에서 뒤르케임은 개인들이 속한 사회 집단의 인구의 크기라든지 그에 수반해서 발생하는 사회적 상호작용의 밀도(moral density)[8]와 노동분화의 정도에 따라 개인들 간의 긴밀한 집단 의식이 형성되고 약화하는 양태라든지, 그로부터 파생된 결과들이 "자살"과 같은 구체적 행위에 반영되는 현상을 설명하고 있다. 뒤르케임의 그와 같은 설명의 배후에 인간과 사회에 대한 그의 도덕적 및 철학적 신념이 전혀 작용하고 있지 않았다고 단언하기는 어려울 것이다. 그러나 분명한 점은 인간 행위의 사회적 속성에 대해 그가 남긴 일련의 연구들은 현상을 체계적으로 서술하고 설명하는 데 중국이나 그리스의 고전에서 발견할 수 있는 철학적 논의의 수준보다 내용에 있어서 훨씬 심층적이고 현실적이며 논리적으로 체계화된 지식을 제공하고 있다는 것이다. 그로 인하여 뒤르케임의 업적은 현재까지도

---

8) 뒤르케임의 저서 『사회분업론(The Division of Labor)』에서 "도덕적 밀도(moral density)"(1964: 257)로서 표현된 이 용어는 조금 풀어서 '사회적 상호작용의 밀도'로 의역할 수 있을 것이다. 뒤르케임은 인구가 증가하게 되면 거기에 수반되는 현상으로서 인구가 제한된 지역에 밀집하는 정도가 높아지게 되는데 이러한 물리적 인구밀집도는 자연스럽게 집단구성원 상호간에 "역동적(dynamic)"으로 접촉하는 기회를 증가시키게 된다. "노동분업의 발전은 사회의 도덕적 또는 역동적 밀도에 정비례한다"라는 뒤르케임의 주장에서 "도덕적 밀도"는 바로 위에서 해석된 것과 같은 의미에서 사용된 용어였다는 것은 분명한 것으로 여겨진다.

사회 현상에 대한 과학적 연구의 가능성을 시범적으로 보여준 선구적인 연구업적으로 거론이 되고 있고,[9] 현재에도 그의 연구는 수많은 논문과 저서들에서 꾸준히 인용되고 있다.

뒤르케임이 활동하던 시기를 전후한 19세기 후반으로부터 20세기 전반에 걸친 기간 동안 영국을 비롯하여 프랑스, 독일, 이탈리아 등의 지역에서는 그에 못지않은 성과를 낸 학자들이 배출되고 있었다. 인간의 사회적 행위를 이해하고자 하는 시도들과 관련하여 우리가 현재에 이르러서도 아직도 의존할 만한 가치가 있거나 비판의 대상이 될 수 있을 만한 무게를 지니고 있다고 간주하는 대부분의 지식들은 대체로 이 시기에 완성이 되었다. 따라서 사회과학에서 인간의 행위에 관한 논의들은 상당 부분이 아직도 이 시기의 업적들을 중심으로 이루어지고 있다. 사회과학자들은 여전히 베버(Max Weber, 1984-1920)를 읽고 그에 관하여 쓰고 있고, 뒤르케임을 읽고 그에 관하여 쓰고 있고, 공리주의의 한 분파로서 발달한 행태주의에 관해 읽고 쓰고 있고, 미드(Herbert Mead, 1863-1932)의 상징적 상호작용론에 관해 이야기하고 있으며, 그들로부터 배워온 어떤 관점들을 토대로 다른 관점들을 분석 비판하는 활동에 종사하고 있다. 그리고 거기에서 논의되어온 사항들이 19세기 후반에서 20세 초반 기간 동안에 학문적 관심사로 자리 잡은 이후 현재에 이르기까지 인간의 사회적 행위의 본질을 이해하는 데 관심을 기울여온 사회과학계의 풍경에는, 혁명적이라고 볼 수 있는 큰 변화는 나타나지 않는 실정이다.

따라서 뒤르케임, 베버, 파레토(Vilfredo Pareto, 1948-1923), 마르크스 등을 위시하여 현대 사회과학의 토대를 닦은 학자들이 대거 등장하여 활동하던, 따라서 대가들의 시대라고 부를 수 있는 기간 중에 이루어진 업적들이 인간 행동과 사회적 현

---

9) 리처(Ritzer, 1975)는 그의 한 저서에서 사회학의 세 주요 패러다임들 가운데 "사회적 사실주의 패러다임"의 이론적 및 방법론적인 토대를 제공한 인물로서 뒤르케임을 지목하고, 그의 『사회학적 방법의 규칙들(*The Rules of Sociological Method*)』(1964)과 『자살론』(1951)을 이 패러다임의 "범례적 연구사례(exemplar)"(Kuhn, 1962, 1969: 44-64)로서 꼽은 바 있다. 쿤(Thomas Kuhn)의 "연구 범례"의 개념과 의의는 이 책에서 이 후에 논의될 사항들과도 매우 중요한 연관성을 갖기 때문에 이후에 다시 자세한 논의가 이루어질 것이다.

상을 이해하는 데 실질적으로 기여한 성과들을 분석하고 평가하고자 하는 노력들은 현재도 진행 중이다. 그와 같은 논의에서 관심이 집중되는 사안들 가운데 당연히 제기되는 핵심적 과제는 그들 이론들 간의 상대적 이점과 취약점에 대한 비교 분석이었다. 인간 행동의 다양한 모습들을 하나의 이론 체계 속에 담기에는 이론가 개인의 제한된 능력도 그렇거니와 이용가능한 이론적 자원이라든지 인간을 대상으로 사용할 수 있는 방법론적 도구들에 있어서도 한계가 있게 마련이다. 결국 지식을 추구하는 사람들은 나름대로 한계 속에서 이용할 수 있는 지적 자원들을 동원하여 연구 대상이 되는 현상에 접근하게 될 것이다. 어떤 방향으로 지식의 발전을 촉진시키는 환경 속에는 동시에 그것을 어떤 틀 속에 한정시키는 제약 요인들도 작용하게 마련이다. 이론마다 나름대로 추종자들을 끌어들일 수 있었던 장점들이 존재하지만, 동시에 한계를 가지지 않을 수 없는 이유는 여기에서 찾을 수 있다. 한계를 지닌 이론들 간의 통합에 대한 관심은 이에 따른 자연스러운 결과일 것이다. 우선 단순하게 생각해본다면, 서로 다른 측면 또는 차원에서 보다 나은 설명력을 각기 지닌 두 개의 다른 이론을 하나의 이론으로 통합시킨다면 통합된 새로운 이론이 갖는 설명력은 애초의 이론들이 하나하나 기여하는 몫을 더함으로써 늘어나는 만큼 확장될 것이다. 이것이 바로 이론의 통합을 통해 기대되는 이상적인 효과일 것이다. 물론 풀을 먹고 사는 동물과 곤충을 먹고 사는 동물을 교배시켜 풀과 곤충 중 어느 것이라도 풍부하게 서식하는 두 가지 환경 가운데 어느 하나의 환경만 충족하더라도 생존해나갈 수 있는 동물을 만들어내는 것이 이론적으로 가능할 것으로 여겨지지만 실제로 그다지 쉬운 일은 아닐 것이다. 잘못 교배가 이루어지면 두 환경 모두에 살아가기 어려운 실패작이 나올 가능성도 배제하지는 못할 것이기 때문이다. 이 비유로서 강조하려는 것처럼 이론의 통합이 쉽지는 않다는 것이다. 그리고 실제로 성공적인 이론 통합의 사례는 오히려 희소할 정도로 매우 드문 실정이다.

여기에서 우리는 탤컷 파슨스(Talcott Parsons, 1902-1974)의 업적을 조명할 적절한 지점에 온 것으로 여겨진다. 왜냐하면 파슨스의 첫 번째 저서이며 그의 가장 대표적 저술 중의 하나인 『사회적 행위의 구조(The Structure of Social Action)』(1968a, 1968b)(이후에는 『구조』로 약칭될 것이다)를 쓴 목적이 당시까지 중요하게 거론되어온 인간 행위에 대한 여러 관점들을 비판적으로 분석하고 종합하여 보다 발전된 이론을 구축하려는 데 있었기 때문이다. 물론 앞에서 지적했다시피 서로 다른 이론들을 종합한다는 일은 그것들을 단순히 산술적으로 합하는 일과는 전적으로 차원을 달리하는 과제이다. 그것을 위해서는 우선 통합이 필요하다고 판단되는 이론들이 각기 포함하는 요소들에 대한 철저한 이해와 함께, 통합이 요구되는 요소들을 비교하고 평가하고 선별하는 작업이 요구된다. 여기에는 당시에 존재하는 이론적 또는 방법론적 지식들에 대한 광범위하고도 철저한 숙지가 요구될 것이다. 그리고 무엇보다도, 주어진 시대와 학문 분야가 발전해야 할 방향에 대한 분명한 목적 의식이 형성되어 있어야 한다. 이는 그저 많은 지식들을 모아서 요약 서술하는 능력을 넘어 창의적인 발상과 함께 어떤 개념들이 표현하는 현실들의 배후에 숨어 있는 본질적 속성들을 파악하는 뛰어난 지적 감각이 요구될 것이다. 필자가 판단건대, 파슨스의 『구조』는 기존의 이론적 관점들을 하나의 이론으로 통합시키는 과정에서 위에서 지적한 여러 측면들에서 한 사람의 이론가가 거친 모든 사고 과정을 보고한 하나의 기록으로서도 매우 중요한 의미를 지닌 것으로 평가된다. 이는 순수하게 사회학사적 관점에서도 파슨스가 개인적으로 이룩한 성취는 기록될 만한 의의를 지닌 것으로 평가된다는 것을 의미한다. 그러나 『구조』가 이 책의 주된 논의의 대상이 된 데는 우선 일차적으로는 그의 행위 이론 자체가 사회학에서 사회적 행위를 구성하는 본질적 요소들을 규명하고자 하는 사회학적 과제를 위해 하나의 이정표를 세운 주목할 만한 업적이었다는 점이 가장 중요한 이유였다.

그렇다면 먼저 파슨스 자신이 『구조』를 쓴 목적에 관해 진술한 바를 소개함으로써 『구조』의 내용과 의의에 관해 설명을 시작하려고 한다. 파슨스의 주장을 따른다면, 18세기 후반으로부터 19세기 전반에 걸쳐 유럽의 대표적 사회과학자들 사이에는 당시까지 이루어지고 있었던 사회과학의 발전에 수반하여 그들의 관심을 유발한 중요한 문제가 제기되고 있었다. 예를 들어, 경제학에서 다룬 문제들 가운데는 사회적 규범이라든지 인간 행위의 비논리적 측면을 고려하지 않고서는 해답을 구하기 어려운 문제들이 나타나게 되었고, 경제 문제를 공리주의적 관점만으로 설명하기 어려운 한계들이 드러나기 시작했다. 파슨스가 특히 마샬(Alfred Marshall, 1842-1924) 그리고 베버나 파레토와 같이 경제학자이며 동시에 사회학자로서 이중의 학문적 배경을 지닌 인물들을 주목한 이유는 바로 여기에 있었다. 파슨스가 보기에, 이들 사이에는 고전경제학이 당면한 한계로 인해 제기되어온 문제들에 대한 인식과 함께 "공리주의적 실증주의(utilitarian positivism)"와 "관념론(idealism)"의 두 전통을 연결하는 "전적으로 새로운 단계(altogether new phase)"의 발전이 일어나고 있었다. 파슨스는 이에 관해 다음과 같이 언급하고 있다.

> 이 책의 주된 주제는 (다른 많은 사회과학자들의 업적들과도 아주 복잡하게 얽혀 있는) 마샬, 파레토, 뒤르케임 그리고 베버, 이 네 명의 업적이 단순히 인간 사회를 바라보고 설명하는 네 개의 특별한 종류의 견해들을 대변하고 있다고 보지만은 않는다는 점이다. 그보다는 이론적 사고의 구조에 있어서 중요한 흐름을 보여주고 있다. 즉, 이들은 유럽에서 사상의 토대가 되어왔던 두 전통을 배경으로 인간과 사회의 문제에 관한 유럽(당시에는 서양과 실질적으로 동일한 의미로 이해되었다)의 사상체계의 발달에 있어서 전혀 새로운 차원을 보여주고 있다(Parsons, 1968a: viii).

이와 같은 파슨스의 언급은 언급된 네 명의 이론에는 당시의 사회과학이 당면한 어떤 공통적인 과제에 대한 인식과 함께 그것을 해결하고자 하는 노력이 이루어지고 있음을 시사하기 위한 것이다. 이러한 견해는 앞에서 인용한 종이표지판 서문 이전에 쓴 초판의 서문에서도 이미 강조되었던 사실이기도 하다.[10]

위의 인용문에서 지적하고 있듯이, 파슨스의 『구조』에서 주된 분석의 대상으로 뒤르케임과 베버 그리고 파레토와 마샬, 이 네 명이 선택되었다. 파슨스는 우선 이들의 이론들 속에는 이미 "유럽에서 사상의 토대가 되어왔던 두 전통을" 합하여 하나의 (통합된) 이론 속에 담으려는 움직임이 태동하고 있었다고 주장한다. 파슨스

---

10) 그는 초판 서문에서 이미 인용된 부분과 같은 맥락에서 다음과 같이 지적하고 있다. "강조되어야 할 기조어(基調語)는 아마도 이 책의 부제(副題)에서 밝혀지고 있다: 그것은 이 책은 이론들이 아니라 하나의 이론에 대한 연구를 목적으로 하고 있다는 것이다. 책의 관심사는 분석의 대상이 된 인물들의 저술들에서 발견되는 서로 다른 그리고 별개의 명제들에 있는 것이 아니라 전체를 이루는 하나의 이론적 논리 체계에 있었다. 이러한 이론적 논리체계는 내가 다룬 네 명의 학자 그룹과 그들에 앞서서 활동한 학자들의 저술들을 분석함으로써 파악이 될 수 있는 것이었다"(Parsons, 1968a: xxi).

가 언급한 유럽의 "두 사상적 전통"이란, 필자의 입장에서 평가하자면, 구태여 서양 사회만이 아니라 동양 사회에서도 지속되어온, 인간 행위의 속성을 두고 대립되어온 두 입장을 지칭한다. 즉, 필자가 서두 부분에서 이미 언급한 바 있듯이, 인간을 그들이 속한 사회공동체의 한 부분 또는 산물로 보는 입장과 자신의 이익을 위해 행동하는 이기적인 존재로 이해하는 두 개의 대립된 인간관과 함께, 그것들을 각기 기반으로 하여 어떤 형태의 사회 질서가 가능한 이유를 설명하는 데 있어서 대조를 이루는 이론적 입장들을 지칭한다.

파슨스는 1973년, 그의 "생애와 업적"을 주제로 열린 한 세미나에서 『구조』의 초점적 관심사는 "개인적—이익의 합리적 추구(the rational pursuit of self-interest)"(1973: 10)였다고 밝히고 있다. 바로 위에서 언급된 개인들의 행위 성향은 공리주의에서 주장하는 인간의 이기적 본성을 지적한다. 따라서 이를 『구조』의 주제로 삼겠다는 언급은 그와 같은 인간 본성을 토대로 사회적 관계 속에서 나타나는 개인들이 행동이나, 그로부터 파생된 사회 현상들을 설명하는 일이 어느 정도로 적절하거나 가능한지를 밝히겠다는 의도를 표명한 것이었다. 이와 같은 의도의 표명은 파슨스가 공리주의적 가정을 부정하고 전적으로 다른 한 편의 입장으로 대치하겠다는 것이 아니라는 점은 분명하다. 이는 『구조』에서 실제로 내려진 결론으로 보아 분명한 것으로 여겨진다. 우선 그가 주로 다루고 있는 네 명의 학자들 가운데는 그리고 그 외에도 지면을 할애하여 논의에 포함시킨 마르크스(Karl Marx, 1818-1883)를 비롯한 여러 학자들 중에도, 경제학자들이 다수를 점하고 있다는 사실을 주목해 볼 수 있다. 이는 파슨스가 베버나 뒤르케임을 접하기 전에는 주로 경제학 이론들을 공부했었다는 사실에 기인하기도 할 것이다(Parsons, 1973). 그러나 마샬이나 파레토와 같은 경제학자들을 논의의 주된 대상으로 선택한 것은 그들이 홉스(Thomas Hobbes, 1588-1679)와 같은 극단적 공리주의자들과는 달리 경제학자로서 인간 행위의 이기적 동기와 합리성에 대한 고전경제학적 가설을 유지하면서도 동시에 규범적 요인이나 비합리적 동기들이 작용하는 유형의 행동들에도 특별히 주목한 경제학자들이었다는 점이 중요하게 고려되었다. 이는 곧 파슨스가 논의 대상으로 선택한 모든 인물들이 각기 자신의 이론 속에서 인간에 대한 공리주의적 가정과 함께 행위에 작용하는 비합리적 동기를 어떤 방식으로나마 결합시키려고 노력한 사람들이었음을 의미한다. 파슨스의 이와 같은 선택은 그의 의도가 앞으로 그가 시도하고자 하는 이론적 통합을 위한 토대를 마련하는 데 있었음을 시사한다. 바로 언급한 비합리적 동기의 대해서는 앞으로 이어지는 논의들에서 그 의미하는 바에 대해 보다 자세한 논의가 이루어질 것이다. 여기에서는 단지, 개인들의 이기적 동기와는 구분되는 의미에서 사회적인 또는 가치−이념적인 토대 위에서 형성된 행위의 동기를 의미하고 있다는 점만 지적해두려고 한다.

현대 사회학자들 가운데 파슨스에 관해 가장 많은 관심과 함께 깊은 조예(造詣)를 지닌 인물로 평가되는 알렉산더(Jeffrey C. Alexander)(1987: 22-23)는 파슨스가 그와 같은 의도를 상당한 수준까지 실현한 것으로 평가하고 있다. 즉, 파슨스가 그의 첫 저서인 『구조』에서 다룬 여러 이론가들의 이론을 "종합(synthesis)"함으로써 "새로운 이론(a new theory)"을 완성하는 성과를 이뤘다는 것이다. 동시에 알렉산더(1983: 385, 1987: 22-28)는 그와 같은 새로운 이론의 성격과 한계를 이해하기 위해서는 파슨스가 그와 같은 과제를 착수하게 된 배경을 이해할 필요가 있다고 강조한다. 가장 중요하게 고려를 요하는 사항으로서는 파슨스가 인식하고 있었던 미국을 포함한 서구 사회의 위기 상황이었다. 『구조』가 쓰여질 당시 1930년대의 서유럽은 대공황과 나치 정권의 대두, 방향을 상실한 듯 보이는 개인 중심의 자본주의 체제에 대한 좌, 우의 극단적 세력으로부터 가해지는 협공 등으로 혼란스러운 상황에 처해 있었다. 『구조』는 이와 같은 위기 상황에 대한 사회과학적 진단과 가능한 해법의 모색을 위해 쓰여졌으며, 예상할 수 있듯이, 거기에는 미국의 개신교 중산층 가정 출신으로서 파슨스의 사회적 및 정신적 배경과 자본주의 사회의 재생을 위해 뉴딜정책을 지지하는 진보주의자로서의 이념적 성향이 반영되고 있었다는 것이다. 알렉산더 외에 파슨스의 저서를 평가한 학자들 간에도 세부적인 면에서는 다소 차이를 보이고 있으나 크게 보아 지식사회학적 해석으로 분류될 수 있는, 이와 같은 의견들이 다수를 형성하고 있다. [11]

---

11) 이 점에 관해서는 이 문제에 대해 검토한 바 있는 카믹(Camic, 1989: 40−41)의 논문에서 인용된 일련의 문헌들을 참조할 것.

반면에『구조』의 집필이 이루어진 배경적 요인에 대해 집중적으로 분석한 바 있는 카믹(Camic, 1989)은 이와는 상당히 다른 평가를 내리고 있다. 물론 파슨스가 당면하고 있었던 시대적 상황과 함께 그가 자란 사회문화적 배경 속에서 형성된 이념적 성향이『구조』를 쓰는 데 잠재적이긴 하나 결정적인 요인으로 작용했다는 의견을 정면으로 부인하는 것은 아니다. 단지『구조』의 전체적인 내용을 놓고 보았을 때, 그 입장을 전적으로 지지하기에는 근거가 너무 취약하다는 것이 카믹이 내린 결론이다. 카믹(1989: 41-47)은, 대신에, 당시에 미국의 제도권 학계(學界) 내부와 보다 전반적으로는 지식 계층에서 일어나고 있었던 학문적 조류에 더욱 비중을 부여하고 있다. 당시 미국에서는 매우 중요한 쟁점을 중심으로 전체 학계가 두 갈래로 나뉘고 있었다. 그리고 다른 무엇보다도 그 쟁점이 파슨스의 저술『구조』의 전체 내용을 관통하는 주된 관심사가 되고 있다는 것이다. 필자의 평가를 덧붙인다면, 이는 파슨스 자신이『구조』의 초점적 관심사는 "개인적−이익의 합리적 추구(the rational pursuit of self-interest)"(1973: 10)였다고 밝힌 바 있는데, 위에 언급된 쟁점은 바로 파슨스의 바로 이러한 지적과 연관되고 있는 것으로 판단된다. 어쨌든 파슨스가 특히 인간 행위의 이 같은 측면을『구조』를 통해 공략해야 할 전략적 표적으로 선택한 이유는 당시 학계에서 소위 뜨는 분야들, 예를 들어 생물학, 행태주의 심리학, 주류 경제학 등의 분야가 바로 그와 같은 기계적 인간관을 토대로 철저하게 실증 과학임을 주장하고 나섰던 상황과 관련이 있었다. 그와 같은 상황은, 카믹의 주장을 따르자면, 자원론적(自願主義的, voluntaristic) 관점에서 인간과 사회를 접근하고자 했던 사회학이나 인류학과 같은 학문 분야들의 존립 근거를 위협하고 있었다. 결국『구조』를 통한 파슨스의 시도는 인간들이 자율적 행위 능력을 소유한 존재라는 점을 부각시켜 자연과학과는 차별화된 사회과학의 존립 근거를 확보하려는 데 있었다는 것이다. 그리고 그러한 그의 의도에 힘을 실어줄 든든한 배경을 아마 당시에 이미 누구도 무시할 수 없는 학문적 위상을 인정받고 있었던 것으로 여겨지는 네 명의 학자, 뒤르케임, 베버, 파레토, 마샬의 업적들에서 찾게 되었다는 것이 카믹의 주장이다. 이미 시사된 바 있듯이, 마샬은 주류 경제학의 분야에서, 베버와 파레토는 사회학과 경제학의 경계선상에서, 뒤르케임은 사회학 분야에서 각기 가치관과 이념을 포함한 규범적 요인들이 인간 행동과 사회의 이해를 위해서 반드시 고려해야 할 요소임을 강조했던 인물들이었다.

『구조』를 저술한 이후에, 미국의 대학 사회에서 사회학의 발전을 선두에서 이끈 파슨스의 학자로서 위상은 높아졌다. 앞에서 지적된 파슨스 자신이 밝힌 의도라든지, 알렉산더 그리고 카믹이 지적한 요인들은 모두 파슨스가 해당 저술을 통해 거둔 성과에 대한, 비록 부분적이라고 하더라도, 각기 설득력 있는 설명을 제시하고 있다. 학술사적인 측면에서 이미 논의된 주장, 즉 파슨스를 둘러싼 사회적 환경들이 학문적 선택과 지향에 영향을 미쳤다는 지식사회학적 주장과 함께, 그보다는 가깝게 학계 내부의 생태학적 환경이 학자의 의도에 중요한 영향을 미쳤다는 주장은 학문의 발전 과정을 연구하는 학자들에게는 아마 좋은 자료와 함께 토론의 소재를 제공할 것이다. 그러나 이후로 논의를 진행하기 전에 필자는 칼 포퍼(Karl Popper, 1902-1994)가 그의 한 논문(1976: 87-122)에서 남긴 일화를 소개해 보려고 한다. 이 일화에 따르면, 포퍼는 어느 학술 모임에서 어떤 주제를 놓고 여러 다른 분야에서 온 학자들과 토론을 벌인 적이 있었다. 그 가운데 인류학자 한 명이 토론 내용 자체보다는 거기에 참석한 사람들이 어떻게 행동하고 있는지, 서로와 어떻게 상호작용을 하고 있는지를 객관적인 관점에서 하나하나 빠짐없이 관찰하고 있다는 사실을 알게 되었다. 이에 포퍼는 그 인류학자에게 두 가지를 질문했다는 것이다. 하나는 거기에서 벌어진 토론의 내용 자체에 대해 어떤 생각을 하고 있는지 그리고 두 번째는 그 토론의 내용 가운데 타당하거나 타당치 않다고 생각하는 것들이 있으면 어떤 객관적인 이유에서 그렇게 생각하는지를 물었다는 것이다. 포퍼의 일화는 대체로 이렇게 끝났다. 포퍼가 이 일화를 이야기한 것은 많은 사회과학자들이 지식을 접근하는 방법을 비유적으로 비판하려는 데 있었다. 어떤 사람들은 지식 자체의 타당성보다 지식이 산출되는 과정에서 영향을 미친 주변적 상황들에 비추어 그 지식을 평가하려고 한다는 것이다.

이제 위에서 방금 지적한 포퍼의 일화에 유념하면서, 필자가 이 책을 쓰려고 한데에는 두 가지 목적이 있음을 밝히려고 한다. 첫째 목적은, 1980년대를 전후하여 사회학자들 사이에 사회학의 중요한 과제로서 거론되기 시작한 이론들 간의 "통합"과 관련된 것이다. 이때 형성되고 있었던 사회학계의 추세와 분위기에 대해 알렉산더(Alexander, 1987b)는 다음과 같이 기술하고 있다.

지난 수년 동안, 내가 보기에는, 사회학의 이론 구성에 새로운 국면이 열리고 있다. 그동안의 혼란스런 시기가 끝나가면서 많은 사람들에게 점점 더 분명하게 드러나는 사실이 있었다. 그것은 파슨스의 비판에 열중하던 후세대의 사회학자들 역시 만족스러운 대안을 스스로 산출해내는 데 성공하지 못했다는 것이다. 그들이 실패한 것은 정확히 그들이 파슨스가 지닌 영향력을 대신 차지하는 데 성공할 수 있었던 바로 그 이유 때문이었다. 즉, 파슨스 이론 대신에 그들이 제안한 이론들 역시 일방적인 관점에서 그 반대되는 주장에 대해 비판적 입장을 취하고 있다는 것이었다. 결과는 파슨스의 일방적 입장을 비판하는 과정에서 그들의 이론 역시 그들 나름대로의 일방적 입장으로 빠지고 있음을 보여준다는 것이었다. … 사회학 이론 영역에서 보다 젊은 신세대에 속하는 인물들은 이와 같은 함정을 피할 수가 있었다. 파슨스란 인물이 그토록 크게 문제가 될 수 없는 환경 속에서 그들이 자랐고, 따라서 논쟁이 벌어졌을 때 구태여 어느 한 편으로 더 기울 만한 성향을 보유한 것도 아니라는 것이 그 이유이다. 이 때문에 그들은 진영 간 논쟁을 좀 더 넓은 시각에서 바라볼 수 있었다. 이 같은 새로운 세대의 이론가들은 변증법적인 논쟁을 포기하고, 대신에 각각의 이론적 입장에서 최선의 것만을 취하려는 "제 삼의 길(third way)"을 마련하려고 노력하고 있다. 이 가운데 혹자는 파슨스에게 상당한 관심을 보이고 있기도 하고, 혹자는 그렇지 않기도 하다. 그렇다 하더라도 이들이 택한 경로는 이미 오래전에 파슨스가 자신을 위해 걸었던 경로와 정확히 일치하고 있다. 즉 그 시대에 존재하는 부분적 이론들을 하나로 포섭하여 통합 이론을 발전시킴으로써 "학문 진영들 간 전쟁"에 종지부를 찍는다는 것이다.

위에서 다소 길게 인용된 알렉산더의 언급에서 우리는 한 가지 매우 흥미로운 견해가 제시되고 있음을 발견할 수 있다. 『구조』가 발표된 이후에도 파슨스 이론이 여러 단계를 거쳐 발전하는 과정에서 미국 사회학계의 상황은 이론적 진영들 간의 극심한 대결 양상이 특징을 이루고 있었으며, 그 중심에는 항상 파슨스 이론에 대한 시비가 자리하고 있었다. 그의 위상이 결정적으로 쇠퇴하기 시작한 1960년대 중반까지도 이러한 상황에 근본적 변화는 없었다. 이론적 논란의 중심에는 항시 이념적으로든 이론적으로든 편파성을 지닌 하나의 학문적 파당 또는 진영을 대표하는 파슨스가 있었다. 그 이후의 추세에 따라 "파슨스란 인물이 그토록 크게 문제가 될 수 없는 환경"으로 변한 1980년대부터 이론 진영들 간의 첨예한 대립의 분위기는 완화되고, 대신에 "이론 통합," 혹은 알렉산더가 "제 삼의 길"이라고 부른, 사회학 이론의 발전적 진화를 위한 전략이 비로소 사회학 이론가들의 관심을 특징짓는 하나의 표지어(keyword)로 부상하기 시작했다. 이상이 알렉산더가 전하는 미국 사회학 이론계의 개략적인 상황이다. 필자가 앞에서 흥미롭다고 표현한 것은 이와 같은 상황과 관련하여 알렉산더가 위 인용문의 말미에서 특히 강조하려고 했던 사실이다. 그것은 파슨스 역시 자신의 시대에서 여러 이론적 관점들을 "하나의 새로운 이론" 속으로 통합함으로써 사회과학의 보다 굳건한 토대를 구축하려고 노력했던 사람이라는 점이다. 그리고 이와 같은 파슨스의 노력은 그가 구축한 미국 사회학계의 위상을 고려해보건대 한때는 성공한 것처럼도 보였다.[12]

그러나 1960년대 이후 목격된 상황은, 이미 인용된 구절에서처럼, 파슨스가 과거의 이론적 자산들을 끌어모아 구축한 새로운 이론 역시 많은 다른 경쟁자들과의 대결을 피할 수는 없게 되었다는 것이다. 이는 그의 새로운 이론 역시 보다 나은 이론 속으로 통합이 기대되는, 다른 하나의 일방적 관점으로 전락하게 되었음을 의미한다. 어디에서 문제가 있었을까? 짐작건대, 알렉산더가 4권으로 이루어진 거창한 분량의 책(1983a, 1983b, 1983c, 1983d)을 쓴 이유는 이 간단한 의문으로부터 시작되었던 것으로 여겨진다. 1980년대 들어와서 비로소 부활되는 조짐을 보이기 시작한 파슨스의 위상과 함께 이론들의 통합에 대해 진행 중인 관심을 고려한다면 이는 매우 중요한 의문임에 틀림없다. 그러나 필자는 우선『구조』의 주제가 "사회적 행위"라는 점에 주의를 환기하고자 한다. 즉,『구조』는 마샬, 뒤르케임, 파레토 그리고 베버가 사회적 행위를 각각 어떤 관점에서 접근하고 있는지를 당시 사회학의 학문적 수준에서는 유례를 찾을 수 없을 정도로 폭넓은 식견을 가지고 심층적으로 분석하고 있었다는 점에서 의의를 찾을 수 있는 저술이다. 따라서 우리는 이 저서를 통해 사회과학의 전성기를 대표하는 대표적 이론가들이 "사회적 행위"라는 사

---

12) 알렉산더(1987a: 34)는『구조』를 파슨스의 이론 통합을 위한 첫 번째의 시도로 보고, 그 결과로『구조』는 미국 사회학에서 "새로운 이론적 전통의 창출에 기여한 강력한 문서로 부상했다"고 쓰고 있다.

회과학의 핵심적 과제를 놓고 이루어놓은 업적을 나름대로 당대 최고의 학자로서 평가되는 파슨스의 해설을 통해 접근할 수 있는 기회를 얻게 된다. 이는 그 자체로서도 사회적 행위라는 현상에 관하여 당시까지 세상에 나온 이론적 지식들이 어떤 실질적 성과를 이룩하고 있는지를 이해하는 데 매우 소중한 학술적 자료를 제공한다. 물론『구조』에서 파슨스의 의도는 사회적 행위의 이론에 관한 일반적 해설서를 쓴다는 데 국한되는 것은 아니었다. 그것을 넘어 파슨스는 이론들 간의 상호 비교를 통해 각각의 이론들이 지닌 상대적 취약점이라든지 장점 또는 발전의 가능성에 대한 비판적 평가를 수행하고 있다. 파슨스에게는 이와 같은 과업을 통해 추구하는 분명한 목표가 설정되고 있었다. 그것은 과거의 이론들의 성과에 대한 이해와 비판적 분석을 토대로 하여 그것들을 넘어서는 보다 견실한 토대를 갖춘 이론을 정립한다는 것이었다. 실제로 파슨스는 "사회적 행위의 구조"를 설명한 자신의 이론을 구축하는 성과를 거둘 수 있었다고 주장하고, 그것을 "자원론적 행위 이론"으로 명명하고 있다.

　사회적 행위라는 사회과학의 핵심적 주제를 놓고 우선『구조』에서 파슨스가 주된 논의 대상으로 선택한 사회과학자들의 업적을 얼마나 정확하고 또 충실하게 해석하고 전달하고 있느냐에 대해서는 논란의 여지가 있을 수 있다. 실제로 학자들 사이에서는, 언급된 대가들의 이론에 대한 파슨스의 해석을 놓고 비판과 반론들이 교환되기도 하였다(Cohen, 1975; Cohen, Hazelrigg, and Pope, 1975; Pope, 1975; Lopreato, 1973: 455; Parsons, 1976; Pope, Cohen, and Hazelrigg, 1977).『구조』가 어떤 동기에 의해 저술되었는지에 관한, 앞에서 이미 지적된 알렉산더와 카믹 사이에 엇갈린 주장에 비추어 볼 때, 파슨스가 사실상 얼마나 객관적이고 균형된 시각에서 그들 대가들의 업적 하나하나를 읽고 있었는지에 대해서 의심을 불러일으킬 소지가 또한 없지도 않다. 그러나『구조』는 학문적 해석의 정확성 또는 공정성을 놓고 부정적 평가를 불러올 수 있는 부분적 결함들을 포함하고 있다는 사실을 인정한다고 하더라도, 그 결함을 훨씬 뛰어넘는 성과를 거둔, 사회과학에 있어서 하나의 이정표를 세운 뛰어난 업적임에는 의심의 여지가 없는 것으로 여겨진다. 그 성과는 두 가지로 요약해 볼 수 있다. 하나는, 사회적 행위를 바라보는 시각을 놓고 사회과학계의 대표적인 학자들에 간에 제기된 견해들의 복잡한 지형을 공리주의적 가정과 사회구조적 접근 시각 그리고 그것들 사이에서 관념론적 전통이라는 세 개의 축을 기반으로 하여 체계적으로 정리하고 있다는 것이다. 이러한 점에서, 파슨스의『구조』는 사회적 행위라는 주제를 두고 당시에 형성된 사회과학계의 학문적 상황의 지형을 나름대로 가장 의의 있다고 생각되는 측면에서 분석하고 있다는 점에서 긍정적인 업적을 거둔 것으로 평가된다. 다음으로는, 바로 위에서 지적된 성과를 토대로 하여, 자신의 관점에서 "사회적 행위의 구조"를 설명하는 이론을 제시하고 있다는 점에서 의의가 평가될 수 있다. 이 책은 위에서 말한 바와 같이 두 가지 측면에서 의의를 지닌 것으로 평가되는『구조』의 내용을 파슨스가 쓴 그대로 충실하게 파악해서 전달하는 것을 일차적 목적으로 삼고 있다. 이러한 목적과 관련하여 한 가지 덧붙여 두어야 할 점이 있다. 그것은 앞에서 이야기한 포퍼의 일화와 관련된 것이다. 이 책에서 필자는 파슨스가 자신의 저술 속에서 스스로 밝히고 있는 목적 외에는, 내용의 이해에 꼭 필요한 경우를 제외하고는, 다른 배경적 요인들에 대해서는 관심을 갖지 않으리라는 것이다. 다시 말해서, 지식사회학적인 관심을 가지고『구조』를 설명하려고 하지는 않는다는 것이다. 이 책은 우선『구조』의 내용을 두 가지 관점에서 파슨스가 쓴 그대로 충실하게 파악해서 그대로 전달하는 데 목적을 두고 있다. 즉, 1) 사회적 행위의 본질을 놓고 파슨스를 앞선 시대의 중요한 사회과학자들이 (마샬, 뒤르케임, 파레토 그리고 베버가) 각각 어떤 이론적 관점을 가지고 접근하고 있었는지, 2) 그것들을 비교 분석 및 평가한 결과를 토대로 파슨스가 새롭게 정립하고자 했던 행위 이론의 내용을 설명하는 데 목적을 두게 될 것이다.

이 책의 두 번째 목적은, 앞에서 물었듯이 어디에서 문제가 있었을까? 하는 의문과 관련된다.『구조』가 발표되자 그것이 미국 사회학에서 "새로운 전통의 창출에 기여한 강력한 문서로 부상했다"(Alexander, 1987a: 34)는 알렉산더의 평가는 당시 파슨스가 재직한 하버드 대학에서 그동안 학과장으로서 중심적 위치를 차지했던 피티림 소로킨의 영향력이 급격하게 퇴조되고 파슨스에 의해 대치된, 변화를 초래하게 되었다는 점으로도 충분히 확인되는 사실이다. 그러나 1950년대에서 60년대로 넘어가면서, 파슨스의『구조』는 "강력한 문서"라기보다는 그 이후에 이루어진 자신의 기능론적 이론이 더 큰 주목을 받게 됨과 동시에 논쟁의 대상으로 부상하면서 사실상 "잊혀진 문서"가 되고 말았다. 1980년대부터 이론 통합이 사회학계의 하나의 지배적 화두로 등장하면서, 파슨스의『구조』역시 다시 조명을 받게 되었으나, 그 영향력이 "강력한" 문서로서의 위상을 회복한 것은 아니었다. 공정하게 평가를 내린다면, 필자는 두 가지 점을 지적할 수 있다고 본다. 하나는, 사회적 행위 이론을 주제로 하는 사회학적 과제를 이해하는 데 여전히 숙독을 요하는 고전적 문헌이 되고 있다는 것이다. 두 번째는, 그렇다 하더라도, "자원론적 행위 이론"은 파슨스가 그 이론을 구축하는 데 축(軸)으로 삼았던 "규범주의적(normartive)" 시각으로 인해 결국은 새롭게 다른 이론들과의 통합이 요구되는 한계점을 노출하게 되었다는 것이다. 그 한계점들이 무엇인지에 대해서는 여기에서 간단하게 지적할 수는 없다. 왜냐하면 필자가 파슨스의『구조』에 대한 해설을 통해 사회적 행위 이론이 처한 실상과 함께 파슨스의 "자원론적 행위 이론의 구조"를 일단 설명한 이후에 논의하려고 하는 모든 다른 이론들이 곧 파슨스가 제시하는 행위 이론에 대한 반론의 성격을 담고 있기 때문이다. 다시 말해 그것들은 파슨스가 제안하는 이론이 어떤 면에서 한계를 지니고 있으며, 따라서 보완이 필요하다는 사실을 알려주고 있다는 것이다. 따라서『구조』에 이어서 논의될 이론들이 바로 그와 같은 취지로 선택되었다는 사실은 곧 이 책을 통해 필자가 의도하는 목적이 어디에 있는지를 알려준다. 이 책은 파슨스의 행위 이론이 간과하고 있거나, 또는 그것의 설명과 상충되는 현상들을 대상으로 주목할 만한 이론적 성과를 거둔 것으로 평가되는 이론들(『역경』의 경우에는 시각이)에 대한 해설이 다른 하나의 주된 내용을 이루고 있다. 그러한 이론들이 선택되고 그 내용들을 소개하는 이유에 대해서는 본문의 해당 부분에 이르게 되면 그때그때 보다 상세한 언급이 이루어질 것이다. 그러나 여기에서, 우선 요약해서 그 이유를 지적하자면, 앞으로 사회적 행위 이론을 재정립하는 데 필요한 다양한 이론적 시각들을 확보하기 위한 예비 작업으로서의 성격을 갖는다는 것이다.

구체적으로 그것들이 어떤 것들인지, 또는 어떤 이유에 의해 논의의 대상으로 선택된 것인지에 관해서 이 서론 부분에서 자세한 이야기를 할 필요는 없을 것으로 여겨진다. 그러나 책의 전반적인 내용에 대한 안내의 목적을 위해 어떤 내용의 이론들이 어떤 취지에서 이 책에서 다루어지고 있는지에 관해서는 개략적인 소개는 필요할 것으로 여겨진다. 우선 필자가 이 책에서 논의하고자 하는 이론을 선택할 때 가장 우선적으로 고려한 요인은 그 이론이 인간의 행위에 영향을 미치는 어떤 하나의 요인에 비추어 인간의 모든 행위를 설명하려고 시도하는 이론은 아니어야 한다는 것이다. 즉, 그것이 공리주의적인 성향의 것이든, 개체론적이든, 사회결정론적이든, 관념론이든 어떤 한 차원의 요인을 가지고 여러 다른 차원의 현상들을 설명하려고 시도하는, 환원론적 이론은 아니어야 한다는 것이었다. 그동안의 학문적 발전의 과정에서 일원론적 이론들의 한계는 비교적 확실하게 드러나게 되었다는 것이 필자의 판단이었다. 그에 따라 선택의 범위는 자연스럽게, 하나의 이론 체계 속에 다양한 범주의 행위적 변수들을 결합한, 통합적 형태의 이론들로 좁히게 되었다.

이와 더불어 다른 하나의 선택의 기준은 되도록 서로 이질성이 큰 이론들을 균형있게 선택한다는 것이었다. 이는 파슨스가 고려했던 전략과는 상반되는 것이라는 점에서 특징을 갖는다. 파슨스의 선택 기준은 "합치점(convergence)"이었다. 즉, 지향점을 같이 하는 이론들을 토대로 새로운 이론을 구성하는 전략을 선택하고 있었다는 것이다. 그에 비해 이 책에서의 전략은, 가능하다면, 그 내용에서 중복되는 측면들이 작은 이론들을 선택한다는 것이었다. 즉, 합치점보다는 다양성을 기준으로 삼았다. 그 이유에 이론적으로 복잡한 고려는 없었다. 인간 행위는 제도적 틀 속에서 규칙성을 보이는가 하면, 창의적인 변화를 보이기도 하며, 이념적으로 경도된 경향을 보이는 경우도 있으나, 이익을 위해 합리적으로 행동하는 동물로서의 속성을 보이며, 대체로 환경에 순응하여 살아가는 한편, 경우에 따라서는, 주어진 환경을 극복하기 위해 노력하고, 환경에 의해 부과되는 장애물과 싸우는, 실로 다양하고 모순된 특성들을 보여주기 때문이다. 이와 같은 인간 행위의 다양한 측면들을 하나의 이론 체계 속에서 설명한다는 것은 실로 불가능할 정도로 야심찬 목표이기는 하다. 그러나 그와 같은 다양한 측면과 특성들이 존재한다는 사실을 일단 인정하는 바탕 위에서, 그와 같이 모순되거나 연관성이 없는 것처럼 보이는 현상들을 현실 상황 속에서 나타나도록 작용하는 기제를 하나의 통합된 이론 체계 속에서 설명할 수 있도록 노력을 모아보는 일은 의미있는 과제일 것이다.

그간에 사회적 행위와 관련하여 여러 다른 이론들 간 통합의 필요성이 제기되었던 이유도 인간 행위가 보여주는 다양한 특성들에 있었다는 것은 분명하다. 그 중에서도 사회학의 발전 과정에서 가장 빈번하게 그 통합의 필요성이 주장되어온 두 대립되는 입장이 있다. 개인들의 행동에 사회의 구조적 환경이 미치는 영향에 주목함으로써 인간 행위의 사회적 속성을 강조하는 입장과, 사회도 결국은 나름대로의 생각과 목적을 가지고 행동하는 개인의 행위들이 모여 나타나는 현상들을 의미하는 것일 뿐 어떤 별개의 차원의 현실도 아니라는 것을 강조하는, 두 가지의 입장 간의 대립이었다. 개인들의 삶은 기존하는 사회적 관계의 구조 속에서 영위된다는 것은 부인하기 어려운 사실일 것이다. 그 제도화된 구조의 속박을 뛰어넘어 행동하려고 했을 때 가해지는 엄청난 압력, 심지어는 폭력까지도 포함하여 우리는 사회에 의해 행사되는 힘을 실감하곤 한다. 그리고 그 이전에 이미 개인들은 자신들의 행동을 스스로 제어하는 사회의 존재를 이미 자아의 경험 가운데서 체감하는 경우도 흔하다.[13] 그러나 동시에 인간 삶의 현장은 실로 개인마다 나름대로 가지고 있는 감정과 생각 그리고 의도와 바람들에 의해 추동되는 행동들이 모여서 나타나는 현상임은 부인하기 어려울 것이다. 따라서 개인과 사회, 이 두 현실을 구분지어 어떤 것이 어떤 것에 우선한다고 단정짓기는 어려운 문제다. 현실적으로 분리가 어려운 현실의 두 측면을 개념적으로 구분함으로써 야기되는 이론적 및 방법론적인 여러 난제들을 고려한다면,[14] 양자 간의 이론 통합의 필요성은 자연스럽게 제기되는 과제일 수밖에 없을 것이다. 이에 따라 뒤르케임의 입장과 베버의 입장 사이에 존재하는 것으로 해석되어 온 두 입장 간의 간격을 극복하고자 하는 시도들이 이어졌다. 그 가운데 아마 가장 주목을 받는 성과를 거둔 학자들서는 프랑스

---

13) 본문에서 이미 앞서 지적한 바 있거니와, 자아의 이러한 속성을 맹자나 아리스토텔레스는 인간의 본질적 속성으로 강조하고 있다. 프로이트(Sigmund Freud, 1856-1939)가 자아를 구성하는 한 요소로서 지적한 "초자아(super ego)"(특히 1960: 18-29) 역시 개인의 이와 같은 사회적 속성을 지적하고 있다고 보는 것이 좋을 것이다.

14) 구조기능주의자들은 사회구조를 구성하는 주된 요소들은 주어진 사회적 위치를 "배분받은" 사람들에게 기대되는 사회적 역할과 그 역할을 규제하는 규범들로서 구성된 것으로 보고 있다. "제도화되어 있는" 이 요소들이 주어진 사회에 존재하는 사회적 관계의 틀, 즉 구조를 형성하고 있다는 것이다. 이에 대해 가장 간결하게 설명하는 입장으로서는 파슨스(Parsons, 1951: 114)를 참조할 것. 여기에서 제기되는 당연한 의문은 그 역할의 구조나 규범들이 개인들의 머릿속에 존재하는 사회 상황에 대한 주관적 인식과 행위에 대한 기대 및 구체적 상황 속에서 실제로 나타나는 행동들로부터 독립적으로 존재하는 현실처럼 취급한다는 것이 실제로 가능한 일인가 하는 것이다. 이러한 의문에 대해 민속방법론자들(ethnomethodologists)과 같은 극단적인 주관론자들은 사회질서는 오로지 개인들이 그와 같은 어떤 종류의 질서가 존재하고 있다고 믿는 자체에 바탕을 두고 있다고 본다.

의 사회학자 부르디외(Pierre Bourdieu, 1977; 1984; 1990)와 영국의 기든스(Anthony Giddens)(1984)를 꼽을 수 있을 것이다.

사회학사적 관점에서, 부르디외와 기든스에 의해 시도된 이론 통합의 작업은 기본적으로 뒤르케임과 베버라는, 사회과학의 두 거물 이론가의 이론적 입장 간의 차이를 해소하기 위한 것이었다. 제도화된 사회적 관계의 형태, 즉 "구조(structure)"는 오직 "행위(action)"를 통해서 나타나는 현상이라는 점에서, 그 두 현상이 별개의 사실이 아니라는 주장에 반론을 제기하는 사람은 드물 것이다. 왜냐하면 바로 앞에서 지적하고 있듯이, 구조로 불리는 현상이 행위로부터 따로 떨어져 존재하는 것은 아니기 때문이다. 마치 언어가 그러한 것처럼, 행위는 어떤 규칙적 특성을 보인다. 이러한 규칙적 특성들만을 따로 떼어서 우리는 "행위의 구조"라고 말한다. 우리의 행위는 이와 같은 의미에서 어떤 "구조" 또는 "질서"를 보여주고 있다. 이러한 구조적 특성들이 행위가 보여주는 하나의 속성이라는 점은 분명하다. 그러나 문제는 그와 같은 특성이 어디에서 연원한 것인지 분명치는 않다는 점이다. 사회적 환경의 규정력을 강조하는 사람들은 개인들이 모여 공동체를 형성하게 되면, 그러한 집합적 현상이 유지되는 데 필요한 사람들 간 관계의 구조, 공통의 가치관과 신념들, 규범 체계 등이 형성되는데 이러한 사실들은 개체적 수준의 개인들의 원래 가지고 있던 속성들이라기보다는 집단이 형성됨으로써 비로소 그 속에서 새롭게 "발현되는(emerging)" 사실이라고 주장한다. 중요한 점은 이와 같은 집합체 단위에서 발현되는 속성들이 개인의 행동과 개인들 간의 관계에 대해 강제력을 갖는 요인들로 작용하게 된다는 점이다. 그러한 의미에서 개인들의 행동을 "사회적 사실"의 산물로 보는 견해가 곧 뒤르케임류의 사회학 이론의 핵심을 이루는 주장이었다.

일견 설득력이 있는 것처럼 여겨지는 이와 같은 주장에 대한 반론 역시 간단히 반박하기 어려운 논리를 갖추고 있다. 개인의 행동은 그 행동을 하고자 하는 개인의 동기와 의지, 목적 등을 포함하여 개인 내면에 작용하는 요인들에 의해 추동된다는 것은 부인할 수 없는 사실이다. 그리고 소위 사회의 구조적 요인들로 불리는 현상들이 개인들의 행동들 가운데서 관찰되는 규칙성 이외의 어떤 다른 현상도 지칭하는 것이 아니라는 것은 너무도 당연한 사실일 것이다. 만약 개인들의 행위를 추동하는 요인들을 배제한 상태에서 사회구조적 요인들에 의거하여 사회적 현상을 설명하려고 하는 경우에 오직 개인의 행위를 통해서 관찰되는 소위 "구조적" 요인들을 독립적 현실로 실체화한다는 비난을 받게 된다.

물론 사회적 현실과 개인의 행위가 별개의 현상이 아니라는 것은 분명하다. 그러나 제기되는 문제는 그들 사이에 연관 관계를 어떻게 설명하느냐 하는 것이다. 즉, 개인들의 행동이 거시적인 수준의 사회적 현실을 형성하는 데 어떤 방식으로 기여하고, 또 역으로는 사회적 현실이 어떤 구체적 과정 또는 기제를 통하여 개인들의 행위에 영향을 미치느냐 하는 것이다. 따라서 개인의 행위 아니면 사회의 구조적 현실을 각기 중요시하는 시각들 사이에 존재하는 간격을 메우기 위한 과제, 즉 "거시와 미시 간의 전환의 문제(the problem of transformation)"(Wippler and Lindenberg, 1987: 146-149)"는 이론 통합을 추구하는 사람들 사이에 중요한 관심사가 되어 왔다. [15] 앞에서 필자는 "행위"와 "구조"라는 두 현상 사이에 "전환(transformation)"

---

15) 이로부터 제기되는 이론 통합에 관한 관심은, 이미 지적되었듯이, 주로 뒤르케임과 베버라는, 사회과학의 두 이론가의 입장 간의 차이로부터 연유된 문제이다. 파슨스가 그의 『구조』를 통해 제기했고, 그의 "자원론적 행위 이론"을 통해 해결의 단초를 열었다고 생각했던 문제 역시 이와 밀접한 연관성을 갖는다. 그러나 파슨스가 해결하려고 했던 행위와 사회 질서 간의 연관성의 문제는 그 이후에 부르디외나 기든스가 해결하려고 했던 "구조와 행위" 간의 전환의 문제와는 그 문제가 제기된 계기에서부터 차이를 보인다. 문제의 단초를 열었던 것은 뒤르케임과 베버가 활동을 시작하기 전에 이미 홉스에 의해 제기된 바 있었던 "사회 질서의 문제"였다. 좀 더 구체적으로 이야기하자면, 인간 본성과 사회 질서의 문제였다. 홉스가 제기했던 사회 질서의 문제는 공리주의적 인간관으로부터 제기된 문제이다. 이 문제가 제기된 배경적 환경으로서는 산업 사회의 대두와 함께, 사회와 인간을 보는 사상적 토대에 있어서 변화를 꼽을 수 있다. 즉, 인간을 사회에 종속된 존재로 보기보다는 각자의 이익을 위해 행동하는 이기적인 성향과 함께, 또 그렇게 행동할 수 있는 자연적 권리를 지닌, 존재로 인식하게 되었다는 것이다. 그런데 문제는, 이와 같은 이기적 성향과 권리를 주장하는 개인들에 의해 어떻게 사회 질서의 유지가 가능한지에 대한 설명이 쉽지가 않다는 점이다. 공리주의적 인간관에 수반되는 이와 같은 문제에 대해서는 나중에 보다 상세한 논의가 이루어지게 될 것이다. 게다가 자신의 이익을 합리적으로 계산하는 존재라는 인간의 본질을 일단 가정한 상태에서, 그러한 경향을 보여주는 행동들이 전형적으로 표현되고 있다고 생각되는 경제적 활동 영역에서조차 그에 부합되지 않은 많은 예외적인 유형의 행동들이 목격된다는 점 또한 문제점으로 지적될 수 있다. 베브런(Thorstein Veblen, 1857-1929)의 『유한계급론(The Theory of the Leisure Class)』(1953)에서 지적한 "과시적 소비(conspicuous consumption)"라든지 "과시적 여가 행위(conspicuous leisure)"(41-80)와 같은 부자들의 행태는 실질적 "효용(utility)"과는 전혀 다른 이유에서 터무니없이 값비싼 물품의 소비가 이루어지고 있음을 보여주고 있다. 값비싼 물건일수록 잘 팔리는 현상이 실제로 상품 가격을 책정하는 데도 반영되는 것이 사실이다. 또 종교적 신념이라든지 정치적 이념, 또는 비효율적 가치관들이 인간 행위에 미치는 효과를 공리주의적 관점에서 어떻게 평가해야 할 것인가? 이와 같은 일

의 문제를 해결하기 위한 시도에서 가장 주목을 받은 성과를 거둔 두 학자로서 부르디외와 기든스를 지적한 바 있다. 이 두 사람의 이론 가운데 사회적 현실들에 대해 사회학 이론으로서 지닌 설명력과, 파슨스의 그것이 지닌 한계를 극복하는 데 도움이 될 수 있는 요소들을 포함하고 있다는, 두 가지의 측면에서 어떤 사람의 소작에 더 높은 평점을 줄 수 있을 것인가? 대답은, 필자의 선택은 거의 의문의 여지 없이 부르디외를 향해 기운다는 것이었다. 그리고 이에 대해 이론을 제기하는 사람들은 아마 많지는 않을 것이다. [16] 자세한 내용은 그의 이론을 검토하는 부분에서 소개될 것이다. 여기에서는 단지 부르디외가 "구조"와, 그 구조를 실현시키는 개인들의 "실천적 행위"를 연속된 일련의 인과적 과정 속에 결합시키려고 시도했고, 결과적으로 "구조"와 "행위"를 자신이 이른바 **구성주의**적 구조주의 또는 구조

련의 문제들은 19세기 이후 공리주의적 입장에 토대를 둔 고전경제학적 전통에 대해 이의를 제기해왔던 비주류 경제학자들에 의해서도 꾸준히 제기되어 왔던 문제이기도 하다. 그렇다 하더라도 비합리적 측면을 지지하는 사실들 역시 인간의 이기적 본성을 부정할 수 있을 만큼 압도적인 것은 아니었다. 이에 따라 인간 행위를 이해하려는 노력에서 행위의 합리성과 비합리성, 또는 이기적 본성론과 문화결정론과 같은 상충된 입장 간의 통합 또는 적절한 절충의 필요성이 제기되어 왔다. 이것이 바로 파슨스가 그의 "자원론적 행위 이론"을 통해 해결하고자 했던 과제였다.

16) 기든스가 발전시킨 "구조화(structuration)," "인간 행위(agency)," "구조적 자원들(structural properties)," "재생(reproduction)," "실천 행동(praxis)," "시간과 공간의 거리화(time-space distanciation)" 등등의 수많은 개념들은 일단 사회의 "구조화된" 현실이 인간의 양식화(modalized)된 행동들을 통해서 비로소 구현되는 사회적 현상임과 동시에 그것이 인간 행동에서 나타나는 양식적 특성을 부여하는 요인이 되고 있다는 입장에 근거를 두고 있다. 그와 같은 모든 개념들은 "구조의 이중성(duality of structure)"이라는, 기든스의 가장 원론적인 명제로부터 제기되는 논리적 요구들을 해결하는 과정에서 발전된 개념들로 여겨진다. 다른 말로 표현하자면, 기존의 많은 사회학적 개념들이 기든스가 가장 기본적 전제로서 내세우는, 사회적 행동의 "양면적(dual)" 특성을 반영하고 있지 못하다고 보고 스스로 착수한 대대적 규모의 정리 및 교체 작업의 결과라는 것이다. 문제는 그와 같은 일련의 개념들이 얼마나 명료한 의미를 지니고 있으며, 실제로 중요한 사회 현상들에 대해 심도있는 이해를 제공하거나 설명력을 가지고 있느냐 하는 것이다. 아서 스틴치콤브(Arthur Stinchcombe, 1986)는 기든스의 성과를 평가하는 논평문에서 거의 조소에 가까운 혹평을 내놓으면서, 기든스의 이론에 기초하여 역사적으로 중요한 하나의 사례를 내놓으면서 설명을 요구한 바 있다. 필자였다면 아마, 나중에 본문에서 후쿠야마가 그의 논문 "역사의 종말"에서 지적한 현상, 즉 사회주의 체제의 몰락이라는 세계 역사에서 거의 유례 없었던 중요한 사태에 대해서 설명을 요구했을 것이다. 이는 기든스의 업적에 대한 다소 극단적인 평가이기는 하지만, 전반적으로 기든스가 내놓은 성과에 대한 평가는 대체로 부정적인 평가가 지배적이었던 것은 사실로서 여겨진다(Archer, 1990; Graaff, 1993; Hekman, 1990; Hirst, 1982; McLennan, 1984; O'boyle, 2013).

주의적 **구성주의**"라는 이중적 용어로서 표현한 하나의 이론 체계 속에 담는 데 주목할 만 한 진척을 이룬 것으로 평가된다는 점을 지적하려고 한다. 여기에 덧붙여 지적하고 싶은 점이 있다. 그것은 그의 이론에 포함된 행위적 또는 사회적 과정들 가운데 어떤 과정에 특히 초점을 맞추고 이해하느냐에 따라 "아비투스 이론(theory of habitus)," "실천 행동 이론(theory of practices)," "장 이론(field theory)," 또는 "문화적 또는 사회적 자본 이론(theory of cultural or social capitals)"이라는 각기 다른 이름이 사용되기도 한다. 이는 부르디외의 이론이 사회적 행위가 이루어지는 각각의 과정과 상황적 국면들 및 그것들 간의 연관성에 대한 이해와 분석을 목적으로 하고 있다는 사실을 시사한다. 동시에, 경험적 사실들과 밀도 있는 연관성을 지닌 이론이라는 점을 시사한다. 이 점에서 매우 높은 수준의 추상적 개념들로써 짜여진 파슨스의 이론과는 차별화된 특성을 지니고 있음을 짐작케 한다. 요약한다면, 매우 포괄적이면서 동시에 세부적으로 다양한 현상들이 갖는 연관 관계를 비교적 잘 정리된, 하나의 이론 속에 담아내고 있다는 것이다. 아마 동시대의 사회학자들 가운데 비교 대상이 될 만한 학자는 찾기 어려우리라는 것이 필자의 평가이다. 이런 점에서 파슨스의 이론과 함께, 부르디외의 이론에 대해서 역시 하나의 통합 이론으로서 인간 행위와 사회 현상에 대한 이해의 증진에 기여할 수 있는 가능성과 동시에 한계를 살펴보는 것은 매우 의미있는 학문적 과업으로 판단되었다. 이 점이 바로 이 책에서 부르디외의 이론을 논의하는 데 상당한 지면을 할애한 이유였다.

이제 이 책에서 수행하고자 하는 세 번째의 목적을 이야기하기 전에 우선 필자가 1979년도에 사회학 학위를 취득할 무렵부터 가끔 접하기 시작한 "이론 통합"이라는 사회학계의 오랜 과제에 대해 어떻게 생각해 왔는지를 간단히 이야기해두는 것이 좋으리라고 생각한다. 개인적인 평가로는, 사회사실주의적 이론이라든지, 관념론적 이론, 또는 공리주의적 전통에 속하는 이론 등등을 종합하여 하나의 통합 이론을 구성해내는 작업의 핵심적 의의는 표면적으로 보아서는 단순회귀분석으로부터 중다회귀분석으로의 전환이 갖는 의미와 크게 다를 것은 없을 것이다. 이론 통합이란 인간 행위를 하나의 변수보다는 여러 변수들을 투입해서 더 큰 설명력을 얻기 위한 것이기 때문이다. 그러나 설명에 하나 이상의 변수들을 행위를 결정하는 요인들로 끌어들인다는 것은 해결이 쉽지 않은 여러 과제들을 동시에 불러일으키게 마련이다. 변수들 간의 역할이나 관계, 아니면 선후를 설정하는 일이 결코 단순치는 않은 문제이기 때문이다. 파슨스가 『구조』에 이어 『행위의 일반이론의 구성을 위해(*Toward a General Theory of Action*)』(Parsons & Shils, at al., 1951)와 『행위의 일반이론을 위한 시안(試案)들(*Working Papers in the General Theory of Action*)』(Parsons, Bales & Shils, 1953)에서 수행했던 일련의 작업들은 그와 같은 문제를 해결하기 위한 시도의 일환이었다. [17] 이와 같은 시도는 그 이후에도 그의 평생의 작업으로서 계속 이어져 왔다. 부르디외(Bourdieu, 1977; 1984)는 "아비투스(habitus)"와 같은 미시적 변수를 사회구조라는 거시적 현상의 형성과 유지에 기여하는 행위적 변수로 규정함으로써 "미시−거시(두 수준의) 연계(micro-macro link)"(Alexander & Giessen at al. eds., 1987)를 시도한 바 있다. 이 역시 미시적 수준의 이론과 거시적 수준, 두 차원의 변수들을 한 이론 속에 통합을 달성한 실제적 성과들로서 이해될 수 있을 것이다. 의문은 파슨스의 경우에는 세 개 내지는 네 개 차원의 변수들이, 부르디외의 경우에는 연속되는 인과적 과정의 세 국면들이 하나의 이론 속에서 연결이 시도되기는 했으나 새로 만들어진 이론을 통해서 개인들이 당면한 사회 현실과, 또는 인간 행위의 본질에, 실제로 얼마나 더 다가갈 수 있었느냐 하는 것이다. 사과와 배를 한 접시에 놓는다면 두 가지 과일을 갖춘 더 나은 식탁이 될 수는 있을 것이다. 그러나 원래 각기 다른 수준 또는 측면에서 현상을 설명하는 이론들을 하나로 접합시키려는 시도는 성공보다는 실패의 가능성이 훨씬 높은, 극히 어려운 일일 것으로 짐작된다. 그럴듯한 개념적 장치와 현란한 수사(修辭)들을 동원하여 형식적으로는 접합에 성공한 것처럼 보이는 경우도 있을 것이다. [18] 그러나 실질적으로는 원래의 단차원적 또는 간결

---

17) 1951년의 『행위의 일반이론의 구성을 위해(*Toward a General Theory of Action*)』에서는 "인성체계(personality)," "유형변수(pattern variables)," "사회체계(social system)"의 삼원적 체계로 이루어진 행위의 하위체계 그리고 53년의 『행위의 일반이론을 위한 시안(試案)들(*Working Papers in the General Theory of Action*)』에서는 분할된 네 개의 사각형 속에 각기 위치된 AGIL의 기능적 요구조건들에 대한 구상이 발표된 것은 바로 이와 같은 작업의 일환이었다. 이에 관해서는 이후 본문에서 파슨스를 다루는 과정에서 자세한 설명이 이루어질 것이다.

18) 나중에 다시 논의가 되겠지만, 가장 최근 시기에 이론들 간 통합을 시도한 학자들 가운데 기든스(1984)의 소위 "구조화 이론(structuration theory)"에 대해 필자가 내리고 있었던 평가는 아마 이와 비슷한 것이 아닌가 여겨진다. 애초에는 사회학자들 사이에 거론되는 빈도에 비추어 기든스의 이론 역시 이 책에서

한 구조의 이론이 가지고 있었던 장점들마저도 상실하는, 따라서 지적인 협잡(挾雜)에 불과할 수도 있을 것이다. 적어도 이론들 간 통합이 진지한 의미에서 지식에 있어서 발전을 의미하는 것이라면 적어도 다음과 같은 한 가지 조건은 충족시켜야 할 것으로 생각된다: 개인들의 삶의 현실에 대한 우리의 이해가 실질적으로 보다 심화되거나 확장될 수 있어야 한다는 것이다.

필자가 하나의 좋은 실례가 될 것으로 평가하는 하나의 예를 들어 필자가 여기에서 강조하려는 취지를 설명하려 한다. 로버트 케이 머튼(Robert K. Merton, 1920-2003)이 1938년에『미국 사회학 리뷰지(*American Sociological Review*)』에 처음 발표하였고 이후 출판된 그의 대표적 저서『사회이론과 사회구조(*Social Theory and Social Structure*)』에 재수록된 "사회구조와 아노미(Social Structure and Anomie)"(1968)는 이론 분야에서도 그렇거니와 특히 사회문제를 다루는 학자들에게 많은 주목을 받아왔던 논문이다. 그러나 이론 통합과 관련하여 학자들에 의해 거론된 사례는, 내가 아는 한, 거의 없다. 반면에 (구태여 구체적인 시점을 지적한다면 지난 10여 년 동안) 필자는 이론 통합의 문제와 관련하여 이 논문에 대해서 두 가지 점에서 특별한 관심을 지녀왔다. 하나는, 머튼에 따르면, 미국 사회는 성공을 반드시 성취해야 할 인생의 목표로 삼도록 개인들에게 가르쳐 온 반면에 그것을 성취시킬 수단적 자원의 배분에 있어서는 불평등이 존재하는, 불완전 통합의 상태를 보여 왔다. 이와 같이 구조적으로 모순된 상태 속에서 개인들은 다양한 유형의 반응을 보이는 것으로 머튼은 설명하고 있다. 어떤 사람들은 기존하는 질서에 "순응"함으로써 체제 속에서 안녕을 유지하려 할 것이다. 이에 반하여 제도 속에서는 허용되지 않은 비정상적 방법을 동원해 성공을 얻어내려는 사람들도 있을 것이며(革新, innovation), 별다른 내적 동기가 없이 그저 겉으로 남들의 기대에 맞추어나가는 삶을 살아가거나(形式主義, ritualism), 머튼이 "포기(抛棄, retreat)"라고 부른 — 원했던 모든 것들을 포기한 은자(隱者)의 삶을 선택하거나, 아니면 새로운 체제를 위해 저항 행동에 돌입하는(反體制, rebellion) 등의, 다섯 종류의 적응 유형이 지적된다. 분명한 것은 이와 같은 적응행동은 구조나

논의의 대상으로 삼으려고 했으나, 심사숙고 끝에 포기한 이유가 여기에 있었다.

규범적 통제의 산물이기보다는 개인들의 자율적 의지와 노력을 반영하고 있다는 점이다. 더욱이 개개인들이 보이는 이러한 행동들의 집합적 효과는 실로 그 결과를 예측하기 어려운 현상일 것이다. 그러한 개인들의 행동들이 모여 소위 사회구조의 변화에 결과적으로 미칠 영향을 우리가 어떻게 예단할 수 있겠는가? 머튼이 이 논문을 쓸 당시 미시—거시 현상의 연결이라는 이론적 이슈에 민감했더라면 그는 자신의 아노미 이론을 그것을 실제로 성취한 하나의 사례로 간주했을지 모른다.

머튼의 이론이 필자의 관심을 끌었던 다른 하나의 이유는 다소 무미건조하게 느껴질 수도 있는 이 논문에는 미국 사회에서 사람들이 겪고 있었던 출세를 향한 열망과 좌절감, 분노, 무기력 등등의 현실이 숨쉬듯 반영되고 있다는 것이다. 한국에 살고 있는 필자도 느끼기에는, 이와 같은 사회 현실은 아마 한국이 더 심했으면 심했지 못하지는 않으리라는 것이었다.[19] 필자의 개인적인 소감은 이 논문은 개인들에게 자신들이 어떤 사회에 살고 있는지를 매우 설득력 있게 알려주는 사회학적인 논문들 가운데도 매우 드문 논문의 하나가 아닌가 하는 것이었다.

결론적으로, 머튼의 "아노미" 논문은 두 가지를 동시에 성취하고 있다는 것이 필자가 내린 평가이다. 하나는, 추가적인 논의를 요하는 사항들을 남기고 있으나,[20] 소위 "거시적" 수준의 분석과 "미시적" 수준의 분석을 연결시키는 데 성공하고 있다는 점이다. 다른 하나는, 그의 이론은 우리를 사회의 생생한 현실과 대면하도록 이끌어주고 있다는 것이다. 필자는, 아주 간단히 표현해서, 사회학 이론이란 기본적으로 인간들이 당면한 사회적 현실에 대해 밀도 있고 체계적인 이해를 제공하는 지식이어야 한다고 믿고 있다. 머튼의 이론은 바로 그와 같은 특성을 지닌, 즉 경험적으로 의미 있고 우리의 집단적 삶의 상황에 대한 심각한 성찰을 담고 있는 이론이라는 것이 필자의 평가이다. 반면에 우리가 이후에 좀 더 상세하게 논의를

---

19) 필자가 오래 전 한 월간 잡지(1990)에 한국 젊은이들의 현실에 관하여 쓴 글에서 머튼을 인용한 것은 바로 이와 같은 이유에서였다.

20) 머튼이 지적한, 다섯 가지 유형의 반응행동들이 결과적으로 미국 전체 사회문화라는 거시적 구조에 실제로 어떤 영향을 미치고 있는지, 또는 장기적 관점에서 어떤 영향을 미치게 될 것인지에 대해서까지는 논의를 확장시키고 있지 않다.

하려니와, 파슨스가 실로 큰 야심을 품고 착수했던 일련의 이론 통합의 작업들이 실질적으로 성취한 결과에 대해 눈을 돌려보았을 때 어떤 평가를 내릴 수 있을 것인가? 인간 행위와 사회 질서의 구조와 성격을 매우 높은 수준의 추상적 개념 체계와 규격화된 공식과 도식으로 표현한 파슨스의 이론에 대해서는 많은 이론가들에 의해 여러 모로 비판이 가해진 바 있다. 그 가운데서도 가장 일반적인 비판은 파슨스의 인간 행위와 사회 질서에 대한 논의가 그 질서를 구성하는 모든 요소들 간에 통합 또는 균형을 이미 전제한 상태에서 이루어지고 있거나, 질서 있는 사회의 한 측면만을 일방적으로 강조하고 있고, 따라서 사람들이 실제로 체험하는 사회 현실과는 큰 차이를 드러내고 있다는 점이었다(Craib, 1984: 37-58; Dahrendorf, 1992: Gouldner, 1970: 199-245; Lockwood, 1992; Mills, 1980).

위에서 머튼의 이론을 예로 들어 필자가 강조하려고 하는 점은 상호보완적 이론 또는 방법론적 관점들 간의 연결은 그 자체가 목적은 아니라는 것이다. 기존하는 개념의 의미에 수정을 가함으로써 상충되는 것으로 여겨지던 두 개 또는 그 이상의 관점들의 논리적 결합에 성공한다고 하더라도,[21] 만약 그것이 우리로 하여금 현실을 보다 더 잘 이해하는 데 도움이 되지 않는다면 무슨 의의가 있겠는가? 러커토시(Lakatos, 1970: 116-17)는 설명력에 있어서 실질적인 증가가 없이 단지 허위화를 피하기 위한 목적으로 이루어지는 "임기응변적 수정(ad hoc modifications)"에 대해 지식 발전에 오히려 역행한다는 의미에서 "퇴행적"이라는 표현을 사용한 바 있다. 필

---

21) 하나의 예를 들자면, "구조(structure)"와 "행위 실행(agency)"의 두 개념은 전자가 비교적 안정적으로 유지되는 사회적 관계의 구조와 제도화된 규범들을 지칭하는 반면에 후자는 의식과 의지를 지닌 개인들에 의해 실행되는 행동을 일컫는다. 기존의 사회학적인 이론체계 내에서, 이 두 가지 현상은 상호배제적인 의미를 갖는 것으로 간주될 수밖에 없었다. 왜냐 하면, 뒤르케임의 이론에서 주장하는 것처럼 사회구조를 실체로서 인정한다면, 개인의 행위는 그 구조에 의해 결정 또는 통제를 받는, 수단에 불과한 것으로 해석될 수밖에 없을 것이다. 반면에 행위 주체들의 행위들만이 사회 현상에 실제로 작용하는 유일한 실체로서 간주한다면 사회구조의 개념은 종국적으로는 단지 개인들의 행동에서 나타나는 어떤 특성을 의미하는, 즉 개인들의 행위로 "환원(reduction)" 또는 해체될 수밖에 없을 것이기 때문이다. 기든스는 사회이론의 전통 속에서 존재하는 이 대립적 관계를 일련의 매우 독특한 개념들을 도입함으로써 해결을 시도한 바 있다. "구조화(structuration)"라든지 "구조의 이중성(duality of structure)"(구조화되면서 동시에 구조화하는)과 같은 개념들이 그것이다.

자는 사회학 이론가들에 의해 이루어진 이론의 수정 및 보완은 상당한 경우에 그와 같은 혐의를 받을 소지가 다분하지 않은가 하는 의혹을 가지고 있다. 이러한 지적은 이론 간의 통합은 결국은 인간 현상에 대해 보다 더 잘 알기 위한 노력의 일환이어야 한다는 점을 강조하기 위한 것이다. 이 점이 바로 필자가 머튼의 아노미 이론에 대해 특별한 관심을 가졌던 두 번째 이유였기도 하다. 즉, 머튼의 논문은 미국의 독특한 사회문화적 조건 속에서 개인들에게 가해지는 성공에 대한 압력과 그것이 실제로 성공으로 이어질 수 있는 기회의 차이로 인해 개인들이 겪어야 하는 여러 갈래의 다양하고도 불평등한 삶의 경로들에 대해 이야기해 주고 있다. 한 편의 논문 속에 미국인들의 삶의 특징적인 모습을 이토록 압축적으로 담아 표현할 수 있다는 것은 상당한 업적이 아닐 수 없다는 것이 필자의 평가이다. 물론 나중에 다시 이야기하려고 하거니와 비판의 여지가 없는 것도 아니다. 단지 필자가 여기에서 특히 강조하려고 하는 것은, 다시 반복하건대, 우리가 새로운 이론을 갖거나 이론들을 통합해서 보다 나은 이론을 구성하려고 노력하는 이유는 그것을 통해 우리 삶의 현실을 더 잘 이해하고자 하는 요구 때문이라는 것이다.

이제 이 책의 세 번째 목적을 밝힐 차례가 되었다. 방금 위에서 이루어진 논의의 연장선상에서 필자는 사회과학자들의 관심이 작금에 와서 지나치게 "현학적(衒學的)"인 경향을 띠어 왔다는 데 문제가 있다는 생각을 해왔다. 그들의 학문적 관심사가 기존의 학문적 성과들을 파헤치고 다니는 일, 그 자체에 경도되는 경향을 보여 왔다는 것이다. 다시 말해서 과거의 지식을 소재로 지적인 유희에 종사하고 있다는 것이다. 우리는 흔히 조선 사회의 성리학자(性理學者)들에 대해서도 이와 유사한 비판이 가해지는 것을 듣곤 한다. 실재 현실과는 유리된 채 과거 선현(先賢)들의 이론들을 중심으로 전개되는 공리공론(空理空論)이 그들 학문의 특징을 이루고 있었다는 것이다. 아마 이는 어느 일면만을 지나치게 과장한 비난일 수 있을 것이다. 그러나 파슨스라든지 기든스 등이 기존 이론이 갖는 일면성을 극복하기 위해 소위 이론의 통합 작업에 몰두하는 사이에 정작 생동하는 인간 행위의 현장과 사회 현실은 우리의 시야에서 멀어져 있었다는 것이 필자의 평가이다. 불교는 모든 종교들 가운데도 가장 사변적인 철학이 그 기저에 자리하고 있다. 그러나 그러한 사상의 출발점은 사람이 나서, 늙어가고, 병들고, 죽어가는(生老病死) ― 모든 개인들이 인생에서 겪어야 하는 숙명적인 문제들에 대한 고민이었다. 그렇다면 사회학자들의 입장에서, 인간 행위 또는 사회 현상의 어떤 점들이 우리의 이론적인 이해를 요구하는 과제로 여겨질 만큼 중요성을 지닌 것들일까? 이는 간단하게 대답할 문제는 아닌 것으로 여겨진다. 그러나 확신을 가지고 말할 수 있는 한 가지 사실은, 개인들의 실제 체험을 통해 의심할 나위 없는 중요성을 지닌 것으로 판단되는 현상들과 연관성이 결여된 추상적 지식은 무용하다는 것이다. 그리고 이는 이론 통합의 성과를 평가하는 데도 마찬가지로 적용되는 사실일 것이다.

앞에서 지적되었듯이 이 책에서 파슨스라든지 부르디외 같은 학자들이 이론 통합에서 거둔 성과들을 검토의 대상으로 삼고자 한 까닭은 일단 그것들이 그만큼 주목을 받아왔기 때문이다. 필자 역시 인간 행위 또는 사회 현상의 어느 일측면만을 강조하는 이론들이 지닌 문제점을 해소하는 데 그것들이 기여한 바를 부인하고자 하는 것은 아니다. 오히려 일면적 이론들이 지닌 한계를 넘어 "행위의 구조적 속성"이라든지 "(행위의 수단이자 산물로서) 구조의 이중적 속성"과 같은 복합적 의미를 지닌 용어를 도입함으로써 기존의 사회학 이론들이 당면해온 논리적 난제들을 해결하는 단초를 열어주었다는 점에서 매우 긍정적인 평가를 내리고 있다. 문제는 그것으로써는 행위 현장에서 개인들이 체험하는 생생한 사회 현실의 단면들을 살펴보고, 더 나아가서 심층적으로 파헤치기 위한 도구로 쓸 수 있기에는 아직도 수정과 보완의 여지가 많이 남아 있는 상태에 있다는 것이다. 구체적으로 어떤 점에서 수정과 보완의 여지를 남기고 있는지 그리고 실제로 그러한 수정과 보완이 어떻게 이루어질 수 있는지에 관해서는 많은 논의를 필요로 할 것이다. 기존의 연구 결과들을 놓고 이루어지는 이와 같은 작업의 성격을 우리는 "방향의 재정립(reorientation)"을 위한 노력으로 특징지을 수 있다. 어떤 작업이 중도에서 문제가 발생했을 때, 우리는 문제가 발생하는 이유를 분석하여 그 작업을 수행하는 태도와 방식을 다시 정립하려고 시도할 것이다. 사회학 이론의 경우에 머튼의 논문 "현시적 및 잠재적 기능(Manifest and Latent Functions)"은 당시의 기능론적 이론이 갖는 한계를 극복하기 위한 시도의 일환이었다. 머튼의 이와 같은 시도는 앞에서 지적한 "방향의 재정립"을 위한 작업의 한 모범적인 실례로 들 수 있을 것이다. 필자가 밝히고자 하는 이 책의 세 번째 목적은 바로 그와 같은 의미에서 이론적 방향의 재정립을 위한 하나의 예비적 작업이다. 즉, 이 책에서 필자는 이론의 통합을 위한 과거의 업적들을 요약해서 정리하고, 또한 그 성과를 비판적으로 평가하는 일에 일차적인 목표를 두고 있다. 그러나 거기에 그치기보다는 나름대로 시각을 가지고 인간의 행위 이론을 재정립하는 데 도움이 될 수 있는 작업을 수행하려고 한다는 것이다. 여기에는 기왕의 업적들에 나타난 한계점들에 대한 분석이 하나의 방향을 제공할 것이다. 머튼이 기능주의적 이론에 대해 그랬듯이 기왕의 성과들에서 나타난 한계들을 보완하기 위한 여러 가능한 대안들에 대한 검토 작업으로서의 성격을 갖는다는 것이다. 그 작업에는 인간 행위의 본질과 관련하여 필자가 상당 기간 동안 품어왔던 생각도 반영하게 될 것이다. 많은 사회학자들에게 어쩌면 다소 엉뚱하게 평가될 수도 있는 이 생각은 필자의 상상력 속에서 어느 날 갑작스럽게 튀어나온 것은 아니다. 이 서론 부분에서 그 생각의 많은 부분을 이야기하는 데 지면을 할애할 생각은 없다. 지금 이야기할 수 있는 사실은 필자가 학위논문을 쓸 당시부터, 이후에는 한두 편의 논문을 쓰기 위해 그리고 필자의 졸저『사회과학 방법론』의 한 부분과 관련된 자료로서 과학철학자 토마스 쿤(Thomas Kuhn)의 저서『과학혁명의 구조(*The Structure of Scientific Revolutions*)』(1962)와 그가 쓴 몇 편의 논문들을 몇 차례 비교적 철저하게 읽어왔다. 쿤의 관점들 가운데 필자에게 가장 강렬하게 다가왔던 점은 과학적 지식의 특성을 강조하는 다른 과학 이론들과는 달리 쿤의 이론은 과학자들의 행위에 초점을 둔 이론이라는 점이었다. 이는 쿤 자신이 직접 연구 활동에 종사한 과학자였다는[22] 사실에 기인한 것으로 여겨진다. 그의 저서가 과학철학 분야는 물론이거니와 많은 인문 사회과학 분야에 미친 심대한 영향에 관해서는 구태여 언급할 필요는 없을 것이다. 어쨌든 쿤의 저서를 통해 필자가 다다른 하나의 결론은 과학자들도 인간인 이상 그들의 행위와 여타 분야에서 이루어지는 인간들의 행위 사이에는 본질적인 면에서 어떤 공통점이 존재하지 않을 수는 없으리라는 것이었다.

---

22) 쿤은 1943년에 하버드 대학을 졸업한 이후 1946년에 물리학 석사학위를, 1949년에는 물리학 박사학위를 취득하였고, 또 그 이후에도 하버드 대학에서 물리학 분야의 교육 활동에 종사하였다. 쿤의 소속이 공식적으로 과학철학 또는 과학사학 분야로 전환된 시기는 대체로 1956년도를 전후한 무렵인 것으로 알려지고 있다(Bird, 2018).

그리고 토마스 쿤이 그의 이론에서 기술하는 과학자들의 행태에는 그와 같은 공통적인 측면에 대한 이해가 분명히 포함되고 있다는 것이 필자의 평가였다.

하나의 예만 들어 이에 관해 설명해보려고 한다. 쿤의 이론에서 핵심적인 개념은 "패러다임(paradigm)"이다. 이 개념의 의미는 학자들의 이해에 따라 편차가 있지만, 쿤의 저서에 여기저기 흩어진 곳에서 핵심적 의미로부터 벗어나는 듯이 보이는 부분들을 제외하고 판단한다면 간단하게, 과학자들이 연구를 위해 활용하는 지적 자원들의 체계로 정의될 수 있다. 이러한 자원들은 과학자들이 그들의 수련 과정을 통해서 습득함으로써 연구자로서의 능력을 형성하며, 과학 연구는 이와 같은 자원들을 활용함으로써 이루어지는 것으로 보고 있다. 그러나 패러다임은 동시에 특정 시기의 과학적 연구 행위의 목적과 수단을 규제하는 어떤 종류의 신념 체계에 토대를 둔 일종의 규범적 틀로서의 기능을 수행한다. 즉, 과학자들이 자신들의 연구 행위를 위해 동원하는 자원들임과 동시에 그들의 연구 활동을 통해 지속적으로 재생되는 과학 연구의 규범적 기준들을 지칭하는 개념이다.[23] 기든스가 지적하는 바와 유사하게, 행위적 요인(agnecy)으로서의 기능과 그것을 규제하는 사회적 구조로서의 "이중적" 성격을 갖는다고 특징지을 수 있다. 또한, 이러한 점에서 과학적 연구 행위 역시 인간 행위의 일반적 특성을 공유한다고 볼 수 있다. 일단 그 유사성에 주목하는 경우에 쿤의 이론은 사회적 행위를 이해하는 데 시사하는 바들이 많다는 것이 이제까지 쿤의 저술에 대해 비교적 많은 관심을 기울여온 필자의 판단이다. 특히 주목을 환기하고 싶은 사실은, 적어도 필자의 평가를 따른다면, 쿤의 이론은 부르디외나 기타 사회학 이론들이 갖는 취약점을 메워줄 유용한 시각들을 포함하고 있다는 것이다. 이에 관해서는 이 책의 해당 부분에서 자세한 논의가 이루어질 것이다. 여기에서 이 책의 목적과 관련하여 당장 이야기할 수 있는 사실은 기존의 성과들을 검토하고 그 한계들을 보완하기 위한 검토가 이루어질 때 토마스 쿤의 이론은 매우 중요한 역할을 담당하게 되리라는 것이다. 필자에 의해 언급된

---

23) 쿤은 패러다임이라는 개념을 일차적으로는 "(학문적) 판단과 활동을 위한 규범 체계(diciplinary matrix)" (Khun, 1970: 182)의 의미에서 사용하고자 한다고 밝히고 있다. 그 구체적인 내용에 대해서는 쿤의 이론을 다루는 부분에서 다룰 것이다.

이 책의 세 번째 목적과 관련하여 쿤의 이론이 시사하는 가능성에 대한 평가 때문이었다는 것이다.

이 책에는 이 외에도 허버트 미드의 사회심리학 이론과 동양의 고전 『역경』의 "사회학적" 상황론에 대한 논의를 포함하고 있다. 많은 사회학자들은 미드를 통상적으로 "상징적 상호작용론자"의 원조격으로 이해함으로써 사회학에서 중요성이 인정되기는 하지만 주류가 되기에는 부족한, 변방에 위치한 이론적 소수진영쯤으로 이해하는 경향이 있다. 필자가 판단하기에, 이는 미드의 이론을 "상징적 상호작용론"이라는 이름으로 특징지어 개인들이 상호작용하는 가운데 교환되는 주관적 의미(subjective meaning)를 강조하는 이론이라는, 다분히 일방적 해석을 전파시킨 허버트 블루머에게도 일단의 책임이 있다. 원래 실용주의 철학자로서 미드가 쓴[24] 저서가 철학과 사회심리학의 경계를 넘나들고 있는 내용의 책이고, 따라서 쉽게 읽혀지는 책은 아니라는 점 때문인지는 모르겠으나, 그의 이론의 본질에 대한 이해는 상당히 왜곡되어 있다는 것이 필자의 판단이다. 그의 이론은 『마음과 자아와 사회(Mind, Self, and Society)』(1962)를 통해 표명된 견해들이 주된 내용을 이루고 있다. 자세한 논의는 그의 이론을 다룬 부분에서 이루어지겠으나, 그의 이론은 "행동"과 "의식"과 "사회" 사이에 어떤 요인이 어떤 요인을 일방적으로 결정하기보다는 그것들 간에 이루어지는 상호작용에 대한 심도 있는 성찰을 통해서 얻어진 이론이라는 점에서 특징을 찾을 수 있다. 미드의 이론이 설명하는 가장 핵심적 주제는 개인의 행동과 내면적 의식 그리고 객관적 사회 현실 간에 이루어지는 상호작용이다. 이러한 주제를 중심으로 미드가 거둔 성과는, 당시에 본인은 아마 들어본 적도 없는 용어이기는 하겠지만, 개인과 사회, 의식과 행동을 하나의 이론 속에서 유기적으로 "통합시킨" 이론을 개척하는 데 어느 정도 성공을 거둔, 매우 드문 사례로 꼽힐 수 있을 것으로 평가된다. 따라서 사회적 행위를 이해하는 데 그의 이론은 매우 중요한 의의를 갖는다고 판단되었고, 이 책의 논의에 미드가 포함된 것은 그와 같은 판단에 따른 것이다.

---

24) 미드가 "쓴" 저서라는 데는 약간의 설명이 필요하다. 그것은 미드의 주저 『마음과 자아와 사회(Mind, Self, and Society)』가 그가 직접 "쓴" 것이 아니라 그의 강의를 학생들이 받아적은 내용들을 후에 모아서 출판한 책이기 때문이다.

이 책에 소로킨의 『문화와 사회변동론(*The Cultural and Social Dynamics*)』(Sorokin, 1957)을 다룬 부분이 포함된 것은 혹자에게는 다소 의외로 받아졌을 수도 있다. 소로킨의 이론은 그리스 시대로부터 현대 사회에 이르기까지 그리고 동서양을 포괄하는 중요 문화권들에서 수집된 자료 등을 토대로 사회와 문화의 역사적 변동 양태를 추적 설명한, 실로 거시적 규모의 이론이다. 소로킨의 이론은 우선 파슨스와는 대체로 상반된 주장을 제기하고 있다는 점에서 주목을 끈다. 소로킨의 주장의 요체는 어느 시기, 또는 문화권에서 개인들이 행위에 지배적 영향을 미치는 요인들은 동시에 (파슨스가 주장하는 것처럼) 복합적으로 작용하는 것은 아니라는 것이다. 오히려 선택적이고 제한적이라고 소로킨은 주장한다. 즉, 어떤 시기에는 공리주의자들이 주장하는 것처럼 물질적 이익을 추구하고자 하는 요구와 함께 그것을 뒷받침하는 가치와 신념 체계들이 개인들의 행위 지향을 지배하는 추세를 보이는 한편, 그러한 추세가 극단에 달해 더 이상 사회가 유지될 수 없는 상태에 도달하게 되면 그 반대 방향으로 변화를 보이게 된다는 것이다. 이 반대 방향으로의 경향이 지배적인 유형의 사회를 소로킨은 "이념지향형의 문화(ideational culture)," 그리고 위에서 간단히 언급한 문화 유형을 "감각지향형 문화(sensate culture)"라고 부른다. 소로킨의 사회변동 이론은 인간 행위를 결정하는 기본적인 요인들이 위에서 지적한 두 개의 축을 사이에 두고 순환적으로 변화함에 따라 사람들이 행동하는 방식과 사회적 및 문화적 특성들에 대조되는 차이를 가져온다는 사실을 강조한다. 이를 파슨스의 행위 이론의 맥락에서 표현한다면, 인간 행동을 결정하는 요인들은 고정되어 있다기보다는 주어진 사회 또는 시대의 문화 유형에 따라 달라질 수밖에 없다는 것을 의미한다. 즉, 행위의 결정 요인들을 표시하는 공식이 달라진다는 것이다.

물론 이와 같은 변화의 원리를 강조한다고 하더라도, 물질적 욕구를 가장 효율적인 방식으로 추구하고자 하는 존재로서의 인간과 이상적 가치를 실현하고자 노력하는 존재로서 인간의 본질을 부정하는 것은 아니다. 단지 이 두 가지의 상치될 수 있는 목표를 동시에 달성한다는 것이 어렵다는 사실을 주장하고 있을 따름이다. 파슨스의 경우에는, 이 두 가지 상반되는 목표를 달성하고자 하는 개인들의 성향이 행위에 영향을 미치는 요인들로서 동시에 작용하는 것으로 상정되고 있다. 이는 두 가지 요인들이 자원론적 행위 이론의 공식 속에 동시에 포함되고 있다는 점에 의해 단적으로 표현된다. 소로킨은 이와는 대조적으로, 이 두 가지의 행위 지향이 시간적 과정에 따라 순환적으로 교체되면서 균형을 이루는 것으로 본다. 이런 점에서 순환론적 변동 이론(cyclical change theory)으로 분류된다. 파슨스의 이론이 사실상 간결하기는 하지만, 상치되는 두 행위 지향이 개인들의 행동 속에서, 또는 사회 속에서는 제도적으로, 어떤 형태로는 "균형(equilibrium)"이 이루어져야 한다는 점에서, 이론적으로 풀기 어려운 난제를 안게 된다. 이에 관해서는 나중에 소로킨의 이론에 대한 논의가 이루어지는 부분에서 다시 보다 자세하게 언급될 것이다. 여기에서는 단지 소로킨의 이론 역시 행위를 결정하는 요인들에 관하여 방대한 역사적 자료를 대상으로 수행된 연구 성과에 토대를 두고 있다는 점만 지적해두려고 한다. 그리고 이를 토대로 파슨스의 행위 이론에 대해 논리에 있어서나 경험적 근거에 있어서 결코 취약하지 않은 반론을 제기하고 있다는 점이다. 바로 이 점이 소로킨의 이론을 이 책에서 논의 대상으로 선택한 이유였다.

『역경』에 관한 논의를 포함시킨 이유에 대해서는 아마 더 자세한 이유가 제시되어야 할 것이다. 『역경』은 동양 사회에서 전통적으로 점서로 이해되어 왔고, 현재에도 많은 사람들이 그러한 용도로 이 책을 사용하고 있다. "철학서"라는 명칭이 사용되는 경우에는, 자연 현상이나 사회 현상이 움직이는 "오묘한" 원리들을 그것 특유의 상징적 도식이나 언사들을 통해 알려주는 신비한 책으로 인식된다. 필자는 이 책을 통해 『역경』에 대한 사람들의 이러한 인식을 깨려고 하는 의도는 전혀 없다. 그러나 『역경』에 대한 다양한 이해에도 불구하고, 유교 사상에는 『역경』의 해석을 놓고 하나의 유력한 해석의 전통이 존재해 왔다. 중요한 점은 그 전통 속에서 많은 유학자들은 『역경』을 사회학적 관점에서 해석해 왔다는 것이다. 그 구체적인 내용에 대해서는 본문의 해당 부분에서 자세하게 설명될 것이다. 여기에서 이야기할 수 있는 사실은, 적어도 필자의 관점에서, 『역경』에 적혀 있는 기록들과, 또 그것들에 대해 이루어진 해석들은 사회학적인 관점에서 매우 흥미로운 발상들을 포함하고 있다는 점이다. 그들이 지닌 가치에 대해 필자가 내리고 있는 평가는, 아마 사회학계에서는 유사한 연구를 찾기 어렵기 때문에, 다른 사회학자들에 의해 검토될 필요가 있다. 그러나 중국처럼 오랫동안 지속되어온 문명권에서 자신들이 사는 사회와 그 속에서 이루어지는 인간 행위의 본질에 관해 어떤 내용이든지 간에 쌓아놓은 지식이 있다는 것은 아마 당연할 것이다. 그리고 그러한 지식이 지닌 사회학적 의의에 대한 필자의 평가는 그것을 이 책에 포함시킨다는 사실에 의해 분명히 천명되고 있다.

그러나 이 책에서 논의에 포함시킨 다른 이론들과 마찬가지로 『역경』이 지닌 사회학적인 의의에 대해서도 간단하게 언급할 필요가 있다. 다른 이유를 들 필요도 없이, 그와 같은 사전 정보를 제공함으로써 책의 전체 내용에 개괄적 안내를 해주는 것이 서론 부분의 통상적인 기능이기 때문이다. 그러나 『역경』은 매우 특이한 체제와 내용을 담고 있는 책이고, 따라서 그것들을 간단히 요약해서 설명한다고 하더라도, 이 서론 부분에서는 할애하기 어려울 만큼, 상당히 긴 지면이 필요하다. 이에 따라 『역경』이 사회적 행위를 주제로 한 이 책에서 논의의 대상으로 선정된 이유에 대해서는 본문의 설명이 이루어진 이후로 미루어 두려고 한다.

이 책에서 논의된 하나하나의 이론들이 필자가 목적으로 하는 사회적 행위의 이론을 재정립하는 과제를 위해 기여할 수 있는 보다 구체적인 측면들에 대한 설명들은 해당 이론들이 논의되는 부분에서 그리고 결론 부분에서 자세하게 이루어지게 될 것이다.

탤컷 파슨스(Talcott Parsons)의 『사회적 행위의 구조』

지난 세대의 유산들에 대한 비판적 성찰과 그 성과 위에 구축된 "자원론적 행위 이론"

02

사회적 행위 이론의 토대를 구축하기 위한 노력과 관련하여 파슨스가 품고 있었던 의도의 핵심은 그의 저서『사회적 행위의 구조』를 이루는 세 부분에 붙여진 제목들에 의해 시사되고 있다. 전체 19개의 장(章)으로 구성된 파슨스의 이 책은 결론 부분을 빼면 세 개의 부분(part)으로 구분되고 있는데, 첫 번째 부분에는 "실증주의적 행위 이론(the positivistic theory action)"이란 제목이, 두 번째 부분에는 "실증주의적 전통으로부터 자원론적 행위 이론의 형성(the emergence of a voluntaristic theory of action from the positivistic tradition)"이라는 제목이, 세 번째 부분에는 "관념론적 전통으로부터 자원론적 행위 이론의 형성(the emergence of a voluntaristic theory of action from the idealistic tradition)"이라는 제목이 각각 붙어 있다. 이들 제목들로부터 우리는 일단 파슨스가 서구의 사회과학 분야에서 인간 행위에 대한 시각을 지배해온

두 개의 전통을 "실증주의"와 "관념론"으로 보고 있음을 알 수 있다. 따라서『구조』의 상당 부분은 이 두 개의 전통에 속하는 것으로 분류된 다양한 이론들의 내용들에 대한 분석에 할애되고 있다. 다음으로 그가 주목한 사실은, 서구의 사회과학계 내에서 이들 두 전통으로부터 각각 그 한계에 대한 인식과 함께 그것을 극복하고자 하는 노력들이 있었고, 결과적으로 그가 "자원론적 이론"이라고 부른 "새로운 이론"을 향한 움직임이 시작되었다는 점이다. 실증주의적 전통에서는 주로 마샬이라든지 파레토, 뒤르케임 등의 이론가들을 중심으로 이를 향한 움직임이 형성되고 있음을 확인할 수 있었고, 관념론적 전통에서는 베버로부터 이러한 이론으로의 발전을 위한 움직임을 확인할 수 있었다는 것이 파슨스의 주장이다. 따라서 과거의 전통과 그것의 한계를 극복하고자 하는 노력들이 결합되어 새롭게 형성되고 있었던 "자원론적" 이론을 보다 명료하고 체계적인 형태로 완성시킨다는 것이 파슨스의 기본적 의도였다.

바로 위의 마지막 부분에서 지적하고 있듯이, 파슨스의 목적은 단지 한 특정 시기에 서구에서 나타난 지식의 발전 추세를 파악하는 데, 즉 한 시기의 학술사(學術史)를 서술하는 데 국한된 것은 아니었다. 그는『구조』의 초두에서, 사회학이 출발했던 시점에서 그것의 과학적 토대를 구축하는 데 "놀라울 정도로 위대한" 역할을 수행했던 스펜서(Herbert Spencer, 1820-1903)에 관하여 "누가 이제 스펜서를 읽는가?"(Parsons, 1968: 3)라는 질문을 던진 바 있다. [25] 물론 대답은 부정적인 것이었다. 스펜서가 숭상했던 역사적 진화의 신(神)이 그를 버렸다는 것이다. 다시 말해서, 사회과학 역시 진화하면서 학문의 발전 추세에 따라 스펜서가 구축한 학문적 토대는 더 이상 필요 없게 되었다는 것이다. 파슨스의 인용된 언급은 곧『구조』가 사회과학의 발전 과정 속에서 그것을 대신하여 모습을 드러내고 있는 "새로운 이론"을 우

---

25) 이러한 언급은 파슨스 자신에 의한 것이 아니라 그가 인용한 크레인 브린튼(Crane Brinton)의 다음과 같은 언급 속에 나오는 구절이다: "누가 이제 스펜서를 읽는가? 그가 이 세상에 어느 정도로 큰 파문을 일으켰는지를 상기한다는 것은 매우 어려운 일이 되었다⋯. 스펜서는 진화의 법칙으로 지칭되는, 기이하고도 만족을 모르는, 신(神)이 신뢰하는 측근의 인물이었다. 바로 그 신이 스펜서를 배신한 것이다. 우리는 이제 진화를 통해 스펜서를 넘어서게 된 것이다"(Parsons, 1968: 3).

리에게 설명하기 위한 장(場)으로서의 의미를 지닌다는 점을 시사하는 것이었다. 여기에는 사회학을 위해 그리고 보다 일반적으로는 사회과학을 위해, 새로운 이론적 토대를 구축하겠다는 파슨스의 과감한 의도가 담겨 있었다.

이미 언급된 바 있듯이, 서구의 철학자라든지 경제학자들, 또는 인류학이라든지 심리학, 사회학과 같은 학문 분야의 학자들이 당시에 이미 자연 현상을 대상으로 이룩한 과학 분야의 업적에 영향을 받아 인간 행위를 과학적으로 연구하기 위한 노력을 시작한 것은 대체로 19세기 이후부터였다. 『구조』는 일단 이와 같은 노력을 통해 이루어진 모든 업적들 가운데 파슨스가 주목할 만한 가치를 지닌다고 본 업적들을 대상으로 비판적 또는 긍정적 평가와 함께 발전을 위한 노력이 요구되는 부분들에 대한 논의 내용을 담고 있다. 평가의 시각은, 『구조』를 집필한 기본 의도에 따라, 두 가지 측면에 초점을 맞추고 있다. 하나는, 당시까지 발전한 여러 이론들, 특히 공리주의적 인간 행위 이론들이 갖는 "일면적(one-dimensional)" 특성에 따른 한계들에 초점이 맞추어져 있다. 다른 하나 초점은, 마샬이라든지 파레토, 뒤르케임 그리고 베버와 같은 인물들의 이론과 같이 그가 긍정적으로 평가하는 이론들로부터는 그것들이 강조하는 인간 행위의 "규범적(normative)" 측면이 지닌 이론적 의의에 맞추고 있다. 파슨스의 기본적 의도는, 물론 인간 행위의 규범적 속성만을 강조하려는 데 있었던 것은 아니다. 그러나 그의 『구조』의 내용은 다음과 같은 매우 명백한 문제 의식으로부터 구상되었던 것은 분명한 것으로 여겨진다. 그것은 고전 경제학의 토대가 되었던 공리주의적 인간관이 사회 질서를 설명하는 데 커다란 한계를 가질 수밖에 없다는 인식이었다. 파슨스가 분석하는 한계점들에 대해서는 그가 공리주의자들의 이론을 분석한 부분을 소개하는 과정에서 보다 상세하게 설명될 것이다. 여기에서는 단지 인간 행위의 규범적 속성을 파악하는 데 실패했다는 점을 공리주의자들의 가장 치명적 한계로 본 파슨스의 평가를 통해 『구조』 전체에 흐르는 기조에 대한 윤곽적 이해는 가능한 것으로 여겨진다. 위의 진술을 이해하기 위해서는 파슨스에 의해 사용된 "규범적"이란 말에 대한 정확한 이해가 요구된다. 이에 대해 파슨스는 다음과 같이 설명하고 있다.

현재 이 연구의 목적을 위해, 규범적이라는 용어는 다음과 같은 조건이 충족된 상태에서

행위 체계의 한 측면, 부분 또는 요소에 적용될 경우에 사용될 것이다. 즉, 한 명 또는 그 이상의 행위자들이 어떤 것이 그 자체로서 목적이 되어야 한다는 생각을 표현하거나 가지고 있다고 간주되는 경우에 적용이 된다는 것이다. 이 경우에 그 목적이 다른 목적을 위한 수단이 될 수 있는지의 여부와는 관계가 없을 것이다. 그 행위자들에는 (1) 공동체의 구성원들, (2) 공동체의 구성원들 가운데 일 부분, 또는 (3) 하나의 단위로서 공동체가 포함된다. 본 연구의 맥락에서, (행위의) 목적(end)이란 행위자들이 바람직하게 생각하기 때문에 실현하고자 하는 미래의 어떤 상태를 지칭한다. 그러나 이와 같은 미래의 상태는 능동적인 개입이 없더라도 단순히 예기되는 경로를 따라 진행되는 과정을 그냥 바라보기만 하더라도 결국은 일어날 것으로 기대되는 미래의 상태와는 중요한 점에서 차이가 있다. 규범이란 바람직한 것으로 간주되는 구체적 행위의 과정과 함께 그 과정을 위해 앞으로 취해야 할 행동들을 지시하는 규정들을 말로 서술한 것이다. 그러한 지시적 규범의 예로서는 다음과 같은 글귀를 들 수 있다: "사병들은 그들을 지휘하는 장교들의 명령에 복종해야 한다".

위의 인용문에서 파슨스는 규범적인 측면에서 본 인간 행위를 본능적 욕구 또는 순간적 충동에 따라 일어난 행위와는 세 가지 점에서 구분짓고 있음을 알 수 있다. 하나는 우선 규범적 행위의 주체는 개인뿐만 아니라 크고 작은 집단을 포함하고 있다는 점이다. 즉 어떤 행위 그 자체가 바람직스럽다고 간주하고 행동하는 주체에는 그러한 행동에 대해 그와 같은 합의를 공유하는 집단도 포함된다는 것이다. 이는 인간의 규범적 행위를 설명하는 데는 집단들이 공유하는 규범들의 존재 형태, 종류 및 기능을 설명해야 하는, 무척 지난한 작업이 개재되어 있음을 시사한다. 두 번째는, 어떤 목적이 "바람직스럽다"고 보는 데는 인간의 주관적 생각이 개입되며, 동시에 그에 대한 타인들의 동의가, 어떤 최저한의 수준에서일지라도, 필요한 것이다. 이는 인간의 규범적 행위의 경우에 "주관적 인식"과 함께 사회적으로 공유되는 "문화"의 영향을 배제한 상태에서 인간의 행위를 논한다는 것은 매우 어려운 일임을 시사한다. 세 번째는, 규범적 행위는 행위의 구체적인 방법과 절차를 지시하는 규정들, 즉 "규범"들에 대한 학습을 필요로 하는 행위라는 것이다. 이러한 규범들은 개인들 또는 집단이 수행하는 역할들의 구조와 밀접한 연관성을 갖는다는 것은 분명하다. 다시 말해서, 사회구조와 밀접한 연관성이 없이는 이해할 수 없는 현상이라는 것이다.

왜 파슨스가 인간의 사회적 행위의 구조를 규명하기 위한 노력에서 마샬, 파레토, 뒤르케임, 베버, 이 네 명의 인물의 이론들을 집중적인 검토의 대상으로 삼았느냐 하는 것은 위에서 인용한 인간 행위의 "규범성"에 대한 그의 정의에서 비교적 분명하게 시사되고 있다. 분명한 사실은 파슨스가 인간의 사회적 행위와 관련하여 당시까지 어느 학자도 시도한 바가 없었던 매우 큰 그림을 그리려는 시도에 착수했다는 것이다. 즉, 그의 "규범성"에 대한 정의에는 인간 행위의 합리성과 관련하여 공리주의자들이 거둔 바 있는 성과들에 대한 비판적인 분석을 토대로, 그가 이른바 "규범적"이라고 정의하는 행위적 요소들을 포괄하는 새로운 이론 체계를 구축하기 위한 의도가 반영되고 있었다. 우리는 이제 그러한 의도 하에 쓰여진『구조』의 내용을 살펴보고, 그것을 통해 실질적으로 이루어진 성과에 대해 평가를 해보려고 한다.

가. 공리주의적 행위 이론과 사회 질서의 문제

파슨스는 홉스와 존 로크(John Locke: 1632-1704) 그리고 아주 짧게 리카도(1772-1823)의 고전 경제학 이론에 대한 논의가 이루어진 부분의 말미에서(1968: 102) 왜『구조』의 주제와 관련하여 이들이 관심의 대상이 되었는지를 설명하고 있다. 그는 우선 로크의 경제 현상의 이해와 관련하여 제기된 문제를 살펴보는 것은 그가『구조』에서 다루고자 하는 인간 행위의 분석틀과 사회 질서의 문제를 이해하는 데 매우 긴요한 중요성을 갖는다고 지적한다. 조금 부연해서 설명한다면, 로크의 공리주의적 인간관을 토대로 경제 현상을 설명하려고 시도하는 경우에 인간 행위의 본질적 속성이라든지 그 결과로서 나타나는 사회 현상에 대해 매우 불합리한 가정을 덧붙일 수밖에 없다는 것이다. 파슨스는 그 예로서 로크가 가정한 "(할래비가 적절하게 표현한 바 있듯이) 자연적 이해의 일치에 대한 이성적 이해(the rational recognition of what Halévy has aptly termed the natural identity of interests)"(1968: 96-97)를 들고 있다. 이 가정은, 아주 간단히 표현해서, 인간은 자신과 타인과의 공통의 이해를 합리적으로 판단할 수 있는 이성을 소유한 존재라는 것이다. 싸우면 서로에게 손해고 정당한 거래를 하면 서로에게 이익이 돌아간다는 것을 합리적으로 판단할 줄 안다는 것이다. 로크의 이와 같은 입장은 다음과 같은 점에서 홉스의 입장과는 정반대의 위치에 놓인다. 공리주의자로서 홉스는 개인들이 행동을 통해 추구하는 목적은 "정념적(情念的) 욕구(passions)의 충족"에 있다는 기본적인 명제를 전제로서 받아들인다. 동시에 개인들은 그러한 욕구들을 가장 편의한 방법을 통해 충족하려고 한다는 사실 역시 홉스가 받아들이는 가정의 다른 한 축을 구성한다. 이에 따라 개인들이 동시에 같은 대상을 소유하기를 원하는 경우에 서로 간에 투쟁이 발생하고, 자신의 소유를 침해당할지도 모른다는 우려 때문에 상대방으로부터 자신의 이익과 안전을 지키려고 노력하게 된다. 즉, 홉스(1958: 106)가 표현하는 이른 바 "만인의 만인을 향한 투쟁(every man against every man)" 상태가²⁶⁾ 발생하게 될 것이다. 이는 개인들이 자신들의 이익을 위해 행동할 수 있는 "본연의 권리(natural right)"(Hobbs, 1958: 109-110)를 포기하지 않는 한 불가피하게 발생할 수밖에 없다는 것이 홉스의 결론이었다. 그러나 이와 같은 투쟁의 상태에서는 인간에게 자연이 허용한 수명조차 제대로 누릴 수 있는 안전조차 보장될 수 없기 때문에 개인들은, 만약 가능하다면, 평화를 달성할 수 있는 길을 모색하게 된다. 이 방법 외에는 다른 합리적 선택이 없다는 점에서 홉스는 이를 "이성이 지시하는 일반적 법칙 또는 가르침(a precept or general rule of reason)"(1958: 110)에 따른 것으로 설명하고 있다. 결과적으로 개인들이 평화를 위해 자신들의 본연적 권리를 포기하고 양도하는 데 동의하게 된다. 국가 권력이 그들 위에 군림하는 질서 유지의 주체로서 등장한 것은 이와 같은 "계약"의 결과라는 것이다. 이러한 설명이 "사회 질서의 문제," 즉 각각의 이익을 추구하는 개인들이 모여 어

---

26) 홉스(1958: 106-107)는 이와 같은 상태가 반드시 실질적인 전쟁의 상태를 의미하는 것은 아니라고 지적한다. 이러한 상태는, 홉스의 비유를 빌려 표현한다면, 어느 때라도 비가 내릴 수 있는 가능성이 시간적으로 지속이 되고 있는 경우와 마찬가지라고 지적한다. 즉 간혹 실질적 싸움이 일어나기도 하고 또는 그것이 멈추어 있는 상태가 지속되고 있으나 싸움은 어느 때라도 있어날 가능성이 상존하는 상태를 지칭한다는 것이다.

떻게 질서 있는 사회를 이룰 수 있었는지 하는 의문에 대한 홉스의 대답이었다.

　권력의 기원에 관한 이와 같은 홉스의 설명은 "만인에 의한 만인의 투쟁"이라는 가상의 가능성에 근거를 두고 있다는 점에서 그것을 심각하게 취급하는 사람들은 오늘날에 들어서는 더 이상 찾아보기 힘들다. 더욱이 인간을 개인적 욕구의 해소를 맹목적으로 추구하는 비도덕적 존재로, 국가는 그와는 대조적으로 개인들 간 갈등을 통제하고 평화를 유지하는 데 필요한 긍정적 기능을 담당하는 존재로 규정하는, 다분히 절대권력 시대의 국가관을 대변하는 홉스의 견해는 국가 제도의 도덕적 의의를 평가하는 규범적 이론으로서도 그다지 설득력이 있는 이론이 아니라는 점은 분명하다. 그러나 적어도 파슨스가 평가하기에, 홉스의 이론은 공리주의적 사회 이론으로서 매우 흥미로운 사례를 제시한다. 왜냐하면 공리주의적 행위 이론으로부터 논리적으로 도출된 결론을 사회 현상의 설명에 그대로 적용한, 거의 유일의 사례로 판단되기 때문이다. 논리적인 관점에서 "순수한(pure)" 공리주의적 이론의 유형을 보여주는 거의 유일한 사례라는 것이다. 이는 홉스 이후에 발전된 대부분의 공리주의적 경향의 이론들이 그 내용에 있어서 비공주리주의적 관점들을 부분적으로 수용하고 있거나 아니면 은연중에 숨어 있는 비공리주의적 요소들을 배제하는 데 실패하고 있다는 것을 의미한다. 이와 같은 파슨스의 평가는 다음과 같은 두 가지의 결론을 제시하려는 데 의도를 두고 있다. 하나는, 만약 인간 행동의 목적이 개인들에게 주어진 욕구의 충족에 있고 아울러 그것을 충족하는 데 필요한 수단을 선택하는 데 있어서 인간이 합리적이라는 사실 그 자체만을 고려했을 때, 다시 말해서 공리주의적 가정만을 순수하게 적용했을 경우에, 홉스가 예상하는 전쟁 상황은 논리적으로 피할 수 없는 결론이라는 것이다. 사회과학자들의 흔한 표현으로 바꾸어 보자면, "사회 질서가 어떻게 가능했을까" 하는 문제는 피할 수 없는 의문으로 제기될 수밖에 없다는 것이다. 이런 관점에서 본다면, 사실적인 면에서 다소 황당하게 평가될 수밖에 없는 홉스의 "사회계약"을 통한 국가 권력의 형성은 논리적으로는 피치 못할 결론이었다.

　두 번째 결론은, 로크의 이론과 관련된다. 파슨스에 따르면, 로크는 홉스와는 대조적으로, 개인들이 자신들의 욕구를 추구하는 과정에서 일어날 수 있는 이해의 충돌과 그로 인하여 나타날 불안정한 사회적 상황들에 대해 별다른 우려를 표명하고 있지 않다. "사회 질서"의 문제에 대한 인식이 홉스와는 분명한 차이를 보인다는 것이다. 대신에 로크는 순수한 공리주의적 입장에서 보아 이질적일 수 있는 "이해의 일치에 대한 이성적 이해"라는 개인들의 능력을 일종의 매개변인으로 도입함으로써 홉스가 제기한 질서의 문제를 회피해나가고 있다. 이해의 충돌로 인해 예상될 수 있는 만인에 의한 만인의 투쟁 상태는 그들 상호 간에 일치되는 이해관계를 이해(理解)할 수 있는 개인들의 능력에 의해 사전에 예방 또는 완화될 수 있다는 것이다. 그러나 이는 개인들의 주어진 욕구를 가장 합리적인 수단을 통해 충족하려는 인간의 이기적 본성을 일단 가정한 상태에서 논리적으로 도출될 수 있는 결론과 부합되지는 않는다. 바로 이 점에서 통상적으로 이해된 공리주의적 논리로부터서는 벗어난다는 것이다. 파슨스가 홉스의 입장을 공리주의적 이론 가운데서도 가장 "순수한 유형"으로 규정하고, 로크의 입장과는 크게 차이가 나는 것으로 평가하는 것은 바로 이 때문이다. 즉, 순수한 형태의 공리주의적 가정을 일단 받아들이는 경우에 사회 질서의 문제가 핵심적 쟁점으로 부각되는 것은 논리적으로 불가피하다고 보는 것이다. 홉스는 이 쟁점과 정면으로 맞서 "사회계약론"이라는 해답을 가지고 대응했던 반면에 로크는 "자연적 이해(利害)의 일치에 대한 이성적 이해"라는 다분히 "형이상학적" 가정을 끌어들임으로써 사회 질서의 문제를 회피하는 전략을 선택하고 있다는 것이 파슨스의 해석이다.

그렇다면 파슨스가 염두에 두고 있는 "규범적" 관점에 비추어 보았을 때 홉스와 로크의 이론들이 각기 안고 있는 문제는 무엇인가? 먼저 홉스의 입장에서 보았을 때, "자연적 상태(state of nature)" 하에서 개인과 다른 개인과의 관계는 "적대적 관계(the war of all against all)"를 형성하게 될 수밖에 없을 것이다. 그 가장 중요한 이유로서는, 개인들은 그들의 욕구의 대상이 무엇이든지 간에 그것을 충족하기 위해 가장 효율적인 수단을 사용하려고 한다는 사실이 지적된다. 그리고 수단에 대한 가장 합리적 선택을 전제했을 때, 다른 사람을 부리고 지배하는 권력을 얻는 것이야말로 사람들이 원하는 목적을 충족하는 데 가장 효율적인 수단이 될 수 있을 것이기 때문이다. 물론 사람들 간의 능력에 있어서 큰 차이가 존재한다면 권력을 향한 경쟁은 쉽게 해결될 수 있을 것이다. 그러나 홉스가 보는 한, 사람들 간에는 능력에 있어서 별다른 차이가 존재하지는 않는 것이 사실이며, 따라서 다른 조건의 개입이 없는 한, 사술(詐術)을 통해서든 힘을 통해서든 서로를 이기기 위한 싸움은 "인간들이 사회 속에 함께 산다는 조건 하에서는" 자연적으로 나타날 수밖에 없는 현상이라는 것이다. 개인들의 이기적 욕망이 자연적으로 주어져 있고, 개인들이 그 것들을 가장 합리적인 방법으로 추구한다는 공리주의적 관점을 전제했을 때, 논리 적으로 얻을 수 있는 결론은 결국 개인들의 서로를 향한 싸움으로 인해 질서보다 는 혼란이 사회에 만연하리라는 것이다. 그러나 사회에는, 공리주의적 관점에서 논 리적으로 예측된 결과와는 반대로, 대체로 질서가 자리를 잡고 있다. 사회의 실제 현실 속에서는 왜 그러한 예측과는 다른 결과가 나타난 것일까? 파슨스가 시사한 바에 따르자면, 사회에 질서가 가능하게 된 계기는 사람들이 어느 순간 모든 개인 들이 자신의 이기적인 욕망만을 좇다가는 결국 아무것도 얻지 못한다는 사실을 깨 닫고, 말하자면, 개인의 차원을 넘어선 "사회적" 차원에서 문제를 인식하고 그 해 결책을 함께 모색한 순간부터였으리라는 것이다. 이는 곧 공리주의적 이론의 한계 와 함께 문제점이 드러나는 지점이기도 하다는 것이 파슨스의 평가이다. 개인들이 함께 해결해야 할 문제가 있다는 생각을 하고 함께 행동에 착수하는 것 자체가 공 리주의적 이론의 틀 속에서는 해결하기 어려운, 즉 인간의 집단행동과 관련하여 설 명이 요구되는 새로운 차원의 이론적 과제를 던져주기 때문이다.

로크의 이론과 관련된 파슨스의 평가는 우선 로크가 가정한 사람들 간 "이해(利 害)의 일치에 대한 이성적 이해"의 능력을 "찬성하기 어려운 형이상학적 지지대(支 持臺)"(1968: 102)로 표현한 데서 잘 나타나고 있다. 즉, 개개인들이 그와 같은 능력 을 이미 지닌 상태에서 다른 사람들과 사회적 또는 경제적 관계를 형성하게 되며, 그에 따라 사회에 질서가 존재한다는, 로크의 설명이 인간 심리에 대해 입증하기 어려운 짐작에 바탕을 둔 것이라는 것이다. 역설적인 사실은, 그럼에도 불구하고, 홉스의 논리적으로 정확한 추론에 비해, 실제로 관찰된 현실과 보다 부합하는 결 론이 도출될 수 있다는 것이다. 여기에서 파슨스가 제기하는 의문은, 잘못된 이 론으로부터 현실에 더 부합되는 결론 또는 예측의 도출이 가능한 이유를 어떻게 설 명할 수 있는가 하는 것이다. 이는 마치 잘못된 천체 이론으로부터서도 태양의 주 기적 움직임에 대한 정확한 예측이 가능한 것처럼 비정상적인 일은 아니며, 과학 분야에서도 흔히 일어나는 일이다. 단지 로크의 경우와 관련하여 파슨스는 왜 그와 같은 일이 생기는지에 대해 상당히 설득력 있는 것으로 여겨지는, 다음과 같은 설명을 제시한다. 로크는 개인들은 그들 간에 이해의 일치에 대한 이성적 이해의 능력을 가지고 있다고 설명하고 있다. 그러나 실제로는 그와 같은 개인들의 능력을 가정하지 않더라도 사회의 전체 질서의 유지에 기여하는 어떤 종류의 기제들이 이미 형성되어 작동하고 있음을 우리는 관찰할 수 있다는 것이다. 인간 행동의 배경에 작동하는 그와 같은 "사회적" 기제들을 "이해(利害)의 일치에 대한 이성적 이해"가 가능한 개인들의 능력에 의한 것으로 로크가 잘못 이해하고 있다는 것이 파슨스의 설명이다.

분명한 것은 홉스와 로크의 공리주의적 이론들이 안고 있는 문제점들에 대한 파슨스의 진단은 『구조』를 쓴 의도와 밀접한 연관성을 갖는다는 사실이다. 파슨스는 인간 행위를 설명하는 데 공리주의 이론의 개체론적(individualistic) 접근방법이 갖는 한계를 극복하고자 하는 의도를 『구조』 초반부부터 여러 곳에서 밝힌 바 있다. 이와 같은 의도는 인간 행위의 "규범성(normativeness)"과 같은 용어라든지 "자원론적(自願論的) 행위 이론(voluntaristic theory of action)," "사회 질서(social order)" 등과 같은 용어들의 사용에 의해 표현되고 있다. 이와 같은 의도 하에 『구조』의 구체적 내용에 있어서 전개 과정에 대해서는 다음에 이어지는 부분에서 설명이 이어질 것이다.

나. 개체론적 실증주의(individualistic positivism)의 발전 과정에서 드러나는 공리주의 이론의 문제점들

맬서스(Thomas Robert Malthus, 1766-1834)의 인구학 이론이 파슨스의 인간 행위를 주제로 하는 『구조』에 등장하는 것은 다소 예외로 여겨질 수도 있다. 파슨스가 맬서스의 이론을 등장시킨 주된 이유는 맬서스를 다룬 부분의 서두에 쓴 다음과 같은 언급에서 잘 나타나고 있다: "아마 자신이 무엇을 하고 있었는지 깨닫지 못하고 있었을지는 모르나, 맬서스는 공리주의가 입고 있는 낙관적(樂觀的)인 갑옷에 심각한 손상을 입혔다"(1968: 102). 이 같은 짧은 언급을 통해 의미하는 바를 이해하기 위해서는 다소 긴 설명이 요구된다. 우선 공리주의가 사회질서의 문제와 관련하여 낙관적인 견해를 가질 수 있는 이유들 가운데 하나는 이미 위에서 몇 차례에 걸쳐 언급된 바 있는 로크의 가정과 관련된다. 즉, 개인들은 서로 간에 존재하는 공통의 이해관계를 이해할 수 있는 능력을 소유하고 있다고 보고 있다. 따라서 막강한 국가 권력의 작용이 없다고 하더라도 홉스가 우려하는 그와 같은 만인들 간의 전쟁상태로 인한 혼란은 발생하지 않으리라는 것이다. 이와 같은 낙관적 견해는 개인들 간의 이익을 위한 경쟁이 불가피하며, 더 나아가서는 필요하다고까지 보는 경제학자들에 의해서도 공유되고 있었다는 것이 파슨스의 평가이다. 예를 들어, 시장에서 이익을 위한 자유로운 경쟁이 벌어질 경우, 어떤 사람들은 당연히 사는 가격은 싸게 지불하고 높은 가격으로 팔아 폭리를 취하려고 할 것이다. 그러나 그보다 낮은 또는 높은 가격으로 경쟁에서 이기려는 사람들이 있을 것이다. 결과적으로, 인위적 개입이 없더라도 시장에는 자율적이고 공정한 질서가 형성될 것이다. 이러한 주장은 적어도 경제적 거래가 이루어지는 시장의 경우에, 홉스의 비관적인 예측을 반박하는 논리를 구성한다.

같은 단원에서 파슨스는 공리주의적 이론의 조류와 다른 흐름에 속하기는 하지만 사회질서의 문제와 관련하여 로크와 크게 다르지 않은 결론에 다다른 다른 사상적 움직임들에도 눈을 돌리고 있다. 맬서스 이론에 의해 가해진 "공리주의의 낙관적 견해의 갑옷에 입힌 손상"이 그와는 다른 사상적 조류에 의해서도 마찬가지로 가해졌다고 판단하기 때문이다. 국가 권력이 서구의 사회사상가들의 중요한 화두로 등장하고 있을 무렵에 일군의 학자들 사이에서는 그것의 폐해와 무용론이 큰 쟁점으로 부각되고 있었다. 이로부터 파생된 사상적 움직임이 무정부주의(anarchism)[27]였다. 흥미로운 사실은 고드원과 같은 인물의 무정부주의 역시 그 출발점에 있어서는 로크의 주장과 본질적으로 그다지 다르지 않다는 점이다. 개인들이 스

---

[27] 무정부주의의 전반적인 소개와 발전과정에 대해서는 피알라(Andrew Fiala, 2017)의 글을 참조할 것. 특히 본문에서 이루어지는 논의와 관련하여 홉스와 로크의 국가관에 대한 윌리엄 고드원(William Godwin, 1756–1836))과 같은 무정부주의자의 인식에 대해서는 피알라의 글 중 "정치철학사 가운데서 무정부주의(Anarchism in the History of Political Philosophy)" 부분을 참조할 것.

스로 공통적인 이익을 판단할 수 있는 이성적 능력을 지녔다고 본다는 점에서 본질적으로 다를 것은 없다는 것이다. 다른 것이 있다면, 국가의 기능을 긍정적으로 평가하느냐 그렇지 않으면 억압과 불평등과 같은 역기능을 초래하는 불필요한 제도로 보느냐에 있어서의 차이다. 파슨스는 둘 다 개체론적 이론으로서 그 이론적 출발선이 유사하다는 점에서 로크의 공리주의적 이론과 무정부주의자 사이의 차이는 "불편할 정도로 얄팍할 따름이라고" 보고 있다.

이로 미루어 파슨스가 맬서스를 논의의 대상으로 끌어들인 이유는 비교적 분명하다. 맬서스의 인구에 대한 이론을 활용하여 사회 질서의 주체로서 개인들의 역할에 대해 비교적 낙관적인 견해를 표명한 이론들의 한계를 들춰내는 데 목적을 두고 있다는 것이다. 다시 말해서, 개인들을 사회 질서의 가장 기본적인 단위로 삼고 있는, 즉 개체론적 이론들을 비판의 표적으로 삼고자 하는 목적을 염두에 두고 있었다. 그렇다면 이제 파슨스가 맬서스가 이끌어낸 어떤 결론이 사회 질서에 대해 개체론적 이론들이 가지고 있었던 낙관적 견해를 부정하는 내용을 함축하고 있는지를 살펴보려고 한다.

맬서스 이론에 관한 파슨스 논의의 요지는 다음과 같다. 만약 무정부주의자 고드윈이 원했던 것처럼 국가가 소멸하고, 홉스가 예측했던 권력을 향한 투쟁 대신에 개인의 평화로운 삶이 성취되었다고 가정했을 때, 다음에는 "어떤 일이 벌어질 것인가?"(1968: 105). 이에 대한 맬서스의 대답은, 사람들은 아이들을 낳고, 그에 따라 인구의 증가가 시작되리라는 것이다. 그런데 증가된 인구는 보다 많은 식량의 생산을 필요로 하는데, 맬서스의 이미 잘 알려진 이론에 따르면, 인구는 기하급수적으로 증가하는 데 반해 식량의 생산량은 산술급수적으로 증가한다. 식량부족으로 생존 위기에 처한 사람들의 상황은 다시 홉스가 예측한 바와 같이 "만인에 의한 만인의 투쟁" 상황과 유사할 것이다. 이에 직면한 사람들의 대처 방법을 맬서스는 두 가지로 구분한다. 하나는 인구의 "적극적 억제(positive checks)"이며, 다른 하나는 "예방적 억제(preventive checks)"이다. 전자는 굶주림, 질병, 전쟁 등으로 사망률이 높아짐으로써 인구의 자연적인 감소를 가져오는 방법이며, 후자는 결혼 연령을 늦추는 등을 통해 출생률을 낮춤으로써 인구 증가를 억제하는 방법이다. 후자의 방법 가운데는, 맬서스의 종교적인 관점에서, 성매매라든지 피임을 통한 산아제한과 같은 "비도덕적인" 방법도 포함이 되나 그는 "윤리적으로 허용되는 범위 내에서 개인들이 행하는 자발적 절제(moral restraint)"를 통해 이루어지는 방법을 선호하였다.

파슨스의『구조』에서 이루어지고 있는 논의의 맥락에서, 이와 같은 맬서스의 견해가 갖는 중요성은 그의 인구학적 이론의 옳고 그름에 있는 것은 아니다. 관건이 되는 사실은 맬서스의 인구 현상에 관한 분석이 개인들의 출산력이라는, 순전히 개체론적인 가정 위에서 이루어지고 있다는 사실이다. 그리고 그것을 토대로 추론된 사회의 전체적인 상황에 관해서는 홉스와 유사한 결론에 도달하고 있다. 반면에 인구 문제를 해결하는 데 있어서는 "가족"이나 "도덕적 가치"와 같은 사회제도 또는 규범적 요소들의 역할을 강조하고 있다. [28] 즉, 문제의 진단에 있어서는 공리주의적 개체론자들의 이론적 논리가 적용되고 있다. 반면에 그 해법에 있어서는 종교적 윤리에 토대를 둔 규범적 해법이 강조되고 있다는 것이다. 이는 만약 개체론적 이론가들이 사회질서에 대해 낙관적 견해를 가지고 있었다면, 그것은 그들이 지닌 기본적 가정으로부터 도출된 것이라기보다는 실은 그것을 부정하는 어떤 다른 줄기에 속하는 관점으로부터 나온 것임을 보여준다. 이 점이 바로 맬서스가 자신도 의도하지 않은 가운데 사회 질서에 대해 공리주의자들이 가지고 있었던 낙관적인 견해를 부정하는 결론에 도달하고 있다고 파슨스가 보는 이유이다.

『구조』의 첫 번째 부분의 마지막 장에서는 맬서스가 경제학을 포함하여 실증주의적 경향의 사회과학 이론들에 미친 영향을 다루고 있다. 이 부분에서 파슨스는 앞에서와는 다소 다른 맥락에서 개체론적 공리주의자들의 이론이 갖는 문제점을

---

28) 파슨스의 글쓰는 방식은 그가 강조하고자 하는 사실을 항시 명료하게 표현하고 있지는 않다. 필자는 파슨스가 이 부분에서 제시하고자 하는 결론은 한 인터넷 불로그에 올려진 다음과 같은 글에서 훨씬 더 잘 표현이 되고 있다는 생각이 들어 여기에 인용해 보려고 한다: "따라서 토마스 맬서스가 기여한 바는 다음과 같이 이야기할 수 있을 것이다: 인간은 다음과 같은 점에서 여타의 모든 생명체보다 우월한 존재이다. 즉 인간은 그의 욕망에 따라 행동함으로써 기대되는 혜택에 비해서 지불해야 할 비용이 더 큰 경우에 그것을 절제할 수 있는 이성을 소유하고 있다는 점이다. 동시에 자연이 부과하는 한계를 극복하고 미래의 생산력과 소득을 증가시킴으로써 생활수준을 향상시킬 수 있는 방법을 고안하기 위해 노력하며, 이를 위해 이성적 능력을 구사할 수 있는 존재이다. 그리고 그것이 성공하는 데 있어서는, 자유와 사유재산 그리고 평화적 질서 등을 포함하는 필요한 제도적 조건들이 선행되어야 할 것이다"(Ebeling, 2017).

분석하고 있다. 먼저 파슨스는 맬서스의 인구학 이론이 어떤 방식으로 새로운 착상들과 연결됨으로써 사회사상 내지는 경제학의 발전에 기여하게 되었는지를 설명한다. 하나의 예가 임금 이론이다. 임금 이론 가운데 일찍이 경제학자들의 주목을 받게 된 이론 가운데 하나가 "임금생존비설(賃金生存費說, wage subsistence theory)"로서 임금철칙설(the iron law of wage)로 불리기도 한다. 이는 맬서스의 인구 이론과 연계되어 발전된 이론으로서 내용을 간단히 요약하면 다음과 같다. 즉, 인구가 증가하여 노동력의 공급이 늘게 되면 그만큼 임금은 감소하게 된다. 임금이 생존을 유지하기에도 어려울 만큼 하락하게 되면 이는 인구의 증가를 억제하는 요인으로 작용하게 됨으로써 노동력의 감소를 가져오게 된다. 이는 다시 임금을 생존을 유지할 만큼의 수준으로 높이는 요인으로 작용하게 될 것이다. 결국 장기적으로, 노동자의 임금과 노동력 규모에 있어서 증가와 감소에 따라 임금의 평균적 수준은 최저생계비를 유지하는 선에서 균형을 이루게 된다는 것이다. 이와 같은 설명 방식은 인간 행위 또는 사회 현상을 인간의 생물학적인 본능과 그것의 충족을 제한하는 조건으로서 작용하는 환경 사이에 상호작용의 맥락에서 설명하고 있다는 점에서 특징을 찾을 수 있다. 즉, 실증주의적 방법론에서 권유하는 방식에 따라 오직 객관적으로 주어진 사실들을 기반으로 설명이 이루어지고 있다. 여기에는 사회적 규범을 토대로 한 인간들 사이의 관계라든지 환경에 대한 인간들의 지적인 대응들은 전혀 고려되지 않고 있다. 이러한 점에서 파슨스(1968: 114)는 공리주의에 토대를 둔 행위 이론은 "인간 행위의 분석 자체가, 그것이 반지성주의적(anti-intellectualistic)이든 합리주의적(rationalistic)이든 또는 양자가 결합된 형태이든지 간에, 극단적인 실증주의적 입장(radical positivistic position)으로 이끌려 갈 수밖에 없다"고 지적한다. 즉, 인간의 능동적 역할이 배제된 상태에서 인간 행위를 전적으로 환경에 의해 결정된 결과로 설명하거나 주어진 조건 속에서 이루어지는 최적한 행위의 합리적 선택으로 보는 견해로 빠지는 수밖에 없다는 것이다. 문제는 많은 사회-경제학적 현상들이 그와 같이 인간에게 본연적으로 구유된 생물학적인 욕구나, 순수하게 환경적인 영향에 대한 실증적 분석만으로써 설명될 수 있느냐의 여부이다.

맬서스 인구 이론이 임금 결정이론으로 연결되는 데 따라 제기되는 다른 하나의 문제점으로서는 마르크스의 이론을 통해서 부각된 중요한 사회적 문제와 연관이 된다. 파슨스에 따르면, 임금을 통해 생계를 이어가는 노동자들과 자본을 이용하여 잉여가치를 창출하는 자본가들 사이에는 심각한 "부조화(disharmony)"가 존재한다. 특히 마르크스에 의해 설명이 시도된 이와 같은 부조화 현상은 맬서스의 이론과 그와 연계 하에 발전된 고전경제학 이론들이 미처 주목하지 못한 현상이었다.

마지막으로, 여러 유형의 실증주의적 경향의 행위 이론들을 검토하는 과정에서 파슨스가 내린 결론의 요점은 사회적 행위의 두 구성요소, 즉 행위의 목적과 수단이라는 행위를 구성하는 두 요소들을 순수하게 실증주의적 시각에서 이해할 수 있다고 보는 것은 종국적으로는 행위의 수단은 물론 인간 행위의 목적마저 타고난 인간의 본능이라든지 자연 환경에 대한 적응의 결과로 보는, **결정론적**인 시각으로 기울어질 수밖에 없다는 것이다. 파슨스의 입장은 앞에 논의된 부분에서 잠간잠간 시사되었듯이, 이와 같은 순수한 형태의 실증주의적 시각은[29] 인간행위를 설명하는

---

29) 파슨스(1968: 78)는 이와 같은 시각을 다음과 같은 도식으로서 표현하고 있다.

실증주의 체계의 일반적 공식:

$A = S$ (주관적 인식 속에 존재하는 T, t, r) $+ E (T, t, ir) + N (T, t, ir)$

$Z = (A1 + A2 + A3 \cdots An) + Rel + (Ri) + (Rc)$

(위의 공식에서 A는 단위행위 S는 상황, 상황은 행위와 직접적인 관련이 있는 것으로 여겨진 다음의 요소들을 구성됨.

　$C = $ 상황들, 더하기

　$M = $ 수단들, 더하기

　$i = $ 규범적 또는 관념적 요소들, 더하기

　$ie = $ 규범적 또는 관념적 요소들의 상징적 표현들

행위의 주관적인 측면이 과학의 방법론적인 기준에 따라 분석이 될 때, 상황과 그것에 내포된 요소들은 다음과 같은 주관적인 요소들을 통해 표현될 것이다.

　$T = $ 행위자가 가지고 있는 과학적으로 타당성을 지닌 지식들, 이는 다음들로 구성되어 있다

　　$F = $ 입증가능한 사실들에 대한 사실들에 대한 진술들, 더하기

　　$L = F$로부터 논리적으로 오류없이 도출된 지식들

　$t = $ 관찰자들이 지니고 있는 지식의 관점에서 타당성 있는 과학적 지식으로 간주할 수 있다고 인정된 요소들 가운데 실제에 있어서는 이러한 기준에 맞지 않은 지식들; 비과학적 요소들. 여기에는 다음이 포함된다.

　　$f = $ 사실로 믿고 있지만 실은 사실과 부합치 않은 진술들

　　$l = $ 논리적 오류들

　　$ig = $ 무지, 객관적으로 파악될 수 있으나 주관적으로 인지되지 못한 것들

　$r = T$ 또는 t로서 표시된 요소들과 연관성이 없이 무작위적으로 분포하는 요소들

데 있어서 심각한 한계를 갖는다는 것이었다. 그리고 이와 같은 문제점에 대한 반성이 곧 학자들 사이에서 인간 행위의 "규범성"에 대한 관심을 점차 증가시킨 이유가 되었다고 지적한다. 이후에 마샬로부터 시작하여 파레토, 뒤르케임 그리고 베버로 이어지는 파슨스의 논의는 바로 여기에서 출발한다.

다. 앨프레드 마샬(Alfred Marshall)

파슨스가 앨프레드 마샬의 경제학 이론을 다룰 때, 그 바탕에 깔린 가장 중요한 관심사가 있었다. 그것은 인간 행위에 대해 그가 지녔던 보다 일반적인 관심사의 맥락에서 마샬의 공리주의적 경제학 이론(utility theory)이 지닌 의의를 분석하는 일이었다. 이는 경제 영역이 인간의 다양한 행위 영역들 가운데서 큰 중요성을 차지하는 것이 사실이긴 하지만 제한된 한 부분에 불과하다는 점에서, 마샬의 이론이 지닌 의의를 그와 같은 일반적 시각에서 분석하는 데 대해서는 의문이 제기될 소

E = (행위의) 목적

N = E와 S를 연결하는 데 적용되는 선택적 기준

Z는 행위(들)의 체계로 정의하자.

　Rel = 하나의 체계를 구성하는 단위 행위들의 기본적 관계, 즉 행위준거틀의 맥락에서 (행위들로 이루어진) 하나의 체계에 대한 기술이 어떤 점에서든 가능하다고 보았을 때, 그와 같은 복수의 단위행위들로 구성된 체계의 개념에 적용가능한 단위행위들 간의 기본적 관계

　Ri = 단위행위들이 모여 하나의 개인 또는 행위자로 지칭되는 하나 또는 그 이상의 보다 크고 조직화된 단위를 구성하게 되는데 이같이 복잡성의 정도가 증대된 체계 속에서 새롭게 형성되는 관계들을 지칭한다. 그러나 개인들 사이에 형성 되는 관계들로부터 새롭게 생성되는 (집단적) 속성들은 여기에 포함되지 않는다.

　Rc = 사회적 집단 또는 "공동체"의 구성원으로서 개인들 간의 관계와 관련하여 새롭게 형성되는 관계들

이와 같은 공식이 갖는 의미에 대해서는 이와 대조되는 이론적 모형, 즉 "자원론적 행위이론"을 설명할 때 좀 더 자세한 설명이 이루어질 것이다. 여기에서는 단지 순수한 실증주의적 행위이론을 표현한 도식에서는 위 부분에 표시된 i와 ie의 두 요소, 즉 "규범적 요소"들이 빠져 있다는 사실을 지적함으로써 족할 것으로 여겨진다. 이는 실증주의 설명 모형에서는 인간 행위를 설명하는 데 있 어서 문화적 가치라든지 사회적 규범들과 같은 요소들이 구태여 필요치 않다고 보는 견해를 견지 하고 있음을 지적하기 위한 것이다.

지가 있다. 더욱이 마샬이 지향했던 경제학의 학문적 성격은 거시적이었다기보다는 다분히 미시적이었고, 추상적이기보다는 "일상 생활을 영위하는 가운데서 (경험적으로) 관찰되는 인간에 대한 연구"(1968: 134)[30]였다. 그리고 좀 더 좁혀진 시각에서, 마샬이 표현한 바에 따르자면, 그의 경제학은 특히 "개인의 행위 동기에 영향을 미치는 요인들을 화폐 단위로 측정하는 데 초점을 맞춘 과학"이었다. 이와 같이 매우 제한된 관점에서 고전경제학의 토대를 구축한 마샬의 학문적 성과를 대상으로 보다 확장된 시야에서 사회적 행위에 일반적으로 적용될 수 있는 가능성을 평가하고자 하는 것이 파슨스의 의도였다. 이와 같은 파슨스의 의도가 무리하지 않은 것이 될 수 있기 위해서는 우선 한 가지 조건이 충족되어야 한다. 즉, 마샬의 공리주의적 경제이론에서 설명하는 개인들의 경제적 활동의 동기들이 여타의 사회적 행위에 대해서도 그대로 적용 가능해야 한다는 것이다.

이러한 가능성에 대한 파슨스의 진단에는 우선 공리주의 자체를 어떻게 해석하느냐 하는 문제가 제기될 수밖에 없다. 우리가 앞에서 살펴보았듯이. 공리주의적 인간관에도 서로 다른 시각들이 존재하기 때문이다. 홉스와 로크 그리고 맬서스의 이론이 인간 행위를 설명하는 이론으로서 각기 갖는 한계에 대해서는 이미 앞에서 설명이 되었다. 그렇다면 이제 공리주의 이론의 발전된 한 유형으로서 마샬의 경제학 이론이 갖는 특징적 면모와 그것과 이전의 공리주의 이론들과의 차이를 파슨스가 보는 시각에서 일단 살펴보기로 한다. 그 다음에 논의는 마샬의 이론이 일반적 행위 이론으로서 갖는 가능성과 한계에 관한 파슨스의 평가로 옮겨갈 것이다.

잘 알려져 있듯이, 마샬의 경제학 이론은 재화의 가격을 수요곡선과 공급곡선이 가위 모양으로 교차하는 지점에 표시한 도식이 핵심적 요소로 자리하고 있다. 형태상으로는 일견 간단한 것처럼 보이는 이 도식은 그의 경제학 이론의 핵심적 개념들을 집약해서 담고 있다. "수요의 가격탄력성"이라든지 "공급의 가격탄력성," "생산자

---

30) 이후부터 인용되는 마샬의 『경제학 원론(Principles of Economics)』에 나오는 구절들은 파슨스의 『구조』에 인용된 구절들을 그대로 옮겨온 것들이다. 이는 마샬에 대한 파슨스의 해석적 관점이 인용문의 선택에도 반영되고 있다고 보고, 이 책의 목적이 마샬의 견해를 소개하기보다는 그에 대한 파슨스의 해석적 관점을 소개하는 데 있기 때문이다.

잉여," "소비자 잉여," 그리고 마샬 경제학의 핵심적 명제의 하나인 "한계 효용의 법칙" 등이 이 간단한 하나의 도식 속에 담겨 있다는 것이다. 이 모든 개념들 또는 이론 등에 모두 연결되는 동시에 마샬의 경제학 이론을 특징짓는 중심적인 개념이 "효용(utility)"이다. 따라서 마샬의 경제학에 대한 파슨스의 논의는 인간의 경제적 행위를 설명하는 데 있어서 이 개념이 지닌 의의와 한계로 집중된다. 그렇다면 효용은 무엇인가? 일반적인 의미에서 이는 어떤 재화나 서비스가 개인들이 그것을 통해 충족하고자 하는 "욕구(wants)"를 만족시키는 정도를 의미한다. 우리가 마샬의 경제학 이론을 "공리주의 이론(utilitarian theory)"[31]이라고 부르는 것은 바로 앞에서 지적했듯이 효용의 개념이 그의 경제학 이론의 토대를 이루고 있기 때문이다. 물론 효용의 개념이 이론의 토대를 이루고 있다는 점에서는 마샬의 이론 역시 인간 행동을 이해하는 시각에서 여타의 공리주의 이론들과 관점을 공유하고 있다는 점은 분명하다. 그러나 파슨스가 마샬의 경제학을 『구조』에서 중요한 분석의 대상으로 선택한 것은 인간 행위의 이해와 관련하여 마샬의 공리주의 이론을 같은 사상적 계열의 다른 이론들과 비교했을 때 나타나는 어떤 특징적 차이에 주목했기 때문일 것이다. 그렇다면 그 차별성은 어디에 있다고 보고 있는가? 그리고 인간 행위의 본질을 이해하는 데 그와 같은 차별성이 지닌 의의는 어디에서 찾을 수 있는 것인가?

이와 같은 의문과 관련하여 우선 홉스에 의해 제기된 사회 질서의 문제에 대해 다시 한번 살펴보는 것이 좋을 것으로 여겨진다. 홉스의 사회계약설은 인간의 본성은 개인들의 이기적인 욕구를 충족하는 데 있다는 전제로부터 출발한다. 문제는 인간들이 원하는 재화는 제한되어 있는 상태에서 모든 개인들이 자신의 욕구만을 충족하기 위해 행동에 나서는 경우 만인들의 만인을 향한 투쟁의 상황은 불가피하리라는 점이다. 인위적인 개입이 없다면 이기적인 인간의 본성으로 보아 그와 같은 상황이 필연적으로 벌어질 수밖에 없다는 점에서 "자연히 벌어질 수밖에 없는 상태(state of nature)"로서 규정될 수 있을 것이다. 그러나 현실적으로 사회에는 질서

---

31) utility를 "효용"으로 번역해 부르고, utilitarian theory를 "공리주의(功利主義) 이론"이라고 다른 용어로 부르는 이유는 단지 가장 일반적으로 각기 그렇게 불리기 때문이며 다른 이유는 없다.

가 존재하고 있으며, 이 현실적 질서가 어떻게 가능할 수 있었겠느냐 하는 의문이 제기될 수밖에 없다. 이것이 곧 홉스가 제기하는 "사회질서의 문제(problem of social order)"이다. 그리고 이에 대한 홉스의 해답이 사회계약설이었다. 즉, 모든 사람이 다른 모든 사람과 실질적 또는 잠재적으로 대립하는 상태에서, 결국은 누구도 자신들이 원하는 것들을 얻지 못하는 상황을 해소하기 위해 사람들은 자신들을 지배하는 막강한 권력을 지닌 국가를 구성하여 그것에 복종하기로 계약을 체결하게 되었다. 이로써 국가 권력이 질서의 유지 주체로 등장하게 되었다. 이러한 홉스의 견해에 대해 파슨스(1968: 93)는 다음과 같이 평가하고 있다: "이와 같은 해결책은 홉스 이론이 그 나머지 부분에서 이야기하는 합리성의 개념을 논리적으로 허용가능한 한계 이상까지 무리하게 늘리고 있는 것이다." 해석해서 이야기하자면, 홉스의 사회계약설은 개인의 이기적 성향과 수단의 합리적 선택을 포함하는 공리주의의 기본적 가정들 속에는 원래 포함되지 않았던 비공리주의적 요소들을 끌어들여 적용한 해결책이라는 것이다. 이러한 지적은 결국 공리주의적 이론은 그것이 갖는 본질적 한계를 뛰어넘는 새로운 이론적 요소의 도입이 없이는 사회 질서에 대한 설명은 어렵다고 보는 파슨스의 지론을 뒷받침하기 위한 것이다.

홉스에 대한 이러한 파슨스의 평가는 로크의 경우에도 그대로 이어지고 있다. 단지 홉스와 로크 사이에 다른 점이 존재하는데, 그것은 홉스에 비해 로크는 "자연상태"에 놓아두더라도 개인들 간의 이익의 추구로 인해 사회가 전쟁과 같은 혼란의 상태로 빠지지는 않을 것으로 본다는 점이다. 그와 같은 극단적인 상태로 빠지는 것을 막을 수 있는 것은 개인들이 이기적인 욕구의 충족을 추구하는 존재이기는 하지만 동시에 "이해(利害)의 일치에 대한 이성적 이해"의 능력을 소유한 존재이기 때문이다. 즉, 사람들은 서로 간에 존재하는 공통의 이해관계를 이해할 수 있는 이성을 지니고 있기 때문에 이해의 충돌로 인한 갈등이 파국적 상황으로 발전하는 일은 드물다는 것이다. 사람들이 본연적으로 공동체 친화적인 품성을 지닌 동물이라는 이와 같은 로크의 견해는, 필자가 이 책의 서두 부분에서 이미 살펴본 바 있듯이, 아리스토텔레스라든지 맹자와 같이 동서양에서 그 권위가 확립된 인물들에 의해서도 이미 주장된 바 있었고, 따라서 상당히 보편적으로 인정되는 견해이기는 하다. 그러나 그 타당성을 입증하기도 어렵거니와 공리주의의 기본적 가정과도, 개인의 이기적 품성과 사회적 품성 사이에 작용하는 어떤 매개적 요인들에 의한 설명이 없이는, 조화되기 힘든 가정이라는 것이 파슨스의 평가이다. 맬서스의 경우에는, 개인들에 의한 맹목적인 욕구의 충족은 기하급수적 인구의 증가와 함께 이들을 부양할 식량의 부족으로 기근과 전쟁 등의 위기적 상황을 예측하고 있다. 이러한 점에서 개인들의 이기적 행위는 필연적으로 사회적 위기 상황으로 이어질 것이라는 예측에 있어서는 홉스와 유사한 결론에 도달하고 있다. 맬서스가 예측하는 인구의 급격한 증가 현상은 경제학에서 소위 "임금철칙설(iron law of wage)"과 같은 임금이론과도 연결이 된다. 따라서 소위 "도덕적 억제"와 같이 인간들에 의해 취해질 수 있는 보다 규범적 수단들을 생물학적인 요인에 토대를 둔 이론 체계에 논리적으로 접목시킬 여지를 별로 남기지 않는다. 이를 토대로 파슨스가 내린 진단은 인간의 행위 이론으로서의 맬서스의 인구 이론은 철저하게 실증적인 이론의 테두리를 벗어날 수 없는 한계를 지니고 있다는 것이었다.

이제 앞에서 살펴본 이론들에 대해 파슨스가 내린 평가를 특별히 염두에 둔 상태에서 마샬의 이론에 대해 그가 내린 평가를 살펴보려고 한다. 그러나 그에 앞서 우선 지적을 요하는 사실이 있다. 그것은 파슨스가 『구조』에서 마샬에게 부여한 특별한 비중으로 미루어 행위 이론의 발달과정에서 그것이 차지하는 의의에 대해 매우 중요한 의미를 부여하고 있다는 점이다. 이는 앞에서 이미 지적한 바 있듯이, 인간 행위의 이해와 관련하여 마샬의 공리주의 이론이 같은 공리주의적 계열의 다른 이론들과 비교해 어떤 특징적 차이를 보이고 있었기 때문일 것이다. 그러한 차이는 대체로 다음과 같이 요약할 수 있다. 인간의 행위의 동기가 그들이 추구하는 어떤 욕구의 충족에 있으며, 따라서 주어진 재화나 서비스의 가치, 즉 효용성은 바로 그들이 추구하는 욕구를 만족시키는 정도에 따라 결정된다는 주장은 공리주의의 이론적 토대를 이룬다. 이러한 점에서 공리주의자들 간에는 큰 이견(異見)을 보이지 않는다. 문제는 그 욕구들이라는 것이 무엇인가 하는 것이다. 즉, 재화나 서비스의 상대적 가치를 결정하는 인간의 욕구들이 과연 무엇(들)인가 하는 의문이다. 공리주의자들 사이에서는 인간의 그러한 욕구들이 개개인의 안정적 생존을 위한 물적 자원의 확보와 관련된 생물학적인 욕구라는 것이, 명시적이든 암묵적이든, 가장 지배적인 견해를 이뤄왔다. 파슨스는 바로 이 점과 관련하여 마샬의 경제학 이론이 행위 이론에 있어서 중요한 발전으로 평가될 수 있는 전환을 보여준다고 평가한다. 그에 따르면 "마샬의 공리주의 이론은 (공리주의라는) 단일한 이론적 토대 위에서 구축된 것은 아니다. 그의 이론은 모든 부분 부분에서 (인간들의) **활동 이론**(*theory of activities*)과 긴밀하게 얽혀 있다"[32](1968: 105). 즉, 이전까지의 공리주의 이론들에서는 발견할 수 없었던 새로운 이론적 요소가 마샬의 경제학 이론을 구성하는 한 유기적인 구성 부분으로 자리 잡고 있다는 것이다. 그 새로운 이론적 요소가 무엇인지 그리고 그것이 행위 이론의 발전에 대해 갖는 의의를 이해하기 위해서는 먼저 인간이 충족을 원하는 욕구들에는 어떤 것들이 있는지에 관한 마샬의 견해를 살펴볼 필요가 있다.

이에 관해서는 파슨스(1968: 167)의 해설을 직접 인용하는 편이 이해에 더 도움이 될 것으로 여겨진다.

실제로 마샬이 인간 욕구를 세 종류로 분류한 것은 그의 저서를 통해 직접적이지는 않으나 내용적으로는 분명하게 파악될 수 있으며, 이러한 마샬의 입장은 우리의 논의에 매우 중요한 의미를 갖는다. 첫째로, 생물학적인 욕구의 범주에 속하는 것들을 지적할 수 있으며, 이 종류의 욕구들이 전적으로 실증적인 분석의 대상이 될 수 있다는 것은 분명한 사실이다. 둘째로는, "인위적인 욕구(artificial wants)"로서 공리주의 이론에서 순수하게 "불확정 변수(random variables)"로 취급하는 요인들이 여기에 속한다고 볼 수 있다. "무상하게 달라지는 유행(wanton vagaries of fashion)"과 같은 표현은 어떤 현상의 그와 같은 불확정적 특성을 매우 생생하게 나타내주고 있다고 볼 수 있다. 위의 두 범주 모두 실증적 이론체계와 꽤 잘 부합되는 것들이다. 그러나 이는 세 번째 종류, 즉 "(인간들의 활동에) 적응된 욕구(wants adjusted to activities)"에 대해서는 해당되지 않은 사실이다. 이와 같은 종류의 욕구는 실증주의적 사고 속에 위치하고 있는 (위에서 지적한) 다른 두 종류의 욕구들과는 확연하게 구분된다.

---

32) ( ) 안의 부분은 이해를 돕기 위해 필자에 의해 삽입되었음.

그렇다면 구체적으로 어떤 종류의 욕구들이 이에 해당되는가? 파슨스의 우선 그와 같은 욕구들은 "가치 요소(value factor)"를 형성하고 있다고 특징짓는다. 경제가 발전하면서 사람들의 욕구가 단순히 생물학적 생존의 문제를 해결하는 데 집중되기보다는 "보다 향상된 생활 수준"을 지향하는 경우를 예로 들 수 있다. 그리고 아마 보다 중요하게는, 기업활동의 자유라든지, 그에 수반하여 그와 같은 활동이 원활하게 이루어지는 데 필요한 "윤리성, 정직성, 공정성(uprightness, honesty, fair dealing)"(1968: 170)과 같은 개인적 품성에 대한 선호를 견인하는 사회문화적 풍토의 "진화적" 발달을 들 수 있다. 그와 같은 바람직한 상태로의 지향 또는 그러한 발전에 알맞은 개인적 품성에 대해 사회적인 선호가 곧 세 번째 종류의 욕구의 형성을 설명하는 예가 될 것이다. [33]

이로써 파슨스는 마샬이 인간 행위에 작용하는 사회적 및 가치적 요소들의 영역 속으로 의미 있는 한 걸음을 내디뎠다는 점에서 중요한 업적을 이룬 것으로 평가한다. 이 점이 바로 "사회적 행위"에 관한 이론을 구축하기 위한 여정에서 파슨스가 마샬의 경제학 이론에 상당한 비중을 부여하고 검토의 대상으로 삼은 이유이다. 자유로운 기업활동은 경제적 재화와 서비스의 공급과 수요를 중심으로 이루어지는 인간 활동의 한 제한된 영역이기는 하다. 그렇다 하더라도 보다 넓은 차원에서 사회적 및 규범적 요소들의 영향에서 독립적으로 움직이는 현상은 아닌 것이다. 만약 "윤리성, 정직성, 공정성"과 같은 규범들에 대한 사회적 합의가 지켜지지 않거나, 경제적 거래는 개인들의 이익을 위한 거래이기 때문에 그러한 기대가 아예

---

33) 흥미로운 것은 바로 이러한 가치의 형성과 관련하여 마샬이 베버가 거론했을 법한 의문을 제기하고 있다는 점이다. 왜 인도와 같은 사회에서는 그와 같이 향상된 가치에 대한 욕구가 형성되지 않았는가 하는 의문이다. 이에 대한 마샬의 대답은 인종적으로 또는 문화적으로 편향된 것으로 들릴 수도 있으나, 그보다는 매우 순수하게 실증주의적 관점에 따른 것으로 파슨스는 해석하고 있다. 즉, 인도 사람들은 더운 기후의 영향에 의해 게으르고 무기력하고, 따라서 활발한 기업활동이 이루어지기에는 한계가 있었다는 것이다. 서구의 경우에는 적절한 환경적 조건들하에서 활발한 경제적 활동과 함께 그에 적합한 개인들의 성품과 규범 및 제도들이 발전하게 됨으로써 인도와 같은 사회와 차이가 나타나게 되었다는 것이 마샬의 설명이다. 이를 서유럽 사회에서의 자본주의의 발생을 소위 "관념론적"인 관점에서 설명한 베버의 이론과 비교한다면 매우 흥미로운 대조를 보인다. 물론 파슨스는 마샬이 이와 같이 그의 공리주의적 경제이론의 틀을 벗어나 인간 행위의 설명요인을 자연환경에서 찾는 경우는 드문 일이라고 지적하고 있다.

존재조차 않는다고 가정했을 때 어떤 상황이 벌어질 것인가? 홉스가 예측한 투쟁과 무질서의 상태일 것인가? 아니면 로크가 보았던 바와 마찬가지로, 인간은 "이해(利害)의 일치에 대한 이성적 이해"의 능력을 소유한 존재이기 때문에 국가 권력에 의한 강제적 개입이 없이도 개인들의 자유로운 활동을 통해서도 질서는 가능했던 것인가? 이후의 맬서스의 인구 이론까지 포함하여 공리주의 계통의 이론들이 사회 질서의 문제와 관련하여 제시한 해답들에 대한 파슨스의 평가는 그다지 긍정적인 것은 아니었다. 반면에 마샬은 "인간 활동에 적응하면서 새롭게 형성된 욕구"라는, 즉 인간의 이기적인 욕구뿐만 아니라 주어진 사회의 제도적 환경 속에서 활동하는 과정에서 형성된 이차적 욕구들을 이론의 핵심적 요소로서 도입하고 있다. 이를 통해 사회 질서의 문제를 주로 "효용" 개념에 의존하여 해답을 구하려고 했던 공리주의 이론의 한계를 극복하고 있다는 것이 파슨스의 진단이다. 물론 어디까지나 효용의 개념에 토대를 둔 그의 경제학 이론의 한계를 온전하게 탈피하는 데 성공한 것으로 평가하는 것은 아니다. 보다 일반적인 차원에서 인간 행위를 설명할 수 있는 이론체계를 구축하는 데 유용하게 쓰일 수 있을 만큼의 수준에 도달한 것으로 본 것은 아니었다는 것이다. 그 이유에 대해서는 마샬이 그의 경제학 이론에 대해 스스로 그어놓은 한계가 지적된다. 마샬의 관점에서 보자면, "경제학은 사람들이 삶을 위해 일상적으로 수행하는 일들 가운데서 (재화와 서비스의) 공급과 수요와 관련성을 지닌 것으로 판단된 부분들을 다루는 학문 분야이다"(Parsons, 1968: 171). 경제학의 학문적 관심사에 대해 마샬이 그어놓은 이와 같은 한계는, 보다 넓은 차원에서 인간 행위를 이해하고자 하는 입장에서 보았을 때, 인간의 행동에 영향을 미치는 수많은 비경제적 요인들 중에 그의 경제학 이론에 비추어 어떤 종류의 요인들의 중요성을 과대 평가하거나 또는 과소 평가하여 배제하는 경향을 보이게 된다. 경제학적인 분석보다는 제도적이거나 사회학적인 이해를 필요로 하는 요인들의 상대적 중요성이 간과되는 것은 바로 이 때문인 것으로 진단된다. 파슨스가 다음 분석의 대상으로 파레토(Vilfredo Pareto: 1848-1923)를 선택한 것은 바로 이 점에서 중요한 의미를 갖는다. 경제학자인 동시에 사회학자였던 파레토를 논의의 대상으로 선정한 이유와 관련하여 파슨스는 다음과 같이 이야기하고 있다.

표면적으로 나타나는 모든 차이점들은 파레토가 마샬과는 전적으로 다른 사상의 세계에 속하고 있음을 보여준다. 그럼에도 불구하고 그들의 배경에는 그와 같은 차이들에 특별한 의미를 부여하는 연속성이 존재하고 있다. (이 때문에) 경험적 현실에 대한 전적으로 다른 견해에도 불구하고 두 가지의 핵심적 문제와 관련하여 그것들이 시사하는 이론적 함의를 추적해보는 일은 가능하다. 파레토는 마샬과 마찬가지로 실증주의적 이론체계와 가까운 지점에서 그의 이론을 구축하기 시작했다. 그러나 마샬의 "활동(activities)"의 개념에 포함된 것과 똑 같은 체계의 "가치" 요소가 파레토의 이론에 있어서는 다른 형태와 맥락 속에서 모습을 드러내고 있다. 이로 인해서 파레토의 이론에서는 가치 요소의 위상과 이론적 의미에 대해 추가적인 규명이 가능하게 되었다.

해석하자면 파레토에 이르러서 인간 행위를 이해하기 위한 노력은 마샬이 뒤집어 씌운 경제학적인 굴레를 벗어버리고 보다 넓은 차원으로 비약할 수 있는 계기를 맞게 되었다는 것이다.

라. 빌프레도 파레토(Vilfredo Pareto)

『구조』에서 파레토의 이론에 관한 논의를 마치면서 파슨스(1968: 300)는 사회적 행위에 관한 일반적 이론의 발전을 위해 파레토가 기여한 바에 대해 다음과 같은 평가를 내리고 있다.

파레토의 업적은 완성된 이론체계를 형성하고 있느냐의 여부로 판단했을 때 체계화된 사회학 이론은 아니다. 단지 개척적 연구였을 따름이다. 그러나 수미일관하여 체계적 이론을 구축하는 데 요구되는 논리적 기준을 준수하고 있었다는 점에서 그리고 실질적으로 체계적 이론을 구축하기 위한 노력이라는 점에서 상당한 정도의 진척을 이룬 연구였다. … 이런 점에서 (이 책에서 이미 다룬 이론들과는) 색다른 특징을 보여준다. 그러나 『구조』의 특별한 목적들에 도움이 되는 방향으로 보완이 필요하다는 데 대해서는 앞에서의 논의들이 증언해주고 있다. 즉, 그러한 특별한 목적들에 비추어 보았을 때, 파레토의 이론은 만족할 수 있는 수준에 이른 것은 아니다. 그렇다 하더라도 여기까지 진행되어온 모든 이론적 관심사들에 비추어 적절한 연관성을 지닌 내용들을 함축하고 있다.

위의 인용문은 지적된 바와 같은 한계점과 동시에 가능성에 대한 파슨스의 인식이 곧 파레토를 검토 대상으로 선택한 이유였음을 지적하고 있다. 그렇다면 어떤 점에서 파슨스는 사회적 행위의 일반적 이론을 구축하기 위한 자신의 이론적 여정에서 파레토의 이론이 당시까지 존재하고 있었던 기타의 다른 이론체계들을 보완할 수 있는 중요한 이론적 시각들을 제공하고 있다고 보았는가? 파레토 이론은 파레토가 자신의 이론체계를 발전시키는 과정에서 핵심적 요소로서 활용한 몇몇의 중요한 개념들이 중심축을 이루고 있다. 이들 개념들은 거의 다 파레토의 저서 『마음과 사회: 일반사회학 원론(*The Mind and Society: A Treatise on General Sociology*)』을 구성하는 단원들의 소제목으로 나타나고 있고, 파슨스 역시 파레토의 이론을 논의하는 부분에서 대체로 그와 같은 소제목들에 따라 자신의 논의를 각 단원으로 구분하고 있기 때문에 파슨스에 의한 파레토 이론의 개괄적인 분석과 평가는 이 표제들을 중심으로 이루어지는 것이 편리하리라고 본다.

1. 사회적 현상 또는 행위의 분석을 위한 방법론

인간 행위와 사회 현상의 이해에 도달하기 위한 파레토의 시도는, 아마 그 당시에도 그러했거니와 현재에 와서까지도 흔히 그러하듯이, 과학적 방법을 인간 현상의 연구에 적용해야 하는 당위성과 문제점에 대한 검토로부터 출발한다. 자연 현상에는 어떤 종류의 규칙성이 존재한다는 사람들의 주관적 믿음들은 과학적인 방법을 통해서 부인할 수 없는 사실로서 확인이 되거나, 아니면 실재하는 현상과 부합되지 않는다는 사실이 밝혀지기도 한다. 객관적 현상에 대한 사람들의 주관적 믿음이 어디에서 오든지 간에 그 믿는 내용 자체가 실제로 얼마만큼 타당한지의 여부를 판별하는 데 적용하는 기준과 절차를 우리는 과학적 방법이라고 칭한다. 가장 흔히 통용되는 관점에 따른다면, 이러한 과학적 방법은 우리가 믿고 있는 지식을 바탕으로 대상 현상을 통해 실제로 관찰될 것으로 예상되는 결과들을 논리적으로 추론하고, 예측된 사실이 실험이나 관찰을 통해 실제로 일어나는지 경험적으로 확인하는 절차로 구성된다. 이와 같은 과학적 방법은 경험적 검증이 가능한 내용과 논리적 구조를 지닌 지식 또는 이론의 경우에 한하여, 적용이 가능할 것이다. 즉 검토의 대상이 되는 지식이 "경험적 관찰(또는 실험)이 가능한 현상들(experimental matter)"에 관한 주장을 내용으로 포함하고 있으며, "논리적인 서술체계(logical nexus)"를 갖추고 있는 이론일 경우에 적용 가능하다는 것이다(Pareto, 1935: 9). 바로 이런 점에서 과학적 이론은 여러 유형의 지식들 가운데서 "논리−실험적(logico-experimental)" 유형의 지식으로 분류된다. [34] 그렇다면 당장 제기되는 의문은 인간 행위 또는 사회 현상의 특성에 비추어 이와 같은 유형의 과학적 지식을 얻는 것이 가능한가 하는 것이다. 파레토의 견해는 이런 의문과 관련하여 콩트의 실증주의 전통을 잇고 있다. [35] 사회 현상 역시 자연 현상에 대해서와 마찬가지로 과학적 방법을 철저하게 적용함으로써만이 사실적 근거가 결여된 형이상학적 신념들에 대한 맹종 또는 습관적 사고로 인한 무지와 편견으로부터 벗어날 수 있으며, 따라서 현상 그 자체가 보여주는 실체적 "진실(truth)"에 접근할 수 있다는 것이다. 이와 같은 파레토의 방법론적인 입장은 "사회학에서도 우리는 천문학자들이나 물리학자들, 화학자들, 지질학자들, 식물학자들, 동물학자들, 생리학자들, 요컨대 현대의 모든 자연과학자들이 밟아왔던 길을 따라가려고 노력하고 있다"(Pareto, 1935: 36, paragraph 69-n5)라는 언급을 통해 매우 단정적으로 표현되고 있다.

그러나 파슨스의 『구조』를 통해 전개되는 논의의 맥락과 관련하여 파레토의 이와 같은 방법론적인 입장을 이해하는 데 있어서 특히 주목을 요하는 한 가지 사항

---

34) 파레토(1935: 9)의 분류에 따르면, 이론의 구성요소들은 그것이 경험적 현상을 다루는지 아니면 비경험적 현상을 다루는지, 또는 논리적 서술체계를 갖추고 있는지 아니면 "비논리적(non−logical)" 서술체계를 갖추고 있는지에 따라 네 가지 유형으로 분류될 수 있는데, 과학적 이론은 경험적 현상을 내용으로 하고 있으며 동시에 논리적 서술체계를 갖추고 있다는 점에서 특징을 갖는다. 이러한 지식의 분류는 사회학적인 지식을 특징짓고, 그것이 어떻게 자연과학적 지식과 차이를 보이는지에 관한 파레토의 관점을 이해하는 데 매우 중요한 의의를 지닌다.

35) 파레토는 과학적 지식을 추구한다는 일반적 원칙에 있어서는 콩트와 입장을 같이 한다. 그러나 콩트의 저술들이 실제로 "과학적 연구"의 산물인가에 대해서는 매우 부정적인 평가를 내리고 있다(Pareto, 1935: 1738, n. 1; cf, Parsons, 1968: 181).

이 있다. 파슨스는 가장 순수하게 실증주의적 관점에서 인간 행위를 설명하고자 하는 입장에 대해 "극단적 실증주의(radical positivism)"라는 명칭을 붙이고, 다음과 같은 등식을 빌려 특징을 짓고 있다.

$$A = S\,(T, t, r) + E\,(T, t) + N\,(T, t)$$

앞에서 필자가 주목을 요한다고 지적한 것은 극단적 실증주의의 관점을 표현한 위 도식에는 파레토의 이론에서 가장 중요한 특징을 이루고 있는 요소들이 빠져 있다는 것이다. [36] 즉, "분석적인 관점에서 독립적 요소로서 오직 주관적인 용어로만 표현될 수 있는 행위의 구성요소들이"(Parsons, 68: 79) 위 등식에는 들어 있지 않다. 개인의 인지적 및 가치 지향적 요소들을 비롯한 주관적 요소들이 배제된 가운데 오직 객관적으로 관찰가능한 사실들과 그것들을 토대로 논리적으로 구성된, 즉 위의 등식이 표현하는 급진적 유형의 실증주의 이론과 비교해 볼 때 파레토 행위 이론은 중요한 점에서 차이가 있다. 다시 말해서 극단적인 실증주의 이론들과는 달리 파레토의 주저 『마음과 사회(The Mind and Society)』라는 제목이 시사하고 있듯이 파레토의 행위 이론에서는 "마음" 또는 그와 관련된 현상이 매우 중요한 비중을 점유하고 있음을 알 수 있다. 분명히 "마음"은 객관적 검증이 가능한 지식만을 추구하는 과학주의적 입장에서는 용이하게 다룰 수 있는 현상이 아니라는 것은 분명하다. 바로 이러한 이유로 해서 한때 미국의 심리학을 지배하는 위치에까지 올라섰던 행태주의 심리학에서 그토록 강조했던 방법론적 원칙 가운데 하나가 곧 객관적 방법에 의해 관찰가능치 않은 현상들은 과학적 연구의 대상에서 배제되어야 한다는 것이었다. 이와 같은 시각에서 보았을 때, 파레토의 "일반사회학"적 관점에서 바라보는 인간 행위에 대한 이론은 다음과 같은 두 가지 문제에 대해 관심을 두게 된다. 첫째의 관심사는, 인간 행위에 대한 설명은, 자연현상에 대한 설명과는 다르게, 개인

---

36) 위 등식에 표시된 문자들이 표시하는 행위 요소들이 각각 무엇을 의미하고 있는지에 대해서는 〈주 29〉를 참조할 것.

들의 "마음"을 중요한 설명변인의 하나로 고려하지 않을 수 없는 특수성이 있다. 그렇다면 마음과 관련된 현상을 구체적으로 어떤 방식으로 과학적 관찰과 분석의 영역으로 끌어들이는가 하는 것은 파레토나 파레토의 이론을 분석하는 학자들에게는 중요한 관심사일 수밖에 없을 것이다. 파레토는 그의 저서에서 스펜서, 콩트, 헤겔 등을 위시하여 그 이전 세대의 학자들이나 동시대의 많은 학자들에 대해 과학이기보다는 "형이상학적"이라는 비판을 쏟아놓은 바 있다. 따라서 누구보다도 엄격하게 사회학의 과학적 성격을 강조하고, 또 자신 외에 거의 모든 사회과학자들의 업적을 비판적으로 보았던 파레토가 자신의 연구에서는 어떤 방식으로 과학적 기준을 충족하려고 노력하고 있느냐 하는 것은 매우 흥미로운 사안이 아닐 수 없을 것이다. 물론 파레토가 표면적으로 주장한 과학적 방법론과 그가 실제로 했던 연구 사이에 괴리가 있음을 알아챈 후대 학자들의 파레토의 방법론에 대한 평가는 그다지 긍정적인 편은 아니었다. [37] 그러나 과학이라는 이름 아래 이전의 학자들이 도외시하려고 했던 "마음"과 관련된 현상들이 인간 현상을 연구하는 학문 분야에서 결코 도외시할 수 없고 또 도외시해서도 안 될 현상이라면, 파레토가 마음을 어떻게 "과학적으로" 접근하고 있는지는 매우 중요한 관심의 대상이 아닐 수 없다. 파슨스가 파레토의 과학적 방법론에 대해 상당한 지면을 할애하고 있는 점 역시 인간 행위를 설명하는 데 있어서 주관적인 인지 요소의 중요성에 대한 파슨스 자신의 관심을 반영하고 있다는 것이 필자의 판단이다. 당시의 대다수의 학자들에 의해 대체로 부정적으로 평가되고 있던 파레토의 과학적 접근방법에 대해서 파슨스는 오히려 호의적인 관심을 가지고 다뤘던 것은 바로 여기에 이유가 있었다.

---

37) 한 예로서, 랠러비(Larrabee, 1935: 41)의 파레토에 대한 다음과 같은 평가를 참고할 것: "(다른 학자들에 대한 파레토의) 비난은 어딘가에서 자주 들어본 이야기 같은 느낌이 든다; 바로 앞서간 학자들이 만족할 만큼 '과학적' 기준에 미달하고 있다는, 즉 너의 연구보다는 내 연구가 훨씬 더 과학적 기준에 부합한다는 주장은 실증주의 역사 속에서 계속 반복이 되고 있기 때문이다. 학자들 한 명 한 명마다 죽은 다음에는 비과학적 가정에 사로잡혀 있었던 것으로 평가되어 왔다. 이제 만약에 과학의 순수성을 고수하려고 했던 전 세대의 어느 누구도 형이상학의 손아귀를 벗어나지 못했다면, 파레토 한 사람만이 그로부터 벗어날 수 있었다는 것이 과연 사실일 수 있겠는가? 파레토가 자신은 형이상학에 빠지지 않았다는 환상을 유지할 수 있었던 것은 자신의 방법론적인 토대와 주관적 요소들을 은폐하고 '사회적 사실(social fact)'이라는 핵심적 사실에 대해 정의 내리는 일을 회피함으로써만이 가능했던 것이 아니었을까?"

두 번째는, 파슨스가 파레토를 중요한 검토의 대상으로 선택한 것은 인간 행위와 사회에 관한 이해의 지평이 파레토를 통해 획기적으로 확대되었다는 평가를 내렸기 때문이다. 파레토에 관하여 논의를 시작한 부분에서 인용된 글에서 파슨스는 파레토의 이론에는 마샬에 이르기까지 그가 검토한 여러 공리주의적 이론들에 대해 제기해왔던 "모든 이론적 관심사들에 비추어 적절한 연관성을 지닌 내용들을 함축하고 있다"고 지적하고 있다. 과거의 이론들에서 나타난 여러 한계들을 보완할 수 있는 방향으로 발전이 이루어지고 있다는 것이다. 이런 점에서 파슨스의 파레토에 대한 논의는 그가 지향하는 보다 완성된 형태의 행위 이론을 구축하는 데 도움이 될 수 있다고 여겨지는 요소들에 초점이 맞추어지고 있다.

다음에는 파슨스가 파레토에 대해 논의한 내용을 위의 두 관심사를 중심으로 정리해서 소개하려고 한다. 단지 위에 지적된 두 가지의 관심사는 분리해서 다루기가 어렵기 때문에 파레토의 몇몇 핵심적 개념들을 중심으로 논의가 진행되는 과정에서 그 두 가지의 관심사와 관련되는 점들에 대해서는 그때그때 필요하다고 생각되는 시점에서 언급이 이루어지게 될 것이다.

2. 논리적 행위와 비논리적 행위

논리적 행위(logical action)에 대한 엄밀한 정의와 함께 그러한 유형의 행위가 인간의 전체 행위 체계에서 차지하는 상대적 비중과 위치는 적어도 파레토(1963)의 『마음과 사회: 일반사회학 원론(The Mind and Society: A Treatise on General Sociology)』에 관한 한 주된 그리고 직접적인 관심사는 아니다. 파슨스의 표현에 따르자면, "논리적 행위는 파레토의 이론체계에 속하는 요소는 아니다"(Pasons, 1968: 186). [38] 유사한 맥

---

38) 파슨스(1968: 191)는 파레토가 그의 직접적 관심사가 아닌 논리적 행위에 대해 언급한 데는 두 가지 의도가 있었다고 지적한다. 하나는 "파레토가 연구에 포함시키려고 하지 않았던, 즉 대체로 경제학 이론이라든지 연관 학문 분야에서 적절하게 다루어질 수 있는 구체적 행위 범주를 별도로 구분해놓기 위한 기준을 제공하기 위한 것"이고, 다른 하나는 "구체적 행위들의 구성요소들을 분류하기 위한 기준을 마련해놓기 위한 것"이었다. 이러한 지적은 경제적 영역과 그와 유사한 접근방법이 요구되는 영역들 밖에서 이루어지는 인간 행위는 "비논리적 행위들"이 대다수를 점하고 있다는 파레토의 시각을 반영하고 있다.

락에서, 랠러비(Larrabee, 1935: 507)는 파레토의 저서 제목 『마음과 사회』가 실제 내용에 비해 너무 "거창(grandiose)"하다는 평가를 내리면서 보다 정확한 제목으로서 "(인간) 감성과 사회(The Sentiments and Society)"를 추천한다. 이러한 평가는 파레토를 매우 높게 평가하는 사람들에게는 다소 불만스런 느낌을 주기는 하겠으나 파레토의 저서가 전체에 걸쳐서 주로 "(인간의) 감성들," 즉 "비논리적인" 요인들에 의해 작동되는 인간 행위 및 사회적 현상들을 다루고 있다는 점에서 그다지 빗나간 견해는 아닌 것으로 판단된다. 그러나 비논리적 행위가 그 자체로서 어떤 유형의 행위를 의미하는 것인지의 여부는 파레토에 의해 정확하게 정의되고 있지는 않다. 파레토는 비논리적 행위(non-logical action)를 논리적 행위에 대한 정의를 일단 내린 다음에 그러한 범주에 해당되지 않은 모든 다른 유형의 행위들로, 다시 말해서 논리적 행위에 속하지 않은 모든 잔여적 범주의 행위들로서 규정하고 있다. 이는 파레토의 행위 이론의 가장 핵심적인 부분 가운데 하나이기 때문에 파슨스 역시 이를 설명하는 데 상당히 긴 지면을 할애하고 있다. 그러나 오히려 장황하기까지 한 느낌이 없지 않기 때문에 아래에 나오는 파레토(1963: 77) 자신의 설명을 그대로 인용하려고 한다.

행위 목적을 달성하는 데 적절한 수단이 사용된 행위 유형, 즉 행위 목적과 수단이 논리적으로 연결된 행위 유형이 있다. 그리고 이와 같은 특징이 결여된 다른 행위 유형이 존재한다. 이 두 유형의 행위는 행위의 객관적 측면과 주관적 측면들을 고려해 보았을 때 서로 큰 차이를 보인다. 주관적인 관점에서 보자면 거의 모든 인간 행위는 논리적 행위 범주에 속한다. 옛 그리스 선원들의 눈으로 보자면 포세이돈 신에게 제물을 바치는 일과 노를 젓는 일은 똑같이 항해를 하기 위한 논리적인 수단이었다. 말을 많이 한다는 것은 피로한 일이기 때문에 말을 절약하기 위해서 이와 같은 유형들의 행동에 대해 명칭을 붙여주는 것이 편리할 것이다. 우리는 행동하는 주체의 주관적인 관점에서뿐만 아니라 훨씬 많은 지식을 소유한 다른 사람들의 관점에서도 수단과 목적 사이에 논리적인 연관성이 존재하는, 다시 말해서 바로 위에서 설명한 의미에서 주관적인 동시에 객관적인 관점에서 논리적인, 행동에 대해 **논리적 행위**(logical actions)라는 용어를 사용할 것이다. 이와 다른 유형의 행동들에 대해서는 **비논리적**(non-logical)(그러나 "반논리적(illogocal)"

과는 의미가 다른)이라는 명칭이 사용될 것이다.

이와 같은 정의에 따르자면 논리적 유형의 행동은 개인이 어떤 행동으로부터 주관적으로 예상하는 결과가 현실 속에서 실제로 나타나는 결과와 부합하며, 많은 지식을 소유한 사람들에 의해서도 이러한 사실에 대한 확인이 가능한 경우를 지칭한다. 이와 같은 논리적 행위 유형은 "고도로 문명화된 사람들" 사이에서 그리고 실용성을 강조하는 경제적 영역이라든지 정치 분야에서 활동하는 사람들 사이에 주로 많이 관찰되는 행동 유형이라는 것이 파레토의 주장이다. 이는 합리주의를 근대 사회의 한 핵심적 특징으로 지적한 베버의 주장과도 일정 부분 일치하고 있다는 점에서 흥미를 끈다. 그러나 『마음과 사회』에서 파레토의 관심은 논리적 유형의 행위로는 설명되지 않은, 비논리적 행위 유형에 의해 지배되는 인간 행위 영역에 주로 초점을 맞추고 있다. 이는 이미 앞에서 지적된 바 있다. 이에 따라 파레토에 대한 파슨스의 이후 기술은 비논리적 행위와 관련된 사항들이 대부분을 차지하고 있다.

파슨스가 자신의 행위 이론을 발전시키기 위한 과정에서 왜 파레토에게 그토록 중요성을 부여하고 있는지는 여기에서 어느 정도 분명하게 드러난다. 마샬에 이르기까지 공리주의적 행위 이론들은 대체로 파레토가 말하는 논리적 행위의 영역 속에 갇혀 있다고 볼 수 있다. 어떤 행위로부터 행위자가 주관적으로 예상하는 결과와 객관적 결과가 완전히 부합되는 경우는 논리적 행위의 가장 전형적인 사례라고 볼 수 있는 경제적 행위의 경우에도 매우 드물게 일어나는 일일 것이다. 이는 완전한 의미에서 논리적 행위는, 베버가 말한 의미에서, 하나의 이념형적인 유형에 지나지 않는다는 것을 의미한다. 즉, 현실 속에서는 실제로 관찰하기 어려운 행동 유형이다. 그러나 대부분의 경제학 이론은 개인들이 합리적으로 행동한다는 공리주의적 가정의 토대 위에서 구축된 지식이다. 따라서 경제학자들의 임무는 경제학 이론이 제공하는 기본적 가정과 여러 가지 보조가정들의 도움을 얻어 현실 속에서 실제로 나타날 결과에 가능한 한 최대로 근접한 예측 또는 설명을 얻어내는 일일 것이다. 그렇다면 경제적 영역의 경계 밖에 있는 정치, 사회, 문화, 종교 등등의 인간 행위 영역은 어떻게 보아야 할 것인가? 분명한 사실은 파레토가 과거와 현대 역사에 대한 해박하고도 방대한 지식을 동원하여 서술하고 있는 비논리적 행위의 광범

위한 사례들은 경제적 활동 영역을 제외한 (또 경우에 따라서는 포함하여) 여타의 행위 영역에서 관찰되는 수많은 행위들을 망라하고 있다는 것이다. 이들 행위들을 파레토(Pareto, 1963: 78)는 다음과 같은 네 개의 하위 유형으로 구분하고 있다.

〈도표 1〉 비논리적 행위의 유형

행위 유형	객관적 결과와 주관적 목적	
	객관적으로?	주관적으로?
1 유형	모름	모름
2 유형	모름	인식하고 있음
3 유형	알고 있음	모름
4 유형	알고 있음	인식하고 있음

위 도표는 비논리적 행위들을 개인들이 주관적으로 인지하지 못하거나 또는 인식하고 있는 목적을 위해 그리고 동시에 그 행위의 결과들이 경험을 통해 객관적으로 알려지지 않은 상태에서 있거나 또는 알려져 있는 상태에서 수행되는 네 가지의 행위 유형들로 분류하고 있다. 파레토는 이들 가운데 〈1 유형〉과 〈3 유형〉은 인간 행위에 관한 한 별다른 의미를 갖지 않은 것으로 보고 있다. 왜냐 하면 "인간들은 그들의 행위에 대해 논리적으로 그럴듯한 이유를 붙이려고 하는 매우 독특한 성향을 지니고 있기"(1968: 79) 때문이다. 그렇다면 남는 것은 〈2 유형〉과 〈4 유형〉이다. 즉 행위가 지향하는 목적 또는 예기하는 결과에 대한 주관적 인식이 존재하는 유형의 행동들이다. 이 가운데 〈2 유형〉은 행위 본인은 어떤 목적을 염두에 두고 행동하고 있으나, 그 목적이 실제로 이루어지는지의 여부에 대한 관찰은 우리의 경험적인 세계를 초월하는 일이기 때문에 객관적인 확인이 가능치 않은 경우를 지칭한다. 사후에 구원받기 위해 선행을 한다든지 저승 가는 길에 사용하기 위한 노잣돈을 관속에 넣어주는 장의(葬儀) 관습이 여기에 분류가 될 수 있다. 〈4 유형〉은 사회학자 머튼(Merton, 1968)의 "현시적 기능과 잠재적 기능(manifest and latent functions)"에 대한 기능적 분석 방법이 적용될 수 있는 행위 유형의 사례라는 점에서 흥미를 끌거니와 거의 대부분의 비논리적 행위들이 이 유형에 해당될 수 있다는 점에서 이론

적으로도 중요한 것으로 판단된다. 머튼의 논문에서 지적하고 있듯이, 현시적 기능이란 행위자 본인이 기대하는 행위의 결과를 지칭한다. 반면에 잠재적 기능이란 행위자 본인에 의해 의도되지는 않았으나 주어진 행위를 통해 실질적으로 나타나는 결과를 지칭한다. 중국의 옛 철학자 순자(荀子, 313? BC- 238? BC)가 예로 든 기우제(祈雨祭)가 여기에 적합한 하나의 예가 될 수 있다. 순자에 따르면, 사람들은 기우제를 지내면 비가 온다는 사실에 대해 "신묘(神妙)"하게 생각하고 있으나 기우제는 실은 의식을 통해 사람들의 불안을 달래기 위해 꾸며진 행사에 불과하다는 것이다(순자, 2006: 79). 〈4 유형〉의 행위가 논리적 행위와 다른 것은 행위자의 주관적 의도와 행위의 객관적 결과 사이의 비대칭성에 있음을 알 수 있다. 즉, 파레토가 논리적 행위로 보는 행위의 특징은 양자 사이의 일치에 있는 반면에 비논리적 행위로서 〈4 유형〉의 행위가 갖는 특징은 양자 사이의 불일치 또는 괴리에서 찾을 수 있다.

중요한 사실은, 이미 앞에서 언급한 바 있듯이, 파레토는 인간 행위에 관한 이론적 지평을 종래의 공리주의의 한계를 넘어 비논리적 행위의 영역으로 확장을 시키는 데 선도적 역할을 수행했다는 것이다. 그리고 비논리적 행위로의 초점의 전환은 "행위의 효용성(utility)에 대한 합리적 계산"이라는 논리적 행위의 핵심적 요소 외에도 행위의 요인으로 작용하는 기타의 수많은 "비논리적" 요인들에 대한 관심을 촉발시키게 된다. 이것이 바로 파레토가 그의 『마음과 사회』을 통해 추구했던 학문적 과제였고, 또한 파슨스가 파레토를 검토의 대상으로 선택했던 이유이기도 했다.

그렇다면 이제 비논리적 행위를 촉발시키는 요인들에 대해 살펴보기로 하자. 이를 위해서 논리적 행위를 추동시키고 따라서 특징짓는 요인과 비논리적 행위의 그것을 비교해 보는 것이 간명한 이해에 도움이 될 것이다. 파레토(1963: 87-88)는 양자의 차이를 다음과 같이 설명한다. "논리적 행위는 최소한으로 보더라도 대부분의 경우에 논리적 사유 과정의 결과물이다. 비논리적 행위는 주로 개인이 의식하는 심리적 상태나 감정, 잠재의식 속에 존재하는 느낌 등(definite psychic states, sentiments, subconcious feelings, and the like)으로부터 나오는 행동이다." 더 짧게 표현한다면, 논리적 행위는 합리적 사유의 산물이며, 비논리적 행위는 "마음의 상태(states of mind)"로부터 발원하는 행위라는 점에서 차이가 있다는 것이다. 여기에서 당장 제기되는 의문이 있다. 어떤 행위를 관찰하는 사람들이 그 행위가 합리적 사유의 산물이라기보다는 어떤 심리적 상태의 산물이라는 것을 어떻게 구분해낼 수 있느냐 하는 의문이다. 즉, 객관적인 관점에서 그것을 구분해낼 수 있는 어떤 구체적 방법이 있느냐 하는 것이다. 이러한 의문에 대해, 필자의 평가로는, 파레토는 하나의 돌로 적어도 두 마리 이상의 새들을 잡아내는 방식의, 매우 독특한 방법론과 이론적 시각들을 제공한다. 필자가 "두 마리 이상의 새들"이라고 표현한 것은 어떤 심리의 상태를 파악하는 데 사용된 방법 또는 논리가 실로 다양한 종류의 행위들 내지는 행위의 구성 요소들 그리고 그것들에 근거하여 거시적 규모의 사회현상들을 설명하는 데 이르기까지 여러 차원을 넘나들며 복합적으로 활용이 되고 있음을 지적하기 위한 것이다. 이와 관련하여, 파슨스(1968: 294)는 파레토가 "과학적 법칙"을 단순하게 "사실들이 보여주는 규칙성(uniformities in the facts)"으로 이해함으로써 "오착된 사실성의 오류(fallacy of misplaced concreteness)"에서 벗어날 수 있었다고 지적한다. 이와 같은 지적은 파레토가, 사회과학 이론 가운데 공리주의 이론들이 흔히 그러하듯이 개인만이 그 실체가 가장 확실하다는 이유에서 모든 사회적 또는 문화적 현실을 개인적 차원의 변수에 의거해서 설명하고자 하는, 즉 환원론적 오류에 빠지지 않고 있다는 점을 지적한 것으로 해석된다. 즉, 파레토는 심리적인 차원에서든지 사회적인 차원에서든지 또는 문화적인 차원이든 관계없이 현상들이 어떤 규칙성을 가지고 나타나면 바로 그것을 과학적 법칙이 표현된 사례로 간주하고 있다는 것이다. 이런 면에서 파레토의 과학적 방법론은 교조적이라기보다는, 아마 직업 엔지니어로서의 그의 경력과도 연관이 되는지는 모르겠으나, "실용적"이라는 것이 필자의 평가이다.

그렇다면 이제 보다 구체적으로, 이처럼 "실용적"이라고 특징을 지을 수 있는 파레토의 방법론에 관해 살펴보기로 한다. 우선 파레토는 그의 방법론의 핵심적 관점을 다음과 같은 도식을 통해 표현한다.

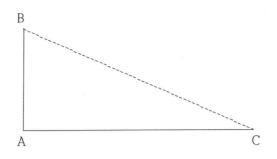

<도식 1> 행위의 구성요소

위의 도식에서 A는 "마음의 상태(state of mind)"를, B는 외적으로 관찰되는 "행동(acts)"을 지칭한다. 마음의 상태, 즉 마음속에 존재하는 "감정들(sentiments)"은 "도덕적, 종교적 및 기타 유사한 이론들"(Pareto, 1963: 88)과 같은 표현 수단들을 통해 외부로 표출된다. 여기서 한 가지 분명한 사실은 이와 같은 이론들은 논리적 행위들의 경우와는 달리 "과학적 이론"은 아니라는 것이다. 사실에 관한 과학적 진술이라기보다는 마음의 상태가 언어적 수단을 통해 표출된 이론들이 C로서 표시되고 있다. 파슨스(1968: 193)가 앞에서의 B, 즉 "acts"를 "행위"라기보다는 "행태(behavior)"로 번역하는 편이 더 낫다고 보는 이유는 통상 사회학자들이 사용하는 "행위(action)"의 개념에는 개인들로부터 관찰되는 행동과 함께 그로부터 이해되는 행동의 주관적 의미가 포함되기 때문이다. 즉, B는 순수하게 외부적으로 관찰되는 개인의 행동만을 지칭하고 있다. 이에 비해 C는 개인들이 자신의 행동의 이유나 의미를 설명 또는 표현하기 위해 사용하는 언술들, 또는 그것들을 통해 전달하고 있는 견해들이나 이론적 주장들을 지칭한다. 베버의 이론적 관점에서 본다면, 언어적 진술을 통해 행위자가 자신의 행동에 스스로 부여하는 의미나 이유가 바로 이에 해당되는 것으로 해석될 수 있다. [39] 그러나 삼각형 도식으로 표현된 파레토의 행위이

---

39) 사회학의 성격과 행동의 의미에 관한 베버의 입장을 살펴본다면 여기에서 설명하는 파레토의 관점과 비교하여 양자 사이에 존재하는 차이점과 유사점을 이해하는 데 매우 흥미로운 비교의 대상을 제공할 것이다. 이에 관해서는 행위에 관한 베버의 다음과 같은 정의를 참고할 것: "사회학은 … 사회적 행위에

론이 갖는 중요한 특징은 BC 사이에 인과적 연관성이 있다고 보지는 않는다는 것이다. 즉, 개인의 생각을 표현하는 C가 동인(動因)이 되어 개인의 행동 B가 나타난 것으로 보지는 않는다는 것이다. [40] BC 사이의 관계는 직접적이기보다는 AC 그리고 AB 사이에 각기 존재하는 보다 직접적인 관계 때문에 나타나게 된 간접적이고 피상적인 연관관계로 보고 있다. 그렇다면 마음의 상태(A)와 행동(B) 그리고 마음의 상태(A)와 그것의 표현인 이론(C) 사이의 관계는 각기 어떻게 규정하고 있는가? 이들 사이의 관계를 이해하는 데 있어서는 파레토가 과학적 관찰을 통해 수집하는 가장 중요한 자료가 C , "마음의 상태"의 언어적 표현, 즉 "이론"임을 지적할 필요가 있다. 여기에는 두 가지 이유가 있는 것으로 여겨진다. 첫째로, 마음의 상태는 직접적으로 관찰이 가능한 현상이 아니며, 오직 그것이 언어를 통해 외부로 표현되기 때문에, 즉 C를 통해서 파악이 가능하다는 것이다. 두 번째는, 마음의 상태를 표현하는 또 하나의 지표가 되는 "외적 행동(overt acts)," 즉 B와 비교할 때 C가 A를 추론하는 데 훨씬 더 정확한 지표로 판단될 수 있기 때문이다. 그 이유를 설명하기 위해서는 우선 파레토는 A, B 그리고 C 사이를 어느 요소가 다른 요소를 일방적으로 결정하거나 또는 어느 한 방향으로 효과가 이행되는 관계라기보다는 상호의존적 관계로 보고 있음을 알 필요가 있다. A와 B의 관계를 예로 들자면, A라는 어떤 감정의 상태가 B라는 행동을 통해 표출되기도 하지만 외부로 나타나는 행동들에 의해 A 역시 영향을 받는 관계라는 것이다. 더욱이 외적인 행동은 그것에 영향을 미치는 외부 환경들 속에서 수행이 되기 때문에 그것들이 미치는 영향 때문에 행위자의 심리적 상태가 행동에 미치는 영향은 더욱 제한적일 수 있다(Parsons, 1968:

대한 해석적 이해를 달성함으로써 그 과정과 결과들에 대한 인과적 설명의 도출을 목적으로 하는 과학이다. 행위하는 개인들이 자신들의 행동에 주관적 의미를 부여하고 또 그렇게 의미를 부여하는 경우에 한하여, 그러한 모든 행동들은 '행위로서의 조건을 갖추게 된다. … 행위는 행위하는 개인(또는 개인들)이 그것에 주관적인 의미를 부여하고 있다는 사실에 의거하여 타인의 행동을 이해하고 또 그와 같은 이해에 기초하여 행위를 수행하게 될 때 사회적 성격을 갖게 된다(Weber, 1968: 20) (필자의 저서에 소재된 필자(1996: 126)의 번역에서 인용됨).

40) 물론 C는 행위자 자신의 주관적 관점에서 본 행위의 의미 또는 이유를 표현하고 있기 때문에 행위자의 주관적 입장에서는 자신이 행동하도록 유발한 요인이 곧 C라고 믿는 "인간 특유의 경향"이 있다고 파레토(1935: 88)는 지적한다.

194 2n). 이에 비해 행위자가 자신의 행동과 관련하여 가지고 있는 이론이 마음의 상태 A에 미치는 영향은 B의 영향에 비해 훨씬 작은 것으로 본다. 따라서 C가 B보다는 보이지 않는 변수 A를 탐색하는 데 보다 온전한 지표로 간주할 수 있다는 것이다. 파레토가 비논리적 행위의 본질과 현상적 특징들을 다루는 과정에서 주로 C를 주된 분석의 대상으로 삼고 있는 것은 이와 같은 논리에 근거를 두고 있다.

파슨스가 군데군데에서 반복적으로 지적하고 있듯이, 파레토에 의해 전개되고 있는 일련의 논의가 반드시 개념들에 대한 정밀한 정의와 함께 체계적으로 이루어지고 있는 것은 아니다. 그러나 파슨스는 이후의 사회학의 발전에 따라 제기되어 온 많은 이론적 문제들과 그 해법들이 파레토 사회학의 틀 속에서 이미 시사되고 있다는 점을 들어 매우 긍정적인 평가를 내리고 있다. 그 한 예로서, 비록 파슨스가 구체적으로 지적을 하고 있는 것은 아니나, ABC의 삼각형 구도는 행위의 구성 요소들이 개인의 **심리적** 요인과 **문화적** 요인 그리고 **사회적** 요인으로 다원화(多元化)된 파슨스의 행위체계를 연상시키는 것이 사실이다. 즉, 파슨스가 이후에 시도한 이론적 시각들의 통합에 하나의 중요한 실마리를 제공한 것이 아닌가 하는 것이 필자의 짐작이다. "파레토의 이론은 마샬의 이론이 갖는 한계와 실증주의 이론들이 일반적으로 갖는 한계들을 결정적으로 넘어섬으로써 이론적인 면과 경험적인 두 측면에서 앞으로 추가적인 탐색이 필요한 경지들을 넓게 열어주는 데 기여하였다"는 파슨스(1968: 300)의 평가는 바로 이러한 맥락에서 내려진 것이었다. 그렇다면 이제 파슨스로부터 그와 같은 평가를 이끌어낸 파레토 이론의 보다 구체적인 측면들에 대해 살펴보기로 한다.

3. 사회적 효용 이론

파슨스(1968: 241)는 파레토의 이론 가운데 "가장 흥미로운 이론적 부분이 사회적 효용 이론(theory of social utility)"이라고 지적한다. 효용의 개념은 일반적으로는 공리주의적 행위이론, 조금 좁히자면 공리주의를 근간으로 하는 고전경제학 이론의 토대를 이루는 개념이다. 공리주의 경제학자들에 의해 이해된 효용 개념은 재화나 서비스가 개인들이 추구하는 욕구를 충족시키는 정도를 지칭한다. 따라서 하나의 공동체를 놓고 보았을 때 그 구성원들 전체가 결과적으로 누린 경제적 편익, 즉 효용의 전체적 규모의 계산은 이론적으로 가능할 것이다. 개인들이 자신들의 편익을 극대화하기 위해 가장 합리적으로 행동한다는 전제가 충족될 수 있는 어떤 최적의 조건들이 실제로 충족된다면 전체 공동체가 누린 편익은 극대화될 수 있을 것이고, 이는 개인들에게 분배된 편익들의 합 또는 평균에 의해 표시될 수 있을 것이다. 만약 그러한 조건들 일부에 어떤 변화가 일어난다면 공동체 구성원들이 누리는 편익의 양은 그에 따라 증가 또는 감소할 것이다. 또한, 어떤 조건들의 변화는 공동체의 어떤 집단의 편익을 증가시키는 한편 그에 비례하여 다른 집단 구성원들의 편익에 있어서 감소를 가져오는 경우도 있을 것이다. 효용의 개념을 이와 같이 집단의 경우에 적용했을 때, 파레토는 일반적으로 사용되는 "효용(utility)"의 개념과 차별화하기 위해 별도로 "(경제적) 효용(ophelimity)"이라는 용어를 사용하고 있다. 이는 "공동체를 대상으로 그 구성원들 사이에 분배의 관점에서 적용된 효용의 개념(ophelimity *for* a collectivity)"(Parsons, 242; Pareto, 1935: 1465-69)이다. 방법론적인 관점에서 본다면, 공동체의 구성원 개개인들 또는 공동체 내의 집단들이 누리는 편익을 측정 단위로 하여 파악된 편익의 전체적 분배 상태를 보여주는 개념이다.

이에 비해 공동체 전체를 **하나의 단위**(*unit*)로 보아 그 단위의 수준에서 평가되는 편익을 판단해야 하는 경우들이 발생한다. 예를 들어, 앞에서 예를 든 사례에서 어떤 상황의 변화에 따라 경제적 편익이 어느 한 집단에게는 증가하는 반면에 그것이 다른 집단에게는 상대적으로 감소를 가져오는 결과를 초래할 수 있다. 즉, 개인들 간 또는 집단들 간에 불평등 현상이 발생하는 경우이다. 이때 그 공동체를 위해 중요한 의사결정을 하는 위치에 있는 사람의 입장에서는 그 불평등이 공동체 단위에서 전체의 발전이나 생존을 위해 미치는 유익한 또는 불리한 효과들을 판단해야 할 필요성이 제기될 것이다. 또는 "민주주의"와 같이 공동체가 구현하고자 하는 어떤 합의된 가치가 존재한다면 그 가치에 비추어 불평등 현상이 미치는 효과의 이해는 공동체 단위에서 제기되는 중요한 문제로 대두될 것이다. 파레토는 이와 같이 **공동체를 하나의 단위로 해서 평가되는 효용에 대해 "집합체의 효용**(*utility of a collectivity*)"이라는 용어를 사용한다. 다른 용어로 표현하자면, "사회적 효용(social utility)"이다. 물론 여기에는 경제적 효용의 문제와는 달리 해결을 요하는 많은 복잡한 과제들이 개입된다. 집합체 단위에서 파악된 효용을 판단하는 데 있어서는 경제는 물론 정치, 문화 등의 상호 이질적인 여러 영역들에 나타나는 상태들에 대해 집단 전체의 효용에 기여하거나 저해하는 측면에서 평가가 이루어져야 한다. 이와 같은 과제는 집합체에 포함된 제도 또는 제도들의 효과들을 비교하고 종합함으로써 순효과(net effect)를 나타내는 하나의 단일한 지표를 산출해내는 것에 비유될 수 있을 것이다.

이와 관련하여 고려를 요하는 중요한 사실이 있다. 그것은 집합체 수준에서 제도 또는 제도들이 갖는 효용이라든지 그것을 나타내는 지표에 관한 언급이 이루어지기 위해서는, 비록 완벽할 수는 없으나, 그 집합체의 구성원들이 집단적으로 합의하고 있는 목적이나 가치를 중심으로 통합되어 있다는 전제가 있어야 한다는 것이다. 이는 곧 그들이 주관적으로 인식하고 있는 집단적 목적 또는 가치가 존재함을 의미한다. 그리고 동시에 그들이 그와 같은 집단적 목표나 가치를 중심으로 행동하고 있음이 실제로 관찰되어야 한다. 파슨스(1968: 247)의 다음과 같은 지적은 바로 파레토의 그와 같은 시각을 반영하고 있다:

… 파레토의 분명하게 드러나는 관점은 "(한 단위로서) 사회가 추구하는 목적은" 실제 존재하는 사회에 있어서 중요한 하나의 요소라는 사실이다. … 그와 같은 사회의 목적이 존재한다는 사실은 개인들이 추구하는 목적들에 대해 중요한 함의를 지니고 있다. 왜냐하면, 필자(파슨스 본인)가 이 연구에서 사용하는 의미에서 목적이라는 개념은 주관적인 의미를, 즉 행위자의 마음의 상태 속에 존재하는 어떤 것을 지칭하고 있다. 사회적 차원의 목적과 같은 개념이 그와 같은 (주관적 시각에서) 납득할 수 있는 의미를 지닐 수 있으려면 그것은 오직 사회의 구성원들에게 공통되는 목적이 존재한다는 이론적 명제를 통해서이다. 그와 같은 관점에서 보았을 때, 우리가 주목할 수 있는 사실은 "분배정의"와 같은 원칙들이 현실적으로 존재하는 사회질서 속에서 실제로 작동하고 있다는 점이다. 바로 이런 원칙이 작동하는 질서 속에서 서로 다른 구성원들이 각기 추구하는 일련의 목적들은 일정한 정도까지는 서로 "합치점을 발견할 수(rendered homogeneous)" 있게 된다. 뿐만 아니라 이에 더하여 개인들이 추구하는 일련의 목적들은 상당 부분에 걸쳐 사회구성원들 사이에 공유되고 있다고 볼 수 있다. 이와 같은 주장이 사실일 경우, 개인들이 주관적으로 추구하는 일련의 목적들은 (사회적으로) 통합되어 있는 것으로 간

주될 수 있다.

위의 인용문으로부터 우리는 이후에 파슨스와 머튼을 비롯하여 "기능론자"로 분류되었던 사회학자들의 사회통합 이론이 파레토에 의해 윤곽이 그려지고 있음을 알 수 있다. 그리고 이 점이 바로 파레토의 사회적 효용 이론의 중요성을 파슨스가 높게 평가한 이유이다.

4. 잔기(殘基, residues)와 엘리트의 순환

파레토의 사회학에서 잔기(residues)가 갖는 의미와 함께 그의 사회 및 행위 이론에서 이 개념이 차지하는 의의를 이해하기 위해서는 논리적 행위에 관해 다시 짧게 살펴보는 것이 도움이 될 것이다. 논리적 행위를 구성하는 두 가지 요소가 있다. 우선 행위자가 자신의 행위와 그것이 의해 예기(豫期)되는 객관적 결과에 대해 주관적으로 가지고 있는 "이론(theory)"이 그 하나의 요소이다. 다른 한 요소로서는 그러한 행위가 실제로 취해졌을 때 그 행위자 자신 그리고 제삼자에 의해 객관적으로 관찰되는 결과가 있다. 전자, 즉 행위자의 주관적인 지식이 실제로 존재하는 행위 수단과 목적 간의 인과적 관계에 대한 과학적인 지식에 근거하고 있으며, 따라서 앞에서 지적한 두 요소가 실제로 부합되는 경우에 우리는 그러한 행위를 논리적 행위라고 부른다. 물론 실제 행위의 경우에는 그 행위의 이유가 되는 과학적 지식이 완벽할 수도 없으며, 또 비논리적 요인들 역시 부분적으로는 영향을 미칠 수 있기 때문에 순수 유형으로서 논리적 행위는 현실 속에서 찾아보기 어려운 경우가 많을 것이다.

잔기는 위의 논리적 행위와는 다른 행위 유형, 즉 비논리적 특성을 지닌 행위를 구성하는 가장 기본적 요소를 지칭하는 용어이다. 비논리적 행위 역시 그것이 인간의 행위인 이상 논리적 행위와 마찬가지로 행위의 의미라든지 이유 또는 정당성을 설명하는 주관적 지식을 수반하게 마련이다. 파레토는 양자의 차이, 즉 논리적 행위와 비논리적 행위와의 차이는 행위자들이 자신들의 행위에 대해 주관적으로 가지고 있는 인식 또는 지식에 있어서의 본질적 차이에서 찾고 있다. 앞에서 누차에 걸쳐 지적한 바 있듯이, 논리적 행위는 행위의 목적과 그것을 달성하기 위한 수단 간에 존재하는 인과관계에 대한 행위자의 과학적 지식을 토대로 수행되며, 그러한 과학적 지식의 타당성은 실제로 나타나는 객관적 결과에 의해 확인이 가능하다는 점에서 특징을 갖는다. 그에 반해 비논리적 행위에 수반되는 "이론"은 "비과학적"이라는 점에서 구분을 짓고 있다. 비과학적인 특성을 갖는다고 규정하는 근거로서는 여러 가지 이유들이 지적된다. 하나는, 비논리적 행위를 수반하는 이론이 예측하는 결과가 객관적인 관찰이 불가능한 "상상의(imaginary)" 영역에 속하는 경우를 들고 있다. 예를 들어, 착한 행동을 하는 경우에 예측되는 대가가 "저세상"에서 약속되는 구원일 경우 착한 행동이라는 수단의 실행으로부터 결과적으로 주어질 저세상에서의 구원은 경험적 수단을 통해서는 확인 불가능한 영역에서 일어날 사건이다. 따라서 그와 같은 종교적 신념은 과학적 지식과는 다른 차원의, 즉 비과학의 영역에 속하는 지식이며, 그에 기초한 행동은 비논리적 행위라는 것이다. 또 다른 예로서는 "정의"라든지 "신의 뜻"과 같은 이유를 들어 정당성이 강조되는 수많은 행위 가치 또는 행위 규범들을 들 수 있다. 그와 같은 윤리적 규범들은 사회적 질서의 토대가 되고 있다. 그러나 그것들을 지킴으로써 오는 결과에 대한 객관적 관찰을 근거로 해서 그 정당성을 부정 또는 입증이 가능치 않은 주장들을 포함하고 있다. 이와 같은 주장들에는 수많은 관습적 행위들을 뒷받침하기 위해 사람들 사이에 당연한 것으로 인정되어온 여러 가지 이유들이 포함된다. 파슨스(Parsons, 1968:205)는 이와 같은 정당화의 논리는 "과학적 검증의 대상이 될 수 없다는 데서" 특징을 갖는다고 지적한다.

행위자들이 자신들의 행위에 대해 제시하는 의미나 이유, 또는 인식 등을 반영하는 "이론들"이 진실인지의 여부를 객관적 사실을 통해 확인할 수 없다면, 우리는 그 "이론들"을 과학적인 차원에서 평가하기는 어려울 것이다. 행위가 이와 같이 과학적으로 검증하기 어려운 인식을 수반하는 경우에 파레토는 그것을 "비논리적"인 행위로 분류한다. 그런데 논리적 행위의 경우에, 즉 행위자가 과학적인 지식을 토대로 행위를 수행할 경우에는, 그 행위를 하도록 만든 가장 기본적 요인이 행위자의 의도라는 사실은 쉽게 확인이 가능하다. 왜냐 하면, 논리적 행위의 경우에 행위의 착수로부터 결과에 이르는 과정에 대한 과학적 추론에 따라 행동을 취한 다음 행위자는 자신의 의도에 따라 예상되는 결과가 실제로 일어나는지를 실제로 확인할 수 있기 때문이다. 논리적 행위의 특징은 바로 여기에서 찾을 수 있다.

이와는 대조적으로 비논리적 행위의 경우에 행위자가 제시하는 행위의 의도 또는 이유는 그 내용에 있어서 "비과학적(non-scientific)"이거나 심지어 "반과학적un-scientific)"인 경우도 포함된다. 사실에 비추어 검증이 불가능하거나 사실과 위배되는 경우도 있다는 것이다. 거기에는 행위자가 추구하는 어떤 목적의 달성이 ("신의 뜻"이거나 "정의"이기 때문에 그 자체로서) "바람직스럽다"는, 즉 정당화를 위한 논리를 제공하고 있기 때문에 과학적 사실에 근거를 둔 행동의 의도와는 근본적으로 성격을 달리한다. 즉, 사실에 대한 과학적 예측에 토대를 두고 있다기보다는 어떤 가치의 강조 또는 규범의 실천에 목적을 둔 "주관적 이론"의 표명이라는 것이다. 행위자가 가지고 있는 주관적인 이론의 그와 같은 특성은 논리적 행위와는 근본적으로 다른 출처에서 나온 그리고 다른 기능을 지향하는 인지적 요소라는 것을 의미한다. 파레토는 이는 어떤 행위의 시작에서 그 결과로 이어지는 경험적 현상에 대한 과학적 사유 과정의 산출물이라기보다는 마음에 작용하는 어떤 감정의 상태(state of mind)를 "표현(manifestation)"하고 있다는 점에서 구분된다고 주장한다. 즉, 인간의 심리 내면에는 어떤 방식으로 생각하고 행동하도록 작용하는 심리적 욕구들(drives)이 존재하는데 이러한 욕구들은 개인들이 현상을 인식하고 행동하는 방식들을 통해 표출된다. 파레토는 개인들의 내면적 욕구들이 표현된 지식들, 즉 자신들의 행동의 의미나 이유 등을 설명하기 위해 제시하는 "이론들"이야말로 개인들의 내면에 작용하는 심리적 욕구의 유형들을 읽을 수 있는 가장 유용한 지표가 될 수 있다고 본다. 그러나 그러한 이론들은 구체적 상황에 따라 변하고 다양한 모습으로 표현된다. 따라서 그 다양한 외양들 가운데 일관되게 나타나는 본질적 요소들을 추출해내야 하는데, 그렇게 추출된 본질적 요소들에 대해 "잔기(殘基, residues)"라는 명칭이 부여되었다. 상황에 따라 다양한 모습으로 표현된 각종의 이론들 또는 이념들에 대해서는 그 바탕에 있는 본질적 요소, 즉 잔기가 여러 가지로 응용된 형태로 나타나고 있다는 점에서 "파생 이론(derivations)"이라는 명칭이 붙여졌다.

행위의 구성요소로서 잔기가 차지하는 위치와 역할은 〈도식 1〉(p.87)을 참고하는 것이 도움이 될 것이다. 설명된 바 있듯이, 해당 도식에서 A는 인간 심리 내면에 존재하는 어떤 성향의 행동 욕구, B는 관찰된 행동, C는 어떤 성향의 내면적 행동 욕구들이 언어적 수단을 통해 표현된 이론들 또는 이념들을 지칭한다. 이 C로부터 상황에 따라 변용된 여러 다양한 모습들을 제거하고 일관되고 본질적 요소들만 추출하게 되면 이른바 "잔기(residues)"가 된다. 주어진 도식을 해석하는 데 있어서 한 가지 크게 유의할 사실은 잔기와 외적 행동 간에는 대체로 직접적인 인과 관계가 존재하는 것은 아니라는 점이다. B와 C 사이에 상관관계가 존재하는 것은 사실이다. 그러나 이는 A(심리적 상태)와 C(A의 언어적 표현) 그리고 A와 B(행동) 사이에 각기 존재하는, 두 직접적인 관계에 따라 우회적으로 형성된 경로 때문에 나타나는 상관관계이다. 그러나 C, 즉 잔기가 직접적인 관찰이 가능치 않은 A에 대해 신뢰할 만한 지표가 될 수 있다면, C와 B의 관계를 고찰함으로써 외부로 나타나는 인간 행위와 그것을 결정짓는 심리적 요인들 간의 관계를 파악하는 것은 전혀 무리한 일이 아닐 것이다.

이와 같은 논리를 토대로 잔기 유형들의 파악 및 분류에 착수한 파레토의 성과에 대해서 어떤 결정적인 평가를 내리기는 어려운 일이다. 파슨스(1963: 278 n1)가 지적하고 있듯, 파레토는 잔기들에 대한 조사와 분류가 이루어진 구체적인 방법과[41] 과정을 밝히고 있지는 않다. 그것들에 대한 기술과 분류가 이루어진 부분들로 미루어 역사적 문헌들과 그가 스스로 경험한 인간 행동에 대한 광범위한 식견에 의해 뒷받침되고 있다는 점은 분명한 것으로 여겨진다. 잔기들은 6개의 큰 범주로 분류되고, 각각의 범주는 더 세분화된 하위 목록들을 포함하고 있다(Pareto, 1963:516-519). 사회 현상에는 사람들 자신들도 인식하고 있지 못한, 따라서 잔기에는 반영되지 않은 사소한 감성적 경향들이 영향을 미칠 수도 있을 것이다. 그러나 그러한 것들은 잔기의 목록에 포함되고 있지 않다고 파레토는 지적한다. 이는 인간 행위나 사회 현상에 영향을 미치는 모든 요인들을 포괄하고 있지는 않다는 점을 지적

---

41) 이와 관련하여 파레토(1935: 516) 자신이 밝힌 하나의 분류 기준은 "객관적 관점에서" 파악될 수 있는 내용에 따른 것으로, 즉 사용된 자료들에 대해 행위자 자신들이 가지고 있는 주관적 인식과는 독립적으로 객관적으로 평가된 내용에 따른 것임을 밝히고 있다. 그러나 그 객관적 관점이 구체적으로 어떤 방법의 적용을 의미하는 것인지에 관한 언급은 없다.

한 것이다. 이러한 한계를 감안하더라도 파레토가 작성한 잔기의 목록은 인간의 행위들 가운데 규칙적으로 목격되는 행위 유형과 성향들 그리고 그것들이 보여주는 특성들을 광범위하게 수록하고 있다.

그러나 하나하나의 항목들이 행위 이론과 사회 현상의 설명에 구체적으로 어떻게 활용될 수 있는지는 분명치 않다. 제시된 대부분의 잔기 유형에 대해서는 주어진 잔기의 작용을 예시하는 실례들과 함께 개인들 또는 사회에서 그것이 갖는 의의들에 대한 비교적 간단한 설명이 제시되고 있다. 그러나 대개 여기에서 그치고 있다. 이와는 다르게 파레토가 가장 집중적으로 주목한 두 종류의 잔기가 있다. 하나는, 〈잔기 유형 I〉로 분류된 "조합 본능(instinct for combination)"이며, 두 번째는 〈잔기 유형 II〉로 분류된 "집단 유지(group-persistences)"의 잔기이다. 이 두 종류의 잔기는 그것들을 중심으로 파레토의 "엘리트의 순환이론"이 구성되고 있다는 점에서 그의 사회학에서 핵심적인 중요성을 갖는다.

조합 본능의 잔기는 인간의 행위 성향 가운데 유사하거나 상이한 것들을 조합하여 새로운 조직, 제도, 신앙, 신비한 이적 등과 같은 것들을 만들어내고자 하는 인간의 본능적 욕구를 지칭한다. 연관되어 나타나는 특성으로서는 "보수성과 일관성보다는 기지(機智)와 넘치는 상상력으로, 직접적인 방법보다는 우회적인 방법으로, 정면 대결을 피하며, 장애를 넘어가기보다는 우회해 감으로써 목적을 달성하려는 경향"(Parsons, 1968: 279)이 지적된다. 이와는 대조적으로, 집단 유지 유형의 잔기는 그 반대의 특성을 지칭한다. 즉, 살아 있는 사람들 간에 이미 형성 유지되고 있는 사회적 유대관계는 물론 그러한 유대가 죽은 자들과의 관계에서도, 또 더 나아가서는 사물들과의 관계에서도 지속되길 바라는 성향들이 이 〈유형 2 잔기〉의 특성을 구성한다. 따라서 연관된 특성으로서는 "안정성, 끈질긴 인내와 솔직함을 중시하며, 갈등과 정면으로 맞서려는 의지로 장애를 극복하려 하고, 그에 따라 필요하다면 힘을 행사하며, 개혁적이기보다는 전통을 존중하는 반면에 기지와 상상력이 결여된 경향을 보인다"(Parsons, 1968: 279).

파레토는 위의 두 잔기 유형에 대한 설명을 토대로 사회 불평등 구조[42] 속에서 상위에 위치한 소수의 엘리트들을 어떤 잔기에 의해 그들의 특징적 행동 성향이 표현될 수 있느냐에 따라 두 유형으로 나눈다. 하나는 집단 유지의 잔기가 그 행위 성향의 특징을 이루는 엘리트 유형, 즉 "사자(lion)"와, 다른 하나는 조합의 잔기가 그 행위 성향의 특징이 되고 있는 엘리트들, 즉 "여우(fox)" 유형의 엘리트들이다. 전자 유형의 엘리트들은 인구들 가운데 보수 성향이 강한, 즉 집단 유지의 잔기가 강하게 나타나는 보수적 성향의 사람들의 지지를 토대로 "계략(ruse)"보다는 주로 힘의 행사를 통해 정치적 권력을 유지한다. 이들의 관심은 기존 질서의 관리와 유지에 있으며, 전통적으로 견지되어온 윤리적 가치들에 대한 준수를 강조한다. 조합 잔기형의 엘리트들, 즉 여우형의 엘리트들은 현실적으로 당면한 문제나 과제들의 해결을 가로막는 장애물들을 정면으로 돌파하거나 사람들을 힘으로 제압함으로써 해결하려고 하는 것보다는 직접적 갈등을 초래하지 않는 보다 우회적인 책략들을 사용하여 해결하려고 한다. 이러한 책략들에는 사람들이 가진 이해관계라든지 감정, 욕구들을 이용한 설득과 같은 방법도 포함이 되겠으나, 속임수와 같은 부정한 방법이 사용되기도 한다.

파레토가 본 지배 엘리트의 순환 과정에 대한 설명은 일단 권력을 향해 강력한 의지를 지닌 소수의 잘 조직되고 굳게 단결된 엘리트들이 그들의 목적을 혁명적 수단을 통해 실현함으로써 지배 엘리트로 등장하는 단계로부터 시작된다. 그러나 정부를 관리하고 유지하는 데 물리적 힘의 행사는 한계가 있게 마련이다. 인적, 물적 자원을 조달하고 일을 처리하는 데는 힘으로 위압하는 것보다는 "책략"을 통해 관리하고 조정하는 것이 더 도움이 되기 때문이다. 따라서 정부를 유지 관리할 수 있는 능력을 지닌 인재들이 정부에 유입되기 시작할 것이다. 시간이 지나면서 지배

---

42) 파레토(Pareto, 1953: 1424)는 사회불평등 구조를 매우 단순하게 이원적은 구조를 갖는, 즉 뛰어난 능력을 소유함으로써 사회에서 영향력 있는 자리에 위치한 소수의 엘리트 계층과, 그렇지 않은, 따라서 파레토가 그의 저서에서는 다루고 있지 않은, 비엘리트 계층으로 나눈다. 엘리트 계층은 다시 특별한 능력에 따라 정부에서 어떤 역할을 맡고 있는 "지배 엘리트(governing elites)"와 그렇지 못한 "비지배 엘리트(non-governing elites)"의 두 종류로 나눈다.

계층은 "여우 유형"의 엘리트들에 의해 점유되고, 그들의 사고방식이나 행동 양식은 시대를 특징짓는 정신적 풍토를 형성하게 된다. 이로써 "사자들의 시대"로부터 "여우들의 시대"로, 즉 한 극에서 그와 반대되는 다른 한 극으로의 사회적 변화가 나타나게 된다. 물론 이와 같은 변화는 그것으로 끝나는 것은 아니다. 여우들의 시대가 전성기에 다다르게 되면, 전통적인 가치와 행동 양식에 대한 지배 엘리트들의 충성도는 약화되고, 그들이 즐길 수 있는 물질적, 문화적 혜택에 탐닉(耽溺)하는 경향이 높아짐과 동시에 지배층의 통치력과 결속력은 점차 약화하는 과정을 밟게 된다. 이와 같이 지배 엘리트의 권력이 약화되는 과정이 지속되면 결국은 이전에 있었던 과정, 즉 사자 유형의 엘리트들이 혁명적 수단을 동원하여 권력을 탈취하는 단계로 다시 돌아가게 됨으로써 엘리트의 순환 현상은 반복된다.

파레토는 이와 같은 엘리트의 순환 현상에 수반하여 나타나는 두 가지 매우 중요한 현상을 지적한다. 하나는, 강한 권력의 대두는 경제 영역이 정치권력에 의해 지배되는 현상을 초래하기도 하기 때문에 집단유지 잔기와 경제 활동은 그다지 친화력이 작용하는 관계는 아니다. 그러나 경제 활동 인구 가운데 집단 유지의 잔기가 우세한 사람들은 저축에서 오는 이자와 같은 정기적 소득에 의존하여 생활하는 사람들, 즉 "고정소득자(rentiers)"(Pareto, 1963: 1645)가 되는 경향을 보인다. 이들은 많은 소득을 위해 모험을 하기보다는 보다 적은 소득일지라도 안정을 원하는 사람들이다. 반면에 조합 잔기에서 우세한 경향의 사람들은 큰 이익이 발생하는 사업에 종사하는, 즉 "투기꾼(speculators)"으로 활동하는 경향을 보인다. 이들은 "통상 개방적인 성격의 소유자이며, 무엇이든지 새로운 것을 좋아하고, 경제 활동에 대해 강한 동기를 가지고 있는 사람들이다. 위험도가 높은 사업에 투자하는 데 많은 흥미를 가지고 있고 그런 기회를 항시 노리고 있는 사람들이다. 외향적으로 보아서는 자신보다 강한 사람에게는 언제나 복종하는 경향을 보인다. 그러나 외양과는 다르게 은밀한 작업을 통해 이기는 방법을 터득하고 있어서 실질적 권력을 쥐고 있는 유형의 사람들이다"(Pareto, 1963: 1646).

언급된 두 유형의 잔기의 분포와 관련된 또 하나의 중요한 현상은 "이념(ideologies)," 또는 "이론들"의 분화와 그와 관련된 시대적 추이에 있어서 변화 현상이다. 파레토는 행위자들이 자신들의 행위에 대해 제시하는 "이론들"을 다음과 같은 두 가지 유형으로 구분한다. 한 유형은 행위자 자신들이 본질적으로 "과학적 이론"과는 분명히 구분된다고 보는 "비과학적(non-scientific)" 이론들이다. 이 유형의 이론들의 가장 중요한 특징은 경험적 현상들을 초월하는 보다 높은 차원의 현실에 대한 믿음이 바탕을 이룬다는 것이다. 경험을 초월하는 그와 같은 현실을 일상적인 현실과 구분짓기 위해서는 "더 높은," "절대적," "종교적 경험," "참 과학(true science)"과 같은 용어들이 사용된다(Parsons, 1968: 284). 그리고 이와 같은 이론에 대한 무조건적인 신뢰는 통상 "믿음(faith)"을 통해 유지된다. 이와 구분되는 다른 한 유형의 이론은 의도에 있어서는 과학적 이론을 목적으로 하고 있지만 실제로는 비과학적 성격을 지닌 이론이라는 점에서 "의사과학적 이론(peudo-scientific theories)"으로 규정된다. 이 이론 유형의 특징은 그것이 갖는 타당성을 주장하기 위해 경험적 현실들에 토대를 두고 있다는 점과 함께 "이성적 사유(reason)"의 산물이라는 점이 강조된다는 것이다. 그 이론의 추종자들은 믿음에 토대를 둔 유형의 이론에 대해서는 불신감을 가지고 있다. 즉, 그러한 이론을 추종하는 심리적 동기로서는 인간이 따라야 할 "궁극적 목적(ultimate ends)"이라든지 변치 않은 "가치"들에 대한 "회의론적 시각(skepticism)"이 지적된다. 따라서 이와 같은 이론들에 대한 추종은 대체로 사람들이 물질적 또는 정치적 활동 영역 속에서 활동하면서 생기는 "이해관계"에 의해 좌우되는 것으로 설명된다(Parsons, 1968: 285).

쉽게 짐작될 수 있듯이, 앞의 두 유형의 이론들이 주어진 시대적 환경 속에서 각기 차지하는 역할은 대체로 엘리트들을 통해 표현되는 잔기 유형의 성향과 함께 그 순환 주기와 겹치게 된다는 사실을 짐작할 수 있다. 즉, 집단 유지의 잔기가 강하게 작용하는 사람들은 "비과학적 유형"의 이념적 또는 종교적 교리에 대해 강한 신념을 가지고 추종하는 성향을 보이며, 조합의 잔기가 강하게 작용하는 사람들의 경우에는 초월적 이론들에 대한 회의와 함께 "의사과학적" 이론들을 추종하는 경향을 보인다. 특히 후자의 경우에는, 현실적인 이해관계가 그들의 이론에 대한 선호에 영향을 미치기 때문에 그러한 이념에 대한 추종은 그다지 절대적인 것은 아니며 매우 유동적일 수도 있다. 그로 해서 지배적 엘리트 유형의 교체에 따른 순환 과정에서 지배적 이론들의 유형 역시 그에 수반해서 바뀌게 된다는 것은 당연한 논리적 결론일 것이다.

엘리트의 순환 현상과 함께 나타나는 지배적인 이념 유형에 있어서 순환 현상이 갖는 함의들에 대해 특히 파슨스가 관심을 보인 측면이 하나 있다. 그것은 『구조』를 집필한 중요한 동기의 하나였고, 또 이후에 사회학을 특징짓는 중요한 관심거리로 대두되는 문제라는 점에서 관심을 요한다. 그것은 사회통합의 기제와 관련된 문제이다. 바로 위에서 다룬 이론 유형들의 맥락에서 사회통합의 주된 기제는 크게 보아 두 가지의 요인의 충족에 있는 것으로 여겨진다. 하나는, 이미 앞에서 논한 바 있는 사회적 제도나 정책의 "사회적 효용"을 판단하는 데 있어서 사회구성원들 사이에 공통적으로 추구하는 "궁극적 목적" 또는 공유된 가치에 대한 어떤 최소한 합의가 필요하다는 점이다. 두 번째는, 사회구성원들이 소속 사회에 참여함으로써 그들이 원하는 어떤 실질적인 이해적 관심이 충족되어야 한다는 점이다. 사회통합을 위한 이 두 가지 요구조건의 관점에서 집단 유지의 잔기가 강하게 작용하는 사회는 첫 번째 조건에 대한 요구가 보다 강하게 작동하는 상황이며, 조합의 잔기가 강하게 작용하는 사회는 개인들이 추구하는 실질적 이익의 충족을 위한 동기가 보다 강하게 작동하는 경향을 보인다. 엘리트의 순환 이론은 한 유형의 사회가 그 특수한 통합의 기반이 각기 안고 있는 한계에 따라 발생하는 내적 또는 외적 문제 때문에 점차 쇠퇴의 길을 걷게 되고, 반대 유형의 통합 방식으로 전환되는 과정을 설명하고 있다. [43]

5. 파레토 이론의 평가

파슨스가 『구조』를 쓴 취지는 그의 행위 이론의 구축을 위해 도움이 되는 과거의 이론적 자원들을 검토한다는 것이었다. 이에 비추어 볼 때, 파슨스가 파레토의 이론에서 가장 긍정적인 평가를 내리는 부분은 다음의 세 가지 점으로 요약될 수 있다. 첫째는, 과학적 방법론과 관련하여 콩트라든지 스펜서의 사회학이 과학적 관

---

43) 적어도 이 점에 있어서, 파레토의 이론은 이후에 논의될 소로킨의 이론과 부합하는 측면이 있음을 보여주고 있다. 반면에 양자의 이와 같은 이원적 행위 유형론 내지는 그에 기초한 순환론적 사회변동 이론에 대해서 파슨스는 자신의 어떤 평가나 견해도 표명하고 있지는 않다.

찰의 대상으로 삼았던 "사회유기체"와 같은 형이상학적인 요소들을 제거해냄으로써 실질적으로 보다 경험적인 방법에 접근한 방법론의 정립에 기여하였다는 점이다. 파레토는 대신에 수많은 행위적 및 사회적 사례들을 광범위하게 고찰하고, 그러한 인간의 행위 사례들 속에 포함된 일반적인 요소들을 추출하기 위한 작업을 진행하였다. 그 작업의 결과는 다음과 같이 요약될 수 있다. 하나는, 인간 행위는 크게 논리적 및 비논리적인 두 유형으로 나눌 수 있다는 것이다. 두 번째는, 비논리적 행위 유형 속하는 행위들의 특성은 인간 행위의 한 요소를 구성하는 행위자들의 주관적 인식, 즉 "이론들"을 통해 표현이 되고 있다는 것이다. 파레토는 이와 같은 이론들이 두 가지 요소로 구성된 것으로 본다. 하나는 "잔기"이며, 다른 하나는 "파생 이론"이다. 잔기는 사람들의 언술들을 통해 표현된 이론들로부터 환경적 조건들이 달라짐에 따라 변형된 요소들을 제거한 후 얻어지는 일관되고 본질적인 요소들만을 지칭하며, 후자는 상황적 조건에 따라 다양한 형태로 표현되는, 즉 그 핵심적 특성에 있어서는 전자로 수렴될 수 있는 모든 변형된 형태의 이론들을 지칭한다. 위에 소개된 결과는 실로 무수한 행위 사례들에 대한 고찰을 바탕으로 얻어진 결론이기 때문에 과학적으로 비교적 납득할 만한 근거를 지니고 있다는 주장을 할 수도 있을 것이다. 그러나 인간의 행위에 대해 파레토가 적용한 귀납적 방법이 과연 실제로 객관적이고, 따라서 과학적인가 하는 의문이 제기될 수 있는 소지가 많은 것은 사실이다. 즉, 파레토 개인이 지닌 사람과 사회 그리고 민주주의와 인본주의와 같은 근대적 가치에 대한 냉소적인 태도가 짙게 반영된 그의 연구를 "과학적으로 통제된" 연구로 이해하는 데에는 상당한 의문이 제기될 여지가 있기도 하다는 것이다. 반면에 파슨스는 파레토가 이와 같은 귀납적인 방법을 적용함으로써 오는 중요한 이점이 있었다는 평가를 내린다. 그것은 당시의 공리주의자들이 흔히 빠졌던 "오착된 사실성의 오류(fallacy of misplaced concreteness)"를 피할 수 있었다는 것이다. 즉, 어떤 한 차원의 현실이 가장 경험적으로 참임을 확신할 수 있다는 주장에 근거하여 그로부터 확보한 기본적 명제로부터 모든 다른 차원의 현상들에 대한 설명을 연역적으로 도출해내는, 즉 **환원론적**(*reductionist*) 오류를 피할 수 있었다는 것이다. 사회 현상을 대상으로 엄밀한 실험이라든지 통제된 관찰 방법을 지나치게 강조하는 것은 이론적인 측면에서 행태주의 이론에서와 마찬가지로 인간 행동을 너무 단순화시키는 문제점을 노출하기도 한다. 이러한 문제점에 대해서는 파레토가 그러했듯이, "교양을 갖춘 지식인들이 흔히 상식적인 관점에서"(Parsons, 1968: 294) 사회를 있는 그대로의 자연 상태에서 관찰하는 방식도 하나의 해결 방법일 수 있을 것이다. 그러나 이 경우에 자료의 선택이나 해석에 있어서 연구자의 주관적 관점은 항시 편향이나 오류의 가능성을 안고 있는 것도 사실이다. 따라서 파슨스는 바로 이와 같은 점에서 파레토의 과학적 방법론은 보다 명료한 원칙들이 개발되고 구체화되는 방향으로 발전될 필요가 있었다고 지적한다.

다음으로 지적될 수 있는 파레토의 기여는 그의 "**사회적 효용**(*social utility*)"의 개념과 관련된다. 공리주의 이론에서 사용되는 효용의 개념은 어떤 재화 또는 서비스가 개인들의 욕구를 충족시키는 정도를 의미한다. 이와 같은 맥락에서 주어진 공동체 내에서 경제적 부(富)라든지 권력은 그것이 구성원 개인이라든지 내부의 구성 집단들에게 주는 효용성이 크다는 점에서 가장 직접적인 욕구의 대상이 된다. 즉, 그것들을 향한 욕구의 충족은 모든 구성원들이 추구하는 가장 직접적인 목적이 된다는 것이다. 이와 같은 관점에서 공동체의 구성원들이 경제적 부 또는 권력의 측면에서 얼마나 자신들이 추구하는 목적을 달성하고 있는지, 다시 말해서 그것들이 어떻게 구성원들 각자에게 분배되고 있는지를 알려주는 효용의 지표를 파레토는 "**공동체(구성원)를 위한 효용도**(*utility for a community*)"라고 부른다. 이와 비교하여, 공동체를 하나의 단위로 보았을 때, 개인들이나 내부의 구성 집단들이 각자 누리는 다양한 종류와 정도의 이익 또는 상대적 손실과는 별도로, **공동체 자체의 유지와 발전에 미치는 효과**를 파악할 필요가 있다. 이를 위해서는 주어진 공동체에서 실현을 추구하는 집단적 가치를 포함하는 어떤 규범적 체계를 그 판단의 기준으로서 설정할 필요가 있을 것이다. 집단을 위한 정책을 수립하는 사람들이 주어진 정책이 공동체에 미치는 효과를 분석하고자 했을 때 그 평가 기준에 반영될 공공의 가치들이 여기에 해당된다. 재화나 권력 등의 분배 상태가 공동체가 추구하는 집단적 목표 또는 가치의 실현에 미치는 효과가 "사회적 효용," 즉 "공동체를 하나의 단위로 해서 평가되는 효용(utility *of* a community)"이다. 이와 같이 집단적 차원에서 평가되는 효용의 개념은 파슨스를 비롯하여 머튼 등 기능주의자들이 이후에 발전시킨 "기능론적 분석"을 연상시킨다. 이는 추후에 파슨스가 의도하는 사회학 이론의 발전 방향에 대해 하나의 중요한 착상을 제공했던 것으로 평가된다. 아마 이런 점에서 "사회적 효용"의 개념은 파레토의 이론 가운데 특히 파슨스의 관심을 끌었던 것으로 여겨진다.

기존의 공리주의 이론들로부터 파레토가 열어낸 이론적 돌파구들 가운데서도 파슨스가 평가하는 가장 중요한 기여는 인간 행위에 대해 가치라는 주관적인 평가의 기준들을 이론적 관심의 영역으로 끌어들이는 데 선구적인 역할을 하였다는 점이다. 물론 파슨스(1968: 295)가 지적하듯이, 행위의 수단 또는 목적의 선택에 있어서 과학적 지식과 함께 또 하나의 중요한 기준으로 작용하는 규범 체계에 대한 파레토의 인식이 그다지 분명하게 부각된 것은 아니었다. 파슨스는 파레토가 잔기의 종류들을 분류하는 데 있어서 규범적인 특성을 지닌 것들과 비규범적인 특성을 지닌 것들을 구분하고 있지 않은 것은 이에 기인하는 것으로 평가하고 있다. 그러나 파레토가 제기한 "사회적 효용"의 개념을 통해서, 또한 잔기의 개념을 통해 "이론"과 행위의 성향들에 대한 논의하는 과정에서 그리고 사회의 순환적 변화의 추세와 관련하여, 가치 규범들에 대한 논의가 중요한 사항들 가운데 하나로서 다뤄지고 있었다는 것은 사실이다. 이와 같은 면에서 파슨스는 파레토가 자신이 구상하는 "자원론적(voluntaristic, 自願論的)" 행위 체계 이론을 앞서서 예고한 중요한 업적을 남긴 인물로 인정하고 있다.

마. 에밀 뒤르케임(Emile Durkheim)

파슨스는 뒤르케임의 경력이 그의 학문적 명성을 본격적으로 알리기 시작한 출발선상으로부터 사망으로 인해 남겨진 미완의 과제와 함께 그의 경력이 종결되었던 시점에 이르기까지, 그가 남긴 학문적 성과를 네 단계로 나누어 분석하고 있다. 그 출발선에는 물론 『사회분업론(*The Division of Labor in Society*)』(1964)이 있었고, 그의 죽음을 앞두고 마지막으로 남긴 대표적 업적으로는 『종교 생활의 기초적 형태(*The Elementary Forms of the Religious Life*)』(1965)가 꼽힌다. 그 중간기에 두 번째 단계를 특징짓는 대표적 업적으로는 『자살론(*Suicide*)』(1964)과 『사회학 방법의 규칙들(*The Rules of*

Sociological Method)』(1964)의 두 저서가 꼽힌다. 이에 후속되는 세 번째 시기에 발표된 저술들로는 "개인적 표상들과 집단적 표상들(Individual and collective representa-tions)"(1974), 『도덕 교육(*Moral Education*)』 및 "도덕적 사실의 결정(The Determination of Moral facts)"(1974)을 포함시키고 있다.

위에 지적된 각각의 단계는 뒤르케임의 이론 발전과정에서 나타난 특징적 관심사라든지 이론적 관점의 전환에 따라 이루어진 구분은 아니다. 파슨스는 『사회분업론(*The Division of Labor in Society*)』은 "가장 본질적인 면들에 있어서 대부분의 내용들이 완벽하다거나 명료하다고 보기에는 부족함이 많았고, 그 내용을 해석하는 데도 어려움이 있는 것은 분명했다. (그러나) 이후에 뒤르케임의 이론이 발전하는 과정에서 목격하게 될 거의 모든 본질적 내용들을, 적어도 그것들이 자라날 싹들을 이미, 포함하고 있었다"(Parsons, 1968:308)고 지적한다. 그리고 그러한 가능성들이 "그 안에 포함된 여러 이론적 요소들 간의 관계가 정리됨으로써" 구체적으로 실현되는 데는 상당한 시간을 요했다고 덧붙인다. 이와 같은 지적은 뒤르케임 이론의 본질적 내용들은 대개는 뒤르케임에 의해 처음 단계부터 대체로 그 윤곽은 그려지고 있었고, 후속된 단계들을 통해 세부적인 면에서 해명이 요구되거나 확장, 심화 또는 보완이 필요한 부분들에 대한 작업들이 이루어짐으로써 이론이 보다 구체화 내지는 체계화되는 과정을 밟게 되었음을 시사한다. 실제로 뒤르케임의 이론에 대한 파슨스의 논의는 뒤르케임 이론의 그와 같은 발전과정을 추적하는 형식으로 진행되고 있다.

뒤르케임의 이론을 분석하는 파슨스의 시각과 관련하여 여기에서 한 가지 언급해두어야 할 사실이 있다. 그것은 뒤르케임 이론에 대한 파슨스의 논의의 의도가 사회학 이론으로서 뒤르케임 이론의 전체 모습을 파악하고 특징짓기 위한 것은 아니라는 점이다. 그것은 대체로 다음과 같은 파슨스의 지적에 의해 분명하게 드러난다. 우선 파슨스는 『사회분업론』이 그 제목에 있어서도 그렇거니와 책의 내용들이 배열된 방식을 보더라도 "노동 분업"에 관한 연구 또는 "사회분화(social differen-tiation)" 및 그것의 결정요인들과 동반 요인들에 관한 연구를 목적으로 하는 책이라는 점을 지적한다. 그리고 그에 수반되는 다른 하나의 관심사, 즉 사회분화에 수반하여 나타나는 "사회통합의 유형(social types)"들에 관한 연구라는 점을 일단 인정한다. 그러나 파슨스는 그가 뒤르케임의 『사회분업론』을 논의의 대상으로 올린 이유는 그것이 사회분화를 다룬 연구이기 때문은 아니라는 점을 강조한다. 다음에 인용되는 언급에서 파슨스(1968: 308-9)는 왜 『사회분업론』을 그리고 좀 더 넓게는 뒤르케임을 논의 대상으로 삼게 되었는지 이유를 밝히고 있다.

> 뒤르케임은 초판의 서문에서 나오는 첫 번째 문장에서 (파슨스 본인의) 이 책의 앞부분을 읽은 독자들에게 관심의 대상이 될 수밖에 없는 핵심적 주제(keynote)를 제기하고 있다: "이 책은 무엇보다도 우선 실증과학의 방법을 토대로 도덕적 생활에 관한 사실들 (the facts of *moral* life)을 다루기 위한 시도이다." 파레토의 연구에서 가치체계로 불렸던 요소와 관련하여 (도덕적 요소들이) 그토록 중요한 관심사로 대두된 후에, 인간 행위에 있어서 도덕적 요소들에 대해 (뒤르케임이) 책의 첫 문장에서부터 (이렇게) 강조하고 있다는 사실은 즉각적으로 관심을 불러일으키게 된다. 더욱이 뒤르케임의 초기작에서 진행된 논의에서 나타난 여러 가지 특징들은 (파슨스 자신이 『구조』에서 다루고자 하는) 관심사를 부각시키는 데 크게 기여를 하게 된다.

위의 인용문에서 나타난 파슨스의 의도는 분명하다. 파슨스가 뒤르케임의 이론에 관해 논의하고자 했던 의도는 "사회적 행위의 구조"라는 그의 관심사의 맥락에서 뒤르케임의 이론이 갖는 함의의 분석에 있었다. 좀 더 자세히는, 파슨스는 자신이 구축하고자 하는 "자원론적 행위 이론"의 관점에서 인간 공동체에서 공유하는 가치의 체계와 도덕적 규범이 차지하는 중요한 역할과 뒤르케임의 이론에서 그것들이 차지하는 역할 사이에 크게 부합되는 측면이 있다고 보았다. 따라서 그러한 측면에서 파슨스가 추구하는 이론을 위해 하나의 중요한 토대가 될 수 있는 요소들을 포함하고 있다고 보았기 때문일 것이다. 물론 파슨스가 그의 "행위 이론"의 구축을 위해 고려할 필요가 있다고 보는 행위의 구성 요소들의 범위는 뒤르케임의 이론에 포함된 그것들보다는 더 확장된 범위의 요인들을 포함하고 있는 것은 사실이다. 거기에다 파슨스가 보기에, 어느 다른 이론도 비판적인 안목으로 보자면 결함이 보이듯이, 뒤르케임의 이론에서도 역시 완벽한 수준에 도달했다고 보기에는 아직도 보완을 요하거나 보다 명료하게 정리되어야 할 부분들이 있게 마련이었을 것이다. 그러나 뒤르케임에 대한 파슨스의 평가는 이제까지 그가 검토한 다른 어떤 학자의 이론에 비해서도 훨씬 긍정적인 편으로 기울고 있는 것은 사실이다. 다른 한편으로는, 비판적으로 평가하는 부분이 있는 것도 사실이다. 뒤르케임의 이론에 대한 평가가 긍정적이든 부정적이든 중요한 점은 파슨스의 평가가 이루어지는 모든 측면들은 그가 구축하고자 하는 자원론적 인간 행위 이론에 대해서 갖는, 실제적이거나 또는 가능한, 함의의 관점에서 검토가 이루어지고 있다는 점이다. 이는 곧 사회적 행위의 이론적 관점에서 뒤르케임 이론의 특성을 파악하는 기회가 될뿐 아니라 파슨스가 당시에 지향하고 있었던 통합적 행위 이론의 본질적 성격을 파악하는 기회를 제공한다는 점에서 중요한 의의를 갖는다. 파슨스의 뒤르케임에 대한 논의가 지니고 있는 바로 이와 같은 의의에 유의하면서 뒤르케임이 남긴 중요한 업적들이 파슨스에 의해 어떻게 해석, 평가되고 있는지를 요약해서 살펴보기로 한다.

1. 사회분업론

『사회분업론』의 주제는 "분화(differentiation)"이다. 분화는 개인들이 생존을 위해 수행하는 노동의 종류들이 점점 다양하게 나뉘어지고, 한 개인이 수행하는 노동은 더욱더 좁은 분야에 한정되어가는 현상을 지칭한다. 뒤르케임은 역사적 과정에 나타나는 노동 분화의 과정에 따라 사회의 질서가 유지되는 기제(機制)에 있어서 중요한 질적인 변화가 나타난다고 보았다. 즉, 개인들이 소속된 사회에 형성된 질서의 안정적인 유지를 위해 요구되는 역할을 수행할 수 있도록 그들의 행동을 규제 또는 견인하는 방식에 있어서 본질적인 변화가 일어나게 된다는 것이다. 이를 좀더 사회학적인 용어를 빌려 표현하자면, 구성원들을 하나의 공동체로 통합하는 방식에 있어서 변화가 나타난다는 것을 의미한다. 이에 따라 『사회분업론』의 주제를 조금 더 구체화시켜 본다면, **분화에 따라 사회의 통합 유형에 있어서 나타나는 변화**를 다룬 연구서라고 표현할 수 있다.

논의의 출발점은 미분화된 사회에서의 통합 방식이다. 이 유형의 사회적 통합 방식을 이해하는 데 필요한 가장 핵심적인 개념으로는 "공동 또는 공통 의식(collective or common consciousness)"이 있다. 이에 대한 정의는, 파슨스가 그랬듯이, 뒤르케임의 저서에 적은 그대로를 인용하려고 한다: "동일한 사회의 평균적 구성원들의 공통적인 신념과 감정들은 전체로서 그 자체의 생명력을 지닌 실질적 체계를 형성한다; 우리는 이를 공동 또는 공통 의식[44]이라고 칭할 수 있을 것이다"(Durkheim, 1964a: 79). 이와 같은 공동 의식 또는 도덕적 인식으로 불리는 도덕적 신념과 감정들의 체계를 공유함으로써 형성된 일체감이 그 구성원들을 하나로 통합시키는 매개 요인이 된다는 것이 뒤르케임의 주장이다. 공유된 집단적 의식에 의해 유지되는 사회통합의 유형을 뒤르케임은 "기계적 유대(mechanical solidarity)"(1965: 70-110)라고 칭하며, 의식의 유사성을 기초로 하여 형성된 유대의 형태라는 점에서 "유사성에 기초한 기계적 유대(mechanical solidarity through likeness)"라고 특징짓고 있다. 물론 그와 같은 형태의 유대가 존재한다고 해서 모든 구성원들이 사회적 규범들을 준수하는 것은 아닐 것이다. 그 규범들을 깨뜨리는 일탈행위는 어느 유형의 사회에서도 발생하게 마련이다. 따라서 사회는 그 유대의 형태에 따른 특징적 현상을 또한 수반한다. 즉, 일부 구성원들에 의해 일탈행위가 저질러졌을 때 다른 구성원들이 그에 대해 보이는 반응에 있어서 분화된 사회와 미분화된 사회 사이에 차이를 보인다는 것이다. 뒤르케임은 상대적으로 미분화된 사회의 경우에는 일탈행위들에 대해 "처벌(punishment)"을 규정한 형법 체계가 주된 규제 방식으로 사용되고 있다는 점에서 특징을 보인다고 지적한다. 그러나 뒤르케임은 그러한 형법의 적용을 통해 가해지는 처벌이 범법행위를 예방하는 데 발휘하는 효과에 그 기능이 있는 것은 아니라는, 공리주의자들의 입장에 반대되는 주장을 제시한다. 즉, 범죄를 예방한다는 목적을 달성하는 데 처벌이라는 수단이 효과적이기 때문에 사용된다는 공리주의적 입장과는 전혀 다른 관점에서 접근한다. 뒤르케임에 따르면, 형벌은 그

---

44) 파슨스(1968: 309 n3)에 따르면, 프랑스어 conscience는 영어에서 의식(consciousness)과 도덕적 인식(conscience)의 두 가지 의미를 동시에 지니고 있다. 파슨스는 뒤르케임 이론의 전체적인 맥락으로 보아 불어 원문의 conscience는 영어에서 conscience로, 즉 도덕적 인식으로 번역하는 것이 더 타당하다는 의견을 제시하고 있다. 만약 우리가 이와 같은 파슨스의 의견을 따르는 경우에, 위의 원문의 번역은 한국에서 통상적으로 번역하듯이 "공동 또는 공통 의식"이라기보다는 **"공동 또는 공통의 도덕적 의식"**으로 번역하는 편이 더 나을 것이다.

것이 범죄예방을 위해 거두는 기능적 효과보다는 신념과 감정을 공유하는 공동체의 일체성을 깨뜨린 데 대한 공동체의 구성원들이 나타내는 분노를 표현하고 있다는 것이다. 파슨스(1968a: 309)의 설명을 그대로 인용하자면, "형벌은 기본적으로 공동 의식에 담겨 있는 공동의 가치에 대해 바치는 충성의 상징적인 표현이다. 그리고 이 점을 사실로 인정하는 한, 범죄의 예방을 위해 그것이 갖는 효과와 같은 고유의 기준들에 비추어 그 본질을 판단하려고 하는 것은 전적으로 부적절한 일일 것이다."[45]

이와 같은 뒤르케임의 견해에 비추어볼 때, 뒤르케임이 보는 사회의 본질적 성격은 공리주의자들이 보는 그것과는 매우 현격한 차이가 있음을 알 수 있다. 뒤르케임이 보는 사회는 그 구성원들이 공유하는 도덕 및 가치 규범을 기반으로 해서 질서가 유지되는, 곧 그 본질에 있어서 도덕적 공동체라는 점에서 찾을 수 있다. 그러나 공동 의식에 토대를 둔 사회통합 유형, 즉 기계적 유대를 기반으로 한 통합의 형태는 미분화된 사회구조 속에서 형성된 공동 의식에 토대를 두고 있기 때문에 분화가 심화된 사회의 경우에 모든 상황은 이와는 전적으로 달라지게 된다. 우선 분화와 함께 사회 구성원들이 하는 일들이 서로 달라지는 이질화(異質化) 과정이 진행되면서 구성원들 사이에 일체감의 기반이 되어온 공동 의식이 희석되는 과정이 동시에 진행되기 때문이다. 이에 따라 구성원들을 하나의 사회 속에 묶어주는 기제, 즉 사회적 통합의 방식에 중대한 변화가 일어나게 된다. 뒤르케임은 이와 같이 새로이 대두되는 유대의 방식을 "유기적 유대(organic solidarity)"(Durkheim, 1964a: 111-132)라고 칭한다.

그렇다면 이 새로운 방식의 유대 형태는 이전의 "기계적 유대"와 어떤 점에서

---

45) 뒤르케임(1968a: 72)은 공동체에 미치는 해악의 정도가 범죄의 심각성에 대한 인식과 처벌의 강도에 영향을 미친다는 견해에 대해서도 위와 마찬가지의 관점에 근거하여 타당성이 결여된다는 입장을 취한다. 그것은 한 개인이 설령 살인을 저질렀다고 하더라도 그것에 대해 가해지는 처벌의 강도에 비례하는 해악을 실제로 공동체에 미쳤다는 사실은 입증하기가 힘들며, 어떤 경우들에는 전혀 처벌이 가해지지 않은 행동들이 실제로는 공동체에 더 많은 해를 끼치는 경우도 있다고 반론을 제기한다. 바로 이와 같은 관점에서, 뒤르케임(1968a: 80)은 범죄의 본질적 속성과 관련하여, "어떤 행위가 강하고 분명한 상태로 존재하는 공동 의식을 훼손하는 경우에 그 행위는 범죄로 간주된다"고 지적한다.

차이가 나는가? 산업화가 진행되면서 사회의 구조적 특성에 어떤 본질적인 변화가 일어난다고 보는 점에 있어서 뒤르케임 역시 기왕의 공리주의자들의 견해, 특히 허버트 스펜서와 마찬가지의 입장을 취하고 있다는 것은 분명하다. 스펜서(Spencer, 1967: 48-62)는 사회가 점차적으로 그 크기의 확대와 함께 분화하는 과정을 통해 변화하는 동안에 반드시 "산업형 사회"로 진입하는 것은 아니라는 견해를 취하고 있다. 주변의 상황에 따라 "군사형 사회"로의 전환도 일어난다는 것이다. 그러나 산업사회는 구성원들 간의 관계가 맺어지는 형태로 보아 뒤르케임의 유기적 유대와 비교될 수 있는 사회 유형의 하나라는 점은 분명하다. 이 점에서 뒤르케임이 특별한 관심을 보였던 것으로 여겨진다. 파슨스가 이 부분에 특별히 주목한 이유 역시 뒤르케임이 그것에 대해 관심을 보인 이유와 별로 다를 것은 없다. 우선 산업사회에서 사람들 사이에 관계의 형성이 주로 당사자들의 필요성과 자발적인 의사에 따라 맺어진 "계약"을 통해서 이루어진다고 보는 점에서 스펜서와 뒤르케임 사이에 별다른 이견은 없었다. 반면에 뒤르케임은 산업사회에서의 계약의 본질에 대한 스펜서의 견해와 자신의 견해 사이에는 매우 중요한 차이가 있다고 보았다. 스펜서가 보는 산업사회는 "개인들이 자신의 이익을 추구하는 과정에서 자연스럽게 산출되는 협동적 관계가 특징을 이루고 있다"(Durkheim, 1964a: 200). 언급된 협동적 관계는 어떤 주어진 상황 속에서 개인들이 자신들이 추구하는 이익을 얻고자 하는 의지가 "원인(cause)"이 되어 그것의 "효과(effect)"로서 개인들 간에 맺어지는 계약의 결과라는 것이 스펜서의 입장이다. 즉, 공리주의자들의 입장이 그대로 반영되고 있다. 계약은 협동 또는 교환을 약속하는 개인들 간의 합의를 담고 있으며, 이를 토대로 산업사회에서 협동 관계와 이에 기반을 둔 사회 질서가 가능하게 되었다는 것이다.

이러한 스펜서의 입장은 산업사회의 질서에 대한 공리주의적인, 다른 말로는 "개체론적(individualistic)" 해석이라는 점에서 특징을 갖는다. 스펜서를 인용한 뒤르케임(1964a: 201)의 설명에 따른다면, "모든 산업적 활동은 (개인들 간의) 자유스러운 교환을 매개로 이루어지며, 개인적인 행동이 산업 활동을 지배하는 한 이러한 관계는 사회에서 지배적인 유형으로 자리 잡는다." 계약의 본질에 대한 뒤르케임의 설명은 공리주의적 토대 위에서 이루어진 스펜서의 해석에 대한 반론의 성격을 갖는다. 반론의 핵심적 관점은 "계약"은 계약당사자들이 동의한 내용에는 포함되지 않은 "비계약적 요소들(non-contractual element)"(Durkheim, 1964a: 특히 206-229)이 계약의 효력과 이행에 매우 핵심적인 조건으로 작용한다는 점이다. 산업사회의 발달과 함께 사회적 관계의 유형은 개인들이 상호 간에 동의하는 규약에 따라 이루어지는 교환 또는 협동이, 즉 계약적 관계가 주된 형태로 자리 잡게 된다. 이와 관련하여 중요한 사실은, 계약에 포함된 규약의 내용과 그 실행에서 오는 다양한 결과들은 당사자들도 의도치 않았던 결과라든지 소속 사회의 다른 구성원들에게도 어떤 형태로든 영향을 미치게 될 것이다. 이에 따라 계약의 효력의 범위와 이행에서 오는 결과에 대한 집단적 차원에서의 규제를 의미하는 법 규범들을 위시한 무수하게 많은 관습적 규칙 및 거래 관행들이 존재하고 있으며, 계약은 실제로 이와 같은 계약 규범들의 틀 속에서 규제되고 있음은 사실이다. 이와 같은 법적인 내지는 관습적 규범들은 개인들 간의 맺어지는 규약 속에는 포함되어 있지는 않으나 계약의 배후에 존재하는, 그러나 계약에 효력을 미치는 규약들로서 작용하고 있다는 점에서 "계약에 있어서 비계약적인 요소"로 불린다. 그리고 동시에 계약당사자인 개인들에 의해 계약의 대상이 되지는 않으나 사회적 강제성을 수반한다는 의미에서 "비계약적 계약"이라는 다소 역설적인 용어로서 표현되고 있다. 뒤르케임(1964a: 215)이 "계약이란 그 자체로서 완결되는 것은 아니다. 계약이란 그것에 대한 규제가 있기 때문에 가능하게 되며, 그러한 규제는 사회에서 기원하는 것이다"라고 지적한 것은 바로 이와 같은 사실을 강조한 것이다. 뒤르케임의 이와 같은 계약에 대한 이해가 공리주의자들의 그것과 어떻게 다른지에 관해서 파슨스(Parsons, 1964a: 312)는 다음과 같이 간결하게 설명한다: "스펜서를 비롯한 개체론적 학자들은 계약에 약속된 조항들 그 자체가 어떻게 이행되는지에 관해 주로 관심을 보였다. 반면에 뒤르케임이 더욱 관심을 보였던 것은 계약당사자들에 의해 합의의 대상이 되지는 않으나 이미 사회적으로 '주어진' 규칙들의 체계가 존재한다는 사실이었다."

유기체적 유대와 관련한 뒤르케임의 주된 논지는 그것이 개인들 간의 계약 관계를 토대로 형성된 유대라 하더라도 그 배후에 작용하는 "사회"라는 공동체적 질서의 실체는 결코 사라져 없어지는 것은 아니라는 점이다. 기존의 이론적 자원들을 종합함으로써 보다 완결된 형태의 행위 이론을 구축하고자 하는 파슨스의 의도에 비추어 뒤르케임이 왜 특별한 주목의 대상으로 선택이 되었는지는 이제 분명해진다. 파슨스가 보기에, 공리주의 이론에서 보는 계약을 통한 개인들 간의 관계는 계약에서 규정한 제한된 목적과 시간이라는 한계 속에서만 존속한다는 것이다. 따라서 이러한 관계는 사회 질서의 기반이 될 수는 없으며, 따라서 공리주의의 입장에서 접근하려 했을 때 "사회 질서의 문제"는 여전히 해결되지 않은 의문점으로 남는다. 공리주의의 이와 같은 한계를 감안했을 때, 뒤르케임이 "공동 또는 공통 의식"이라든지 사회적 질서의 규범적 토대가 되는 "사회적 규약들"이 작동하고 있음을 강조하고, 이를 통해 사회 질서의 문제에 대한 보다 직접적인 해명을 추구하고 있다는 점을 획기적 발전으로 평가하는 파슨스의 입장은 충분히 수긍이 가는 일이다.

물론 뒤르케임의 견해에 대한 이와 같은 긍정적인 평가에도 불구하고 파슨스는, 적어도 그가 지향하는 학문적 의도에 비추어, 상당한 한계가 존재하고 있다는 평가를 내린다. 그것은 대체로 다음과 같은 두 가지 점으로 요약될 수 있다. 하나는, 뒤르케임은 기계적 유대에 있어서는 "공동 또는 공통 의식"이 사회통합을 위한 핵심적 요소로 작용하고 있다고 설명한다. 그리고 이와 같은 논리는 유기적 유대를 기반으로 하는 사회의 통합에도 그대로 연장 적용되고 있다. 바뀐 것은 단지 "의식 또는 도덕적 인식(conscience)"이 계약의 조건과 이행을 규제하는 "사회적 규범들"로 바뀌고 있다는 점이다. 그러나 여기에 해명을 요하는 문제가 남는다. 분화 현상이 심화된 사회에서 그와 같은 규범들이 출현하는 과정이라든지, 왜 그러한 규범들이 사람들이 준수해야 할 "의무(obligation)"(Parsons, 1968: 321)를 수반함으로써 실효적으로 작용하고 있는지 설명이 거의 제시되고 있지 않다는 것이다. 물론 계약 사회의 질서는 개인들 간의 계약에서는 나타나지 않은 사회적 규범들이 토대를 이루고 있다. 이는 공리주의자들은 간과했던 현상이었다는 점에서, 적어도 경험적 차원에서 현상을 정확하게 본 뒤르케임의 탁월한 안목을 인정하고 있다. 그러나 문제는, 그와 같은 경험적 현상을 이론적으로 설명하는 데 있어서 뒤르케임에게는 미흡함이 있었다는 것이 파슨스의 평가이다.

두 번째의 중요한 문제는, 노동 분화가 시작된 이유에 관해서이다. 뒤르케임은 노동 분화를 촉발한 원인들 가운데 가장 중요한 요인의 하나를 "도덕적 또는 역동적 밀도(moral or dynamic density)"(Durkheim, 1964a: 257)로 보고 있다. 적어도 이 요인만 놓고 보면, 노동 분화를 촉진시킨 요인에 대한 뒤르케임의 견해는 사회학적인 관점을 반영하고 있다고 말할 수 있다. 도덕적 밀도는 주어진 지역 내에서 상호작용을 하는 사람들의 밀도를 지칭한다. 그렇다면 상호작용의 밀도에 있어서 증가를 촉발하는 요인은 무엇인가? 이에 대한 뒤르케임(Durkheim, 1964a: 262)의 대답은 다음과 같다: "노동 분화는 사회의 크기와 밀도에 정비례하여 증가한다. 그리고 만약 사회발전에 따라 노동 분화가 지속적으로 진전이 된다면, 이는 규칙적으로 사회의 밀도가 증가하고 일반적으로 그 규모에 있어서도 커지기 때문이다." 결국은 인구의 수적인 증가가 노동 분화를 촉발하고 지속시킨 원인이라는 것이다. 물론 인구의 증가가 노동 분화를 촉진한 데에는 중간에 작용하는 요인이 있었다: 도시와 같은 장소에 밀집된 사람들 사이에 벌어지는 "생존을 위한 투쟁"에서 살아남기 위해 개인들이 취한 행동이다(Durkheim, 1964: 269-270). 즉, 과제들을 나누어 잘 하는 일을 중심으로 노동과 기술을 전문화하는 것이 다른 사람들에 비해 생존 확률을 높힐 수 있는 전략이었고, 이것이 곧 노동 분화를 촉진시킨 주된 요인으로 작용하게 되었다는 것이다. 이러한 견해는 어느 한 부분에서 당시에 뒤르케임이 지녔던 공리주의적이고 실증주의적인 입장을 반영하고 있다는 점에서 특징을 보여준다. 뒤르케임의 이러한 입장은 공리주의적 관점 또는 그 연장선상에서 극단적 실증주의적 이론의 극복을 추구한 파슨스의 입장에서 보았을 때는 매우 불만스러운 것이 아닐 수 없었을 것이다. 왜냐하면 적어도 노동분화의 촉발 원인을 인구 증가에 있고, 그것이 종국적으로는 개인들 간의 생존을 위한 투쟁의 결과라고 본 뒤르케임의 입장은 파슨스가 의도한 행위 이론의 지향점과는 오히려 반대의 방향으로 가는 것이었기 때문이다. 그러나 뒤르케임으로부터 "생물학적 토대 위에 사회 이론을 세우려고 하는 시도(biologizing of social theory)"(Parsons, 1968: 323)는 『사회분업론』 이후의 어느 다른 저술들에서도 더 이상 찾아볼 수 없게 된다. 대신에, 뒤르케임은 사회의 규범적 통제 방식의 유형과 그 변화 양상을 추적하는 방향으로 이론적 노력을 이어 나가게 된다. 이러한 사실들을 파슨스가 중요하게 평가하는 이유는 바로 뒤르케임의 그와 같은 측면이 자신이 "자원론적 행위 이론"에서 주장하는 바들과 밀접한 연관성을 지녔기 때문이다. 그러나 인간 행동과 사회의 규범적 질서 간의 연관성에 관한 통찰력을 보다 체계화된 이론으로 발전시키는 작업은 적어도 『사회분업

론』이 쓰일 당시에는 뒤르케임에 의해 채 착수되지 않았다는 것이 파슨스의 평가
이다.

2. 자살론

『자살론(Suicide)』은 뒤르케임의 가장 대표적 업적으로 꼽히는 저술이다. 리처
(Ritzer, 1975)는 사회학의 대표적인 세 개의 패러다임 가운데 하나로 "사회적 사실주
의 패러다임(social facts paradigm)"을 지적하고, 뒤르케임의 『자살론(Suicide)』은 이 패
러다임의 이론과 방법론적인 지향의 모범적 실례를 보여주는 "표준적 연구 사례
(exemplar)"[46]로서의 위치를 점유해 왔다고 지적한 바 있다. 뒤르케임의 사회학 이
론에서 『자살론』이 지닌 중요성과 관련하여 파슨스의 견해 역시 그다지 다르지는
않다. 『사회분업론』의 경우에는, 앞에서 지적한 바 있듯이, 그 가장 중요한 기여로
서는 규범적 요소들이 인간의 공동체 생활에 질서를 부여하는 필수적인 요소 가운
데 하나가 되고 있다는 사실을 밝히고 있다는 점을 꼽고 있다. 바로 이것만으로서

---

46) "표준적 연구 사례"란 어느 주어진 시대에 주어진 학문 분야에서 대부분의 학자들이 그들이 연구하는 현
상을 연구하는 데 있어서 가장 전형적이고 모범적인 연구의 실례로 간주하는 특정의 연구 사례를 지칭
한다. 일반 학자들의 일상적인 연구들은 연구 범례로 간주되는 특정 연구를 계기로 대체로 그에 연관되
어 제기되는 문제들을 동일한 이론적 관점과 방법론적 기법들을 활용하여 해결해나가는, 즉 그로부터 파
생되어 나오는 많은 자잘한 문젯거리들을 처리하는 것과 같은, 일종의 "청소작업(mopping-up)"(Kuhn,
1970: 24)과 같은 의의를 지닌다는 것이 이 개념을 처음 사용하기 시작한 토마스 쿤(Thomas Kuhn)의 견
해였다. 이와 같은 점에서 표준적 연구 사례는 특정 학문적 패러다임의 가장 핵심적 요소를 구성한다.
물론 과학적 패러다임의 틀 속에서 표준적 연구 사례가 차지하는 의의와 역할에 대한 쿤의 입장에는 처
음 『과학혁명의 구조(The Structure of Scientific Revolutions)』가 출판된 1962년 당시와 이후 수정확장판이
나온 1970년 사이에 상당한 차이가 있다. 1962년도에는 표준적 연구 사례는 대체로 한 학문 분야의 입
문생들이 그 학문 영역의 일원이 되기 위해 교육을 받는 과정에서 주로 교과서 등을 통해 접하는 구체적
인 문제풀이의 모든 실례들을 지칭하는 의미에서 사용되었다. 이에 비해 1970년판 쿤의 『과학혁명의 구
조(The Structure of Scientific Revolutions)』에서 표준적 연구 사례는 "구체적 문제풀이의 실례이다. 이것
이 (학문 연구의) 본보기 또는 사례로서 활용되었을 때, 정상과학에서 아직 해결되지 않은 문제들을 푸
는 데 명시된 규칙들을 대체하는 기능을 가진 기본적 자원"(Kuhn, 1970: 175)이라는 정의가 내려지고
있다. 본문에서 리처가 뒤르케임의 자살론을 바로 이와 같은 의미에서 "표준적 연구 사례"로 규정한 것
은 사회학의 한 중요 패러다임에서 이 저술이 차지하는 중요성을 그만큼 강조하기 위한 것이었다.

도 중요한 업적이 되고 있음은 부인할 수 없는 사실일 것이다. 홉스에 의해 제기된 "사회질서의 문제"를 놓고 공리주의자들이 봉착한 어려움은 뒤르케임에 의해 비로소 그 해결을 향한 하나의 단초가 열리게 되었다는 평가에 반론을 제기하는 사회학자들은 많지 않을 것이다. 이와 같은 긍정적인 측면에도 불구하고, 파슨스는 동시에, 『사회분업론』은 이론적으로 추가적인 해명이나 보완을 요하는 문젯거리들을 이후의 연구 과제로 넘기고 있다는 점에서 미흡함이 있었다는, 다소 부정적인 평가를 내린 바 있다.

　『자살론』의 주제어는 "집단과 개인"이었다. 이와 비교해 『사회분업론』의 목차를 보면, 그 내용은 세 가지의 주제어로 표현할 수 있음을 알 수 있다. "기계적 유대," "유기적 유대," 그리고 "비정상 형태(abnormal forms)"가 그것들이다. 노동분화와 그 발전에 따라 변화하는 집단의 유대 형태가 주제를 이루고 있음을 알 수 있다. 여기에서 집단의 속성과 관련하여 나타나는 개인의 행위는 뒤르케임의 이론적 관심의 영역 가운데, 전혀 배제된 상태로 남아있다고 할 수는 없다. 그러나 본격적으로 등장하고 있지 않다는 것이 정확한 평가일 것이다. 이는 물론 뒤르케임의 사회학 이론이, 흔히 분류되고 있듯이, "사회적 사실"을 강조하는 패러다임에 토대를 두고 있기 때문은 아니었다. 즉, 뒤르케임이 오직 집단 수준에서의 연구만을 사회학적 연구의 본령(本領)으로 간주하고, 개인의 행동은 관심의 대상으로 삼지 않았다는 데 기인한 것은 아니었다는 것이다. 만약 그렇게 생각하는 사람이 있었다면, 『자살론』은 그 같은 기대와는 전혀 상반된 방향으로의 움직임을 보여준 것이었다. 이 저서에서 뒤르케임은 개인의 행위 가운데서도 개인 특유의 심리적 동기와 환경이 가장 중요하게 작용하는 것으로 여겨지던 자살 현상을 다루고 있다. 적어도 현상적인 면에서 판단하자면, 대체로 은밀한 가운데 순수하게 개인의 결단에 의해 이루어지는 것으로 간주되어 왔던 행동을 주제로 삼고 있다. 만약 가장 개체론적 설명이 요구되는 것으로 여겨졌던 개인의 행동이 어떤 공동체의 사회적 환경, 또는 그 환경을 이루는 사회적 관계의 특성에 의거해서 설명될 수 있음이 증명될 수 있다면, 개인의 행동 속에 작용하는 사회적 환경의 영향을 강조하는 뒤르케임의 입장은 더할 나위 없이 설득력을 갖게 될 것이다. 이 점이 곧 『자살론』이 뒤르케임의 사회학적 연구에서 어떤 위치와 의의를 점하는지를 단적으로 이야기해주고 있다. 더욱이 당시까지 통상적으로 자살 현상을 설명하는 데 있어서는 공리주의 이론에 토대를 둔 "동기 유형(motive type)"의 이론(Parsons, 1968:325)이 가장 유력한 이론의 하나로 꼽혀왔다. 동기 이론은 간단히 말해서, 개인들의 행동은 행복을 추구하는 데 목적을 두고 있으며, 따라서 추론하자면, 자살은 개인들이 추구하는 행복이 좌절될 경우에 저질러질 가능성이 높으리라는 것이다. 즉, 어떤 목적을 추구하는 데 좌절을 경험함으로써 불행에 빠진 사람들 사이에 자살의 빈도가 더 높을 것으로 예측될 수 있을 것이다.

『자살론』은 이와 같은 공리주의자들의 동기 이론을 비롯하여 자연환경 및 유전적 결정요인을 주장하는 일련의 시각들에 대해 사회적 요소의 중요성을 강조하는 입장에서 제기하는 반론을 목적으로 하는 연구였다. 그리고 그 연구의 대상이 가장 은밀하고도 사적인 영역에서 이루어지는 개인들의 행동이라는 점에서 전략적으로 매우 영리한 계산을 아마 염두에 두고 이루어진 연구였다. 즉, 그 연구 대상이 사회의 구조적 요인이 작용하리라고 짐작하기에는 매우 어려운, 따라서 개인적 차원의 요인들에 의해 주로 설명되어 왔던 행동이었다. 이러한 점에서 개체론적 시각이 가장 완강하게 자리 잡고 있는 영역을 직접적으로 공략함으로써 사회학적 설명의 유효성을 명확하게 확립하고자 한 뒤르케임의 의도가 극명하게 드러난 선택이었던 것으로 평가된다.

공리주의 이론과 함께 『사회분업론』도 포함해 비교해 보았을 때 『자살론』을 특징짓는 또 하나의 중요한 특징이 있다. 그것은 공동체의 속성과 그것의 영향 아래 형성된 개인들의 행위적 성향 간의 연관 관계를 하나의 이론체계 속에 포괄해서 다루고 있다는 점이다. 그리고 공동체의 속성 가운데 구성원들에 의해 공유된 종교적 신념과 같은 규범적 요소가 중요한 부분을 점하는 것으로 판단되는 경우에 그와 같은 가치 및 인식의 체계는 개인들의 행위를 결정하는 매우 핵심적인 요소로서 규정되어야 할 것이다. 여기에서 우리는 이와 같은 관점은 파슨스의 자원론적 행위 이론에 있어서 하나의 핵심적인 관점을 형성하고 있다는 점에 주목해 볼 필요가 있다. 다음의 공식을 보자.

$$A = S(T,\ t,\ ie,\ r) + E(T,\ t,\ i,\ r,\ ie) + N(T,\ t,\ ie,\ i,\ r)$$

위의 도식에서 S는 상황(situation)을, 이어지는 괄호 속에 적힌 요소들은 개인의 상황에 대한 이해에 영향을 미치는 요인들을, **E**는 목적(end)을, **E** 바로 다음의 괄호 안에 적힌 요소들은 개인들이 추구하는 목적을 결정하는 데 영향을 미치는 요인들을, **N**은 행위자에 의해 이해된 상황과 그가 추구하는 목적 사이에 선택가능한 모든 관계들 가운데 어떤 관계를 선택하는지를 결정하는 기준을 나타낸다. 위의 도식은 파슨스가 지향하는 자원론적 행위 이론을 등식으로 표현한 것이다. 이 등식에 의해 표현된 자원론적 행위 이론의 특징적 관점이라든지 의의에 관한 보다 세부적인 논의는 이 책의 결론 부분에서 이루어질 것이다. 여기에서는 단지 자원론적 행위 이론을 표현한 위 공식에서는 개인들의 상황에 대한 인식이라든지, 주어진 상황 속에서 행위를 통해 실현하고자 하는 목적과 그리고 어떤 주어진 **목적을** 달성하는 데 어떤 상황적 인식과 수단을 연결시키는지를 결정짓는 여러 요소들 가운데서도 i(ideas) 또는 ie로 표시된 요소들이 특별한 중요성을 갖는다는 사실을 주목하는 것으로 족할 것이다. i는 행위자가 어떤 목적을 바람직하다고 보는 데 판단 기준으로 작용하는 가치 또는 규범적 요소들을 지칭한다. ie의 e는 표현(expression)을 의미하며, 따라서 즉 가치 또는 규범적 요소들을 함축하는 지식 또는 이론들을 지칭한다. 따라서 위의 도식을 통해 표현된 행위 이론에서는 인간의 행위는 목적을 달성하는 데 사용되는 수단의 선택에 있어서 규범적 요소들이 중요한 영향을 미친다는 견해를 담고 있다는 데 특징을 보인다. 이러한 규범적 요소들은 공리주의적 이론이라든지 급진적 실증주의 이론을 유사한 도식을 사용하여 표현했을 때는 포함되지 않았던 요소들이다. 즉, 후자 계열의 행위 이론에서는 행위의 구성요소로서 그와 같은 규범적 요소들은 배제되고 있다는 것이다.

위에 지적된 사실을 통해 우리가 짐작할 수 있는 사실은 뒤르케임의 시각과 파슨스의 자원론적 행위 이론 사이에 『자살론』이 가장 밀접한 접점을 제공하고 있다는 점이다. 『구조』를 쓴 파슨스의 의도는 기존의 이론들 가운데 쓸 만하다고 판단되는 유산들을 그 나름대로 기준에 따라 선별하여 보다 발전된 내용의 행위 이론을 조합해내는 것이었음은 분명하다. 이와 같은 의도에 비추어 뒤르케임이 차지하는 중요성을 고려해 보았을 때, 『자살론』은 뒤르케임의 다른 어떤 저술보다도 파슨스의 의도와 가장 부합되는 내용을 함축하고 있었던 것으로 판단된다는 것이다. 그렇다면 조금 구체적으로 뒤르케임의 자살에 관한 연구의 내용에 관해 살펴보도록 한다.

뒤르케임은 당시에 그가 이용할 수 있었던 자살 통계를 활용하여 다양한 변수들을 교차 분석한 결과를 토대로 당시에 유력한 이론으로 통용되고 있던 "행복 가설(happiness hypothesis)"(Parsons, 1968: 324)이라든지 인종적 특질, 기후, 모방 등의 요인에 의한 설명에는 근거가 결여되고 있다고 결론짓는다. 그 다음에는 자살의 배후에서 작용하는 것으로 분석된 요인들에 따라 자살의 유형을 세 가지로 나눈다: 1) 이타적 자살, 2) 이기적 자살 그리고 3) 아노미형 자살이 그것들이다. 이타적 자살은 개인들이 소속집단에 강하게 유착(癒着)되어 있을 때 높은 빈도로 발생하는 자살 유형이다. 집단의 상황이 개인들의 희생을 요구할 때 구성원들은 전체의 이익을 위해 그러한 요구에 응하는 것이 자신들의 의무라고 생각하게 된다. 이는 집단의 강한 결집력에 따라 개인의 정체성이 집단에 의해 과도하게 결정된 결과로 설명된다. 파슨스(Parsons, 1968: 330)의 해석에 따르자면, "이타적 자살은 공동 의식의 표현이며, 이와 같은 공동 의식은 개인들이 집단적 이익에 종속되는 경우에 특히 강하게 드러난다. 그리고 내용적인 면에서 보자면 집단이 소유한 가치에 비해 개인들의 삶이 갖는 가치를 낮추어 평가하는 경향을 보인다."

이기적 자살은 이와는 반대되는 유형의 자살이다. 뒤르케임의 이기적 자살 유형에 영향을 미치는 요인에 관한 논의는 다음과 같은 세 가지 요인들이 자살의 증가에 미치는 영향에 관한 분석에 기반을 두고 있다. 첫째는 소속 종교의 특성과 그에 따른 개인들의 인지적 내지는 행위적 성향이다. 두 번째는 개인들의 결혼 여부와 그에 수반된 가족 구조적 특성이다. 세 번째는, 소속된 정치 조직 또는 제도에 대한 개인들의 애착 또는 충성도이다.

우선 첫 번째의 종교적인 요인과 관련하여, 뒤르케임은 유럽의 각 국가나 지역들에서 수집된 자살 통계를 활용하여 신교도 지역과 구교도 지역에 나타난 자살의 빈도를 비교하고, 신교도들의 자살률이 구교도들 사이의 자살률보다 높다는 사실이 상당히 일관성 있게 나타난다는 결론을 내린다. 이와 같은 결과를 가져온 핵심적인 요인으로서는 각각의 종교적 신념에 따라 교회 조직과 신도들 간의 유대, 즉 "통합"의 정도에 나타나고 있는 차이를 지적한다. 그렇다면 왜 신, 구교도 사이에 그와 같은 차이가 나타나게 되었는가? 뒤르케임(Durkheim, 1951: 157)은 여러 측면들에서 피상적으로 나타나는 가능성들을 배제하고 난 다음 밝혀진 결과는, "구교와 신교의 유일한 차이는 후자가 (자신의 신앙적인 문제에 관해) 전자에 비해 훨씬 더 자유로운 탐색(inquiry)을 허용하고 있다는 점"이라고 지적한다. 즉, 신교도들이 성경의 해석이라든지 의식(儀式)적인 문제들에 있어서 교회의 통제를 훨씬 덜 받고 있으며, 따라서 더 독립적인 지위를 확보하고 있다는 것이다. 이는 곧 교회공동체에 덜 긴밀하게 통합이 되고 있음을 의미한다. 따라서 자살률의 차이와 관련하여 뒤르케임(1951: 208)이 도달한 일반적인 결론은 "자살은 종교적 결사체의 통합의 정도와 역상관 관계를 보인다"라는 것이다. 이러한 관계 속에서 나타난 자살의 유형에 대해 "이기적"이라고 특징지은 이유에 대해서는 다음과 이야기하고 있다.

> 그러나 사회는 개인들이 동시에 사회생활로부터 자신을 분리시키고 않고서는 해체될 수는 없는 노릇이다. 즉, 개인 자신의 목적이 공동체 전체의 목적보다 훨씬 우선하지 않는 한 집단의 결속력은 약화되지는 않는다는 것이다. 한마디로 표현해서, 개체로서 개인의 자아가 집단의 전체성 위에 올라서는 경향을 보이지 않는 한 집단의 통합력은 유지된다. 개인이 속하는 집단의 결속력이 약화되면 약화될수록 개인은 집단에 덜 의존하게 될 것이며, 오직 자신에게 더욱더 의존하게 될 것이다. 그리고 자신의 사적인 이익에 부합되는 행위 규칙들 외에 어떤 다른 규칙들도 인정하려 하지 않을 것이다. 개인적 자아가 사회적 자아 앞에서 후자의 희생이 있다고 할지라도 훨씬 강하게 자신의 주장을 내세우는 이와 같은 상황을 우리가 이기주의라고 지칭하는 데 동의한다면, 이와 같이 과도한 개인주의로부터 발생하는 특별한 자살의 유형에 대해 이기적이라는 명칭을 붙일 수 있을 것이다(Durkheim, 1951:209).

요약한다면 이기적 유형의 자살은 집단의 결속력의 약화와 함께 나타나는 "과도한 개인주의"에 의해 발생하는 자살의 유형을 지칭한다.

앞에서 두 번째로 지적된 가족적 요인과 관련해서는 결혼의 여부, 지속 기간, 남녀의 차이, 배우자의 사망으로 인한 이별 등등과 같은 다양한 차이들이 감안되어야 하기 때문에 당시에 수집된 통계적 자료로서는 분석의 어려움이 있었을 것으로 짐작된다. 그러한 자료의 한계 내에서, 다양한 차원에서의 교차분석 결과를 통해 도출한 일반적 결과를 뒤르케임(Durkheim, 1951: 198)은 다음과 같이 요약하고 있다: "이러한 예방(즉, 이혼의 가능성을 감소시키는)의 효과는 가족의 밀도, 즉 가족 구성원의 수적 증가와 함께 상승하는 경향을 보인다." 조금 관점을 달리해서 표현하자면, "자살은 가족의 통합도와 역상관 관계를 보인다"(Durkheim, 1951: 208)는 것이다. 이와 같은 현상이 나타나는 원인에 대한 설명은 위에서 인용한 종교적 신앙에 대해 지적한 바와 유사한 설명이 그대로 적용되고 있다. 즉, 가족 구성원들에 대한 애착과 유대가 결여된 개인들은 보다 이기적으로 행동할 가능성이 높아지며, 그들의 그와 같은 이기주의적 성향이 자살의 가능성을 높이게 된다는 것이다. 세 번째의 요인, 즉 개인과 정치적 공동체와의 관계가 자살에 미치는 영향에 대해서 역시 "자살은 정치적 공동체와의 통합도와 역상관 관계를 보인다"(Durkheim, 1951: 208)는 명제로써 요약된다.[47] 이 역시 개인들과 공동체와의 통합이 이완되는 경우에 개인주의적 경향이 강해지는 것으로 해석되고 있다. 이로써 앞에서 살펴본 두 경우, 이타적 자살과 이기적 자살, 다 같이 그 핵심적 성격은 개인과 공동체 사이에 뗄 수 없는 관계에서 발생하는 현상이라는 뒤르케임의 시각에 의해 규정되고 있다. 동시에, 공동체의 토대가 되는 규범적 요소들이 공동체와 개인들의 관계와 그로부터 파생되는 개인들의 행위를 규정하는 핵심적인 요소로서 고려되고 있다는 점을 주목할 수 있다. 바로 이러한 점을 보다 극명하게 드러내고 있다는 점에서 파슨스는 또 다른 유형의 자살, 즉 아노미형의 자살에 대해 매우 특별한 관심을 표명하고 있다.

『자살론』에서 아노미형의 자살을 논하는 부분의 서두는 경기 변동의 순환에 따

---

47) 이러한 주장을 뒷받침하는 경험적 근거와 관련된 뒤르케임(Durkheim, 1951: 202-208)의 분석은 다소 무리한 측면이 없지는 않다. 뒤르케임은 정치적 공동체와 개인 간의 통합의 약화가 개인들의 자살의 빈도를 높이게 된다는 직접적인 증거를 제시하는 데는 실패한 것으로 여겨진다. 왜냐하면 위의 명제에 대한 근거로서 전쟁이나 내란과 같은 정치적 위기가 발생하는 상황 아래서 자살률이 저하되는 현상을 들고 있기 때문이다. 뒤르케임의 논리는 하나의 추론으로서, 위기 상황 속에서 정치적 공동체에 대한 심리적 애착이나 충성도가 상승하기 때문이라는 이유를 들고 있다. 그러나 상식적으로는 뒤르케임의 추론도 가능한 일이기는 하지만, 그 반대, 즉 위기에 봉착하여 해체의 위험성에 직면한 조직에 대한 충성도가 과연 높아질 것인지에 대한 의구심이 생겨나는 것도 사실이기 때문이다.

라 발생하는 양극단의 상황, 즉 호황의 정점과 불황의 최저점의 언저리에 이르러 나타나는 자살률이 그 중간기에 있을 때보다 높다는 통계적 자료의 소개로 시작된다. 다음으로 아노미 유형의 자살이 발생하는 근거를 보여주는 통계로서는 유럽의 여러 지역에서 수집된 직업별 자살 통계가 제시된다(Durkheim, 1951: 258). 여기에서의 직업분류는 상업(trade), 운수(transportation), 제조업(industry), 농업(agriculture) 및 자유 전문직(liberal professions)으로 나뉘고 있다. 제시된 자료에서는 앞의 세 직업군과 마지막 전문직에서 자살률이 높은 것으로 나타나고 있으며, 네 번째 농업 직군에서는 낮음을 보여준다. 이와 관련된 세 번째 통계 자료로는 이혼률에 있어서 차이를 보여주는 자료이다. 뒤르케임의 논의는 물론 자료를 통해 나타나는 현상이 왜 그러한지에 관한 분석에 모아진다. 파슨스는 뒤르케임의 의해 이루어진 논의가 노동 분업을 논의하는 과정에서 "공동 의식"과 관련하여 채 해명되지 않은 이론적인 문제에 대한 보다 구체적이고 명료한 해답을 제시하고 있다는 점에서 특별한 의의를 부여한다. 그러면 여기에서 앞에서 제시된 자료들이 왜 아노미 유형의 자살의 발생을 보여주고 있는지에 관한 뒤르케임의 설명을 살펴보기로 한다.

뒤르케임은 공동 의식을 통해서 공동체의 구성원들이 느끼는 일체감을 기반으로 해서 이루어지는 통합의 유형을 기계적 유대라고 부른다. 반면에 노동분화가 진행됨에 따라 각자 추구하는 가치와 관심들에서 점차 이질화되는 구성원들 간의 유대는 그들이 각각 추구하는 이익을 얻기 위해 상호의존이 필요한 개인들 간의 계약 관계를 통해 맺어지게 된다. 물론 이미 지적되었듯이 여기에도 역시 공동체의 규범은 "계약의 비계약적인 요소"로서 (계약의 당사자들 간의 규약에는 포함되지 않으나) 계약이 성립되는 데 필요한 토대가 된다는 점을 뒤르케임은 지적하고 있다. 이와 같은 유형의 유대를 "유기적(organic)" 유대라고 칭한다. 그런데 후자 유형의 사회를 결정적으로 특징짓는 하나의 원칙이 존재한다. 그것은 어느 집단도 개인의 모든 것들을 지배할 수는 없으며, 집단의 개인들에 대한 지배력은 개인이 추구하는 이익을 집단이 보장할 수 있는 한계를 넘어설 수는 없다는 것이다. 그러나 아마 현실 속에서 사회는, 아무리 그것이 현대 사회라 하더라도, 기계적 유형의 유대와 유기적 유대가 혼합되어 있으며, 아마 신교와 구교의 예에서 볼 수 있듯이, 집단의 특징에 따라 다르게 분포되어 있다고 보는 것이 좋을 것이다. 이에 따라 기계적 유형의 유대가 강하게 형성된 집단의 경우에 우리는 이타적 자살이 상대적으로 더 빈발할 것으로 예상할 수 있는 반면에 유기적 유대가 상대적으로 강한 집단은 이기적 유형의 자살이 더 많이 발생할 것으로 예측해 볼 수 있다. 그러나 『사회분업론』까지 이루어진 성과를 토대로 하는 한 이와 같은 설명은 앞에서 뒤르케임이 인용한 첫 번째 자료를 설명하는 데는 더 이상 유용하지 않다는 것은 분명하다. 왜냐하면 경기의 순환의 양 극단에서 집단 유대의 성격에 있어서 어떤 변화가 발생하고, 그에 따라 자살의 빈도가 증가한다고 보는 것은 매우 납득하기가 어려운 설명이기 때문이다. 이에 따라 뒤르케임의 설명은 다른 자살의 유형에 대한 앞에서의 설명과는 다른 방향으로 가지를 벌려 나간다. 우선 자살 현상은 사회질서의 문제와 관련하여 그것이 교란되고 있음을 보여주는 징후로 해석될 수 있다. 우리는 그것을 "통합(integration)"과 "통제(control)"의 두 가지 측면에서 살펴볼 수 있을 것이다. 뒤르케임이 직접적으로 이와 같이 지적하고 있지는 않으나, 그의 논의에 함축된 의미는 바로 그와 같은 의미로 요약될 수 있다는 것은 분명하다. 두 측면 가운데 "통합"의 측면과 관련해서는 그것이 지나칠 정도로 공고하게 형성되어 있을 경우에는 이타적 유형의 자살이, 그것이 심하게 이완될 경우에는 이기적 유형의 자살의 상대적 빈도가 높아지는 것으로 설명되었다.

"통제"의 측면과 연관하여 발생하는 "아노미 유형"의 자살 문제를 설명하기 위해 뒤르케임은 먼저 인간 본성에 관한 몇 가지의 기본적인 명제를 제시한다. 첫째는, 인간이 충족하고자 하는 욕구의 수준은 높은 데 비해 그것을 충족할 수 있는 수단이 결여될 경우에 개인들은 불행하다고 느낀다는 것이다(Durkheim, 1951: 246). 두 번째는, 다른 동물들과는 달리, 인간의 욕망에는 한계가 없다는 것이다. 그의 표현을 빌리자면, "인간이 느끼는 욕구 그 자체는 만족을 모르고 끝이 없는 심연(深淵)과도 같은 것이다"(Durkheim, 1951: 247). 그러나 현실 속에서 대부분의 사람들은 자신의 분수에 따라 대체로 적당한 수준의 욕망을 추구하며 살아가고 있다. 따라서 이를 설명하기 위해 제시된 세 번째의 명제는, 그와 같은 절제가 가능한 것은 사람들이 사회에서 통용되는 도덕적 규범에 익숙해 있고, 개인들이 그 권위에 복종하고 있기 때문이라는 것이다. 조금 구체적으로 이야기하자면, 어느 문화권이든 어떤 직업이나 위치를 차지한 사람들에 대해 사회적으로 용인된 욕망의 수준과 관련하여 사람들 사이에 대체로 합의된 의견들이 존재하고 있으며, 대부분의 경우에 실제로 존중되고 있다는 것이다. 즉 사람들이 실현가능한 수준에서 적절한 욕구를 갖도록 제한하거나 유도하는 사회적 규범들이 작동하고 있으며, 따라서 대부분의 사람들은 큰 불행을 경험하지 않고 삶의 균형을 유지할 수 있다는 것이 뒤르케임의 설명이다.

이로부터 뒤르케임의 관심은 아노미형 자살을 유발하는 특수한 상황으로 옮겨간다. 이미 지적되었듯이 뒤르케임은 경기 순환 과정에서 호황과 불황의 두 극단의 상황 하에서 자살률이 상승한다는 사실을 주목하고 있다. 이와 같이 양 극단의 상황이 똑같이 자살의 상승 요인으로 작용하는 이유는 어떻게 설명할 수 있을 것인가? 뒤르케임의 설명은 다음과 같다. 우선 경제적 호황의 상황에서는 사람들이 행운을 붙잡을 기회가 늘어나게 된다. 그러면 그동안 사람들의 욕망의 수위를 일정한 수준으로 억눌러왔던 절제의 규범들이 붕괴되기 시작할 것이다. 간단히 말해서, 사람들의 욕심은 무절제한 수준까지 높아지게 된다는 것이다. "일단 일이 이렇게 전개되면 하늘까지 치솟은 욕구에 만족은 불가능하게 된다. 절제되지 않은 야망은, 멈추어야 할 경계선이 사라지고, 따라서 아무리 크다고 하더라도 손에 잡힌 것들은 불만족스러울 수밖에 없을 것이다. … 사람들의 노력을 통해 나오는 성과가 점차 줄어드는 그 지점에서 사람들은 더욱 더 큰 결과를 손에 쥐려고 애를 쓰게 될 것이다"(Durkheim, 1951: 253). 방향은 다르지만 경제가 어려움에 처했을 때 사람들이 당면하는 혼란은 앞에서 말한 호황기의 그것과 본질적으로 다르지는 않다. "경제적 재난이 닥치게 되면 과거에 누렸던 그것에 비해 비천한 상황 속으로 갑작스럽게 내던져지는 사람들이 생겨나게 된다. 이들은 이제 자신들의 기대 수준을 낮추어야 하고, 자신들의 욕구를 절제해야 하며, 자기 자신을 더욱 엄격하게 통제하는 방법을 배워야 한다"(Durkheim, 1951: 252). 즉, 모든 것들이 의미가 바뀌고, 바닥으로부터 모든 것들을 다시 시작해야 하는 것이다. 이전까지 유지되어오던 규범들이 무력화되어 효력을 상실하는 상황이 아노미적 상황으로 특징지어진다면, 아노미 유형의 자살은 곧 그와 같은 상황에 의해 유발된 자살의 유형을 지칭한다. 뒤르케임은 경기주기에 따른 자살률의 변동과 함께 농업 인구에 비해 기업인들 사이에 높게 나타나는 자살률을 곧 이를 뒷받침하는 증거로 제시하고 있다. 단지, 직업 분야별 자살률의 차이를 보여주는 자료에서 자유 전문직 종사자들의 자살률이 기업인들과 유사하게 높게 나타나는 이유에 관해서는 다른 해석을 내놓는다. 자유 전문직의 자살 이유는 기업인들의 그것과는 다르다는 것이다. 즉, 전자의 경우는 기업인보다는 직업 안정성이 높은 반면에 독립적이고 개인주의적 성향이 강하기 때문에 이들의 자살은 이기적 동기가 크게 작용하는 유형의 자살일 가능성이 높다는 것이다.

이와 같이 사회적 유대의 긴밀도라든지 유기적 유대로의 전환에 따른 공동의식의 약화, 또는 개인에 대한 사회의 규범적 통제력이 약화되면서 여러 유형의 자살들이 발생한다는 사실을 보여줌으로써 뒤르케임이 내세우고자 하는 주장은 분명하다. 그것은 개인들의 행위가 그들을 둘러싼 사회적 환경으로부터 결코 독립적으로 일어나는 현상은 아니라는 것이다. 자살과 같이 단독으로 또한 은밀하게 일어나는 개인의 행위조차도 그 배경에는 사회의 어떤 집합적 특성들이 요인으로 작용하고 있다는 사실을 보여주고 있다. 이 점에서 뒤르케임의 자살 연구는 사회학적 연구들 가운데서도 가장 고전적인 연구로서의 위상을 아마 현재까지도 유지하고 있다는 것이 온당한 평가일 것이다. 이에 덧붙여, 행위 이론의 관점에서 아노미형의 자살에 대한 뒤르케임의 견해에 대해 파슨스가 특별한 관심을 보였던 이유에 대해서는 별도의 언급이 필요한 것으로 여겨진다. 파슨스에 따르면, "아노미의 개념은 (행위 이론의 맥락에서) 매우 중요한 문제로 떠오르게 된다. (왜냐하면), 아노미의 개념과 함께, 공동의식의 규제적인 기능을 외부로부터 부가되는 어떤 규칙들이 행위를 지배한다는 시각에서 이해하기보다는 행위 목적들 그 자체가 어떻게 구성되고 있느냐, 즉 개인들이 지닌 인성(人性)의 핵심적 부분으로 관심이 확대되고 있기 때문이다." 간단히 설명하자면, 사회와 인성을 분리된 두 개의 현상으로 이해하기보다는 개인의 인성 속에 사회적 요소들이 존재하고, 또한 사회 속에서 형성된 개인의 인성이 그들의 행위를 통해 표현됨으로써 사회가 존재한다고 보아야 한다는 것이다. 결론적으로 보아, 통합된 시각에서 사회와 개인의 상호의존성을 이해하는 데 뒤르케임의 자살론이 하나의 선도적 역할을 담당하고 있다.

3. 사회적 사실과 집단적 표상

뒤르케임은 사회학의 여러 학파들 가운데서 사회적 사실주의 패러다임의 초석을 놓은 인물로 평가되어 왔다. 사회적 행위의 구조라는 관점에서 보자면, 이는 개인들의 행위를 결정하는 요인들 가운데 사회적 사실을, 적어도 사회학적 관심사 가운데서는, 가장 핵심적 요인으로 고려해야 한다는 주장을 뒤르케임의 사회학 이론의 중심적 명제로 파악하고 있음을 의미한다. 뒤르케임은 사회적 사실은 다른 모든 종류의 사실과 마찬가지로 "외재적(external)"인 동시에 "규제적(constraining)"인 특성을 갖는다는 점에서 "사실처럼" 취급되어야 한다고 주장한 바 있다. 개인들의 어떤 신념들이나 행동들을 단순히 개인의 생각의 울타리 속에서 형성되고 존재하는 상념들(ideas)이나 개인적 차원의 어떤 욕망을 실현하기 위해 나름대로 선택한 방식으로 벌이는 활동에 불과하다고 보아서는 안 된다는 것이다. 개인들의 어떤 생각이나 행동 방식들은 대체로 개인들이 그것을 배우기 이전 세대로부터 본인에게는 외부의 현실로서 존재해 왔고 사회의 동료 구성원들 역시 그것들을 배워서 공유하고 있으며, 개인들의 생각과 행위를 일정한 틀 속에서 제한하는 강제력을 가지고 있다. 그것들은 개인들 마음속에 가지고 있는 생각들이고 개인들이 보이는 행동 방식들이기는 하다. 그러나 개인들이 좌지우지할 수 없는 외부의 현실로서 이전부터 이미 존재하고 있었던 것들이고, 현재로서는 그것들을 공유하는 사람들에 의해 형성된 사회적 환경으로서 존재한다. 따라서 개인의 힘과 의지로서는 저항하기 어려운 힘을 가지고 그들의 행동을 통제하는 외부 현실로서 존재하고 있다. 바로 이와 같은 점에서 뒤르케임은 사회적 사실 역시 다른 객관적 사실들과 마찬가지로 외재성과 규제성을 갖는 사실로서 간주되어야 한다고 주장한다.

그러나 행위 이론의 관점에서 뒤르케임의 이러한 입장은 해결을 요하는 매우 어려운 문제점을 제기한다. 그것은 인간의 행위에 영향을 미치는 다양한 요인들 가운데 우리가 어떤 것들을 "사회적" 사실로 간주할 수 있느냐 하는 것이다. 사회적 "사실"은 뒤르케임도 인정하고 있듯이, "물질적(material)" 실체를 가지고 존재하는 현상은 아니다. [48] 단지 앞에서 지적된 의미에서 사실로 간주될 수 있는 속성들을

---

48) 사회적 사실에 대한 자신의 입장을 사회적 사실이 마치 물질적 실체를 가지고 공간적으로 존재한다고 주장하는 것처럼 해석하는 데 대해서 뒤르케임(1964: xliii)은 상당한 불만을 표현하고 있다. 『사회학 방법의 규칙들(The Rules of Sociological Method)』의 제2판 서문에 나오는 다음 구절을 참조할 것: "우리의 주

지니고 있으며, 그러한 속성에 비추어 과학적인 방법으로 규명되어야 할 현상이라는 것이 뒤르케임의 입장이다. 그러나 인간의 행위에 중요한 영향을 미치는 요인들 가운데는 "사회적"이라고 특정지을 수 있는 사실들의 범주에 포함이 되고, 따라서 사회학의 핵심적 주제가 되는 사회적 사실이 구체적으로 어떤 종류의 사실을 지칭하는지에 관해서는 보다 명료한 정의가 요구된다. 이와 같은 요구에 응하여 뒤르케임이 제시한 해답에 대한 파슨스의 평가는 그다지 긍정적이지는 않다. 파슨스는 이 문제와 관련하여 뒤르케임이 접근한 방법들이 안고 있는 논리적인 문제점을 우선 지적한다. 그 가운데 첫째는, 어떤 요소들이 모여 하나의 집합체를 구성하는 경우에 개별 단위들의 산술적 합이 곧 집합체의 특성이 되는 것은 아니라는 뒤르케임의 견해에 관해서이다. 비유를 들자면, 산소와 수소가 각기 갖는 특성들의 합이 곧 물의 특성을 구성한다고 볼 수는 없을 것이다. 뒤르케임은 마찬가지의 비유를 들어, 개인들이 모여 사회를 이룰 때, 개인들의 심리적 특성들의 산술적 집합이 곧 사회가 전체적으로 갖는 특성이 될 수는 없다고 지적한다. 개인들이 모여 이루어진 사회는 개인들이 **어떤 관계들을 이루어 전체를 형성한다**는 사실에 의해 새롭게 "발현되는(emergent)" 어떤 총체적 특성을 갖는다. 사회적 사실은 곧 그와 같이 집합적 차원의 수준에서 발현되는 현상 또는 속성들을 지칭한다고 보았다. 집합적 수준에서의 구조적 속성에 대한 이와 같은 견해는 일견 설득력을 갖는 것은 사실이다. 그러나 파슨스는 이와 같은 견해가 안고 있는 문제점을 다음과 같이 지적한다. 단위 요소들이 어떤 관계 속에서 전체를 구성하면 그 전체는 나름대로 어떤 총체적 특성을 갖는 것이 "일반적으로" 맞는 주장일 것이다. 하더라도 결국 문제는, 사회 집단은 다른 구성체들과는 차별화된 나름대로의 독특한 특성을 갖는다는 것이다. 따라서 만약 사회적 사실이 존재한다면 인간 사회 외의 다른 구성체들에 나타난 사실들과는 차별화된 바로 그것만의 독특한 특성들이 규명되어야 한다는 것이다.

장은 사회적 사실이 물체처럼 존재한다는 것은 아니었다. 우리의 주장은 단지 사회적 사실은, 물체와 종류를 달리하기는 하지만, (외재성과 규제성의 측면에서) 마찬가지의 속성을 보여준다는 점에서 물체처럼 간주할 수 있다는 것이었다."

두 번째 문제점과 관련해서는, 사회적 사실이 뒤르케임에 의해 과연 어떻게 정의가 되고 있는지를 살펴볼 필요가 있다. 파슨스에 따른다면, 뒤르케임은 사람들의 행위라든지 신념들에 영향을 미치는 요인들 가운데 심리적 요인들이라든지 생물학적 본능 및 자연환경들로부터 연유되는 요인들을 사회학적 관심의 대상에서 일단 제외시킨다. 그리고 그 "잔여(residual)" 사실들을 "사회적"인 요인들로 보고 있다. 이와 같이 어떤 종류의 사실들을 뺀 나머지를 "사회적 사실"로 보는 식의 정의 방법은 사회적 사실이 어떤 사실인지를 고찰하기 위해서 그 범주에 포함되지 않은 다른 대상들을 고찰의 대상에서 일단 제외한다는 것 외에는 별다른 의의를 지니지 않을 것이다. 다시 말해서, 사회적 사실이 갖는 핵심적 의미 그 자체를 규명함으로써만이 정확히 규정될 수 있다는 것이다.

파슨스가 뒤르케임의『자살론』그 가운데서도 특히 아노미형의 자살과 관련된 논의를 중요시하는 것은 이 때문인 것으로 짐작된다.『사회분업론』에서 주된 관심사는 공동 사회와 계약사회 간의 유대 형태의 차이에 따라 그 유대의 근간을 훼손하는 행위에 대해 적용되는 법적인 제재에 있어서 차이에 집중되고 있다. 그 차이를 반영하는 주된 법적 수단에 있어서의 차이가 곧 형법과 보상법이다. 형법은 범법행위에 대한 형벌을 규정하고 있으며, 계약법은 계약의 미이행으로 발생하는 피해에 대한 보상을 규정한 법이라는 점에서 차이가 있다. 그러나 그와 같은 차이에도 불구하고 양자 사이에는 공통점이 존재한다. 하나는 양자 모두 공동체에 의해 제정된 사회적 규범이라는 점이며, 다른 하나는 형법이든 보상이든 개인이 임의대로 할 수 없는 강제성을 갖는다는 점이다. 바로 이와 같은 점에서 법 제도는 그것이 개인의 "외부"에 존재하고 작용하는 "사실"이며, 동시에 개인 행동에 대해서 규제력을 갖는 "사실"로 간주할 수 있다. 이 점에서 뒤르케임이 말하는 "사회적 사실"로서의 조건을 충족시킨다. 파슨스는『사회분업론』에서 사회적 사실에 대한 뒤르케임의 인식은 대체로 이 차원에 머물고 있었던 것으로 평가한다. 그리고『사회학방법의 규칙들』에서 역시 사회적 사실의 외재적 및 규제적 속성을 강조하고 있다는 점에서 그 본질적 내용에 있어서는 크게 달라지지는 않았다. 그러나 실로 다양한 인간 현상들과 개인들의 행위와 신념들 가운데 사회적 사실로서 규정된 현상들의 실체적 본질이라든지 어떤 원칙이나 기준, 또는 구체적 방법을 통해 그것을 가려낼 수 있는지와 관련하여 뒤르케임에게 많은 비판들이 가해졌다. 이 비판들을 살펴보면 『사회분업론』과 『사회학 방법의 규칙들』을 통해 이루어진 성과를 가지고 대응하기에는 매우 불충분하다는 점이 분명해진다. 파슨스는 제기된 비판들에 대해 전적으로 동의하는 것은 아니지만 그가 지향하는 행위 이론의 관점에서 뒤르케임의 이론에서 노출된 한계라든지 문제점들을 다음과 같은 몇 가지로 요약을 하고 있다.

"뒤르케임이 당면한 분석적 과제에서 가장 본질적인 문제가 인간 행위에서 '사회적 요소(social factor)'의 성격을 규정하는 일이었다"는 파슨스(Parsons, 1968a: 352)의 지적은 매우 적절한 것으로 여겨진다. 뒤르케임 이론의 가장 핵심적인 변수가 "사회적 사실"이고, 뒤르케임의 이론을 중심으로 한 모든 논란들이 주로 이를 중심으로 해서 일어나고 있었기 때문이다. 물론 이 문제에 대한 파슨스의 입장은, 그가 뒤르케임을 『구조』에서 중심적 인물로 다루고 있다는 사실 자체에서 시사되고 있듯이, 그가 추구하는 "자원론적" 행위 이론에 기여할 여지가 많다고 보는 편으로 이미 결론지어진 것이 사실이다. 그러나 뒤르케임의 이론은 아직 해결을 요하는 어려운 문제들이 남아 있으며, 그것들을 해결하기 위해 추가적인 노력과 새로운 이론적 시각의 도입을 모색해야 할 시점에 와 있다고 본다는 점에서 비판적인 견해 역시 하나의 기조를 이루고 있다. 사회적 사실과 관련하여 파슨스가 지적하는 가장 심각한 문제점은 뒤르케임의 이론 자체가 안고 있는 논리적 문제점들이 근본적으로 해소되지 않는 한 사회적 사실의 "사실적" 본질에 관한 논란은 여전하리라는 것이다. 간단히 말해서, 논란의 핵심은 사회적 사실이 어떤 차원 또는 성격의 사실을, 또는 현상을 지칭하는지 분명치 않다는 것이다. 앞에서 이미 지적한 바 있듯이, 사회적 사실은 대체로 두 가지로 정의되고 있다. 하나는, 사회가 일단 구성이 되면 집합적 수준에서 "발현되는" 속성들이 새롭게 형성이 되는데, 이같이 집단 구성원들 간의 관계의 구조 또는 그와 같은 구조적 환경에 의해 비로소 설명될 수 있는 개인들의 행태나 신념들을 사회적 사실로 보는 것이다. 다른 하나는, 개인들의 외부에 존재하고 개인들의 행위에 대해 규제력을 갖는 모든 사실들 가운데 생물학적인 요인들과 자연환경적 요인들 그리고 심리학적 요인들을 제외한 나머지의 환경적 요인들을 사회적 사실로 규정하는 것이다. 이와 같은 두 가지 방식에 의한 개념 규정이 갖는 논리적인 문제점에 대해서는 이미 지적이 된 바 있다.

이와 함께 뒤르케임은 사회적 사실에 대한 경험적 측정을 위해, 방법론자들이 흔히 조작적 정의라고 일컫는 것과 유사한, 수단을 사용하고 있다. 여기에는 두 가지 종류가 있는데, 하나는 자살을 유발한 사회적 요인들을 추정하기 위해 사용한 통계 자료들이 있으며, 다른 하나는 행위자들이 자신들을 둘러싼 사회적 환경에 대해 집단적으로 가지고 있는 인식 또는 지식들을 표현한 "관념들(ideas)," 즉 "집단적 표상들(collective representations)"[49]이 있다. 만약 우리가 조작적 정의가 갖는 의미를 그대로 적용해 표현한다면, 사회적 사실이란 위의 두 지표 가운데 어느 것에 의해 측정 가능한 어떤 사실들 또는 현상으로 규정할 수 있을 것이다. 이러한 지표들이 객관적으로 존재하는 사회적 사실을 반영하는 지표로 보았을 때, 그 실질적 의미는 당연히 그것이 사회의 어떤 집단적 현실이나 특성을 실제로 보여주고 있느냐에 달려 있을 것이다. 이에 대해 파슨스는 비교적 분명하게 부정적인 평가를 내리고 있다. 예를 들어, 집단적 표상과 개인적 표상의 결정적 차이는 전자의 경우 집단 구성원들 사이에 발견되는 일반적 인식으로서 존재한다는 점이다. 즉 "공통성(commonness)"을 특징으로 한다는 것이다. 그렇다면 그것이 집단적 현실에 대한 유용한 지표라면 집단의 구성원들이 공통적으로 경험하는 사회적 사실에 근거를 두고 있을 것으로 짐작된다. 이와 같은 기대에 비해 집단적 표상은 공통성을 특징으로 한다는 점을 근거로 하여 그것의 출처가 되는 어떤 사회적 사실이 존재한다는 단순한 추정 외에 그 사실이 측정가능한 어떤 구체적 사실을 의미하고 있는지 명료한

---

49) 파슨스의 "집단적 표상"에 대한 해석은 뒤르케임이 『사회학 방법의 규칙들』의 2판 서문에서 밝힌 그것과는 다소 차이가 있다. 위에 인용한 파슨스의 해석은 그의 『구조』의 다음 구절에 근거를 두고 있다: "집단적 표상은, 반면에 "사회적 환경들" 즉 행위자가 자신의 사회에서 인간들의 모여 생겨나는 현상들과 관련되는 것으로 간주하는 외부 세계의 요소들에 대해 가지고 있는 생각들(ideas)을 지칭한다. 행위는 사회적 요소들에 의해 결정되는 것으로 간주되는데, 이 사회적 요소들은 사회적 현실에 대한, 즉 자신들의 사회 환경에 대해 행위자 자신들에 가지고 있는 합리적이며, 과학적으로 검증가능한 지식을 매개로 하여, 인간의 행위를 결정하게 된다"(1968a: 360). 이러한 파슨스의 언급을 뒤르케임(1964: xli)의 다음 언급과 비교해 볼 것: "… 사회 생활은 전적으로 집단적 표상들로 구성되어 있다." 물론 이와는 다르게 파슨스에 의해 이해된 입장으로 해석될 수 있는 부분들도 여기저기에서 목격되는 것도 사실이다. 예로서, 다음의 구절을 볼 것: "사람들의 정신 구조는 사회적 요소들이 모이고 조직되는 방식과 관련되는 … 명확히 규정될 수 있는 정신적 요인들의 체계이다."

정의를 제공하는 데 실패하고 있다는 것이 파슨스의 평가이다. 이는 법적 제재 유형에 있어서 차이라든지 자살의 통계 자료와 같은 다른 간접적 지표에 대해서도 마찬가지로 해당되는 사실이다. 이들 지표들 역시 어떤 "사회적 "사실들"이 배경에 작용하고 있다는 사실을 보여주는 증거로서 해석될 수 있다는 점에서 의의를 갖는 것이다. 그러나 막상 그 지표들이 구체적으로 어떤 사실들을 측정하고 있는지에 관해서 명료한 해명이 이루어지지 않고 있다는 것이 파슨스의 평가이다. 이와 같은 문제점의 원인에 대한 하나의 가능한 해석으로서는, 사회적 사실을 보는 이론적 시각에서 콩트라든지 스펜서를 대상으로 자신이 비판한 "형이상학적"의 함정으로부터 뒤르케임 스스로도 벗어나지 못하고 있다는 점이 지적된다. 뒤르케임이 사회적 사실의 작용을 보여주는 경험적인 자료들을 들여다보면 그 저변에 작용하는 "사실 그 자체"가 과연 무엇인지 짐작하는 것이 어려운 것이 사실이다. 그러나 뒤르케임의 논의들은 그것이 "집단정신(group mind)"을 의미하고 있다는 해석과 함께 그에 따른 비판을 명백하게 배제하기 어려운 문제점들을 함축하고 있다는 것이 파슨스의 지적이다. 뒤르케임(1973: 16)이 쓴 다음 구절들을 보자.

> 개인적 의식들(individual consciousnesses)은 서로 연결되고, 이쪽에서 저쪽으로 그리고 다시 저쪽에서 이쪽으로 상호작용하고, 또 결합됨으로써 사회적 의식이라는 새로운 현실을 발생시키게 된다. 집단정신(mentalities of groups)은 개인들의 그것과는 다르며, 이는 정확히 복수의 개인들의 마음이 결합되어 형성된 것이기 때문이다. 공동체는 그 구성원들이 따르는 그것만의 독자적인 사고방식과 감정들을 지니고 있으며, 이는 개인들이 보유한 능력에 따라서 생각하고 느끼는 경우에 나타날 수 있는 그것들과는 차이가 있다. 개인은 혼자서는 신들에 대한 생각이라든지 종교적 신화라든지 교리들, 의무라든지 도덕적 수련 등과 같은 것에 유사한 어떤 것들도 만들어 내지는 못했을 것이다. 모든 이와 같은 신념들이라든지 행동들이 단순히 개인들의 사고의 연장이 아니라는 것을 보여주는 증거들이 존재한다. 그것은 집단적인 신념이나 행동 규범에는 개인들이 복종하지 않으면 안 될 권위가 부여되고 있다는 사실에서 찾을 수 있다. 이는 곧 그것들이 개인들로부터 유래하는 것이 아니라 그들의 외부에 존재하면서 우월성을 갖는 존재로부터 온 것임을 보여주는 것이다. 이것이 우리가 사회적 요소가 갖는 특성이 바로 그것이 수

반하는 그러한 권위임을 주장하는 이유가 되고 있다.

위에 쓰여진 내용을 보면, 뒤르케임의 사회적 사실은 곧 구성원들의 신념과 행위에 대해 권위적 규제력을 갖는 "집단정신"을 의미한다는 해석을 피하기는 어려울 것으로 여겨진다. 뒤르케임 이론의 한 출발점이자 원칙은 사회학을 "형이상학적" 철학으로부터 탈피시킨다는 것이었다. 그러나 집단정신과 같은 그 실체에 있어서 논란의 여지가 큰 개념을 빌려 사회적 현실을 설명하려는 시도는 뒤르케임에게 치명적인 문제점이 될 수 있다는 것은 분명했다. 그것은 곧 형이상학적 철학으로의 귀환을 의미할 수 있기 때문이다. 무엇보다 뒤르케임이 스펜서와 콩트에 대해 비판적이었던 점이 곧 그들의 이론에 함축된 형이상학적 요소들이었음을 고려할 때 자신에게 가해지는 똑같은 비난은 실로 당황스러웠을 것이다. 어디에서 문제가 있는 것일까? 홉스처럼 그의 기본 전제에 따른 이론적 추론은 타당할지도 모르지만, 사회에 실제로 존재하는 현상에 대해서는 잘못 판단하고 있기 때문일까? 아니면, 로크처럼 사실은 정확하게 파악하고 있는 반면에 그것을 이론적인 체계로 발전시키는 데는 아직 미흡함이 있는 것일까?

이에 대한 파슨스의 진단은 다음과 같다. 뒤르케임의 공리주의 이론에 대한 비판이나 극단적 실증주의에 대한 비판은 적어도 사실적 측면에서 전혀 잘못된 바가 없다는 것이다. 다시 말해서, 사회질서가 존재하기 위해서 필요한 집단적 규범들과 이러한 규범들의 준수를 위해 전제되는 공동체의 유대가 "공동의식" 또는 "계약의 비계약적 요소들"과 같은 토대 위에서 형성되고 있다는 것은 부인할 수 없는 사실이라는 것이다. 사회질서의 유지에 있어서 이와 같은 규범적인 요소의 역할과 중요성을 간과하고 있다는 점에서 위의 두 입장에 대한 뒤르케임의 비판은 타당성을 갖는다는 것이 파슨스의 평가이다. 그러나 문제는 이와 같은 사회적 내지 "정신적 (psychic)" 요소들이 지닌 의의를 뒤르케임의 개념체계 속에서 충분히 살리기 위해서는 그의 개념체계 자체부터 보완이 이루어질 필요가 있다는 것이다. 그리고 그와 같은 작업이 실제로 이루어지는 데는 뒤르케임이 당시까지 이룬 성과와 문제점들에 대한 냉정한 분석이 먼저 이루어져야 할 필요가 있다. 이와 같은 필요성에 부응하여 파슨스는 이제까지 논의의 결과와 함께 뒤르케임의 이론체계가 당면한 상황을 대개 다음과 같이 간결하게 정리하고 있다.

우선 파슨스는 뒤르케임의 이론이 발전한 과정을 다음과 같은 세 가지 단계로 나누고, 각각의 단계에서 제기되는 문제점을 지적한다. 첫 번째 단계에서 뒤르케임은, 사회는 집단 속에서 형성된 사회적 관계에 따라 새롭게 발현되는 집단적 차원의 속성을 지닌 현상이며, 따라서 개인의 행위에 대한 심리적 차원의 지식을 가지고 이해할 수 없는 현상이라고 보았다. 그러나 사회에 대한 이와 같은 시각은 사회 현상들이 나름대로 객관적 관찰이 가능한 "사실"이라는 주장을 수반한다. 문제는 개인들의 생각과 행태로부터 분리된 사회적 현실이 별도로 존재할 수 없고, 따라서 그 집합적 특성에 대한 별도의 관찰이 불가능하다는 사실에 의해 문제점이 노출된다. 이는 사회적 사실주의의 출발 시점부터 그것에 대해 지적되어온 거의 "고전적" 문제이다. 두 번째는, 사회적 사실주의에 대해 지적된 앞의 문제점에 대해 가능한 하나의 해명으로서, 사회적 사실은 어떤 객관적 특성이라기보다는 사회적 관계의 구조 속에서 행동하는 개인들의 마음속에 형성된 공동체 지향적 특성과 같은 "심적 속성(psychic entities)"으로 보는 견해가 제기된다. 그러나 이런 경우에 제기되는 문제점은 그와 같은 심적 속성들을 뒤르케임이 인용한 자살 통계 등과 같은 다분히 피상적인 지표들을 통해 파악한다는 것이 결코 쉽지 않다는 점이다. 따라서 세 번째 단계에서는, 보다 구체적으로 공동체 구성원들 간에 일반적으로 공유되고 있는 "집단적 표상(collective representations)"을 산출한 배후 요인을 사회적 사실로 보는 것이다. 그러나 "신"이라든지 "종교적 교리"라든지 한 사회에서 사람들이 공유하는 세속적 가치와 이념과 같은 "표상들"의 저변에 과연 어떤 사회적 요인이 작용하는지를 놓고 과거부터 끊임없이 제기되어 왔던 비판이 있다. 그것은 **집단이 공유하는 정신**을 상정하고, "집단적 표상들"을 비롯하여 주어진 사회에 나타나는 여러 현상들을 그것에 근거하여 해석하는 것이다. 이는 뒤르케임에게 가해져 왔던 비판이기도 하고 또 뒤르케임이 당시 달성한 그의 이론의 수준에 비추어 완전하게 벗어나기도 어려웠던 혐의이기도 하다는 것이 파슨스의 평가이다. 그렇다면 의문은 그의 이론이 안고 있는 어떤 한계 또는 결함들 때문에 뒤르케임의 사회적 사실을 둘러싼 논란들이 끊임없이 제기되고 있는가 하는 것이다.

이러한 의문에 대한 파슨스의 진단은 우선 공리주의나 급진적 실증주의에 대한 뒤르케임의 비판이라든지, 사회질서의 유지에는 사회구성원들 간의 유대의 토대가 되는 신념과 행동 규범들이 요구되며, 또 현실적으로 그것들이 작동하고 있다는 주장은 타당성을 갖는다는 것이다. 이는 뒤르케임이 많은 부분들에서 이론적으로 그리고 사실적으로 올바른 판단을 내리고 있음을 의미한다. 동시에 이는 당시까지 존재하던 기존의 다른 이론적 시각들에 비해 상당한 수준에서 발전을 이루고 있음을 의미한다. 반면에 사회를 개인들로부터 분리된 "실체(concrete entity)"로 이해하고 있다는 비난에 대해서 뒤르케임이 설득력 있는 방어를 하지 못하고 있다는 점에 대해서는 문제점으로 지적한다. 왜냐하면, 파슨스의 관점에서 보자면, 인간들 간의 관계를 포함하여 개인들의 느낌과 생각과 행동하는 방식들 그리고 그들을 둘러싼 환경적 요소들 가운데 "사회적 요소"란 것이 어떤 사실적 경계선 또는 몸체를 가지고 따로 존재하는 것은 아니기 때문이다. 그보다는 사회학자들이 나름대로 이론에 따라 그어놓은 개념적 기준(들)에 따라 인간의 집단적 삶과 관련된 요소 또는 요소들로서 판단된 측면 또는 특성들만을 모아 따로 지칭하는 추상적 개념으로 보는 것이 더 적절할 것이다. 이는 행위에 영향을 미치는 "개인적" 요소들을 곧 실체로서 존재하는 개인과 동일시해서는 안 된다는 주장과도 맥락을 같이 하고 있다(Parsons, 1968a: 367). 결국 문제는 방법론적인 문제로 귀결된다. 여기에는 해결을 요하는 세 가지 과제가 제기된다. 하나는, **사회적 요소를 다른 현상들과 어떻게 개념적으로 구분하느냐** 하는 것이다. 두 번째는, **그것이 인간 행위에 대해 일정한 설명력을 갖는다는 사실을 입증해 보이는 일**이다. 이는 반대로 그것이 없이는 인간 행위의 설명에 중요한 공백이 생기게 된다는 점을 논증함으로써도 가능할 것이다. 마지막으로는, **개념적으로 규정된 사회적 요소들에 대한 경험적 접근을 매개하는 지표를 확보하는 일**이다.

파슨스의 과제는, 필자가 이해하는 바에 따른다면, 위의 세 가지 과제와 관련하여 뒤르케임이 이룩한 성과를 평가하는 것이었다. 논의의 편의상 세 번째로 지적된 과제와 관련하여, 뒤르케임이 중점적으로 활용한 두 가지 지표로서 자살 통계와 "집합적 표상들"을 들 수 있다. 다음으로 두 번째 과제와 관련하여, 앞에 말한 지표들을 활용하여 사회적 요인의 설명력을 입증하기 위한 가장 대표적인 업적으로서는 『자살론』을 지적할 수 있다. 뒤르케임이 이룩한 대표적 업적이 위의 두 가지 측면에서 이룬 성과임이 지적되곤 한다. 그러나 그와 같은 성과가 지닌 의의에 대한 진정한 평가는 첫 번째 지적된 과제를 통해서, 즉 지적된 "사회적 요인"을 어떻게 정의하고, 또 다른 현상들 또는 요인들과 이론적으로 어떻게 차별화하느냐에 달려 있을 것이다. 사회적 요인에 대한 경험적 지표가 갖는 적절성이라든지 그것이 발휘하는 설명력에 대한 주장은 결국은 사회적 요인의 본질을 규정한 이론적 논의를 토대로 평가해야 할 사항이라고 파슨스는 강조한다.

앞에서 지적된 이 첫 번째 과제와 관련하여 파슨스가 내린 진단은 뒤르케임의 이론에 대해 제기된 문제들은 대개는 여기에서부터 연유한다는 것이다. 즉, 뒤르케임의 사회적 사실주의는 당시의 학문적 수준에 비추어 그가 아직 충분한 이해에 이르지 못한 문제점을 안고 있었다. 그것은 인간의 행위에 영향을 미치는 요인으로서의 "사회적 요소"는 "사회"라든가 그것을 구성하는 "개인들"처럼 우리가 분리해서 볼 수 있는 사실들을 지칭하는 개념은 아니라는 것이다. 그보다는 개인들의 행위에 영향을 미치는 수많은 요인들 가운데 개인들이 모여 이루어진 사회의 어떤 측면 또는 속성들에 해당되는 요인들만을 추려 모아 구성한 추상적 개념이라는 사실에 대한 인식이 뒤르케임에게조차 아직 분명하게 형성되어 있지 않았다는 것이다. 이런 의미에서 "사회적 사실"이라는 개념은 어떤 공간적 위치에서 관찰될 수 있는 개인들처럼 "사실적으로 존재하는 현상"을 지칭하는 개념은 아니다. 파슨스가 『구조』에서 뒤르케임 자신이 사용한 "사회적 사실(social fact)"이라는 용어 대신에 "사회적 요소(social factor)"라는 용어를 사용한 것은 이 때문이다. 즉, 사회적 사실은 **사실**이라기보다는 집합적인 차원에서 개인들의 행위에 작용하는 것으로 판단된 사회적 요인들로 구성된 추상적 개념으로 보아야 한다는 것이 파슨스의 시각이다. 이와 같은 시각에서 사회적 요소는, 유전적 요소라든지 공리주의자들이 이해하는 인간의 욕망과 함께, 인간의 행위 체계의 한 중요한 구성요소를 이루고 있다고 판단되는 사회의 어떤 특성들을 포괄적으로 지칭하고 있다고 말할 수 있다. 파슨스자신의 표현을 빌리자면, "만약 사회적 현실이라는 개념이 갖는 진정한 의미가 방법론적인 관점에서 명확하게 해명이 된다면, 어떤 종류의 실재하는 사실들을 지칭하는 것으로 해석될 수는 없는 노릇이다. 그것은 뒤르케임의 '개인(individual)'과 같은 가공적 존재⁵⁰⁾를 지칭하는 것도 아니며, 단지 분석적 범주(analytical categories)에 지나지 않을 따름이다"(1968a:368). ⁵¹⁾ 파슨스의 이와 같은 견해를 간단한 예를 들어 설명해 보자. 사람들이 지키는 사회적 규범들은 사람들 간의 관계에 질서가 존재하는 하나의 이유이자 그 질서가 어떤 내용의 것임을 알려주는 정보를 제공한다. 다른 말로 표현하자면, 사람들이 그들의 행위를 통해 달성하고자 하는 목표라든지 그 수단을 선택하는 데 있어서 집단적인 수준에서 준수되고 있는 어떤 규칙이나 가치 기준들에 의해 사회질서는 유지되고 있다고 볼 수 있다. 우리는 그 규칙들이나 기준들이 구체적으로 어떤 내용의 것들인가를 이해함으로써 주어진 사회의 질서가 어떤 특성을 지닌 것인지를 알 수 있을 것이다. 이와 같은 행위의 규범들은 개인들의 행위를 규제하는 사회적 및 문화적 환경을 형성하고 있다는 점에서 "외재성 (externality)"을 갖는 것은 사실이다. 그러나 동시에 "내재화(internalization)"를 통해 개인들의 인성 가운데 사회적 요소로서 자리 잡아 인간 행위의 한 결정적 요소로서 작용하게 된다. 바로 이 점에서 인간의 행위는 사회의 구조와 그에 수반된 도덕적 수준과 환경 그리고 개인의 인성적 요인들이 융합된 하나의 체계 속에서 설명

---

50) 여기에서 뒤르케임이 지칭하는 "개인"이라는 존재가 "가공적 현실"이라는 말이 뜻하는 바는 사회적 요인을 뺀 나머지로 이루어진 개인의 존재는 사실상 존재할 수 없음을 강조하는 의미에서 사용되고 있다.

51) 뒤르케임은 어떤 종류의 행위적 규칙들이 사람들에 의해 실재하는 사회적 규범으로써 객관적으로 인지가 되고 있고 또 실제로 준수되기 위해 필요한 권위와 힘을 발휘하고 있다는 점에서 "사회적 사실"로서의 조건을 충족하는 데 필요한 여건을 충족하고 있다는 데 동의하는 듯한 인상을 준다. 그러나 구체적인 행위 규범들이 순수하게 "사회적인 요건"을 반영하고 있다는 점에서 순수한 유형의 "사회적 행위"가 사실로서 존재하는지에 대해서는 의문이 제기될 여지가 크다. 예를 들어, 동양 사회에서 추석과 설에 지내는 차례는 가족들이 모여 지내는 행사라는 점에서 일종의 사회적 규약에 따라 이루어지는 행사라는 것은 분명하다. 그러나 이러한 행사에는 그것이 집단을 위해 수행하는 사회적 기능만으로는 설명이 가능치 않은 측면들이 있다. 왜 하필 추석과 설에 그것이 실행되어야 하는가? 아마 가장 중요한 이유는 절기상 추석은 곡식이 추수되는 시기이며, 설은 새해의 농사가 준비되는 시기라는 데서 찾을 수 있을 것으로 여겨진다. 즉, 자연적 절기와 그에 맞추어진 노동의 기술적 순환 주기와 맞물려 있다는 것이다. 따라서 차례 행사는 "사회적" 행사임과 동시에 자연 조건에 의해 결정된 기술적인 적응 형태로서의 의미를 동시에 갖는다. 아마 이 외에도 다양한 측면에서 이 행사의 유래와 지속에 영향을 미친 요인들이 분석될 수 있을 것이다. 이런 의미에서 행위의 "사회적 요소"는 행위에 대한 이론적 분석을 통해 드러난 행위의 한 측면을 지적한 추상적 개념에 불과할 따름이다. 위의 인용문에 파슨스가 사회적 현실이라는 개념을 "추상적 범주"라고 지적한 것은, 필자의 해석을 따른다면, 바로 이와 같은 점을 강조하고 있다.

이 요구된다. 파슨스가 이러한 사실에 대한 인식의 부족을 공리주의자들의 행위 이론이 안고 있는 결정적 한계로 보는 이유는 바로 여기에 있다. 그리고 뒤르케임의 사회학 이론에 대한 기여를 이와 같은 인식에 바탕을 둔 이론체계를 새롭게 구축해나갔던 점에서 찾는 이유도 바로 여기에 있다. 그러나 그와 같은 융합된 이론의 발전에 관건이 되는 과제가 있다. 그것은 개인들의 인성적, 사회적 및 문화적 요인들이 어떻게 인간의 행위 체계를 구성하는 다양한 측면 또는 요소들을 이루고 있는지를 논리적으로 설명하는 이론이 개발되어야 한다는 것이다. 이를 위해서는 매우 높은 수준의 다원적이고 추상적인 개념체계의 구축이 요구될 것이다. 이는 당시에 뒤르케임을 이해하려고 시도했던, 그러나 대부분의 사람들이 미처 분명하게 인식하지 못했던, 문제였다. 반면에 뒤르케임의 이론이 발전한 경로에는 그와 같은 인식이 이미 그의 작업들을 견인한 기본적 동기를 이루고 있었다. 따라서 사회과학 이론가들 가운데 뒤르케임이 차지하는 독보적인 위치는 바로 이 점에서 찾을 수 있다는 것이 파슨스가 내린 평가이다. 단지 사회적 사실이 갖는 의미를 이해하는 시각과 관련하여 당시의 학문 수준을 고려했을 때 뒤르케임 자신 역시 그 인식이 아직 확고하게 정립된 것은 아니었다. 보다 완성된 이론의 구축을 위해 해결이 요구되는 문제들을 대상으로 삼아 이론적 및 경험적 기반을 다지는 작업들을 단계적으로 진척시켜나가는 과정을 밟고 있었다는 것이 파슨스의 진단이다. 다음은 그러한 과정 속에서 『자살론』 이후에 뒤르케임이 이룬 일련의 학문적 성과에 대한 파슨스의 검토와 평가를 소개하고 있다.

4. 도덕적 규범과 사회 유형

도덕적 규범은 뒤르케임의 사회학에서 핵심적 중요성을 갖는 사항이다. 왜냐하면 그것에 대해 공동체 구성원들 사이에 존재하는 합의가, 또 그에 따라 도덕적 규범들이 발휘하는 권위와 규제력이 곧 사회질서의 토대를 이루는 것으로 설명되고 있기 때문이다. 그러나 뒤르케임의 도덕적 규범에 대한 "과학적" 접근 방법은 규범 윤리학의 전통적 시각에서 보는 그것과는 차이가 있다는 점을 주목할 필요가 있다. 인간 윤리의 문제에 대한 해답을 과학적인 연구를 통해 구하고자 하는 시도는 전통적 윤리학이 추구하는 목적과는 상당한 괴리가 있을 수 있다. 왜냐하면 과학에서는 가치로부터 독립하여 객관적 사실에 의거한 판단을 추구하는 반면에 윤리학의 기본적 목적은 행위의 "옳고 그름"에 대한 가치적 판단을 가능케 하는 "절대적" 기준을 확립하는 데 있었기 때문이다. 사실에 근거하여 가치에 관한 판단을 도출할 수 없다는 주장은 적어도 형식논리적인 관점에서는 부인할 수 없는 것으로 간주되어 왔다. 이와 같은 관점에서 보았을 때, 파슨스(1968a: 369)가 지적하고 있듯이, 뒤르케임이 의도하는 윤리학의 과학화는, 즉 과학적 윤리학은 그 출발부터 여러 가지 의문점들을 내포하고 있었다.

우선 뒤르케임을 위시하여 실증주의를 추구하는 사회과학자들이 "과학적 윤리학"이라는, "기이한 혼종(bastard product)"(Parsons, 1968a: 371)에 대해 집착을 보인 데에는 나름대로 그것을 뒷받침하는 논리가 존재한다는 점을 이해해두는 것이 좋을 것이다. 요약해서 이야기하자면, 개인들의 행동은 그것이 어떤 목적을 위한 것이든 그것을 달성하는 데 영향을 미치는 객관적 요인들을 과학적으로 이해하고, 그것들에 대한 가장 합리적 방식의 적응을 통해서 최선의 결과를 얻을 수 있을 것이다. 그렇다면 윤리학을 과학화하고자 하는 의도는 바로 이와 같은 견해를 바탕으로 하여, 모든 "비합리적" 인간 행동 대신에 과학적 지식에 근거한 행동들을 통해, 예를 들어 파레토가 말하는 "논리적 행동"을 통해, 달성될 수 있을 것이다. 개인들이 의도하는 행동의 목적과, 그 의도를 달성하기 위해 그들이 취한 행동들로부터 얻어진 결과가 실제로 부합토록 해야 한다는 것이다. 그렇다면 이를 위해 인간 행동에 영향을 미치는 요인들에 대해 과학적 지식을 취득하고, 그것을 합리적으로 이용하는 활동이 곧 윤리학을 과학화하는 데 있어서 주된 과제가 되어야 할 것이다.

이러한 입장에 대한 파슨스의 비판은 소위 과학적 지식의 토대 위에서 윤리학에서 추구하는 인간 행동의 가치적 판단 기준의 도출이 과연 가능한지에 모아진다. 급진적 실증주의자들은 인간의 모든 행동은 환경적 요인들에 의해서이거나 또는 유전적 요인들에 의해 설명될 수 있다고 주장한다. 이러한 관점에서 비추어볼 때, 모든 인간의 규칙적 행동은 반복적으로 작용하는 환경적 또는 생물학적 원인들에 의해 형성된 습관일 따름이다. 문제는, 인간의 윤리적 행위 규범의 특징은 단순히 습관적으로 이루어지는 인간 행위에 대해 행위자들이 가지고 있는 기억을 의미하는 것만은 아니라는 점에 있다. 도덕적 규범은 우선 분명한 특징을 갖는다. 그것을 준수하는 데 대한 의무감과, 또 필요한 경우에 그것의 준수를 위해 본능적으로 주어진 욕망의 절제와 함께 사람과 집단에 따라서는 극단적 자기희생의 가능성마저 수반한다. 윤리적 판단과 그에 따른 인간 행동은 인간의 주어진 욕망과 그것을 **촉진하거나 제한하는 현실적 조건들에도 불구하고 제기되는 행위의 당위성, 즉 옳고 그름에 대한 도덕적 판단이 개입된다는 점에서 사실이냐 아니냐에 대한 과학적 판단과 구분되는 문제를 수반한다.** 이러한 점에서 옳고 그름의 문제를 과학적 탐구의 대상으로 삼는다는 것은 근본적으로 이질적인 목표를 동시에 추구하는 것과 같은 모순을 내포한다. 이것이 뒤르케임이 윤리의 문제를 과학적 탐구의 영역으로 끌어들였을 때 우선 제기될 수밖에 없는 문제라는 점에서 뒤르케임 역시 같은 취지의 비판으로부터 예외가 될 수는 없을 것이다.

여기에 더하여, 뒤르케임의 경우에, 급진적 실증주의 입장이나 공리주의적 입장에서 행위에 영향을 미치는 것으로 간주하는 자연환경적 조건들과 주어진 생물학적 욕구들 외에도, 그의 사회학을 특징짓는 다른 한 범주의 핵심적 요인들이 추가된다. 사회적 요인들이다. 이 요인들이 추가되었다는 것은 다음과 같은 두 가지 점에서 중요한 의미를 갖는 동시에 그에 따른 문제점들에 대한 부담을 지게 된다.

첫 번째는, 전통적 윤리학의 기본적 관심사 가운데 하나는 윤리적 판단의 토대가 되는 어떤 보편적 원칙을 찾아내는 일이었다. 우리가 만약 그와 같은 원칙이 있다는 것을 실제로 확인할 수 있다면, 그와 같은 원칙을 비추어 어떤 행동이 옳은지 그른지를, 또는 대안이 되는 행위의 선택지들 가운데 어떤 행동이 더 옳은지를 판별할 수 있을 것이다. 이러한 과제는 윤리학의 오랜 학문적 과제이다. 동시에 행동의 옳고 그름을 따져 사람들 간에 분쟁을 합리적으로 해소할 수 있기를 바라는, 즉 정의가 실현되기를 바라는 인간들의 오랜 희망이기도 할 것이다. 그러나 인간의 행동을 이해하는 데 있어서 사회적 요인들이 미치는 영향을 매우 긴요한 요소의 하나로서 추가하는 데서 오는 불가피한 결과가 있다. 그것은 바로 앞에서 지적한 윤리학의 기본적 관심사로부터의 회피 또는 이탈이다. 즉, 윤리적 판단의 기준은 사회 유형에 따라 달라질 수밖에 없다는 사실은 부인하기 어려운 현상으로서 나타난다. 때문에 결국 모든 행동의 원칙은 사회에 따라 상대적으로 달라질 수밖에 없다는 결론으로 이어질 수밖에 없다는 것이다. 그렇다면 모든 것이 "상대적"이기 때문에 윤리적 문제의 "합리적" 판단은 가능치 않다는 결론을 뒤르케임이 받아들이는 것으로 해석해야 할 것인가? 윤리적 문제에 대한 뒤르케임의 관심을 감안했을 때, 적어도 이와 같이 결론을 내리는 것은 적절치 않은 것으로 여겨진다. [52)]

윤리적인 측면에서 보아 뒤르케임의 이론이 안고 있는 두 번째의 문제는 사회의 정상적인 상태와 "비정상적(abnormal)" 또는 "병적인(pathological)" 상태(Durkheim, 1964:47-75)를 구분할 수 있는 객관적 기준이 존재하는지의 여부이다. 그와 같은 기준을 설정하는 것이 어렵다는 사실은 "바람직한" 또는 "정상적"인 상태를 규정하는 데는 순수하게 사실적인 판단보다는 사람들이 "이상적(ideal)"으로 생각하는 가치의 개입이 불가피하기 때문이다. 건강의 경우에, 우리가 그것을 바람직하다고 여기는 이유는 "생존"이라는 인간 삶의 절박하고도 보편적인 문제가 개입되기 때문일 것이다. 그러나 사회의 어떤 상태가 정상적이거나 아니면 비정상적인지에 대한 판단은 주관적인 가치 또는 이념과 같은 관념적인 요소들이 개입되는 문제이기 때문에 그것을 과학적 판단을 통해 규정한다는 것은 수많은 논란의 여지를 안고 있다. 이와 같은 문제에 대해 뒤르케임이 제시한 방법은 마치 생명 세계에서 건강한 개체들이 다수를 이루고 비교적 소수만이 불건강하거나 정상에서 벗어나는 기형적 특징을 보이듯이 가장 일반적으로 분포하는 현상이야말로 가장 정상적인 현상으로 간주할 수 있다는 것이다. 그러나 대부분의 사람들이 병에 걸려 있고 소수만이 건강한 상태에 있는 경우도 생길 가능성도 있기 때문에 가장 일반적인 것을 정상적인 것으로 보는 뒤르케임의 견해는 "정상적 특성(normality)"에 대한 결코 만족스러

---

52) 『사회분업론』의 제1판에서는 소재되어 있었으나, 아마 너무 길었기 때문에, 제2판에서 뒤르케임이 삭제한 부분이 있었다. 이 삭제된 부분이 조지 심슨(George Simpson)의 영역본의 맨 마지막에 부록으로 실려 있는데, 심슨의 평가에 따른다면, 이 부분은 "뒤르케임을 이해하는 데 있어서 핵심적이거니와 그 자체로서도 가치를 지니고 있다"(1964: vii). 위의 본문의 논의와 관련하여 중요한 점은, 여기에서 나타나고 있는 뒤르케임의 기본적 입장은 윤리학의 기본적 과제, 즉 "윤리학의 기본적 법칙(general law of ethics)"의 탐구는 과학적 토대 위에서 이루어져야 한다는 것이다. 그러나 파슨스는 윤리학의 기본적 법칙을 탐구한다는 목적과 그것을 과학적인 방법을 사용해서 달성한다는 뒤르케임의 의도 사이에는 뒤르케임이 당시에 아직도 해결했던 문제점들이 가로놓여 있다고 보고 있다.

운 답이 될 수는 없다.

그리고 여기에는 단순히 경험적인 차원에서 나타난 현상들만 가지고 판단될 성격의 문제만이 아닌, 규범적 판단을 요하는 문제도 개입이 되어 있다는 것이 파슨스의 판단이다. 다시 말해서, 행위와 사회의 특성을 결정하는 사회적 요인들은 단순히 경험적으로 나타나는 모든 사실들을 관찰함으로써 파악되는 것은 아니다. 이와 같은 과업은 어떤 사실들 가운데 사회 유형을 결정하는 사실들만을 어떤 기준에 따라 **선별**(selection)해냄으로써 비로소 가능할 것이다. 결과적으로, 그의 표현을 빌리자면, "사회 유형은 사회에 관하여 알려진 모든 사실들을 일반화함으로써 파악될 수 있다기보다는 그 사회에서 사람들의 행위를 지배하는 규범적 규칙들 — 관습적이거나 법적인 규범들 —의 체계에 의해 구분되는 것으로 보아야 한다"(Parsons, 1968a). 이와 같은 파슨스의 언급은 사회 유형을 구분하는 데 있어서는 사회적 규범체계에 대한 보다 심층적인 분석과 함께 정교한 이론의 발전이 요구되고 있음을 강조하고 있다. 『사회분업론』에서는 형법 조항들에 의한 처벌이 사회통합의 주된 기제로 작동하고 있느냐 아니면 보상법을 통한 계약적 관계의 회복과 유지가 앞의 그것을 대신하고 있느냐에 따라서 사회를 두 가지 유형으로 나눈다. 그러나 사회 유형을 앞에 지적한 두 가지 중에 어떤 종류의 규범의 침해에 대해 어떤 종류의 처벌이 가해지는지에 따라 구분한다는 것은 너무 단순한 이론적 논리라는 것이 파슨스의 평가이다. 따라서 사회구성원들이 자신들의 행위를 규정하는 사회적 환경 속에서 그것에 대한 적응이 이루어지는, 즉 보다 넓고 본질적 차원의 규범적 환경과 그에 대한 개인들의 적응 행태에 대한 분석이 이루어질 필요가 있을 것이다. 여기에는 물론 주어진 규범적 환경에 대한 적응의 실패를 불러오는 환경적 요인들에 대한 이해도 또한 중요한 관심의 대상이 될 것이다. 이러한 관심사는 이론적인 측면에서 보자면 사회질서의 유지와 관련하여 규범체계에 의해 수행되는 사회 통제 기능에 대한 관심을 대변한다. 파슨스는 이와 같은 차원에서의 뒤르케임의 추가적 작업이 『자살론』을 비롯하여 그에 이어지는 저술들의 중요한 관심사를 구성한다는 점에서 의의가 있다고 보고 있다.

5. 사회적 통제 이론의 발달 과정

우리가 앞에까지 살펴보았듯이 뒤르케임의 이론은 인간의 사회적 행위를 다룬 과거의 이론들이 안고 있는 문제점과 한계를 이해하고 그것들을 극복하기 위한 학문적 노력에 있어서 큰 획을 그은 중요한 업적이었다. 이러한 인식과 함께 파슨스가 강조하는 중요한 사실은 뒤르케임의 그와 같은 업적은 어느 한 시기에 완성이 되었다기보다는 한 시기 한 시기마다 이론적 통찰력의 확장을 통해 발전적으로 이루어졌다는 점이다. 그리고 파슨스의 입장에 본다면, 이러한 발전 과정이 지닌 의의는 파슨스 자신이 추구하고자 하는 보다 완성된 내용의 이론으로 한 걸음씩 접근해가는 과정이라는 점에서 찾을 수 있다.

파슨스는 일단 인간의 사회적 행위와 사회질서를 이해하고자 하는 체계적인 노력이 홉스로부터 시작되었다는 전제하에, 홉스가 다룬 의문의 요체는 공리주의적 인간관에 따른 논리적 결론에도 불구하고 왜 사회에는 질서가 존재하고 있는지에 대해 해답을 얻는 것이었다고 지적한다. 개인들이 자신들의 욕구를 충족하기 위해 노력한다는 사실과 그들의 욕구를 실현시켜줄 자원은 한정되었다는 사실을 전제했을 때 그로부터 예기되는 "만인에 대한 만인의 투쟁 상태"가 왜 실제로는 일어나지 않고 있는지를, 즉 현실 속에서 "사회질서"가 존재하는 이유를 설명하는 것이었다. 다른 말로 표현하자면, 핵심적 의문은 어떻게 해서 개인의 행위 또는 욕망에 대한 "사회적 통제(social control)"가 가능할 수 있는지 하는 것이다. 이 문제는 뒤르케임 사회학에서 역시 가장 핵심적인 문제이며, 사회학이 출발했을 당시부터 현재에 이르기까지 사회학에서 가장 핵심적인 관심사를 이루는 문제라는 점은 틀림이 없다. 그렇다면 파슨스가 보고 있듯이, 본질적인 측면에서 뒤르케임 이론의 발전 과정은 곧 뒤르케임의 중요한 업적들을 통해서 구축해간 사회통제 이론의 발전 과정으로 특징지을 수 있을 것이다.

『자살론』을 포함하여 『사회분업론』과 『사회학 방법의 규칙들』 등의 저서를 통해 나타난 사회 통제에 대한 뒤르케임의 견해와 함께 그것에 대한 파슨스의 평가는 앞부분에서 소개되었다. 그 이후에 이루어진 이론의 발전 내용에 대해서는 두 가지의 측면으로 나누어 검토하고 있다. 첫 번째 측면은, 개인의 행위를 대상으로 사회 통제를 가능케 하는 "억제요인(constraint)"으로서 작용하는 요소의 성격과 관련하여 뒤르케임의 이론에서 어떤 시각의 변화 내지 발전이 이루어지고 있느냐 하는 것이다. 두 번째는, 종교의 사회적 기능에 대해 초점이 맞추어진 말년의 연구, 『종교 생활의 기초적 형태(*The Elementary Forms of the Religious Life*)』가 갖는 이론적 의의에 대한 분석과 평가가 주된 관심사로 다루어지고 있다.

이 부분에서는 일단 파슨스가 논의했던 순서에 따라 첫 번째 관심사로부터 논의를 시작하려 한다. 뒤르케임의 이론은 흔히 "사회적 사실주의"를 선도한 업적으로 알려지고 있다. "사회적 사실"이란 다음과 같은 두 가지 점에서 사실로서의 특징을 지닌 것으로 주장된다. 하나는 "외재성(externality)"이며, 다른 하나는 "규제성(constraint)"을 갖는다는 것이다. 즉, 그것은 개인들의 밖에 존재하는 현실이며, 그런데도 불구하고 개인들의 행동을 어떤 형태로 강제하는 힘을 갖는다.[53] 더 부연해서 설명하자면, 개인들은 어떤 주어진 방식으로 행동하고, 사고하고, 느낌을 표현하는 사람들에 둘러싸여 생활하고 있는데, 이는 개인에 대해서는 그 자신의 의지로써 좌지우지할 수 없는 객관적 현실을 형성한다. 이러한 집단적 환경이 개인의 행위를 어떤 형태로든 제약하는 힘을 갖는다는 점에서 개인의 행위를 설명하는 요인으로 규정될 수 있다. 사회적 사실에 대한 이와 같은 견해에 대해 파슨스는 집단적 현실이 개인에게 미치는 그와 같은 영향력이 실제로 관찰될 수 있다는 점에서 경험적으로 타당성을 갖는 것으로 평가한다. 문제는 사회적 사실이 억제력을 갖는 이유에 대한 이론적 해석이었다. 뒤르케임이 그의 이론의 출발기부터 추구했던 실증주의적 입장에서 가능한 하나의 해석은, 개인들이 사회적 규범에 어긋나는 행동을 했을 때 그에 대한 제재(制裁)가 가해지게 되면 그 부정적 결과에 대한 학습이 이루어짐으로써 개인들은 더 이상 그와 같은 행동을 하지 않게 된다는 것이다. 이

---

53) 뒤르케임은 "사회적 사실"을 다음과 같이 정의하고 있다: "사회적 사실은 개인에게 외재하는 행위와 생각, 느낌으로 구성되며, 그것들이 개인을 규제한다는 사실에 의거하여 강제적 힘을 갖추고 있는 매우 독특한 사실들의 범주를 지칭한다" (… (I)s a category of facts with very distinctive characteristics: It consists of ways of acting, thinking, and feeling, external to the individual, and endowed with a power of coercion, by reason of which they control him) (Durkheim, 1964b: 3).

는 흔히 행태주의 심리학의 이론을 근거로 하여 제시되곤 하는 설명과도 부합된다. 만약 이와 같은 설명을 받아들인다면, 사회적 사실이 갖는 억제력은 개인들의 행동을 통제하는 상황적(또는 외적) 조건이 가져오는 효과로 해석될 수 있다고 파슨스는 설명한다. 그리고 이와 같은 설명은 뒤르케임이 추구했던 실증주의적 학문으로서 사회학의 학문적 특성에 비추어 일단 무리는 없는 것으로 평가된다.

반면에 인간의 행위 규범의 토대를 이루는 윤리적 가치들이 과연 그와 같이 순수하게 경험적 토대 위에서, 또는 단순히 표현하여, "과학적"인 설명이 가능한가 하는 문제는 뒤르케임이 당초에 생각했던 것처럼 그렇게 단순한 문제는 아니었다. 자연법칙에는 소위 "일탈"이 존재하지 않는다. 자연법칙에서 벗어나는 현상은 존재하지 않으며, 만약 벗어난다면 거기에는 우리가 알지 못하는 요인, 또는 다른 종류의 법칙이 작용하고 있기 때문일 것이다. 이에 반해 윤리적 규범의 경우에, 행위자가 규범에 따라 행동하기 위해서는 "노력(effort)"(Parsons, 1968a: 396)이 요구된다. 규범에 따른 행위를 실현시키기 위한 행위자의 의지가 필요하며, 의지 또는 의욕이 결여된 경우에는 주변 사람들이 예측하지 못했거나 원치 않은 다른 행동이 행해질 가능성이 존재한다. 뒤르케임이 일탈 행동을 지극히 정상적인 현상으로 보는 것은 이 때문이다. 파슨스의 말을 빌려 표현한다면, "뒤르케임이 범죄를 '정상적' 현상으로 보는 데서 시사되고 있듯이, 개인이 윤리적 규범을 어긴다는 가능성을 염두에 두지 않고 인간의 규범에 관해 생각한다는 것은 불가능할 것이다"(Parsons, 1968a: 377). 이와 같은 사실은 인간의 행위에 대한 통제는 자연 현상에 있어서의 그것과 전혀 다른 차원에서 이루어지는 현상임을 시사한다. 우선 인간 행위의 선택에 기준이 되는 규범 체계가 존재해야 한다. 그런데 이 규범 체계가 실제로 통제적 힘을 발휘하는 데는 그것이 갖는 정당성에 대하여 공동체 구성원들 사이에 합의된 의견들이 형성되어 있어야 한다. 즉, 인간 행위에 대한 통제는 자연적으로 존재하는 환경적 요인들에 의해 이루어지기보다는 공동체 구성원의 기대에 부응하고자 하는 개인들의 자발적 "노력"을 통해서 이루어지는 것이 오히려 통상적이다. 여기에는 어떤 행위의 규칙이 존재한다는 인식 외에도 추가적으로 개입되는 요소가 있다. 그것은 공동체 규범에 대한 "존중감(attitude of respect)"(Parsons, 1968a: 390), 즉 공

동체를 향한 정서적 유대 의식이 사회 통제의 중요한 토대를 형성한다는 것이다. [54]

『자살론』이 뒤르케임 이론이 구축되는 과정에서 매우 중요한 의의를 지닌 업적으로 기록될 수 있었던 것은 바로 위에서 논의된 사실에서 비추어 보면 분명한 이해가 가능하다. 『자살론』은 자살 현상의 분석이라는 우회로를 통해 두 가지 측면에서 인간 행위의 본질을 파헤치고 있다. 첫째는, 사회의 급속한 구조적 분화는 개인들에 대한 사회적 통제력의 약화를 초래할 수 있다는 것이다. 약화된 통제력은 곧 자살과 같은 일탈 행위를 유발하는 요인으로 작용하는데, 중요한 사실은 그 약화된 통제력이란 곧 사회적 규범이 개인들에 대해 더 이상 어떤 효력을 발휘하지 못하는 상태에 빠진다는 것을 의미한다. 뒤르케임은 이렇게 "개인이 사회적 규범의 통제로부터 풀려난 상태(deregulation)"를 "아노미(anomie)"(1951: 253)로 특징짓는다. 다른 하나의 측면은, 위의 첫째 측면이 역설적으로 증언하는 사실로서 사회질서의 본질이다. 사회질서란 개인들의 행위를 통제하는 사회적 규범의 체계가 존재한다는 사실뿐만 아니라 개인들에 의해 그 규범체계를 따르고자 하는 동기가 실제로 작동하고 있는 상황을 지칭한다는 것이다.

파슨스는 여기에 이르러 뒤르케임은 이전의 공리주의자들이나 실증주의자들이 등한시했던 현상에 대해 매우 "심대한 의미를 지닌 통찰력을 얻게 되었다"고 평가한다. 즉, 어떤 유형의 질서를 유지하는 데는 다음과 같은 세 가지 조건들이 충족되어야 한다는 것이다. 하나는, 행위를 통제하는 규범 체계가 존재하고 있어야 한다는 것이다. 두 번째는, 그것의 토대가 되는 가치 체계가 형성되어 있어야 한다. 세 번째는, 앞의 두 요소가 현실적으로 작동할 수 있도록 공동체 구성원들이 노력

---

54) 일찍이 뒤르케임은 계약 사회의 경우에도 계약이 효력을 발휘하는 이면에는 신의라든지 도덕적 의무와 같은 "계약의 비계약적 요소들"이 계약의 숨어 있는 요소로서 존재한다는 사실을 지적한 바 있다. 이와 같은 지적은 순수하게 개인들의 이기적이고 합리적 타산의 결과로서 사회 현상을 설명하고자 시도했던 공리주의자들의 견해에 대해서 상당히 날카로운 반론을 제기한다. 그리고 바로 그와 같은 취지에서 뒤르케임의 저술 가운데 가장 빈번하게 인용되어왔던 부분일 것이다. 그러나 파슨스는 뒤르케임의 그와 같은 인식이 그 자체로서 매우 중요했던 것은 사실로서 인정하고 있으나, 뒤르케임이 이와 같은 사실들이 갖는 의의를 이후에, 위 본문에서 지적하는 것처럼, 도덕 공동체로서의 사회라는 보다 발전된 틀 속에서 이론적으로 정리하는 데는 상당한 시간이 소요되었던 것으로 평가한다.

한다는 사실이 모두 고려되지 않은 상태에서 개인들의 이기적 욕구를 실현하기 위한 합리적 선택이라는 공리주의적 전제만을 근거로 사회질서를 설명한다는 것은 가능치 않다는 것이다. 이는 사회를 각자의 욕망을 실현하기 위해 노력하는 개인들의 행동으로부터 파생되는 현상으로서 다루기보다는, 적어도 어떤 본질적 측면에서, 최소한의 필요한 수준에서나마 합의된 가치와 규범들을 공유하는 윤리적 공동체로서 보아야 한다는 점을 강조하고 있다. 다시 말해, 윤리적 공동체로서 사회의 집합적 속성을 고려하지 않고서는 인간의 사회적 행위 그리고 그 연장선상에서 사회질서가 존재하는 이유를 설명하기는 어렵다는 것이다. 물론 개인들의 행위를 규제하는 공동체의 규범들은 개인이 어겼을 경우에 그것들을 공유하는 타인들에 의한 외부적 제재를 불러올 것이다. 이러한 점에서 그러한 규범들이 실제로 개인들의 외부에 존재하는 "사실"임은 부인하기 어려우며, 또한 뒤르케임이 지적한 바 있듯이 개인들의 행위를 통제하는 힘을 가지고 있다. 그리고 그것들에 의해 가해지는 통제력에 의해 사회질서가 유지된다고 본다는 점에서 뒤르케임은 실증주의자로서의 성격을 일관되게 견지하고 있다는 것이 파슨스의 평가이다.

그러나 파슨스가 보기에, 이와 같은 뒤르케임의 입장은 그가 더 파헤쳐나갔어야 할 문제점을 남기고 있다. 과학자의 객관적 시각에서 보았을 때 공동체의 규범체계는 객관적인 사실로서 존재하고 있다. 동시에 그것이 개인 행위에 대한 규제적 힘을 갖는다는 점 역시 분명하다. 그러나 행위 주체의 입장에서 본다면, 상황은 그와는 상당히 다른 특이성을 지니고 있다. 우선 어떤 규범에 따른 행위는 그 행위를 통해 성취되는 목적이 존재한다. 이 목적은 그 행위를 통해 변화하는 상황이 바람직스러운지에 대한 행위자의 평가를 수반한다. 그리고 실제로 그 행위를 실제로 수행하는 데 있어서는 행위자의 능동적인 노력이 요구된다. 이는 곧 행위의 규범체계가 존재한다고 하더라도 행위자의 능동적인 참여와 노력이 없이 그러한 규범체계는 효력을 발휘하기 어렵다는 것을 시사한다. 더욱이 주어진 공동체 내에서 구성원들 간에 추구하는 가치의 차이로 인해 주어진 규범체계에 대해 이견이 존재하는 경우 그 규범체계에 의해서는 예측되지 않은 다양한 행동적 대안들이 존재하게 된다. 더욱이 여기에는 어떤 가능한 상황을 **이상적**(*ideal*)으로 생각하고 실현시키고자 하는 인간의 욕구도 또한 개입되기 때문에 자연법칙이라든지 과거로부터의 시행착오의 결과로서 형성된 습관적 행동을 설명하는 것과는 달리 인간들이 현재의 상황을 바꾸거나 미래를 위해 추구하는 이상적 가치들이 핵심적 요인으로 대두되게 마련이다. 그리고 이러한 가치들은 현실 속에서 작동하는 규범들에 대해서도 다소의 정도는 있겠지만 음으로 양으로 연관성을 지니게 마련이다. 간단히 요약해서 결론을 내려보자면, 인간 행위를 이해하는 데 있어서는 이상적 가치와 규범들이 인간 행위에서 차지하는 역할에 대한 이해가 요구된다는 것이다. 파슨스는 과학적인 입장에서 윤리 문제를 설명하고자 했던 뒤르케임의 시도에는 바로 이 문제에 대한 보다 충분한 인식이 부족했음을 지적하고 다음과 같이 결론짓고 있다.

(규범이나 이상적 가치들)에 대해 우리가 관찰할 수 있는 사실은, 어떤 명제로서 그것들이 지적하는 내용이 우리의 눈앞에 나타나고 있는 현실은 아니라는 것이다. 그보다는 행동하는 개인들이 어떤 가상의 상황을 바람직스럽다고 본다는 사실과, 따라서 그들 행위자들이 (그러한 규범 또는 이상적 가치)를 실현하는 데 상당한 관심을 가지고 힘을 기울일 것으로 여겨진다는 점이다. 그러나 그것이 실현될 수 있는지 또는 어느 정도로 실현될 수 있는지는 그러한 이상적 규범이 존재한다는 사실 자체에 의해서 저절로 해결될 수 있는 문제는 아니다. 즉 실현의 문제는 해결을 요하는 문제로 그대로 남아 있다는 것이다. 이상적 규범의 실현은 행위 주체들의 노력과 함께 그들이 행동하는 상황적 조건에 달려 있기 때문이다. 행위자와 규범의 관계에 있어서 개입되는 이와 같은 능동적인 요소와, 그것이 지닌 창조적이고 자율적인 측면이야말로 정확히 실증주의적 접근 방법이 거의 무시해왔던 사실이다. 이는 실증주의적 방법이 경험주의적 과학자가 이상적으로 여기는 (경험적 사실에 대해) 수동적이며, 적응적이며, 수용적인 관점에서 사고하고 있기 때문일 것이다.

이와 같은 편견으로부터, 바로 이 지점에 이르기까지도, 뒤르케임 역시 자유스럽지 않다는 것은 분명하다. … 이와 같은 위험으로부터 벗어나기 위한 유일한 길은 이상적 가치가 인간 행위에서 차지하는 특수한 성격에 지속적인 관심을 유지함과 동시에 행위자가 당면한 상황, 즉 조건적 요소들과 규범적 요소들 사이에 분명한 구분을 해두는 것이다 (1968a: 396-7).

6. 원시적 종교의 사유 구조와 의식들

『종교생활의 기초적 형태(*The Elementary Forms of Religious Life*)』(1965)는 뒤르케임의 주요 저서들 가운데 가장 늦은 시기에 쓰여진 저서이다. 이 저서에 담긴 내용에 대한 분석이 파슨스가 뒤르케임을 다룬 마지막 부분의 주된 관심사이다. 책의 제목에서 나오는 "기초적(elementary)"이라는 표현은, 뒤르케임 자신이 지적하고 있듯이 "원시적이며 단순한(primitive and simple)"[55](1965: 13)이라는 의미를 갖는다. 물론 고대 원시 종교를 연구하려고 했던 그의 목적은 그것을 통해 "특이성과 희소성을 가진 현상에 관해 이야기하는 데서 오는 즐거움을 충족시키려는 것"은 아니다. 그보다는 종교 현상의 이해를 통해 "인간의 본질적이고 불변하는 속성"을 이해하는 데 있었다고 지적한다(1965: 13). 인간 행위의 "본질적인 속성"을 이해하는 데 종교에 대한 이해가 필수적이라고 보는 입장은 파슨스가 『구조』를 쓰던 당시에 사회과학계의 지배적인 추세로 대두된 새로운 흐름을 반영하고 있었다. 이러한 흐름에는 뒤르케임은 물론 이미 논의된 파레토, 이후에 논의될 막스 베버 그리고 스스로 뒤르케임과 베버 전통의 계승자로서의 위치를 굳히기로 아마 스스로 결의를 다지고 있었을 파슨스 자신도 중심에 있었다. 물론 그 대척점에는 과거에는 물론 현재까지도 지배적인 전통으로서 영향력을 발휘해온 공리주의적 인간관과 그와 연관된 실증주의적 입장이 자리 잡고 있다. 가장 질박한 의미에서 실증주의는 경험적으로 검증되지 않은 요인들에 의한 설명이나 맹목적 신뢰를 배제한다는 원칙이 그 핵심적 신조를 이루고 있다. 따라서 경험적으로 관찰이 불가능한 초월적 요인들에 의한 설명에 대해서는 부정적인 태도를 보이며, 따라서 과학이 다룰 수 있는 주제가 아니라는 점에서 기피하려는 경향을 보여 왔다. 실증이 가능치 않은 문제들을 의미 있는 과제의 영역에서 아예 배제하려는 이와 같은 태도는 많은 실증주의자들 사이에

---

55) 뒤르케임(1965: 13)은 이 용어가 다음과 같은 두 가지 조건을 염두에 두고 사용된 것이라고 밝히고 있다. 하나는, 사회 구조가 그 단순성에 있어서 다른 어떤 사회에도 미치지 못하는 사회에서 발견되는 종교라는 의미를 함축하고 있다. 두 번째는, 그 이전에 존재했던 종교로부터 빌려온 자료를 활용하지 않더라도 설명이 가능할 정도로 단순한 수준의 종교 형태를 갖추고 있다는 것이다.

종교의 기능에 대한 무관심으로 이어진 것은 사실이다. 이와 같은 태도의 극단에는 종교를 사람들의 정상적인 의식을 마비시키는 "아편"과 같은 것으로 규정하는 입장까지 존재한다. "저 세상을 향한 열망"이라든지 세상과 자아를 위한 이상적 가치의 성취와 같이 종교에서 추구하는 이념적 지향은 인간이 과학적 지식의 취득을 통해 얻고자 하는 현실적 성과와는 실로 다른 관심 영역에 속하는 것은 분명하다. 그렇다면 흔히 "사회적 사실주의"로 알려질 정도로 과학주의적 지향을 강조했던 뒤르케임이 학자 생활의 말기에 이르러 집중적으로 종교 현상에 관한 연구에 전념하기로 마음먹은 이유는 어디에서 찾을 수 있는가? 조금 다른 시각에서 직설적으로 묻는다면, 뒤르케임으로 하여금 종교 생활의 본질과 사회생활의 본질 사이에 존재하는, 결코 지나칠 수 없는 어떤 불가분의 연관성에 주목하도록 만든 이유는 어디에 있는가?

우선 파슨스는 실증주의자로서 학문적 이력을 배경으로 종교에 관심을 보였던 파레토나 뒤르케임이 보여준 유사한 움직임에 대해 다음과 같이 지적하고 있다.

> 18세기와 19세기의 실증주의적 사조 속에서 일반적으로, 또는 새로이 대두된 진화론적인 관점에서 보아, 인류발전의 후기 단계에 들어오면서부터, 종교의 중요성이 평가절하하게 되었다는 데는 의문의 여지가 없다. 살펴볼 수 있거니와, 파레토가 실증주의와 매우 가까운 것으로 평가되었던 그의 사상으로부터 급진적으로 방향을 달리하는 입장을 취하게 되었을 때 거기에 담긴 새로운 요소가 곧 종교에 대한 관심이었다. 이는 뒤르케임의 경우에도 마찬가지이다. … 뒤르케임은 이미 같은 방향으로 움직이고 있었으며, 그 움직임의 종착점이 되었던 것이, 즉 그가 다시는 실증주의로 돌아갈 수 없도록 만든 것이 그의 종교에 대한 연구였다(Parsons, 1968:410).

위에 인용된 구절은 뒤르케임의 사회학 이론이 어떤 방향으로 발전하고 있었으며, 그것을 추동하는 동력으로는 사회 현상에서 종교 현상이 차지하는 중요성에 대한 인식이 작용하고 있었음을 시사하고 있다. 특히, 뒤르케임의 이론적 관심의 전환과 함께 주목을 요하는 점은 그것이 단지 이론적 시각에 있어서 재조정 또는 수정에 그치고 있지는 않다는 점이다. 뒤르케임의 마지막 저서 『종교생활의 기초적 형태(*The Elementary Forms of Religious Life*)』는 이론서이기에 앞서 사회에서 종교가 실제로 작동하는 현장에서 수집된 인류학적 관찰 자료들을 요약한 소개서이다. 그러나 동시에 관찰보고서로서의 수준에 머물러 있다기보다는 그와 같은 자료들에 기초하여 사회 속에서 작동하는 종교의 기능에 관하여 상당히 대담한 가설을 제기하고 있는 이론서이기도 하다. 그리고 파슨스의 입장에서 보자면, 소위 자신의 "자원론적(voluntaristic)" 행위 이론을 위해 중요한 하나의 근거를 제공하는 선구적인 업적이기도 했다.

이미 이 장의 초두에서 언급하고 있듯이, 뒤르케임의 책의 제목에서 나오는 "기초적(elementary)"이라는 표현은 "원시적이며 단순한(primitive and simple)"이라는 의미를 갖는다. 이 말은 단순히 과거 원시 사회의 특이하고 희소성을 갖는 현상이라는 의미보다는 "인간의 본질적이고 불변하는 속성"을 가장 단순하고 순수한 형태로 간직하고 있다는 의미를 담고 있다. 즉, 여러 현상들과 복잡하게 얽혀 오히려 그 본질적인 모습을 찾기 힘들어진 현대 종교보다는 사회 속에 종교가 태동한 원래의 본질적인 모습을 단순하고 순수한 형태로 간직하고 있다는 것이다. 뒤르케임은 호주의 원주민 사회와 같은 원시적이며 단순한 사회에서 관찰되는 종교 현상은 여러 다른 복잡한 요인들의 간섭이 없는 상태에서 종교의 본질적인 모습을 파악할 수 있는 매우 적절한 기회를 제공한다고 보았다. 다른 모든 요인들이 적절히 통제된 상태에서 종교와 사회 사이에 존재하는 연관성을 관찰할 수 있다는 방법론적인 논리에 대해서는 의문이 제기될 여지가 다분한 것은 사실이다. 또한, 제시된 결과들이 개별 인류학자들의 기존 연구들을 거쳐 산출된 것들이기 때문에 이론적으로, 방법론적으로 이미 내재되어 있는 지향성 내지는 편향성을 배제하기도 어렵다는 것은 분명한 것으로 여겨진다. [56] 파슨스 역시 종교의 본질적 특성을 다룬 연구로서 뒤

---

56) 뒤르케임의 종교 이론이 갖는 문제점에 대해서는 여러 학자들에 의해 이미 지적된 바 있다. 그 중에 자주 거론되는 하나의 비판을 예로 든다면, 다음과 같은 구디(Goody, 1990: 276)의 지적을 들 수 있다: "성(聖, sacred)과 속(俗, profane)에 해당되는 보편적 범주를 찾기 위한 (뒤르케임의) 탐색은 그 이전에 이미 존재하던 입장을 극복하기 위한 노력이었다는 점에서는 성공한 것으로 평가되지 않는다. 성공하지 못했다고 보는 이유는 궁극적으로는 논리실증적인 방법에 의해 정의된 범주들과 동일한 유형의 범주들을 미개 사회(non-literate societies)에서 찾으려고 했다는 것이 결국 어려움을 초래할 수밖에 없었다는 것이다."

르케임의 연구가 갖는 한계를 잘 인식하고 있는 것으로 여겨진다. [57) 그러나 사회과학에서 공리주의가 차지하고 있었던 영향력을 감안한다면, 뒤르케임의 종교 연구는 사회 현상 또는 인간 행위에서 비물질적 내지는 정신적인 요인들이 차지하는 중요성을 부각시킨 획기적인 업적이라는 점은 분명한 것으로 평가된다. 바로 이 점에서 파슨스가 뒤르케임을 그의 이론 구축을 위한 하나의 초석으로 삼고자 하는 의도를 가지고 뒤르케임의 종교에 관한 견해의 분석과 해설에 임하고 있다는 것은 분명하다.

우선 필자의 입장에서 보아, 파슨스를 비롯한 여러 학자들의 견해들을 종합해서 결론적인 평가를 내려본다면 뒤르케임의 종교의 "사회적 본질과 기능"에 관한 연구는 사회과학 이론에서 매우 중요하게 평가할 만한 시각을 내포하고 있다. 동시에 그 내포된 시각을 극히 제한된 경험적 자료가 허용하는 것보다 훨씬 대담하게 일반화하려는 의도 때문에 상당한 비판의 소지를 안고 있기도 하다. 그러나 제한된 자료의 범위 내에서나마 종교가 그 근원에 있어서 사회적 유대 관계에 토대를 두고 있고, 또 그것의 핵심적 역할이 사회적 유대 관계를 유지 강화하는 데 있다는 추론은 합리적이라고 여겨진다. 이를 받아들인다면, 파슨스가 지적하고 있듯이, 인간 행위의 기본적 요소를 규명하는 데 매우 새롭고 중요한 단서를 얻게 된다. 파슨스가 뒤르케임의 연구와 관련하여 강조하고자 하는 점은 바로 여기에 있다. 즉, 뒤르케임의 종교 연구는 뒤르케임이 초기에는 간과하고 있었던, 또한 인간의 이기적 욕구만을 인간 행위의 유효한 동기로서 강조하고자 했던 공리주의자들의 제한된 시각을 뛰어넘는, 인간 행위의 중요한 차원을 규명하는 데 새로운 시각을 제공하고 있다는 것이다. 그렇다면 이제 『종교생활의 기초적 형태(*The Elementary*

---

57) 파슨스는 다음과 같은 언급을 통해 뒤르케임에게 가해진 비판들에 대해 구태여 반론을 제기할 의도는 없다는 뜻을 밝힌다: "현재 논의의 목적에 비추어 호주에서 수집된 자료들의 자세한 해석이라든지 종교의 진화 과정에서 일반적으로 토테미즘이 차지하는 위치를 놓고 벌어진 경험적인 논쟁들에 끌려 들어갈 필요는 없다. 뒤르케임이 토테미즘을 모든 종교 가운데 가장 원시적인 형태라고 주장한 것이 맞느냐의 여부는 크게 중요한 문제로 여겨지지는 않는다. 왜냐하면, 현재 나의 관심사는 사회가 원시적이든 아니든 간에 모든 인간의 행위에 공통적인 기초적 요소들이 무엇인지를 규명하는 데 있기 때문이다"(1968a: 410-11).

Forms of Religious Life)』를 중심으로 종교의 사회적 본질에 관한 뒤르케임의 견해에 관해 좀 더 자세히 살펴보려고 한다.

언급된 뒤르케임의 저서의 내용을 전체적으로 특징짓는 두 개의 키워드(key word)를 지적한다면, "성(聖, sacred)"과 "속(俗, profane)"을 들 수 있다. 이와 관련하여 뒤르케임(1965: 52)은 다음과 같이 설명하고 있다.

> 우리가 알고 있는 모든 종교적 신념들은, 단순하든 복잡하든 하나의 공통적인 특징을 보여준다: 그것들의 바탕에 깔려 있는 전제는 사람들이 생각하는 모든 사물들은, 실재하든 상상 속에서만 존재하는지를 불문하고, 두 개의 부류 또는 반대되는 범주로 나뉜다는 것이다. 이와 같은 분류는 일반적으로 한 쌍의 분명한 용어로써 지칭될 수 있는데, "성(聖, sacred)"과 "속(俗, profane)"이라는 두 단어로써 번역한다면 매우 적절할 것이다. 세계를 두 개의 영역으로, 즉 하나는 모든 신성한 것들을 포함하고 다른 하나는 세속적인 모든 것들을 포함한다. 이 같은 분류법은 종교적 사유(思惟)의 중요한 특성이다; 종교적 신념들, 신화들, 교리들, 전승된 설화들은 신성한 사물의 본성을 표현하거나 그것들로부터 나타나는 미덕이라든지 힘, 또는 "성속(聖俗)" 간 그리고 세속적인 것들과의 관계를 보여주는 표상들 또는 표상들의 체계이다.

세상을 이와 같이 둘로 분리된 영역으로 나누는 종교적 인식의 특성은 종교의 본질적 특징을 지적하고 있다는 점에서 중요성을 지닌다. 지적된 이원적 특성은 또한 종교의 발원을 설명하는 기존하는 두 개의 다른 관점, 정령설(精靈說, animism)과 자연주의설(自然主義說, naturalism)의 주장을 반박하는 근거를 제공한다. 이 점에서, 그 두 입장에 대해 비판적 입장에 선 뒤르케임의 종교론에서 핵심적 기능을 담당하는 개념이다. 아주 간단히 설명하자면, 정령설에서는 사람들이 꿈속에서 체험한 현실을 통해 현실 세계의 시간과 공간의 경계를 넘나들며 활동하는 자아의 혼령이 존재함을 깨닫게 된다고 본다. 사망 후 육체로부터 분리되어 보이지 않은 가운데 떠도는 혼령들의 세계가 곧 두려움이나 숭앙의 대상이 되며, 종교는 곧 이로부터 유래되었다는 것이다. 자연주의설은 종교가 사람들의 심리적 상황에 유래되었다기보다는 불이라든지 물, 태양, 폭풍우와 같이 사람들에게 실제로 두려움과 경탄의 대상이 되었던 자연적 상황으로부터 유래되었다는 입장이다. 즉, 신과 같은 초월적 존재라든지 그와 관련된 종교적 신화들은 자신들의 운명을 좌지우지하는 압도적 힘을 지닌 자연 현상을 이해하고 조정해보려는 인간의 희망이 만들어낸 산물이라는 것이다. [58] 이 두 가지 입장에 대해 뒤르케임은 여러 관점에서 비판을 가하고 있다. 그러나 비판의 가장 핵심적 요지는, 두 입장 모두가 어떤 요인(들)에 의해 종교적 인식체계 속에서 세계가 신성한 사물들의 영역과 세속적 영역으로 나누어지게 되었는지를, 즉 종교의 가장 본질적인 요소를 설명하는 데 실패하고 있다는 점이다.

그럼 우선 신성한 영역에 속하는 것으로 인식된 사물들의 특성에 관해 살펴보도록 하자. 하나의 유력한 가정은 그것들이 본원적으로 가지고 있는 어떤 공통성에 의해 신성함을 지닌 사물들로서 한 데 묶이게 되었다는 것이다. 그러나 뒤르케임은 자신이 고찰한 결과에 따라 신성한 것으로 분류된 사물들 사이에 본원적, 즉 자체가 지닌 어떤 특성에 따른 공통점은 찾아보기 힘들다는 결론을 내린다. 식물이나 동물의 이름들이 대부분이고, 나머지 소수를 점하는 것들로서는 "구름, 비, 우박, 서리, 달, 해, 바람, 가을, 여름, 겨울, 어떤 성좌의 별, 천둥, 불, 연기, 물이나 바다"(Durkheim, 1965: 124) 같은 것들이 포함되어 있었다. 특정 부족 또는 씨족의 표징으로 인정되고 있고, 따라서 대하거나 먹는 데 특별한 금기와 의식 절차가 요구되는 신성한 대상들을 인류학에서는 "토템(totem)"으로 지칭한다. 중요한 사실은 위에서 언급된 모든 토템들은 극히 다양한 범위와 종류에 걸쳐 분포되고 있기 때문에 그것들 사이에 어떤 공통적 특성은 사실상 찾기가 힘들다는 것이다. 실용적인 관점에서 어떤 유용한 목적을 충족할 수 있는 극히 다양한 종류의 수단으로서의 공통성을 가지고 있는 것도 아니라는 것이 뒤르케임의 평가이다. 예를 들어, 수많은 토템들은 인간의 생존에 필수적인 영양분을 공급하는 식품으로 이용될 수 있다는 점에서 공통점을 가질 수도 있다. 그것들이 인간의 생존에 유용한 가치를 공통적으로 지니고 있고, 따라서 소중하게 대해야 할 대상으로 여겨진다는 설명은 공

---

58) 이에 대한 뒤르케임의 자세한 설명은 『종교생활의 기초적 형태(*The Elementary Forms of Religious Life*)』의 2장과 3장을 참조할 것.

리주의자들이 선호할 듯한, 하나의 가능한 설명이다. 그러나 토템들은 그것이 식물이든 동물이든 엄격한 금기와 함께 일상적인 섭취가 금지되거나 또는 적절한 의식과 함께 극히 제한적으로 섭취가 허용되며, 따라서 위의 설명은 사실과는 부합되지 않는다. 남아 있는 가능한 설명은 다음과 같다. 토템은 부족 또는 씨족의 정체성을 나타내는 상징물이고, 따라서 그것에 부여된 신성성은 그것을 공유함으로써 형성되는 집합체 구성원들 간의 사회적 일체감과 유대가 해당 집합체들의 생존을 위해 절대적 중요성을 갖는 데 기인한다는 것이다. 바꾸어 표현하자면, 종교적 대상의 신성성은 그 대상 자체의 어떤 사실적 특성에 기인하기보다는 주어진 집합체의 구성원들이 자신들의 정체성을 나타내는 그 대상을 침해할 수 없는 엄중한 의미를 지니고 있다고 보는, 즉 "신성하다(sacred)"는 인식을 가지고 그것을 대하고 있다는 사실 외에 다른 어떤 요인에도 연유하고 있지 않다는 것이다. 뒤르케임의 다음과 같은 언급은 바로 종교의 그와 같은 특성을 아주 간결하게 요약하고 있다: "사회의 원리는 종교의 **영혼** 속에 깃들어 있다(the idea of society is the soul of religion)"(Durkheim, 1965: 466).

위에 인용된 뒤르케임의 언급은 종교적 의식 구조의 핵심적 요소는 어떤 사물들에 부여된 "신성함"이며, 이는 곧 사회로부터 생겨난 요소라는 사실을 강조하고 있다. 이와 같은 논의에 기초하여 뒤르케임은 종교에 대해 다음과 같은 정의를 내린다: "**종교는 신성한 사물들, 즉 구별되고 금기화(禁忌化)된, 사물들과 관련된 신념과 행위들로 이루어진 통합적 체계이다. 신념과 행위들의 통합적 체계라는 말은 그것들을 믿고 행하는 모든 구성원들이 교회(Church)로 불리는 하나의 도덕적 공동체 속에 결속되고 있음을 의미한다**"(Durkheim, 1965: 62). 이 정의에서 주목할 하나의 사실은 종교적 체계 속에서 신념적 요소와 그 신념을 표현하는 행위와의 관계이다. 일상적 행위의 경우에, 행위자가 예기되는 어떤 결과에 대한 기대를 가지고 어떤 행위를 했을 때, 만약 그러한 결과가 실제로 나타나지 않았다면 개인이 그 행위를 하려는 동기는 점차 약화 또는 소멸하게 마련이다. 이는 수단-합리적 행위의 한 특징이다. 예를 들어, 싹이 트리라는 기대를 가지고 어떤 장소에 씨를 심었는데 싹이 나지 않은 일이 반복된다면, 사람들은 더 이상 그곳에 씨를 심지 않을 것이다. 사람들은 원시인이든 현대인이든 대체로 이 정도의 합리적 판단 능력은 가지고 있다. 공리주의자들이 보는 바와 같은 개인들의 사적인 요구를 충족하기 위해 행해지는 모든 행위들은 대체로 이와 같은 판단하에서 수행되는 합리적 유형의 행위에 속한다고 볼 수 있다. 뒤르케임의 개념 체계 속에서 보자면, 세속적인 세계는 이와 같은 개인의 사적인 욕구에 기초를 둔 수단-합리적 활동 영역이라는 점에서 특징을 부여할 수 있다.

종교적 행위는 그 행위를 수단으로 삼아 개인들의 사적 욕구의 충족 또는 목적의 달성을 위한 것은 아니라는 점에서 바로 위에 말한 도구적 유형의 행위와는 구별된다. 대부분의 종교적 의식(ritual) 행위들이 그러한 것처럼 종교적 행위는 숭앙의 대상이 되는 존재 또는 가치에 대한 존경이나 헌신을 상징적으로 "표현(express)" 하는 데 주된 기능을 두고 있다. 즉, 종교적 표현 행위는 어떤 이익을 달성하기 위한 수단적 도구로서 수행되기보다는 어떤 신념 또는 사실의 신성성에 대한 공감을 상징적으로 표현한다는, 그 자체에 목적을 둔다. 이런 의미에서 교회 또는 도덕공동체는 그와 같은 표현적 행위들을 통해 정신적으로 결속된 사람들의 집합체를 지칭한다.

위의 논의를 통해 짐작될 수 있듯이, 종교의 두 본질적 요소 가운데 하나는 신성한 것들과 관계된 신념적 요소이며, 다른 하나는 그와 같은 신념적 요소들을 행위를 통해 형상적으로 모사(模寫)하거나 그것들에 대한 참여, 공감 또는 헌신을 표현하는 행위이다. 뒤르케임이 그의 저서에서 "종교의 기초적 형태"를 "신념(beliefs)"을 다룬 부분과 "의식(儀式, rituals)"을 다룬, 두 부분으로 크게 나누어 논의한 것은 바로 이 **때문이다.** 이 두 요소는 분리할 수 없는 종교의 두 본질적인 측면을 구성한다. 하나는 의식 행위를 통해 행위자들이 표현하고자 하는 종교의 의미적 측면이며, 다른 하나는 외부로 보여주는 종교적 의식 행위 그 자체만으로서는 실체적 의미가 결여된, 따라서 그 행위가 표현하고자 의도하는 신념적 요소의 이해를 통해서 비로소 설명이 가능한 종교 행위의 행태적 측면을 지칭한다. 중요한 사실은 두 요소가 다 종교에서 분리될 수 없는 두 본질적 측면을 구성한다는 것이다. [59] 여

---

59) 행위를 이와 같이 외부로 드러나는 행태적 측면과 행위자가 그것을 통해 표현하고자 하는 의미의 측면으로 구분하여 분석하고자 하는 관점은 대체로 행위자들이 자신의 행위에 대해 스스로 지니고 있는 동기를 이해하고 있다는 점에서 설득력을 가지고 있는 것으로 여겨진다. 뒤르케임(적어도 그의 종교 이

기에서 뒤르케임의 종교의 정의와 관련하여 특히 강조되고 있는 점에 주목할 필요가 있다. 그것은 그와 같은 행위들을 통해 하나로 결속된 구성원들의 공동체가 존재한다는 사실이다. 추정컨대, 당초에 뒤르케임의 연구의 주된 관심사는 그의 연구 대상이 되었던 씨족이나 부족과 같은 원시 소규모 사회가 하나의 통합된 도덕 공동체를 유지하는 것이 어떻게 가능할 수 있었느냐 하는 의문에 대해 해답을 얻는 것이었다. 결론은 뒤르케임이 그의 연구 결과로서 얻는 종교에 대한 정의 가운데서 시사되고 있다. 종교적 모임은 어떤 신앙의 대상이 되는 신성한 것들에 대한 신념과 그러한 신념을 표현하는 행위로 이루어진 통합적 체계라는 정의가 내려지고 있다. 뒤르케임은 그와 같은 신념과 행위적 표현의 통합된 체계가 곧 구성원들을 소속 공동체 속에 결속시키는 기능을 수행하고 있다고 보았다. 이러한 견해는 종교적 신념과 행위에 의한 신앙의 대상은 결국은 사회 공동체 그 자체이며, 따라서 종교적 체계를 통한 통합은 곧 사회로의 통합을 의미한다는 논리에 의해 뒷받침되고 있다. 뒤르케임의 이와 같은 주장은 호주 원주민들로부터 수집된 자료들을 토대로 한, 상당한 설득력이 있는 논의를 통해 뒷받침되고 있다. 뒤르케임에 따르면, 원시적 종교의 제의 의식은 크게 네 가지 유형으로 나뉜다. 희생 의식(犧牲 儀式, sacrificial rites)과 모방 의식(模倣 儀式, imitation rites), 재현 또는 기념 의식(再現 또는 紀念 儀式, representative or commemorative rites) 그리고 속죄 의식(贖罪 儀式, piacular rites)이 그것들이다. [60] 희생 의식에는 여러 변형들이 있으나 대표적인 형태는 토템,

---

론의 단계에 이르러)으로부터 베버를 비롯하여 파슨스에 이르기까지 행위는 그 행위에 내재하는 주관적 의미의 이해를 통해 비로소 설명이 가능하다는 주장을 펴왔다. 그러나 실제에 있어서 어떤 행위가 갖는 의미에 대해 행위자들이 스스로 이해하는 의미는 개인에 따라 상당히 다를 수가 있을 것이며, 관찰하는 사람에 따라 서로 다를 수도 있다는 것은 부인할 수 없는 사실일 것이다. 그리고 행위를 처음 학습하는 사람들의 입장에서 타인이 하는 행위의 주관적 의미를 올바로 이해함으로써 그 행위를 실제로 그리고 정확하게 학습하는 일이 어떻게 이루어질 수 있느냐 하는 의문은 주관적 의미의 이해를 강조하는 행위이론의 관점에서 아직 명료한 해답이 주어지지 않은 문제이기도 하다. 이 문제에 대해서는 미드와 부르드외의 이론, 쿤 그리고 이 책의 마지막 부분에서 필자 본인이 인간 행위의 본질에 대해 나름대로 분석과 소견을 논의할 때 다시 다루어질 것이다.

60) 구체적인 설명에 대해서는 『종교생활의 기초적 형태(*The Elementary Forms of Religious Life*)』의 2장, 3장, 4장 및 5장을 각각 참조할 것.

즉 금기 식물의 집단적 공유를 통해 그 안에 내재된 것으로 믿어지는 신성한 기운으로 개개 구성원들의 생명력을 "소생시키는(revivify)"[61] 의식으로서의 의미를 갖는다. 토템은 집단적 정체성(正體性)과 생명력의 상징이라는 점에서 이 같은 희생 의식은 구성원들을 하나의 공동체 속에 결속시키는, 중요한 기능을 수행한다는 것이 뒤르케임의 해석이다.

모방 의식은 공동체의 구성원들이 토템 동식물의 동작들이라든지 그들의 생존에 관건이 되는 자연 현상 또는 동식물들의 행태를 모사하는 행위들로 구성된 의식을 지칭한다. 비가 내리는 과정에서 나타나는 일련의 자연 현상들을 모사하는 동작들이라든지 곤충의 애벌레가 성충으로 탈바꿈하는 과정을 모사하는 행위들을 예로써 들 수 있다. 이와 같은 모방 의식은 우선 공동체의 집단적 행사라는 점에서 개인들의 집단적 정체성을 강화하고 구성원으로서 활력을 복원시키는 기능을 갖는다. 이 점에서 희생 의식과 마찬가지의 기능을 수행한다. 그러나 모방 의식은 사회적 기능 외에도 구성원들에 의해 의도된 실용적 목적을 가지고 수행된다는 점에서 구분된다. 그것은 모사(模寫)로 이루어진 상징적 의식들은 곧 그것이 그대로 실현되기를 원하는 세속적 희망이 동기로서 작용하고 있다는 것이다. 예를 들어, 구름과 비를 흉내내는 모방 의식은 강우를 비는 의식, 곧 기우제(祈雨祭)로서의 특성을 갖는다. 뒤르케임은 이에 관하여 매우 흥미로운 주장을 제기한다. 만약 원시 공동체의 구성원들이 "비를 모방하는 의식"과 실제로 "비가 온다" 사이에 인과적 관계가 있다는 사실을 이해하고 그 의식을 거행해왔다면, 그들은 자신들의 기대와 실제 나타난 결과 사이에 괴리를 경험하지 않을 수는 없었으리라는 것이다. 즉, 현실 속에서는 아무리 빌어도 비가 오지 않은 경험도 자주 했으리라는 것이다. 의문은,

---

61) "따라서 특정의 토템을 섬기는 사람들은 그들 속에 존재하는 토템의 기운(氣運, principle)을 주기적으로 재생시키지 않는다면 자신들의 위치를 유지하지 못할 것이다. 이들은 그러한 기운을 어떤 식물이나 동물의 형태로 표현한다. 따라서 그 기운을 새로 되살리고 재활성화하는 데 추가적으로 도움이 필요한 경우에는 그 기운을 지녔다고 여겨지는 특정 종류의 동물이나 식물을 찾게 된다. 캥거루를 토템으로 섬기는 부족 사람들은 자신을 캥거루라고 믿고 캥거루인 듯한 감정을 느끼며 살아 간다. 바로 이와 같은 방식으로 자신을 규정하는 것이다. 사회에서 자신의 위치를 규정하는 것도 바로 이와 같은 원리를 반영한다"(1965: 379).

그렇다면 왜 사람들은, 그럼에도 불구하고, 모방 의식을 반복해 왔느냐 하는 것이다. [62] 답은, 목적하는 사실이 실현되는 데 실패한다고 하더라도 집단적 의식의 수행은 그것이 구성원들의 정체감을 강화하고 그들의 삶에 활력을 부여한다는 만족스러운 결과를 남기기 때문이라는 것이다. 뒤르케임의 말을 직접 인용하자면, "우선 의식(儀式)의 도덕적 효능은 실제로 나타나며, 그에 참여하는 모든 사람들에게 직접적으로 느껴진다; 이러한 효능은 거듭해서 (그에 참여하는 사람들이) 실제로 경험하는 사실로서 나타나며, 그것이 (사람들에게) 갖는 중요성은 의식을 통해 거두는 실제 결과가 기대하던 바와 상충된다고 하더라도 전혀 감소하지는 않을 것이다"(1965: 404). 모방 의식은 자연 속에서 사람들의 육체적 생존에 필요한 물자의 생산이 증가하기를 바라는 물질적 욕구가 동기로 작용하고 있다는 점에서 종교적 의식은 아니라는 의견이 제시되기도 한다. 그러나 뒤르케임은 모방 의식이 발휘하는 "도덕적 효능(moral efficacy)," 즉 사회적 기능을 들어 앞의 지적된 희생 의식과 마찬가지로 종교적 의식 행위로서의 특징을 지닌다는 견해를 유지한다.

재현 또는 기념 의식은 의식의 참여자들이 자신들의 의식이 "조상들이 일을 그렇게 하도록 마련했기 때문이고, 그것이 바로 우리들이 이런 방식으로 의식을 행하고 다른 방식으로는 하지 않는 이유"(1965: 415)라는 식으로 증언하는 종류의 의식을 지칭한다. 즉, 참여자들이 조상들로부터 전승되어온 전통을 추종하는 데 가장 중요한 의미를 부여한다는 것이 특징이다. 이 형태의 의식은 앞에 소개한 의식들과 다르게 조상과 관련된 사건들을 연희(演戲)한다는 점에서 중요한 특징을 보여준다. 따라서 생존 자원의 풍족한 생산을 기원하는 인티츄마(intichiuma)와 같은 의식에서 볼 수 있는, 실리적 동기보다는 꾸미고 장식하고 동작을 흉내내는 등의 예술적 또는 놀이 동기도 중요하게 작용하는 형태의 의식으로 지적된다. 그러나 "아무리 연희적 재현, 그 자체만을 마음에 두고 의식을 수행한다고 하더라도 … 그러한 의식들은 우리의 도덕적 생활이 원활히 작동하는 데 필요하다. 왜냐하면, 그것

---

62) 뒤르케임은 이는 종교 생활을 하는 현대인들에 대해서도 마찬가지로 제기될 수 있는 의문이라고 지적한다. 즉 종교의 교리에 따라 사람들이 기대하는 사실은 번번이 실제와는 다르게 나타나는 경험을 자주하게 마련이다. 그런데도 불구하고 사람들이 그로 인해 신앙 생활을 포기하는 경우는 드물다는 것이다.

들을 통해서 집단은 자체의 존재감을 확인하고 생존을 이어갈 수 있기 때문이다"(1965: 427). 뒤르케임의 이와 같은 지적은 재현 의식 또한 다른 종교의식과 마찬가지로 그것을 통해 발휘되는 공동체의 통합과 개인들이 얻는 정신적 안녕이 그것을 추동하는 힘으로 작용한다는 그의 일관된 입장을 반영한다.

앞의 세 가지 유형들 외에 거론된 다른 형태의 의식, 즉 "속죄 의식(piacular rites)"으로서는 장례 의식이 가장 대표적인 사례로 지적된다. 뒤르케임이 소개한 오스트렐리아 원주민의 장례 의식들에 있어서 거의 일반적으로 나타나는 현상으로는 망자와 관련된 가족 구성원들이 가족을 잃은 데서 느끼는 절망과 고통을 자신들의, 또는 서로의, 신체의 특정 부분을 훼손하는 등의 극단적 가학 행위들을 통해 외부에 표현한다는 것이다. 자신 또는, 때로는 타인을 향한 이와 같은 가학적 행위와 함께 비탄과 고통의 소리를 내지르는 행위들과 관련하여 뒤르케임이 강조하는 한 가지 중요한 사실이 있다. 그것은 그러한 행위들이 개인들이 가족을 잃은 극도의 슬픔 가운데서 충동적이거나 우발적으로 나타나는 것들은 아니라는 것이다. 뒤르케임의 표현을 빌리자면, "(그와 같은) 애도의 표현은 절망적 상실로 상처입은 개인들이 자연발생적으로 내뿜는 감정에 따라 표출되는 행동이 아니라 집단에 의해 부여된 의무이다. 단순히 슬퍼서 우는 것이 아니라 울도록 강요되고 있기 때문이라는 것이다. 즉, 관습을 존중해야 하기 때문에 따라서 할 수밖에 없는, 의식(儀式)에 대한 태도를 반영하고 있다. 이는, 일반적으로 보아, 행위자의 감정과는 무관하게 나타나는 종류의 행동이다"(1965: 443). 장례 의식 가운데 표출되는 극단적 감정과 행위들이 결국은 집단의 통제 속에서 집단의 통합을 위한 기능적 필요성 때문에 이루어지고 있다는 이와 같은 해석은 위에 논의된 다른 유형의 의식들에서와 마찬가지의 결론으로 이어진다. 종교는 공동체의 구성원들에 의해 인정된 신성한 존재 또는 현상들에 대한 신념과 그에 연관된 행위적 규율들의 체계를 지칭한다. 앞에서 소개된 논의를 통해 뒤르케임은 여러 다양한 유형의 신념과 그것들을 표현하기 위한 의식들이 존재하나 거기에는 하나의 본질적인 사실이 전체를 관통하고 있다고 본다. 그것은 구성원들의 사회적 유대와 헌신을 가능케 하는 다양한 사회 과정들은 결국에는 종교가 수행했던 핵심적인 역할이었고, 또는 그로부터 발전되었던 것으로 본다는 것이다. 이 점에서 논의된 모든 유형의 종교 의식들이 공통성을 갖는 것으로 보고 있다. "사회의 원리는 종교의 영혼 속에 깃들어 있다(the idea of society is the *soul* of religion)"(1965: 466)는 뒤르케임의 지적은 이러한 견해를 아주 간결하게 요약하고 있는 것으로 평가된다.

7. 뒤르케임의 사회학적 종교 이론과 파슨스의 자원론적 행위이론

파슨스의 평가에 따르면, 뒤르케임의 종교 이론이 그 이전의 "정령설(animism)" 이나 "자연주의설(naturalism)"에 비해 발전을 이룬 것은 "종교적 사상 속에 반영된 현실은 곧 사회적 현실, 즉 종교의 사회적 속성에 관한 명제"(1968a: 413)를 내세운 데서만 찾을 수 있는 것은 아니다. 사회적 규범을 준수하지 않은데 따라 사회로부터 처벌이 가해진다는 사실은 사람들이 그 규범을 준수하고자 하는 동기를 설명하는 데 충분한 이유가 될 수도 있다. 이는 마치 사람들이 먹지 않으면 죽는다는 사실을 안다는 이유를 들어 사람들이 먹는 이유를 설명할 수 있는 것처럼, 무리한 설명은 아닐 것이다. 공동체에서 행사하는 억제력에 의해 사회적 규범에 대한 개인들의 순응을 설명하는 것은 이와 같은 유형에 속하는 설명 방식이다. 파슨스는 뒤르케임의 사회적 사실주의는 바로 이와 같은 설명의 논리를 토대로 하는 사회학적인 시각이라는 점에서 특징을 갖는 것으로 평가한다.

근대의 지적인 조류 속에서 종교적 대상의 "신성성"은 사람들의 심리적 착각에서 유래한 것이거나 자연 현상에 대한 무지로부터 발생한, 따라서 결국은 종교를 과학적 사고에 의해 도태될 수밖에 없는 전근대적 사고의 유산으로 평가하는 경향이 지배적이었다. 이에 비해 뒤르케임은 종교가 단순한 착각이나 무지의 산물이라기보다는 인간 행위의 통제에 실제로 유효하게 작용하는 "관찰가능한 성격의(observable nature)" 현상을 대변하고 있다고 본다. 그리고 앞의 두 입장에 대해 유일한 대안으로 받아들 수밖에 없는 가장 유력한 설명은 "종교적 사고들 속에 반영되고 있는 현실은 곧 사회적인 현실일 수밖에 없다"는 것이다(1968: 413). 파슨스는 이와 같은 사회학주의적인 결론이 곧 뒤르케임이 취한 입장의 "한 가닥(one strand)"이며, 이와 같은 입장은 끝까지 견고하게 유지되었다고 평가한다. 반면에 "한 가닥"이라고 표현한 것은 종교에 대한 뒤르케임의 입장에는 이 외에도 또 다른 중요한 가닥도 포함되고 있다는 주장을 동시에 담고 있다.

종교적 신념에 의해 발휘되는 힘이 개인들의 행위의 사회적 통제와 그에 의해 유지되는 공동체적 질서의 필요성으로부터 유래하고 있다는 이와 같은 설명 방식은 분명히 개인의 행위에 대해 "사회적 사실"이 갖는 강제력을 강조하던 시기로부터 뒤르케임이 일관되게 유지해오던 입장의 "한 가닥"임은 분명하다. 그러나 파슨스가 보기에 바로 그러한 입장에는 중요한 한계가 존재한다. 이 때문에 뒤르케임의 이론이 진화하는 마지막 단계에 이르러 종교에 대한 분석을 통해 과거의 그 "가닥"과는 차원을 달리하는 전환이 이뤄지고 있음을 지적한다. 뒤르케임의 시각에 있어서 이러한 전환이 갖는 의의를 이해하기 위해서는 우선 사회적 규범과 그것을 지키도록 사회에서 가해지는 외적 강제력이 갖는 한계를 이해할 필요가 있다. 물리적 현상은 물리적 원인에 의해 통제가 되기 때문에 물리적 현상을 조정하는 일은 그에 영향을 미치는 물리적 원인을 과학적으로 규명함으로써 가능하다. 여기에서 사회적 규범을 이해하는 일이 물리적 현상에 적용되는 인과적 법칙을 이해하는 일과 어떤 질적인 차이를 갖는지를 살펴보는 것은 매우 중요한 과제가 된다. 우선 이 문제에 대해 뒤르케임이 그의 이론적 경력의 초기에서부터 취해온 입장은 사실주의적 입장을 크게 벗어나지 않는다. 규범에 의해 개인들에게 가해지는 사회적 억제력은 경험적으로 관찰가능한 사실로서 작용하며, 따라서 마치 사물을 대하듯이 객관적으로 연구될 수 있다는 것이다. 이 점에 있어서는 물리적 현상이나 사회적 현상 사이에 본질적 차이가 없다고 본다. 파슨스 역시 사회적 규범이 하나의 객관적 요인으로서 인간 행위에 미치는 영향이 과학적으로 관찰가능한 현상이라는 데 이의를 제기하지 않는다.

중요한 사실은 종교 현상을 다룬 뒤르케임의 마지막 저서에서는 사회적 규범이 갖는 규제력에 대한 관심은 거의 찾아보기 어렵게 되었다는 점이다. 대신에 토템이나 종교적 의식과 같은 상징(symbols)을 통해 **표현**(*representation*) 또는 **상징되는** (*symbolized*) 종교적 관념들(religious ideas)이 주된 관심사로 다루어진다. 파슨스는 이 종교적 관념들이 "사람들의 적극적 태도와 그들을 둘러싼 세상의 비경험적 측면들 사이에 인지적 교량을 형성하는 것으로 간주할 수 있다"고 지적한다. 즉, 종교적 관념들은 인간들이 지닌 (가치에 대한) 적극적 관심과 그들의 운명에 압도적으로 중요한 의의를 지닌 초자연적 현실 사이에서 인지적인 연결 고리의 역할을 담당하고 있다는 것이다. 조금 더 풀어서 표현하자면, 인간의 초자연적 세계에 대한 이해와 그들이 지닌 적극적 가치나 관심거리들은 상호 영향을 미치고 있는데, 종교적 관념들은 바로 그러한 상호 영향을 교차 전달하는 연결 고리로서 작용한다는 것이다. 이는 곧 종교적 관념들이 경험적 사실들에 의해 파악될 수 없는 초월적 세계에 대한 인식을 담고 있으며, 동시에 어떤 가치들의 실현에 대한 희구를 담고 있음을 의미한다. 여기에서 파슨스가 특히 강조하는 사실은 공동체의 구성원들이 사람들이 준수해야 된다고 인식하는 구체적인 행동 규칙이나 법규들을 정당화하는 근거가 되는 "궁극적 가치−태도들(ultimate value-attitudes)"[63](1965: 424)은 초월적 세계에 대한 인식에 바탕을 두는 한편, 초월적 세계에 대한 사람들의 인식 또한 역으로 그들의 궁극적 가치−태도에 의해 영향을 받는다는 것이다. 종교적 관념들 속에 이들 요소가 담겨 있다는 것은 종교적 관념들이 인간 행위의 선택에 있어서, 전부는 아니라고 하더라도 어느 부분에 있어서는, 매우 중요하게 작동하는 요소로서 고려되어야 한다는 것을 시사한다.

뒤르케임이 그의 말년에 이르러 종교 현상을 전적으로 다루게 되었다는 것은 곧 종교적 관념들을 중심으로 통합된 공동체에서 종교의 현상적 실태와 역할 그리고 본질적 성격에 대한 연구에 본격적으로 전념하게 되었음을 의미한다. 파슨스의 관

---

63) "가치"란 파슨스 자신이 정의한 바에 따르자면, "실질적으로 열려 있는 행위 지향의 대안들 가운데 하나를 선택을 하는 데 기준 또는 표준이 될 수 있는 공유된 상징체계의 한 요소를 지칭한다"(1951: 12). "태도"는 가치보다는 구체적인 수준에서 "사물 또는 상황에 대해 어떤 선호하는 방식으로 반응하도록 개인의 성향을 사전에 규정짓는, 비교적 지속적인 신념의 체계"(Rokeach, 1974: 450)로 흔히 정의된다. 태도에 반영된 행위의 지향성은 그보다는 일반적인 가치에 의한 선택을 이미 수반하고 있다는 점에서 가치와 태도는 불가분의 관계를 갖는다고 볼 수 있다. 바로 이 점이 파슨스가 둘을 묶어서 표현하고 있는 이유일 것으로 짐작된다. 여기에 "궁극적(ultimate)"이란 행위가 어떤 목적을 지향해서 수행된다는 사실을 전제했을 때, 그 목표의 달성이 그 자체로서 우리가 바람직하다고 여기는 어떤 가치를 충족시키는 경우를 표현하기 위한 용어이다. 이와는 대조적으로 행위의 어떤 목적은 "궁극적" 목적을 달성하는 과정에서 필요한 수단이 되기 때문에 달성하려고 하는경우도 있을 것이다. 즉 자체로서 바람직한 목표라기보다는 수단으로서의 유용성 때문에 가치가 부여된 목표가 있을 것이다. 궁극적이란 표현은 따라서 후자의 경우와는 대조적으로, 공동체의 구성원들이 공유하는 핵심적 가치 및 태도들을 특징짓기 위해 사용된 용어로 해석된다.

점에서 보자면, 인간의 사회적 행위에 있어서 종교가 미치는 영향에 대한 본격적인 연구가 시작되었음을 의미한다. 이미 인용되었듯이, 뒤르케임에 따르면, "**종교는 신성한 사물들, 즉 구별되고 금기화(禁忌化)된, 사물들과 관련된 신념과 행위들로 이루어진 통합적 체계이다. 신념과 행위들의 통합적 체계라는 말은 그것들을 믿고 행하는 모든 구성원들이 교회(Church)로 불리는 하나의 도덕적 공동체 속에 결속되고 있음을 의미한다**"(Durkheim, 1965: 62). 이 같은 정의를 염두에 두고, 어떤 가치−태도 체계의 공유를 사회를 특징짓는 하나의 핵심적 요소라고 보았을 때, 이는 곧 종교적 관념의 체계를 공유한다는 사실과 밀접한 연관성을 갖는다는 사실을 짐작할 수 있다. "종교적 관념들이 사회를 **상징**적으로 표현하고 있다"(Parsons, 1965: 424-5)고 본 뒤르케임의 견해는 여기에 근거를 두고 있으며, 종교에 관한 뒤르케임의 입장을 놓고 내려진 다른 "한 가닥"의 해석이 바로 여기에서 연유하고 있음은 확실하다.

사회 현상을 이해하려는 노력에서 종교 현상이 중요한 주제로 부상하게 되었다는 것은 사회 현상의 본질적 특성에 비추어 피할 수 없는 이론적 발전의 방향일 것이다. 하지만 이는 종교 현상이 사회 현실을 상징적으로 표현하고 있다는 결론으로서 단순히 해결되기 어려운 난제를 뒤르케임에게 안기게 되었다. 우선 뒤르케임의 일관된 입장 가운데 하나는 실증주의, 즉 모든 사회 현상에 관한 지식은 과학적 지식이어야 한다는 것이었다. 이러한 입장에 따라 종교적 신앙의 대상이 갖는 "신성성" 역시 과학적으로 관찰가능한 사실들을 통해 설명이 도출되었다. 종교적 신성성은 곧 사회라는 현실적으로 존재하는 현상이 그 구성원들에 대해 행사하는 압도적 권위를 표현하고 있다는 것이다. 조금 다르게 표현하자면, 사회는 종교적 신념의 공유라는 매개 수단을 통해 유지되는 구성원들의 헌신이 그 존립을 지탱시키는 동력으로 작용하는 현상으로서 설명이 되었다. 파슨스는 뒤르케임의 이와 같은 결론은 사회의 통합이 실제로 종교를 통해 이루어지고 있고, 또한 표현되고 있다는 점에서 부정하기 어려운 사실을 진술하고 있다고 평가한다. 쟁점이 되는 중요한 사항 가운데 하나는 종교적 신념을 통해 상징적으로 표현되는 사회에 대한 개인들의 "경외(敬畏)"의 감정이 과연 사회라는 현실에 내재된 어떤 본연적 요소 또는 특성으로부터 유래하는 것인가 하는 점이다.

파슨스에 따르면, 어떤 사물 또는 현상이 상징으로서 갖는 의미는 그 대상물의 본연적 특성에 의존하기보다는 그것을 어떤 의미를 지닌 표식으로 간주하는 행위자들 간의 자의적 약속에 의존한다. 따라서 그러한 의미가 부여된 이유는 행위자들의 주관적 가치와 인식의 체계 속에서, 또는 적어도 그와 연관성 속에서, 규명되어야 한다. 종교적 관념들이 초월적 세계에 관한 믿음과 인간 행위들에 대해 부여된 가치와 태도들이 핵심적 내용을 이루고 있다는 점에서 고도의 상징적 의미를 수반하는 지식과 믿음으로 구성된 체계라는 사실은 분명하다. 다시 말해서, 관찰된 사실에 관한, 따라서 경험적으로 검증가능한 지식이라기보다는 행위자들이 자신들이 대면하고 있다고 생각하는, 그러나 보이지 않기 때문에 합리적 검증의 범위 밖에 존재하는 현상과 관련된 믿음들이 주된 내용을 구성하고 있다. 콩트를 위시하여 엄격한 과학주의적 태도를 견지해온 사람들은 사실에 토대를 두지 않은 비과학적 지식의 역할은 결국은 도태되어 없어지게 될 것으로 보았다는 점에서 엄격한 실증주의적 원칙을 피력한 바 있다. 반면에 사회 현상에 있어서 이와는 대조적으로 파레토가 "비합리적(non-rational)" 지식의 역할을 매우 중요하게 강조한 사실을 사회학 이론의 발전에 매우 큰 의의를 지니고 있다고 본 파슨스의 평가에 대해서는 이미 살펴본 바 있다. 그렇다면 위의 논의의 맥락에서 종교적 관념을 연구의 중심 주제로 불러들인 뒤르케임의 성과에 대해서는 어떤 평가가 내려질 수 있는가? 뒤르케임은 종교적 관념들이 "경험적 현상을 잘못 이해함으로써 발생한 전과학적(prescientific) 생각"(Parsons, 1965: 426)이라는 기존의 지배적 종교관에서 탈피하여 개인들에게 실질적으로 유효하게 작용하는 인간 공동체의 권위와 영향력을 상징적으로 표현하고 있다고 보았다. 즉, 사회라는 실제로 존재하는 현실이 종교적 관념들을 매개로 해서 개인들에게 실질적으로 그리고 기능적으로 필요한 영향을 미치고 있다고 보았다. 종교를 무지에서 깨이지 못한 인간들의 억측의 산물에 불과한 것으로 간주할 수만은 없다는 것이다. 종교와 같은 비과학적 영역에서 형성된 신념적 요소들이 사회 과정에서 실제로 수행하는 역할이 사회 현상을 이해하는 데 간과되어서는 안 될 현상이라면, 그러한 사실을 사회 이론의 전면에 부각시킴으로써 사회 현상에 대한 이해의 범위를 넓히는 데 결정적으로 기여했다는 점은 분명하다. 바로 이와 같은 점에서 파레토는 물론 뒤르케임 역시 높은 평가를 받는 것이 당연하다. 그러나 이와 같은 평가에도 불구하고, 파슨스는 아울러 뒤르케임의 이론 속에는 뒤르케임 자신이 기존의 실증주의적 입장을 명쾌하게 정리하는 데 실패함으로써 초래된 모순 내지는 혼란이 존재한다고 진단한다. 가장 중요한 문제점으로는 순수하게 과학주의적 입장에서 종교적 신념이라는 상징적 체계의 출처와 기능을 분석하고 있다는 점이다. 파슨스의 입장에서 보자면, 종교적 신념의 형성은 일정 부분에 있어서는 사회의 구성원들이 기왕에 공유하고 있는 가치와 태도들에 의해 영향을 받는다. 이 점에 있어서는 사회적 현실에 의한 피규정성을 갖는다. 그러나 기왕에 존재하는 사회적 가치와 태도들이 공동체 구성원들이 믿고 있는 종교적 신념과 부합하지 않는다면 그러한 가치와 태도들에 대한 사회적 합의 또한 정당성의 근거를 확보한다는 일이 거의 가능치 않다는 점을 부인하기는 어려울 것이다. 따라서 종교적 신념은 다른 일 측면에서 구성원들의 태도에 대해 강력한 규정성을 갖게 된다. 즉, 종교적 신념의 형성과 영향은 어느 일방으로만 작용하는 것은 아니라는 것이다. 이는 곧 뒤르케임의 과학주의적인 사고에 의해 시사되는 것처럼, 사람들의 머릿속에 형성된 신념 체계의 성격과 내용이 "사회"로 불려지는 경험적 현실에 의해 일방적으로 규정되는 것은 아니라는 것을 의미한다.

이러한 견해에 비추어 파슨스는 사회라는 경험적 현상을 종교라는 이념 및 행위의 복합체계의 결정요인으로 규정함으로써 "종교"에 대한 과학적인 설명이 완결되었다고 간주하는 뒤르케임의 견해에 동의를 표하지 않는다. 그러나 이견을 표명하는 정도를 넘어서, 뒤르케임의 종교에 대한 분석이 남긴 결과들을 치밀하게 읽고 재해석해냄으로써 사회적 행위 이론의 발전 과정에서 뒤르케임이 자신도 아마는 의도치 않았던 새로운 길로 이미 들어서고 있음을 강조한다. 파슨스(1965:427)가 쓴 다음 부분을 읽어보자.

구체적 사회 생활에 영향을 미치는 요인들 가운데 종교적 관념들과 가장 가까운 연관성을 지닌 것은 뒤르케임이 사용하는 맥락에서 특징적으로 사회적인 성격의 요소, 즉 공통의 궁극적 가치-태도들이다. 따라서 종교적 관념들이 행위에 미치는 경험적 영향은, 실제에 있어서, 대체로 사회적인 성격을 갖는다.

그러나 이와 같은 "객관적" 시각에서 바라본다고 하더라도 (양쪽에 각기 하나의 변수를 가진 간단한 등식으로서라기보다는 훨씬 많은 함수들로 구성된 복잡한 구조로써 표현되어야 할) 뒤르케임의 "등식(等式)"에 함축된 근본적 의미를 보여주기 위해서는 종교적 관념들을 우리가 알고 있는 어떤 "경험적(material)" 실체에 연관시키는 것은 적절하지 않을 것이다. 그보다는 오히려 그 역의 순서로 구성되어야 할 것이다. 그와 같이 역의 방향으로 구성된 방정식은 경험적이고 관찰가능한 실체로서의 "사회"에 대한 이해는 비경험적 현상에 대해 사람들이 가지고 있는 생각과 그에 대해 취하고 있는 능동적 태도의 맥락에서 비로소 가능하다는 주장을 충분하게 뒷받침하는 증거를 제시해줄 것이다. 만약 그러한 등식이 받아들여진다면, 그 내용을 의미 있게 서술하는 방식은 "종교는 사회현상이다"라기보다는 "사회는 종교적 현상이다"가 더욱 적절할 것이다.

위의 인용문에서 읽혀지는 뒤르케임의 입장에 대한 해석은 뒤르케임 자신의 해석과는 배치되는 것은 분명한 것으로 여겨진다. 그러나 사회를 어떤 가치와 태도를 공유하는 구성원들의 공동체로 규정하는 관점에서 보자면 구성원들에 의해 공유된 공동의 가치와 태도와 같은 이념적 요소가 곧 사회의 핵심적 요소를 구성한다고 볼 수 있다. 간단히 표현해서, 사회는 어떤 공통의 생물학적인 욕구를 추구하는 사람들이 모인다고 해서 생겨나는 것은 아니다. 그들이 어떤 세계 속에서 존재하며, 어떤 목적(들)을 위해 살아가는 존재이며, 무엇이 가치 있고 무엇이 가치가 없는지 등과 같은 근본적 의문에 대해 최소한의 어떤 합의가 형성되지 않는다면 하나의 공동체를 이루어 살아가기는 어려울 것이다. [64] 여기에서 진행되는 논의와 관련하여 특히 중요하게 강조되어야 할 사실은 이와 같은 의문들에 대한 해답은 경험적으로 검증된 지식을 통해 제공되는 것은 아니라는 점이다. 다시 말해 공동체의 통합이 이루어지기 위해 구성원들 사이에 합의가 요구되는 근본적 가치와 태도들은 경험적 종류의 지식과는 다른 차원의 신념적 요소들이라는 것이다. 이는 종

---

64) 합의된 가치와 태도가 곧 사회를 사회로 만드는 핵심적인 요소라는 점을 뒤르케임은 다음과 같이 표현하고 있다: "사회는 단순히 사회를 구성하는 개인들의 무리와 그들이 점유하는 땅덩어리 그리고 그들이 사용하는 물건들과 행하는 동작들로 구성되는 것은 아니다. 사회란 그 모든 것들에 앞서서 사회란 사회가 그 자체에 대해 가지고 있는 생각이 없이는 존재할 수 없는 것이다"(1965: 470).

교적 신념 또는 상징적 의식 행위에 출처를 두고 있거나 그것들과 깊게 연관된 상황 속에서 형성 또는 지탱되고 있는 사회적 행위 유형의 한 본질적 특성으로 지적된다. 파레토는 이 점이 "비논리적 행위"의 중요한 속성이 되고 있다고 보고 있다. 파슨스가 위의 인용문에서 "사회는 종교적 현상이다"라는 표현이 오히려 적절하다고 본 이유는 바로 여기에 근거를 두고 있다. 부연해서 설명하자면, **종교적 신념을 공유하는 믿는 자들의 교회와 같은 성격을 갖게 됨으로써 비로소 사회는 통합된 공동체로서의 속성을 갖게 된다**는 점에서 종교를 사회적인 현상으로 보기보다는 역으로 사회를 종교적인 현상으로 보는 것이 적절하다는 것이다. 종교 현상에 대한 이와 같은 관점의 차이를 이해하기 위해서는 "종교의 사회적 결정론"을 뒷받침하는 뒤르케임의 논거에 관해 잠깐 살펴볼 필요가 있다. 왜냐하면, 뒤르케임이 제시하는 그에 대한 논리가 파슨스에 의해서는 "사회를 종교적 현상"으로 보는 견해를 지지하는 근거로서 해석되고 있기 때문이다. 다음을 보자.

> 따라서 종교가 표현하는 집단적 이상(理想)은 개인들이 지닌 내적 능력과는 거리가 멀며, 오히려 개인들이 집단적 삶 속에서 이상화하도록 가르친 교육의 결과를 보여주는 것이다. 이상은 사회에 의해 상세한 내용이 갖추어지는 형태로 발달하게 되고, 이를 개인들이 받아들임으로써 이상이 무엇인지를 알게 된다. 행위 영역 속에서 개인들을 이끄는 과정에서 그들이 경험적 세계를 넘어서는 능력을 지닌 존재가 되어야 할 필요성을 일깨운 것은 사회였다. 그리고 동시에 타자를 인식하는 수단을 지닐 수 있도록 만든 것이 사회였다. 이것이 가능한 이유는 사회는 자체를 만들어내는 과정을 통해 이와 같은 새로운 세계를 만들어냈고, 그것이 표현된 것이 곧 사회이기 때문이다. 따라서 개인이 그리고 집단으로서, 이상을 추구하는 능력은 하등 신비할 것이 없는 사실이다(Durkheim, 1965: 470-1).

위의 인용문에서는 인간의 행위를 추동시키는 근원적 가치와 태도는 종교를 통해서 표현되고 있다는 지적과 함께 그것들을 통해서 개인은 자신을 넘어서는 능력을 지닌 사회적 존재로 변모하게 된다는 주장이 제기되고 있다. 그리고 개인들을 그러한 존재로 가르쳐 사회라는 새로운 세계를 만드는 것은 곧 다름이 아닌 사회 자체의 작용이라는 주장이 제기되고 있다. 그러나 뒤르케임이 종교를 설명하는 데다른 모든 대안적 설명들을 제외하고 유일하게 남아 있는 설득력 있는 대안으로서 사회를 지적하기에는 한 가지 중요한 걸림돌이 존재한다. 사회를 가능하게 하는 행위 주체로서 개인들의 관점에서 보았을 때, 사회는 그냥 자연적으로 존재하고 집단 자체의 신비한 힘에 의해 개인들을 지배하는 현상일 수는 없다는 것이다. 자체의 이기적인 욕구와 생각을 가진 개인들로 이루어진 인간 집단에서 어떻게 질서가 가능한가라는 의문이 사회과학의 핵심적인 관심사가 되어온 것은 바로 이 때문이다. 파레토와 뒤르케임 이전까지 이 문제에 대한 해답은 주로 인간이 이기적인 욕구의 충족을 추구하는 존재라는 전제 하에 집단적 상황 아래서 개인들이 선택할 수 있는 가장 합리적 수단이 무엇인가라는 관점에서 모색되었다. 반면에 위의 인용문의 서두에 등장하는 행위에 작용하는 요소로서 "종교가 표현하는 집단적 이상"이라는 요인은 사회 현상 또는 행위를 이해하는 사회과학적 시각에 매우 혁명적인 전환을 시사해주고 있다. 초월적 세계와 관련된 신념들이 인간 행위에 작용하는 영향이 비로소 주목을 끌기 시작했으며, 그것도 사회에 질서를 가져오는 핵심적 기제라는 측면에서 사회 이론의 한 중요한 주제로서 부각되기에 이르렀음을 보여주고 있다는 것이다. 그렇다 하더라도 그러한 종교적 신념의 출처가 곧 사회라는 뒤르케임의 발언은 모든 인간 현상의 출처를 곧 사회에서 찾아야 한다는, 사회학주의적 입장을 원론적으로 서술하고 있다는 것 이상의 어떤 구체적 의미를 함축하고 있지 않다는 점에서 매우 불만족스러운 해답임에는 틀림이 없다. 또한 뒤르케임이 주목한 종교적 현상의 모든 국면들이 이미 현실로 존재하는 사회적 현실을 표현하는 데 불과하다는 결론이 과연 뒤르케임 자신 역시 긍정할 수 있는 결론인지에 대해서도 의문의 여지가 없지 않을 것이다.

종교를 사회적 현상으로 환원시킨 뒤르케임의 입장에 대해 파슨스가 동의하지 않는다는 사실은 분명히 표명되고 있다. 사회 현상의 핵심적인 요소를 구성원들에 의해 공유된 근본적 가치와 태도라고 보는 점에 있어서는 파슨스는 이견을 보이지 않는다. 그것이 없이 사회적 통합은 존재할 수 없다고 보기 때문이다. 만약 종교가 사회 구성원들에 의해 공유된 근본적 가치와 태도를 표현하고 있다면, "종교가 사회를 표현하고 있다"고 본 뒤르케임의 입장에 대해 파슨스가 이의를 제기할 이유는 없었을 것이다. 문제는 종교적 신념 체계를 단순히 사회를 표현하고 있다고 봄으로써 사회적 행위의 구성요소들 간의 관계를 보여주는 등식 속에서 철저하게 수동적으로 표현되는 쪽으로만 위치 지우고 있다는 점이다. 반면에 파슨스는 일단 종교적 신념이 사회 구성원들이 공유하는 근본적 가치와 태도의 영향을 받아 형성되는 것도 일면에서 사실이긴 하다고 본다. 그러나 동시에 그것들이 형성되고 정당화되는 데는 종교적 신념들이 "인지적 토대(cognitive basis)"(1965: 426)로, 다시 말해 결정요인으로, 작용한다고 주장한다. 보이지 않은, **그러나 인간 생활에 보이는 것에 못지않게, 또는 그보다 더, 중요한 의미를 갖는다고 믿어지는 초월적 세계에 대한 믿음이 현실을 살아가는 데 사람들이 지켜야 하는 근본적 가치와 태도를 결정하는, 적어도 하나의 중요한, 요인으로 작용한다**는 것이다. 물론 방금 앞에서도 지적한 바 있거니와, 유효하게 작동하는 사회적 가치와 태도 역시 종교적 신념의 형성에 영향을 미치는 것은 사실일 것이다. 그러나 종교적 신앙은 보다 원천적 의미에서 사회적 가치와 태도가 형성되는 데 필요한 "지적 논리(intellectual formulation)"(Parsons, 1965:426)를 제공함과 동시에 개인들이 그것들을 실제 행동을 통해 구현하기 위해 "노력(effort)"[65]하도록 촉진시키는 기능을 수행한다는 점에서 단지 사회를 표현하는 데 그치는 것은 아니라는 것이다. 파슨스(1965: 425)는 종교의 이와 같은 역할에 따라 "(종교적 신념은) 인간의 사회적 행위의 **기본적 결정 요인으로서** 반복적으로 거론되어 왔다"고 지적한다. 이와 같은 결론은 종교적 신념을 인간 행위에 가장 중요하게 작용하는 사회적 요인의 효과를 표면에 드러내는, 일종의 표지(標識) 변수로서 간주하는 뒤르케임과는 차이를 보여준다. 물론 뒤르케임의 『종교생활의 기초적 형태』를 읽어보면, 그 전체적인 내용 속에 이미 파슨스가 내린 결론을 시사하는 부분들이 상당 부분에 걸쳐 눈에 띈다는 사실을 간과하기 어렵다는

---

65) 행위 수행에 있어서 "노력"의 의의는 법칙과 규범의 차이라는 측면에서 파악된다. 인간 행동이 법칙에 따른다면, 그것을 따라 행동하고자 하는 "노력"은 필요치 않을 것이다. 그러나 인간 행위 규범의 특성은 개인이 (힘들고 귀찮거나 희생을 수반한다는 이유로 해서) 그것을 따르고자 노력할 만한 동기가 없다면 어떤 규범도 유효성을 상실할 것이라는 점에서 찾을 수 있다. 바로 이와 같은 관점에서 종교적 신념은 행위자들의 자발적 노력을 촉발함으로써 행위가 실천에 옮겨지도록 강력한 심리적 동기를 제공한다는 점이 중요한 기능의 하나로 지적된다.

것은 분명하다. 사실상 종교와 사회적 행위 간의 연관성에 대해 뒤르케임이 내용적으로는 파슨스가 강조하는 입장으로 이미 기울고 있는 것으로 파슨스는 판단하고 있다. 반면에 뒤르케임이 사회 결정론적인 결론을 견고하게 유지한 이유에 대해 파슨스는 대체로 다음과 같은 진단을 내리고 있다. 종교적 신념의 영역은 비경험적 세계가 사람들에게 지닌 의미에 대한 사람들의 주관적 인식을 반영하며, 따라서 경험된 사실들에 의해 통제되는 인식 영역은 아니다. 이는 사람들의 창조적이며 추상적 사유 기능에 의해 배태된 생각들로 구성된 주관적 믿음과 이념의 영역이기 때문에 그것이 인간 행위에 대해 미치는 능동적 영향력을, 비록 일부라도, 인정한다는 것은 경험적 사실이 갖는 효력만을 실제로 유효하다고 인정하는 실증주의적 사고에 대해서는 상당한 부담을 주게 마련이다. 파슨스의 판단은 뒤르케임에게 역시 초월적 현상에 대한 행위자들의 주관적 신념이라는 과학적으로 설명하기에 어려운 요인을 행위의 등식 속에 끌어들이는 데서 오는 부담이 이론적으로 감당할 수 없도록 컸으리라는 것이다. [66] 뒤르케임이 당면한 이와 같은 난제에 대한 돌파구는 곧 파레토가 그러했던 것처럼 종교적 신념과 같은 주관적인, 즉 "자원론적(voluntaristic)" 요인을 인간 행위를 결정하는 요인들로 구성된 등식 속에 하나의 필수적인 요소로서 포함시킨다는 것이다.

이제 이와 관련된 파슨스의 소견을 인용함으로써 이 부분의 논의를 종결하려고 한다: "파레토가 사용한 용어를 빌려 그 관계를 표현하자면, **근본적 가치와 태도, 종교적 신념 그리고 행위 유형들은 상호의존한 상태에서 하나의 복합체를 형성하고 있다**"(1965: 426). 부연해 설명하자면, 사회적 행위는 위에 지적된 요인들의 영향 및 그것들 간에 형성된 전체 관계의 맥락 속에서 이해될 수 있다는 것이다.

---

66) 파슨스는 "종교적 신념들은 과학적 이론에 의해 대치가 되는 순간 그 과학적 이론은 이미 사실상 종교적 신념으로서의 특성을 상실한다"(1965: 427, f)고 보고 있다. 이는 종교적 신념이란 행위자들이 주관적인 관점에서 신성하다고 생각하는 초월적 존재 또는 현상에 대해 과학자들이 아닌 바로 행위자 자신들이 지닌 주관적 믿음의 체계이기 때문이다.

바. 막스 베버(Max Weber)

　자본주의를 바라보는 시각에 있어서 막스 베버와 가장 극명한 대비를 이루는 인물로는 마르크스가 꼽힌다. 자본주의의 본질적 속성과 그와 같은 체제가 발원한 역사적 이유를 설명하는 베버의 시각이 마르크스의 그것과 현격한 대비를 이루는 것은 사실이다. 그러나 역사적 현실 가운데서 발휘한 영향력이나 각각의 이론이 인류 지성사에 미친 영향에 있어서 베버는 마르크스가 지닌 위상에 비교하기에 어려운 인물이다. 그렇다면 왜 파슨스는 그의 『구조』에서 베버에 관한 논의에 무려 300여 쪽을 할애함으로써 그의 이론이 갖는 중요성을 부각시키고 있는 반면에 마르크스에 대해서는 단지 20쪽에 걸친 간단한 논평으로 그치고 있는가? 가장 중요한 이유는 파슨스가 마르크스를 행위론자들 가운데 "개체론적 실증주의자(individualistic positivist)"로 분류한 점에서 찾을 수 있다. 파슨스가 사회학에서 통상적으로 인식하고 있는 바와 달리 마르크스를 왜 그와 같은 범주의 학자로 분류했는지를 이해하기 위해서는 자본주의 사회가 출현한 이유를 마르크스가 어떻게 보고 있는지를 이해할 필요가 있다. 자본주의 사회의 출현은 서유럽에서 대체로 17세기 전후에 이루어졌기 때문에 역사적으로 그다지 오랜 것은 아니다. 그러나 짧은 역사적 시간 속에서 자본주의 사회는 인간 생활과 사회의 모습에 실로 심대하고 근본적인 변화를 가져왔다. 의문은, 어떻게 해서 인류 생활의 거의 모든 측면들에서 과거의 모습은 더 이상 찾기 어려울 정도로 거대한 규모의 변화가 일어나게 되었는가 하는 것이다. 우선 행위론적인 관점에서, 이에 대한 마르크스의 대답은 고전경제학의 공리주의적 입장으로부터 예상되는 그것과 별로 벗어나는 것은 아니었다. 사람들은 생산 수단을 보다 효율적으로 사용하고 조직화함으로써 발생하는 이익을 위해 서로 경쟁적으로 행동했으며, 생산활동의 효율성을 높여 이익을 증대시키고자 하는 개인들의 끊임없는 노력이 결국은 자본주의 사회를 발전시킨 원동력으로 작용하게 되었다는 것이다. 위에서의 설명은 개체론적 관점에서 이루어지고 있다. 즉, 자본주의 사회의 거대한 체계는 결국은 이익을 얻기 위한 개인들의 노력과 그로부터 발생하는 치열한 경쟁이 낳은 결과라는 것이다. 반면에 그와 같은 개인의 행동들에 의해 산출된 자본주의적 생산 관계라든지 노동 시장에서의 임금 상황은 개인들이 적응해야 할 환경적 조건들을 형성하게 된다. 즉, 개인의 행동들을 구속하는 외적인 현실들을 구성하게 되었다는 것이다. 이제 개인들의 경제적 활동은 그와 같은 환경에 의해 과학적으로 설명이 가능한 현상이 된 것이다. 파슨스가 마르크스의 이론을, 행위이론의 관점에서, "개체론적 실증주의"의 범주에 분류한 것은 이러한 논리에 따른 것으로 여겨진다.[67] 그런데 마르크스에 대한 이러한 평가를 진지하게 받아들인다면, 파슨스의 이론적 시각에서 불가피하게 내릴 수밖에 없는 결론이 있다. 마르크스의 이론은 이미 그가 다룬 마샬이라든지, 파레토 그리고 뒤르케임 그리고 다음에 다루어질 베버가 이미 극복한 바 있는 구시대 패러다임의 다른 한 연장선에서 있는데 불과한 것으로 평가된다는 것이다. 즉, 고전경제학의 공리주의적 입장이 견지된 상태에서 헤겔의 관념론을 유물론적인 역사관으로 뒤집어 표현하고 있고, 따라서 사회 현상에 대해 결정론적인 견해로 기울고 있다는 것이 파슨스의 평가였다. 그와 같은 평가는 마르크스 이론이 아직은 (파슨스가 주장하는 바) 사회과학에 있어서 발전의 추세를 반영하고 있지 못하다는 진단으로 이어진다. 구세대 이론의 본질적인 요소들을 극복하는 데 실패하고 있다는 것이다. 다시 말해, 파슨스 자신이 『구조』를 통해 강조하고자 하는 사회과학의 이론적 발전의 추세 속에서 아직 과거의 단계에서 머물고 있다는 것이다. 명시적으로 분명하게 이와 같이 주장하는 구절들을 발견할 수 없는 것은 사실이다. 그러나 파슨스의 『구조』(Vol. 2)에서 베버에 관한 논의를 시작하기 전에 짧게 삽입된 마르크스에 관한 논의는 이러한 결론을 시사하는 주장을 담고 있음은 놓칠 수 없다는 것이 필자의 견해이다. 『구조』에서 마르크스가 왜 주된 논의의 대상에서 제외된 채 앞에서 소개한 일련의 학자들과 함께 베버에게 초점이 맞추어지고 있느냐는 바로 그와 같은 파슨스의 진단이 배경이 되고 있음을 이해할 필요가 있다.

---

67) 파슨스는 인간의 행위에 대한 마르크스의 기본적 시각을 "공리주의적 개체주의의 한 유형(aversion of utilitarian individualism)"으로서 특징을 짓는 한편, 거기에서 더 나아가 자본주의적 사회구조의 형태와 역사적 발전단계에 관한 이론으로 발전하고 있다는 점에 있어서는 단순한 공리주의적 개체주의 이론으로 한정지을 수 없다는 점을 지적하고 있다(Parsons, 1968a:110; 1968b:488-495).

1. 자본주의의 정신

자본주의 사회의 발원의 문제는 자본주의 사회로의 전환이 인류사 전반에 미친 심대한 영향과 변화에 비추어 중요한 학문적 관심사가 될 수밖에 없는 문제였다. 마르크스와 함께 베버는 이 문제와 관련된 논의에 있어서 대립된 두 개의 큰 축을 형성한 인물로 평가되어 왔다. 이와 관련된 베버의 견해를 살펴보는 데는, 베버가 주장하는 바[68] 서구에서 중세 사회로부터 자본주의 사회로 발전을 촉발하고 촉진시킨 일련의 상황 또는 요인들을 아주 개괄적으로 정리해볼 필요가 있다.

베버의 자본주의 발달이론을 가장 간단히 정리해보자면, 서구 사회에서 역사적으로 형성된 두 요인 간의 인과적 관계에 대한 가정이 요체를 이룬다. 우선 자본주의 사회를, 좀 더 제한적으로는 경제 활동들을, 이끌어가는 행위적 동력으로서 작용했다고 베버가 주장하는 "**자본주의의 정신**(spirit of capitalism)"이 있다. 이는 우리가 자본주의적이라고 규정하는 방식으로 이루어지는 경제적 활동 그리고 연관된 다양한 생활 영역들에서 수행되는 활동들이 자본주의 사회에서 보는 바와 같은 "특별한" 방식으로 이루어지는 데 기여했던 행위자들의 태도와 동기들을 지칭한다. 이와 같은 태도와 동기들이 "돈"을 번다는 목적 외에 관료조직과 같은 다른 활동 영역의 행동들에도 영향을 미침으로써 사회 전반에 걸쳐 중요한 변화를 초래하게 되었다는 주장에 대해서는 이후에 다시 언급될 것이다. 자본주의 정신이 무엇인지를 설명하기 위해서는 돈을 번다는 활동에 대해 사람들이 보일 수 있는 비자본주의적 태도나 동기로서 어떤 것들이 있는지 설명하는 것도 하나의 방법일 것이다. 자본주의

---

68) 여가에서 "베버가 주장하는 바"라고 쓰는 것이 논란의 여지가 있음은 분명하다. 보다 정확하게 쓴다면, "베버가 주장한 것으로 파슨스가 해석하는"이 아마 더 적절할 것이다. 후자의 표현은 "베버의 주장"을 해석하는 데는 이론(異論)이 제기될 여지도 있음을 감안해야 한다는 의미를 역시 포함하고 있는데, 실제로 파슨스의 베버에 대한 해석에는 이견들이 제기된 바 있다. 가장 핵심이 되는 비판은 파슨스가 해석한 "사회적 행위의 **규범적** 성격"에 대한 베버의 입장은, 다시 말해서 베버의 이론이 "자원론적인 이론"으로 귀결되고 있다는 주장은, 베버 이론의 한 부분적인 요소를 전체적인 특성으로서 과장 내지는 왜곡 해석하고 있다는 것이다. 구체적인 내용과 함께 파슨스의 반론에 대해서는(Cohen, Hazelrigg and Pope, 1975: pp. 229-241); Parsons, 1976: 361-364) 등을 참조할 것.

적 태도가 아닌 어떤 태도나 동기를 설명함으로써 우리는 자본주의 정신의 특징을 그것과 차별화된 의미에서 보다 잘 이해할 수 있을 것이기 때문이다. 자본주의적이 아닌 여타 유형의 예를 들어보자면, 돈을 버는 활동에 대한 부정적인 인식과 함께 생존을 위한 최소한의 필요성의 충족만을 허용하는 극단적인 태도를 우선 들 수 있다. 이와는 거리가 먼 다른 한 비자본주의적 태도로서는, "욕구들에 대한 자유로운 탐닉과 충족을 추구하고 그에 필요한 모든 수단들을 허용하는" 세속주의적 지향도 지적할 수 있다. 물론 이외에도 다양한 태도적 경향들을 지적할 수 있다(Parsons, 1968b: 513). 이에 비해 자본주의 정신은 다음과 같은 일련의 태도 내지는 행위적 지향을 일컫는다. 첫째로, "자본주의 정신은 돈버는 일을 욕구의 충족을 위한 수단이라든지 필요악으로 보기보다는 그 자체로서 도덕성이 결합된 목적으로 본다. 즉, 돈을 버는 일은 그것 자체로써 도덕적 의무인 것이다"(Parson, 1968b: 514). 두 번째로는, 바로 앞에서 지적된 태도와 연장선에서, 이익의 추구는 그 자체가 목적이기 때문에 이익이 발생하는 한 그러한 활동이 멈추게 되는 한계가 존재하지 않는다는 점을 또 하나의 특징으로 지니게 된다. 만약 돈을 버는 목적이 돈을 버는 그 자체에 있다기보다 다른 목표에, 예를 들어, 먹고 즐기는 데 있다면, 그것을 위해 충분한 만큼 돈을 벌게 되면 그에 비례해 사람들은 일을 줄이게 될 것이다. [69] 베버 (1958:59-60)에 따르면, 전통적인 경제 상황 하에서 소득이 증가하게 되었을 때 사람들은 돈을 더 많이 벌기 위해 노동 시간을 늘리기보다는 오히려 줄이는 경향을 보인다. 왜냐하면, 동일한 수준의 생활이 더 짧은 시간의 투입으로써 가능하게 된다면 그에 맞추어 노동 시간을 줄이는 편이 오히려 합리적이기 때문이다. 일정한 욕구의 달성은 그런 의미에서 돈을 벌고자 하는 욕구에 대해 한계점으로 작용하게 된

---

69) 앞에서 말한 두 가지 특징과 관련하여 베버는 다음과 같이 지적하고 있다: "(더욱 더 많은 돈을 번다는 일은) 전적으로 그 자체가 목적이 되고 있다. 따라서 개인에게 가져다주는 사적 행복이라든지 이익의 관점에서 보았을 때 (돈버는 일 자체에만 몰두한다는 것은) 전적으로 '상식을 초월하거나(transcendental)' 매우 불합리한 것으로 느껴질 수 있다. 즉 사람이 돈벌이에 지배되고, 돈을 쌓아두는 일을 삶의 궁극적 목표로 삼는다는 사실과 함께 경제적 축적을 더 이상 개인의 물질적 욕구의 충족을 위한 수단으로서만 간주하지 않는다는 사실은 (자본주의 사회의 영향력 아래에 있지 않은 세상에 살고 있는 사람들에게는) 매우 불합리한 것으로 비춰지리라는 것이다"(1958: 53).

다. 반면에 자본주의 정신에 의해 추동되는 노동은 돈 외에 다른 목적보다 돈 버는 일 자체를 목적으로 노동이 수행되고 있다는 점에서 그 과정에 "중단점(limit)이 없다"고 표현된다. 이와 같은 점에서 자본주의 정신은 전통 사회에서 사람들이 노동과 돈에 대해 일반적으로 지녔던 태도와 차이를 보인다.

베버는 자본주의 정신이 전통 사회의 그것과 다른 또 하나의 측면을 재화 취득 활동의 실제 과정에서 찾고 있다. "전통 사회에서는 일하는 방식은 전래되어온, 따라서 인정되는 방식에 따라 이루어지는 반면에 자본주의적인 태도는 돈을 번다는 최종적 목적에 비추어 모든 시점에서 체계적으로 그 절차들을 재조직하려고 노력한다. 오직 궁극적 목적, 돈을 가장 많이 버는 것만이 '신성한' 목표로 인식되며, 어떤 특수한 절차를 고수하기보다는 각각의 특수한 상황적 요구에 따라 (그 방법들은) 새롭게 선택된다는 것이다"(Parsons, 1986b: 514). 결과적으로, 전통주의적 태도에 비해 자본주의 정신은 매우 역동적인 특성을 띠게 된다는 점을 베버는 특히 강조한다. 이에 수반하여 "자본주의 정신이 갖는 또 하나의 특징은 재화의 취득에 대한 태도가 노동에 대한 태도와 특별하게 연관되어 있다는 사실이다. 여기에서 노동은 반드시 재화의 취득과 관련되지 않은 경우에도 해당하는 말이다." 서구의 전통 사회에서 대체로 노동은 고통스러운 것이며, 어떤 이유에서든 살기 위해 감수해야 할 필요악처럼 인식되어왔다. 이에 비해 자본주의 정신에서는 그것은 돈을 버는 것과 마찬가지로 "긍정적 의미가 부여된 도덕적 의무이자 인간의 도덕적 목표를 실현하기 위한 활동으로 간주한다"(Parsons, 1968b: 515). 따라서 일을 하지 않는다는 것은 인간의 도덕적 책무를 포기하는 것이 된다. 바로 이러한 인식 때문에 일에는 엄격한 규율이 부여되었고, 나태와 사치스러운 생활을 죄악으로 규정하는 자본주의 사회의 독특한 기풍이 형성되었다는 것이 베버의 설명이다.

마지막으로, 바로 앞에서 지적된 특성과 밀접하게 연관된 다른 하나의 특성으로서, 돈을 벌기 위한 노동에 대해서도 도덕적 가치를 부여하고 있다는 점은 노동 역시 엄격한 규율에 의해 통제를 요하는 윤리적 활동임을 의미한다. 그것 역시 엄격한 규범들이 통제의 원칙으로서 작용하는 활동으로 인식되고 있다는 것이다. 베버(1958:69)는 "(자본가의) 매우 분명하고도 고도로 발전된 윤리적 품성들이 고객과 고용인들을 상대로 절대적으로 필요한 신뢰가 가능하도록 중요한 기여를 하게 되었다"고 지적한다. 그리고 이와 같은 정신적 토대 위에서 재화의 취득을 위한 활동은 "체계적이며, 연속적이며, 합리적이며, 정직한 사업"으로 발전하게 되었고, 바로 이와 같은 점에서 "자본주의 정신"은 전통 사회에서도 관찰되곤 하는 "모험가 정신(절제되지 않고 충동적인 탐욕의 추구)"과 구분된다(Parsons, 1968b: 515).

이제 의문은, 이와 같은 자본가 정신이 여러 다양한 유형의 전통 사회에서도 존재하지 않았고, 대체로 17세기경부터 서구 사회의 일부 지역 또는 사회집단들로부터 점차 발전되어 나온 거라면, 그것의 모태(母胎)가 되었던 요소는 무엇이었을까 하는 것이다. 이에 대한 베버의 대답은 그것이 칼뱅 사상(calvinism), 즉 칼뱅 신학에 유래를 두고 있다는 것이다. 그렇다면 이제 칼뱅 신학과 그것이 자본주의 정신에 미친 영향을 파슨스의 해설과 베버의 저서를 중심으로 살펴볼 차례이다.

2. 칼뱅 사상

베버가 그의 분석의 대상으로 삼고 있는 칼뱅 사상이란 칼뱅(John Calvin)에 의해 주도된 개신교 교파의 신학 사상이라기보다는 칼뱅 교파가 전파되고 중요한 종교 세력으로 발전하는 과정에서 겪어온 시련들, 다른 기독교 교파들과의 관계 그리고 그와 관련하여 파생된 정치적 갈등들을 통해 역사적 현실 속에서 형성되어온 칼뱅 교파의 특징적 사상체계를 일컫는다. 다시 말해서, 그것이 역사 과정 속에서 실질적으로 중요한 영향력을 발휘한 요소들을 중심으로 파악된 사상체계를 지칭한다.[70] 물론 파슨스(1968b: 520)가 지적하고 있듯이, 칼뱅주의를 이끈 종교 지도자들의 신학적 사상체계 속의 이론적 강령들은 실제 삶 속에서 현실적인 관심사가 되는 문제들과 대면하게 되면서 보다 구체화된 태도와 생활 신조들로 표현되게 마련이다. 예를 들어, 칼뱅주의 교리를 구성하는 가장 중심적인 신념 요소 가운데는 "예정설(predestination)"과 "소명(calling)"이 있다. 사람들 가운데 누가 구원을 받을지는 신의 섭리에 의해 이미 예정되어 있으며, 이들은 구원이 예정되어 있든지 않든지 간에

---

70) 이에 관해서는 베버(1958::98-99)를 참조할 것.

이 세상에서 신의 영광이 실현되는 일에 참여하도록 소명을 받고 있다는 것이다. 이와 같은 종교적 교리는 칼뱅 교도들의 현실 생활 가운데서는 "세속적 금욕주의 (worldly asceticism)"로 일컬어지는 생활 신조 및 태도들을 통해 구현되었는데, 이것들이 곧 자본주의가 성장하는 정신적 및 행위적 토대를 제공하게 되었다는 것이 자본주의 기원에 대한 베버의 설명의 요지이다. 그렇다면 이제, 칼뱅 교도의 종교적 교리와 그로부터 파생된 행동 방식과 태도들에 대해 살펴볼 차례이다.

칼뱅주의 신학 역시, 다른 어떤 기독교 교파와 마찬가지로, 악과 영원한 죽음에 빠질 수밖에 없는 운명으로부터 인간이 구원을 얻는 길은 오직 신의 절대적 능력과 은총을 통해 이루질 수밖에 없다는 믿음에 출발점을 두고 있다. 여기에 예정설과 소명에 대한 믿음과 함께 신의 초월적 권위를 근거로 하여 다분히 추상적 인식의 수준에서 규정된 인간의 도덕적 책무 등이 칼뱅 신학 체계의 핵심적 내용을 이룬다.[71] 물론 앞에서 시사되었듯이, 이미 설명이 이루어진 자본주의 정신을 바로 이와 같은 신학의 논리적 연장으로 보는 데는 무리가 없지 않다. 파슨스(1968: 522)가 지적하듯이, 칼뱅 신학이 시사하는 바를 단순히 논리적으로만 추론하려고 시도하는 경우에 인간의 악의 문제(problem of evil)를 다루는 데는 실제로 칼뱅주의가 발전한 방향과는 다른, 여러 다양한 해석의 가능성이 열려 있기 때문이다. 문제는 신자들이 "행위를 통한 **실천**이라는 현실적 과제를 떠맡게 되었을 때 그것에 열려 있는 해석의 가능성(its implications for practical conduct)"은 어떤 것인가이다. 베버의 그에 대한 해답은 다음과 같은 파슨스(1968b: 523)의 해설을 통해 요약되고 있다.

첫 번째로, 신의 완전한 초월성과 육신과 신성(神性) 간의 상충성 때문에 육신을 소유한 개인과 신의 영적 세계가 완전한 융합을 이루고 그 속에서 일체가 될 수 있다고 보는 신비주의적 시각은 배제될 수밖에 없다. 이와 같은 사실은 이제 신의 영광을 위해 오직 그의 율법에 복종해야 한다는 생각을 강화하게 된다. 그리고 이 세상의 일들과 관련해서 신은 그의 뜻에 따라 세상에 왕국을 세우고 유지하는 임무를 선택된 자들이 수행하도록

---

71) 자세한 내용에 대해서는 파슨스(1968:522), 베버(1958:99−101)을 참조할 것.

맡기고 있다는, 예정설에 대한 해석으로 이어진다. 인간이 신과 갖는 관계는 신의 의도에 따라 이루어지며, 이렇게 보았을 때 인간은 그 무엇보다도, 비록 경우에 따라 복종하기도 하고 거부하기도 하겠지만, 신의 뜻을 실현하기 위한 도구로 간주된다. 베버의 관점에서 파악된 실제 효과는, 신자들의 종교적 열의가 수동적이거나 신비주의적인 방향보다는 활동적이며 금욕적인 방향으로 발현되리라는 것이다. … (인간의 세계와 신의 초월적 세계 사이에 건널 수 없는) 이중적 현실에 비추어 볼 때 신에 대한 봉사는 육체적인 것에 빠지거나 적응해야 한다기보다는 그것을 **극복하는**, 신의 영광을 위해 억제하는 방향으로 이루어질 수밖에 없을 것이다. 이것이 곧 베버의 금욕주의(asceticism)라는 말이 의미하는 바이다.

물론 이 세상 속에서 활동하면서 그 세속적인 활동이 신의 영광을 위한 도구로서의 역할에 부합토록 한다는 것은 실천적인 면에서 극히 어려운 과제였을 것이다. 그러나 이 세상 속에서 필요한 일들을 합리적인 통제와 윤리적 정직성을 지키며 실행함으로써 최선의 성과를 추구하되 육체적 욕망의 충족을 목적으로 하지 않는다는 방식을 택했다는 사실은 칼뱅 교도들이 나름대로 실용적인 해결책을 찾아내는 데 성공했음을 의미한다. [72] 베버가 칼뱅 교도들의 태도와 행태를 세속적 금욕주의로 특징지은 것은 바로 이와 같은 측면을 지적하기 위한 것이다. 마찬가지의 의미에서 파슨스는 이러한 활동은 "이상적 목적을 위해 세상을 도덕적으로 통제하는 일"(1968b: 524)이었다고 특징짓는다. 칼뱅 신도들이 돈버는 일과 노동을 통해 나오

---

72) 베버(1958: 95-154)는 이와 같은 행태 내지는 태도를 기독교도들의 일반적인 특성이라기보다는 칼뱅 신도들의 특징적 측면으로 설명하는 데 중요한 근거들을 제시하고 있다. 즉, 칼뱅 교도들이 구원을 얻기 위해 취하는 방법들은 카톨릭 신도들이나 루터교 신도들과 확연한 차이를 보였다는 것이다. 카톨릭 신자들이 구원을 얻기 위해 취했던 최선의 방법은 수도원 같은 곳에 자신들을 고립시킴으로써 이 세상의 욕망으로부터 벗어나는 것이었다. 베버가 카톨릭 교도들의 구원을 향한 지향을 "저세상 지향적 금욕주의"라고 부른 것은 이 때문이다. 루터 신도들의 경우, 이들이 특히 강조하는 믿음(faith)을 통한 구원 외에도 신과의 일체감을 추구하고자 하는 신비주의적 경향은 "이 세상과 관계에 있어서 외부적 활동에 부여하는 중요성을 간과하는" 경향을 보인다. 이와 같은 지적은 결론적으로 칼뱅 신도들의 이 세상 지향적인 금욕주의가 "예정설"을 근간으로 하는 신학적 사상으로부터 연유하는 칼뱅 신앙의 독특한 특성이라는 점과 함께 자본주의 정신이 유래한 연원이 되었음을 뒷받침하게 된다.

는 성과를 욕구의 충족에 소비해버리기보다는 "축적하고" 합리적으로 관리하기 위한 활동에 주로 매진하게 되었던 것은 위에서 지적한 세속적 금욕주의에 따른 결과로서 나타난 현상이었다는 것이 베버의 설명이다.

이에 더하여, 베버는 "예정설"이 자본주의적 활동을 촉진시킨 동력을 제공하게 된 데에는 예정설을 믿는 데 따른 난제를 해소하기 위한 심리적 동기도 한 몫을 하게 되었다고 본다. 우선 예정설을 믿는다고 가정했을 때, 섭리를 알 수 없는 인간들의 입장에서 자신의 구원이 신의 수첩 가운데 이미 적혀 있는지의 여부는 중대한 문제가 아닐 수 없을 것이다. 과연 내가 선택된 자이며, 그런 가치가 부여된 존재인가? 하는 의문은 적어도 칼뱅 신도들에게는 구원과 관련하여 심각한 문제였을 것이다. 문제는 이는 신학 체계 속에서 논리적인 해답을 찾을 수 있는 문제는 아니라는 것이다. 여기에 따른 심리적 압력은 신도들 사이에서는 상상 밖으로 컸을 것이다. 물론 가장 실용적인 해결책은 예정설을 젖혀두고 현실적으로 가능한 다른 구원의 방법을 찾을 수밖에 없었다는 점이다. 이에 관하여 파슨스(1968b: 525)는 다음과 같이 언급하고 있다.

> 점차적으로 부각된 주장은 "일의 성과(good works)"는 비록 구원에 영향을 미치는 것은 아닐지 모르지만, 은총의 **신호**로서 해석될 수 있다는 것이다. 좋은 나무가 나쁜 열매를 맺는 것은 아닐 것이다. 따라서 점차적으로, 선택된 자는 신의 뜻을 실행하는 자, 즉 "의로운 자(righteous)"를, 선택에서 제외된 자는 신의 뜻을 거역한 "죄인들(sinners)"을 의미하게 되었다.

이에 따라 예정설은 칼뱅 신학에서 점차적으로 그 실질적 의의를 상실하게 된다. 그런데도 여전히 중요한 사실은 예정설에 의해 촉발된 이세상 중심적 금욕주의는 자본주의 정신을 배태시킨 실효적 토대로 작용하게 되었다는 점이다.

칼뱅주의 신학이 자본주의 정신의 형성에 영향을 미친 또 다른 측면으로서 그것이 본질적으로 지닌 개인주의적 성향을 들 수 있다. 카톨릭을 포함한다고 하더라도 기독교는 본질적으로 개인주의적 성향을 지닌 종교이다. 그러나 종교개혁은 교회의 역할보다 신 앞에 홀로 선 개인들의 책임을 더욱 부각시킴으로써 개인주의적 성향을 더욱 강화시키게 되었다. 이 가운데서도 칼뱅 신학의 "반의식주의적(反儀式主義的, antiritualistic) 입장은 교회와 사제들의 보호 인도하는 손으로부터 개인들을 해방시킨 루터 교회에 비하더라도 더욱 급진적으로"(파슨스, 1968b: 525) 개인주의로 기울어진 성향을 보여주었다. 이로써 신과 개인 사이에 신앙공동체로서의 교회라는 벽이 제거되고, "그 순효과는 … 그 이전까지는 들어본 적도 없던 '개인의 내면적 고립(inner isolation of the individual)'[73]이었다. 즉, 모든 일들에서 책임은 개인들에게 돌아가고 다른 인간들과의 긴밀한 유대는 불신까지 이른다고 말하지는 못한다 하더라도 급격히 그 중요성이 감소하는 상황을 초래하게 되었다"(Parsons, 1968b: 525). 이로써 개인이 행위의 책임 있는 주체로서 신 앞에서 노출되는 순간 하나하나의 행위들이 모여 이루어진 어떤 종류의 인격을 가진 존재로서 그의 삶은 평가를 받게 될 것이다. 여기에서 개인에게 가해지는 심리적 압력이 개인의 삶을 체계적이며 합리적으로 영위하고자 하고자 하는 강력한 동기로서 작용한다는 결론으로 이어진다. 그리고 그와 같은 동기를 바탕으로 개인들은 "신에게 용납될 수 있도록 소명에 따라 일을 진지하고도 합리적으로 수행하는 일터에서 각자의 사업에 종사하게 된다. 독립적이고, 견실하며, 정직한 기업이야말로 특히 적합한 일터일 것이다"(Parsons, 1968b: 526). 베버는 이와 같은 논리를 통해 구원의 문제를 놓고 칼뱅 신도들이 개인적 차원에서 당면했던 심리적 압박감이 어떻게 해서 일터에서 합리적 기업 행위를 배태하는 기제로 작용하게 되었는지를 설명한다.

물론 이 외에도 베버는 칼뱅 신학 사상으로부터 자본가 정신으로 이어지는 역사적 과정에서 구원의 문제를 놓고 신도들이 당면했던 현실적 과제들이 그들의 의식과 태도, 생활 방식 내지는 변화에 미친 영향들을 다양한 측면에서 조명하고 있다. 그 모든 세부적인 사항들을 여기서 더 이상 살펴보지 않는다 하더라도 왜 파슨스가 베버의『청교도 윤리와 자본주의 정신』을 논의의 대상을 올려놓게 되었는지는 이제 분명하게 드러난 것으로 여겨진다. 자본주의 사회의 기원에 관한 베버의 분석은 자본주의 사회의 대두를 가져온 직접적 요인으로 작용한 행위자들의 주관

---

73) 이 인용 부분은 베버(1958: 108)로부터 인용한 것이다.

적 태도와 동기를 분석하는 데서부터 출발한다. 다시 말해, 자본주의식 경제 운영을 가능케 한 사람들의 행동을 그 행위 주체의 독특한 태도와 동기에 비추어 이해하려고 시도하고 있다는 것이다. 자본주의 정신은 이와 같은 태도와 동기들을 행위자의 인식 속에서 상호 긴밀하게 연결된 태도 및 가치의 체계로 간주하여 붙여진 용어이다. 만약 우리가 사람의 행동을 촉발하는 요인들을 물질적 요소와 정신적 또는 문화적 요소로 나누어본다면 바로 위에서 언급한 "자본주의 정신(spirit of capitalism)"은 **정신적**(*spiritual*) 요소라는 점에서 베버의 접근방법의 일차적 특징을 찾아볼 수 있다. 이는 베버가 강조하는 바 인간 현상의 연구를 위해 적용되는 **이해적 방법론**(*verstehen*)의 핵심을 이루는 원칙이기 때문에 구태여 다른 부연 설명을 요하지는 않는다. 여기서 강조되어야 하는 점은 파슨스가 그의『구조』에서 베버를 선택한 이유는 바로 이 점에서 분명하게 드러난다는 사실이다. 즉, 자본주의 경제 체제가 마르크스가 강조하는 생산 수단과 같은 물질적 자산보다는 가치, 규범, 태도와 같은 정신적 자산의 토대 위에서 발전하기 시작했다는 베버의 견해는 파슨스가 구상하는 이른바 "자원론적인 이론"[74]을 지원하는 중요한 하나의 목소리가 되기 때문이다. 아울러 베버와 같은 대가에 의해 동의를 얻고 있음을 보여주는 데에는 자신의 이론적 구상에 더 큰 설득력을 부여하려는 의도가 작용하고 있었을 것이다.

문제는, 실제로는 자본주의 사회의 발달에 영향을 미친 선행 요인이 정신적 요인들이라기보다는 그 인과관계가 뒤집혀 있을 가능성도 있다는 점이다. 즉, 관찰된 정신적 요소들은 자본주의 경제가 발달하는 과정에서 사람들의 태도가 변화하는 현실에 적응함으로써 나타난 결과일 가능성도 배제하기 어렵다는 것이다. 이는 베버 또한 인식하고 있었던 문제였다. 만약 자본주의의 사회경제적 현실이 선행하

---

74) 여기에서 독자들이 논의의 맥락을 이해하는 데 도움을 주기 위해 파슨스의 이른바 "자원론적 이론 (voluntaristic theory)"이 의미하는 바를 다시 한번 소개하려고 한다. "자원론적 이론"이라는 용어를 통해 파슨스가 의미하고자 하는 바는 사람들의 행위를 구성하는 요소들, 다시 말해서 사람들의 행위 지향에 영향을 미치거나 이끄는 요소들 가운데서도 특별히 개인들 마음속에 존재하는 **규범적**(*normative*) 요소들을 포함하는 인간의 행위에 관한 이론을 지칭한다. 가치 기준이라든지, 태도, 지식 등과 같이, 일반적인 용어로는 "정신적"인 것으로 불리는 요소들이 여기에 속한다. 베버가 자본주의를 이끈 이념적 요소들을 **"자본주의 정신"**이라고 표현한 것도 이와 맥락을 같이 한다.

는 요인이었을 경우 물질적 요인과 정신적 요인 사이에 존재하는 인과적 선후 관계는 뒤집어질 수밖에 없는 노릇이고, 마르크스의 입장이 훨씬 타당성을 갖게 될 것이다. 베버의 반론은 자본주의 정신이라고 그가 규정한 의식의 변화는 실제로는 17세기경부터 서구 사회의 여러 지역에서, 특히 청교도들이 집중적으로 거주하고 있던 자본주의의 선도 지역들에서 이미 발아되어 전파되고 있었으며, 그와 같은 유물론적인 결정론을 뒷받침할 경험적 근거는 결여되고 있다는 것이었다. [75] 따라서 그의 연구의 초점은 다음 두 가지 사실 간의 실제적 관련성에 맞추어지고 있다. 즉, 이른바 자본주의 정신이 실제로 그가 주장하는 바와 같이 청교도들의 종교적 신념으로부터 연원하고 있느냐 하는 것이다. 이는 자본주의의 기원과 관련되어 제기된 중요한 학술적 문제이기도 하지만, 사람들의 행위에 실질적으로 영향을 미치는 현실적 태도 및 요인들이 종국적으로 어디에 출처를 두고 있느냐라는 의문을 놓고 제기된 사회과학의 보다 일반적인 쟁점과도 연관되는 중요한 문제이다. 파슨스의 입장에서 평가를 내린다면, 인간 행위에 관한 이론을 정립하는 데 핵심적 관건이 되는 문제인 것이다. 우리가 이미 살펴보았듯이, 베버를 중심으로 한 파슨스의 논의가 바로 이 문제에 대한 베버의 해답을 중심으로 이루어진 것은 여기에 이유를 두고 있다. 다른 말로 표현하자면, 파슨스는 행위 이론을 구축하기 위한 그의 노력에서 베버가 중요한 초석이 되어야 한다고 평가했고, 이제까지 소개한 파슨스의 일련의 논의는 그가 자신이 내린 그러한 평가를 뒷받침하는 구체적 이유들을 제시하

---

75) 베버는 그의 저서 『청교도 윤리와 자본주의 정신(*The Protestant Ethic and the Spirit of Capitalism*)』의 상당 부분에 걸쳐 이 문제를 다루고 있다. 청교도 정신이 자본주의 사회의 사회경제적 환경으로부터 파생된 부수적 산물이라는 해석에 대한 그의 반론은 대체로 그가 확보하고 있다고 주장하는 경험적 자료에 근거하고 있다. 예를 들어, 베버는 자주 자본주의 정신의 전형적인 태도를 벤자민 프랭클린(Benjamin Franklin)의 어록을 인용하며 설명하고 있다. 그러면서 베버는 프랭클린이 산업화 이전의 사회적 환경 속에서 이미 활동하고 있었던 인물임을 지적한다. 프랭클린 외에도 많은 사람들이 그와 유사한 신념을 지니고 있었던 것이 사실이나 당시에 아직도 대세를 이루고 있던 전통 사회의 지배적 풍조 속에서 재화의 획득에 대해 그와 같이 "속된" 생각을 갖는 것은 오히려 조소와 반발을 불러일으키기 쉬운 일이었다고 지적한다. 청교도 정신이 결코 자본주의 사회의 "물질적 토대를 구성하는 요소들"이 사람들의 의식에 선택적인 영향을 미친 결과로서 나타난 현상은 아니었다는 것이다. 이에 관해서는 특히 그의 저서에서 "자본주의 정신"을 서술한 부분을 참조할 것(1958:47-78).

고 있다는 점에서 의의를 찾을 수 있다는 것이다.

물론 인간의 사회적 행위와 관련된 베버의 통찰력 있는 관찰은 자본주의 사회의 발원에 관한 연구에서 그치지는 않는다. 따라서 여타 부분의 업적들에도 인간 행위와 관련하여 통찰력 있는 시각들이 함축되어 있다면, 파슨스의 입장에서 자원론적 이론에 대해 그것들이 시사하는 바들에 대한 검토를 피할 이유는 없었을 것이다. 실제로 파슨스는 베버가 주목한 인간의 다양한 행위 유형들과 그 바탕에 작용하고 있다고 보는 여러 종류의 행위적 동기들이 자신이 구축하려고 하는 자원론적 이론에서 각기 적합한 자리를 차지할 수 있다는 평가를 내린다. 물론 여기에는 이견이 제기되는 것도 사실이다(Cohen, Jere, Lawrence E. Hazelrigg, and Pope Whitney, 1975). 그러나 어쨌든 파슨스가 구축하고자 하는 행위이론의 본질적 특성을 이해하기 위해서는 행위 이론과 관련하여 그가 베버를 어떻게 이해하고, 그 지적 자원들을 활용하려고 하는지 전체 그림을 살펴보는 것이 필요할 것으로 여겨진다.

3. 행위 유형과 자원론적 이론

베버의 행위 유형이 갖는 의의와 함께 그것이 파슨스의 자원론적 행위 이론의 맥락 속에서 지닌 의의를 이해하는 데는 베버의 사회적 행위에 대한 정의와 함께 그것을 대상으로 이루어지는 사회학의 과제에 대해 먼저 살펴보는 것이 좋은 접근 법일 것이다.

> 사회학은 … 사회적 행위에 대한 해석적 이해를 달성함으로써 그 과정과 결과들에 대한 인과적 설명의 도출을 목적으로 하는 과학이다. 행위하는 개인들이 자신의 행동에 주관적인 의미를 부여하고 또 그렇게 의미를 부여하는 경우에 한하여, 그러한 모든 행동들은 '행위'로서 조건을 갖추게 된다. … 행위는 행위하는 개인(또는 개인들)이 그것에 주관적인 의미를 부여하고 있다는 사실에 의거하여 타인의 행동을 이해하고 또 그와 같은 이해에 기초하여 행위를 수행하게 될 때 사회적 성격을 갖게 된다(Weber, 1968: 20).

여기에서 행동의 "의미"가 무엇인지는 다소 긴 논의를 필요로 하고, 또 거기에 따른 논란에 따라서 불필요하게 복잡해질 우려도 있다. 따라서 너무 건너뛰는 듯 여겨지나, 일단 이해된 행동의 의미가 과연 적합한지를 평가하는 하나의 기준으로서 "의미수준의 적합성(adeauacy on the level of meaning)"이라는 말이 뜻하는 바를 살펴보는 것이 좋을 것으로 생각된다. 간단히 요약해 보자면, "의미 수준의 적합성"이란 주어진 행위가 진행되는 과정에서 그 행위자의 내면에 작용하고 있는 것으로 우리에 의해 해석된 일련의 의미들이 우리가 통상적으로 지니고 있는 인식이나 정서에 비추어 그 행위의 동기를 설명하기에 충분하고도 적합한 해석을 제공하고 있느냐의 여부를 지칭한다"(정창수, 1996: 129-130). 베버는 짐작건대 이와 같은 조건을 염두에 둔 상태에서 그에 부합하는 행동들을 살펴보았을 것으로 여겨진다. 그 결과 행위는 행위자가 주어진 행동을 하기에 충분하다고 본 이유가 어떤 내용의 것인가에 따라 다음과 같은 네 가지 유형으로 나뉠 수 있다고 보았다. 그것들에는, 1) 수단합리적(Zweckrational) 유형, 2) 목적합리적(Wertrational) 유형, 3) 감정적(Affectual) 유형, 4) 전통적(Traditional) 유형 - 네 가지가 지적된다. 수단합리적 유형의 행위란 흔히 주어진 행동을 어떤 주어진 목적을 합리적으로 달성하는 데 유용한 수단이 되기 때문에, 즉 수단적 유용성이라는 관점에서 가치를 지니기 때문에 수행된 행동을 지칭한다. 반면에 목적합리적 유형의 행위란 그 행위에 의해 달성되는 목적 그 자체가 행위자의 입장에서 가치를 지니기 때문에 수행되는 유형의 행동을 지칭하는 것으로 해석되는 경우가 많다. 그러나 이러한 해석은 실제 행동을 통해 파악되는 특성을 지칭하고 있다고 보기는 어렵다고 파슨스는 지적한다. 즉, 경험적으로 관찰되는 "실제 행위 유형(types of concrete action)"을 지칭하고 있지 않다는 것이다. 왜냐하면, 목적과 수단이 별도로 분리된 상태에서 수행되는 행동이란 존재할 수 없기 때문이다. 파슨스는 폰 쉘팅 (von Shelting)(1922)의 견해를 근거로 하여, 행위를 다음과 같은 두 가지 유형으로 각기 나눈다. 먼저 전자, 즉 수단합리적 유형에서 행위자는 맹목적으로 어떤 가치 있는 목적의 달성에 매진하기보다는 객관적으로 이용가능한 지식과 정보를 활용하여 여러 목적들이 지닌 가치와 그것의 달성에 요구되는 가능한 수단들을 비교 고찰함으로써 행위의 합리적 선택을 추구한다. 따라서 이 유형의 행위는 그와 같은 합리적 고찰과 선택을 통해 이루어진 행위를 지칭한다. 여기에서 특별히 파슨스가 주의를 환기시키고자 하는 측면이 있다. 그것은 그와 같은 선택에 따르는 서로 다른 가치들 간의 갈등이라든지 수단의 효율성을 둘러싼 의문들을 쉽게 해소해줄 제도화된 해법은 존재하지 않는다는 것이다. 베버가 이와 같은 행위 유형과 관련하여 "개인들에게 열려 있는 서로 다른 가치 영역들 간에 발생하는 심각한 갈등 현상이라든지 행위로부터 간접적으로 발생하는 예상 밖의 사태로부터 나타나는 비극적 효과"를 연관된 특성으로서 언급하고 있는 것은 바로 이 때문이다. [76]

다음으로 목적합리적 유형의 행위에 있어서는 "그 행위를 통해 성취하고자 하는 목적에 부여된 절대적 가치에 비해 볼 때 여타의 상황적 행위 요소들은 단지 (그 목적을 달성하는 데 필요한) 수단과 환경적 조건으로서의 의의만 부여될 따름이다. 따라서 행위자는 모든 가능한 노력을 기울여 그와 같은 가치를 추구하도록 도덕적 의무가 부과되는 반면에 그러한 노력의 결과로서 오는 성공의 여부는 관심거리가 되지 않는다"(파슨스, 1968b:644). 성공할 수 있도록 적절한 수단들이 선택되었느냐의 여부, 즉 사용된 수단이 갖는 합리성 여부에 대한 관심은 목적 자체의 대한 관심만큼 중요한 일은 아니기 때문이다. 이와 같이 행위가 추구하는 가치에 의해 의미와 정당성이 부여되는 행동이 곧 "목적합리적" 행동이다. 물론 수단이 적절하든 말든, 목적 달성의 현실적 가능성이 어떻든지 간에 어떤 하나의 목적이 갖는 가치에 공감할 수 있는 일이라면 그것을 향해 수행되는 모든 행동이 정당하다고 보는 경우는 극히 극단적인 사례일 것이다. 마찬가지로 앞에서 언급한 수단합리적 행위의 경우에도, 목적과 수단에 대한 주관적 선호를 배제하고 철저하게 가치중립적인 분석을 통해 철두철미하게 합리적으로 행동하는 경우 역시 극단적인 사례에 속할 것이다. 대체로 현실 속에서 관찰된 행위들은 그 양극단 가운데 목적과 수단에 대한 행위자의 선호와 강조가 각기 다양한 강도로 결합된 행위 유형들의 연속선상에서 각기 차이를 보이며 분포되어 있다고 보는 것이 옳을 것이다(p. 645).

이와 같은 관점에서 파슨스가 우선 중요하게 부각시키고자 하는 한 가지 사실은 있다. 그것은 행위의 궁극적 지향점이 되는 목적 또는 목적들에 대해 행위자가

---

76) 위의 인용 구절들은 파슨스(1968b: 643-644)로부터 재인용한 것들임.

부여하는 중요성이나 가치의 상대적 경중에는 차이가 있고, 주어진 목적에 대한 행위자의 소신이나 신념이 얼마나 절대적이고 또 얼마나 공고한 통제력을 행사하고 있느냐는 사례들에 따라 다를 것이다. 그러나 행위들을 관통하는 하나의 본질적 사실이 존재한다. 그것은 인간의 행위는 멋대로 행해지기보다는 그 행위가 의도하는 목적이 내포하는 가치에 의해 견인 내지는 통제되는 현상이라는 점에서 본질적으로 "규범적(normative)"인 현상이라는 것이다. 이러한 결론은 파슨스가 파레토와 뒤르케임을 포함하는 사회학의 선도적 이론가들의 저술물들을 검토하는 과정에서 이미 이르렀던 결론이기도 하다. 특히 이 지점에서 중요한 사실은 베버의 행위의 두 유형을 검토하는 과정에서도 파슨스는 동일한 결론을 내리게 되었음을 강조하고 있다는 점이다. 그의 "자원론적 행위 이론"이 이와 같은 결론에 토대를 두고 있다는 점에 대해서는 이전에 몇 차례 걸쳐 언급된 바 있다.

이제 베버가 제시하는 행위의 네 유형들 가운데 세 번째로 전통적 행위 유형에 대해 눈을 돌려볼 차례이다. 베버에 따르면, 행위는 "오랜 기간에 걸쳐 습관적으로 실행이 됨에 따라(durch eingelebte Gewohnheit)"[77] 전통이 된다. 파슨스는 이와 같은 정의가 별로 만족스러운 것은 아니라고 평가한다. 왜냐하면, 위의 진술은 전통을 습관적 행동으로 정의하고 있는데, 그 본질에 있어서 전통적 질서란 단순히 반복되는 행동 양태를 지칭하기보다는 사람들이 당연히 준수할 의무가 부여된 특별한 종류의 규범과 습관들을 지칭하기 때문이다. 즉, 단순한 습관은 행동의 반복을 유발하는 심리적 기제를 의미하든지 아니면 실제로 행동이 반복되는 양태를 의미하는 데 반하여 전통은 "사람들이 해야 할 바(a way men shoul do)"라는 의미에서 의무가 수반된다. 이러한 해석을 뒷받침하기 위해 권력의 "정통성(legitimacy)"을 지탱하는 하나의 기반으로서 베버가 전통을 지적하고 있다는 점이 지적된다. 즉 "전통은 … 사회 체계에서 분명하게 관찰되는 하나의 규범적 측면을 형성하는 규제력을 구사하고 있다"(Parsons, 1968b: 646)는 것이다. 이로써 전통적인 행위 유형에 대해 파슨스가 내린 결론은 다음과 같이 요약될 수 있다. 전통에 근거한 행동은 "이론적으로 심

---

77) Parsons(1968b:646)으로부터 재인용.

리적 습관과는 별다른 연관성을 가지고 있지는 않으며," 그보다는 "행위의 규범적 측면과 훨씬 더 큰 연관성을 가지고 있다"는 것이다(Parsons, 1968b: 647). 여기서 다시 주목할 점은 앞에서 설명한 두 가지 유형의 행위들이 지닌 이론적 의의를 해석하면서 강조한 바와 본질적으로 다르지 않은 해석이 내려지고 있다는 것이다.

마지막으로, **감정적**(*affectual*) 행위 유형이 구체적으로 어떤 유형의 행위인지를 이해하려고 시도하는 사람들의 입장에서 베버의 설명은 앞의 전통적 행위 유형의 경우와 비교해 보더라도 그다지 분명하게 다가오지 않는다는 것이 파슨스의 일차적 진단이다. 전통적 행위 유형의 경우에는, 정의 자체는 개념적으로 그 의미를 분명히 규정하기 어려운 애매한 점들을 남기고 있는 것은 사실이었다. 그러나 한편으로 그 용어를 권력의 정통성과 같은 현상을 설명하는 데 있어서는 상당히 분명한 의미로 사용되고 있다는 점에서 그 내포된 의미에 접근하는 데는 큰 문제점이 없다고 파슨스는 보았다. 반면에 감정적 행위의 경우는 개념에 대한 정의도 그다지 분명하지 않을뿐더러 그것이 적용된 사례를 통해서 그 의미를 추정할 수 있는 전거(典據)도 발견되지 않고 있다. 때문에 이 네 번째 행위 유형은 베버의 가장 중요한 관심사였던 두 유형의 합리적 행위와 전통 사회에서 지배적 유형으로 자리 잡고 있었던 전통적 유형의 행위를 제외한 나머지 모든 다른 행동들을 한데 묶은 잔여적 범주의 개념에 불과하지 않은가 하는 것이 파슨스의 짐작이다. 이와 함께 파슨스는 행위에 영향을 미치는 요소가 합리적인 것과는 거리가 먼 감정에 출처를 두고 있다는 점에서 그가 중요하게 평가하는 파레토의 비합리적 감정들(irrational sentiments)이나 뒤르케임의 종교적 감정을 공유하는 사람들이 나타내는 행위의 배경적 요인으로 작용하는 "카리스마(charisma)"와 어떤 연관성도 추론해 볼 수 있음을 시사한다. 물론 우리가 바로 뒤에 이루어질 논의를 통해 알 수 있겠지만, 이와 같은 짐작에는 자신의 자원론적 이론과 베버 이론 사이에 상당한 유사성이 있음을 확인하기를 바라는 희망이 배경에 하나의 동기로서 작용하고 있음이 분명하다.

4. 행위 지향 양식

베버가 지적하는 행위 지향 양식(modes of orientation of action)이 구체적으로 어떤 수준 또는 이론적 맥락에서 파악된 행위의 양식을 의미하는지? 베버의 전문가를 자처하는 파슨스에게도 분명치 않았다는 점은 베버의 행위 이론이 아직 전체적으로 체계화되지 않은 미완의 상태에 머물고 있었음을 시사한다. 파슨스는 베버의 행위에 관한 세 분류 범주가 "논리적으로 정확한 의의"(Parsons, 1968b: 651)를 규정짓기에는 아직 불충분한 부분이 많음을 인정한다. 그런 한계 내에서도 파슨스가 이 세 가지 행위의 지향 양식에 관한 베버의 분석이 행위의 "규칙성(regularities)"과 연관된 요인들을 지적하고 있다는 데 대해 본 필자 역시 동의하는 쪽으로 기우는 중요한 이유가 있다. 사람들 간에 어떤 인정된 규범에 따라 규칙적인 상호작용이 어떻게 가능한지에 대해서 사회과학에서는 다음과 같은 두 가지의 대표적인 관점이 존재해 왔다. 하나는, 행태주의를 포함하는 공리주의적 관점이다. 이 관점의 기본적 가정은 사람들은 자신들이 가치 있다고 보는 이익을 얻기 위해 가장 효과적인 방법을 사용하는데, 사람들 간에 형성된 규칙적 관계는 사람마다 나름대로 이익을 극대화하기 위한 노력들이 낳은 결과라는 것이다. 이를 결정하는 핵심적인 요소는 개인들의 "이익을 향한 관심(interests)"이다. 다른 하나는, 사회문화적 규정성을 강조하는 관점이다. 이 관점에서는 개인들이 소속된 집단 속에서 구성원들의 행위에 통제력을 행사하는 규범적 질서에 의한 효과를 강조한다. 이 관점에서 핵심적 요소는 집단적 규범이다.

이와 같은 관점에서 보았을 때, 막스 베버가 지적하는 1) "(개인적) 관심사(interest)"와 2) "합법적 질서(legitimate order)"에 의한 두 행위 지향 양식은 사회과학에서 흔히 상반되는 것으로 여겨지는 두 다른 사회학적인 관점에서 각기 강조하는 행위 지향의 핵심적 요인을 지적하고 있는 것으로 해석될 수 있다. 여기에서 베버가 말하고자 하는 진의를 해석하는 데 다소 어려움이 있음을 표명하면서도 파슨스가 내린 해석 역시 이와 궤(軌)를 같이 하는 것이었다. 이어서 파슨스(1969b: 651)는 다음과 같이 언급하고 있다: "(두 행위 지향 양식은) 특수한 규범들을 포함한다; 하나는 목적의 달성을 위한 수단의 효과적인 선택, 즉 효율성 원칙; 다른 하나는 정당성 원칙, 즉 도덕적 의무이다. 이 두 가지가 다, 관행화된 습관들(usage)과 함께, 실제 행위 상황에 복합적으로 관여되어 있지 않을 이유는 전혀 없을 것이다. 실제로도 이 두 요소는 자주 함께 연결되어 있으며, 따라서 복잡한 행위 상황으로부터 한 가지 요소만이 단독적으로 작용하는 상황은 참으로 드문 경우에 불과할 따름이다." 즉, 그것들을 서로 상충되는 이론적 대안으로서라기보다는 행위에 동시에 작용하는 요소들로서 파악하는 편이 더 나으리라는 것이다. 그와 같은 시도는, 다시 말해 그것들을 "행위의 구조적 틀 속에 포함된 구성 부분들로"(p.652) 해석한다는 것은 그의 자원론적 행위 이론의 다원적 시각과도 동일한 선상에 있다는 점에서 특히 의미 있게 여겨졌을 것으로 짐작된다. 단지 이와 같은 시도와 관련하여 중요한 의문은 두 가지 행위 지향 양식 간의 연관관계를 어떻게 해석하는 것이 베버 이론의 전체적 구도나 지향으로 미루어 보다 적합할 수 있을 것인가 하는 것이다. 이에 대한 파슨스의 평가는 행위에 미치는 집단의 규범적 요소를 중시하는 그의 이론적 성향을 그대로 반영한다. 즉, 행위 지향 양식이 다른 세 가지 유형들을, 파레토가 그러했듯이, 행위의 저변에서 나란히 작용하는 동기 유형에 있어서 차이를 표현하고 있다기보다는 뒤르케임이 보여주듯이 "집단의 질서(order)"와 개인 행동 간의 상호작용의 맥락에서 파악하려고 한다는 것이다. 파슨스(1968b: 652)는 이를 파레토의 "행위요소적(action-element)" 관점과는 구분되는 "제도적(institutional)" 관점으로 특징지으며 다음과 같이 요약하고 있다.

> 이와 같은 관점에 따라 다음과 같은 세 가지 요소들이 부각된다. 1) 습관적 관행(usage) – 규범적 강제력이 결여되고 있으나 분명하게 질서를 보여주는 사실적 요소들; 2) 효율성을 지향하는 규범적 요소; 3) 행위의 정당성(옳고 그름을 결정하는)의 기준이 되는 규범적 요소들. 통상적으로, 현실적으로 존재하는 질서는 전체적로 보았을 때 이 세 가지 요소를 모두 포함한다.

다시 강조하거니와 파슨스의 이와 같은 언급은 베버를 읽고 난 후 그가 얻은 결론이 자신의 자원론적 행위 이론을 뒷받침하는 것임을 거듭 강조하기 위한 것으로 여겨진다. 이후에도 다소 쓸데없이 장황해지는 파슨스의 모든 논의를 거론하는 것은 여기에서 전개되는 논의의 전체적 줄거리를 따라가는 데 별로 도움이 되지 않을 것이다. 때문에 파슨스가 행위의 규범성과 관련하려 베버의 이론 가운데 이제까지 행위에 관한 논의들보다 오히려 더 중요성을 부여하는 것처럼 여겨지는 "질서의 정당성, 카리스마, 종교" 부분으로 넘어가도록 하겠다.

5. 정당성과 카리스마와 종교

사회과학의 기본적인 관심사 중에 가장 중요한 관심사 가운데 하나는 "질서의 문제(problem of order)"를 설명하는 일이다. 이 질서에 관한 의문을 다른 말로 표현해보자면, 왜 대부분의 사람들이 "정당"하다고 인정하고 승복하는 질서가 **실제로** 존재하고 작동하고 있느냐 하는 것이다. 즉, "질서의 정당성"의 문제인 것이다. 파슨스가 베버가 다룬 정당성의 문제를 논의의 대상으로 선택한 것은 주제 자체의 중요성 외에도, 그의 입장에서 보기에 매우 중요하다고 판단되는, 또 다른 이유가 있었던 것으로 판단된다. 그것은 행위의 유형을 보는 시각에서도 그랬거니와, 정당성의 문제를 바라보는 시각에 있어서도 자신의 자원론적인 행위 이론과 연관성이 있다고 보았기 때문이다. 특히 사람들로부터 정당성이 인식되는 데 정신적 및 문화적 요인들이 개입되고 있음을 상정한 베버의 시각은 자본주의 사회의 발원에 청교도 윤리가 수행한 역할을 분석한 연구에서도 이론적 토대를 이루고 있다. 이 점에서 베버의 이론적 경로는 매우 일관되게 파슨스 자신이 보는 사회과학의 발전 방향과 지향점이 일치한다고 평가했을 것이다. 그렇다면 이제 주어진 질서의 정당성과 연관된 요인들에 대한 베버의 견해에 관해 살펴보자.

베버는 정당성과 관련된 요인들을 두 가지 차원으로 나누어 검토한다. 하나의 차원은, **정당성이 보장되는 방식**에 관련되는 요인들을 지칭한다. 다른 하나의 차원은, 사람들이 주어진 **질서가 정당하다고 보고 복종하게 되는 이유**와 관련된 요인들을 지칭한다. 우선 앞의 첫 번째 차원에 속하는 요인들로서는 행위자들이 주어진 질서의 정당성을 인식하는 데 내면적으로 또는 외적으로 작용하는 네 가지 관련 동기들을 지적하고 있다. 1) 감정적, 2) 목적합리적, 3) 종교적 그리고 4) 이익 추구적인 — 네 가지 요인들이 여기에 해당된다. 그 내용에 비추어 행위자가 주어진 질서의 정당성에 정서적으로 공감하든지, 그 자체로서 합리적이라고 인식하든지, 자신의 종교적 신앙과 부합한다고 보든지, 또는 자신의 이익에 기여한다고 생각함으로써 그 정당성을 인정하는 행동을 보인다는 것이다. 이는 곧 그 정당성이 실효적으로 유지되는 결과를 가져오게 될 것이다. 두 번째 차원에서 개입되는 요인들은 행위자들이 주어진 질서가 정당성이 있다고 보는 이유 또는 동기와 관련된 것이다. 짐작될 수 있듯이, 정당성에 명분을 제공하는 이유들 가운데 어떤 것은 곧 정당성의 유지에 기여하는 실제 행위로도 이어지기 때문에 위에 지적된 두 차원에서 공통적으로 작용하게 될 것이다. 따라서 두 개의 차원 요소들이 부분적으로 겹치고 있다. 여기에 포함된 요소들로서는, 1) 전통적, 2) 감정적, 3) 목적합리적, 4) 실효적 제도에 의해 법적으로 유효하다고 주장되었을 경우 – 네 가지가 있다. 눈을 끄는 차이는 "종교적" 요인 대신에 "전통"이라는 주장이 정당성의 명분이 된다는 것인데, 이에 대해 파슨스는 행위자들에게 "종교"와 "전통"은 다 같이 "신성함(sanctity)"이라는 속성을 공통적으로 포함하기 때문이라는 해석을 내린다. 즉, 어떤 질서는 종교적 신념에 의하거나 또는 전통적으로 전승되어 왔다는 사실에 의해 침해할 수 없는 신성함을 갖게 되고, 그로써 인정된 정당성을 뒷받침하는 행동들이 실제로 나타날 수 있다는 것이다. 다음으로 현재 진행되는 논의의 맥락에서 "목적합리성"은 주어진 질서가 다른 무엇을 달성하기 위한 수단이라기보다는 그 자체로서 준수를 요하는 어떤 궁극적(ultimate) 가치를 지니고 있고, 따라서 정당성을 갖는다는 태도를 지적한다. 여기에서 파슨스가 상기시키고자 하는 중요한 사실은 질서란 기본적으로 "행위 체계의 구조적 요소(structural elements of action systems)"(1968b: 660)를 의미한다는 것이다. 다시 말해서 사람들이 상호관계 속에서 행동할 때 일련의 어떤 규범들을 사람들이 실제로 준수함으로써 구현되는 질서를 지칭한다. 이와 같은 맥락에서 질서를 최선의 가치로 간주한다는 것은 그 질서의 핵심을 이루는 규범의 준수를 그 자체로서 "도덕적 의무"로 받아들이는 것을 의미한다. 질서가 갖는 정당성은 집단적 질서 유지를 따르지 않을 수 없는 도덕적 가치로서 받아들이는 행위자들의 태도에서 비롯되기도 한다는 것이다.

주어진 질서가 강제력이 있는 법적 제도에 의해 유효함이 인정되었을 경우에 그 정당성을 인정받을 수 있다는 것은 당연한 사실일 것이다. 공적으로 법을 제정할 수 있는 권한을 부여받은 사람 또는 기관들에 의해 제정된 법들은 곧 그와 같은 권한에 의거하여 법적인 정당성을 부여받기 때문이다. 여기에서 제기되는 한 가지 의문은 개인들 간의 계약 역시 당사자들 간의 자발적 동의에 의하긴 하지만 그것의 준수에 대한 법적인 강제력을 갖는다는 것이다. 파슨스는 이 때문에 개인들 간에 합의에 의한 사적 계약도 정당성의 요건을 충족해야 한다고 보았다. 여기에서 파슨스가 지적하는 한 가지 흥미로운 사실은 계약 그 자체는 계약의 실현을 강제하는 가장 필수적인 조건을, 계약 자체에는 빠져 있으나 암묵적으로 포함하고 있다는 것이다. 파슨스의 다음 언급을 살펴보자.

> 생략된 부분은, 이와 같은 계약의 실행은 실제로는 계약당사자들 간에 명문으로 밝히고 있지는 않는 의무 규정들에 따라 이루어진다는 사실이다. 반면에 공리주의적 시각에서 상정하고 있는 모든 고려 사항들은 계약 조항 속에 포함되어 있게 마련이다. 그러나 계약 "제도"로 불려질 수 있는 부분, 즉 계약 관계를 규제하는 규칙들은 계약 당사자들의 동의를 받는 것은 아니다. 그것들은 이미 당사자들의 계약에 대한 합의가 이루어지기 전에 이미 또한 독립적으로 존재하고 있다(Parsons, 1968a: 311).[78]

위에 인용된 글은 제도 또는 집단적 규범 체계는 개인들 간의 계약에도 그 정당성을 뒷받침하는 법적 토대가 되고 있음을 강조하고 있다. 위와 같은 일련의 논의를 통해 파슨스가 끌어내려고 하는 결론이, 베버에 관한 모든 논의들이 그러하듯이, 그의 자원론적인 이론으로 향하고 있음은 분명한 것으로 여겨진다.

위에까지 소개된 행위 지향의 유형과 함께 양식에 관한 파슨스의 논의에서 한 가지 특이한 점이 있음을 눈치챈 사람들도 있을 것으로 짐작된다. 그것은 감정적 동조(affectivity)라는 사회심리학적 요인이 베버에 의해 중요한 하나의 요소로서 지적된 바 있으나 이제까지는 이에 대한 고찰이 이루어지지 않고 있다는 점이다. 이에 덧붙여 종교나 전통에 대해 사람들이 느끼는 신성함 또는 외경(畏敬)이 어떻게 사람들의 인식과 태도 속에 자리 잡게 되는지에 대한 설명이, 적어도 뒤르케임에

---

78) 파슨스가 지적한 이러한 부분은 흔히 "계약의 비계약적 요소(non-contractual element of contract)"로 불린다(Durkheim, 1964a: 206-229). 계약에 있어서 명문화되지 않은 이 부분의 효력과 공정성을 의심하지 않고, 암묵적이나마 그것을 이행할 도덕적 책임을 수용한다는 점에서 개인들이 이에 대해 "중립적(disinterested)"이라고 특징 짓는다(Parsons, 1968a: 164, 659f).

비해서는, 결여되고 있다고 평가하는 사람들도 있을 것이다. 이 문제 역시 그냥 간과하고 넘어가기 어려운 문제이다. 왜냐하면 뒤르케임이 그러했듯이, 사물의 성속(聖俗)의 문제는 종교는 물론이거니와 권력이라든지 전통적 규범을 통해 행사되는 지배력을 설명하는 데 매우 중요한 가설들을 제공하기 때문이다. 이러한 문제들을 염두에 두고 보았을 때, 파슨스가 베버의 "카리스마"라는 개념이 어떤 점에서 중요한 의의를 지니고 있다고 보는지 일단 주의 깊게 고찰해 볼 필요가 있다. 그럼 카리스마가 의미하는 바에 대해 우선 살펴보는 것이 순서일 것이다. 파슨스는 베버의 설명을 인용하여 다음과 같이 설명하고 있다.

이와 같은 (평범함, 일상성 및 규칙성으로부터) 분리가 카리스마적 사물 또는 사람들을 특징짓는 속성이다. 따라서 카리스마는 그 자체로서 행위와 직접 연관되는 것은 아니며, 실재하는 사물, 인물, 행동 등의 특성을 지칭한다. 그러나 행위와의 관계에 대한 단서는 사람들이 카리스마적 사물들이나 인물에 대해 보이는 태도를 통해 짐작될 수 있다. 베버는 여러 가지 용어로 이를 표현하고 있으나, 두 가지만을 골라서 설명해 보자. 사람에게 적용했을 때, 카리스마적 특성은 모범적(vorbildlich), 즉 본받고 싶은 특성을 의미한다. 그것이 특출한 능력으로서 인정될 때 느끼는 위광(威光)과 권위는 의무감을 불러일으킨다. 카리스마적 지도자는 자신의 권위가 지배하는 영역에서 그에게 저항하거나 무시하는 사람들을 대할 때 마치 의무를 저버리는 사람처럼 취급한다. 이와 같은 특성들에 비추어 볼 때, 우리는 다음과 같은 결론을 내릴 수밖에 없을 것이다. 즉, 카리스마는 특별한 존경이 담겨 있는 태도를 불러일으킨다는 것이다. 이와 같은 존경의 감정은 의무를 진 사람이 느끼는 것과 같은 종류의 것이다. 이는 분명하게 뒤르케임의 의식적(儀式的, ritual) 태도와 동일한 종류의 것이다: 카리스마적 권위는 도덕적 권위의 한 단계인 것이다(Parsons, 1968b: 662).

이와 같은 카리스마적 특성은 대체로 전통적 질서의 붕괴를 가져온 역사적 변화 과정을 관찰한 결과에 근거를 두고 있는 것으로 여겨진다. 지도자 개인의 카리스마적 특성이 혁명적 변화를 가져온 가장 핵심적 요인의 하나로 파악된 것이다. 그러나 카리스마적 권위를 지녔던 지도자의 시대는 결국은 끝나고 그를 중심으로 형성된 질서는 다음 세대로 물려지게 된다. 이로써 일어나게 된 변화는 이전의 지도자 개인의 카리스마적 권위가 후세대로 이전되면서 어떤 형태로 탈바꿈하느냐에 따라 다음과 같은 세 줄기의 다른 방향으로 갈려 나간다. 첫째는, 가장 일반적인 경우로서, 지도자의 가계(家系)를 따라 세습이 이루어지면서 자손에게 카리스마적 권한이 전승되는 형태이다. 이를 "세습적 카리스마(hereditary charisma)"[79]라고 부른다. 두 번째는, 앞의 유형과 연관되어 나타나는 형태로서, 지도자 개인의 뜻이 담겨진 전통적 규범들의 체계(신성한 법)에 카리스마적 권위가 이전됨으로써 똑 같이 신성하다고 여겨지는 전통적 제도가 수립되는 것이다. "이와 같은 과정을 통해, 혁명적 동력이 작동하던 특수한 형태의 카리스마는 그와는 다른 특수한 형태의 (카리스마적 힘을 지닌) 전통으로 굳어지게 된다"(Parsons, 1968b: 664). 세 번째는, 앞에서와 같은 일상화 과정과는 달리 "카리스마적 특성이 특정 개인과는 떨어져 독립적으로 존재하는 특성이 될 수 있다고 봄으로써 앞에서와는 다른 경로를 밟아 발전하게 되는 것이다." 이로써 카리스마는 이제 "1) 이전이 가능하고, 2) 노력에 따라서는 개인이 획득 가능하며, 3) 개인의 능력이라기보다는 공적 기구 또는 개인과 관련성 없이 존재하는 제도화된 조직이 지닌"(위 인용서의 p. 664) 속성으로서 인정된다. 특히 세 번째와 관련하여, 파슨스는 그와 같은 과정이 "관료제"와 함께 "합법성(legality)"이 정당성의 기준으로 발전한다는 사실을 매우 중요하게 강조한다.

위에까지 카리스마를 중심으로 이루어진 논의를 통해 우리가 알게 된 사실은 다음과 같이 정리될 수 있다. 우선 베버 또는 베버에 대한 파슨스의 해석을 따른다면, 행위의 유형과 관련된 여러 요인들, 즉 전통적, 감정적, 목적합리적, 종교적 요인들이 모두 만나게 되는 교차점이 있는데, 그것이 카리스마 현상이다. 파슨스의 말을 빌리면, "제기되는 질문이 있다. 그것은 정당성과 관련된 동기적 요소들에 대한 분석을 베버의 분류에서 언급된 세 가지 요소들의 수준에서 파악된 다원주의로 결론짓고 말 것인지, 아니면 베버로부터 세 가지 요소들을 통합하는 보다 일반적인 개념을 찾아낼 수 있을지를 살펴보는 것이다. 분명한 점은 카리스마의 개념 속에

---

79) Parsons, 1968b: 664.

는 그것들을 하나로 묶는 설명이 제시되고 있다는 것이다"(1968b: 661). 결론적으로, 행위의 정당성과 관련된 모든 요인들은 또한 행위를 규제하는 규범들이 갖는 침범할 수 없는 권위 또는 신성성의 근거가 되는 요소들이다. 이들 모든 요소들이 (베버의 이론적 관점에서) 카리스마와 뗄 수 없는 연관성을 갖는다는 것이 파슨스의 주장의 요지이다. 예를 들어, 주어진 행위가 전통에 따른 것이라는 이유로 해서 그 정당성이 인정되는 경우에 그 정당성은 보다 근원적으로는 전통은 범할 수 없는 신성성을 갖는다는 이유에 근거를 두게 된다. 그런데 전통에 부여된 그와 같은 신성성은 그 전통의 발원점이 되었던 지도자의 카리스마적 특성과 뗄 수 없는 연관성을 갖는다. 이는 세습된 권력이 갖는 정당성이라든지, 법적 제도가 갖는 정당성에 대해서도, 앞에서 논의된 사실에 근거하여, 마찬가지로 적용되는 것으로 주장된다. 파슨스(1968b: 665)가 "의심할 여지 없이, 정당성에 대한 베버의 모든 논의는 카리스마적 요소가 없이는 어떤 정당성을 지닌 질서도 존재하지 않다는 것이다"라고 결론지은 것은 여기에 근거를 두고 있다.

이러한 주장과 관련하여 파슨스가 또한 강조하는 사실이 있다. 우선 앞에서도 강조하고 있듯이 전통과 집단적 가치에 대한 존경은 그것들이 수반하는 카리스마적 특성에 근거를 두고 있다는 것이다. 이어서 강조되는 사실은, 세속적 권력을 중심으로 작동하는 제도와 법 규범들에 부여된 정당성과 권위 그리고 결과적인 승복은 초월적 세계에 대한 종교적 신앙과 그 맥락과 유래를 같이 하고 있다는 점이다. 종교적 신앙이라든지 혁명적 사회 변화를 이끌던 카리스마적 지도자들의 역할 가운데 베버의 눈을 끄는 가장 특징적 사실은, 아마 파슨스의 해석을 거쳐 더 무겁게 방점이 찍혀 있는 것이긴 하겠으나, 이들이 던진 핵심적 메시지에는 초월적 세계와 인간 존재와의 관계에 대한 해답이 제시되고 있다는 점이다. 조금 말을 바꾸어 이야기하자면, 추종자들은 그들이 당면한 "의미의 문제"에 대한 해답을 찾을 수가 있었다는 것이다. 여기에서 "의미"란 인간이 존재하는 의미를 뜻한다. 조금 더 구체적으로 말하자면, 의식주를 포함해 생물학적인 삶의 유지에 필요한 모든 일상적인 문제들을 해결한 연후에도 사람들은 보다 궁극적인 "의미"의 문제, "왜 사는가?"

라는 의문과 대면해야 한다. 이러한 의문은 초월적 세계에[80] 대한 믿음이 담긴 형이상학적 사상이라든지 종교적 이념 등을 통해 응답이 요구되는 사항일 것이다. 이와 함께 또한 심각한 중요성을 지닌 과제가 제기된다. 그것은 그와 같은 형이상학적인 명제들은 "종교적 관심사(religious interests)"(Parsons, 1968b: 668)로 이어지게 된다는 것이다. 즉, 개인들이 실제로 어떤 목적을 가지고 살아가는 것이 옳은지 그리고 어떻게 행동하는 것이 옳은지와 같은 인간 행동의 선악의 문제와 같은 종교적 관심사들에 영향을 주게 된다. 순수하게 행위적인 관점에서 본다면, 위에서 말하는 "종교적 관심사(religious interests)"란 말은 행위의 목적이나 수단의 선택에서 사람들이 고려하는 중요한 종교적 관점들을 시사하는 의미를 담고 있는 것으로 해석된다. 보다 논리적인 관점에서 이야기하자면, 여기에는 초월적 세계에 대한 사상 속에 담겨 있는 현실적 함의에 대한 추종자들의 해석이 담겨 있다고 볼 수 있다. 예를 들어, 칼뱅 교도들이 돈벌이라는 극히 세속적인 경제 활동에 부여한 가치는 이 세상으로부터 구원이라는 숭고한 목적을 실현하기 위한 실천적 행위로 본다는 점에서 종교 사상에 의해 뒷받침되는 신성한 의미가 부여되고 있었다. 파슨스가 "카리스마는 형이상학적인 존재가 아니라 순수하게 경험적으로 관찰가능한 특성"(1968b: 668-669)이라고 지적한 것은 바로 이와 같은 의미에서다. 그것은 사람들이 관찰하는 행위 속에서 보고 있다고 믿는 신성한 자질을 지칭하며, 바로 그로 인해 신성한 자질, 곧 카리스마는 사회의 규범적 질서를 유지하는 데 하나의 필수적인 기능을 담당한다고 본다.

이상의 논의를 통해서, 즉 베버의 소작에 담긴 내용들에 대한 파슨스의 분석을 통해서, 우리는 사회적 행위가 본질적으로 규범 체계에 의해 통제받는 현상이라는 주장을 살펴보았다. 그리고 그러한 규범 체계의 배후에는 세계와 인간 생활이 갖는 의미에 대한 형이상학적인 인식이 자리 잡고 있으며, 이와 같은 정신적 토대가 사회 질서의 현상과 유지에 불가결한 요소로 작용하고 있다는 것이 파슨스가 내린

---

80) 파슨스(1986b: 668)에 따르면, "초월적 세계(supernatural)"는 "사람들의 행위라든지 세상 속 현상들이 '왜 그렇게 나타나는지를 설명해주는(so as far as they lend teleological meaning)' 비경험적 현실의 측면들을" 지칭한다. 즉, 위에서 말한 "의미의 문제"에 대한 해답이 담겨 있는 초월적 현실의 어떤 측면들을 지칭한다는 것이다.

결론이었다. 여기서 중요한 사실은 대부분의 경우에, 이미 형성 유지되고 있는 그와 같은 정신적 토대와 그로부터 파생된 규범적 제도들은 침해할 수 없도록 매우 견고한 특성과 시간적 연속성을 보여준다는 것이다. 그러한 특성은 베버에 의해서는 여러 가지 근거들 위에서 부여되는 "정당성"에 의해, 뒤르케임에 의해서는 일반적으로 "도덕적 권위(moral authority)"에 의해 유지되는 것으로 파악되고 있다. 베버는 그와 같은 정당성 자체를 정당화하는 행위자들의 자질 또는 제도적 특질을 "카리스마"라고 부르며, 뒤르케임은 "신성함(sacredness)"이라고 특징짓는다(Parsons, 1968b:669).

사. 파슨스의 사회적 행위 이론의 구조: 요약과 비판

파슨스의 사회적 행위 이론을 이해하기 위해서는 그가 인간 행동을 연구하는 데 가장 기본적인 분석의 단위로 설정한 "단위 행동(unit act)"으로부터 설명을 시작하는 것이 좋을 것이다. 단위 행동이란 어떤 행동이 인간 행위로서의 조건을 충족하는 요소들을 모두 갖춘 최소 단위의 행동을 지칭한다. 인간의 행동은 우선 개인이 주관적으로 바람직하다고 생각하는 목적을 성취하기 위해서 수행된다는 점에서 "의미"를 수반하는 행동이다. 즉, 주관적 의미가 부여된 어떤 목적을 지향한다는 것이 인간 행동을 규정짓는 가장 중요한 특징이라는 것이다. 바로 이와 같은 맥락에서 베버는 개인들이 자신의 행동에 대해 부여하는 의미를 파악하는 것을 인간 행위를 이해하기 위해 요구되는 가장 일차적인 과제로 규정했을 것이다. 이 경우 목적이란, 파슨스에 따르면, 행위자가 처한 상황으로부터 어떤 일련의 수단과 노력을 투여하여 얻고자 하는 결과로 정의된다. 다소 번거롭지만 더 정확하게 표현하자면, 인간의 행위의 목적은 행위자가 어떤 일련의 행동들을 통해 기존하는 상황 속에서 의도하는 변화를 성취함으로써 다다르고자 하는 미래의 어떤 상태를 지칭한다. 이처럼 개인의 생각과 의지에 따라 의도된 목적이 결여된 행동을 인간 행위로서의 조건을 충족하고 있다고 볼 수 없을 것이다. 이 같은 점에서 행위를 인간의 행위로 만드는 일차적인 조건은 그 행위를 통해 성취하고자 하는 목적에 대해 주관적으로 지닌 의도가 존재한다는 것이다.

　다음으로 인간의 행동은 공상 속에서 이루어지는 것이 아니라 일정한 제약을 가함과 동시에 어떤 가능성이 열려 있는 현실적 조건들 속에서 행해진다. 인간 행위에는 이러한 조건들이 행위자 자신들이 원하든 원치 않든 간에 반영되게 마련이다. 때문에 이러한 상황적 조건들에 대한 고려가 없이 인간의 행위는 설명될 수 없을 것이다. 인간 행위는 목적에 대한 의도와 상황적 조건들 아래서 목적을 성취하기 위한 행동을 시작하기 때문에 행위에 영향을 미치는 상황적 조건들에 대한 적응의 필요성 역시 행위를 구성하는 또 하나의 필수적 요소를 형성한다. 여기에서 첨언을 요하는 한 가지 중요한 사실은, 상황들 조건들 가운데서 주어진 목적을 달성하기 위해 행위자가 접근가능한 물적, 인적, 문화적 자원이나 도구와 같은 수단들이 동원될 수 있을 것이다. 기본적으로 인간 행위는 어떤 목적을 달성하기 위해 그와 같은 수단들을 사용하는 행위이기 때문에 행위 과정에서 동원되는 수단들 역시 행위를 구성하는 필수적인 요소가 된다. 그리고 마지막으로, 파슨스가 특히 강조하고자 하는 바로서, 행위의 규제적 요소로서 작용하는 규범들이 있다. 행위는 단독으로 수행되는 것이 아니며, 다른 사람들 역시 행위의 주체로서 함께 행동하고 있다는 사실로 해서 상호협력과 갈등의 예방을 필요로 한다. 즉, 질서가 형성되어야 한다는 것이다. 다른 말로 표현하자면, 행위는 집단 속에서 사전에 합의된 규범 체계에 의해 조정과 규제가 요구되는 현상이다. 질서가 유지되는 데 규범의 기능을 이해하기 위해서는 규범들은 우선 행위의 목적과 수단들이 선택되는 데 기준으로 작용한다는 사실에 유의하면 좋을 것이다. 어떤 사회에서든지 행위의 목적과 수단은 상상이 가능한 목적과 수단들 가운데서 어떤 것이나 무작위적으로 선택되는 것은 아니다. 그것들은 목적 달성에 있어서 효율성과 규범적 질서의 유지라는 두 가지의 큰 요구에 맞추어 매우 정교하게 발전된 기준과 규범 그리고 규칙들의 체계를 통해 취사 선택될 것이다.

　행동은 위에서 언급된 모든 요소들 및 여건들을 구성 단위로서 포함함으로써 인간 행위로서의 조건을 충족시키고 있다고 본다면, 단위 행동은 그러한 조건을 충족하는 최소 단위의 행위를 지칭하는 개념이다. 인간 행위를 이해하기 위해서는 연구 방법적인 측면에서 다양한 전략이 구사될 수 있다. 특정한 개인들의 행위 현장에서 개인들의 생생한 행위 과정을 연구자의 어떤 이론적인 선입감도 없이 귀와 눈에 포착되는 대로 관찰하고 기록하는, 그야말로 순수하게 경험적이고 기술적(記述的)인 연구 방법도 가능할 수 있다. 이보다는 어떤 기존의 이론적 가설을 토대로 어떤 주어진 상황 하에서 개인들이 행위하는 실태 또는 변화를 예측한 다음, 그 예측과 경험적으로 관찰된 실제 사실들을 비교함으로써 그 이론의 예측력 내지는 설명력을 검증하는 방법이 선택될 수도 있다. 그렇다면 파슨스가 선택한 연구 방법의 특징은 어디에서 찾을 수 있을 것인가? 앞에서 언급한 바와 같이『구조』가 쓰여진 당시로도 그렇거니와 현재에 이르러서도 결코 흔치 않은, 그와 같은 연구 전략이 왜 선택되었는가? 다시 말해, 왜 단위 행동을 구성하는 "본질적(essential)" 구성 요소들을 쪼개서 살펴보는 분석적 접근방법을 택하게 되었는지? 그 전략적 이점을 어디에서 찾을 수 있을까? 거기에서 결과적으로 얻어진 성과들은 어떻게 평가될 수 있을 것인가? 즉, 인간 행위에 관한 지식을 얻어내고 증진시키는 데 어떤 성과를 거둔 것으로 평가할 수 있을 것인가? 이러한 일련의 질문들에 대한 해답을 찾는 과정에서 우리는 파슨스가 선택한 분석적 연구 방법의 특징과 함께 거둔 성과 그리고 문제점들을 파악할 수 있을 것이다.

파슨스의 인간 행위에 대한 연구는 모든 인간 현상들이 인간의 행위를 통해 나타나고 있다고 전제했을 때, 인간 행위를 구성하는 가장 기본적인, 즉 그것의 본질적 특성을 간직한 최소한의 구성 단위는 무엇이며, 그것의 내부 구조는 어떤 요소들이 어떤 관계를 이루어 형성되고 있는가? 라는 질문으로부터 출발한다. [81] 아마 이러한 질문은 당시 사회과학자들에게는 매우 생소한 종류의 것이었다는 것은 분명하다. 그러나 생물학자나 물리학자들에게는 아마 익숙했을 법한 질문일 것이다. 물질이나 생명체의 기본적 구성 요소와 그 구조를 규명하는 일은 오랫동안에 걸쳐 자연 과학자들이 가져왔던 관심사이기 때문이다. 여기에서 우리는 파슨스가 앰허스트(Amherst) 대학에서 학부 전공으로 생물학과 철학을 공부했고(Parsons, 1970:

---

81) 결과적으로 거둔 성과를 보고한 연구서에 대해 파슨스가 당시 사회과학 서적으로서는 역시 생소한『사회적 행위의 구조(The Structure of Social Action)』라는 명칭을 붙인 것은 바로 이와 같은 이유 때문이었을 것이다.

826), 특히 생물학에 많은 관심을 보였다는 사실에 주목할 필요가 있다. 그때까지 사회과학이나 역사학에서 인간 연구의 일반적 추세는 역사적 사건들에 사례 연구라든지 사회 또는 집단을 마치 하나의 독립된 실체처럼 총체적으로 연구하거나, 조금 과학성을 추구하는 경우에는 이미 세워진 이론적 가정들을 경험적 측정 또는 관찰자료들을 토대로 검증하는 것이 일반적인 연구 방식이었다. 파슨스가 이처럼 생물학이나 물리학에서처럼 인간 현상의 기본적 구성 요소를 분석하여 그 본질적 속성을 규명하는 작업에 착수한 것은 필자가 보기에 일단 대단히 대담하고 참신한 시도였던 것으로 여겨진다.

인간 행위로서 최소한의 조건을 갖춘 단위 행동의 기본적 구성 요소들이 어떤 것들이었는지는 앞에서 이미 언급되었다. 그러나 여기에서 필자가 주의를 환기시키고자 하는 한 가지 중요한 사실이 있다. 그것은 단위 행동에 대한 그러한 분석이 단순히 파슨스 개인의 직관적 통찰력을 통해 이루어진 것은 아니라는 점이다. 분석된 요소와 거기에 부쳐진 이름들에 함축된 각 요소들의 의미와 의의는, 적어도 파슨스에 따르면, 인간 행위의 본질적 특성과 무관한 것이 아니며, 이러한 인식의 배경에는 인간의 행위를 주제로 하여 그동안 발전해온 이론적 자산들이 존재한다. 즉, 『구조』를 통해 그가 고찰한 마샬이라든지 파레토, 뒤르케임 및 베버와 같은 이론가들에 의해 축적된 지적 자산들이 배경을 이루고 있었다. 그들이 본 인간 행위의 특징들을 비판적으로 비교함으로써 파악된 장단점에 비추어 선택적으로 취합한 결론이 그와 같은 분석틀의 이론적 토대를 이루고 있다는 것이다.

그러면 이제 인간 행위의 본질적 속성이 그가 구성한 단위 행동의 개념적 분석틀 속에서 어떻게 구체적으로 반영되고 있는지를 요약해서 살펴보려고 한다. 우선 거기에는 인간의 행위는 당면한 상황으로부터 그가 어떤 **노력**(*effort*)(Parsons, 1968a, 1968b: 141, 147 등)을 통해서 성취하고자 의도하는 변화, 즉 의도적 목적이 존재한다는 점에서 특징을 갖는다는 주장이 반영되어 있다. 여기에는 이탤릭으로 표현된 특징들은 오직 인간의 행동에서만이 찾을 수 있는 특징임을 강조하기 위한 것이다. 다음으로 인간은 그와 같은 의도를 실현하기 위한 노력의 일환으로서 필요한 물질적 내지는 인위적 수단들을 자신이 위치한 환경 속에서 찾거나 만들어 사용한다는 것이다. 타인과의 협동이 사람들의 생존에 가장 중요한 수단이라면 그러한 수단 가운데는 다른 사람들의 행동이 포함될 것이다. 다음은 바로 위에서 시사되고 있듯이, 행위는 주어진 환경적 요인들이 허용하고 제약하는 조건 하에서 수행된다는 것이다. 여기에는 주어진 법칙에 따라 작동하는 각종의 자연 현상들을 비롯하여 개인들이 유전적으로 물려받은 능력이라든지 육체적 욕구들, 함께 활동하는 사람들의 자질과 행위적 성향 등등 행위자가 위치한 상황 가운데서 이미 주어진 조건들로 간주하는 모든 요인들이 포함될 것이다. 마지막으로 다른 하나의 중요한 요소는 **규범들**이다. 이는 목적이나 수단의 선택에서 사람들이 중요한 기준으로 간주하는 가치 및 행동의 수칙들을 의미한다. 이러한 규범이 갖는 강제력에 대해서는 홉스의 설명이 가장 고전적인 실례가 되어 왔다. 즉, 사람들이 만인의 만인에 대한 투쟁의 상태를 피하기 위해 개인들의 행동의 규제하는 일련의 규범을 만들어 그에 복종하기로 약속함으로써 그러한 규범들은 강제적 힘을 갖게 되었다는 설명이다. 이러한 설명에 대해 만인의 만인에 대한 투쟁의 상태는 역사적 허구일뿐더러 원시 사회들에 대한 인류학적 관찰 결과와도 부합되지 않는다는 반론이 제기되어 왔다. 따라서 이제는 더 이상 심각한 논의의 대상으로 삼는 사람들조차 보기 힘들게 되었다.

구속력 있는 규범들이 인간 행위에서 핵심적 요소로서 작용한다는 파슨스의 견해의 배경에 대해서는 앞에 이루어진 논의들을 통해 이미 충분히 살펴본 바 있다. 따라서 여기에서 요지만 반복하자면, 베버에게는 그것들이 갖는 정당성, 뒤르케임에게는 도덕적 권위가 사회적 규범들이 지닌 강제력의 기반이 되고 있으며, 개인의 이기적이고 타산적 성향의 산물이라기보다는 개개인을 초월하는 집단적 생활 공간에서 배태된 산물임이 강조되고 있다. 그리고 그 연원에 있어서는 사람들의 집단적 활동에 질서를 가져오는 데 중추적 역할을 수행했던 초월적 세계에 대한 신념들이나 그것들을 상징하는 종교적 의식들이 자리하고 있었음을 강조하고 있다. 파슨스는 자신이 구축하려고 하는 행위 이론을 "자원론적(voluntaristic)" 이론으로 특징짓고 있다. 이는 곧 자신의 의도가 사람들의 행위 구조에서 행위 규범들과 함께 그것의 바탕이 되는 이념적 요소들에게 매우 중요한 역할을 허용하고 있음을 명확하게 드러내는 데 있음을 보여준다.

그럼 위에서 간단히 스케치한 파슨스의 자원론적 행위 이론을 조금 더 정밀하게 살펴보려고 한다. 우선 파슨스는 단위 행동을 행위의 목적, 행위가 이루어진 상황 그리고 행위를 규제하는 규범 — 세 가지 요소로 구성되어 있는 것으로 파악한 파슨스의 주장을 다음과 같이 간단한 도식으로 표현한다:

$$A = S + E + N$$

그런데 S로 표시된 상황은 그것이 직접적으로 행위에 작용하기보다는 행위자의 상황적 요소들에 대해 인식하고 있는 행위자의 지식들을 매개로 영향을 미치기 때문에 S의 영향은 다음과 같은 도식으로 표현된다:

$$S(T,\ t,\ ie,\ r)$$

위의 괄호 안에서 T는 상황적 요인들에 대해 과학적인 타당성이 확보된 지식을, t는 (객관적인 관찰자가 보기에) 과학적 타당성이 결여되었거나 잘못 추론되었거나, 지식의 결여 상태를, ie는 상황적 요인에 상징적으로 표현된 것으로 여겨지는 규범적이거나 이념적 요소들, r은 T와 t가 달라짐에 따라 함께 바뀌는 부수적 지식들을 지칭한다.

따라서 요약하자면, 1) 객관적으로 존재하는 상황적 요인들에 대해 행위자가 가지고 있는 정확하거나 2) 정확치 않는 지식들과 3) 상황 속에 담겨 있다고 여겨지는 규범적 또는 의미적 요소들 그리고 4) 주된 지식들이 바뀌는 데 따라서 변화하는 보조적 지식들을 지칭한다. 이어서 나오는 $E(T,\ t,\ i,\ r,\ ie)$에서는 i가 추가되어 있다. 이는 규범적 요소와 이념적 요소들을 지칭하고 있다. 따라서 E 안에 이것이 포함되어 있다는 것은 행위 목적의 선택에는 규범적 요소와 이념적 요소들이 직접적으로 개입된다는 것을 의미하기 위한 것이다. 물론 행위 목적을 선택하는 데 있어서도 목적의 추구는 목적과 관련된 사실적인 지식들이 요구된다는 점에서 $T,\ t,\ r,\ ie$은 포함되어 있다. 이는 또한 규범들이 선택되는 데도 마찬가지로 적용된다. 따라서 전체적으로 자원론적 행위 이론은 다음과 같은 도식의 형태로 표현되고 있다.

$$A = S(T, t, ie, r) + E(T, t, i, r, ie) + N(T, t, ie, i, r)^{82)}$$

이와 같이 표현된 파슨스의 이론이 갖는 상대적 특징을 이해하기 위해서 파슨스가 또한 도식을 빌려 표현한 두 가지 다른 이론과 비교해 보는 것이 도움이 될 것이다.

$$A = S(T, r) + E(T) + N(T) \qquad (1)$$
$$A = S(ie, r) + E(i, ie, r) + N(i, ie, r) \qquad (2)$$

위 (1)의 도식은 "극단적 실증주의 이론"을 도식으로 표현하고 있으며, 도식 (2)는 순수하게 관념론적 이론을 표현한 것이다. 도식(1)에서는 행위는 실제로 행위에 영향을 미치는 사실적 요인들만을 고려함으로써 설명될 수 있음을 강조하고 있다. 행위자의 머릿속에 존재하는 어떤 관념적인 사실도 그것이 실재하는 사실이 아닌 이상 어떤 영향도 우리의 행위에는 영향을 미칠 수 없다는 것이다. 두 번째 이론은 순수하게 관념론적인 이론을 표현하고 있다. 모든 행위는 우리의 생각으로부터 나온다. 따라서 사회적 행위의 가장 기본적인 결정요인을 "관념(ideas)"으로 본다는 데서 특징을 갖는다. 여기서 주목을 요하는 중요한 사실은 파슨스의 자원론적인 이론에서는 위의 두 개의 이론적 모형에 포함된 요인들을 모두 포함하고 있다는 점이다. 이는 행위의 목적이나 수단들이 선택되고 실행되는 과정에는 다양한 상황적 조건들만이 아니라 이념적 요인들, 규범적 규제 등의 다양한 요인들이 복합적으로 작용한다는 것을 의미한다. 파슨스(1968a: 82)가 "자원론적 체계는 상황적 요인들과 기타 비규범적 요인들이 중요한 역할을 수행한다는 점을 조금도 부인하지 않는다. 단지 그러한 비규범적 요인들이 규범적 요인들과 상호의존적인 관계에 있다고 생각하고 있을 따름이다"라고 이야기한 것은 바로 이와 같은 점을 강조한 것이다. 알

---

82) 이 도식에서 S, E, N 사이에 i의 위치가 바뀌는 것은 i의 영향력이 행위의 목적을 선택하는 데 있어서는 규범을 선택할 때보다는 더 크게 작용한다는 것을 의미하기 위한 것으로 여겨진다.

렉산더(1992:323)의 다음 언급 역시 바로 같은 점을 지적하면서 파슨스의 입장을 옹호하려는 데 목적을 두고 있었다: "파슨스가 그의『사회적 행위의 구조』에서 뒤르케임의 투박한 사회학주의(sociologism)에 대해 비판을 퍼부은 것은 사실 이와 같은 이론의 통합(synthesis)을 이룩하기 위한 것이었다."

대립되는 사회학적 이론 진영들 간에 상충된 것으로 이해되어 온 여러 행위 요인들을 한 단위의 행위 속에서 상호침투된 형태로 작용하는 요인들의 체계로서 설명하고자 하는 파슨스의 노력은『구조』이후에도 계속해서 이어지게 된다. 이런 점에서 파슨스가 "다원론(多元論)"을 지향하고 있다는 것은 부인할 수 없는 사실로 여겨진다. 파레토나 뒤르케임 그리고 베버 역시 그러한 방향을 향해 발전해오고 있었다는 주장에 대해서는 이견이 제기될 수도 있고, 실제로도 이견이 제기되기도 하였다(Cohen, Jere, Lawrence E. Hazelrigg and Whitney Pope, 1975; Pope, Whitney, 1973; Pope, Whitney, Jere Cohen and Lawrence E. Hazelrigg. 1975). 그러나 필자는 이는 적어도 인간의 행위에 관한 이론으로서 실제로 인간 행위의 본질에 어느 정도 올바르게 잘 접근하고 있느냐 하는 문제 그 자체로 보아서는 별로 중요한 문제로 여겨지지는 않는다. 학문의 역사에서는 앞선 학자들에 대한 평가가 매우 다를 수가 있고, 그 가운데서도 잘못되었다고 평가된 해석이 중요한 지식의 진보를 이끄는 경우도 가끔 일어나기 때문이다. 그와 같은 의미에서 필자는 적어도『구조』에 관한 한, 파슨스의 사회적 행위의 분석을 위해 고안된 이른바 "개념적 준거틀(conceptual frame of reference)"에 대해 심각한 비판을 제기한 문헌들을 접해본 기억이 별로 없다. [83] 이후에 나온 평가들을 볼 때,『구조』의 다원론적인 시각은 이론적 시각을 달리하는 모든 이론적 진영의 입장에서 보았을 때 자신들의 시각과 견해를 같이하는 요소들이 핵심을 이루고 있다는 유리한 해석이 가능했을 것으로 여겨진다. 예를 들어, 터너(Turner, 1992)는 파슨스의 행위 이론과 상호작용 이론을 비교하면서 얻은 결론 중 하나가 그 이론적 관점에 있어서 유사성이었다고 지적하고, 바로 이와 같은 점에서

---

83) 파슨스에 대한 비판적인 견해를 표명한 가장 대표적 학자들로 거론되어 온 씨 라이트 밀스(C. Wright Mills)라든지 앨빈 굴드너(Alvin Gouldner) 같은 학자들이 교육받고 학자로서 활동한 시기 동안 이들에게는『구조』보다는 그 이후로 발전된 "구조기능주의 이론"이 주된 비판의 과녁이었다.

파슨스를 "상징적 상호작용론자"(p.283)로서 규정지은 바 있다. 필자 역시 이와 같은 결론이 그다지 무리한 것은 아니라고 보고 있다. 왜냐하면 아래에 인용된 파슨스 이론에 대한 터너의 해석이 결코 파슨스의 본질적인 입장에서 벗어난 것이라고 판단할 수만은 없기 때문이다: "(파슨스의 이론에서는)목적과 수단 그리고 대안적인 수단들을 평가하고 선택하는 과정이 상징적 과정에 의해 매개되고, 물질적 상황의 변수들에 의해 제한을 받는다는 점이(특히 이러한 제한 조건들은 상징적으로 해석된다는 사실이) 고려되고 있다"(1992: 285). 흥미로운 사실은 이와는 반대되는 지점에 위치하고 있다고 여겨지는 합리적 선택 이론가(rational theorist)[84]로 알려진 콜만(James S. Coleman)(1986) 역시 파슨스는, 적어도『구조』이후『사회 체계(Social System)』를 쓰기 전까지는, 자신과 입장을 같이 하고 있었다고 주장하고 있다는 것이다. 이같이 서로 입장을 달리하는 여러 부류의 이론가들이『구조』가 자신들이 공감할 수 있는 이론적 시각을 담고 있다고 평가했던 것은 파슨스가 마련한 매우 넉넉한 공간 속에 여러 이론적 시각들이 공존하기에 충분한 개념적 토대들을 종합적으로 포함하고 있었던 데 기인함은 분명한 것으로 여겨진다. 즉, 여러 요소들의 "통합(synthesis)"의 청사진을 이미 구상하고 있다는 것이다.

이 단계에서 이른바 개념적 준거틀의 수준에 머물러 있는 파슨스 이론에 대해 어떤 이론적 성과를 실질적으로 성취할 가능성을 평가한다는 것은 쉽지는 않았을 것이다. 일단 인간의 사회적 행위가 인간 행위로서 특징을 갖기 위해 갖추어야 할 본질적 요소들을 분석하고, 그것들이 행위 과정 속에 차지하는 상대적 역할에 따라 비교적 간결한 개념 체계 속에 정리해서 표현한 것은 대단한 업적으로 평가되어야 한다고 본다. 이러한 작업에서 기능한 한 파슨스가 유지하려고 노력한 객관적이고, 어느 한 편에 매몰되지 않은 태도 역시 여러 다양한 이론적 시각들에 각기

---

84) 파슨스는 "행위의 합리적 선택"을 주로 강조하는 이론을 공리주의의 한 전형적 유형으로 분류한다. 이러한 관점은 가치, 이념과 같은 상징적 요인들에 의한 매개 과정을 고려에 넣고 있지 않다는 점에서 인간의 행위에 대해 "실증주의적"(급진적이라고까지 표현할 수는 없지만) 입장을 견지하고 있다는 것이 파슨스의 평가이다. 따라서 합리적 선택이론가들은 바로 위에서 언급된 상징적 상호작용론자들과는 대척점에 서 있는 이론적 입장을 취하고 있다고 규정지을 수 있다.

무게를 배분하고 하나로 통합된 개념 체계 속에 각각에게 적절한 자리를 마련하는 데 상당한 기여를 했던 것으로 여겨진다. 사회학계에서 어떤 이론적 입장이라 하더라도 반대파들과의 분란이 끊이지 않았던 점을 감안하건대, 파슨스의『구조』와 같이 사회학 전반에 걸쳐 일종의 "장전(章典)"의 역할을 목적으로 하는 야심찬 문서가 발표되었는데도 여러 갈등하는 이론적 진영들 간에 반박의 소리가 비교적 없었던 이유는 아마 여기에 있지 않았나 하는 것이 필자의 추측이다.

물론 필자의 입장에서는, 완성된 이론이라기보다는 그것에 이르기 위한 청사진을 그리고 있다는 한계점을 감안하더라도 행위를 구성하는 요소들이 구체적으로 어떤 사실을 의미하는지, 또 그것들 간의 관계 양태 역시 파슨스가 당연하게 여기는 것처럼 그저 당연하게 넘길 문제는 아니라는 생각이 든다. 우선 파슨스가 말한 "목적"에 대해서 생각해 보자. 행위자가 현재 자기가 위치한 장소에 있어서 변화를 원한다면, 원하는 장소로의 이동이 목적이 될 것이고 이용한 가능한 교통수단은 그것을 이룰 "수단"이 될 것이다. 그러한 이동이 주어진 상황 하에서 규범적으로 허용되고 이해할 만한 것이라면 그 이동의 실현은 주어진 개인에게 바람직한 행동이 될 것이다. 이에 반해, 머튼(1968)이 지적한 제도적 상황 하에서 행위자에게 부과된 "목적"에 관해 생각해 보자. 이에 대해서는 다음에 이어지는 부분에서 더 구체적으로 논의될 것이다. 여기에서는 이와 관련하여 아주 간단히 파슨스 개념 체계가 가진 문제점을 아주 간략하게 지적해 보려고 한다. 우선 머튼은 미국의 제도적 상황 하에서 어느 부류의 사람들에게는 실현가능성이 희박하면서도 제도적으로 강조되는 목적이 부과되고 있고, 이를 추구하도록 압력을 받고 있다고 설명한다. 그렇다면 실현가능성이 희박하지만 제도적으로 부여되는 목적의 성격과 의미를 우리는 어떻게 특징지을 수 있을 것인가? 행위자의 주관적인 인식 속에서 실현가능성이 오히려 부인된 상태에서 추구되는 목적, 또는 실현하기 극히 어렵다는 인식 때문에 원망(願望)과 원망(怨望)을 동시에 동반하는 목적의 추구는 어떤 특징과 현실적 함의를 지닌 현상으로 규정할 수 있을 것인가? 머튼은 이와 같은 상황을 "아노미적" 상황, 즉 기존하는 행위의 규범적 "질서"가 붕괴될 위험에 처한 상황이라고 규정한다. 분명한 사실은 개인들이 처한 행위적 상황들에는 파슨스가 생각하듯이 질서만 존재하는 것은 아니고, 질서의 붕괴와 그에 따른 변화의 가능성에도 항시 노출되어 있다는 것이다. 이는 파슨스가 뒤르케임의 『자살론』에 관해 논의할 때도 인정했던 사실이기도 하다.

다음으로, 파슨스의 파레토에 대한 이해는 대체로 "비논리적 유형의 잔기(non-logical type of residues)"로 불리는 요소들이 행위 질서에 대해 갖는 함의를 분석하는 데 집중되어 있다. 이러한 요소들이 공리주의적 관점에서 설명되는 인간 행위의 논리적 특성과 그에 따른 실증주의적 접근방법이 갖는 한계 그리고 자원론적 행위 이론의 필요성을 지적하기 위한 하나의 근거로서 인용되고 있다. 그런데 우리가 파레토의 이론을 진정으로 심각하게 받아들인다면 파슨스의 자원론적 이론에서 보는 바와 같은 통합적 이론의 추구는 다소 거북한 딜레마에 처할 우려가 발생하게 된다. 파슨스는 기본적으로 행위를 구성하는 여러 요소들이 하나의 체계 속에서 복합적으로 작용한다고 보고 있다. 이러한 의도는 그러한 요소들이 파슨스의 행위 구성 도식에서 =, + 그리고 ( )안에 동시에 표현되고 있다는 사실에 의해서 분명하게 나타나고 있다. 즉, 행위는 모든 요소들이 각기 작용하는 힘과 그것들 간의 상호작용을 모두 합산한 형태로 표현되고 있다. 즉, 다원적이며 통합적인 이론 모형이며, 바로 이 점이 현재에 이르러서도 이론 통합을 위한 시도의 효시로서 평가받는 이유일 것이다. 그런데 파레토가 그의 잔기(殘基) 이론을 통해 역점을 강조하고자 했던 사실의 하나는, 잔기의 순환적 교체를 통한 사회변동의 현상을 설명하기 위한 것이었다. 이에 관해서는 다음 장에 좀 더 자세한 설명이 이루어질 것이다. 어쨌든 파레토는 행위의 심리적 내지는 이념적 토대를 이루는 잔기의 지배적 유형이 시대에 따라 다르게 나타난다는 주장이 사실이라면, 파슨스의 행위 도식은 시기, 시대의 상황, 또는 사회 유형이 갖는 특색에 따라 다르게 표현되는 것이 맞을 것이다. 물질 중심적인 사상과 이념 중심적 사상 간의 주기적 순환을 중심으로 이루어지는 사회의 변화 과정은 소로킨(Sorokin, 1957)에 의해서도 주장된 바 있다. 여기서 우리가 한 가지 특히 유의할 점은 파레토나 소로킨의 주장은, 파슨스와는 다르게, 자신들이 폭넓게 수집한 경험적인 자료들을 분석한 결과에 근거를 두고 있다는 점이다. 그냥 무시할 만한, 근거없는 주장은 아니라는 것이다.

파슨스의 입장에 대해 부정적인 평가를 담은 위의 주장들은 단지 파슨스의 이론은 행위 이론에서 하나의 중요한 업적으로 받아들일 수 있으되 많은 측면에서 비판적인 검토를 요하는 문제점을 지니고 있다는 점을 두어 가지 단적인 예만을 들어 시사하기 위한 것이다. 실로 이 책은 행위와 관련된 여러 이론들을 검토하고 비교함으로써 인간 행위의 이해에 기여할 수 있는 보다 나은 패러다임의 구축을 위한 시도라는 점에서 의의를 갖는다. 그와 같은 맥락에서 앞으로 검토하고자 하는 하나하나의 이론들은 실은 파슨스의 행위 이론에 대해, 아니면 적어도 어떤 측면에 대해서, 대안적 발상들을 담고 있는 것으로 필자는 평가한다. 그리고 이러한 필자의 평가에 따라 선택된 제한된 수의 문헌들을 고찰의 대상으로 삼고 있다는 점에서 기왕에 발표된 모든 종류의 행위 이론들에 대한 전면적인 고찰을 목적으로 하는 것은 아니라는 점을 여기에서 밝혀두고자 한다.

로버트 머튼(Robert Merton)

사회적 행위의 현장에서 본 미국 사회의 현실

03

우선 이 책에서 머튼의 아노미 이론을 논의의 대상으로 삼고자 하는 필자의 의도에 대해서 약간의 설명이 필요할 것으로 여겨진다. 행위 이론의 맥락에서 필자가 조명하고자 하는 머튼의 논문 "사회구조와 아노미(Social Structure and Anomie)"는 1938년에 처음 발표되었으며, 이는 파슨스의 『구조』가 출판된 바로 다음해였다. 그리고 머튼이 하버드 대학에서 대학원 과정을 밟고 있던 시기는 1931년에서 1936년까지였다. 이 시기는 파슨스가 유럽에서 돌아와 사회관계학과에서 강의를 하고 있던 때였다. 머튼은 당시에는 젊었던 파슨스의 사회학 이론 과목에 관심을 갖고 강의를 들은 적이 있었던 것으로 알려진다(Calhhoun, 2003). 이로써 필자가 전부터 가졌던 다음의 두 가지 의문이 바로 이 사실에 의해 대체로 설명되는 것으로 여겨진다. 첫째는, 언급된 머튼의 논문에서는 행위의 의도된 "목적"과 그것을 달성하는

데 허용된 "제도화된 수단들"이 주제가 되고 있다. 여기에서 한 가지 의문이 제기된다. 왜 찰스 카믹(Charles Camic)(1998: 283)이 "미국 사회학이라는 현대의 드라마에서 주역" 또는 미국 사회학의 "장전(Charter, 章典)(1989: 38)이 되었다고 평가한 파슨스의 가장 대표적 저서, 『구조』는 참고문헌에서 전혀 눈에 띄지 않고 있느냐 하는 것이다. 목적과 수단이 파슨스의 행위 이론에서 행위의 두 본질적 요소로서 지적되고 있음을 감안한다면, 이는 상당히 의외적(意外的)인 일로 여겨진다. 당시에 머튼이 하버드 대학에서 파슨스와 라이벌 관계를 유지하고 있었던 피티림 소로킨(Pitirim Sorokin)의 연구 조교였고, 따라서 자신의 논문을 집필할 당시 파슨스의 책을 직접 읽지는 않았는지는 모르겠으나 아마 파슨스와의 강의를 통해 책의 내용 자체에 대해서는 이미 숙지하고 있었을지 모른다는 짐작은 가능하다. 머튼이 파슨스의 행위 이론으로부터 행위의 목적과 수단을 핵심적 구성 요소로 보는 견해를 빌려와 그의 논문의 이론적 분석틀로 활용하고 있다는 사실에는 의문의 여지가 없는 것으로 여겨진다. 그렇다면 왜 파슨스에 대한 언급이 전혀 없었는지 하는 의문이 제기된다. 이에 수반되는 또 하나의 의문은, 머튼의 논문에서 아노미의 개념은 행위의 목적과 수단 간의 괴리 상태를 의미한다는 점에서 파슨스의 행위 이론의 맥락에서 그 의미를 위치 지우는 것은 당연할 수밖에 없는 것으로 여겨진다. 그렇다면 제도적으로 강조되는 행위의 목적과 그것의 달성을 위해 제도적으로 용인된 수단 간에 존재하는 연결 구조에 대해 "사회구조"라는 용어를 붙이는 것이 적절한 것인가? 파슨스 이론의 맥락에서 본다면, 행위 요소들 간의 결합 구조를 지칭하고 있다는 점에서 "(사회적) 행위 구조(structure of (social) action)"로 명명하는 것이 더 적절할 것으로 여겨진다. 물론 머튼의 논문이 쓰여질 당시 파슨스의 행위 이론이 실제로 어떤 영향을 미쳤는지 알 수 있는 자료를 필자는 가지고 있지 않다. 분명한 것은 머튼이 자신의 논문의 제호(題號)에서 사용한 "사회구조"라는 용어가 파슨스의 책의 제호로 사용한 "사회적 행위의 구조"와 그 의미에 있어서는 거의 일치하고 있다는 점이다. 그리고 그 내용의 부합도에 비추어 양자가 그야말로 우연하게 동일한 내용의 현상을 각기 다른 용어에 담아 표현한 것은 아닌 듯 싶다는 것이 필자의 판단이다. 의문은 머튼이 만약 파슨스의 행위 이론을 인지하고 있었다면, 왜 구태여 "사회구조"라는 용어를 자신의 논문에서 사용하고 있느냐 하는 것이다.

그럼 이제 머튼의 논문을 들여다보자. 머튼의 논문은 아주 간단하게 이야기해서 파슨스의 행위 이론을 미국에 실재하는 사회적 상황을 이해하는 데 적용함으로써 얻어진 결론을 보고한 것이다. 조금 구체적으로 이야기하자면, 미국인들의 행위가 주로 어떤 목적을 성취하기 위한 의도로 수행되며, 그것을 성취하기 위해 어떤 수단들이 활용되고 있는지를 관찰하고, 그 결과를 보고한 논문이다. 보고된 결과는 아마 파슨스의 입장에서, 필자가 실제로 머튼의 논문에 대해 어떤 반응을 보였는지 읽거나 들어본 적은 없으나, 상당히 놀랐으리라고 짐작된다. 왜냐하면 인구의 상당 부분이 "아노미적" 상황에 처하고 있다는 것이 결론으로서 제시되고 있기 때문이다. 파슨스가 『구조』를 집필한 가장 결정적인 이유 가운데 하나는 "질서의 문제"를 해명하기 위해서였다는 데에는 의문의 여지가 없다. 즉, 공리주의적 인간관을 토대로 많은 사람들이 모여 사는 경우에 어떤 일이 벌어질지를 예상한다면, 우리가 논리적으로 내릴 수 있는 가장 합리적인 결론은 홉스가 말하는 "만인의 만인을 향한 투쟁"의 상태일 수밖에 없다는 것이다. 이것이 사람들이 단지 이기적인 본성을 지닌 존재라는 사실을 전제했을 때, 논리적으로 얻어질 수 있는 유일한 결론이라는 것이 파슨스의 주장이다. 그러나 의문은, 논리적으로 예측되는 바와는 다르게 실제에 있어서 사회에는 "질서"가 존재하고 있다는 점이다. 그렇다면 사회의 질서는 어디에서 오는가? 어떻게 가능한가? 하는 의문이 홉스가 제기한 질서의 문제이다. 그런데 머튼이 그의 눈문에서 보고한 결과는, 홉스나 파슨스 양자가 수용하기에는 불편할 수 있는 내용을 담고 있었다. 존재하고 있는 사회의 질서라는 것이 과연 안정적인 어떤 것인가 하는 데 대해 의문에 제기되기 때문이다.

　머튼에 의해 제기되는 이와 같은 문제를 보다 잘 이해하기 위해서는 사회에 질서가 어떤 기반 위에서 유지되고 있는지에 관한 파슨스의 견해를 다시 한번 살펴볼 필요가 있다. 홉스는 사회 질서는 사람들 간에 이익을 놓고 벌어질 갈등을 통제할 수 있는 권력 기구, 즉 국가를 만드는 데 동의하고, 국가의 권력에 복종하기로 합의한 데서부터 가능하게 되었다고 보고 있다. 반면에 파슨스는 사회 질서라는 것이 사람마다 물질적 이익을 조금씩 양보한다고 가능하게 되는, 그렇게 간단한 문제는 아니라고 본다. 우선 인간이 추구하는 목적이나 그것을 실현하는 데 유용한 수단들에는 실로 다양한 선택의 가능성들이 존재한다. 따라서 어떤 목적이 선택되는 것이 바람직한 것인지 그리고 어떤 수단들을 통해 그 목적들이 이루어지는 것이 바람직한 것인지를 놓고 공동체 구성원들 사이에 합의가 이루어지지 않는다면, 무질서는 필연적으로 발생할 수밖에 없을 것이다. 이는 근원적으로 무질서가 발생할 가능성을 안고 있는 문제이다. 무질서의 원인은 홉스가 말하는 이익의 충돌에 국한되는 것은 아니기 때문이다. 여기에는 세상의 일들을 다르게 인식하고, 다른 가치를 가지고 목적과 수단을 선택할 가능성도 포함된다. 다시 말해, 인간들의 사회는 물질적 이익의 상충과 함께 누구나 자유스러운 의지에 따라 마음대로 행동하고 생각함으로써 무질서가 발생할 가능성이 상존하는 곳이다. 여기에서 파슨스가 우리의 주의를 환기하는 현상이 곧 우리의 행동에 대해 어떤 구속력을 갖는 규범의 존재와 역할이다. 여기에서 우선 "규범(norm)"에 대한 파슨스(1968a: 75)의 설명을 들어볼 필요가 있다.

> 원래 경험 과학에서 사용되는 의미와 윤리적이며 법적인 관점과 연관된 의미에서의 규범의 의미는 다르게 사용된다. 과학적 연구에서 폭넓게 사용되는 규범이라는 용어의 의미를 좀 더 정확하게 규정하기 위해서는 더 자세한 설명과 정의가 필요하다. 현 연구(즉, 『구조』의) 목적을 위해서, 규범적이라는 용어는 행위 체계의 한 측면, 부분, 또는 요소들을 지칭하는 의미에서 사용될 것이다. 단, 여기에는 다음과 같은 조건에 충족되어야 한다. 한 명 또는 그 이상의 행위자들이 어떤 행위가 그 자체로서 1) 주어진 공동체 구성원들을 위해 2) 그 공동체 구성원들의 일부를 위해, 3) 하나의 단위로서 공동체 전체를 위해 (바람직한) 목적이 된다는 생각을 가지고 있거나 아니면 그것을 말로써 표현하고 있다는 사실이 분명해야 한다는 것이다. 이 경우 그 목적은 다른 목적의 달성을 위한 수단이 되는 경우도 포함될 것이다.

위의 인용문에서 "규범적"이란 행위 체계의 어떤 측면 또는 구성 요소들이, 예를 들어 행위의 목적 또는 그것들의 토대가 되는 신념 등과 같은 요소들이 그 자체로서 바람직스럽다는 인식이 주어진 공동체의 구성원들 사이에 형성되어 있는 상태를 지칭한다. 이어서 파슨스(1968a: 75)는 "규범(norm)"을 다음과 같이 정의하고 있다.

규범이란 바람직한 것으로 간주된 구체적인 행위 과정을 언어적으로 서술한 것이다. 여기에는 앞으로 행해질 어떤 행위가 지시된 행위 과정에 부합할 것을 촉구하는 명령어가 포함되어 있다. 그러한 규범의 예로서 다음과 같은 진술문을 들 수 있다: "병사들은 그들을 지휘하는 장교들의 명령에 복종해야 한다."

위와 같은 파슨스의 진술을 염두에 두면서 이제 파슨스의 행위 이론의 맥락에서 미국인들이 실제로 어떤 상황에 처해 있는지를 고찰한 머튼의 연구 결과에 대해 살펴보려고 한다.

가. 미국의 사회구조: 미국인들이 처한 행위 상황의 구조적 특징

이미 앞에서 지적했듯이, 머튼은 일단 미국의 사회구조적 특징을 미국인들이 그들의 행위를 통해 달성하고자 하는 목적과 그 목적을 달성하기 위해 사람들이 사용할 수 있는 수단이라는, 두 가지 행위 요소의 연결 구조 속에서 파악하고 있다. 그렇다면 이제 미국인들에게 강조되고 있고 그리고 일반적으로 바람직스럽게 여긴다는 점에서 미국의 "규범화된 제도" 속에 뿌리내린 행위의 목적으로는 어떤 것(들)이 있는가? 머튼은 그것이 "성공," 특히 "금전적 성공(monetary success)"이라고 지적한다. 금전적 성공은 그 나름대로 매우 독특한 특성들을 수반한다. 머튼은 그 특성을 두 가지 측면으로 나누어 설명한다. 하나는, 돈은 그것이 지닌 구매력 외에도 "명예로운 지위의 표징"으로 간주되기 때문에 그것을 소유하고 있다는 사실 자체로 해서 소유자에게 범접하기 어려운 품위를 부여하게 된다. 금전적 성공은 곧 부유(富裕)함으로부터 발휘되는 실질적 능력과 함께 사회적으로 인정된 명예를 동시에 거머쥐는, 이중의 성공을 그것을 성취한 사람에게 가져다주게 된다. 금전적 성공의 또 다른 측면은, 그것은 성공을 향해 결코 소진되지 않은 열정을 계속해서 부르게 된다는 것이다. 금전적 성공을 향한 노력은 일단 성공을 성취한 연후에는 거기에서 멈추는 것이 아니라 지속적으로, 또 많은 경우에는 좀 더 상향된 목표를 향한 노력으로 이어지게 된다. 성공을 위한 이와 같은 지속적 활동은 칼뱅 교도의 청교도 윤리가 초기의 자본주의 사회에서도 그러했듯이, 미국이라는 자본주의 사회에서도 경제 분야는 물론 관련된 여타 사회 분야에 대해서도 엄청난 활력을 부여하게 된다. 이와 관련하여 머튼(1968:190-191)은 "금전적 성공의 목표가 미국 문화 속에서 깊숙이 뿌리를 내렸다고 말하는 것은 미국인들이 그러한 목표를 향해 살아갈 수 있는 권리와 또는 그러한 목표를 위해 살아야 할 의무를 지니고 있다는 사실을 강조하는 훈계들을 매 순간 들어가며 살아가고 있다는 사실을 말해주고 있을 따름이다"라고 지적한다. 다른 말로 표현하자면, 성공을 향한 멈춤 없는 지향은 미국 문화를 지탱하는 힘이자 특성이 되고 있다는 것이다.

위대한 성공을 향한 노력을 강조하는 미국 문화의 특성은, 다른 한 편에서는 야망이 없는 사람들, 즉 "포기자(quitter)"에 대한 부정적 평가와 비하로 이어진다. "미국의 사전에는 … 실패란 단어는 없다"라는 말에 숨겨진 "문화적 선언의 의미는 분명하다: 포기하는 일이 없어야 하며, 노력하는 데는 그침이 없어야 하고, 목표를 무너뜨리는 일이 없어야 한다는 것이다. '실패가 아니라 목표를 낮게 잡는 게 곧 범죄인 것이다'"(Merton, 1968: 193). 머튼은 이어서 성취와 관련하여 미국 문화에서 강조하는 행동 수칙을 다음과 같은 세 가지 문구로 정리하고 있다: "첫째로, 모든 사람들은 다 같이 높은 목표를 향해 노력해야 한다. 왜냐하면 그러한 목표들은 모든 사람에게 열려 있기 때문이다. 둘째로, 현재 실패처럼 보인다 할지라도 이는 최종의 성공을 향한 중간 기착점에 불과할 따름이다. 셋째로, 진정한 실패는 야망을 낮추거나 포기하는 데 있다." 여기에서 제기될 수 있는 흥미로운 의문은, 만약 우리가 파슨스에게 이와 같은 행동 준칙들이 왜 미국인들에게 의심할 수 없는 진리처럼 받아들여지고 있느냐고 묻는다면, 그가 어떤 대답을 내놓았을지 하는 것이다. 필자가 짐작하는 바는, 합의된 규범을 뒷받침하는 어떤 형태의 "카리스마적" (또는 "윤리적") 구속력을 설명하고, 이어서 왜 사람들이 그러한 구속력을 "정당한" 것으로 인식하느냐에 대한 설명이 이루어지리라는 것이다. 적어도 이와 같은 방식의 설명이 파슨스가 그의 『구조』에서 규범이 갖는 구속력을 설명할 때 사용한 방식과 부합하고 있다는 것은 분명한 듯 여겨진다. 그러나 실제로 미국인들이 이런 식의 설명을 한다든지 또는 사실상 그러한 설명에 동의하리라고 보지는 않는다. 첫 번째 이유로는 우선 머튼의 논문에서 발표된 내용을 실제로 심각하게 받아들인다면, 조금 있다가 설명할 "아노미적 상황"에 사실상 노출된 사람들이 문화적으로 강조된 그와 같은 목표들을 파슨스가 주장하는 것처럼 긍정적으로 받아들인다는 것은 현실적으로 상상하기 어렵기 때문이다. 여기에서 필자가 논의가 전개되는 맥락에서 잠깐 벗어나 한 가지 언급하고자 하는 사항이 있다. 그것은 방금 위에서 지적한 점이 필자가 머튼의 해당 논문을 파슨스의 행위 이론을 반박하는 하나의 중요한 문헌으로 평가하게 된 이유가 되었다는 것이다.

물론 많은 사람들이 이른바 아노미적 상황에 노출되어 있는 데도, 사회에서 전방위적으로 미국인들의 머릿속에 불어 넣어주고 있는 "성공을 향한 열정"이 미국인들의 의식 속에서 대체로 성공적으로 재생 또는 작동하고 있다고 보는 머튼의 **기능론적인 설명**[85] 역시 납득하기 어려운 면이 없지는 않다. 우선 필자가 현재에 이르러서는 미국 사회와 매우 유사하다고 평가하는 한국 사회에서도, 대부분의 사람들이 과연 성공이란 목표를 그토록 열정적으로 추구하고 있는지는 매우 의심스럽기 때문이다. 자본주의 사회에서 "성공"이라는 목표가 사람들의 주관적인 인식 속에서 작동하는 실제 모습에 대해 있는 그대로 현상학적 또는 엄밀한 실태 분석을 실시한다면 어떤 모습으로 나타날 것인가? 가장 일반적인 경우에, 많은 사람들의 머릿속에 떠오르는 자신들의 삶의 모습은 어떤 것일까? 다음은 필자가 짐작하기에, 평범한 보통 사람들에 해당되는 경우이다. 모든 다른 사회들의 경우에는 물론이거니와 자본주의 사회의 경우에도 "성공"이 사회에서 대략 중간 정도의 생활 비용의 안정적 조달이 가능한 일자리를 의미한다고 하더라도 수많은 사람들에게는 이것마저 성취하기 쉬운 목표는 아닐 것이다. 더욱이 자본주의 사회들에서 주기적

---

85) 세 가지로 요약된 수칙들은 다음과 같은 효과를 나타내게 된다고 머튼(1968:193)은 보고 있다: "사회학적인 용어로 바꾸어 설명하자면, 이와 같은 수칙들은 다음과 같은 효과를 거둘 것으로 여겨진다. 첫째로, 기회에 대한 완전하고도 평등한 접근이 보장되지 않은 사회에 살고 있는 개인들이 사회구조에 대한 비판을 자기 자신들에게 전가한다는 것이다. 둘째로는, 사회 하층민들이 자신과 동류의 사람들보다는 자신들이 종국에 가서는 합류하게 될 최상층부의 사람들과 동일시함으로써 사회적 권력 구조를 유지하는 데 기여하게 된다. 셋째로는, 사회에는 그들이 처한 불리한 입장 때문에 반쪽 자격만이 부여된 사람들이 있고 이들이 순응을 하지 않는다면 사회는 위험에 빠지게 된다. 따라서 끈질긴 야망을 갖도록 부채질하는 문화적 요구는 사람들을 사회에 순응하도록 만드는 효과를 나타낸다."

으로 나타나는 경제 침체나 위기 상황에 따라 언제나 위협받을 수 있는 일자리의 문제는 개인들에게나 사회에 실로 심각한 문제가 되어 왔다. 단적인 일례로, 어느 대기업 생산직 사원의 입사 경쟁률이 수백 대 일에 달하는 것으로 보도된 바도 있다.[86] 이와 같은 치열한 경쟁의 상황은, 파슨스가 말하는 가치와 이상을 공유하는 종교 공동체에 비유될 수 있는 모습은 결코 아니라는 것이 필자의 생각이다. 아마 사람들에 따라서는, 자신들이 처한 상태가 오히려 홉스가 말했던 "만인에 의한 만인을 대상으로 한 투쟁 상태"에 유사한 상태와 같다는 주장을 할 수도 있을 것이다.

이제 논의의 주된 흐름으로 돌아가 미국인들의 행위 구조에 있어서 다른 하나의 요소, 즉 행위의 목적 달성을 위해 제도적으로 허용된 수단들에 대해 언급해 보려고 한다. 앞에서 금전적 성공은 미국인들이 추구하는 가장 중요한 목적으로 인식이 되고 있다고 지적되었다. 그렇다면 제도적으로 허용된 수단으로는 합법적으로 허용된 기업 활동이라든지, 소득이 발생하는 직업의 취득 등등이 제도적으로 허용된 수단이 될 것이다. 여기에는 그 중간 단계에서 필수적인 교육에서의 성공과 같이, 최종적인 목적으로 볼 수는 없으나 그 자체만으로도 성공으로 인식되는 수단의 취득 과정도 포함될 것이다. 어떤 것들을 제도적으로 허용된 수단으로 볼 수 있느냐는 어떤 것들이 처벌과 비난을 수반하는 비정상적 수단들로 규정되고 있느냐를 살펴본다면 보다 명확하게 이해될 수 있다. 머튼의 논문에는 비난과 처벌을 불러일으키는 수많은 사례들을 예시하고 있다. 제도적으로 허용된 수단들이란 미국 사회에서 정상적이거나 합법적으로 간주됨으로써 사람들의 선택에 제한이 가해지지 않은 일체의 수단들을 지칭한다. 머튼은, 이미 지적되었듯이, 미국의 사회구조를 문화적으로 강조되는 목적과 제도적으로 허용된 수단이라는 두 가지 요소가 사람들의 행동 가운데서 결합된 양태로서 특징짓고 있다. 이 두 요소가 결합된 구조에 따라 사람들은 각기 적절한 유형의 적응 행동을 보이게 될 것인데, 머튼(1968: 194)은 이러한 적응의 유형을 다음과 같이 네 가지로 나누어 제시하고 있다.

---

86) KBS 뉴스 2023. 3. 13일자 보도(https://news.kbs.co.kr/news/view.do?ncd=7625577&ref=D).

〈도표 2〉 개인들의 적응 유형의 분류[87]

적응의 양태	문화적으로 규정된 목적	제도적 수단
I. 순응	+	+
II. 혁신	+	-
III. 형식주의	-	+
IV. 포기	-	-
V. 반체제	±	±

위의 표에서, +는 "수용"을, -는 "거부"를, ±은 "지배적인 가치에 대한 거부와 새로운 가치로의 교체"를 나타낸다. 따라서 I. 순응, II. 혁신, III. 형식주의, IV. 포기, V. 반체제는 해당 항목의 우측에 표시된 부호에 따라 다음과 같은 각기 다른 적응의 양태를 설명하고 있다.

1. 순응(conformity)

위에서 표시된 바와 같이 순응은 문화적으로 규정된 목적의 추구를 긍정적으로 받아들이는 동시에 제도적 수단에 대해서도 긍정적인 수용의 태도를 보이고 있음을 나타낸다. 머튼은 사회에 안정된 질서가 유지되고 있다는 것은 이와 같은 유형의 적응 행동이 "가장 일반적이며 폭넓게"(1968: 195) 퍼져 있음을 보여주는 것이라고 진단한다. 필자가 판단컨대, 파슨스의 행위 구조에 대한 이론의 전제가 되었던 것은 이와 같은 행태의 "질서"였던 것으로 여겨진다. 다시 말해서 그의 행위 이론은 사회에 이와 같은 형태의 질서가 실제로 자리 잡고 작동하고 있다는 전제로부터 출발하고 있다는 것이다.

---

87) 표는 머튼의 상기 인용 논문에 나타난 보여준 그대로 번역 전재한 것임.

2. 혁신(innovation)

혁신은 위 도표의 부호가 보여주는 바와 같이, 문화적으로 규정된 목표의 추구를 긍정적으로 받아들이는 반면에 제도적으로 허용된 수단은 거부하는 태도를 보인다는 것을 의미한다. 혁신이라고 명명한 것은 곧 목표의 실현을 위한 수단의 선택에 있어서는 행위자가 제도적으로 허용된 수단보다는 비합법적이거나 비윤리적인 수단을 고안해내거나 찾아내 사용하려 한다는 것을 의미한다. 이와 같은 정당한 수단의 거부 또는 우회는, 머튼이 지적하는 것처럼, 제도적으로 허용된 수단들을 사용하는 데 불리한 위치에 처한 하층 계층의 사람들 사이에 더 빈번하게 일어나는 것이 사실일 수도 있다. 그러나 반드시 그 계층에 국한된다는 증거가 충분한 것은 아니다. 상층부에서 일어나는 "혁신적" 행위는 "화이트칼라 범죄"에서처럼 숨겨 있는 경우가 흔하고(Merton, 1968:198), 또 "꼭대기에 있는 기업가들 사이에서는 혁신에 대한 압력 때문에 규범 안에서 이루어지는 기업 활동과 규범을 넘어서는 위험한 행동을 분간하기가 어려워지는 경우가 흔하기도"(Merton, 1968: 195) 하다. 머튼(1968: 195-196)은 이 같은 상황을 다음과 같이 기술한다:

베블런(Veblen)이 보았듯이, "어떤 특정의 경우에 그 행위가 칭송할 만한 판매술인지 형법에 저촉되는 범죄인지 구분한다는 것이 쉽지는 않다 — 실로 법원의 판결이 내려지기 전까지는 불가능한 경우도 흔히 있게 마련이다." 미국 거부(巨富)들의 역사는 악덕자본가들에 대한 칭송들에서 증언되고 있듯이, 그 합법성이 의심스러운 혁신적 조치들을 향한 고민들로 점철되어 있다. 은밀한 장소에서 사적으로 마지못해 표현되는 그리고 공개적으로도 가끔은 표현되기도 하는 이들 "영리하고, 뛰어난 두뇌를 지닌 성공적인 인간들"이라는 칭찬의 말은 신성화된 목표가 실제로 거기에 동원되는 모든 수단들을 정당화시키는 (미국의) 문화적 구조의 산물인 것이다.

위에 서술된 사실들은 혁신의 형태로 저질러지는 일탈 행동들은 사회의 상층부는 물론 중간 계층의 사람들 사이에도 매우 일반적으로 나타나는 현상이라는 점을 일깨워 준다. 그러나 우리가 여전히 짐작할 수 있고, 각종의 사회 조사 자료들도 증언해 주듯이, 사회적 일탈 행동은 그 빈도에 있어서 사회적으로 소외된 계층들 사이에서 높은 경향을 보인다는 점이다. 머튼은 이러한 현상이 미국 사회구조의 산물이라는 사실을 강조함과 동시에 그 원인에 대해서는 이론적인 면에서 매우 명쾌한 해답을 제시한다. 미국 사회에서 무차별적으로 강조되는 성공의 가치는 그것을 실현하기 위한 수단을 확보하는 데 불리한 입장에 서 있는 하위 계층 사람들에게 훨씬 더 강한 압력으로 작용한다는 것이다. 다시 말해서 혁신을 통한 적응은 상대적으로 불리한 입장에 처한 사람들이 선택할 가능성이 더욱 높은 적응의 양식이라는 것이다. 왜 하위 계층민들 사이에 일탈 행동의 비율이 상대적으로 높은지는 이로써 설명이 가능하다. 머튼(1968:200)은 이와 같은 주장을 간략하게 다음과 같이 표현하고 있다: "미국의 핵심적 덕목 '야망(野望)'은 미국의 가장 심각한 죄악인 '일탈 행동'을 증진시킨다는 것이다."

　미국 사회에서 일탈 행동이 실제로는 상당히 보편적인 현상이라는 점은 일반적으로 소위 기능론적 이론으로 일컬어지는 이론적 관점의 한계를 지적하는 경우에 많이 거론되곤 하는 주장이다. 즉, 사회의 각 구성요소들이 각각 전체 또는 상호 간에 필요한 기능을 수행함으로써 유기적으로 통합된 전체를 구성한다고 보았을 때, 구성원들 사이에, 또 그것이 일부 계층 사람들에 더 편중되었다 할지라도, 일탈 행동이 거의 보편적인 현상으로 발생한다는 것은 적어도 언급된 파슨스의 이론적 관점에서 설명하기 어려운 현상이 된다는 것이다. 거듭 언급되었거니와 파슨스는 사회과학의 가장 중요한 관심사를 **질서의 문제**라고 지적한다. 이 문제를 규명하기 위한 탐색이 곧 『구조』를 쓴 주된 의도였던 것이다. 우리가 현재 살펴보고 있는 머튼의 논문은 우리의 관심을 요하는 중요한 문제는 질서의 문제에만 국한되는 것이 아니라 질서에 동반해서 나타나는 의도되지 않은 효과, 즉 질서의 붕괴 현상 역시 사람들의 생존 환경을 특징짓는 매우 중요한 현상이라는 사실을 일깨워 준다. 그리고 바로 이런 점에서 머튼은 파슨스의 행위 이론의 바탕에 숨겨진 "사회 질서"에 대한 선입견에[88) 대해 매우 강한 반론을[89) 제기하고 있는 셈이다.

3. 형식주의(ritualism)

이 유형의 적응은 어떤 목적의 일을 하든 불법적인 수단을 사용하지는 않는다는 것이다. 그러나 어려운 수단이 요구되는 목적을 선택하지 않기 때문에 이 적응 유형을 선택한 사람들의 경우는 소위 "야망"과는 먼 거리를 두고 행동하는 사람들이다. 머튼(1968: 204)에 따르면, 이들 "형식주의자들"의 인생 철학은 "난 남의 눈에 띄는 행동을 하지 않는다," "그저 안전하게 살려고 노력할 따름이다," "현재 가진 것으로 나는 만족한다," "너무 높게 목표를 세우지만 않는다면, 실망하는 일도 없

---

88) 파슨스의 이와 같은 선입견과 대비되는 하나의 사례로서, 필자는 매우 흥미 있는 사실 하나를 이야기하려고 한다. 중국의 고전 『한비자(韓非子)』〈오두(五蠹)편: 88-911)에는 "법(法)"의 기원에 대해 다음과 같은 글을 싣고 있다. 이 글에서는 사람들의 인구 밀도가 증가하고 자연스럽게 채취 가능한 자연 자원이 고갈됨에 따라 사람들 간에는 생존을 위한 경쟁으로 극심한 갈등과 혼란이 초래되었다. 이 글의 필자 한비는 인간의 본성은 원래 이기적이기 때문에 윤리적 규범을 가지고 이를 통제한다는 것은 불가능하다고 판단한다. 따라서 인간 사회의 질서는 인간의 이기적 특성에 알맞은 방법, 즉 옳은 행동에는 상을 주고 악한 행동에는 벌을 주는 원칙을 법으로 제정하고 엄격히 실천함으로써 비로소 실현이 가능하다는 주장을 펼친다. 이것이 소위 "법가" 철학자들의 주장이었다. 반면에 『예기(禮記)』에는 사회의 질서에 대해 이와는 대조되는 견해가 실려 있다(정창수, 2013: 193-194). 앞의 법가 철학에서의 견해와 달리 유교의 철학적 견해가 반영된 것으로 판단된다. 유교에서는 대체로 사회 질서가 교란되는 가장 근본적인 요인을 상황적인 조건들과 함께 그러한 상황적인 조건들에 반응하는 인간 본성의 구조적 측면에서 설명한다. 즉, 인성(人性)의 구성 요소를 사단칠정(四端七情)으로 파악하고, 윤리적 기준에 부합되는 행동을 사람들로부터 기대할 수 있는 것은 사단(四端)으로 표현되는 인간의 도덕적 심성에 의해 가능하다고 본다. 즉, 인간은 본질적으로 타인과의 공감, 이해, 선악에 대한 인식의 공유와 같은 사회적 심성들을 공유하고 있기 때문에 도덕적 규범을 토대로 한 공동체 생활이야말로 인간의 본연의 성품과 부합된다는 것이다. 도덕적 규범, 즉 예법들이 어떻게 만들어졌는지에 대해서는 다분히 신화적인 설명이 제시된다. 옛 성인들이 모든 것들을 살핀 다음 자연의 이치와 인간의 도에 부합하는 규범들을 만들어 냈다는 것이다. 따라서 그와 같은 규범들의 준수를 통해 창출되는 사회 질서야말로 유교에서 추구하는 이상이 되어 왔다. 이렇게 규범과 관련하여, 옛 성인들의 권위가 그 정당성의 배경이 되었다고 주장하는 점에 있어서는 베버의 "카리스마적 정당성"에 대한 하나의 흥미있는 예시로 인용될 수 있을 것으로 여겨진다.

89) 이와 같은 내용의 비판은 파슨스가 행위 이론이 사회체계 이론 또는 구조기능론적 이론으로 발전된 이후에도 파슨스에 비판적인 입장에 선 일부 학자들(Cole, 1966; Dahrendorf, 1990; van den Berghe, 1963)에 의해 꾸준히 제기되어 온 문제였다.

을 것이다" 등과 같은 말을 통해 표현되고 있다. 이와 관련된 몇 편의 연구 문헌들을 근거로, 머튼은 "혁신" 유형의 적응 행동이 하층 계층의 사람들 사이에 빈도가 상대적으로 높은 반면에 "형식주의" 유형의 적응 행동은 중하(中下) 계층 사람들에게서 상대적으로 높은 빈도를 보인다고 지적한다. 그 이유로서는 중하 계층의 부모들이 자녀들에게 사회적 규범들을 지킬 것을 강하게 강조한다는 사실과 함께 이들 계층의 자녀들이 미국 사회에서 강조하는 성공을 실현시킬 수 있는 가능성은 상대적으로 낮다는 사실을 지적하고 있다. 다시 말해, 중하 계층의 사람들은 자신들이 처한 현실적 상황에 따라 자신들의 욕망의 수준을 높이는 데서 오는 실망을 이미 예견하고 있다는 것이다. 머튼은 여기서 한 가지 주의의 말을 덧붙인다. 형식주의는 적응의 유형이지 개인의 인성 유형을 의미하는 것은 아니라는 것이다. 당연한 이야기이긴 하지만 오해될 소지도 있다는 점에서 언급된 것으로 여겨진다. 따라서 함축된 의미는 행위자들은 언급된 미국의 사회구조적 상황 하에서 개인의 위치에 따라 어느 특정 유형의 적응 행동을 보일 가능성에 있어서 확률적인 차이를 보일 수 있으나, 특정 개인의 적응 행동은 개인의 인성적 성향에 따라 다른 방향으로 변화할 수 있다는 점이다.

4. 포기(retreatism)

포기란, 표에서 보여주고 있듯이, 문화적으로 강조되는 목적의 성취를 통한 성공을 포기함과 동시에 규범적으로 준수가 강조되는 모든 제도화된 수단을 포기하는 적응 유형을 지칭한다. 머튼이 지적하는 사례들로서는 "정신질환자들, 자폐병환자들, 부랑자들(pariahs), 노숙자들(outcasts), 방랑자들, 유랑자들(vagabonds), 거지들(tramps), 알코올중독자들, 마약중독자들이 여기에 포함된다. 머튼의 진단에 따르면, 이러한 사람들은 성공의 가치를 내재화한 상태에서 그것을 실현할 수 있는 제도화된 수단을 갖추지 못함으로써 애초에 제2 유형으로 지적된 혁신의 적응 방법을 선택한 사람들과 유사한 상황에 빠져 있던 것으로 볼 수 있다. 단지 허용된 제도화된 수단을 사용하지 않을 수 없도록 강하게 주입된 도덕적 의무감 때문에 심한 내적 갈등을 겪게 되고, 그 해소 방법으로 "도피(escape)"를 선택하게 된다는 점에서 전자의 유형과 차이를 보인다. 즉 "갈등은 그 유발 요인들, 목적과 수단 둘을 포기함으로써 해결되는 것이다"(Merton, 1968:207-208). 이러한 적응 유형의 중요한 특징들 가운데 사회학적으로 주목을 요하는 하나의 특징은 이와 같은 적응 유형을 보이는 사람들은 대체로 사회적으로 고립되어 있다는 것이다. 그리고 고립되어 있다는 점에서 집단적인 세력을 이루어 사회 운동으로 발전할 가능성은 매우 낮다. 이 점에서 바로 다음에 소개할 적응 유형과 매우 대비되는 특성을 보인다.

5. 반체제(rebellion)

머튼이 이 유형의 적응 행동을 설명하는 부분은 이 적응 유형의 행동을 특징을 간단히 요약하는 다음과 같은 글로서 시작된다: "이와 같은 유형의 적응은 사람들이 현재 그들을 둘러싼 사회 체제의 밖에서 새로운, 말하자면, 크게 변화된 사회구조를 모색해서 실현하는 데 노력을 기울이도록 이끌게 된다"(1968: 209). 이는 표에서 표시된 이 적응 유형의 특징에 따른 당연한 결론일 것이다. 현존하는 행위 체계 요소들 가운데 규범적으로 강조되는 목적과 수단 모두를 부정하고 새로운 대안들을 결국 체제 밖에서 모색할 수밖에 없으며, 이는 곧 현 체제에 대한 "반역"을 의미하는 것이기 때문이다. 이 유형의 적응 행동이 갖는 의미를 보다 명확하게 하기 위해 머튼은 "증오(憎惡, resentment)"로 불리는 현상에 대한 설명에 상당한 지면을 할애한다. 증오는 쉘러(Max Sheler)가 사회 현상을 설명하기 위해 거론한 중요한 개념들 가운데 하나이다. 이는 "서로 얽혀 있는 세 가지 요소들(three interlocking elements)"로 구성된 "복합적 정서(complex sentiment)"로서, 그 요소들은 다음과 같다. "첫째는, 증오와 질투 그리고 적대감이며, 둘째는, 그러한 감정을 일으킨 사람 또는 사회 계층에 대해 적극적으로 그러한 감정을 밖으로 드러내지 못하는 무력감과, 셋째는, 내면적으로만 스스로 반추하는 적개감 등이 겹친 심리적 현상이라는 데서"(Merton, 1968: 209-210) 특징을 찾을 수 있다. 요약하자면, 여기에서 말하는 증오는 어떤 대상 또는 상황에 대해 아직은 내면적으로 옹축된 상태로 존재하는 극도의 부정적 정서를 지칭한다. 보다 적극적으로 어떤 구체화된 가치에 대한 태도 또는 행동으로 발전한 상태에 있지 않다는 점도 다른 하나의 특성으로 지적된다. 이에 비해, 머튼이 제시한 다섯 번째 적응 유형, 반체제는 "과거에 소중하게 여겼던 가치에 대한 전면적 부정"과 "가치의 실질적 전환"을 수반한다는 점에서 차이를 보인다. 이와 같이 양자의 차이는 뚜렷하지만, 한 가지 점에서 이들은 분리하기 어려운 연관성을 갖는다: "조직화된 반체제는 제도적 혼란의 심화와 함께 발생하는 증오와 불만을 먹이 삼아 자란다는 것이다"(Merton, 1968:210).

나. 논의

미국의 사회구조는 아노미와 일탈 행동을 발생시킬 높은 소지를 안고 있다는 것이 머튼이 내린 결론이다. 필자는 이와 같은 진단이 내려진 이유를 비교적 간단하면서도 명료하게 지적하고 있다는 점에서 머튼이 내린 진단이 소구력이 컸다고 여긴다. 그러나 보다 중요하게는, 이와 같은 머튼의 분석이 기존의 여러 이론들을 다분히 산술적으로 합산함으로써 하나의 통합 이론을 구축하려고 했던 파슨스의 시도에 대해 매우 날카로운 비판을 제기하고 있다는 점이 지적될 수 있다. 행위의 "목적"에 대한 공동체 구성원들 간에 합의가 구속력을 갖는 "규범적 가치"로 정착되었다고 가정했을 때, 구성원들에 의한 동의와 순응을 지속시킬 힘을 계속해서 발휘할 것이라는 파슨스의 암묵적 가정은, 적어도 머튼의 연구 결과를 본다면, 경험적 사실과 부합하지 않는다는 것은 분명한 것으로 여겨진다. 필자가 그렇게 보는 이유에는 복잡한 이론적 논의가 필요치는 않다. 공리주의자들이 흔히 전제하는 것처럼, **사람들이 추구하는 목적이 돈이나 사회적 지위와 같은 한정된 자원의 취득일 경우 그것을 달성하는 데는 치열한 경쟁이 불가피하기 때문이다.** 반드시 그 결과가 사회적 통제 체제의 붕괴를 유발할 정도로 심각한 것은 아니겠지만 치열한 경쟁은, 우리가 앞에서 보았듯이, 적어도 어떤 사람들 또는 계층에 대해서는 상당히 부정적인 영향을 미칠 가능성을 배제하기는 어려울 것이다. 극단적으로는 머튼이 다음에 지적하는 것과 같은 상황에 대한 우려 역시 배제하기 어려울 수 있다: "제도적 통제가 약화됨에 따라 공리주의 철학자들이, 물론 이들의 생각이 반드시 옳은 것은 아니지만, 사회에 당연히 나타나고 있다고 주장하는 그것에 유사한 상황, 즉 개인적 이익에 대한 계산과 처벌의 두려움만이 유일한 규제 방법으로 작동하는 상황이 벌어지게 된다"(Merton, 1968:211).

규범적 통제가 약화되고 일탈 행동의 가능성을 높여주는 이와 같은 "사회구조" 속에서, 머튼이 주장하는 바와 같은 여러 다양한 유형의 적응 행동이 나타나는 것은 당연한 것으로 여겨진다. 그렇다면 이를 염두에 두고 보았을 때 파슨스의 행위이론에 대해서는 어떤 평가가 가능한 것인가? 우선 사람의 행위에는 그것을 통해 성취하고자 하는 "목적"이 존재한다는, 파슨스의 견해는 의심할 여지 없이 당연한 것으로 생각된다. 그러나 우리는 여기에서 과연 그 목적이라는 것이 행위하는 당사자에게 의미하는 바가 무엇인지 파슨스가 살펴보았던 것보다는 다른 각도에서 훨씬 더 심층적으로, 다시 말한다면 보다 "현상적으로" 분석해 볼 필요가 있다. 목적이란 행위가 종료되었을 때는 우리가 의도하는 바에 따라 수행된 어떤 행동을 통해 성취된 "결과"로, 즉 우리의 기억 속에 남겨진 또는 목격되고 있는 실질적 변화로서 해석될 것이다. 내가 어디를 가기를 목적으로 했다면, 그 의도에 따라 신체적 이동을 성공적으로 수행한 연후에 눈앞에 나타난 공간적 상황의 변화로 "목적"은 체험이 될 수 있을 것이다. 다른 말로 표현한다면, 행위의 결과로서 실현된 체험이 곧 그 행위의 목적을 이야기해 준다는 것이다. 반면에 아직은 성취되지 않는 미래의 어떤 상태로서의 목표는 개인 또는 집단에 따라,

1) 중요성
2) 가능성(행위자들 간의 경쟁과 그에 따른 성취 확률)
3) 심리적 몰입도
4) 명료성
5) 달성했을 때 행위자가 실제로 체험하게 될 실제 상황

등의 측면들에 걸쳐 추정되는 특성들에 있어서는 매우 다양한 차이를 보일 것이다. 우선 목표는 제도적인 틀 속에서 그 상대적 중요성이 규정되기는 하지만 개인 또는 집단에 따라 그 목표에 대한 절실함은 행위자에 따라 큰 차이를 보이리라는 것은 분명하다. 예를 들어, 돈벌이가 자본주의 사회에서 중요한 목적이기는 하

지만 모두 똑같은 정도로 중요한 것은 아니다. 다음으로, 그 목표의 달성가능성은 사람들의 개인적 지식이라든지 확보된 자원, (심지어 종교나 운을 믿는 사람이라면) 믿음의 강도에 따라 행위자가 추정하는 성취의 가능성에는 차이가 날 것이다. 그리고 이에 앞서서, 목표의 달성가능성이 희박해짐에 따라 행위자들 또는 집단들 간의 갈등과 경쟁이 얼마나 심화되고 있느냐도 중요한 상황적인 요인으로 고려되어야 할 것이다. 세 번째의 심리적 몰입도란 행위자가 얼마나 심리적으로 그 목표에 몰입, 즉 그것을 성취하고자 하는 데 열정적인 동기를 느끼고 있느냐의 차이를 의미한다. 다음으로, 명료성이란 행위자가 행위의 목표가 무엇인지를 명료하게 인식하고 있느냐에 따른 차이를 말한다. 돈을 버는 것과 같은 명료한 목표의 경우조차 그것에 이르는 수단에 대한 명료한 이해가 수반되지 않는다면 그러한 불분명한 목표의 인식은 그저 "공상"에 지나지 않을 것이다. 더욱이 목표 자체부터가, 파레토가 말하는 "비논리적 행위"의 경우에서처럼, 논리적으로 명료한 이해를 허용치 않은 경우조차 있을 것이다. 마지막으로, 행위의 목표는 이후에 결과적으로 거둔 성과가 행위자의 삶에서 실제로 어떤 의의를 지닌 사건으로 체험되느냐에 따라 다르게 평가될 것이다. 따라서 목표달성으로부터 예상되는 실제 상황을 추측을 통해 짐작해보려고 시도할 것이다. 물론 미래에 달성될 목표가 지닌 의미는 여기에서 그치는 것은 아닐 것이다. 비유적인 표현을 사용하자면, 개인에 따라 주어진 목표가 지닌 미래의 그림은 위에서 말한 것 외에도 수많은 차원과 정서적 색깔을 지닌 현상으로 짐작된다.

그렇다면 미래의 목표에 대해 행위자가 지니고 있는 인식에 대한 위와 같은 해석적 이해가 어떤 의의를 가지고 있는지? 의문을 제기하는 사람들도 있을 것이다. 먼저 필자는 파슨스가 그의 행위 이론과 관련하여 머튼에 의해 지적된 일련의 현상을, 즉 아노미라든지 일탈 행위들을 예견하는 데 실패한 것은 행위의 목적을 "제도적으로 바람직한 것으로 인식되는 행위의 목표"라는 의미로 규정한 다음, 주로 그것이 왜 공동체의 구성원들에게 윤리적 구속력을 갖는지에 대해서만 너무 일방적인 관심을 쏟았던 데 이유가 있었을 것으로 본다. 즉, 자원론적 행위 이론에 비추어 행위의 **규범적 토대**를 강조하는 데 주된 관심이 있었다는 것이다. 그러나 행위의 목표와 그것을 실현하는 데 허용되는 제도적 수단의 연관 구조 속에서 머튼이 지적하는 파행적 현상들이 발생하는 이유를 설명하기 위해서는 행위의 목표와 관련하여 행위자들이 실제로 경험하는 현실들과, 그것들에 대한 행위자들의 주관적 인식과 반응들에 대한 현상학적 분석이 반드시 필요했다는 것이 필자의 판단이다. 물론 이러한 시각이 파슨스가 그러했던 것처럼 인간의 행위를 이해하는 데 제도화된 가치와 규범을 중요한 설명 변인으로 포함하는 것을 전혀 무용하다고 규정하려는 것은 아니다. 머튼의 연구가 증언하듯이, 아노미와 일탈행동을 설명하는 데 있어서도 제도화된 사회 구조에 대한 이해는 반드시 필요하다는 것은 의심의 여지가 없는 것으로 여겨진다. 그러나 동시에 행위자들이 처한 제도적 상황이 어떤 구체적인 현실로서 나타나고 있는지를 관찰하고, 또 그들이 그 상황들에 대해 어떻게 이해하고, 어떤 반응을 보이는지를 아는 일은 그의 행위를 설명하는 데 필수적이라는 것은 거의 자명한 사실로 여겨진다. 이는 인간은 의식(意識)이라는 정보에 의존함이 없이는 행동하기 어려우며, 다른 객관적 요인들이 미치는 영향을 감안한다고 하더라도 인간이 가진 주관적인 인식은 행위의 중요한 결정 요소로서 작용하기 때문이다. [90] 이에 관해서는 이 책에서의 논의가 진행되는 과정에서 좀 더 자세한 설명이 이루어지게 될 것이다.

---

90) 이러한 견해를 뒷받침하는 가장 고전적 근거로서는 베버의 『청교도 윤리와 자본주의 정신(*The Protestant Ethic and The Spirit of Capitalism*)』(1958)에서 보고된 연구 결과가 인용되곤 한다. 그러나 필자가 "이해의 사회학(verstehen sociology)"을 뒷받침하는 보다 심층적인 논의를 제공한 학자로서 자주 참조하곤 하는 학자로서는 피터 윈치(Peter Winch, 1958))가 있다. 윈치는 인간의 행동은 규범과 같은 규칙에 따라 이루어짐으로써 규칙성을 보이는 것은 사실이라고 인정한다. 그러나 이와 같은 규칙성은 과학에 있어서 법칙과는 본질적으로 그 성격을 달리 한다는 것이 윈치 주장의 핵심을 이룬다. 과학에서 다루는 현상의 규칙성은 어떤 원인이 예외 없이 규칙적으로 작용하는 데서 나타나는 효과로 설명될 수 있다. 반면에 사람의 행위에서 나타나는 규칙성은 사람들이 그 규칙을 지켜야 할 마땅한 이유가 있다고 생각하기 때문에 나타나는 규칙성이라는 것이 윈치의 견해이다. 자연의 법칙은 불변이고 또 그런 점에서 특징을 갖지만, 사람들의 행위의 경우에는 사람들 스스로 규칙을 지켜야 할 이유에 관해 **생각**이 달라진다면 더 이상 그 규칙을 지키지 않게 될 것이다. 그리고 이제까지 지켜왔던 규칙은 더 이상 효력을 상실하게 될 것이고, 이제까지 보여왔던 규칙성 역시 사라지게 될 것이다. 행위의 규칙은 그것에 대한 개인의 "헌신(獻身)"이 사라지게 되면 "깨뜨려질 수 있다"라는 가능성을 이미 함축하고 있는 개념이라는 것이다. 다시 말해, "규칙의 준수"는 행위자가 마땅하다고 보는 어떤 사유에 의해 그것을 깨뜨린다는 가능성으로부터 분리할 수 없는 개념이라는 것이다(특히 p.81, p.32). 윈치가 인간의 행동을 이해하는 데 그들이 주관적 사유의 세계에 대한 철학적 분석이 요구된다고 보는 것은 바로 여기에 근거를 두고 있다.

피티림 소로킨(Pitirim Sorokin)
행위 유형의 순환적 변동 이론

04

가. 이론의 개요

피티림 소로킨과 관련하여 여기에 전개될 논의는 소로킨의 거시적 사회변동 이론을 소개하거나, 비판 또는 옹호하기 위한 것은 아니다. 소로킨이 하버드 대학 사회학과의 학과장으로 부임한 1930년으로부터 저술에 착수한 이후 1937년에 첫 세권을, 1941년에 마지막 네 번째 권을 출간함으로써 완성을 본『사회문화 변동론 (*Social and Cultural Dynamics*)』(1957)은 세계의 모든 중요한 문화권에 걸쳐 수집된 방대한 자료를 토대로 인류 문명권에서 이루어진 사회와 문화의 변동 추세와 그것을 결정하는 요인들을 분석한, 실로 야심찬 의도가 낳은 업적이었다. 아마 이는 구태여 비교하자면 토인비(Arnold Toynbee)의『역사의 연구(*A Study of History*)』(1962-1963)에 비견될 수 있는, 세계 역사를 관통하는 방대한 규모의 자료와 거시적 안목을 가지고 이루어진 연구 결과를 담고 있다. 따라서 인간 행위의 구조를 주제로 한 이 책의 목적에 비추어 분석 단위의 차원에서 우선 적합하다고 볼 수 없는 문헌 자료일 수도 있다는 비판이 가능하리라고 본다. 그러나 양자가 거시적 시각에서 쓰여진 저술이라는 점에서 부합하는 점이 없지는 않으나, 양자 사이에는 중요한 차이가 있다. 토인비의 경우에는 문명권이라는 거시적 단위에서 나타나는 부침 현상, 즉 흥망(興亡)이 분석의 대상이 되고 있다. 반면에 소로킨의 경우에는 세계에 대한 인간들의 인식과 그러한 인식에 있어서의 변화를 주된 요인 또는 현상으로 다루고 있다는 점에서 차이를 보인다. 소로킨의 시각은 사회 및 문화의 변동 현상을 인간 행위를 결정하는 이념적 내지는 신념적 요소에 근거하여 설명하고 있다는 점에서 특징을 보여준다. 사회 및 역사 현상에 대한 이러한 접근 방법은 흔히 "관념론(ideal-ism)"으로 불리는 시각이 바탕을 이루는 것으로 평가된다. 그리고 이와 같은 관점에서 "파생론적인 이론(emanationist theory)"이라는 비판이 가해지기도 한다. 즉, 사회 현실 또는 거기에서 나타나는 모든 변화를 사람들이 가지고 있는 생각들로부터 파생되는 현상으로 설명하려 한다는 것이다. 머튼이 하버드 대학에서 그의 스승이었던 소로킨의 과학사회학 이론을 "관념론적이고 파생론적인"(1998: 275) 관점을 수용하고 있다고 비판적으로 언급한 것은 바로 이와 같은 맥락에서였다. 필자는 소로킨의 이론을 그와 같이 특징짓는 것이 크게 잘못된 것으로 보지는 않는다는 점에서 일단 머튼의 견해에 동의한다.

그러나 소로킨의 이론이 사회적 행위에 대해서 지닌 함의를 좀 더 정확하게 이해하기 위해서는 우리는 그의 관념론에 포함된 주장들을 훨씬 세밀하게 들여다볼 필요가 있다. 우선 소로킨은 한 공동체의 구성원들은 자연 현상, 인간 행위 및 사회–문화적 현상이 갖는 의미를 이해하고 그것을 평가하는 인식 및 가치의 체계를 공유하고 있다고 본다. 이는 문화의 "내적 측면(internal aspect of culture)"을 이루는 요소들이라고 볼 수 있는데, 이와 같은 요소들은 사람들이 그들의 삶을 결정하는 다음과 같은 네 가지 문제에 대한 해답으로서 얻어진 결론이라는 점에서 중요한 의미를 지닌 정신적 자산이라고 볼 수 있다: 1) **현실 세계의 본질적 성격**, 2) **인간이 추구해야 할 욕구와 지향해야 할 목적**, 3) **그와 같은 욕구나 목적을 달성하는 데 어**

편 수준에서 만족해야 하는지, 4) 욕구나 목적 달성에 허용 가능한 방법들. 관건이 되는 사실은 위의 같은 문제들에 대한 해답에는 논리적으로 상호 배제될 수밖에 없는, 따라서 동시에 선택이 가능하지 않는 대안들이 존재하고 있다는 점이다. 간단히 예를 들어, 돈의 세계와 하나님의 세계를 동시에 선택할 수 없는 것처럼 위의 문제에서 우리가 어떤 해답을 선택하느냐에 따라 우리는 전혀 다른 삶의 방식을 선택할 수밖에 없다는 것이다. 그럼 좀 더 구체적으로 각각의 문제를 두고 구체적으로 어떻게 다른 해답이 내려질 것인지 살펴보기로 하자.

1. 현실 세계의 본질적 성격

현실 세계를 이해하는 사람들의 의견들 가운데 어떤 견해가 가장 진실에 가까운지를 놓고 사람들의 판단이 반드시 같지는 않다. 이 가운데 한 극단에 있는 사람들의 의견은 순수하게 경험주의적인 입장을 추구하는 과학자들에서 발견되는, 다음과 같은 입장일 것이다. 즉, 감각기관을 통해 감지되는 경험적 사실들만이 사실이며, 그것들만이 그 실재를 믿을 수 있다는 것이다. 현실은 우리가 실제로 보고 감지할 수 있는 것들로 이루어졌다는 생각은 눈에 보이지 않는 초월적 세계에 대한 불신으로 이어진다. 보이지 않는 것은 믿을 수 없다는 것이다. 이와 같은 사고는 보이는 것들에 의존해서 얻는 지식의 불확실성과 인간의 감각 자체의 한계에 실망한 사람들이 보다 본질적이고 변함없는 차원의 진실을 추구하면서 내세웠던 철학적 또는 종교적 신조들과 대립을 보여왔다. 보다 근원적인 진실은 보이는 것에 있는 것이 아니라 오히려 감각기관의 미혹(迷惑)에서 벗어나 변함없는 진실을 깨닫는 데 있다는 주장은 동양에서도 불교라든지 도교와 같은 종교 또는 철학적 사상의 중요한 신념이 되어 왔다. 소로킨은 위의 두 입장 가운데 어떤 입장에 서게 되느냐에 따라, 두 번째 즉 다음에 지적된 문제에 대한 태도 역시 달라진다고 본다.

2. 인간이 추구해야 할 욕구와 지향해야 할 목적

소로킨(1957:26)에 따르면, 자신들을 둘러싼 세계를 "감각적이고 물질적인 세계라고 규정하는" 사람들은 "육체의 감각적 욕구의 충족"을 강조하게 될 것이다. 여기에서 감각적 욕구란 굶주림과 갈증, 성적 욕구, 편안한 주거 등 모든 신체적 욕구들을 포함한다. 반면에 자신들을 둘러싼 세계가 단순한 허상에 불과하다고 보는 사람들은 초월적인 현실과의 교류를 통하여 느낄 수 있는 만족을 추구할 것이다." "자신의 영혼의 구원, 성스러운 의무의 완성, 신을 향한 예배, 절대적 도덕적 책임감" 등과 같이 그 자체로서 가치 있는 목적이 되는 정신적 활동들이 여기에 포함된다. 위의 두 부류와 구분되는 세 번째 종류의 사람들, 즉 "중간적 위치에 선 사람들은 부분적으로는 감각적 욕구를, 부분적으로는 정신적 욕구를 추구"한다는 점에서 차이를 보인다. 각기 다른 두 종류의 욕구가 하나로 결합되었을 때, 욕망은 두 가지 방향으로 표현된다는 것이 소로킨의 주장이다. 한 편으로는 과학적, 예술적, 도덕적, 사회적, 및 기타 창의적 업적을 추구하게 될 것이고, 다른 한 방향으로는 명성이라든지 영광, 인기, 돈, 육체적 안녕 등과 같은 다분히 세속적 가치를 추구한다는 것이다.

3. 물질적 욕구 충족의 수준과 한계

물질적인 욕구를 충족하는 수준에 어떤 한도 또는 범위를 설정한다면 가장 극단적인 최고의 수준에서 가장 극단적인 최저의 수준까지 분포할 수 있다는 것은 아마 당연한 논리일 것이다. 이는 정신적인 욕구에 대해서도 마찬가지로 이야기할 수 있다. 즉, 가장 이상적인 최고의 수준으로 정신적인 가치의 실현에 매진할 수도 있으며, 도덕적 이상과 관련되는 일에는 되도록 관여하지 않는 삶을 살아갈 수도 있다. 세 번째 종류의 선택이 이루어졌을 때도 역시 유사하게 양극단 사이의 선택지가 존재할 것이다. 소로킨이 이와 관련하여 더 이상의 추가적인 언급은 하고 있지 않다. 그러나 우리가 당연히 짐작할 수 있는 사실은, 양극단 사이에 어떤 생활 양식을 선택할 확률은 앞의 (1)과 (2)의 항목에서 사람들이 각기 가지고 있는 신념의 강도에 비례하리라는 것이다.

4. 욕구나 목적 달성에 허용가능한 방법들

소로킨은 이를 대체로 세 가지 방법으로 나누고 있다.

a) 첫째는, 물질적인 욕구를 추구하는 사람들이 선호하는 방법으로서 행위자를 둘러싼 외부 환경을 바꾸어 욕구를 충족할 수 있는 수단의 확보를 용이하게 하는 것이다.

b) 두 번째는, 자기 자신, 마음, 원하는 것들, 생각 등을 바꾸어 욕구 자체를 통제하는 방법이다. 욕망의 대상을 취득하려고 노력하기보다는 욕망 자체를 통제함으로써 욕구 자체로부터 자유스러워지도록 노력하는 것이다.

c) 앞의 두 가지 방법이 혼용된다: 환경의 통제와 함께 자신을 바꾸는 것이다. 소로킨이 든 예를 들자면, 추위를 느꼈을 때, 불을 피워 방의 온도를 높이는 한편, 자신의 몸을 부지런히 움직여 스스로의 노력으로 추위를 벗어나는 것이다.

위의 각 차원에 걸쳐 각기 다른 세 가지의 견해로 나뉘어 서술된 각각의 태도들 또는 신념 요소들은 다음 차원에 서술된 그것들과 논리적으로 긴밀하게 연관되어 있다. 다른 말로 표현하자면, 네 차원에서 각기 서술된 세 쌍의 신념 또는 신조들이 전체적으로 세 부류로 묶여 세계와 인생에 관해 각각 특징적인 사고 및 행위 지향 체계를 구성하게 된다. 소로킨은 이것들이 각기 "이념지향적 문화(ideational culture)," "감각지향적 문화(sensate culture)," 그리고 "혼합형 문화(mixed type of culture)"의 "정신(mentality)"을 형성하고 있다고 본다. 각 유형의 문화의 정신적 근간을 이루는 일련의 믿음 또는 주장들은 각 문화의 특성을 이해하는 데 매우 중요성을 갖기 때문에 좀 더 체계적인 서술이 필요하다.

나. 문화 및 사회 유형의 특성과 순환적 변화

먼저 **이념지향적 문화**와 관련하여, 소로킨은 그 정신적 성향을 다음과 같이 네 가지 명제로 정리해서 서술하고 있다: "(1) 현실은 비감각적이고, 비물질적이며, 영원한 실재(Being)로 인식된다; (2) 욕구와 목적은 주로 정신적인 것이어야 한다; (3) 정신적인 욕구와 목적의 충족은 강도에 있어서 가장 크고 수준에 있어서는 가장 고결한 것으로 인식된다; (4) 욕구의 충족과 목표의 완성은 육신에서 오는 필요성으로부터 스스로 자신을 죽이고 낮추는 데서 찾을 수 있다"(1957:27). **감각지향적 문화**의 특징은, 반면에 물질주의적 사고가 그 정신의 근간을 이루고 있다는 점에서 찾고 있다. 그 구체적인 내용은 이념지향적인 문화의 그것과 분명하게 대비가 되기 때문에 바로 앞에서 서술한 모든 항목에서 "정신"을 "물질" 또는 "감각적"과 같은 용어로 대치해서 생각한다면 적어도 기본적인 특징을 이해하는 데 있어서 그다지 왜곡은 없을 것이다. 세 번째 **"혼합형"** 문화 역시 앞의 두 유형의 문화의 특성을 규정하는 사유 체계와 행위적 지향의 혼합형이기 때문에 여기에서 이루어지는 논의의 목적을 위해 더 자세한 기술을 요하지는 않는다.

이제 소로킨의 이론 가운데서 필자가 관심을 가지고 다루고 있는 행위 이론의 관점에서 가장 중요하다고 평가되는 측면들에 논의의 초점을 맞추려고 한다. 소로킨의 이론에서 우선 가장 중요한 사실은 바로 앞에서 지적한 문화 유형들이 분석적 범주의 영역에 속하는 개념들이 아니라는 것이다. 즉, 사회에 존재하는 문화를 어떤 분석적 측면에서 측정 또는 기술하기 위해 만들어진 도구적(또는 이념형적) 개념들이 아니라는 것이다. 언급된 문화 유형들은 독립된 사회들 또는 개인들을 대상으로 그들에게서 실제로 관찰되는 정신적 및 행위 성향들을 세 개의 유형으로 구분하여 표현한 것이다. 우리는 여기에서 소로킨의 책의 제목『사회문화 변동론(Social and Cultural Dynamics)』을 주목해 볼 필요가 있다. 이 책의 제목에 함축된 의미는 이 책이 사회의 전체적 특징 또는 사람들의 인식과 행태적 특징이 언급된 세 문화 유형들 가운데 한 문화 유형에서 다른 문화적 유형으로 주기적으로 변화하는 양태를 기술하고 설명하기 위함이라는 것을 시사한다. 다시 이야기해서, 사회의 특징이나 인간의 생각과 행태는 변화하게 마련인데, 언급된 세 유형들 가운데 어느 한 유형의 문화적 국면들을 번갈아 거쳐 가면서 변화한다는 것이다. 소로킨의 변동 이론을 "순환론적 변동 이론(cyclical theory)"(Appelbaum, 1970)으로 분류하는 것은 이 때문이다. 그럼 우선 그 변화의 양태와 원인들에 관한 소로킨의 주장을 먼저 살펴보고, 그것이 이 책의 주된 관심사인 행위 이론에 대해 시사하는 바에 대해 좀 더 많은 지면을 할애하여 살펴보려고 한다.

소로킨의 이론의 특징적 성격은 마르크스 이론과 비교를 해보면 매우 극명하게 드러난다. 흔히 마르크스의 이론은 유물론적 이론으로 불리는데, 이는 모든 사회 구조 및 문화적 현상들은 사람들이 생존에 필요한 물자를 어떤 방식으로 생산하느냐, 즉 "생산 양식(mode of production)"이 결정 요인으로 작용한다고 보기 때문이다. 이런 의미에서 생산 양식은 사회의 "토대 구조(infra structure)"를 형성한다. 이와 같은 입장은 마르크스 자신의 목소리로 표현된 주장을 들어보면 훨씬 명료하게 드러난다: "이와 같은 생산 관계의 전체 구조는 사회의 경제 구조를 형성한다 — 이 경제 구조야말로 사회의 법적, 정치적 상부구조를 결정하고, 그에 부응하는 특정 형태의 사회적 의식을 발생시키는 데 실질적 토대가 되는 것이다. 물질적 생활을 가능케 하는 생산 양식은 우리 삶의 사회적, 정치적, 정신적 과정의 일반적 성격을 결정하는 요인으로 작용한다"(Marx, 1973: 30). 이와 같은 마르크스의 이론에 비해, 전에 이미 지적한 바 있듯이, 소로킨의 이론은 관념론의 대표적인 이론 가운데 하나로 꼽힌다. 왜냐하면 다른 무엇보다도 "문화 정신(cultural mentality)"으로 불리는 이념 및 가치의 체계가 사회 및 문화 현상의 원천적 토대가 된다고 보기 때문이다. 머튼이 소로킨의 이론을 "파생론적" 이론이라고 특징지은 것은 곧 소로킨이 모든 사회 및 문화 현상을 세계와 삶의 의미와 방향을 찾으려는 정신적 노력과 그로부터 얻어진 신념 체계로부터 **파생된 산물**로 보았기 때문이다. 그러나 우리가 이와 같은 해석을 내리는 데 있어서 한 가지 유의할 점이 있다. 소로킨의 이론 자체는 이념의 중요성을 강조하는 이론이기는 하지만 그가 말하는 문화 정신에는 현실 세계 속에서 정신적 가치의 중요성을 정면으로 부정하는 물질주의적 정신이 포함되고 있다는 것이다. 위에서 지적한 물질지향적 문화 유형은 바로 이와 같이 물질주의적 가치가 사회와 인간 행위의 척도가 될 수 있다고 보는 인식이 사회문화적 바탕을 이루는 사회를 지칭한다. 그러한 인식 자체가 인간들이 지니고 있는 관념이라는 점에서 소로킨의 이론은 일단 관념론적 이론으로 평가받을 수 있을 것으로 여겨진다. 그러나 그와 같은 사람들의 관념이 만들어내는 사회가 극단적으로 물질지향적인 사회이고, 그러한 사회적 조건 하에서는 관념의 적극적 역할 자체를 부정하는 견해를 담고 있는 이론이라면 우리는 이 이론을 어떻게 분류하는 것이 좋을 것인가? 여기에서 필자가 지적하는 문제는 파슨스 행위 이론에 내재된 문제점을 이해하는 데도 중요한 하나의 단서를 제공한다. 이 문제가 행위 이론과 관련하여 가질 수 있는 함의에 대해서는 조금 뒤에 다시 논의가 이루어질 것이다.

소로킨 이론의 전모를 이해하기 위해서는 먼저 이야기한 문화 유형들의 특성과 함께 그가 "논리적–의미적 통합(logico-meaningful integration)"(1957: 7-13)이라고 부른 사회 내지는 문화적 결합 상태에 대한 이해가 우선적으로 요구된다. 소로킨은 사회에 질서를 가져오는 기제 또는 과정으로서 두 가지를 든다. 하나는, 사회학자들이 흔히 주장하듯이, 사회적 요소들이 "인과적–기능적"인 관계 속에서 상호 영향과 조정을 거침으로써 전체적인 질서를 형성하는 것이다. 예를 들어, 어떤 경제적 요인이 사람들의 투표 행위에 영향을 미침으로써 경제 분야와 정치 분야 사이에 인과적 내지는 기능적 관계가 형성되고, 양자는 공존을 위해 상호 적합한 형태로 조절됨으로써 사회를 구성하는 요소들 간에 질서 있는 관계가 형성된다는 것이다. 따라서 어떤 현상이 왜 그렇게 존재하는지를 이해하려고 한다면 우리는 그것과 연관된 선행 요인과 해당 현상 사이에 존재하는 인과적 또는 기능적 관계의 분석을 통해 그 현상에 대한 이해에 도달할 수 있을 것이다. 그러나 중요한 점은 인간이 사는 사회의 경우에는 사회문화적 요소들 간의 통합을 위한 방법으로서 인과적–기능적 방법과 구분되는 다른 하나의 중요한 통합의 원리가 작동하고 있다는 것이다. 그것은 **논리적–의미적 통합**이다. 이에 관하여 소로킨은 다음과 같이 설명한다.

> 문화적 체계 가운데 보기에도 상이하고, 서로 연관성이 없는 조각 조각들의 배경에는 일관된 형식과 유형화된 구조 그리고 의미 있는 양식으로 엮어주는 의미의 일치성이 존재한다. 따라서 만약 관계에 있어서 제일성(齊一性)이 인과적으로 맺어진 현상들 간의 공통 분모라면, 논리적-의미적 통합의 경우에는 핵심적 의미 또는 사고 경향(思考 傾向)의 일치에 의해 확인된다.

이로써 우리가 앞에서 살펴본 각각의 문화 유형은 그것의 바탕이 되는 인간과 세계에 관한 견해들이 한 문화권의 다양한 문화적 산물들이라든지 인간의 의식과 행동 양식에 일관되게 배어 있음을 관찰함으로써 내려진 결론임을 알 수 있다. 실제로 소로킨이 그의 『사회문화 변동론』에서 그의 관찰의 대상이 되었던 사회 또는 문화권들이 어떤 유형의 문화 유형에 속하는지를 판별하기 위해 사용한 방법은 바로 "논리적-의미적 방법"이었다. 다시 말해서, 일정 시기 동안 주어진 사회에서 산출된 방대한 양의 학술적 저술들, 종교 서적, 문학 작품, 건축물들, 예술 작품 등등을 대상으로 그것들이 표현하거나 함축하고 있는 의미들을 분석하고, 그 결과를 가지고 문화 전반을 관통하는 어떤 인식과 가치의 체계가 드러나는지를 살펴보는 것이 가장 중요한 작업이었다. 세계의 중요한 모든 문화권들에서 장기간의 역사 속에서 축적된 방대한 분량의 자료들을 대상으로 수행된 분석을 통해 소로킨이 얻은 결과는 다음과 같이 정리될 수 있다. 첫째는, 모든 사회의 사회-문화적 요소들에 표현되고 있거나 함축된 논리적-의미적 체계들의 특성은 소로킨이 당초에 가정한 바와 마찬가지로 1) 감각지향적, 2) 이념지향적 그리고 3) 양 유형의 복합형 – 이 세 유형 중 어느 하나에 해당된다는 것이다. 두 번째는, 같은 한 사회 속에 관찰되는 사회-문화적 체계의 그와 같은 유형적 특성은 고정되어 있다기보다는 시간에 따라 순환적 교체 과정을 거친다는 것이다. 대체로 감각지향적 유형의 체제에서 이념지향적 유형의 체제로 그리고 다시 감각지향적 유형의 체제로 회귀하는 순환적 과정을 거쳐 변화가 진행된다는 것이 소로킨의 견해이다. 물론 복합적 유형으로의 진입이 이루어지는 경우들도, 흔치는 않지만, 있는 것으로 지적된다.

왜 그와 같은 순환적 변화가 불가피할 수밖에 없느냐 하는 의문과 관련해서 소로킨이 내놓은 응답에는 상호연관성을 갖는 두 개의 키워드가 포함된다. 하나는 "내재적 변화의 원칙(principle of immanent change)"(1957: 630-646)이며, 다른 하나는 "한계의 원칙(principle of limit)"(1957: 663)이다. 이 책의 주제가 사회 변화의 양태와 원인에 관한 이해는 아니기 때문에 바로 앞에서 제기한 변동 문제에 대해서는 되도록 짧게 이야기를 마치려고 한다. 구태여 짧게라도 언급을 해야 하는 이유는 파슨스의 행위 이론에서 나타나는 한계점을 이해하는 데는 소로킨의 순환적 변동 이론이 참고를 요하는 중요한 연구 결과로서 의의를 지니기 때문이다. 어쨌든 소로킨이 사회의 순환적 변동이 불가피하다고 보는 이유는 우선 사회의 변동을 가져오는 원인이 "내재적"이라는 점에서 설명하고 있다. 내재적 요인이 갖는 의미는 마르크스가 사회 변동을 설명하는 데 사용한 논리와 유사성을 가지기 때문에 그다지 생소한 개념은 아니다. 마르크스는 자본주의 사회에서의 변동은 자본주의 사회가 움직이는 데 필요한 활동들이 동시에 내부적 모순을 증폭시키면서 나타나는 결과로서 설명한다. 즉, 자본주의 사회의 변동은 자본주의 사회를 움직이는 내부적 기제 그 자체로부터 나타나는 현상이라는 것이다. 이런 의미에서 자본주의 사회는 자체의 내재적 기제에 의해 변화가 일어나고, 바로 이런 점에서 "자기결정체계(self-determining system)"(Sorokin, 1957: 645)라고 할 수 있다. 앞에서 용어가 소로킨으로부터 인용될 수 있다는 사실은 바로 이 점에서만은 마르크스와 소로킨 양자가 견해를 같이 한다는 사실을 시사한다. 즉, 두 사람 같이 사회적 및 문화적 변화는 체제의 내재적 요인 및 기제로부터 발생한다는 사실에 동의하고 있다는 것이다.

그러나 양자 간의 의견 일치는 위와 같은 아주 원론적인 수준에서 그친다. 마르크스는 모순과 갈등에서 발생하는 혁명적 변화와 함께 인류는 돌이킬 수 없는 새로운 길을 따라 발전하게 된다는 요지의 선형적(linear) 변동론을 옹호한다. 반면에 소로킨은 주어진 사회문화체계의 변화는 그것이 발전하는 과정에서 언젠가는 봉착하게 되는 한계점(limit)에 막혀 원래 그것이 출발했던 지점으로 다시 순환하는 움직임을 보이게 된다는, 이른바 순환론적인 변동론을 주장한다. 사회의 역사는 변화하면서 끊임없이 진화하는 것처럼 보이지만, 인간 삶의 본질적인 속성에 있어서는 사람들이 과거에 경험했던 지점으로 다시 돌아오곤 한다는 것이다. 위에서 언급된 한계점이란 여러 측면에 걸쳐서 인간 행위라든지 사회제도가 선택할 수 있는 가능한 대안들을 선택하는 데 가해지는 한계점을 의미한다. 우리가 그러한 모든 사항들에 관하여 살펴볼 여유가 없기 때문에 여기에서는 현재 진행 중인 논의의 맥락에서 중요하다고 생각되는 한계점에 관해서만 간략하게 언급해 보려고 한다.

사회의 정신적 토대를 이루는 논리적─의미적 체계의 선택은 이미 앞에서 이야기한 바와 같이 "감각지향적"이거나 "이념지향적," 또는 양자 사이의 "혼합적" 유형들 사이에서 결정될 것이다. 사회의 문화적 요소들이나 사람들의 의식과 태도, 또는 행동에 반영되는 이와 같은 핵심 원리 또는 가치들은 그것들에 내재된 특질과 성향에 따라 각기 다른 통합의 공간으로 모이게 될 것이다. 다르게 이야기하자면, 일정한 시기에 하나의 사회 또는 문화권이라는 통합의 공간 속에는 논리적-의미적으로 유사한 특성을 공유한 요소들이 모이게 된다는 것이다. 결과적으로, 그 공간에 존재하는 구성 요소들 사이에는 유사성을 보이게 될 것이다. 소로킨은 이를 "논리적-의미적 통합"이라고 부른다. 이로부터 시사되는 그러나 이미 소로킨의 사회문화 이론의 기본적 가정이자 경험적 토대가 되는, 한 가지 중요한 사실이 있다. 그것은 사회적 문화적 통합 유형은 "감각지향형"이거나 아니면 "이념지향형"인, 이 둘 가운데 어느 일방으로 기우는 선택적 특성을 지니게 된다는 점이다. "혼합형"은 논리적으로 상반되는 두 이념을 이상적인 형태로 통합한다는 것도 쉽지 않을뿐더러, 실제로도 두 순수 유형에 비해 역사적으로 관찰된 실례들의 빈도가 낮다는 점에서[91] 그 실현 가능성이 높지도 않았던 것으로 판단된다. 왜 그런지에 관해서는 이미 위에서 설명이 되었다. 의미에 있어서 유사성을 갖는 요소들은 그것들이 지닌 공통적 특질 내지는 성향에 의해 하나의 체계 속으로 포섭될 가능성이 높다는 것이다. 이는 매우 상식적으로 납득이 가는 주장으로 여겨진다. 정신적 가치를 강조하는 사람들이 육체적 욕구의 충족을 강조하는 예술품을 선호할 리는 없을 것이며, 선정적인 문학 작품을 선호한다는 것도 납득되기 어려운 일일 것이기 때문이다. 그러나 소로킨은 어떤 유형의 논리적-의미적 체계에 토대를 둔 사회문화 체계도 영구하게 지속될 수는 없다고 강조한다. 유럽 문명권에서 기원전 6세기로부터 기원후 20세기에 이르는 기간 동안 남겨진 방대한 기록들을 대상으로 수행

---

91) 소로킨(1957: 284-301)은 580 A.D.에서 1920 B.C.에 이르는 장기간에 걸쳐서 역사적 기록에 나타난 사상가들을 대상으로 각 사상가가 누렸던 상대적 영향력을 보여줄 수 있는 여러 지표들을 통해 지수화하고, 그들이 옹호했던 사상의 내용에 따라 세 유형 가운데 어느 유형에 속하는지를 판별한 다음 이 지수들의 합계를 가지고 주어진 시대에 각 유형의 논리적-의미적 체계가 얼마나 지배적인 영향력을 누렸는지를 계량적으로 측정하고 있다. 이 지표들의 추세가 소로킨이 보여주려고 의도했던 만큼 명료하게 나타나는 것은 아니나, 그 일반적인 추세는 대체로 다음과 같이 요약해서 말할 수 있다. 우선 전 시기에 걸쳐 선형분포도로 표현된 그래프의 특징은, 물질적 문화와 이념지향형 문화가 반대의 추세를 보여주고 있다는 것이다. 즉 이념지향형 문화의 추세가 상승하는 시기에는 물질주의적 문화의 영향력은 하강하는 추세를 보여주며, 물질주의적 문화의 영향력이 상승하는 시기에는 이념지향형 문화의 영향력이 하강하는 경향을 보여준다는 것이다. 혼합형 문화는 대체로 물질주의적 문화와 비례하는 경향을 보여주고 있으나 그 곡선의 높이가 물질주의적 유형에 비해서는 낮은 것으로 나타나 그와 같은 유형의 문화가 현실화되는 가능성을 상대적으로 낮다는 것으로 보여준다.

한 분석을 통해 소로킨은 문화적 리듬의 변화는 감각지향적 — 이념지향적 — 복합형 — 감각지향적인 성향이 지배적인 사회-문화적 체계로 바뀌어 온 것이 확인되었다고 주장한다. 그리고 사회문화적 체제의 성격이 규칙적으로 그와 같은 "거대 규모의 리듬(super-rhythm)"을 보이며 변화해 온 이유에 대해 다음과 같이 설명한다. 우선 극히 일반적인 관점에서 그가 스스로 제시한 설명은 순환론적 변동이론가들이 대체로 제시하는 그것들과 크게 다르지 않다: 어떤 유형의 문화나 "태어나서, 자라고, 일정 기간 동안 완전히 성장한 상태를 유지하다가 쇠퇴의 길을 걷는다"(1957: 676)는 것이다. 그러나 소로킨은 스스로 이러한 일반적인 대답이 위에서 지적한 세 단계의 변화를 설명하기에는 너무 구체성이 부족하다고 지적하고, 그와 같은 전환의 순서가 나타난 이유에 대해서 보다 상세한 설명을 시도한다. 필자는 소로킨에 의해 제시된 이유가 상당히 설득력이 있고, 또 우리가 이 책에서 다루고 있는 행위 이론에 비추어 보더라도 매우 흥미로운 견해로 여겨진다. 따라서 아래에 번역된 원문 그대로 실어 본다.

따라서 본 연구를 통해 밝혀진 거대 규모의 역사적 리듬은 다음과 같은 조건 하에서 설명이 가능하다. 즉, 무엇이 진실이고 또 어떤 것이 실재하는 것인가를 놓고 인간들이 구상(構想)해낸 세 주요 유형의 논리적-의미적 체계들이 각각 — 또 그에 부합되는 문화 형태들이 — 부분적으로만 진실이며 허위이거나, 또는 부분적으로만 적절하거나 부적절하다는 조건 하에서 비로서 설명이 가능하다는 것이다(위의 강조 부분은 원본 그대로 인용). 그것들이 각각 진실과 실재에 관한 핵심적 내용의 일부라도 포함하고 있다는 전제 하에야 비로소 그것을 소유한 인간들에게 그들이 처한 우주적, 생태적 및 사회적 환경들에 적절한 방식으로 적응할 수 있는 가능성을 허용하고, 그들의 욕구를 해소할 수 있는 최소한의 거짓되지 않은 현실적 경험을 제공할 수 있으며, 그들의 사회 및 문화 생활을 위한 토대로 기여할 수 있다는 것이다. 세 체계들은 각각 진실로부터 벗어난 부분, 즉 진실인 부분과 진실을 왜곡하고 오도하는 내용을 동시에 포함하고 있다. 따라서 그것을 소유한 인간들이 현실로부터 멀어지도록 유도하고, 참된 지식보다는 오직 겉으로만 참인 것처럼 보이는 지식을 제공하며, 그들이 환경에 적응하는 것에 장애를 초래하고, 또한 육체적 사회적 문화적 욕구를 충족하는 데 지장을 주게 된다. 그와 같은 진실과 실재하는 현실에 관한 논리적-의미적 체계가 모습을 드러내기 시작한 다음 발전하고 더욱 더 지배적인 위치를 점유함에 따라 거기에 포함된 허위 역시 함께 발전하게 마련이다. 그리고 거기에 수반하여 참의 정도는 상대적으로 위축된다. 그것이 독점적이며 지배적 지위를 누리는 사이에 참과 실재에 대한 다른 논리적-의미적 체계와 거기에 포함된 진실된 부분들 역시 외면을 받게 되는 것이다(Sorokin, 1957: 681).

위에서 두터운 체로 특히 강조된 부분에서 소로킨은 정신적인 가치이든 물질적인 욕구이든 어느 한쪽만을 강조한다는 것은 다른 한쪽 역시 인간 생활에 필요한 측면을 지적하고 있다는 점에서 한계를 지닐 수밖에 없다는 점을 강조하고 있다. 즉, 그것이 감각지향적인 논리적–의미적의 체계이든지 이념지향적인 논리적–의미적 체계이든지 어느 한쪽의 진실을 포함하고 있다. 반면에 그것이 도외시하는 다른 한편의 진실이 또한 존재한다. 그리고 이로 인해 그것의 내재적 발전과 확장의 과정은 그것이 가진 편향성을 증폭시킴으로써 결국은 더 이상 하나의 문화를 이끌어가는 통합의 원리로 원활한 기능을 수행할 수 없게 된다. 역사의 순환적 움직임은 이로부터 나타나는 반작용으로 인해 그동안 무시되었던 반대편의 진실을 사람들이 다시 주목하고, 그것에 토대를 둔 사회문화 체계를 지향하게 된 결과로서 평가된다. 물론 두 유형을 종합하는 보다 "이상적인(idealistic)"[92] 문화가 형성되는 경우가 있기는 할 것이다. 그러나 이미 지적한 바 있듯, 적어도 소로킨 자신이 분류하고 집계한 바에 따르면, 이상적인 유형의 문화는 실제에 있어서 다른 두 양극에 있는 문화 유형보다 빈도에 있어서 훨씬 낮은 것으로 드러나고 있다.[93] 즉 그만큼

---

92) 실제로 소로킨은 혼합적 유형의 문화에 대해 "이상적(idealistic)" 유형이라는 명칭을 쓰기도 한다(1957: 28).

93) 필자는 사회학자로서 적어도 이 점이 사실에 있어서 그러하리라는 점에 공감하는 편이다. 1970년대 이후부터 사회학의 대립된 이론적 진영들 간의 대립이 격화되면서, 각각의 이론적 입장들이 사회 현상의 일면의 진실만을 드러내고 있다는 지적들에 공감하는 사회학자들이 늘어나게 되었다. 결과적으로 반대되는 이론적 입장들 간의 통합의 필요성이 제기되었으나, 실제로 성공적인 이론 통합의 사례는 거의 없는 것으로 필자는 알고 있다. 왜 그것이 어려운지는 아마 논리적으로 또는 의미적으로 유사한 요소들을 결합시킨다는 것이 그만큼 자연스럽고 현실적 가능성도 큰 반면에 이질적인 요소들 간의 통합은 현실에서도 그렇거니와 논리적 체계 속에서도 그만큼 어렵기 때문일 것이다.

실현의 가능성이 낮다는 것을 시사한다.

다. 소로킨의 사회
– 문화적 변동 이론과 파슨스의 자원론적 행위 이론

우리는 앞에서 파슨스가 자신의 자원론적 행위 이론에 따라 행위와 그것이 결정하는 요소들과의 관계를 다음과 같은 관계식에 의해 표현한 바 있음을 지적한 바 있다.

$$A = S(T, t, ie, r) + E(T, t, i, r, ie) + N(T, t, ie, i, r)$$

우리가 이미 설명한 바 있듯이, 위의 도식은 그 주된 요소들만 추려서 이야기하자면 , 우리의 행동이 1) 객관적으로 관찰된 상황적 요인들에 대해 행위자가 가지고 있는 정확하거나, 정확치 않는 경험적 지식들과 2) 상황 속에 담겨있다고 여겨지는 규범적 또는 의미적 요소들에 대해 행위자들이 가지고 있는 관념들(ideas)에 의해 결정된다는 견해를 담고 있다. 따라서 우리는 파슨스가 실증주의적(또는, 경험주의적) 전통, 아니면 관념론적 전통 가운데 어느 한 관점에서 인간 행위를 설명하려고 했다기보다는 두 관점을 접합시켜 하나로 통합된 행위 이론을 구축하려고 시도했다는 점을 알 수 있다.

다음 도식은 위의 파슨스의 "자원론적" 이론이 갖는 상대적 특징을 설명하기 위하기 위해서 그와 대비되는 다른 두 이론을 도식으로 각각 표현한 것이다.

$$A = S(\text{manifested subjectively in } T, t, r) + E(T, t, ir) + N(T, t, ir) \quad (1)$$
$$A = S(ie, r) + E(i, ie, r) + N(i, ie, r) \qquad\qquad (2)[94]$$

---

94) 위에서 (1)과 (2)의 공식에 대해서는 파슨스(Parsons, 1968: 77–86)의 〈Note B〉를 참조할 것.

(1)은 (r, 즉 부수적인 요인들 외에는) T와 t만을 포함하고 있다. 이는 경험적으로 사실적인 요소들만이 행위에 영향을 미친다는, 극단적으로 실증주의적 신조를 담고 있는 행위 이론을 표현한 것이다. (2)는 행위에 영향을 미치는 요인들로는 행위자를 둘러싼 상황과 행위의 목적과 수단의 선택에 영향을 미치는 요인들에는 i(이념 및 규범적 요인)와 ie(인식된 사물이나 상황의 의미 가운데 함축된 행위자의 규범 및 이념적인 요소들)의 두 요소만 포함되어 있다. 이는 곧 인간의 행위를 설명하는 데는 행위자가 지닌 관념적인 요소들만이 고려의 대상이 된다는, 전형적으로 관념론적인 견해를 반영하고 있다.

이제 위에서 소개한 세 개의 도식이 소로킨 이론의 틀 속에서 지닌 의미에 관해 검토해 보자. 우선 사람들이 자신들의 행위가 (1)의 도식에 의해 결정된다고 생각하는 사람이 있다고 가정해 보자. 극단적인 실증주의자들이 그렇듯이 일반 사람들 가운데도 먹고 자고 입는 문제와 그것에 영향을 미치는 현실적 요인들 외에는 자신들의 행동에 영향을 미치는 중요한 문제는 없다고 생각하는 사람들이 있을 것이다. 그리고 이런 사람들은 자신이 행동하는 데 실제로 중요한, 그와 같은 문제들 외에는 관심을 둘 필요가 없다고 생각하고 행동할 것이다. 한 가지 분명한 점은, 소로킨의 이론이 타당하다는 전제 하에, 이와 같은 유형의 사람들은 소로킨이 "감각 지향적 유형"이라고 특징지은 사회에 다수를 점하고 있을 가능성이 크다는 것이다. 반면에 행위 도식 (2)에 표현된 행위 요소들에 의해 행동이 결정된다고 보는 사람들과 실제로 그와 같은 믿음을 가지고 행동하는 사람들의 비율은 소로킨의 "이념 지향적" 유형의 사회에서 훨씬 높을 것으로 예측된다. 두 가지 행동 유형과 관련하여 위와 같이 예측된 추세선은 소로킨이 실제로 수집 분석한 자료들을 기반으로 그린 사회문화의 역사적 추세와 부합한다는 점에서 일단 설득력이 있는 판단으로 여겨진다. 물론 파슨스가 이와 같은 의견에 동의할지의 여부는 알 수 없는 일이지만 그의 자원론적 행위 이론의 타당성과 관련하여 매우 흥미 있는 함의와 함께 논쟁거리를 제공하는 것은 사실이다.

필자는 이 문제와 관련하여 적어도 우리가 좀 더 가깝게 접근할 수 있는 우리 자신들의 역사 경험이 좀 더 신뢰할 수 있다는 전제 하에, 소로킨의 입장으로 기우는 편이다. 우리가 소로킨의 이론을 토대로 판단을 한다면, 성리학이 지배하던 조선 사회는 매우 극단적으로 이념지향적인 유형의 사회로 평가될 수 있을 것이다. 이러한 판단은 조선 시대의 다양한 자료들의 분석을 통해서도 확인될 수 있는 사실인 것으로 여겨진다. 일례로 필자는『동국여지승람(東國輿地勝覽)』이라는 조선 지리지(地理志)의 내용 분석을 통해서 조선조 지배계층의 인식체계의 특징을 분석한 적이 있다. [95] 얻은 결론만을 이야기한다면, 조선조, 좀 더 제한적으로는 조선 지식층의 인식 가운데서 모든 사물과 사실들은 성리학이란 이념적 안경을 통해 해석되고 평가된 현실이었다는 것이다. 주지하다시피, "성리(性理)"라는 용어는 인간(자연 현상까지 포함하여) [96]이 지닌 (또는 지녀야 할) 도덕적 원칙(이, 理)의 의미를 갖는다. 따라서 소로킨이 분류한 논리적-의미적 체계의 유형들 가운데 "이념지향적" 유형의 전형적 특성을 보여준다. 이와 같은 조선조의 문화적 풍토는 17세기를 전후해서 조선이 내외적으로 처한 여러 어려움들 속에서 변화의 압력을 받게 된다. 조선 역사학자들은 그로부터 촉발된 한 중요한 움직임이 "실학(實學)"의 대두였다고 보고 있다(김태영, 2003; 조광, 2010). 실학을 특징짓는 데 흔히 사용되는 연관어들이 "실사구시(實事求是),""경세치용(經世致用)"과 같은 말들이다. 실사구시라는 말은 경험하는 현실 속에서 진실을 찾는다는 의미를 가지고 있으며, 경세치용이란 어떤 것을 나라를 다스리는 데 적용하려 했을 때 그 실질적인 쓰임새를 중요한 기준으로 평가하는 태도를 지칭한다. 우리가 소로킨의 논리적-의미적 체계의 유형을 가지고 특징짓는다면, 이념적지향적 유형이라기보다는 상대적으로 감각지향적 유형에 더 가까운 철학적 관점이 반영되어 있다고 볼 수 있을 것이다. 따라서 우리가 조선 사회라는 제한된 시기만을 놓고 보았을 때, 소로킨이 자신의 이론에서 주장한 사회문

---

95) 정창수(1984).

96) 자연이나 인간 세계가 본질적으로 동일한 원리에 의해 지배받고 있으며, 따라서 양쪽이 상응하는 특성과 함께 그 현상들이 실제로 상호 영향을 미치고 있다는 생각, 즉 "상응적 세계관" 또는 "상응적 질서관"(Bodde, 1957: 34-42)은 동양적 사유 방식의 한 전형적 특징으로 지적되고 있다. 물론 중국 정신 문화의 다른 한 조류를 형성하고 있었던 법가(法家)의 생각은 이와는 상반되었던 것은 사실이다. 소로킨에 의해 물질지향적 논리적-의미적 체계의 한 파생 유형으로 평가를 받았을 것으로 평가되는 법가 사상은, 그러나 중국에서는 한대(漢代) 이후부터 유교가 국가 이념으로 채택된 후, 조선조 사회가 출발과 함께 국가 이념으로 자리 잡으면서 어떤 영향력도 발휘하지 못했던 것으로 여겨진다.

화 체계에 있어서의 변화가 이념지향적인 유형으로부터 감각지향적 유형으로 움직이는 현상을 관찰할 수 있음은 부인하기 어려울 것으로 여겨진다. 물론 여기에는 조선조 사회에서 다분히 극단적으로 이념지향적인 특성을 지닌 성리학이 지녔던 일방적인 성격, 즉 어느 한쪽만의 기능만이 강조된 가운데 다른 쪽의 기능은 극도로 위축되는 데 따른 자연스러운 반작용이 작용한 것으로 보아도 무리는 없을 것이다.

이와 같은 순환적 변화에 따라, 이미 우리가 시사했듯이, 사람들의 행동 양식은 파슨스가 가정한 그것보다 훨씬 덜 균형되고 선택적인 형태의 구조를 가지고 있는 경우가 많다는 것이 필자의 판단이다. 다시 말해서, 시대에 따라 또는 상황에 따라 사람들의 행동에 영향을 미치는 요소들의 구성 유형은 달라질 수 있다는 것이다. 예를 들어, 절에서 수도하는 스님과 시중에서 장사하는 사람들의 단위 행동의 구조를 파슨스가 제시하는 도식을 가지고 표현한다면 양자 사이에는 현격한 유형적 차이가 존재할 것으로 짐작된다. 아마 이는 서로 다른 사회문화권에 사는 사람들의 행위 양식들을 집합적 수준에서 비교한다고 하더라도 마찬가지일 것이다. 이 점이 바로 소로킨이 부각시키고자 했던 인간 사회의 모습이었다. 사회들 간에는 바로 소로킨이 지적하고자 했던 점에서 차이를 보일 것이고, 같은 사회라고 하더라도 시대에 따라 계층에 따라 다를 수 있다는 것은 당연한 일로 생각된다. 이 점과 관련해서는, 파슨스가 파레토에 관해 논의할 때 파레토 이론의 한 중요한 측면을 놓쳤던 것은 아니었다는 것은 분명하다. 즉, 사회에 따라 또는 지도자 유형에 따라 그들의 행동에 지배적인 동기로 작용하는 "잔기" 유형에 있어서 차이가 존재한다는 사실과 함께 그로 인해 나타나는 지배 엘리트 유형의 순환적 변화 과정이 파레토 이론에서 차지하는 의의에 관해 충분한 이해를 하고 있었던 것은 분명하다. 만약 인간 행위의 이와 같은 측면을 진지하게 고려했었다면, 파슨스는 다양한 얼굴을 지닌 인간의 다층적 모습과 여러 가지의 굴곡진 경로에 따라 발전하기도, 퇴보하기도 또는 순환적으로 우회하기도 하는 인간 사회의 변화하는 모습에 비해 그의 행위 이론이 아마 감당하기 어렵도록 야심찬 수준의, 또 지나치게 이른 일반화를 시도하는 게 아닌가 하는 우려도 없지 않았을 것이다.

피에르 부르디외(Pierre Bourdieu)

구성주의적 구조주의와 구조주의적 구성주의의 양면적
시각에서 본 사회적 행위

05

부르디외의 사회학 이론의 기본적인 관심사는, 아주 단적으로 표현하자면, 그가 살던 프랑스 사회의 자본주의적 질서가 유지되고 재생되는 기제를, 부분적으로는 보다 일반적인 차원에서 자본주의 사회가 재생되는 기제를, 밝히려는 데 있었다. 초두 부분에서 논의된 파슨스의 핵심적인 관심사 역시, 비록 훨씬 더 포괄적인 수준에서이기는 했으나, 사회 질서의 문제였다. 즉, 이기적인 욕구와 다양한 생각과 행위 성향들을 보여주는 수많은 개인들이 모여 이루어진 사회에 혼란과 무질서 대신에 "질서"가 자리 잡고 있는 현상을 어떻게 설명할 수 있는가 하는 의문에 대한 해답이었다.

이와 같이 사회질서에 대한 관심이라는 유사성에도 불구하고, 양자가 그와 같은 관심을 갖게 된 사상적 배경과 의도에는 중요한 차이가 있다. 우선 파슨스의 경우에, 그가 사회학에서 흔히 일컬어 "합의 이론(consensus theory)"으로 지칭되는 관점을 선도한 대표적 학자라는 점을 상기할 필요가 있다. 즉, 그는 사회 질서를 가능케 하는 가장 핵심적인 요소를 사회구성원들이 지켜야 할 행위 규범들과 그것들의 토대를 이루는 가치관이라든지 신념 체계들에 대해 집단적 차원에서 유지되고 있는 "합의"에 있다고 보았다. 따라서 사회 질서와 관련된 파슨스의 핵심적 관심사는 그와 같은 합의가 창출되고 유지되는 기제를 밝히는 데 있었다.

반면에 부르디외의 이론은 사회학의 이론적 전통 속에서 흔히 "갈등 이론(conflict theory)"으로 불리는 진영에 속하는 입장으로 분류될 수 있다. 마르크스 이론에 의해 대표되는 갈등 이론 계열의 이론들에서는 지배집단과 피지배 집단 간의 모순된 이해관계를 강조하는 한편, 사회질서는 대체로 지배집단의 특권적 지위 또는 이익의 유지를 위해 기여하는 형태로 구성되어 있다는 입장을 취하고 있다. 이 점에서 앞의 합의 이론과는 대립된 입장을 취하고 있다. 이와 같은 입장에 근거하여 갈등 이론에서는 대체로 비교적 소수를 차지하는 지배집단과 다수를 차지하는 집단 간의 상치된 이해관계는 역사의 어느 시점에 가서는 체제의 전복을 목적으로 한 혁명적 정치투쟁의 형태로 표면화될 수밖에 없으며, 그에 따른 새로운 질서로의 교체는 거의 필연적으로 예기되는 사회 변화의 흐름을 형성해 왔다고 주장한다.

그런데 바로 위에서 설명한 전형적인 갈등 이론의 시각에서 보았을 때, 부르디외의 이론은 그것과 구별되는 매우 독특한 성격을 지니고 있다. 정통적 갈등 이론의 시각에서 본다면, "변질된" 내용의, 또는 "수정주의적(revisionist)" 갈등 이론이라고 규정지을 수도 있을 것이다. 전형적인 유형의 갈등 이론에 비해 부르디외의 이론은 두 가지 점에서 중요한 차이를 보여준다. 하나는, 자본주의 사회 질서의 변화에 대한 전망 내지는 가능성에 대한 진단이다. 다른 하나는, 통상적으로 갈등 이론의 특징을 이루는 구조주의적 시각으로부터 탈피하여 사회구조의 영향력을 강조하는 동시에 개인들의 실천적 행위를 통해 사회 구조가 구성 또는 재생되는 기제를 밝히는 데 주된 관심을 보여왔다. 첫 번째 측면은, 갈등 이론가들에게는 풀어야 할 이론적 과제로 제기되어왔던 사회 현실과 관련된다. 즉, 피지배계층이 왜 그들의 이해에 반하는 체제를 변화시키기보다는 그것의 지속적인 재생에 사실상 기여하는 행동을 계속하고 있는가? 하는 의문이다. 부르디외의 이론은 우선 이 의문에 대한 해답을 시도하고 있다는 점에서 의의를 지니고 있다는 것이 필자의 평가이다.

앞에서 지적된 두 번째 측면과 관련해서는, 자본주의적 질서의 재생에 관해 부르디외가 제시하는 이론이 일반적으로 이전의 사회학 이론에서 문제점으로 지적되어 왔던 점들을 극복하는 데 긍정적으로 기여할 수 있는 가능성을 지닌다는 점을 지적할 수 있다. 주지되고 있듯이, 구조주의적 시각과 개체주의적 시각의 대립, 또는 사회결정론적 시각과 행위론적 시각의 대립을 놓고, 이를 양자 간 택일의 문제로 보기보다는 어떤 형태로든지 하나의 이론 속에 "통합"되어야 한다는 필요성에 대해서 대부분의 사회학 이론가들 사이에 공감이 형성된 지도 이미 상당한 기간이 경과되었다. 실제로 이루어진 성과로 거론될 수 있는 사례가 아직은 희소한 가운데, 가장 주목을 끈 성과를 이룬 인물이 부르디외라는 데 공감할 사람들이 아마 많을 것으로 짐작된다. 부르디외의 이론이 갈등이론의 토대 위에서 구축된 이론이기는 하다. 그러나 부르디외가 이론적 진영의 경계를 넘어 주목을 받는 이유는 그의 이론이 바로 앞에서 말한 의미에서의 이론 통합을 성취하는 데 있어서 상당히 획기적인 성과를 이룬 것으로 평가되기 때문일 것이다. 그의 이론의 목적이 일차적으로 자본주의 사회의, 변화보다는, 재생 과정을 설명한다는 데 있었던 것은 분명하다. 그러나 부르디외의 이론적 작업에는 그러한 의도와 함께 자신이 구축하고자 하는 이론의 성격에 대한 또 하나의 분명한 목표 의식이 작용하고 있었다. 다음에 인용된 부르디외의 언급은 그것이 무엇이었는지 이야기해주고 있다.

> 만약 내가 나의 저술을, 요즘 유행하고 있듯이, 두 마디로 특징짓는다면, 구성주의적 구조주의(constructivist structuralism) 또는 구조주의적 구성주의(structuralist constructivism)이다. 구조주의란 용어는 어떤 일면에서 소쉬르(Saussure)나 레비스트로스(Levi-Strauss)에서 따온 것과는 다른 의미를 지닌다. 여기에서 구조주의나 구조주의자란 사회 세계 그 자체 내에 그리고 (언어와 신화 등과 같은) 상징적 체계 내에 행위자의 의식이나 의지와는 독립적으로 존재하면서도 그들의 행위나 표현들을 이끌어내고 구속하는 힘을 가진 현실적 구조를 의미한다. 구성주의는 한편으로는 내가 아비투스(habitus)라고 부르는 인식과 사유와 행동의 틀로 이루어진 사회적 발생원(發生源)과 다른 한편으로는 사회구조가 특히 내가 장(場, field)이라고 부른 사회적 공간과 집단들, 그

중에서도 우리가 흔히 사회적 계급이라고 부르는 사회적 발생원이 분리할 수 없는 현실임을 의마한다(Bourdieu.1989: 14).

부르디외가 자신이 추구하는 이론의 성격에 관해 스스로 쓴 이와 같은 설명은 부르디외 이전에 사회학에만 익숙한 사람들에게는 매우 생소하게 느껴질 수 있다. 따라서 위의 내용에 대한 보다 상세한 설명이 이루어지기 전에 우선 간단하게 그 취지만을 요약해서 표현해 보자면, 사회 현상의 "양면적 속성"을 부르디외 식으로 강조하고 있다고 보면 적절할 것이다. 필자가 해석하는 관점에서 보아, 사회 구조에 대한 이론과 행위 이론을 통합한, 부르디외의 이론이 갖는 의의와 특징은 주로 바로 위에서 인용된 글에 의해 개괄적으로 설명되고 있다. 따라서 다음부터 진행될 부르디외의 이론에 대한 논의는 주로 위에 인용된 글에 포함된 개념들에 대한 해설을 중심으로 진행될 것이다.

가. 계급(calsses)

왜 필자가 부르디외에 대한 설명을 계급으로부터 시작하는지는 부르디외가 계급 현상을 이해하는 시각이 사회학에서 전통적으로 그것을 이해하는 시각과 구분이 되고, 그 상이함으로부터 우리는 부르디외의 행위와 사회를 보는 관점이 어떤 점에서 나름대로 독특한 시각을 구성하는지 보다 용이하게 파악할 수 있기 때문이다. 더욱이 그가 계급을 바라보는 관점은 그의 다른 하나의 핵심적 개념, "아비투스"에 우리가 접근할 수 있도록 허용하기 때문에 논의를 위한 좋은 전략적 지점이라는 점도 고려되었다.

계급을 다룬 그의 한 논문의 첫 번째 페이지에 나오는 한 구절에서 부르디외(1987: 1)는 다음과 같이 지적한다.

실제로, 제안된 대안 ─ 계급은 분석적 구성 개념인가 아니면 사람들이 일상 생활 속에서 사용하는 용어인가 ─ 의 배경에는 가장 어려운 이론적인 문제, 즉 지식의 문제가 자리하고 하고 있다. 그러나 매우 특수한 맥락에서 보자면, 우리의 지식의 대상이 되는 계급이라는 현상은 인식의 주체들로 구성되어 있음과 동시에 인식의 주체들에 의해 만들어지는 현상인 것이다.

이는 사회 현상에 대한 사실주의적인 접근방법이 아니면, 현상학이나 민속방법론에서 보는 바와 같이, 행위 주체들의 행위들을 통해서 만들어지는 현상으로 보는, 이분적인 접근방법을 극복하여 **양면적 특성을 동시에 지닌 현상**으로 접근하려는 의도를 표현한 것이다. 그의 그러한 의도는 다음 구절에서 더욱 명료하게 드러난다: "현실에 있어서, 행위자들은 피분류자인 동시에 분류자인 것이다. 그러나 행위자들이 분류할 때 그 분류는 분류된 범주 속에서 자신들이 차지하는 위치에 따라서 (또는 위치에 토대를 두고) 분류하는 것이다"(p. 2). 다른 말로 해석하자면, 계급은 계급에 대한 주관적 인식과 그 주관적 인식을 산출한 객관적 현실 간의 상호작용 과정 속에서 형성되는 산물로 보아야 한다는 것이다. 이와 같은 점에서 계급 현상은 의도하는 현실을 행위자의 능동적 개입을 통해 만들어내고자 하는 노력과 이미 산출된 객관적 결과들에 의해 행위자의 삶의 시각과 행위 성향이 규정되는, 두 개의 다른 순간을 오가는 과정들을 거치게 된다. 그렇다면 계급이란 일단 행위자들이 그들에게 각기 다른 삶의 기회를 허용하는 여러 가지 형태의 자본들을[97] 소유하고 있다 라는 사실이 객관적 현실로서 전제된다. 그리고 이에 따라 행위자들이 누릴 수 있는 권력이라든지 이익 등을 기준으로 그들을 어떤 공간(space) 속에 위치시킨다고 가정했을 때 그들이 지닌 구분된 특성들로 인해 그들의 위치는 다른 영역들과는 구분되는 어떤 특정 영역에 집중될 것이다. [98] 다른 말로 표현하자면, 그 영역에 위치하

---

97) 부르디외(1986)는 그 대표적인 형태로 네 가지를 제시한다: 1) 경제적 자본, 2) 사회적 자본, 3) 문화적 자본, 4) 상징적 자본. 이들 자본들은 행위의 목적과 수단의 중요한 요목들로서의 의의를 지닌다는 점에서 행위 이론에 대해 중요한 기여를 한 것으로 필자는 평가한다. 이에 관해서는 이후 본문에서 더 상세하게 논의될 것이다.

98) "계급"은 이러한 의미에서 측정가능한 어떤 특성들을 공유하는 사람들의 범주를 지칭하는 것은 사실이다. 그러나 그것은 "한국인"이라든지 "기독교인"처럼 실제로 확립된 어떤 정체성을 지닌 집단적 실체를 지칭하는 개념과는 구분된다. 왜냐하면 그 범주에 속하는 것으로 분류된 사람들이 그들과 상호작용하

는 것으로 간주된 사람들의 집합적 특성은 객관적으로 확인가능한 사실들에 의해 측정될 수 있을 것이다. "계급"은 이와 같은 조건을 충족하는 범주의 사람들을 집합적으로 지칭하는 용어이다. 부르디외는 바로 이와 같은 의미에서 계급을 "경험적 토대를 충족한 이론적 구성 개념(well-founded theoretical construct)"(1987:2)이라고 표현한다. "경험적 토대를 갖추었다"는 말은 현실적으로 계급이 될 수 있는 가능성을 지닌 사람들이 존재하고 있음이 객관적으로 확인될 수 있음을 의미하기 위한 것이다. 그러나 이와 같은 상태에서, 마르크스의 "즉자적 계급(class in itself)"이라는 말이 시사하듯이, 그와 같은 상태에 있는 사람들이 계급이란 집단적 실체로서 기능을 발휘하고 있는지 하는 문제는 남아 있게 된다. 적절한 이름과 함께 집단적 정체성이 부여되고 행동하는 데 적절한 동기를 행위의 주체들이 갖추게 되었을 때 그 집합적 실체는 비로소 "계급"으로 불릴 수 있을 것이다. 마르크스의 용어를 빌리자면, "대자적 계급(class for itself)"이 되어야 하는 것이다. 부르디외는 능동적 행위자에 의해 수행되는 행위들로 인해 계급이 실재하는 현실로서 만들어지는 과정을 "구성적(consturctivist)" 작업, 즉 "계급 만들기 작업(work of class-making)"이라고 부른다. 그리고 행위자의 행위를 구속하는 객관적 현실은 그 연원에 있어서 이와 같은 만들기 작업의 소산이라는 것이 부르디외의 결론이다. 우리는 계급 속에 살면서 그것에 영향을 받고 있으면서도 동시에 계급만들기에 관여하고 있다는, 매우 흥미로운 관찰이 이루어지고 있다. 앞에서 인용한 구절에서, "우리의 지식의 대상이 되는 계급이라는 현상은 인식의 주체들로 구성되어 있음과 동시에 인식의 주체들에 의해 만들어지는 현상인 것이다"라고 말한 것은 바로 인간 행위의 현실이 두 순간을 오가는 양면성을 지니고 있음을 지적한 것이었다.

는 다른 부류의 사람들과의 관계 속에서 구체적으로 어떤 역할과 영향력을 행사하는지에 따라 그 실체적 특성은 달리 할 수 있기 때문이다. 바로 이와 같은 의미에서 마르크스는 계급을 "즉자적 계급(class in itself)"과 "대자적 계급(class for itself)"으로 구분한 바 있다.

나. 아비투스(habitus)

　객관화된 현상으로서의 "계급"이 "경험적 토대를 충족한" 이론적 구성 개념이라는 부르디외의 정의에는 계급의 구성원들이 점유한 사회적 공간은 그 구성원들이 공통적으로 접하고 있는 어떤 객관적 현실들이 실제로 존재 또는 작동하고 있음을 분명하게 시사하고 있다. 사람들이 접하는 이와 같은 객관적 현실은 부르디외가 지적하는 다음과 같은 순간 또는 조건 속에서 우리의 경험 속에 존재하는 현실이다.

　실천 행동을 실천 행동으로 보는 이론(theory of practice as practice)은, 실증주의적 유물론과는 반대로, 지식의 대상들은 수동적으로 기록되기보다는 (사람들의 실천 행동을 통해서) 만들어지는 것이며, 또한 지적인 관념론과 반대로, 그와 같은 만들기는 구조화되는 동시에 구조화시키는 내재화된 성향들의 체계, 즉 "아비투스"에 토대를 두고 있다고 주장한다. 이 아비투스는 실천 행동 속에서 형성되며, 언제나 실행적 기능을 지향한다. … (이와 같은 이론적 관점에서 인간 행위를 이해하기 위해서) 우리는 구조를 실재하는 현실로 보는 시각으로부터 벗어나야 한다. 그와 같은 객관주의적 시각은 세계에 대한 원초적 경험의 단계와 경험의 세계와 객관적으로 존재하는 관계를 재생하는 단계를 각기 별도로 구분하기 위해 필요한 관점이기는 하다. 그러나 우리가 객관적으로 존재하는 그와 같은 관계들을 집단의 역사적 과정의 외부에서 이미 만들어져 존재하는 현실로 간주하는 시각은 구조를 실재하는 현실로 보는 시각에 필연적으로 빠질 수밖에 없다. 그리고 일단 그와 같은 시각을 받아들이게 되면, 주관주의적 관점으로 돌아가는 것 외에는 사회 세계의 본질적 속성에 관해 설명하기 어려울 것이다. 그러한 실재론적 시각을 벗어나기 위해 우리가 해야 할 일은 **행동의 결과**(*opus operatum*)와 **행동이 수행되는 과정** (*modus operandi*), **객체화된 생산물과 행동의 역사들이 체화되어 개인들의 내면에 축적된 경험들, 즉 구조와 아비투스** — 이들 요소들 간에 변증법적인 상호작용이 이루어지는 현장인, **실천 행동**(*practice*)으로 눈을 돌려야 한다는 것이다(Bourdieu, 1999: 107-108).

위의 글에는 부르디외가 강조하고자 하는 두 가지의 요점이 있다. 첫 번째는, 행위자들이 위치한 객관적 세계는 외부에 존재하는 어떤 요인들의 작용으로 만들어지는 것이 아니라 그 세계를 구성하는 행위자 자신들의 실천적 행위들을 통해 만들어진다는 것이다. 두 번째는, 행위자들의 실천적 행위는 "아비투스"를 통해 매개된다는 것이다. 우리는 이 과정을 다음과 같은 간단한 도식을 통해 그려보일 수 있다.

계급 구조 ⟶ 아비투스 ⟶ 구조의 재생

그럼 기존의 계급 구조가 실천적 행위를 통해 다시 재생산되는 과정에서 그것을 가능토록 중간에서 매개 요인으로 작용하는 아비투스는 구체적으로 무엇이며, 어떤 기능을 수행하는가? 부르디외(1999:108)는 상당히 난삽하게 들리는 다음과 같은 (다분히 **프랑스적**이라고 필자가 느끼는) 표현을 사용하며 아비투스가 의미하는 바를 설명한다.

특수한 종류의 존재적 조건들 아래서 이루어진 학습에 의해 **아비투스**는 형성된다. 이는 지속적이고 복사가능한 잠재적 성향들의 체계, 즉 구조화를 수행하는 구조적 요소로서의 기능을 발휘하도록 이미 방향성이 설계되어 있는 조직 구조를 갖춘 조직체이다. 다시 말해서, 행위자들에게 어떤 목표를 추구하고자 하는 의식을 의도적으로 심어주지 않은 상태에서 그리고 필요한 작업의 수행 능력을 완벽하게 습득하기 위한 의도적인 노력이 없이도 어떤 결과를 얻는 데 객관적 상황에 알맞는 적응 능력을 발휘하면서, 실천적 행위와 문화적 표현들을 생산하고 조직화해내는 원리들로서 규정할 수 있다. 규칙들에 대한 복종의 산물로서 나왔다고 결코 볼 수 없는 피규제자인 동시에 규제자로서, 조직화하기 위한 지휘자의 행동이 거둔 산물이 아니라는 것이 분명한 데도 불구하고 집합적으로 조화가 이루어진다는 것이 객관적으로 나타난 아비투스의 기능이다.

위의 글의 내용은 다음과 같은 몇 가지로 정리해 볼 수 있다. 첫째로, 아비투스는 행위와 문화적 표현들을 생산해내고, 또 그것들을 조직적으로 표현할 수 있도록 만들어주는 기능을 수행한다는 것이다. 다음으로, 이러한 기능은 개인들이 속한 계급적 환경 조건 속에서 이루어진 학습을 통해 개인 내부에 형성된 내재적 능력과 성향들에 의해 수행된다는 것이다. 셋째로는, 행위자들이 습득한 이와 같은 능력과 성향들은 분명한 방향성과 체계성 그리고 행위 환경의 다양성과 변화가능성에 따라 탄력적으로 적용되는 원칙들처럼 체계적으로 작용하고 있는 반면에 행위자 자신들에게는 마치 훈련을 통해 체득된 신체적 능력처럼 의식적으로 그렇게 하고자 하는 의도를 수반하는 것은 아니라는 것이다. 이런 의미에서, 아비투스는 폴라니(Michael Polanyi)(1958)가 지적한 "암묵적 지식(tacit knowledge)"과 같은 특성을 지닌 능력 또는 성향이라고 특징지을 수 있을 것이다. 특히, 필자는 아비투스에 대한 부르디외의 위와 같은 설명이 일정 부분은 실은 생화학자들의 DNA에 대한 설명으로부터 빌려온 것이 아닌가 하는 의심을 가지고 있다. 차이는 DNA는 생명체의 신체를 유전적으로 결정하는 기초적 정보를 담고 있는 반면에 아비투스는 행위자의 사회문화적 환경, 특히 계급이라는 환경 속에서 이루어지는 사회화가 결정적 요인으로서 작용한다는 점이다. 어쨌든 중요한 점은 마치 유전자가 생명체에 대해 그러한 것처럼, 아비투스는 행위자의 실천 행동과 문화적 표현들의 방향성에 대한 매우 체계화된 정보들을 담고 있다는 점이다. 그리고 그것을 실행에 옮기도록 행위자 내부에서 촉발하고 작동하는 기능을 수행한다는 점이다.

이와 같은 관점은 파슨스가 제기했던 사회 질서의 문제에 대해 전혀 다른 각도에서 흥미로운 해답을 제시하고 있다는 점에서 관심을 끌게 된다. 사회적 규범이 지닌 도덕적 또는 카리스마적 권위가 사람들이 기존 질서에 순응하는 이유가 되고 있다는 파슨스의 견해는 물질적 이해관계를 넘어서는 이념적 합의야말로 사회 질서의 한 핵심적 요소로 작용하고 있다는 주장에 설득력을 부여한다. 그러나 일사불란하게 움직이는 종교 집단의 구성원들이라 하더라도 그들의 행동의 토대가 되는 신념이 무엇인지 안다는 것은 그 자체가 아마 특별한 교육까지 요할 정도로 어려운 일일 것이다. 또 구성원들 사이에 그것에 대한 합의에 이른다는 것 자체도 무척 어려운 일일 것이다. 그것에 대해 안다고 하더라도 일사불란한 행동들을 통해서 이루어지는 집단의 질서와 지적된 이념적 신조 사이에 구체적으로 어떤 연관성이 존재하는지를 이해 또는 설명한다는 것도 쉬운 일은 아닐 것이다. 여기서 필자가 강조하려고 하는 점은 부르디외는 사회 질서를 설명하는 데 있어서 "이념(ideas)"

에 있어서 합의라든지 "물질적 이익"과 같은 매개 변인을 아예 건너뛰고 있다는 점이다. 사회학적인 관점에서, 사회가 가치 또는 이념에 있어서 합의를 중심으로 통합을 이루느냐 아니면 물질적 이익을 기반으로 구조화된 질서인가 하는 문제는 관념론과 유물론이라는 대립된 시각 사이에 소모적이고 **불필요한** 논쟁만을 야기해 왔다. 부르디외가 이를 불필요하다고 본 가장 중요한 이유는 이념적이고 물질적인 이해관계들을 관철시키는 요인들이 개인들의 일상적 의식과 행동들을 통해 사회와 문화를 만들어내고 움직이는 실질적 요소로서, 개인들이 그러한 사실을 인식하지 못하는 상태에서도, 이미 작용하고 있다고 보기 때문이다. **실천 행동**(*practice*)과 **아비투스**가 곧 그것들이다. 즉 "실천된 행동"을 통해서 질서는 형성 또는 재생되며, 어떤 형태의 실천된 행동이 나타나는 것은 바로 행위자들의 내부에 그것을 추동하는 잠재적 성향과 능력, 즉 아비투스가 형성되어 작용하고 있기 때문이며, 그에 선행하여 그러한 유형의 아비투스가 형성되도록 작용한 삶의 환경이 이미 존재하고 있었다는 것이다.

아비투스는 모든 사회적 행위를 일정 방향으로 추동하는 개인들의 내재적 성향으로 설명되고 있다. 이러한 점에서 파레토의 "잔기"에 비교될 수 있는 기능적 중요성을 지니고 있다. 이러한 유사성에도 불구하고 이들 간의 결정적 차이점이 존재한다. 그것은 잔기가 집단적 상황에 차이를 가져오는 개인들의 내재적 성향으로 규정될 수 있는 반면에 아비투스의 인과적 선행 요인은 무엇보다도 집단, 특히 계급적 상황이라는 점에서 차이를 보인다는 것이다. 아비투스는 그 아비투스를 형성시킨 제도들에 대한 경험을 마치 개인들의 신체 속에 새겨진 "잠재적 법칙(immanent laws)"(1999: 113)처럼, 은밀하게 그러나 구체적이고도 체계적으로, 담고 있다는 것이다. 짧게 표현하자면, 아비투스는 개인의, 또는 집단의 역사적 경험들을 통해 체득한 행위의 조직화된 원칙들을 담고 있다는 것이다.

이 시점에서 우리는 아비투스가 사회 및 문화의 재생 과정에서 수행하는 역할과 관련하여 부르디외가 특히 강조하려고 하는 점에 주목할 필요가 있다. 우리가 앞에서 제시한 행위 과정의 도식은 아비투스의 역할은 과거 역사로부터 습득한 행동 문법에 따라 기존하던 사회 제도를 복사 재생하는 것이라는 의미로 잘못 읽힐 여지가 있다. 우선 부르디외(1999: 112)가 지적하듯이, 아비투스의 가장 우선적 기능은 그것들이 학습 또는 체험을 통해 내재화되는 기간 중에 객관적으로 부여되었던 의미를 그대로 간직한 행동 또는 제도를 그대로 재현한다는 점에서 찾을 수 있을 것이다. 이 같은 점에서 아비투스의 일차적 기능은 기존하는 행위 및 문화 체계의 재생에 있다는 것은 틀림없는 해석일 것이다. 그러나 마치 언어 사용이 그러하듯이, 개인이 과거의 역사적 경험을 통해 습득한 아비투스란 내재적 자원과, 그 자원을 활용하여 수행이 요구되는 과제의 특성과, 그 과제가 수행되는 현장의 상황적 특성들이 적정한 형태의 구조 속에 이미 과거의 그것처럼 고정된 형태로 배열되어 있는 것은 아닐 것이다. 행위자들이 현재의 행위 상황 속에서 무언가 생소함과 함께 예상되지 않았던 상황적 요구에 긴장을 경험하곤 하는 것은 이에 기인할 것이다. 즉, 많은 사람들은 많은 경우에 자신들이 현재 대면한 상황 속에서 과거의 행위의 기계적인 재현만으로써는 대처하기 어려운 상황과 과제들을 직면하게 된다. 필자 역시 이 글을 쓰면서 과거의 내가 글을 쓰면서 대해온 과제들 및 상황과는 같지 않게 느끼는 것이 사실이다. 행위의 수행이 익숙함과 생소함 그리고 그에 따른 기계적 일상성과 부분적으로는 낯선 현실이 주는 긴장이 공존하는 상황 속에서, 따라서 과거 행위의 재생과 새로운 행위의 창출이라는, 이중적 특성을 동시에 지닐 수밖에 없는 이유에 대해 브루디외(1999: 110)는 다음과 같이 지적하고 있다:

아비투스를 어떤 사회-문화 체계의 생성 원리를 내포하고 있는데, 아비투스의 기본적 기능은 그것을 산출시킨 제도 속에 내재하는 규칙적 특성들을 재현하는 데 있다. 그러나 다른 한편으로, 아비투스는 그것을 구성하는 인지적 및 동기적 요소들에 의해 정의된 상황 속에서 행동의 객관적인 효력이 산출될 수 있도록 상황적 요구에 (적절하게) 부응해야 한다. 따라서 아비투스에서 유발된 실천 행위들은 그 행위들을 촉발한 현재의 상황의 요구에 기인한다고만 볼 수 없으며, 아비투스를 산출한 과거의 환경에 기인한다고 일방적으로 또한 결론지을 수만도 없을 것이다.

아비투스의 특성 가운데 주목을 요하는 다른 하나의 측면이 있다. 과거 역사를 통해 형성된 아비투스의 내적 구조와 행위를 실천하는 과정 속에서 경험하는 현실 세계 사이에 동질성(homogeneity)의 지형이 그것이다. 이를 설명하기 위해서 우선 부르디외(1999: 112)가 쓴 다음 구절을 살펴보자.

> 아비투스는 객관적으로 존재하는 사실적 구조들을 학습하고 내재화함으로써 생성되고,
> 집단적 역사로부터 나오는 산물이다. 이는 개인의 역사적 과정 속에서 형성되며, 그것을
> 내재화한다는 것은 곧 그것에 함축된 논리를 수용하는 것을 의미하며, 이를 통해 행위자
> 들은 현행 제도 속에 담긴 역사를 함께 공유하게 된다. 따라서 안정적이고 잘 조절된 형
> 태의 내적 성향들의 형태로 재생산된다는 것은 아비투스가 작동하는 데 필요한 조건이
> 다. 즉, 아비투스가 제도들을 담아낼 수 있고, 현실적으로 개인들이 그것을 자신의 것으
> 로 만들 수 있고, 끊임없이 재활성화시킬 수 있고, 또 그 안에 담긴 의미들을 다시 살려냄
> 으로써 지속적으로 사문화(死文化)된 상태에서 끌어낼 수 있는 것은 이 때문에 가능한
> 것이다.

즉, 역사적 경험의 공유를 통해서 행위자들 간의 아비투스의 공유는 이루어진
다는 것이다. 단지 부르디외는 동일한 구절의 말미에서 아비투스의 또 다른 일면
에 관해 언급한다. 즉 아비투스의 기능 가운데는 "제도 속에서 객관적으로 표현되
어 있는 의미들을 (대면하는 현실 속에서 즉흥적으로) 재활성화시키는 데 필요한 실천
적 감각"이 포함되어 있다는 것이다. 그리고 이와 같은 실천적 감각에 의해 아비투
스는 "다시 활성화할 때마다 고치기도 하고 바꾸는 것도 가능케" 된다고 부르디외
는 지적한다. 아비투스는 개인 또는 집단의 고착된 행동 성향이라기보다는 행동하
는 개인들이 실제로 체험하는 현실과 동조화(同調化)를 통해 조정되고 변화하는 과
정을 거치게 된다. 분명한 사실은 이러한 조정과 변화가 있기 때문에 비로소 아비
투스는 현실 속에서 "안정적이고 잘 조절된 형태"로 작동할 수 있을 것이다. 물론
당면하는 현실이 갖는 의미는 항시 기존하는 인식의 체계 속에서 해석이 이루어지
기 때문에 "동질화" 또는 "동조화"란 일방적인 어느 한 방향으로 이루어지기보다는
"변증법적(dialectic)" 상호작용을 의미한다. 이는 양방 모두에게서 이루어지는 발걸
음 맞추기에 비유할 수 있을 것이다. 개인들 내면에서 작동하는 아비투스는 체험
하는 현실에 맞추어 조정과 변화가 이루어져야 하며, 과거로부터 형성된 아비투스
에 의해 설계되고 예측되는 테두리 속에서 현실은 일정한 의미와 구조를 지닌 질

서로서 재생이 가능하게 된다는 것이다. 물론 이 과정에서 양측의 동조화가 단절됨으로써 일어나는 사회적 질서의 교란과 행위자들이 경험하는 인식의 괴리 상태는 예상되는 사태일 수도 있다. [99] 물론 이 과정에서 거의 무의식의 수준에서 이루어지는 현실에 대한 선택적 인식 또는 행위자가 익숙하게 처리할 수 있는 환경이나 관계에 대한 선택적 선호 역시 아비투스의 구조적 안정성과 기능적 일관성을 유지하기 위한 하나의 중요한 선택적 기제로서 이해할 수 있을 것이다. 이는 아비투스가 자체의 내부적 정합성을 유지하고자 하는 기능을 발휘하고 있음을 지적하고 있다고 여겨지며, 이러한 견해는 아비투스가 내적으로 체계성을 지닌 실체로서 보여주는 당연한 특징을 지적하고 있다.

이제 아비투스에 대한 설명을 마치기 전에 부르디외가 제안하는 아비투스라는 특징적 변수가 이제껏 우리가 살펴본 이론들의 맥락에서 시사하는 의의에 관해 잠깐 살펴보려고 한다. 파슨스의 행위 이론의 가장 기본적인 관심사는 사회질서의 문제였다. 사람들이 각기 추구하는 목적들을 달성하기 위해 노력하는 과정에서 다분히 필연적으로 예기될 수밖에 없는 상황 ("만인에 의한 만인의 투쟁 상태"), 즉 사람들 간에 고질적 갈등으로 인한 무질서 상태가 어떤 방식으로 통제가 가능했는지 하는 의문에 대한 해답이 그의 주된 관심사가 되고 있다. 이에 대한 그의 해답은 행위의 목적과 수단의 선택적 규제와 함께 그와 같은 규제에 대한 공동체의 합의에 토대를 둔다고 보는 것이다. 그리고 그러한 공동체의 합의는 개인들의 이익을 위한 동기보다는 훨씬 높은 차원의 윤리적 가치와 초월적 질서에 대해 공동체가 공유하는 신념에 토대를 두고 있다는 것이 파슨스의 설명이다. 규범들이 갖는 도덕적 또는 카리스마적 권위는 바로 이로부터 연유한다는 본다. 반면에 머튼이 본 미국 사회의 모습은 이와는 매우 달랐다. 미국 사회에서 문화적으로 강조하는 목표를 실현하는 데 개인 또는 집단들에게 주어진 기회에 있어서 불평등으로 인해 사회질서에는, 사회의 근본적 안정을 위협할 정도로 치명적인지 아닌지에 대해서는 언급이 없

---

99) 이와 관련하여 머튼의 아노미 이론과 파슨스가 제안하는 자원론적 행위 이론에서 어떻게 진단하는지 살펴보는 것은 부르디외의 이론을 평가하는 데 있어서도 유익한 논의 자료를 제공하는 것으로 여겨진다.

으나, 이미 상당한 균열이 발생하고 있다는 것이 머튼의 본 미국 사회의 현실적 모습이었다. 사람들이 당면한 행위의 개별적 상황들은 각기 살길을 찾아 여러 다른 방향으로 균열되는 현상을 보이고 있다는 것이 머튼의 결론이었다. 이와 비교할 때 부르디외는 행위를 어떤 시각에서 접근하고 있는가? 필자의 관점에서 평가한다면, 부르디외는 파슨스나 머튼 그리고 소로킨까지 포함하여 이제까지 우리가 다룬 어떤 학자에 비해서도 행위에 관한 한 훨씬 심화되고 다양한 측면에서 파악된 행위 요소들을 포함하는, 보다 정교한 이론 모형을 제시하고 있다. 다음은 그 윤곽적 모습을 보여주는 도식이다.

[(아비투스) + (자본)] + 장(場, field) = 실천 행동(practice) (1984:101)

위의 도식에서 아비투스는 위에서 이미 설명되었다. "자본"과 "장"에 관해서는 아비투스를 설명하는 데 필요한 한도 내에서 "계급"을 설명한 부분에서 부분적으로 언급된 바 있다. 그러나 부르디외의 이론의 전모를 이해하는 데는 그 개념들에 관해 보다 충분한 설명이 이루어질 필요가 있다. 또한 "실천 행동(practice)"이라는 용어 또한 파슨스가 인간 행동에 대해 "행위(action)"라는 용어를 사용했을 때와는 구별되는 시각이 배경에 숨어 있기 때문에 이 또한 좀 더 상세한 설명을 요한다. 따라서 다음 부분에서는 이들 개념을 중심으로 부르디외가 사회 질서와 인간 행위를 어떤 관점에서 접근하고 있는지에 대해 설명해보려고 한다.

다. 자본(資本)과 장(場)

부르디외(1986: 280)는 자본을 "물질적 형태 또는 '부여된' 가치를 어떤 형체 속에 담고 있는 축적된 노동"이라고 규정한다. 따라서 그것이 "행위자들 또는 행위자 집단들에 의해 사적(私的)으로, 다시 말해 배타적 권리로서 소유되었을 때, 가시적 또는 살아 움직이는 노동력의 형태로 사회적 에너지를 사용할 수 있는 능력을 부여한다"[100]고 덧붙인다. 경제적 자본에서 볼 수 있듯이, 자본의 이와 같은 능력은 "이익을 창출하고 그 자체를 재창출하거나 확장하는 데 사용될 수 있으며, 자체를 보존하려는 성향을 지니고 있기 때문에" 자본의 소유 유무에 따라 행위자들이 하는 모든 일에는 성과의 차이가 생기게 마련이다. 부르디외의 표현을 빌리자면, "자본의 유형과 하위 유형들의 분포 구조는 주어진 어느 시점에 존재하는 사회 세계의 내재적 구조를 보여주는데, 이러한 내재적 구조를 통해 우리는 지속적 방식으로 현 세계의 기능을 지배하는 요인들이 무엇인지, 사회의 구조적 현실 속에 작동하는 일련의 규제적 요인들이 어떻게 사람들의 행동이 성공할 수 있는 가능성을 결정하는지 알게 된다." 간단히 이야기하자면, 여러 유형의 자본들의 소유 구조는 사회 속에서 사람들의 운명을 결정하는 요인들이 어떻게 분포되어 있는지를 보여준다는 것이다.

그렇다면 사람들의 생의 기회를 결정짓는 자본의 종류로서는 어떤 것들이 있는지? 부르디외는 그것들을 네 가지 유형으로 나누고 있다.

1. 경제적 자본

"즉각적이고 직접적으로 돈으로 바꿀 수 있고, 경우에 따라 재산권의 형태로 제도화되어 있는"(1986: 281) 자본의 유형이다. 우리가 통상적으로 자본이라고 부르는

---

100) "자본"에 대한 이와 같은 정의는 리처드 나이스(Richard Nice)에 의한 영문으로 번역된 논문에서 인용된 다음과 같은 구절을 필자가 다시 국문으로 번역한 것이다: Capital is accumulated labor (in its materialized form or or its "incorporated," embodied form) which, when appropriated on a private, i.e., exclusive, basis by agents or groups of agents, enables them to appropriate social energy in the form of reified or living labor. "필자로 하여금 그 의미를 이해하고 한국어로 번역하는 데 거의 한나절을 소비하도록 만든 부르디외의 이 극도로 추상적인 정의는, 자본이란 건물과 같은 부동산이나(in its matrialized form) 돈처럼 사람들이 부여한 가치를 종이와 같은 형체 속에 담고 있는(its "incorporated" embodied form) 것들을 의미하며, 그것들이 담고 있는 가치는 그 가치를 창출하는 데 사람들이 투여한 노동력에 의해 생긴 것이다"라는 주장을 함축하고 있다는 것이 필자의 해석이다. 이와 같은 자본에 대한 정의와 그에 이어지는 자본의 특성과 기능에 대한 설명은 부르디외의 자본에 대한 이러한 이해가 거의 전적으로 마르크스의 이론에 의해 영향을 받고 있음을 보여준다는 것이 또한 필자의 해석이다.

것들이 여기에 해당된다.

2. 사회적 자본

"사회적 자본은 제도화되었거나 비공식화된 차원에서 서로 알고 인정해주는 사이로 맺어진 관계들로 형성된 연결망을 보유하고 그것과의 연결을 통해서 활용할 수 있는 실질적 또는 잠재적 자원들을 집합적으로"(1986: 286) 지칭한다. 이는 사회적 관계의 구성원으로서 그 관계를 통해 교환되는 직접적인 도움은 물론 그 관계를 확인하고 강화하기 위해 이루어지는 선물교환과 같은 상징적 활동 등을 통해 획득되는 "신표 (信標, credential)," 또는 "누구들"이라는 명칭의 공유에서 발생하는 실질적이거나 잠재적 영향력을 지칭한다. 부르디외가 이 유형의 자본과 관련하여 특히 주목하는 한 가지 관심사는 사회적 자본이 경제적 자본으로 "전환(conversion)"될 수 있는가 하는 의문과 관련된다. 우선 사회적 자본은 축적을 위해 상당한 시간과 노력이 소요되나 그것이 경제적 자본의 획득으로 이어지는 기회를 반드시 보장하는 것은 아니다. 물론 관계를 맺고 있는 사람들이 소유한 문화적 자본들은 행위자들이 지닌 자본들이 지닌 신뢰 또는 영향력에 대하여 일종의 승수(乘數, multiflier) 효과를 내기 때문에 경제적 자본으로 전환될 수 있는 기회를 증대시키는 것은 사실일 것이다. 그러나 부르디외에 따르면, 사회적 교환 관계가 경제적 효과의 측면에서는 본질적으로 "불확실성(ambiguity)"을 갖기 때문에 사회적 자본은 완전히 경제적 효과로 환원될 수 없는 그 나름대로의 기능을 갖게 마련이다. [101]

3. 문화적 자본

부르디외에 따르면, 문화적 자본은 세 가지 형태로 존재한다. 첫째는, 문화적

---

[101] 사회적 자본의 경제적 효과와 관련된 논란에 대한 브르디에의 평가에 대해서는 부르디외(1986: 288과 〈미주 15〉)를 참조할 것.

산물을 창출해 내는 데 필요한 감성과 지식과 기술을 오랜 시간에 걸친 수련을 통해 행위자들이 "몸과 마음" 속에 쌓은 내적 능력을 지칭한다. 이런 의미에서 문화자본은 행위자들에 "체화된(embodied)"(1987: 282) 문화적 감수성과 능력을 지칭한다. 두 번째는, 행위자들의 체화된 능력이 "객관화된 사물 또는 상태(objectified state)," 즉 볼 수 있고 만질 수 있는 사물로서 표현됨으로써 존재하게 된 그림, 책 등과 같은 문화적 산물을 지칭한다. 세 번째로, 행위자들이 지닌 문화적 능력에 대해 그것을 교육을 통해 육성시키는 기관들에서 객관적으로 인증하는 제도들이 존재하는데, 이와 같이 제도화된 인증 방식을 통해 그 자격과 수준이 객관적으로 평가되고 통용되는 형태의 행위자들의 능력이 곧 여기에 해당된다.

4. 상징적 자본

상징적 자본이란 부르디외(1989: 21)가 "상징적 투쟁(symbolic struggles)"이라고 부른 사회적 갈등의 과정에서 갈등의 당사자들이 자신들이 원하는 사회구조에 정당성을 부여하는 세계관이라든지 이념, 상징들의 체계를 효과적으로 관철시킬 수 있는 능력으로 정의될 수 있다. 부르디외(1989: 23)는 상징적 자본을 "사람들 사이에 차이점이 있음을 다른 사람의 마음속에 상기시키고 그와 같은 (기존의 또는 새로운) 생각을 받아들이도록 만드는 힘"[102]이라고 정의한다. 그리고 이와 같은 힘은 "이전의 상징적 투쟁들을 통해 획득된 사회적 권위"에 바탕을 두고 있다고 지적한다. 즉 "그러한 인식을 심어줄 만한 자리에 있다는 인식을 주기에 충분할 만큼 인정받은 사람들에게 허용된 힘"이라는 것이다. 부르디외는 상징적 힘에 의해 집단의 존재를 인정받았거나 아직 인정받지 못한 가장 전형적인 예로서, "인정받은 하나의 집단으로 확립되었거나 그렇게 공식적으로 선포된 집단들"에 비해 마르크스의 노동계급과 같이 아직은 그와 같은 수준에 이르지 못한 집단들"이 존재한다는 사실을

---

102) 이 부분에 대해서는 필자가 해석한 바에 따라 다소 심하게 의역을 하고 있기 때문에 대조를 위해 여기에 영문 원문을 싣는다: Symbolic capital is "(t)he power to impose upon other minds a vision, old and new, of social divisions."

들고 있다.

이제 우리는 부르디외 이론의 다른 한 핵심적인 개념인 장(場, field)에 관해 논의할 준비가 되었다. 장은 개인들이 물리적으로 경험하는 공간을 지칭하는 것은 아니다. 이는 사회심리학에서 레빈(Kurt Lewin)(1997)이 발전시킨 장 개념처럼 현실 속에서 이론적으로 가장 유의한 요소들과 그것들 간의 역동적 관계를 표현하기 위해 구성한 가상의 공간이다. 레빈은 "어떤 시점에서 개인의 행위를 결정하는 사실들과 요인들의 총체"(1936:216)를 이론적으로 표현한 공간을 "생활 장(life space)"이라고 명명하고 있다. 이와 같은 명칭의 개념적 공간이 의미하는 바를 이해하기 위해 부르디외의 "사회적 장(social space)"의 그것과 비교해 보자. 전자는 주로 개인의 심리적 공간 속에서 상호작용하는 요인들로 이루어진 공간을 의미한다. 반면에 후자는 주로 불평등한 관계 속에서 상호작용하는 집단들 간의 역동적 관계를 표현하고 있으며, 따라서 사회학적인 관심을 보다 강하게 반영하는 개념이라는 점에서 차이를 보인다. 그러나 장의 개념이 사람들의 행동 상황을 이론적으로 유의한 측면에서 서술하기 위해 "구성된(constructed)" 도구적 개념이라는 점과 또 그와 같은 구성 개념을 사용한 배경 논리에 있어서 양자 간 유사성은 분명하다. 물론 이는 레빈의 심리적 현상에 대한 접근 방법과 부르디외의 사회 현상에 대한 접근 방법이 다 같이 장 이론의 본질적인 특성을 공유하는 이론적 및 방법론적인 접근 시각을 기반으로 하고 있기 때문일 것이다. [103)]

부르디외에 의해 제안된 장의 개념과 함께 그것이 부르디외의 이론 속에서 차지하는 의의를 이해하기 위해서는 사회심리학의 분야에서 레빈에 의해 활용된 장의 개념과 비교를 통해 그 차이를 살펴보는 것이 도움이 되리라고 본다. 먼저 레빈의 경우에 (외적인 행동이나 내적으로 이루어지는 인지적 현상을 포함하여) 행동은 주어진 순간에 개인의 행동에 영향을 미치는 모든 요인들이 어떤 대상(들)을 향해 어느 정도의 "힘(force)" 또는 힘들을 가지고 그 개인의 행동을 추동(또는 억제)하느냐에 달

---

103) 마틴(Martin, 2003)에 따르면, 레빈과 부르디외의 장 이론 간의 유사성은 양자가 마찬가지로 독일의 철학자 에른스트 카시러(Ernst Cassirer)로부터 영향을 받았기 때문이다.

려 있다고 본다. 어느 순간에 개인의 행동에 영향을 미치는 모든 요인들이 개인의 행동에 미치는 힘들을 이론적으로 구성한 공간 속에 표현한 것이 곧 레빈의 장 개념이다. 이런 의미에서 레빈의 장은 곧 "힘의 장(force field)"으로서의 특징을 보인다 (Lewin, 1997: 326-327). 즉, 레빈의 장은 개인의 심리적 상황 속에서 형성된 여러 요인들의 힘의 분포 상태에 비추어 개인의 행동을 일어나는 이유를 설명하거나 예측하기 위해 구성된 도구적 개념이다. 이러한 점에서 레빈의 장을 구성하는 요소들에는 부르디외에 의해 아비투스로 지칭되는 요소들이 혼입되어 있다고 보아도 좋을 것이다. 이에 비해, 우리는 과거로부터 사회화 과정을 통해 형성된 아비투스의 성향에 따라 행위자들이 참여를 원하거나 또는 참여를 요구받는 집단적 생활의 현장들이 객관적으로 존재한다는 사실을 일단 인정할 수 있을 것이다. 그 집단적 현장 속으로의 행위자의 참여는 바람직한 삶을 위한 기회가 거기에 존재하기 때문에 이루어진 것일 수도 있고, 아니면 행위자들 간의 투쟁 과정에서 보다 나은 기회를 확보하기 위한 동기에서 이루어진 것일 수도 있다. 어쨌든 그 현장에는 행위자들을 거기에 참여하도록 유인 또는 강제하는 "힘"을 유발하는 요인들이 존재하고 있다고 볼 수 있다. 동시에 분명한 사실은 그와 같은 현장의 상황 속에는 행위자들이 원하지 않더라도 자신들의 목적을 달성하기 위해 적응하지 않으면 안 될 기존의 조건들 또한 존재할 것이다. 부르디외의 장은 바로 이와 같이 행위자의 어떤 행위에 대해 열려진 일련의 기회와 그것을 제한하는 조건들로 구성된 공간을 지칭한다. 이러한 점에서, 레빈의 경우와 마찬가지로, 부르디외의 장 역시 "힘의 장"으로서의 공통적 특징을 지닌다. 그러나 이미 지적된 바 있듯이, 부르디외는 장을 사회적 현실 가운데 그가 핵심적이라고 본 어떤 본질적 요소들을 표현하기 위한 개념적 도구로 활용하려는 의도를 가지고 있었다. 사회적 "장"을 "사회적 지위들의 구조적 집합(structured set of positions)"(Bourdieu, 1993: 72)으로 규정한 것은 그와 같은 의도를 반영한 것이다. 이러한 의도를 갖게 된 배경에는, 사회적 지위들이 모여 형성된 관계의 특성이 개인들의 행동을 어떤 방향으로 유발하고 억제하는 가장 중요한 사회적 조건이라고 보는 부르디외의 견해가 작용하고 있었다. 부르디외의 장은 객관적으로 관찰가능한 인간 활동의 현장을 기술하고 있다는 점과 그리고 거기에서 활동하고 있는 사람들이 수행하는 "실천 행동들(practices)"을 통해 비교적 규칙적으로 작동하고 있는 현실을 기술하고 있다는 점에서 아비투스와도, 또 아비투스가 혼입된 레빈의 장의 개념과도 구분되는 특징을 보여준다. 즉, 그것들과는 다른 차원의 현실을 기술하고 있다는 것이다.

그와 같은 **인간 삶의 현장이 여러 활동 영역으로 구분된다**는 주장은 사실 의미 없을 정도로 상식적인 주장일 수 있다. 현대 사회에서 사람들의 활동 영역들은 다양하게 분화되고 있다는 주장을 약간 다른 말로 표현하고 있을 따름이기 때문이다. 또, 그러한 영역마다 **위계적으로 구분된 사회적 지위의 체계와 역할들이 존재하고, 마치 다른 게임의 법칙들처럼 지켜야 할 다른 행동의 규약들이 존재한다**는 점 역시 사회학적인 관점에서는 이미 매우 익숙한 주장이다. 그리고 현대 사회에서 우리가 제도라고 부르는 인간의 활동 영역들이 **각각 어느 정도의 독립성을 가지고, 즉 부분적이나마 "내적 논리(*internal logic*)"(*Swartz, 1997:128*)에 따라서 움직이고 있다**는 사실에 대해서도 동의할 학자들이 많을 것이다. 여기에 덧붙여, 각각의 영역에서, 부르디외(1985:734)가 "장"과 관련하여 지적하고 있듯이, **제도의 또는 제도의 하부 영역들 간에 구분이 이루어지는 원칙을 놓고도 갈등이 벌어지고 있다**[104] 사실에 대해 동의하는 학자들도 많을 것이다. 이상에서 두터운 글자체로 표시된 부분들은 필자가 기존 사회학에서 제도와 관련하여 일반적으로 인정되어온 사실들을 지적하고 있다. 주목을 요하는 점은 이러한 특성들이 부르디외가 "장"의 속성으로서 지적하는 바들과[105] 그다지 다를 바가 없다는 점이다. 여기에서 우리의 관심을 끄는 의문은, 사회학에서 흔히 제도로 지칭되는 분화된 인간 활동 영역들에 대해 기존의 개념인 제도 대신에 "장(field)"이라는 이름을 부여했을 때 이론적으로 또는 방법론적으로 어떤 의미 있고 생산적인 결과를 거두어낼 수 있는가 하는 점이다.[106]

---

104) 예를 들어, 정치와 경제 영역 간의 분리의 문제는 한국의 경우에도 항시 정치적으로, 사회적으로 논란이 되어온 문제이다. 이는 종교와 정치의 분리 문제에 대해서도 마찬가지일 것이다.

105) 부르디외가 보는 장의 특성들에 관해서는 마틴(Martin, 2003:23)의 논문에서 간결하게 요약해주고 있다.

106) 사회학 개론서를 보면, 중요한 사회 제도를 통상 가족, 경제, 정치, 교육, 종교의 다섯 영역으로 나누어 소개하고 있다. 필자는 평소부터 이는 사회 발전, 즉 세분화가 훨씬 더 진전된 사회 분화의 추세를 정확하게 반영하고 있지 못하다는 점에서, 예를 들어 문화, 스포츠 등의 영역들 역시 이미 상당한 정도로 자율화된 제도적 영역들을 형성하고 있다는 점에서, 보다 확장되어야 한다는 견해를 가지고 있었다.

기존 사회학에서 이해하는 제도 영역과 부르디외의 장 개념 사이에 결정적 차이점이 있다면, 후자의 경우에 행동하는 시점에서 행위자들이 접하는 "현장(現場, field)"으로부터 행위자의 자신의 입장에서 **관찰 내지 체험되는 객관적 "구조(struc-ture)"**와 그 특성들을 강조하는 개념이라는 점에서 찾을 수 있다는 것이 필자의 해석이다. 이에 비해, 제도는 사회학자들이 사람들의 다양한 활동들을 그 주된 기능에 따라 묶어서 학문적으로 분류 정리하기 위한 범주 개념이라는 점에서 특징을 찾을 수 있을 것이다. 따라서 "장"의 경우에, 행위자의 입장에서 어떤 종류의 행위의 기능성을 열어주거나 제약하는 "힘"들이 작용하는 역동적 현실로서 체험될 것이라는, 주장을 이미 함축하는 개념으로 사용되고 있다. 실제로 부르디외의 장 개념이 어떤 특수한 종류의 목적들을 추구하는 행동들이 수행되는 현장이라는 의미에서 사용되곤 하는 것은 바로 여기에서 이유를 찾을 수 있다. "문화 생산의 장(field of cultural production)"이라든지, 좀 더 세분화해서는, "소생산 (문화의) 장(field of restricted production)," 또는 "대량 생산 (문화의) 장(field of large-scale production)"과 같은 명칭의 사용이 이를 예시하고 있다(Johnson, 1993:15).

라. 아비투스-자본-장-실천(practice)

이제 부르디외의 이론을 구성하는 네 개의 중요한 개념들 가운데 남겨진 하나의 개념인 "실천 행동(practice)"에 관해 이야기할 차례가 되었다. 그러나 부르디외 이론의 논리적 구조로 미루어 그것을 따로 떼어내어 설명한다는 것은 "실천"의 의미와 기능을 설명하는 데 그다지 적절한 방법은 아닌 것으로 판단된다. 왜냐하면 실천을 아비투스와, 자본과 그리고 장의 개념과 분리해서 설명한다는 것은 객관적으로 나타나는 인간 행동으로서 그것이 실질적으로 거두는 효능을 이야기하지 않고서는 설명하기 어렵고, 또 그 효능을 이야기하기 위해서는 아비투스와 자본 그리고 장에 대한 설명이 또한 요구되기 때문이다.

실천 행동의 효능에 관해 이야기하기 전에 또한 우리가 이해해 두어야 할 사항이 한 가지가 더 있다. 이는 부르디외 이론의 기본적 시각의 하나로서 개인들이 실천을 통해 지향하는 목적과 그로부터 결과적으로 나타나는 사회적 효과들에 대해 부르디외의 이론적 관점 그 자체에 의해 그어진 현실적 한계가 존재한다는 사실이다. 우선 갈등론적인 시각이 부르디외 이론적 관점의 근간을 이루는 있다는 점에 있어서 이론가들 사이에 큰 이론(異論)은 없다(DiMaggio, 1979; Turner, 1998:509-517). 부르디외는 경제적, 사회적, 문화적 차등을 기준으로 사람들의 위치가 차별화되고 위계화되는 경계들이 존재하며, 이러한 위계적 계급 질서를 장을 특징짓는 가장 중요한 구조적 현실로 보고 있다. 부르디외는 그와 같은 위계적 질서가 자원(경제적 자본을 위시한 다양한 유형의 자본들)의 불평등한 분배 구조에 토대를 두고 있으며, 이것이 사람들로 하여금 서로 더 많이 가져가기 위한, 또는 보다 소극적으로는 빼앗기지 않기 위한, 투쟁을 유발하는 요인으로 작용하고 있다고 본다. 이러한 점에서 부르디외를 갈등론자로 분류하는 데는 별 이론이 제기될 여지는 없는 것으로 여겨진다. 이와 관련하여 한 가지 특이한 점은, 부르디외가 보는 한, 본질적으로 사회에는, 피지배 계급과 지배 계급 사이에 매우 **안정적인 질서**가 유지되고 있다는 사실이다. 이러한 질서를 행위 당사자들이 반드시 의식적으로 의도하는 것은 아니다. 부르디외의 설명은, "습관화된 행태(즉, 실천 행동, practices)"들을 통해 기존 하는 불평등 질서의 "관리"와 "재생"이 성공적으로 이루어지고 있다는 사실이 사회 현상에서 일반적으로 나타나는 특징적 모습의 하나라는 점이다. 디마지오(DiMaggio, 1979: 1470)는 부르디외가 기술하고 있는 사회 속의 "남녀들이 고질적인 효율주의자들(they are inveterate optimizers)"로 묘사되고 있다고 지적한다. 즉, 주어진 구조의 틀 속에서 최선의 성과를 거두려고 노력하고 있다는 것이다. 그리고 "혁명이라든지, 심지어는 변화마저 일어나지 않은 채 끊임없이 보이는 모습만 바꾸고 있으며 … 상징적 폭력과 지배와 피지배의 본질은 바뀌지 않은 가운데 오직 외적 모습만 바꾸어 가는" 사회로 묘사되고 있다고 지적한다. 이러한 지적은 바로 갈등 이론으로서, 마르크스 이론과는 결이 다른, 부르디외 이론의 독특한 특성을 강조한 것이다. 부르디외는 지배와 피지배 관계의 지속적 유지를 위해 가장 중요한 기제의 하나로서 "상징적 폭력(symbolic violence)"을 지적한다. 이에 대해 부르디외(1977:115)는 다음과 같이 설명하고 있다.

다른 계급과 계급 내 분파들은 자신들의 이익과 가장 부합하는 세계관을 상대방이 받아들이도록 특히 상징적 성격의 싸움에 노력을 쏟고 있다. 이념적 관점들로 구성된 장(場)은 그 모습을 바꾸어 사회적 지위들로 구성된 장(場)의 형태로 재생산되게 마련이다. 계급들 또는 그 분파들은 이제까지 해온 바와 같이 자신들 스스로 상징적 싸움을 도맡아 하거나, 아니면 이념적인 문제를 전문적으로 다루는 사람들(이념의 전업 생산자들)을 통해 보다 간접적인 방식으로 싸움을 이어가기도 한다. 어쨌든 그것이 목적하는 바는 상징적 폭력을 행사할 수 있는 독점적 지위, 즉 정당성을 확보하는 것이다. 다시 말해서, 어떤 지식과 사회적 현실을 표현하는 데 사용되는 용어들(분류 개념들)이 비록 이쪽의 일방적 의향만을 반영하고 있다고 할지라도 (단, 그렇게 인식되지는 않는 방식으로) 상대방이 받아들일 수 있도록 (그리고 가능하다면 가르쳐서) 강제할 수 있는 권력을 얻고자 하는 데 있다. 상징적 산물들이 생산되는 공간은 따라서 계급들 간의 투쟁을 보여주는 또 하나의 축소된 세상이다. 문화적 생산의 장 내부에서 이루어지는 투쟁 속에서 자신들의 이익을 관철한다는 것은 여기에 종사하는 생산자들이 문화적 생산의 현장 외부에서 (동종의) 이익을 추구하는 집단들의 이익에 봉사한다는 것을 의미한다.

이상에 인용된 글에서 부르디외는 문화가 계급 지배 체제를 정당화하는 상징적 의미들을 생산하고 주입하는 활동을 통해 그 체제를 재생산하는 데 어떻게 기여하고 있는지를 설명하고 있다. 짧기는 하지만 위의 글을 세심하게 읽어보면, 주어진 계급 체제의 재생산을 위해 문화가 수행하는 역할과 관련하여 몇 가지의 중요한 주장이 담겨 있음을 알 수 있다. 첫째는, 현실을 표현하는 언어들에는 사람과 세상을 구별하고 평가하는 말들이 담겨 있는데, 이와 같은 말들에는 본질적으로 계급 편향적인 편견과 가치들이 실려 있다. 따라서 지배 권력의 유지는 자신들의 언어 권력을 어떻게 확보하고 유지하느냐에 달려 있다는 것이다. 둘째는, 선물은 그것이 경제적 교환을 위한 것이라는 의도가 읽히는 순간 진정한 우의(友誼)를 표현하는 수단으로서의 의의를 상실하게 될 것이다. 마찬가지로 어떤 생각이나 행동 역시 누군가의 이익을 위한 것이라는 사실이 인식되지 않은 상태에서야 비로소 그 누군가의 이익을 위해 진정으로 효과적인 수단으로서 기능하게 될 것이다. 지배 계급의 이익이 관철되는 사회 체제의 효과적인 재생산은 그에 기여하는 사람들의 생각이나 행동이 가져오는 "잠재적 기능(latent function)"에 대한 인식이 은폐된 방식이나 과정을 통해서 그것이 이루어지고 있음을 시사한다. 세 번째로, 흔히 자율적이라고 평가되는 문화적 생산 영역에서 발생하는 갈등들 역시 결과적으로는 그 영역 외부에 존재하는 계급적 지배 체제의 이익을 증진하는 데 일정한 정도의 기여를 하게 된다는 것이다.

중요한 사실은 위에서 지적된 바와 같은 문화의 역할들이 구체적으로 어떤 과정을 통해 그리고 어떤 요인들을 매개로 실제로 작동함으로써 지배 체제의 재생산에 기여하는지에 대해서는 아비투스와 여러 유형의 자본들, 장 그리고 실천 행동들이 큰 틀 속에 어떻게 상호 연관되고 있는지를 살펴봄으로써 비로소 이해가 가능하다. 이 현상이 부르디외의 이론적 틀 속에서 어떻게 조명되고 특징지어지고 있는지를 이해하기 위한 하나의 방법으로 필자는 우선 부르디외가 "실천 행동"이라고 부른 인간 행동에 대한 인식과 파슨스가 "행위"라고 부른 인간 행동에 대한 인식 사이에 어떤 본질적 차이가 존재하는지에 관해 설명하는 것이 좋으리라고 생각한다. 먼저 파슨스의 행위는, 베버에 있어서와 마찬가지로, 행위자가 자신의 행위에 대해 부여하고 있는 목적이라든지 동기가 존재하고, 그와 같이 부여된 주관적 의미에 대한 행위자들 간의 상호 이해를 통해 사회적 상호작용이 가능케 되는 현상임을 전제로 하고 있다. 이러한 의미에서 행위자가 달성하고자 하는 행위의 목적은 행위의 가장 핵심적인 구성 요소로서 규정되고 있다. 파슨스는 행위의 이와 같은 목적은 집단에 의해 합의된 문화적 가치와 규범의 체계 속에서 규정된다고 보고 있다. 이 점에 관해서는 우리가 이미 다룬 머튼의 경우에도 마찬가지로 보고 있다. 이에 반해, 부르디외가 보는 실천 행동은 우선 행위자들이 집단에서 차지하는 계급적 위치에 따라 상반되는 기능적 역할을 수행하는 것으로 해석되고 있다는 점에서 갈등론의 전형적 시각을 반영하고 있다. 행위자들의 모든 실천적 행위들이 그 행위가 이루어지기 전까지의 전체 과정 속에서 집단의 기존 질서의 재생에 기여하는 기능을 수행하도록 "조건화(conditioned)"되고 있다고 보는 점에 있어서는 부르디외의 이론 역시 "사회 질서"의 기제를 설명하는 이론임에는 틀림이 없다. 대개의 경우에 사회 질서의 기제가 대체로 안정적으로 작동하고 있다고 본다. 이 점에 있어서는 파슨스와 견해와 일치하고 있다. 반면에 행동을 추동하는 실질적인 동기가 그 행동의 주관적 "의미"를 구성한다고 보았을 때 파슨스의 행위와 부르디외의 실천 행동 사이에는 매우 중요한 차이가 존재한다는 사실을 주목해야 한다. 파슨스가 말하는 의미에서의 행위는 앞에서 지적한 바와 같은 문화적으로 바람직한 것으로 규정된 의미를 수반하는 행동으로 해석된다. 집단 내에서의 사람들 간의 상호작용은 문화적으로 허용된 그와 같은 의도의 상호 이해를 바탕으로 하며,[107] 그것이 집단에 질서를 가져오는 가장 중요한 요소로 작용한다는 것이 파슨스의 견해이다. 베버가 사람들의 행위를 이해하기 위해서는 사람들이 그 행위에 대해 부여하는 주관적인 의미의 이해가 필수적으로 요구된다고 본 것은 바로 이에 연유하고 있으며, 파슨스 역시, 부분적이긴 하지만, 바로 이 점에서 베버의 이론적 전통을 잇고 있다.[108]

행위의 주관적 의미와 관련하여 부르디외가 취하고 있는 입장을 설명하기 위해 필자는 먼저 하나의 가상적인 예를 들고자 한다. 어떤 사람이 그림 그리기에 흥미를 느끼게 되어 서양의 어느 유명 화가의 그림을 베껴 그리는 작업부터 시작했다. 상당히 숙련된 그림을 스스로 그릴 수 있게 된 연후에 그의 그림을 본 어느 평론가가 그 그림에 화가가 사물을 보는 시각이 어떻게 반영되고 있으며, 그린 이의 어떤 독특한 감성이 스며 있는지에 관한 이야기를 들려주었다. 그 화가는 자신의 의중에는 전혀 없었던 이와 같은 그림의 특징에 대한 평자의 이야기에 처음에는 조금 황당하다는 반응을 보였다. 그러나 이내 평론가가 말한 특징이 곧 자신이 베낀 그 서양화의 특징이었다는 사실을 깨닫게 되었다. 즉, 일단 그려진 그림에는 그것을 그린 사람의 의도와는 독립적으로 존재하는 의미들이 객관화된 특성으로서 스며 있고, 그러

---

107) 바로 이와 같은 의미에서, 파슨스가 강조하는 행위의 유형은 세티야(Satiya, 2008)가 지적한 "의도적 행위(intentional action)"의 유형에 해당되는 것으로 판단된다. 세티야가 인용한 햄프셔(Stuart Hampshire)에 따르면, "어떤 일을 의도적으로 한다는 것은 … 행위자가 무엇을 하는지에 대한 지식을 가지고 있음을 의미한다"(p.389).

108) 부르디외가 베버에 대해, 적어도 부분적이긴 하지만, 비판적인 입장을 보였던 것은 "베버가 인간 행동의 이해에 있어서 관념적인 요소를 비관념적인 요소보다 우위에 두고 있다"(Hutt, 2007:235)는 점이었다. 필자가 이 부분에서 강조하고자 하는, 파슨스의 "행위"와 부르디외의 "실천 행동"의 차이는 바로 이와 같이 관념적 요소의 중요성을 평가하는 관점의 차이를 반영하고 있음을 강조하고자 한 것이다.

한 특성들은 또 다른 그림들에도 "전이(transposable)"될 수 있을 것이다. 필자가 작위적으로 만들어낸 이와 같은 예는 인간의 행동은 행위자들이 거기에 어떤 주관적인 의미가 부여되는지에 관계 없이 그 행동을 실행에 옮김으로써 실현되는 객관적인 효능들이 존재한다는 사실을 강조하기 위한 것이다. 미드(Mead)를 비롯한 미국의 실용주의자들은 행동으로부터 결과적으로 나타나는 객관적 효능에서부터 곧 행동의 "의미"가 구성된다고 주장해 왔다. [109] 사회학에서도 역시 행위의 "현시적 기능(manifest function)"보다는 행위의 결과에 의해 설명되는 "잠재적 기능(latent function)"에 보다 중요성을 부여하는 입장이 우세를 보여 왔다. 이와 같은 관점에서 본다면, 행위자들의 주관적 관점에서 보는 행위의 의도 또는 의미를 행위의 가장 핵심적인 요소로 규정하려는 시도는 설득력이 약할 수밖에 없을 것이다.

부르디외의 이론에서도 실천 행동에 대해 행위자들이 부여하는 내재적 의미에 대해서 별다른 의의나 중요성을 부여하지 않은 것은 아니다. 어떤 생각들은 그것이 동기나 목적으로 작용하여 사람들의 행동을 촉발하게 마련이다. 오늘 친구를 방문하고 싶다는 희망은 그러한 희망이 동기가 되어 실제로 방문을 위한 행동을 유발하기도 한다는 사실을 우리는 부정할 수 없을 것이다. 그러나 분명한 사실은 "실현불가능한" 희망을 우리는 흔히 "공상" 또는 "망상"이라고 부르며, 실현가능한 희망과 실현 불가능한 망상 간의 차이는 그것을 갖게 된 사람의 사회화 경험, 동원가능한 자원들, 그것들로부터 얻어지는 능력의 현실적 차이에 기인하리라는 것이다. 다시 말해서, 무엇을 하고자 하는 의도는, 적어도 그것이 망상에 불과한 것이 아니라면, 행위자들이 과거에 경험했던 현실과 함께 현재 당면한 현실적 조건들과 같은 객관적 조건들에 의해 이미 결정되었거나 설명될 수 있는 동기를 반영하고 있을 것이다. 부르디외가 사람들이 현실에 대해 주관적으로 가지고 있는 생각, 즉 행

---

109) 미드(Mead, 1962: 76)의 다음 구절을 참고할 것: "의미란 따라서 사회적 행동의 어떤 단계들 간의 관계로서 거기에 객관적으로 나타나게 되는 현상이다; 이는 그 행동에 부가되는 심리적 요소는 아니며, 전통적인 관점에서 보듯이 "생각(idea)"이라고 보아서도 안 된다. … 몸동작(gesture)(의 의미)는 사회적 행동의 결과를, 즉 그 행위와 관련된 개인들이 (그 행동에 대해) 분명하게 보여주는 반응에서 나오는 결과인 것이다; 따라서 의미는 행동에 대한 반응의 맥락에서 생겨나거나 설명될 수 있다."

위에 수반되는 의미적 요소 그 자체보다도 개인들의 실천 행동이 산출되는 과정을 매개하는 세 가지의 중요한 요소, 즉 행위자가 지나온 과거로부터 형성된 아비투스와 행위자가 사용할 수 있는 자원들, 장이라는 환경적, 세 요소가 실천 행동의 성격과 객관적 효능을 결정하는 데 미치는 영향에 대해 주로 관심을 쏟고 있는 이유는 바로 여기에서 찾을 수 있다. 그런데 여기에서 지적해두어야 할 중요한 사실은 지적된 세 가지 요소가 모두 기존하는 사회문화적 구조의 산물인 동시에 그 사회문화적 구조가 행위자들에 의해 실제로 체험되는 실질적 요소들이라는 것이다. 예를 들어, 행위자의 "취향(taste)"이라는 아비투스의 한 성향은 그 행위자가 속한 사회문화체계 속에서 점유한 위치에 따라 그가 경험한 사회화의 산물일 것이다. 그것은 또한 그 행위자가 향유(享有)한 "자본들"을 통해 비로소 표현가능한 감성적 행위이다. 그리고 행위자의 취향이 실제로 행동을 통해 표현되는 데는 다시 그가 실제로 위치하고 대면하는, 즉 그가 위치한 계급 상황의 어떤 선택적 국면들이 그의 행동 역량을 제약하거나 허용하는 상황 속에서 구체적으로 표현될 것이다. 다시 말해, 개인들의 실천 행동은 그들이 그것을 통해 성취하고자 하는 희망 또는 의도 자체가 우선 이미 기존하는 "구조(structure)"에 의해 매개된 결과물이며, 다음으로는 "사회문화적 장"의 환경에 대해 행위자가 최선의 결과를 얻어내기 위해 적응하는 과정 속에서 생겨난 산물이라는 것이다. 우리가 이미 인용한 바와 같이, 부르디외는 행위의 실천은 〔(아비투스 + 자본) + 장〕의 결과물로 규정하고 있다. 부르디외가 행위에 수반된 주관적 의미에 구태여 별다른 중요성을 부여하지 않고 있다면, 다시 말해 "주관적 의미의 이해를 강조하는 사회학적 입장"에 대해 동의하지 않은 이유는, 행위자의 그 주관적 의미라는 것이 (아비투스 + 자본)의 파생물로서 설명될 수 있다고 보기 때문일 것이다.

부르디외는 사회의 불평등한 계급 질서는 개인들이 가장 바람직하고 실현가능하다고 보는 최선의 범위 내에서 성과를 얻기 위해 노력하는 실천 행동들을 통해서 재생된다고 본다. 그리고 주어진 사회문화 체계의 재생 역시 실천 행동이 가져온 결과로 설명한다. 즉, 사회화 경험을 통해서 형성된 아비투스와 그들이 소유 및 사용할 수 있는 유형의 자본들, 그들이 행동하는 시점에 존재하는 장의 상황에 의해 규정된 조건들 하에서 그렇게 재생되는 데 적합한 방식과 방향으로 개인들이 행동하기 때문이라는 것이다. 이와 같은 주장을, 가장 간단하게 요약한다면, 구조는 그 자체에 내재된 논리에 의해서라기보다는 개인들의 "실천 행동(practice)"을 통해 재생된다는 것이다. 비유적으로 이야기한다면, 언어는 그것에 내재된 문법에 따라 만들어지는 현상은 아니다. 그보다는 **자신들에 허용된 여건 하에서 각기 다양한 방식**으로 말을 구사할 수 있는 능력을 **체득한** 개개인들이 주어진 상황 하에서 **자신들의 의사를 표현하기 위해 행하는 구체적인 언어 행동들**을 통해서 재생된다. 이와 같은 부르디외의 견해는 우선 주어진 사회문화 체제의 재생이 개인들의 실천 행동들을 통해 이루어진다는 사실을 강조하고 있다. 그러한 점에서 "실천 행동 이론(theory of practice)"으로 불린다. 그렇다면 구조결정론적인 이론과 부르디외의 실천 행동 이론 사이에 차이는 어디에서 찾을 수 있는가? 이와 같은 의문에 대한 부르디외의 해답은 필자가 아비투스를 설명하는 과정에서 이미 인용한 바 있는 구절(pp. 253-254)을 통해서 설명된 바 있다. 그 해답의 핵심적 부분은 두 가지 주장으로 요약될 수 있다. 하나는, 구조결정론적인 시각에서는 존재하는 사회문화적 관계들을, 즉 구조를 "역사적 과정의 외부에서 이미 만들어져 존재하는 현실로 간주"한다. 구조를 **실재하는 현실**로 본다는 것이다. 구조가 실재하는 현실이라는 말이 시사하는 의미는 개인들의 행위가, 마치 구조주의적 언어학자들이 언어에 대해 믿고 있는 것처럼, 이미 실재하는 사회문화적 구조에 의해 어떤 결정된 형태로 나타난다는 것이다. 다음은, 앞의 입장에 대한 부르디외의 대안적 관점으로서, 우리는 사회문화적 현실의 본질적 속성을 이해하기 위해서는 구조를 실재하는 현실로 보는 시각으로부터 벗어나야 한다고 강조한다. 그보다는 행위자들의 실천 행동을 통해서 사회의 어떤 구조적 특성들이 실현 또는 재생되는 과정에 주목해야 한다는 것이다.

그렇다면 여기에서, 우리가 이미 다룬 바 있는 의문으로서, 실천 행동을 수행할 수 있는 행위자의 능력은 어디에서 연유하는가 하는 의문이 제기된다. 파슨스로부터 예상되는 대답은 다음과 같다. 공동체에서 행위자들이 맡고 있는 역할을 수행하는 데 지켜야 할 "가치와 규범들"을 알고 행위자들이 그것들을 지키도록 사회화가 이루어짐으로써 가능하다는 것이다. 물론 여기에는, 파슨스가 또한 강조했듯이, 공동체의 가치와 규범 체계의 "침해할 수 없는(즉 카리스마적)" 권위를 뒷받침하는 신념적 토대에 대한 공동체 구성원들의 합의가 전제된다. 사회를 합의된 "의미"와

"규범"에 바탕을 둔 정신적 공동체로 보는 것은 결국 이와 같은 견해에 근거를 두고 있다.

이와 비교해 부르디외에게는 아비투스, 여러 유형의 자본들, 장 그리고 실천 행위라는 핵심적 개념들로 구성된 자신의 이론을 통해 해결하고자 하는 과제들이 있었다. 그 가운데 중요한 과제는, 개체론적 시각과 구조주의적 시각이 각기 지닌 한계를 극복하고 그것을 대립적으로 보는 시각을 해소하는 것이었다. 행위하는 개인들이 없이 사회나 문화가 존재할 수 없다는 것은 자명한 사실일 것이다. 따라서 사회구조를 개인들의 행동을 통해 만들어진 구조물로 보고, 개인들이 추구하는 욕구나 능력에 의거하여 사회구조를 설명하려는 시도는 사회과학에서 매우 강력한 전통으로 이어져 왔다. 문제는, 그것을 시도한 대표적 학자 호만스(Homans, 1974a; 1974b)도 그러했거니와, 순수하게 개인의 "기초적" 행동으로부터 도출된 심리학적 명제들을 토대로 계층 현상과 같은 사회구조적 현상에 대한 설명을 도출하려는 시도들은 실제로 별다른 성과를 보여주지 못했다는 점이다. 우선 논리성에서도[110] 그렇고 현실을 설명하는 면에서도 상당히 무리한 시도라는 것이 드러났을 뿐이었다. 이에 따라, 뒤르케임의 경우에서 볼 수 있듯이, 사회의 구조적 속성을 과학적으로 관찰 또는 (적어도) 측정가능한 "사실"로 보고, 그것에 의거하여 사회 내지는 사람들의 행동에 질서가 존재하는 이유를 설명하려는 시도가 오히려 대세가 되어왔다. 물론 이와 같은 시도 역시, 실체 자체부터 확인하기 어려운 사회구조가 미치는 영향력이 오히려 실체가 분명한 개인의 행태를 결정하고 지배하고 있다는 주장에 대해서 의혹을 제기해온 사람들이 많았던 것도 사실이다. 물론 개인들이 집단을 형성하게 되면 집단적 수준에서 새롭게 "발현되는 속성들(emerging properties)"이 생겨나게 될 것이다. 이러한 구조적 속성들을 구태여 개인적인 차원의 현상으로 환원

---

110) 호만스는 그가 주장하는 이른바 인간 행태에 관한 일반적인 명제들 토대로 사회 현상에 대한 결론이 "연역적으로" 도출될 수 있음을 보여주기 위해 실제로 일어났던 사회 현상을 예로 들어가며 설명을 시도한 적이 있다. 그러나 결과적으로 그와 같은 시도에 대해서는 신랄한 비판들이 제기되었다. 호만스가 자신이 예시하는 설명 과정에서 설명을 요하는 수많은 (구조적 사실에 대한) 명제들을 중요한 부분마다 군데군데 편의적으로 끼워넣음으로써 논리적 무리를 저지르고 있다는 것이었다(Blain, 1971; Razak, 1966; Parsons, 1964).

시켜 설명하려고 시도하는 것은 화이트헤드(Whitehead)(1997:58)의 이른바 "오착된 사실성의 오류(fallacy of misplaced concreteness)"를 예시하는 하나의 구체적 사례일 뿐이라는 비판이 제기되기도 한다. 이렇듯 사회과학에서 구조주의와 개체론 사이에는 결론이 없는 상태에서 끊임없이 논쟁이 계속되어왔다. 각각의 입장이 갖는 한계에 대한 인식 때문에 1980년대에 이르러서는 많은 사회학자들 사이에 소위 "거시적(macro)" 관점과 "미시적(micro)" 관점을 결합(link)시킨 이론이 필요하다는 목소리가 높아졌다(Ritzer, 1990). [111] 이후 여러 시도들이 이루어졌고, 각각의 시도들에 대해서는 엇갈린 평가들이 내려지고 있는 상태이다. 부르디외의 이론은 그 스스로 이론의 성격을 "구성주의적 구조주의(constructivist structuralism) 또는 구조주의적 구성주의(structuralist constructivism)(1989:14)라고 규정하고 있다는 점에서 매우 의식적으로 미시 단위의 분석과 거시 차원의 분석을 연결시키려고 했던 것은 분명한 것으로 여겨진다. [112] 부르디외가 자신의 이론이 갖는 성격을 규정하기 위해 스스로 선택한 위의 용어들이 그의 이론의 핵심적 요소들, 즉 아비투스, 자본, 장 그리고 실천 행동 들과 어떻게 연관되고 있는지를 살펴본다면 미시적 관점과 거시적 관점

---

111) 리처가 1980년대부터 대두되었다고 지적하는 이와 같은 이론 통합의 필요성에 대해서는 전혀 다른 관점에서 평가하는 의견도 있다. 예를 들어, 흔히 신기능론자로 분류되곤 하는 알렉산더와 같은 학자는 미시—거시의 연결 과제는 베버로부터 미드, 파슨스 그리고 심지어는 마르크스에 이르기까지 오랜 동안 사회학에서 지속되어온 작업이었고, 아직 미진한 면들이 있기는 하지만 상당한 성과도 있었던 것으로 평가한다(Alexander and Giesen, 1987c). 그러나 대부분의 사회학자들이 이 점에 있어서는 80년대 당시까지 미시—거시의 이론 통합의 필요성에 얼마나 공감하고 있었는지에 관해서 의문이 있고, 특히 우리가 살펴본 파슨스의 이론이 과연 미시론적인 요소들을 포섭하는 데 얼마나 성공하고 있는지에 관해서 많은 학자들이 회의를 표하고 있다는 점에서 필자 역시 리처의 견해에 공감하는 편이다.

112) 미시적—거시적 접근법의 분리와 함께 사회학자들 간의 첨예한 대립을 불러온 "객관주의적 입장"과 "주관주의적 입장"의 극복은 부르디외 자신이 끈질기게 추구해왔던 가장 중요한 과제였다고 밝힌 바 있다 (Bourdieu, 1989: 15). 미시—거시의 대립은 그 용어들이 그대로 시사하는 바와 같이 분석의 차원이 핵심적인 쟁점이 되었던 것은 아니다. 그보다는 개인들의 의식이라든지 행위적 성향들을 사회적 현상을 이루는 가장 기본적인 요소로 설정하고 이것들을 중심으로 인간 현상의 이해를 추구해 나갈 것인지, 아니면 집단적 단위에서 형성된 구조적 속성을 사회를 구성하는 "객관적" 사실로서 인정함으로써 그것을 중심으로 또는 그것을 토대로 인간 현상에 대한 이해를 추구해 나갈 것인지 하는 이론적 관점의 선택의 문제가 미시—거시 논쟁의 핵심적 쟁점이었던 것으로 여겨진다. 이런 의미에서 자신의 이론이 의도하는 바가 "객관주의적 입장"과 "주관주의적 입장"의 극복에 있었다는 부르디외의 표현이 미시—거시의 구분보다는 사회학의 실질적 쟁점을 보다 적절하게 표현하고 있다는 것이 필자의 평가이다.

의 연결하고자 한 하나의 시도로서 그의 이론이 지닌 의의를 조금 더 구체적으로 이해할 수 있을 것이다.

이를 위해서 우선 아비투스를 결정하는 요인과 그 기능에 대한 설명이 필요할 것으로 여겨진다. 이 책에서 이미 인용한 바 있는 구절(p. 254)에서 부르디외는 아비투스는 "지속적이고 복사가능한 잠재적 성향들의 체계, 즉 구조화를 수행하는 구조적 요소로서의 기능을 발휘하도록 이미 방향성이 설계되어 있는 조직 구조를 갖춘 조직체이다"라고 특징짓고 있다. 조금 쉽게 표현한다면, 아비투스는 개인들이 처해 있는 특수한 존재적 조건 하에서 이루어진 학습에 의해 개인 인성의 안정적인 요소로 자리 잡게 되며, 그것이 어떤 목적의 추구를 위해 외적 행동으로 표현되는 과정에서 "구조화를 수행하는 구조적 요소로서의" 기능을 수행한다는 것이다. 이 점에서 아비투스는 하나의 구조로부터 시간적인 과정을 거쳐 이전과 유사한 유형의 구조가 재생산되는 데 매개적 역할을 담당한다는 것을 알 수 있다. 이러한 부르디외의 견해는 어떤 유형의 "구조(structure)"의 재생산은 다음과 같은 세 단계로 구분해서 살펴볼 수 있음을 시사한다: 1) 기존하는 구조가 사회적 현실로서 존재하며(장, 場), 2) 이와 같은 사회 구조 속에서 학습 또는 경험을 통해 개인들에 의해 체득된 인지 및 행동 성향이 형성되며(아비투스), 3) 개인들의 심리 및 행위적 성향들이 수행하는 "구조화를 수행하는 구조적 요소로서의 기능"에 따라 행동의 "방향성이 이미 설계된" 가운데 제기되는 과제들을 주어진 사회적 환경들이 허용하는 가능성 또는 그것들에 의해 가해진 제약 조건들 속에서 달성하기 위한 개인들의 희망이 실천 행동으로써 나타나게 되고, 이러한 행동들이 모여 곧 구조의 재생(또는 드물게는 변화)을 가져오게 된다.

위에 요약한 세 단계의 과정 중 마지막 단계에서 아비투스의 "구조화를 수행하는 구조적 요소로서의 기능"과 관련해서는 좀 더 구체적인 설명이 요구된다. 설명이 요구되는 이유는 집단에 질서, 즉 구조를 생성시키는 요인으로서 규정된 아비투스가 개인들의 내면에 자리 잡고 있는 심리적 요인들을 지칭하고 있기 때문이다. 행태주의에 있어서도 그렇거니와 상징적 상호작용론에 있어서도 개인의 행태라든지 주관적 의미 등을 사회 현상을 설명하기 위한 핵심적 변인으로 간주하는 경우에 대체로 당면하게 되는 가장 중요한 문제점은 집단 수준의 거시적 질서의 현상을 설명하는 데 상당한 어려움에 봉착하게 된다는 점이다. 파슨스가 집단적으로 합의된 규범 체계를 사회 질서를 설명하는 데 주된 변수로 받아들인 데에는 여기에 이유가 있었다. 그렇다면 아비투스가 행태주의에서 말하는 행동 학습의 원칙이나 상징적 상호작용론에서 말하는 주관적 의미와는 달리 그 자체로서 집단에 질서를 가져오는 "구조화를 수행하는 구조적 요소로서의 기능"을 그 자체에 내재하고 있다고 보는 이유는 어디에 있는 것일까? 이에 대한 해답은 부르디외 자신이 자신의 이론을 특징짓고 있는 시각 "구성주의(constructivism)"에서 찾아야 할 것으로 여겨진다. 우선 구성주의자들은 인간이 보는 현실은 현실 그 자체라기보다는 인식 주체의 머릿속에서 어떤 언어적 수단 등을 통해 "구성된(constructed)" 현실이라는 점을 강조한다. 간단한 예를 들자면, 문화적 산물을 "고급스럽다"거나 "천박하다"고 구별하는 것은 그 산물 자체의 어떤 특성에 연유하기보다는 사람들이 지어낸 문화적 인식의 개념적 구조를 반영하고 있을 따름이라는 것이다. 그러한 의미에서 사물에 대한 그러한 구분과 거기에 숨겨진 인식의 구조는 어떤 필요성에 따라 사람들에 의해 만들어진 구성물이라고 보는 것이다. 그와 같이 어떤 구분적 사고에 토대를 둔 인식의 구조가 많은 사람들의 인식이나 행동들 가운데서 지속적이고 반복적으로 재생이 되는 것이 발견된다면, 우리는 그러한 인식의 구조가 현실을 "구조화"하는, 즉 "어떤 구조를 가진 현실로 구성하는" "발생원(發生源)"이 되고 있다고 주장할 수 있을 것이다.

위의 주장과 관련하여 사람들이 현실에 대해 유사한 인식을 가지고 행동을 한다고 가정했을 때, 특히 구성주의적 관점에서 사람들 사이에 인식이나 행동 성향에 있어서 그와 같은 유사성은 어떻게 설명할 수 있을 것인가 하는 의문이 생기게 된다. 사실주의적 관점에서는 이러한 의문은 객관적 사실들은 규칙성을 가지고 나타나며, 따라서 우리의 인식 속에 나타나는 현상의 규칙성은 사실로부터 나타나는 규칙성을 반영하고 있을 뿐이라는 대답으로서 쉽게 해소될 수 있는 문제이다. 반면에 구성주의에서는 인지된 모든 현실을 인식의 주체에 의해 인위적으로 "구성된" 현실로 간주하기 때문에 "자의적"일 가능성은 피할 수 없는 노릇일 것이다. 이에 대해서는 구성주의자들 간에도 여러 의견들이 제기되고 있다. 우선 하나의 의견으로서는 다음과 같이 지적하는 견해(Baraldi, Corsi, and Esposito, 2021: 58)도 있다.

모든 지식은 하나의 관찰에 불과할 따름이다. 지식은 개별 관찰자가 어떤 범주적 개념들을 사용하여 관찰하느냐에 따라 상대적으로 달라지게 마련이다. 따라서 주어진 지식의 특성은 그 개인이 어떤 방식으로 지식을 얻고 있느냐를 알았을 때에 비로소 이해가 가능할 것이다. 그러나 주어진 (사회) 체제 속에서 이루어지는 지식 형성을 위한 활동은 상호 연관성을 가지고 이루어지며, 그것들 간의 연관 관계는 그 활동들을 통제하는 체제에 의해 결정된다. 모든 지적 활동은 과거의 지적 활동의 결과들에 대한 성찰에서부터 출발하며, 다음에 이어지는 활동을 위한 토대들을 준비하는 과정인 것이다. 그리고 이는 관찰의 경우에도 해당된다.

간단히 요약하자면, 지식 활동은 개인 각자의 자의적인 의지에 따라 사람마다 다른 방향으로 이루어지는 비체계적 활동이라기보다는, 어떤 집단적 체계의 통제 속에서 과거, 현재, 미래가 상호 영향을 미치는 가운데 연속성을 가지고 이루어지는 체계적 활동이라는 점이 강조되고 있다. 이와 같은 극히 일반적인 시각에 비해, 부르디외가 구성주의적 입장에서 공동체 내에서 어떤 종류의 지식이 누리는 특권과 지배적 영향력을 설명하는 시각은 필립스(Phillips, 2000)에 의해 지적된 여러 구성주의적 분파들 가운데서도 "사회적 구성주의(social constructionism 또는 social constructivism)"에 속하는 것으로 평가되는 특수한 관점을 반영하고 있다. 그 입장의 요체를 이루는 내용은 다음에 간명하게 요약되고 있다.

사회적 구성주의는 쌓여온 지식 체계 또는 학문 분야의 지식은 "인간이 만든 구성물(human constructs)이며, 이와 같은 지식 영역에서 보여주는 지식의 형태는 정치, 이념, 가치관, 권력의 행사, 지위의 유지, 종교적 신념, 사적인 경제적 이익 등에 의해 결정되어 왔다"고 보는 이론이다. 이와 같은 접근 시각은 권력, 경제, 정치적 및 사회적 요인들이 어떤 집단의 사람들이 어떻게 그들을 둘러싼 세계에 관한 이해와 공식화된 지식을 형성하는 데 어떻게 영향을 미치고 있는지를 규명하는 데 주된 관심을 쏟고 있다. 지식 체계는 외부 세계를 객관적으로 표현하고 있는 것으로 보지는 않는다는 데 특징이 있다(Yilmaz, 2008: 163으로부터 재인용).

부르디외의 입장을 위에 서술된 견해와 거의 어김없이 부합되고 있다고 보는 평가를 뒷받침하는 근거들을 찾는 것은 어렵지 않다. 그와 같은 견해가 부르디외의 많은 저술들에서 일관되게 표명되고 있기 때문이다. 그러나 우리가 가장 부르디외다운 시각이 드러나는 하나의 주장만을 골라서 지적해본다면, 여러 지식 체계들이 경쟁하는 어떤 특정 유형의 지식이 지배적인 지위를 확립하는 데 "상징 권력(symbolic power)"이 수행하는 역할을 들 수 있을 것이다. 이에 관해 부르디외(1989: 22)는 다음과 같이 설명하고 있다.

> 상징 권력은 이와 같은 의미에서 "세계를 만들어내는(world-making)" 권력이다. "세계 만들기"는 … "대체로 동일한 지식 체계 속에서 어떤 것들을 나누고, 재결합"한다든지, 명칭들(labels)을 붙여서 해체, 분석, 구성, 연결하는 작업들로 이루어진다. 고대 사회에서 흔히 (남성적/여성적, 높은/낮은, 강/약 등과 같은) 이분법적 대칭 개념을 사용하는 사례들에서 볼 수 있듯이, 사회적 등급 또는 범주에 대한 분류는 사회 세계에 대한 사람들의 인식을 조직화하는 기능을 수행한다. 그리고 이는, 어떤 상황 하에서는, 실제로 세계 그 자체를 조직하는 작업을 실행한다.

적어도 그 의미 자체만 놓고 본다면, 상징 권력은 양날의 검이 될 수 있음을 짐작할 수 있다. 그것은 기존하는 세계를 재생하거나 강화하는 기능을 수행할 수도 있고, 새로운 세계로의 변화를 이끌어내는 기능을 수행할 수도 있다는 것이다. 그러나 이전에 이미 지적된 바 있듯이, 부르디외의 아비투스 이론은 대체로 구조의 변화보다는 재생을 설명하는 데 초점을 맞추고 있다. 그리고 사람들 역시 대체로 기존하는 "구조" 내에서의 적응에 최적화된 행태를 보이는 것으로 설명되고 있다. 디마지오(DiMaggio, 1979: 1470)가 부르디외가 설명하는 사회 속의 남녀들을 "고질적인 효율주의자들(inveterate optimizers)"로 표현한 것은 이러한 맥락에서이다. 이는 부르디외의 전반적 이론 구조 속에서 사람들의 실천 행동에 결정적 영향을 미치는 두 요인들 모두가 구조의 변화보다는 유지(재생)에 유리하게 작용하는 쪽으로 결론이 기울고 있기 때문인 것으로 여겨진다. 우선 그 하나의 요인인 아비투스는 사람들이 살아왔던 과거 구조 속에서 산출된 경험의 산물이라는 점이 지적될 수 있다. 세계를 보는 사람들의 시각은 과거 사회화의 경험들이 축적된 결과이며, 그 시각에서 구성된 세계가 사람들에게 상식적으로 납득될 수 있는 가장 익숙하고도 자연스러운 일상적 현실로서 존재하게 된다는 것이다. 간단히 표현하자면, 아비투스는 과거의 구조에 의해 "부과된(imposed)" 원리에 따라 행위자들이 현실을 인식하고 행동하도록 만드는 요인으로 작용하고 있다는 것이다. 두 번째 요인으로서는, 부르디외의 이론에서는 사람들의 의식 가운데 인지된 동기보다도 사회화 경험을 통해 체화된, 따라서 무의식 속에 작동하는 "잠재적 성향들"이 행동에 더 큰 영향력을 발휘하는 것으로 설명되고 있다는 점을 들 수 있다. 이는 마치 우리의 신체 속에 작동하는 대부분의 생물학적인 기제들을 우리의 의지에 따라 마음대로 통제할 수 없는 것처럼, 사람들이 보고 행동하는 가운데 뇌의 어느 부분에 자신들도 의식하지 못하는 가운데 축적된 실생활의 체험들이 사람들의 행위 성향을 결정하는 데 매우 직접적이고도 중요한 역할을 수행한다는 것을 의미한다. 세 번째 요인으로서는, 상징 권력을 위시해 여러 다양한 유형의 자본들을 소유한 사람들이 분포되어 있는 계급 구조가 그에 부합되지 않은 행동들, 즉 그것에 변화를 가져올 수 있는 행동들을 제약하는 조건들을 이미 형성하고 있다는 것이다. 이 가운데서 부르디외가 특히 강조하는 상징 권력의 행사와 관련된 지위들은 대체로 기존 체제 속에 기득권으로서 제도화되고 있기 때문에 그 가운데서 기존 체계의 저항을 극복하고 사람들의 마음속에 새로운 상징 체제를 새롭게 구성하는 작업은 불가능에 가까울 정도로 매우 어려운 일일 것이다. 부르디외가 변화로 가는 한 가지 가능성을 시사하고 있기는 하다. 부르디외(1989: 23)는 "상징적 효력(symbolic efficacy)"은 그것을 조작할 수 있는 제도적 권력의 행사에만 의존하는 것은 아니라고 지적한다. 그것이 효력을 실제로 얼마나 발휘하느냐는 "제안된 관점이 실제로 현실 속에 얼마나 근거를 두고 있느냐에 달려 있다"는 것이다. 간단히 말해서, 현실에 근거하지 않은 상징 체계는 효력을 발휘할 수 없다는 것이다. 이는 현실이 바뀌게 되어야 결국은 사람들의 인식 역시 바뀌게 된다는 평범한 진리를 브루디외 역시 강조하고 있음을 시사한다. 그러나 현실이 바뀐다는 것은 사람들의 인식이 바뀌고 그에 따라 종래와는 다르게 행동함으로써 구조의 변화가 나타났음을 의미한다. 즉, 이미 사람들의 실천 행동(practices)의 양상에 있어서 변화가 일어났음을 의미한다는 것이다. 그런데 문제는,

이 역시 선행적으로 〔(아비투스 + 자본) + 장〕에 있어서 변화가 요구된다는 것이다. 결론적으로 부르디외의 이론은 어느 시점 또는 국면에서 그 이론에서 설명하는 순환적인 행위 과정으로부터 어떤 결정적인 탈출구를 제공할, 가령 예를 들어 베버의 카리스마적 지도자와 같은, 요인들을 상정하지 않는 한 기존하는 구조가 재생을 수없이 반복하는 순환 과정에서 벗어나기 어려운 논리 구조를 가지고 있다고 판단할 수밖에 없을 것이다. 부르디외 이론이 가지고 있는 이런 문제들에 대해서는 다음 결론 부분에서 좀더 집중적으로 논의가 이루어질 것이다.

마. 결론과 비판

필자가 이 책에서 부르디외의 이론을 논의의 대상으로 삼기로 결정한 이유 가운데 하나는 그의 이론이 인간 행동의 사회적 특성을 상당히 폭넓은 시각에서 설명하는 높은 수준의 추상적 이론이면서도 동시에 시중에서 걸어 다니는 사람들이 경험하는 생생한 현실들로부터 유리된 이론은 결코 아니라는 점이었다. 아마 이런 점에서 로버트 머튼이 주창한 바 있는 "중간 수준의 이론(middle-range theory)"(1968)의 취지에 비추어, 하나의 모범적인 사례로 평가될 수 있을 정도로, 추상적 이론과 경험적 현실과의 연결에서 현격한 성과를 기록한 극히 드문 사례로 꼽힐 수 있다는 것이 필자의 판단이다. 그러나 이보다도 더 중요하게 필자가 평가한 이유는, 부르디외 자신도 명시적으로 추구했고 많은 학자들 역시 주목했던 바이거니와, 사회학 이론으로서의 부르디외의 이론이 추구하고자 했던 목적이 현재 사회학의 일반적 상황에 비추어 볼 때도 그러하거니와 필자가 쓰고 있는 이 저서의 취지에서 볼 때 상당히 중요한 의의를 지니고 있다는 점이었다. 인간의 행위가 본질적으로 "사회적"이라는 주장은 부인하기 어려운 사실이다. 이를 일단 전제했을 때, 개인들이 보편적으로 지닌 심리적 성향으로부터 개인들 간의 관계라든지 사회 현상에 대한 설명을 시도하는 이론들에 대해서 많은 사회학자들은 "심리학적 환원주의"라는, 즉 모든 사회 현상을 개인들의 심리적 현상으로 축소시키려 한다고 비판한다. 이런 이유로, 사회학이라는 학문적 입장에서는, 심리적 사실을 바탕으로 사회적 현상을 설명하려는 시도에 대해서는 직접적 관심의 대상에서 배제하려는 경향이 지배적이다. 설명 요인으로서 심리적 사실들은 그 중요성을 인정한다고 하더라도, 사회학적 입장에서는 자신들의 학문적인 관심 영역에 속하지 않은 주제 영역으로 간주하는 것이다. 따라서 사회학 이론들 가운데 이를 제외한 나머지는 소위 "구조주의적" 이론으로 통칭되는 진영과 "해석학적(interpretive)" 이론으로 특징지어지는, 두 진영이 주류를 이루게 된다. 후자, 즉 개인들의 주관적 의미의 세계에 대한 이해를 통해서 개인들이 행동하는 이유를 설명하려고 하는 시도들은 현대 사회학에서는 대체로 "상징적 상호작용론"이라든지 "민속방법론(ethnomethodology)"과 같은 이론적 진영들에 의해 전통이 이어져 왔다. 전자, 즉 구조주의적 이론들은, 사람들 간의 관계라든지 집단 그 자체를 어떤 구조를 이루어 작동하는 실체적 현실로 보며, 따라서 개인들의 행동과 사회의 집단적 현상들을 그러한 구조적 특성으로부터 영향을 받아 나타난 결과로서 설명하려고 한다. 이러한 접근방법은 뒤르케임으로부터 시작해 구조주의적 마르크스 이론 그리고 미국에서 주로 발전된 구조기능주의적 사회학 이론들을 통해 이어져 왔다. 물론 많은 사회학자들은 인간들이 지닌 주관적 신념들과 가치들, 각기 개별화된 정체성과 의식과 동기를 가지고 행동하는 개인들, 안정적이고 지속적인 사회적 협력 관계를 위해 요구되는 구조적인 요건들, 희소 자원의 불평등 분배에 따른 부작용과 갈등들 그리고 이러한 갈등적 요소들을 통제하기 위해 작동하는 제도적 과정과 장치들 등등의 수많은 요인과 현상들이 복잡하게 얽혀 움직이는 사회 현상들을, 즉 사회학자들이 중요하다고 보는 수많은 사회적 현상들을 위에서 지적된 접근방법들 가운데 어느 한 방향에서 선택적으로 접근하는 데 따른 한계를 일찍부터 인식하고 있었다. 알렉산더(Alexander, 1978)는 개인주의적 접근방법이라든지 집단적–구조주의적 접근방법, 관념론적 또는 유물론적 접근 방법들이 각기 지닌 이론적 한계들에 대한 비판적 인식을 통해 그것들을 결합한 "다차원적(muti-dimensional)" 이론을 구성한다는 것이, 즉 "이론 통합(theoretical synthesis)"(p.183)을 달성한다는 것이 파슨스의『사회적 행위의 구조』의 중심적 과제였다고 주장한 바 있다.[113] 즉, 사회학 이론의 고질적 문제점이었던 "개인주의적 전통"과 "집합주의적 전통"의 대립을 파슨스 자신의 보다 발전된 수준의 "자원론적 이론(voluntaristic theory)"을 통해 극복하는 것이 그의 의도였다는 것이다. 그러나 그러한 의도에 따라 그가 실제로 밟아온 행적을 통해 거둔 성과가 원래 의도하는 바와 반드시 일치하는 것은 아니었다. 1980년대부터 미국 사회학계에서 여러 이론적 전통의 통합이 뜨거운 이슈로 부각되었는데, 여기에서 파슨스의 업적이 크게 부각되지 못했다는 것은 매우 시사적이다. 이는, 적어도 이론 통합이라는 과제와 관련하여 파슨스의 업적을 주목한 사람들이 그다지 많지 않았다는 것을 의미한다. 이와는 대조적으로, 알렉산더는 그의 대표적 저서 『고전적 사고의 현대적 재생: 탤컷 파슨스(The Modern Reconstruction of Classical Thought: Talcott Parsons)』(1983)의 말미에 부록으로 실린 "파슨스 이론의 해석에서 나타난 혼동과 환원(Conflation and Reduction in the Interpretation of Parsonian Theory)"이라는 표제의 논문을 통해 파슨스에 가해진 수많은 비판적 견해들이 대부분 잘못된 해석에 기인한 것이라는 주장을 펼치고 있다. 파슨스가 결과적으로 거둔 성과에 대한 알렉산더의 평가는 물론 파슨스의 이론 통합을 위해, 다시 말해 인간 행위의 "다차원적 속성"을 부각시키는 데 파슨스가 독보적으로 기여한 업적에 대해 그토록 강하게 강조해온 사람답게, 전반적으로 긍정적이다. 그러나 알렉산더가 자신의 책에서 스스로 지적하고 있듯이, 그

---

113) 알렉산더(1983d: 281)는 사회학 이론 통합에서 파슨스가 거둔 성과를 다음과 같이 평가하고 있다: "폐쇄된 사회학의 이론적 진영들 간에 점차적으로 증가하는 논쟁을 중단하기 위한 어떤 시도도, 실제로 어떤 특정의 이론적 전통이 지닌 설명력을 확장하기 위한 어떤 결정적인 시도도, 반드시 통과해야 할 단계가 있다. 그것은, 내가 생각컨대, 일단 문제를 파슨스의 명료한 시각을 통해서 들여다보아야 한다는 것이다. 지금까지도 뒤르케임을 추종하는 이론적 진영의 입장에서 보자면 파슨스가 어떻게 뒤르케임과 프로이트의 시각을 결합하여 이론의 외연을 넓히고 있는지를 살펴보지 않고서는 (그들의 이론이 갖는 설명력을 확장하는 데) 성공하기 어려울 것이다. 베버의 이론에 토대를 둔 분석에서도 파슨스가 개인적, 정치적 및 문화적 행위들을 상호연관인 관점에서 이해하기 위해 개발한 분석의 틀을 수용하지 않고서는 이론적 성과를 달성하기 어려울 것이다. 최근의 교환 이론 역시 파슨스가 자신의 가치 이론(theory of values)에 의거하여 설명하는 (사회의) 발현적 속성들이 지닌 이론적 가능성을 인정하지 않을 수 없을 것이다. 심지어는 갈등 이론들도 양극화된 사회 세력들 간의 혁명적 갈등도 현존하는 "체제(systems)"에 의존하지 않을 수밖에 없다는, 즉 정서적이고 도덕적 원리들에 의해, 다시 말해서 파슨스가 강조하는 방식으로, 통합된 체제 속에서 전개될 수밖에 없다는 점을 결국에 가서는 인정하지 않을 수 없을 것이다."

의 평가에 동의하지 않은 다양한 의견들이 제기되고 있다. 이로 미루어, 과연 파슨스의 이론이 실제로 "통합 이론"을 성취한 실례로 거론될 수 있는지에 대해서조차 의문이 제기될 소지가 크다는 평가를 내릴 수밖에 없을 것이다. 알렉산더조차도 파슨스가 "경제 현상이라든지 정치와 같은 환경적 차원보다 사회제도적 영역이나 문화적 활동 양식들에 내재하는 규범들이라든지 가치들에 대해 훨씬 더 관심을 기울이고 있다"는 점에서 "관념론적인 방향으로 상당히 무게가 기울고(significant ideaslist strain)"(1978:192) 있다는 진단을 내리고 있다. 이러한 문제점에 대해서는 파슨스의 『구조』를 다룬 장의 결론 부분에서 이미 지적된 바 있다.

부르디외의 이론을 요약하는 이 부분에서 파슨스에 대한 논의를 덧붙이는 것은 다소 외외로 느껴질 수 있다. 그러나 여기에는 이유가 있다. 대체로 1980년대 이전까지 사회학계에서 전개되고 있었던 여러 이론적 진영들 간의 대립적 분위기가 완화되면서 나타나게 된 하나의 주목할 만한 추세는 파슨스를 보다 "균형된(balanced)" 시각에서 평가하려는 움직임이었다(Alexander, 1978:178). 그러한 추세 속에서 구체적으로 대두된 관심사의 하나는 파슨스의 소위 "자원론적인 이론"이 이론 통합이라는 오랜 사회학적인 과제에 대해 어떤 실질적인 성과를 남기고 있느냐 하는 의문이다. 이미 위에서 지적하고 있듯이, 이러한 의문과 관련하여, 누구보다도 앞서서 파슨스의 독창적이고 선구적 역할을 알리려고 노력한 알렉산더를 제외한다면, 우선 이론 통합이라는 과제의 측면에서 파슨스의 업적을 평가하는 사회학자들이 흔치는 않았다는 것이다. 그리고 파슨스 이론을 평가하는 시각 역시, 알렉산더가 주장한 바와 같이 "다차원적인 이론"의 구축을 위해 진실로 의미 있는 업적을 이루었다기보다는, 여전히 어느 한쪽의 시각에 매몰된, 다시 말해서 "단차원적" 수준을 벗어나지 못하고 있다는 의견이 지배적이었다. [114] 간단히 표현하자면, 파슨스는 통합이론가로서 평가되기보다는 여전히 구조기능주의자, 체계이론가, 또는 균형론자

---

114) 리처(Ritzer, 1988: 705)는 과거에 미시 또는 거시 이론으로 평가되었던 이론적 전통들을 재해석함으로써 통합을 시도하는 것은 온전한 통합을 위한 적절한 전략이 되지 않는다는 평가를 내리고 있다. 그보다는 기든스의 "구조화 이론(structuration theory)"과 같이 아예 새로운 이론의 구축을 시도하는 편이 나으리라는 것이다.

(equilibrium theorist), 규범주의 이론가(normative theorist) 등으로 분류됨으로써, 알렉산더의 희망과는 달리, 상징적 상호작용론자, 교환이론가, 갈등이론가들과 차별화된 이론적 전통을 선도했던 사회학자로 알려지고 있다는 것이다. 그렇다면 이제 부르디외의 사회학을 결론짓는 이 부분에서 파슨스와 유사한 목적의식을 지닌 채 "구조"와 "행위"를 통합한 이론, 스스로 일컬어 "구조주의적 구성주의(structuralist constructivism)" 또는 "구성주의적 구조주의(constructivist structuralism)"(Bourdieu, 1989: 14)를 추구한다고 선언했던 부르디외가 실제로 거둔 성과는 어떻게 평가될 수 있을 것인가? 이러한 의문에 대한 해답은 부르디외의 이론을 평가하는 데 매우 적절한 근거를 제공할 것으로 여겨지며, 또한 파슨스가 거둔 성과와 상대적 비교가 가능하다는 점에서 흥미 있는 연구 주제로서의 가치를 지닌 것으로 판단된다.

서로 대립된 이론적 진영들로 나뉘어지고, 그로부터 촉발된 이론적 진영들 간의 논쟁이 사회학의 중요한 이론적 활동을 이루고 있었으며, 1980년대에 이르러서는 그것들 간의 통합이 중요한 화두로 대두되기에 이르렀던 사회학 이론의 발전사가 거쳐온 긴 기간을 고려 보았을 때, 부르디외는 아마 비교적 근래에 모습을 드러낸 인물로 간주된다. 그러나 부르디외는 "가장 영향력 있고, 창의적인 프랑스 사회학자,"(Calhoun, 2003: 274), "우뚝 솟은 위상의(towering stature)"(Wacquant, 2004:388), "위대한 사회학자(great sociologist)"(Swartz, 2003:519)와 같은 수식어들이 표현하는 것처럼 현대 사회학에서 최고 반열에 오른 학자로 평가되고 있다. 이와 같은 평가의 배경에는 문화의 사회적 기능과 관련된 연구의 새로운 경지를 개척했다는 점이 고려되었을 것으로 여겨진다. 그러나 부르디외에 대한 긍정적 평가의 주된 이유는 우리가 앞에서 지적한 사회학 이론에서 오랜 관심사로 대두되어왔던 과제, 즉 사회학자들을 오랫동안 분열시켜 왔던 이론적 쟁점들에 대해 새로운 해답을 모색하고자 했던 여러 시도들 가운데서도 그가 제안한 이론이 아마 가장 주목을 받았기 때문인 것으로 여겨진다. 앞에서 설명한 바 있듯이, 그의 이론은 아비투스, 자본, 장, 실천 행동 — 이 네 개념이 핵심적 내용을 이룬다. 이들이 지칭하는 요인 또는 현상들은 시간적인 과정 속에서 이전의 단계로부터 이어받은 그리고 다시 이후 단계로 작용하는 영향력에 의해 인과적으로 연결된 국면들을 형성한다. 이들은 과거의 역사적 과정에서 결정된 요인들의 작용에 의해 "재생(reproduction)"된 산물이라는 점에서 "닫힌

구조"의 "자기생산 체계(autopoietic system)"[115]로서의 특성을 보인다. 부르디외 이론의 이와 같은 구조적 특성은 다음과 같은 세 가지 점에서 긍정적이면서 동시에 부정적인 평가를 동시에 받아 왔다. 하나는, 부르디외의 이론에서 시사되는 중요한 주장의 하나는 주어진 사회의 계급적 구조가 재현되는 데 기여하는 사람들의 행동과 그것을 전후한 일련의 과정들은 대체로 안정된 형태의 순환적 인과구조(因果構造)의 사슬을 형성하고 있다는 것이다. 따라서 부르디외의 이론은 주어진 형태의 사회 질서가 일단 안착이 되면 왜 쉽게 변하기보다는 안정적으로 재생되는 경향을 보이는지 설명해주고 있다. 필자의 평가는, 우리가 이미 살펴보았던 파슨스가 제시하는 지나치게 추상적인 수준의 설명보다는 훨씬 구체화된 수준에서,[116] "질서의 문제"에 대해 상당히 설득력 있는 설명을 제시하고 있다는 것이다.

두 번째로는, 부르디외의 이론은 그 이론을 구성하는 핵심적 개념들 하나하나를 분리해서 장 이론(field theory), 아비투스 이론(theory of habitus), 상징 자본 이론(theory of cultural or symbolic capital), 실천 행동 이론(theory of practice)으로 별칭되기도 한다. 여기에는 다음과 같은 이유가 있는 것으로 여겨진다. 부르디외는 장, 아비투스, 자본, 실천 행동 — 이 네 변수들이 시간적 과정 속에서 독립변수로 작용

---

115) 자기생산 체계란 생명체에서 볼 수 있듯이 "자체의 구성 요소들와 구조를 스스로 생산하고 재생하는 체계"(Luhmann, 2021:32)를 일컫는다.

116) 알렉산더의 파슨스에 대한 평가는 이와는 다른 기준이 적용됨으로써 오히려 긍정적인 쪽으로 기울어 있다. 알렉산더는 하나의 학문 분야의 지식 체계는 형이상학적이며 철학적 수준의 가정들, 설명 도식(models), 개념, 정의, 분류 체계, 경험적 가정 등과 같은 다양한 수준의, 즉 일반화의 수준에 있어서 위계적으로 배열될 수 있는 일련의 신념, 가치들, 연구 방법들 및 기타의 지식 요소들로 구성된 복합체라고 주장한다(1982). 이는 토마스 쿤의 패러다임에 비교할 수 있으나, 알렉산더는 각 수준의 지식들이 각기 독립성을 가지고 있기 때문에 이론가에 따라서 각기 다른 방식으로 조합이 이루어질 수 있다고 주장한다. 예를 들어, 가장 원론적인 시각에서 집단적 속성을 실재하는 현실로 규정하는 관점에 동의를 하는 경우에도 그것이 반드시 그 이하의 수준에서 갈등론적인 설명 모델 아니면 합의적(consensus) 설명 모델을 선택하느냐를 결정하는 것은 아니라는 것이다. 알렉산더는 이와 같은 논리에 의거하여 파슨스가 행위 이론에서 제시한 극히 일반적인 수준의 가정들에 의거하여 보다 구체적인 수준에서 파슨스 이론의 특성을 예단하려는 시도는 "(수준의) 혼동(conflation)," 또는 "오착된 사실성의 오류(error of misplaced concreteness)"의 전형적 사례로 규정한다. 그리고 바로 이와 같은 관점에서, 파슨스에 의해 매우 추상적인 수준에서 이루어진 일련의 정교하고도 세련된 이론적 정리, 보완 및 심화 작업들이 사회학 이론의 발전을 위해 중요한 기여를 할 수 있음을 강조하고 있다.

하다가 이후에는 종속변수로 변환되는 순환적인 연결고리를 형성하며, 자기생산 체계로서 기능을 지속해나가는 데 각기 필수적 역할을 담당하는 것으로 보고 있다. 이와 같은 연결 구조 속에서, 연구자는 그의 목적과 관심에 따라서 선택된 특정 변수들 간의 인과적 관계에 초점을 맞추게 될 것이다. 이에 따라 앞에서 지적한 이론의 명칭은 연구자가 어느 변수의 역할에 한정된 관심을 갖고 있는지를 표현하는 하나의 방식이라고 볼 수 있다. 물론 필자의 입장에서 본다면, 어떤 명칭이, 다시 말해, 부르디외 이론에서 규정한 어떤 단계의 인과적 요소 또는 요소들이 다른 요소(들)에 비해 부르디외 이론의 핵심적 특성을 규정지을 수 있는 가장 큰 중요성을 갖는지는 판단하기 어려운 문제이다. 단지 필자가 전체적으로 판단컨대, 부르디외의 이론을 구성하는 가장 중요한 네 개의 변수들은 사회적 현상이 전개되는 시간적인 국면들을 구성하는 각 단계에서 그 이전과 이후 단계를 이어주는 핵심적 요인들을 규정하고 있다는 점에서 의의를 지니고 있다. 그런데 여기에서 특히 관심을 요하는 사항이 있다. 그것은 부르디외의 이론의 전체 구도 속에서 언급된 네 변수들은 사회의 구조적 상황과 개인의 심리적 성향 그리고 외적으로 나타나는 행태들을 각기 지적하고 있다는 것이다. 그리고 그 네 가지의 개념을 기반으로 사회 구조가 개인의 내재적 성향의 형성에 영향을 미치고, 이것이 다시 구조의 재생을 가져오는 실천 행동을 유발시킴으로써 사회의 불평등 질서가 또다시 재현되는 일련의 기제를 설명하고 있다. 이와 같은 순환적 인과관계의 고리 속에서 구조적 조건들과 함께 개인들의 심리적 속성과 행태들이 필수적인 역할을 수행하고 있는 것으로 설명하고 있다는 점은 기존의 사회학 이론들이 보였던 한계를 극복하기 위해 부르디외가 의도적으로 기획한 작업이 거둔 성과로 풀이된다. 부르디외(1977a: 72)가 쓴 다음의 글은 그의 이론이 과거의 사회학 이론이 당면했던 문제점을 극복하기 위한 시도의 일환이었다는 점을 비교적 분명히 시사하고 있다.

방법론적인 객관주의는 우리가 현실에 대한 원초적 경험의 수준에서 벗어나 객관적으로 존재하는 관계를 파악하도록 도움을 준다. 이는 모든 연구에서 필요한 순간이기는 하다. 그러나 이를 극복하여 새로운 단계로 발전할 필요가 있다. 구조 실재론(*realism of the structure*), 즉 객관적으로 존재하는 사회적 관계를 토대로 개인과 집단이 경험하는 역사의 외부에 이미 형성된 어떤 총체적 질서가 존재하고 있다는 생각을 극복하기 위해서는 어떤 일의 결과보다는 그러한 **결과가 나타나도록 만드는 과정**을 주목할 필요가 있다. 그리고 통계적 규칙성이라든지 산술적으로 표현된 구조보다는 그와 같은 질서가 생성되는 데 작용한 원리들에 보다 주목할 필요가 있다. 또한, 필요한 것은 실천 행동에 관한 이론을 구성하는 일이다. 보다 정확하게 표현하자면, 실천 행동들이 어떤 방식으로 산출되는지를 설명해주는 이론을 구성하는 일이 요구된다는 것이다. 이러한 작업이야말로 **외부적 현실의 내재화와 내재적 현상의 외부화** 간의 변증법적 상호작용을, 더 간단히 표현해서, 내재화(incorporation)와 객체화(objectification)를 실증적으로 연구하는 과학을 이룩하는 데 선행 조건이 된다.

위의 글은 부르디외의 저술들에 나타나는 특징을 보여주는 매우 난삽한 문장들로 쓰여있다. 그러나 의도는 쉽게 전달되고 있는 것으로 여겨진다. 사회의 객관적 구조와 그것을 실제로 현실화시키고 재생시키는 개인의 내재적 성향들과 실천 행동들 사이에 전개되는 순환적 인과관계를 이해하는 일이 사회와 인간이 처한 상황의 본질을 이해하는 데 가장 중요한 과제라는 것이다. 요즘 사회학에서 좀 더 친숙한 용어를 빌려 표현하자면, 객관주의적 접근방법과 주관주의적 접근방법을 (또 다른 유사한 표현을 사용하자면, 미시와 거시적 수준을) 결합한 한 단계 높은 차원의 이론을 통해서 사회 현상의 실체적 진실에 보다 가깝게 다가갈 수 있다는 것이다. 알렉산더는 이러한 이론을 "다차원적(multidimensional)" 이론이라고 표현할 것으로 짐작된다. 바로 이와 같은 점에서, 부르디외의 이론은 이론통합론자들이 주장하는 요구를 적극적으로 반영한 매우 중요한 이론적 업적 가운데 하나로 평가할 수 있을 것이다. 문제는, 실제로 그 의도하는 바가 이론 속에서 얼마나 충실하게 구현되고 있느냐 하는 점이다.

세 번째로, 부르디외의 이론을 요약 평가하는 데 반드시 제기되는 의문이 있다. 그것은 부르디외의 이론과 같이 실로 여러 이름들이 붙어 있는 이론의 경우 반드시 직면하지 않을 수 없는 의문이다. 어떤 이름이 가장 적합하다고 볼 수 있는지 하는 의문이다. 다시 말해서, 아비투스, 자본, 장, 실천 행동 — 네 요인들을 단계적으로 거치는 순환적 인과과정 속에서 그 전체 과정의 특성을 결정짓는 데 가장 결정적인 역할을 수행하는 변수는 어떤 것인가 하는 의문이 그것이다. 필자가 짐작컨대, 부르디외가 저술한 『실천 행동 이론 개요(槪要)(Outline of a Theory of Practice)』 (1977)라는 제목에는 이 문제에 대해 부르디외 자신이 내린 해답이 담겨 있다는 생각이 든다. 즉, 네 요인들의 순환적 인과과정의 고리 속에서 "실천 행동(practice)"이 가장 핵심적 중요성을 지니고 있다고 평가한다는 것이다. 이와 같은 자신의 평가는 개인에 내재하는 심리적 성향을 의미하는 "아비투스(habitus)"와 사회의 객관적 현실을 지칭하는 "장(field)," 그리고 "자본"과 같은 요인들이 "구조" 또는 "구조"에 의해 결정되는 현상을 의미하는 반면에 "실천 행동"은 부르디외의 "구성주의적 구조주의"의 의도를 반영하는 유일한 요인으로 해석되기 때문이다. 다른 말로 표현하자면, 앞의 세 요인들이 당시까지 사회학의 이론적 지형을 크게 양분한 진영들에서 각기 강조하는 핵심적 변수를 지칭하는 반면에 실천 행동이라는 요인은 대부분의 사회학자들에게는 독창적인 발상으로 해석될 수 있는, 따라서 부르디외 이론의 표제명(表題名)으로 삼을 수 있을 정도의 전략적 중요성을 지녔기 때문이었던 것으로 짐작된다. 이를 이해하기 위해서는 다음의, 다소 복잡하게 꼬여 있는, 인용 구절을 세심하게 살펴볼 필요가 있다.

> **아비투스**는 개인들에 의해 내재화되어 통제된 행동을 하도록 지속적으로 작용하는 심리적 성향들을 지칭한다. 사람들의 **실천 행동**들이 이와 같이 내재적 성향들이 작용하는 영향 속에서 산출되는 데, 이는 실천 행동들이 곧 그것들을 산출하는 아비투스가 개인의 심리 내부에 축적되는 과정에 기여한 객관적 상황들 속에 내재된 규칙적 특성들을 재생하는 역할을 수행한다는 것을 의미한다. 이 과정에서 실천 행동들은 당면한 상황 속에 존재하는 객관적 가능성에 의해 가해지는 조건들에 적응해야 한다. 그리고 객관적 가능성이란 아비투스를 구성하는 인지적 및 동기적 구조들에 의해 규정되게 마련이다. 이러한 실천 행동들은 행동하는 순간에 그 행동을 촉발하는 자극조건들의 합으로 정의될 수 있는 객관적 상황으로부터, 표면적으로는 마치 그것들부터 바로 유발된 것처럼 보이는 경우도 있겠지만, 직접적으로 추론될 수 있는 것은 아니다. 또한 그러한 행동을 산출한 아비투스를 생성시킨 상황으로부터 직접적으로 추론될 수 있는 것도 아니다. 실천 행동들을 설명할 수 있는 것은 오직 아비투스의 형성을 결정하는 사회적 상황을 규정하는 **객**

관적 구조를 아비투스가 실제로 작동하는 상황, 즉 그와 같은 구조가, 극적으로 변화하지 않는다는 전제 하에서, 그 구조의 어떤 특별한 상태를 보여주는 역사적 시점에 연관시킴으로써만이 가능할 것이다(Bourdieu, 1977:78).

위의 글에서 강조하는 사실은 세 가지로 요약될 수 있다. 하나는, 과거의 사회적 구조 속에서 경험한 역사 속에서 형성된 아비투스에 의해 실천 행동이 견인된다는 것은 실천 행동은 곧 과거의 구조적 현실을 재생하는 데 기여하게 된다는 것을 의미한다. 두 번째로는, 그렇다 하더라도 행동이 단순히 과거 역사 속에서 경험한 현실에 의거해 설명될 수는 있는 현상만은 아닐 것이다. 왜냐하면 행동은 현재 당면한 상황 속에 존재하는 요인들과 그것이 허용하는 가능성 속에서 수행이 되기 때문이다. 또는 이와는 다르게, 행동이 행동하는 시점에 존재하는 상황적 요인들에 결정된다고 본다고 하더라도 전적으로 그것들에 의거하여 설명될 수 있는 현상만도 아닐 것이다. 왜냐하면 바로 앞에서 지적하고 있듯이, 행동을 견인하는 내면적 인식과 동기는 아비투스, 즉 과거의 역사적 경험이 개인 속에 자리 잡음으로써 형성된 내면적 성향들에 의해 견인이 되기 때문이다. 따라서 세 번째로 강조되는 사실은, 실천 행동은 그것을 유발하도록 작용한 바 있었던 과거의 현실을 되살리는 활동임과 동시에 그 행동의 순간에 존재하는 현실의 모든 구조적 제약과 가능성들에 대해 행위자들이 적응한 결과의 산물이라는 것이다. 이와 같은 관점은 실천적 행위를 스포츠 경기나 비디오 게임과 같은 상황 하에서 벌어지는 선수들의 행동에 비유해서 설명한다면 쉽게 이해될 수 있을 것이다. 가령 축구 경기에서 선수의 행동은 선수들이 과거로부터 축구를 하면서 배운 축구의 규칙과 같은 축구의 구조적 특성들이라든지 선수 개개인이 체득한 능력과 감각에 의해 설명될 수 있을 것이다. 이것들을 통해 매 경기마다 우리가 익숙한 축구라는 경기가 재생되는 것이다. 그러나 여기에 한 가지 더해지는 본질적 요소가 있다. 그것은 선수가 경기하는 매 순간에 존재하는 경기 상황과 요소들의 조합들이 각 선수의 행동에 가해지는 특별한 종류의 제약과 가능성들에 대해 선수들은 그때그때 적절하게 대응하면서 행동해야 한다는 것이다. 이때 선수들의 행동은 그때그때의 상황에서 얼마나 적절하게 (또는 부적절하게) 대응하느냐에 따라서 개인을 위해 또는 소속된 집단을 위해 각기 다른 의미의 성취를 이루게 될 것이다. 물론 사람들이 차던 공을 갑자기 들고 뜀으로써 럭비 경기로 변하지 않은 한, 예전부터 학습하고 체득한 규칙들과 감각과 능력에 따라 또 다른 축구 경기를 재생하고 있다는 사실에는 변함은 없을 것이다. 그러나 다시 강조하자면, 축구 경기를 재생하는 매 순간의 행위는 그때그때의 상황적 조건들과의 연관성을 고려하지 않고서는 설명될 수 없는 특수성을 지니고 있다. 부르디외의 **아비투스 이론**을 바로 부르디외의 **실천 행동 이론**의 입장에서 비판한 한 논문에서 킹(King, 2000)은 후자의 입장에서 부르디외의 이론을 이해하는 것이 부르디외 이론이 변화를 설명할 수 없는 이론이라는 비판으로부터 벗어날 수 있는 길이라고 강조한 바 있다. 부르디외의 이론을 해석하는 데 있어서 제기될 수 있는 이와 같은 의견은 부르디외의 이론을 평가하는 데 중요하게 고려되어야 할 사항임은 분명하다.

앞에서 지적된 부르디외 이론과 관련하여 필자가 특히 주목한 세 가지 점들을 언급한 데에는 그의 이론이 대체로 그러한 점들에서 다른 사회학 이론들과 차별화된 특성을 지니고 있음을 지적하기 위한 의도가 있었다. 다시 한번 요약하자면, 1) 주어진 사회 구조의 재생 과정의 자기생산 체계로서의 속성, 2) 통합 이론으로서의 성과, 3) 사회 구조의 재생 (또는 변화) 과정에서 아비투스와 실천 행동이 각기 수행하는 역할과 설명력과 관련하여 이론적인 또는 방법론적인 면에서 해명을 요하는 사항들을 포함하는, 세 항목이 지적되었다.

이 중에 첫 번째 항목은 부르디외 이론에 대해 가장 많은 비판이 집중되었던 요소로 여겨진다. 부르디외의 이론에서는 주어진 사회구조의 절대적 영향 하에 개인들의 내부에 형성된 인지적 및 행위적 성향들이 기존하는 구조적 조건의 제약과 가능성 속에서 이미 예견되는 형태의 실천 행동을 유발하고, 유발된 행동들을 통해 과거에 아비투스를 형성시켰던 구조적인 현실이 다시 현실로서 재생되는, 순환적 인과 고리를 형성한다. 여기에서 아비투스는 마치 생명체의 DNA처럼 자기생산 체계의 핵심적 정보를 저장하고 전달함으로써 조직의 구조를 재생하는 데 핵심적 역할을 수행한다고 볼 수 있다. 디마지오(DiMaggio, 1979: 1470)가 "부르디외가 보는 세계는 혁명이라든지, 심지어는 변화가 일어나는 세계도 아니고, 끝없는 탈바꿈의 세계일 따름이다. 상징적 폭력과 지배만 지속되는 곳이다; 거기에는 단지 밖에 보이는 겉모습의 변화만 있을 따름이다"라고 언급한 것은 바로 부르디외의 이와 같은 측면을 지적한 것이다. 킹(King, 2000)은 위와는 약간 다른 관점에서, 주로 아비투스의 개념과 관련된 부르디외의 "객관주의적 시각"에 함축된 유사한 내용의 문제점을 지적하고 있다. 즉, 부르디외 저술의 곳곳에서 아비투스를 "(개인들의) 무의식 속에 담겨 있는 사회구조(unconscious embodiment of social structure)"(King, 2000: 424)로 특징짓는 부분들을 읽을 수 있다. 만약 이러한 부분들이 특별하게 강조된다면, 부르디외가 보는 세계는 객관적 구조가 그것을 내면 속에 담은 주관적 세계를 산출하고, 그 주관적 세계가 자신의 내면에 담긴 현실을 다시 외부로 실현하는 과정을 통해 애초의 객관적 구조를 다시 재생하는, 순환적 자기생산 체계를 형성하게 된다. 물론 부르디외의 이론 체계 속에서는 위에서 서술된 바와 같은 과거 구조의 재생이 거의 기계적으로 일어날 수밖에 없다는 논리적 결론을 배제할 수 없다는 데에 대해 반박하는(1990a: 107; 1990b: 27; Wacquant, 1989: pp. 36-37; cf. Croce, 2015: 328) 입장 역시 그의 저술의 다른 부분들에서 목격되고 있다. 그러나 부르디외의 이론에도 기존하는 사회 구조의 변화를 가져올 수 있는 요소를 포함하고 있다는 해석이 설령 가능하다고 하더라도 그러한 해석이 부르디외 이론이 전체적으로 시사하는 사회의 결정론적인 자기재생 기제와는 논리적으로 잘 결합되지 못한 상태에 있다는 것은 분명한 것으로 여겨진다. 즉, 논평자들의 대체적인 의견은 부르디외의 이론이 기존하는 사회 구조의 변화 가능성에 대해서 설명하는 데까지는 미치지 못하고 있으며, 따라서 아직은 "구조결정론적"인 수준을 극복하지 못하고 있다는 것이다.

비평가들의 의견들 가운데서도 특히 중요하다고 평가되기 때문에 필자가 주목하고자 하는 비판으로서 크로치(Croce)가 지적하는 문제가 있다. 크로치에 따르면, 전반적으로 보아 부르디외는 "사회적 영역에 있어서 사람들의 행동에 대한 객관적 이해를 제공하는 데 목적을 두고 있으며, 따라서 자신들의 행동에 대한 의식적이며 성찰적인 태도를 고려하지 않은 채 실천적 행태 자체만을 기술하는 데 관심을 두고 있다"(Croce, 2015: 328). 이와 같이 사람들의 의도적 동기라든지 성찰적 태도 등이 행동에 작용하는 영향과 과정에 대한 관심의 결여는 마르크스 이후부터 유물론자들이 관념론에 대해 가지고 있었던 부정적 태도를 반영하고 있는 것으로 여겨진다. 분명한 점은 부르디외가 계급주의적인 사회관과 함께 본질적으로 갈등론적인 시각을 지니고 있다는 것이다. 또한, 행동에 영향을 미치는 요인들 가운데 사람들의 머릿속에 존재하는 "생각(ideas)"이 비록 부분적이나마 행동을 견인하는 능동적 요소로서 부르디외의 이론에 도입되는 경우에, 분명하게 추측되는 사실의 하나는, 그의 이론에서 규정하는 폐쇄된 순환적 인과관계의 고리는 전면적인 수정을 요할지도 모른다는 것이다. [117] 개인들의 의식으로부터 숨겨진 은밀한 뒷구석에서 작용하는 "잠재적" 성향들, 즉 아비투스를 행위를 생성하는 주된 요인으로 간주한다는 것은 "사회적 영역을 (행위자들이 주관적으로 체험하는 그것에 우선하여) 이론가에 의해 구상된 이미지로 덮어씌우는 것과" 다름이 없다는 점에서 "사람들 간의 상호작용을 지배하는 생생한 역학적 현실들을 관찰의 대상에서 배제한다"(Croce, 2015: 329)는 비판으로 이어지기도 한다. 이와 같은 비판들은 인간의 행동을 결정하는 요인들 가운데 인간의 창의적 사유 기능과 자발적 의지에 의한 동기적 요소들을 배제하고 있다는 점으로 요약될 수 있다. 바로 이와 같은 점에서 부르디외의 이론이 중요한 한계를 지니고 있다는 점은 부인하기 힘든 것으로 여겨진다.

부르디외 이론이 거둔 성과들 가운데 두 번째로 지적된 바 있는 사항, 즉 사회학 이론 분야에서 지속되어 온 학문적 편파성을 극복하여 보다 포괄적인 수준의 이론을 확보하고자 했던 시도에 대해서도 그 결과에 불만족을 표명하는 의견들이 상당한 정도로 제기되어온 것 역시 사실이다. 이는 부르디외 자신이 추구하고자 했던 이론의 성격을 "구성주의적 구조주의 또는 구조주의적 구성주의(constructivist

---

117) 부르디외(1990a: 115)에 따르면, 행동에 미치는 아비투스의 영향은 그것이 "즉각적(pre-reflective)이고 의사-본능적(quasi-instinctual)인" 태도 속에 함축되어 있다는 점에 의해 보다 강력하고도 지속적인 효력을 발휘한다고 강조한다. 즉, 행위에 대한 아비투스의 강력한 효력은 사람들이 어떤 사실 또는 현상에 즉각적이고 거의 본능처럼 반응하도록 만든다는 사실에 기인한다는 것이다. 문제는 사람들이 자신이 의식할 새도 없이 반응하는 이와 같은 성향에 따라 행동한다는 주장은 두 가지 점에서 반론이 제기될 수 있다는 점이다. 하나는, 인간은 비록 개인에 따라 또는 상황에 따라 차이가 있을 수 있겠으나, 자신의 행동에 대해 사전 또는 사후에 걸쳐 성찰할 수 있는 능력을 지닌 존재라는 사실은 동서양의 모든 철학자들이 고대로부터 인정해온, 거의 보편화된 인식이었다는 것이다. 두 번째는, 개인이 자신이 하는 행위의 진정한 동기를 의식하지 못한 채 행동한다는 사실을 전적으로 인정하는 경우에, 그 진정한 동기 또는 "의미"를 안다는 것은 오직 그의 행위를 "객관적으로" 관찰하는 사람들, 즉 전문학자들의 특권에 속하는 일일 것이다. 이러한 반론은 베버 이후 지금까지 사회학에서 지속되어 온 논쟁, 즉 "주관적 이해"를 둘러싼 논쟁으로 우리를 다시 후퇴시키는 문제를 야기하게 된다.

structuralism or structural constructivism)"(Bourdieu, 1989:14)라는, 종래에는 흔히 상반되는 것으로 간주되어 왔던 두 가지의 접근 관점이 결합된 명칭으로 부르길 원했다는 점에서, 그의 이론 구성 전략에 있어서 우선적으로 추구했던 관심사가 되었던 것은 분명하다. 이를 위해 사회의 구조적 상황을 지칭하는 "장(field)"의 개념이 도입됨과 동시에 그와 같은 상황적 구조의 유지와 형성을 가능케 하는 개개인들의 행태를 지칭하는 "실천 행동(practice)"의 개념이 도입되었고, 이 두 개의 현상을 이어주는 역할을 하는 개인들의 내재적 성향들로서 "아비투스(habitus)"의 개념이 도입되었다. 개인들에 외재하는 객관적 현실들이 그 현실 속에서 생활하는 가운데 개인들에 의해 내재화됨으로써 아비투스가 형성되고, 그 아비투스는 다시 현실이 허용하는 가능성 또는 제약 속에서 행동하는 개인들을 과거의 경험 속에서 구조화된 방식에 따라 행동하도록 유도함으로써 현실이 재현되는, 인과적 연결고리를 형성하게 된다. 여기에서 우리는 구조적 변수와 개인들의 내재적 성향 및 구조의 유지와 형성을 가져오는 실질적 구성 요소로서 작동하는 행태적 변수들이 서로 맞물린 인과적 고리를 구성하며 하나의 이론 체계 속에 포괄되고 있다는 사실을 주목할 수 있다. 이로써 부르디외의 이론은 중요 변수들의 외형적인 균형의 측면에서 매우 잘 구성된 통합적 이론 체계라는 인상을 주게 된다. 이는 비록 포함된 변수들의 구성에서의 차이와 함께 관념적인 변수의 역할이 특별히 강조가 되고는 있었으나, 파슨스의 경우에도 마찬가지로 내려졌던 평가였다. 그러나 파슨스의 경우에도 그러했거니와 부르디외의 경우에도, 진정한 의미에서 통합적 이론이라고 단정하기에는 피하기 어려운 중요한 의문점을 남기고 있다.

우선 구조의 재생을 가져오는 실천 행동은 대체로 기존하는 사회 구조에 의해 규정된 가능성과 제약 조건들이 허용하는 범위 내에서 수행된다는 것은 분명하다. 아비투스 역시 구조적 현실의 제약 속에서 행동하는 가운데 얻어진 경험들을 토대로 세계를 바라보고 행동하는 성향들을 개인들이 내재화함으로써 형성되는 것으로 설명되고 있다. 조금 극단적으로 표현하자면, 아비투스는 기존하는 구조에 의해 결정된 산물로서 규정할 수 있을 것이다. 부르디외의 이론에는 베버의 이론에서처럼 구조를 압도할 수 있는 가능성을 지닌 카리스마와 같은 구조돌파적(構造突破的) 변수는 도입되지 않고 있다. 이는 구조적 변수의 영향력이 아비투스의 형성이나 실천 행동의 수행에 있어서도 사실상 일관되게 그리고 결정적으로 관철되고 있음을 의미한다. "부르디외가 기계적 결정론으로부터 벗어나겠다고 선언하고 있는데도 불구하고 … 아비투스는 그 자체 속에 이미 둥지를 틀고 있는 구조를 계속해서 이어가는 데 충실한 역할을 수행하고 있는 것처럼 보인다"는 크로치(Croce, 2015: 328)의 언급은 부르디외의 이론이 안고 있는 구조편향적인 특질을 날카롭게 지적하고 있다. 물론 부르디외의 이론이 결정론적인 한계를 극복하고자 했던 부르디외 자신의 의도와는 다르게, 바로 위에서 지적한 바와 같은 이유에 의해서, 그 의도를 실현시키는 데 충분히 성공하지 못하고 있다는 사실에 대해서는 부르디외의 이론을 비판적으로 검증한 바 있는 학자들 사이에 상당한 정도의 합의가 형성되고 있다는 점은 분명한 것으로 여겨진다(Alexander, 1995; Evens, 1999; Jenkins, 1982).

마지막 검토의 대상은 사회구조의 재생 (또는 변화) 과정에서 아비투스와 실천 행동이 각기 수행하는 역할과 설명력과 관련하여 이론적인 또는 방법론적인 면에서 해명을 요하는 사항들이다. 우선 부르디외라는 사람의 이름을 듣지도 못한 채 사회학 교육과정을 이수한 필자와 같은 사람이 구조의 재생을 가져오는 결과를 가지고 "실천 행동"의 의미와 효력을 이해하려고 했을 때, 당장 머리에 떠오르는 개념은 머튼(Merton, 1968)의 "잠재적 기능 (latent function)"이었다. 다시 말해서, 부르디외가 말하는 실천 행동이란, 행동하는 개인들이 주관적으로는 어떻게 인식하고 있든지 간에, 가장 일차적으로는 결과에 있어서 구조의 재생이라는 효력을 발생시키는 개인들의 행동을 의미한다는 것이다. 물론 분명한 사실은 개인들은 대부분이 자신들이 "사회구조의 재생을 위해" 그러한 행동을 한다는 사실에 대해서는, 만약 누군가 그렇다고 알려준다면, 경우에 따라서는 오히려 상당히 놀랄 것이고, 아마 다르게 행동했을 가능성도 컸을 것으로 짐작된다. 분명한 점은, 자신의 행동이 결과적으로 구조의 재생에 어떤 영향을 미쳤는지와는 관계없이, 개인은 자신의 행동에 대해 사전에 어떤 종류의 주관적인 의미와 동기를 가지고 행동했으리라는 것은 그가 인간이라는 사실을 부정하지 않은 한, 부인할 수는 없는 사실일 것이다. 이를 또한 머튼의 용어를 빌려 행위의 "현시적 기능"이라고 불러 보자. 바로 이 시점에서 앞에서 소개한 바 있는 머튼의 아노미 이론이 현재 진행 중인 논의의 맥락에서 시사하는 의미를 살펴본다면, 부르디외 이론에는 아직 채워져야 할 빈 공간들이 많이 있다는 점을 깨닫게 될 것이다. 우선 머튼이 지적하는 미국 사회에서의 아노미적 상황에 대한 분석은 개인들이 의도하는 목적의 달성을 가로막는 사회적 상황 속에서 개인들이 겪게 되는 좌절과 그러한 상황에 대응해서 여러 다양한 방식으로 행동하는 개인들의 상황에 초점을 맞추고 있다. 머튼이 그려 보이는 미국 사회에서의 이와 같은 상황은 미국 사회의 저변에 흐르는 일부 구성원들의 분노와 절망적분위기 그리고 사회적 질서의 붕괴의 가능성마저 예감토록 하고 있다는 점에서 매우 심각한 사회 문제로 대두되고 있음을 시사한다. 분명한 사실은 이와 같은 문제는 개인들이 어떤 목적의 달성을 위해 어떤 행동을 실행하지만 그 의도된 목적을성공적으로 달성하는 데는 실패함으로써 야기되는 일련의 사태라는 것이다. 물론개인들이 실제로 경험하는 심각한 실패의 사례들이 상당한 수준까지 증가하지 않는 한 집단적인 차원에서 구조의 지속적인 재생에는 큰 장애가 초래되지 않을 수도 있을 것이다. 그러나 그와 같은 구조의 지속적인 재생의 저변에 존재하는 개인들의 고통과 불행들, 그 현상 자체에 대해서도 그러하거니와 그러한 현상이 결국은 구조의 변화에 대해서 어떤 영향을 미칠 것인가에 관해서 외면한다는 것이 과연 올바른 사회학적 이론인지에 관해서는 심각한 회의가 제기될 수밖에 없다는 것이 필자의 판단이다.

여기에서 관건이 되는 문제는 사람들이 경험하는 분노와 불만, 고통과 같은 감정들은 그들이 어떤 행동을 통해 달성코자 의도하는 행위의 목적과 결코 무관하게유발되는 문제는 아니라는 사실이다. 오히려 그들이 의도했던 목적이 그것을 실현하기 위해 취했던 (아마도 문화적으로 권장되거나 합리적으로 선택된) 행동을 통해서 결과적으로는 실현에 실패했기 때문에 발생하게 되는 문제이다. 에르마코프(ermakoff, 2010)는 그의 한 논문에서 이와 같은 상황을 "파경과 단절의 순간(moments of breaks and ruptures)"이라는 표현을 빌려 특징짓고 있다. 부르디외 이론의 관점과 관련하여, 이와 같은 상황은 두 가지 점에서 설명하기 어려운 의문점을 제기하게 된다. 하나는, 그와 같은 상황에 빠진 개인들의 경우에 구조의 재생을 가져오는 인과적 순환 과정에서 더 이상 어떤 긍정적 역할을 정상적으로 수행한다는 것은 기대하기 어려우며, 따라서 머튼이 그의 아노미 이론에서 지적한 여러 유형의 문제 행동들을유발하게 될 수 있다는 것이다. 이는 곧 부르디외 이론의 틀 속에서는 설명하기 어려운 상황이 실제로 발생할 가능성을 시사하는 것이다. 바로 앞에서 인용한 논문에서 에르마코프가 (부르디외의 이론과는 대립되는 입장에 서 있는 것으로 평가되어온) 합리적 선택 이론에 의한 설명이 요구된다고 주장한 것은 바로 여기에 배경을 두고 있다. [118] 두 번째는, 행위의 명시적 기능이 어떤 행위의 목적에 대해 행위자 자신의 분명한 인식이 존재하는 행위라는 점을 일단 전제하고, 그 목적이 의도대로 실현되지 않을 경우에 그것을 좌절시킨 이유에 대한 분노와 절망이 기존하는 사회구조를 대상으로 표현되는 경우는 거의 모든 사람들에게 매우 익숙한 현상일 것이다. 그러한 현상은 현대 사회에서 소설이나 시 같은 문예작품들은 물론이거니와 영화와 같은 대중 문화에서도 자주 등장하는 흔한 주제가 되어왔다. 따라서 설령 모든 개개인이 직접적으로 경험하는 것은 아니라고 하더라도 사회적 파국 상황과 그에 따른 개인들의 일탈 행위는 대리 체험을 통해서라도 매우 익숙한 현실로서 개개인들이 접하고 있다는 사실은 부인하기 어려운 일이다. 머튼이 분석한 아노미 현상에 따라 개인들의 일탈 행동이 나타나는 현실에 대해 대다수의 개인들이 결코 무지하지는 않다는 것이다. 그렇다면 "합리적 선택의 논리"는 모든 인간들에게 그리고 오직 위기 상황에서만 아니라 거의 모든 상황에서, 기존 사회구조의 산물로서

118) 부르디외 역시 "아비투스 이론에서는 (행동에 있어서) 전략적 선택과 의식적 심사숙고를 배제하는가?"라는 바깡(Wacquant)의 질문에 대해 다음과 같은 답변한 바 있다: "그렇지는 않다. 아비투스와 장의 상황 간에 즉각적인 일치는 가능한 하나의 일반적 상황일 따름이다. 물론 가장 흔한 유형이기는 하지만 …. 아비투스에 의해 예기되는 일련의 행동들에는 비용과 이득에 대한 전략적 계산이 수반되는 경우도 있을 것이다. 이 경우에 (행위의 합리적 선택을 위해 개인들은) 아비투스가 나름대로의 방식으로 수행하는 작업들을 의식적 수준에서 수행하게 될 것이다. 위기의 순간에는 주관적인 구조와 객관적인 구조 사이에 통상적으로 이루어지던 조율의 상태는 단번에 무너지고, "합리적 선택"이 행위를 지배하는 유형의 상황이 벌어지게 된다. 적어도 이는 합리적 입장을 취할 것이 요구되는 행위자들의 경우에 예상될 수 있는 상황이다"(Bourdieu & Wacquant, 1992: 131). 이상과 같은 언급은 부르디외 역시 의식적 수준에서 행동의 결과로부터 발생하는 손익을 계산함으로써 행위를 합리적으로 선택하고자 하는 사람들의 성향도 적어도 어떤 "위기적" 상황 하에서는 중요한 역할을 수행한다는 사실을 인정하고 있음을 보여준다. 그러나 필자가 보기에 이와 같은 문제 상황은 단지 어떤 제한된 상황 하에서만이라고 보기에는 대다수의 많은 인간들이 그들이 거치는 인생의 경로에서 당면하는 일반적인 상황으로 여겨진다는 것이다. 즉, 합리적 선택을 요하는 상황이 대다수의 사람들의 인생에서 그다지 예외적인 상황이라고 간주될 수만은 없다는 것이다. 이와 같은 필자의 인식에 따른 부르디외의 이론에 대한 평가는 바로 본문의 논의에서 이어진다.

형성된 아비투스를 포함하여, 모든 인간 행동에 관여된 모든 요소들에 비록 부분적이라고 하더라도 알게 모르게 작용하는 하나의 원리가 되고 있다는 것은 부인하기 어려울 것으로 여겨진다. 문제는, 부르디외 이론의 입장에서 보았을 때, 바로 위에서 강조한 사실이 인정되었을 경우에 부르디외의 아비투스의 이론이라든지 실천행동의 이론은 상당한 수정과 보완이 요구된다는 점이다.

디마지오(DiMaggio, 1979: 1466)는 부르디외의 이론을 조감하는 한 논문에서, 그 이론이 "매우 체계적이고, 포괄적이며, 창의적이고 동시에 풍부한 발상들을 포함하고 있다"는 평가를 내리면서도, "정연성이 결여되고 있다"는, 즉 "새롭게 시작하는 과업들을 많이 포함하고 있으나 실제로 종결된 것들은 그다지 없는" 상태에 그치고 있다는 평가를 내린 바 있다. 필자의 견해로는, 뒷 부분에서의 평가는 앞 부분에서 지적된 부르디외의 저술들이 지향하고 있었던 방대하고도 야심찬 목적이 초래한 당연한 결과였던 것으로 짐작된다. 충실한 결과를 얻기에는 추구한 과제의 본질이 너무 다원적이고 규모 역시 컸다는 것이다.

허버트 미드(Herbert Mead)
행동과 마음과 자아와 사회

06

미드 이론의 핵심 개념은 네 가지로 요약될 수 있다. 그의 주저『마음과 자아 그리고 사회』(1962)의 제목에 적힌 "마음(mind)"과 "자아(self)," "사회(society)," 그리고 하나를 추가하여, "행동(conduct)"이다. 미드는 미국이라는 나름대로 독특한 사회적 전통과 환경 속에서 발전한 실용주의 철학(pragmatism)을 토대로 삼아 또한 나름대로 매우 독창적인 사회심리학적 이론을 발전시킨 학자이다. 위에 지적된 네 개의 개념 가운데 제목에 나타난 앞의 세 개념이 각기 지칭하는 현상은 어디에서 그 출발점이 시작된다는 것을 규정할 수 없는 순환적 인과관계로 묶여 있는, 다시 말해 실제로는 분리될 수 없는 유기적 관계를 형성하는 것으로 설명되고 있다. 서로에게 필수적인 조건으로 규정되고 있다는 것이다. 좀 더 풀어서 표현하자면, 마음은 사회가 존재하기 때문에 가능한 현상이며, 자아 역시 마음과 사회가 존재하기 때문에 가능한 현실이며, 사회 또한 마음과 자아가 존재하기 때문에 실현되고 있는 현실로 설명되고 있다. 나머지 "행동"은 이상의 세 현상을 삼위일체와 같은 동질적 결합체로 구현시키는 데 결정적 역할을 수행하는 핵심적 매개 요인으로 작용한다. 우리는 여기에서 미드가 자신의 사회심리학적인 관점을 "사회적 행태주의(social behaviorism)"라고 특징짓고 있다는 사실에 주목할 필요가 있다. 그의 이론은 인간의 "사회적 행태(behavior)," 즉 사람들 간에 주고 받는 행동이 개인들의 마음, 자아 그리고 사회라는 현상의 본질과 특징들을 규정짓는 가장 결정적인 역할을 수행한다는 주장이 핵심을 이루고 있다는 것이다. 여기에서 일단 우리는 미드의 이론이 사람들의 의식이라든지 사회구조적 요인보다는 외부 세계를 향해 개인들이 표출하는 행동적 반응과 그에 수반되는 결과를 개인의 행동이나 사회적 현상을 설명하는 출발점으로 삼고 있다는 점에서 흔히 "행태주의(behaviorism)"로 통칭되는 심리학적 입장과 매우 유사한 이론적 가정을 공유하고 있음을 짐작할 수 있다. 바로 이 점에서 "행태주의"라는 명칭을 공유하고 있다는 사실은 단순히 같은 언어적 외피를 덮고 있다는 사실을 넘어서 근본적 시각에서 있어서 일정 부분 유사한 인식을 공유하고 있음을 보여준다.

물론 유사한 지점에서 출발한다고 하더라도 지향하는 방향에 따라 본질적으로 상이하기까지 한 결과가 나올 수도 있을 것이다. 바로 이와 같은 점에서 심리학의 "고전적 행태주의(classical behaviorism)"와 미드의 "사회적 행태주의"는 근본적인 측면에서 어떤 유사성을 공유하면서도 상호 타협하기 어려운 이론적 관심사와 연구 방법에 있어서 큰 시각의 차이를 보여왔다. 단적인 예로서, 미드 이후 그의 후계자들에 의해 미드의 이론은 "상징적 상호작용론(symbolic interactionism)"이라는 새로운 명칭이 붙여짐과 함께 사회학의 한 유력한 패러다임으로 분류되어 왔다. 필자의 개인적 소견으로는 미드의 제자 허버트 불루머(Herbert Blumer)가 명명한 이와 같은 명칭은 미드의 이론이 원래 의도하는 바를 그다지 정확하게 표현한 것은 아니다(cf. Mcphail and Rexroat, 1979). [119] 그와 같은 명칭에는 상징, 즉 공유되는 의미를 매개로

---

119) 불루머(Blumer, 1980)는 미드의 이론의 해석에 대한 맥패일과 렉스로트의 비판적 평가에 대해 강한 반

한 사람들 간의 상호작용을 사회현상의 본질적 측면으로 이해하려는 시각이 반영되고 있다. 이러한 해석의 방향을 반드시 틀린 견해라고 규정하기는 어렵다. 그러나 문제는 그러한 명칭에는 사람들 간에 어떤 의미의 공유가 이루어지기 이전의 보다 본질적 과정에 대한, 즉 "행동(conduct)"과 그에 따른 실질적 결과를 강조하는 미드의 "행태주의적" 관점이 반영되고 있지 않다는 점이다. 상징적 상호작용론은 미드의 사후에 그의 제자였던 불루머에 의해 부여된 명칭이며, 그와 같은 명칭이 갖는 적절성을 판단하는 데 있어서는 미드가 자신의 입장을 "사회적 행태주의(social behaviorism)"[120]로 부르곤 했다는 사실을 상기해보는 것이 도움이 되리라고 본다. 필자가 이론의 명칭을 둘러싸고 일어날 수 있는 논란의 가능성을 여기 서두 부분에서 구태여 지적하는 이유가 있다. 그것은 우선 미드의 이론이 고전적 행태주의와 동일한 뿌리에서 출발하고 있다는 점은 미드 이론에 대해 매우 특별한 성격을 부여하게 된다는 점을 강조하기 위해서이다. 바로 이 점에서, 상징적 상호작용론이라는 명칭은 미드 이론이 지닌 핵심적 성격을 놓치고 있다는 것이 필자의 평가이다. 그러나 또한 분명한 사실은, 미드는 그의 이론에서 개인들이 상호작용하는 가운데 교환되는 의미들에 있어서 합의가 이루어지는 사회적 기제를 매우 중요한 주제로 다루고 있다는 것이다. 이 점에서 상징적 상호작용론이라는 명칭이 반드시 틀렸다고만 볼 수는 없다. 즉, 상징적 상호작용론자들이 주장하는 것처럼, 미드의 이론은 어느 사회에 관한 이론보다도 "사회"와, "마음과 자아"라는 주관적인 세계 사이의 연관성을 파헤치는 데 매우 깊은 관심을 기울이고 있다는 것이다.

위에서 지적한 사실을 염두에 두면서 미드의 사회적 행위 이론의 전체적 구조

___

론을 제기한 바 있다. 필자는 대학원에서 공부하던 시절에 불루머의 상징적 상호작용론을 통해 미드의 이론을 간접적으로 접하게 되었다. 이후에 미드의 주저 『마음, 자아 그리고 사회 (Mind, Self, and Society)』를 읽었을 때 미드의 입장이 불루머가 소개하고 있는 그것과는 상당한 차이를 보이고 있다는 인상을 받은 적이 있음을 기억한다. 그리고 이번에 이 책을 쓰는 과정에서 미드의 해당 저서를 다시 한 번 정독했을 때 역시 과거에 내가 받은 인상과 마찬가지 결론에 이르렀다. 바로 이에 근거하여 필자는 불루머보다는 맥패일과 렉스트로트의 비판적 입장에 훨씬 더 수긍하는 편이다.

120) 미드의 주저 『마음, 자아 그리고 사회』의 첫 번째 장은 "사회적 행태주의의 관점(The Point of View of the Social Behaviorism)"이라는 표제가 붙어 있고, 그 한 부분에서 미드는 명료하게 "우리의 행태주의는 사회적 행태주의다(Our behaviorism is a socail behaviorism)"(Mead, 1962: 6)라고 분명하게 선언하고 있다.

를 살펴보면, 세 가지 중요한 요소를 주제로 포함하고 있음을 알 수 있다. 첫 번째는, 행위자 내면의 주관적인 요소로서 "마음"과 그 마음속에 가장 중요한 요소의 하나로서 자리 잡은 "자아"이다. 두 번째는, 오직 인간에게 특수하게 존재하는 마음이라는 매우 복잡한 기능을 지닌 심리적 현상이 발생하는 데 필수적으로 작용하는 선행적 요인이자 객관적 환경이 되는 "사회"가 있다. 이와 관련하여 지적되어야 할 매우 중요한 또 하나의 측면은 사회는 본질적으로 인간이 마음을 가지고 있지 않다면, 다시 말해서 동물처럼 마음보다는 본능에 의해 행동한다면 존립할 수 없는 현상이라는 점이다. 보다 간결하게 표현한다면, 사회는 인간의 마음의 산물임과 동시에 마음이 존재하고 작동하도록 작용하는 요인이라는 것이다. 세 번째로는, 미드가 자신의 관점을 특징짓기 위해 사용한 "사회적 행태주의(social behaviorism)"라는 용어 가운데 포함된 "행태(behavior)" 또는 "행동(conduct)"이다. 이는 일정한 자극 조건에 대해 개인이 나타내는 반응으로서, 주어진 자극 환경 하에서 나타나는 인간 유기체의 행동을 일컫는다. 고전적 행태주의에서는 유기체의 어떤 주어진 행동이 그 유기체를 둘러싼 환경적 요소들에 어떤 변화를 가져오고, 그 변화가 주어진 행동을 억제 또는 강화(reinforcement)하는 효과를 발휘하게 되는 기제를 통해 행동의 학습이 이루어진다고 본다. 바로 이러한 점에서 "강화 이론"으로 불리기도 한다. 고전적 행태주의를 특징짓는 하나의 중요한 신조는 소위 과학주의적 관점에서 객관적 관찰과 측정이 가능한 현상들 외의 어떤 현상도 과학적 검증이 불가능하기 때문에 과학적 지식의 대상이 될 수 없다는 것이다. 또한, 인간의 행동에 관한 한 객관적 측정이 가능한 사실들 간의 관계만으로도 행동이 학습되는 기제에 대한 설명이 가능하다는 주장을 내세운다. 여기에서 제기되는 중요한 문제는 개인들이 내면적으로 가지고 있는 주관적 의식 또한 인간의 행동에 관여되는 하나의 핵심적 "사실"이라는 점을 부정할 수 있을 것인지의 여부이다. 이 문제에 관한 고전적 행태주의의 입장은, 위에서 이미 시사하고 있듯이, 개인들의 내면적 인식에 대한 이해가 없더라도 주어진 행동과 그 객관적 결과만을 토대로 인간 행동이 학습되는 과정에 대한 설명은 가능하다는 것이다. 그러한 의미에서 인간 행동을 설명하는 데 개인들의 내면적 의식은 반드시 이해가 요구되는 핵심적 사실이 아니라고 주장한다 (Homans, 1974a, 1974b; Skinner, 1953; Watson, 1913). 미드가 그의 저서에서 "우리의 행태주의는 사회적 행태주의다"(Mead, 1962: 6)라고 구태여 강조했던 이유는 자신을 포함하여 실용주의 철학자들의 입장을 이와 같은 극단적 행태주의와 차별화하기 위한 것이었다.

미드의 사회적 행태주의와 고전적 행태주의 사이에 가장 중요한 차이를 보이는 것은 개인들의 내면적 의식에 관한 부분에서이다. 앞에서 미드의 이론을 특징짓는 네 개의 핵심적 개념은 마음, 자아, 사회 그리고 행동임을 지적한 바 있다. 이 네 개의 개념 가운데 두 개의 개념, 즉 마음과 자아는 개인들 내면에서 진행되는 정신 심리적 현상을 지적하고 있다. 이는 곧 인간 행동에 관한 미드의 이론에서는 1) 인간 내면에서 작동하는 심리적 현상들을, 2) 사회라는 환경적 요인과, 3) 외부로 표현되는 행동이라는 객관적 요인과 함께 인간 행위 과정을 형성하는 핵심적 요소 내지는 단계들로서 인식하고 있음을 의미한다. 바로 이전 장에서 이루어진 부르디외의 이론에 관한 설명을 접한 독자들 가운데는 적어도 이론의 전체적 구조에 있어서 미드의 이론과 부르디외의 이론 사이에 어떤 유사성을 짐작하는 독자들도 있을 것으로 여겨진다. 부르디외의 경우에 이론을 구성하는 중요 요소로서 아비투스라고 하는 개인의 내면화된 심리적 요소와 "실천 행동(practice)," 그것들이 형성되는 사회—환경적 요인으로서 "장(field)," 그리고 여러 유형의 자본의 소유 실태에 의해 규정된 계급 "구조(structure)"라는, 네 가지의 핵심적인 요소들을 하나의 이론 구조 속에 포함하고 있다는 점이 지적되었다. 그리고 이와 같은 행위자의 심리적인 요인과 객관적 요인들이 결합된 이론적 구조가 이전까지 대립된 것으로 여겨진 개체주의적 이론과 집단주의적 이론 그리고 개인들의 인식과 실천 행동 및 집단적 차원의 현실을 하나의 이론적 틀 속에서 종합적으로 설명하려는 노력에서 얻어진 성과로 평가되었다.

이와 같은 관점에서 보았을 때, 개인들의 인지적 측면("mind"와 "self")과 실천 행동("conduct") 그리고 사회적 관계의 구조("society")라는 삼원적(三元的) 요인 구조를 포함하는 미드의 이론 역시 (허버트 블루머에 의해 주도된 "주관적 해석주의(subjective interpretation)"에 기울어진 해석과는 다르게) 균형되고 통합적인 이론을 지향하고 있다는 것이 필자의 해석이다. 물론 미드 이론에서 사회는 공동체를 형성하는 사람들 간의 관계라는 지나치게 일반적이고 포괄적 차원에서 이해되고 있기 때문에 부르디외의 이론에서 보여주는 계급이라든지 자본의 불평등 분배 구조와 같은 사회의 보다 구체적인 현실에 대한 이해의 수준까지는 아직 도달해 있지 않는 상태라는 것이 솔직한 평가일 것이다. 그러나 1) 인간의 마음, 즉 주관적 인식의 세계가 형성되는 기제, 2) 인간의 마음과 행동과 사회 사이에 형성된 유기적 연관성과 역동적 상호작용, 3) 그리고 이상과 같은 현상들을 심층적으로 파헤침으로써 드러나 보이는 인간 사회의 본질적 모습에 대한 미드의 철학적이며 사회심리학적 고찰은 미드가 남긴 괄목할 만한 학문적 성과로 평가할 수 있을 것이다. 그리고 바로 이러한 측면에 국한해서 보는 한, 마음, 행동, 사회 간에 형성된 관계에 대해 실태적 조사 수준의 자료에 주로 의존하여 이루어진 부르디외의 다소 외형적 현실 분석과는 차별성을 보인다는 것이 필자의 의견이다. 사회적 행위 이론의 발전적 진화라는 이론적 관심사의 맥락에서 보았을 때, 미드의 이론은 사회학 이론의 발전 단계에 있어서 부르디외 이론에 비해 훨씬 더 초창기의 소작이라는 점에서 내용에 있어서 전반적으로 소략(疏略)한 인상을 주고 있다. 그러나 바로 위에서 지적된 측면에 있어서는 훨씬 심도 있고 통찰력 있는 견해를 담고 있다는 것이 필자의 평가이다. 미드의 사회심리학적 이론에서 초점적 관심사로 다루어지고 있는 "마음"의 현상과 인간의 의식 속에 마음이 발생하게 된 선행적 요인으로서 인간 "행동" 간의 역동적 상호작용 현상에 대한 미드의 심층적 분석은, 적어도 필자의 평가에 의하면, 부르디외의 이른바 구조적 구성주의 이론에서는 상대적으로 관심이 결여되었던 부분이었다. 더욱이 부르디외의 이론은 물론 파슨스와 같은 다분히 보수적인 성향의 이론들이 사회의 "변화"를 설명하는 데 보여준 한계를 고려할 때 미드의 핵심적 변수로서 "마음"은 항시 인간 행위에 있어서 예측치 못한 변화를 유발할 수 있는 특성과 가능성을 포함하고 있다는 점에서 특별한 주목을 받을 만한 의의를 지니고 있다는 것이 필자의 평가이다. 바로 이 점이 미드를 이 책에서 논의의 대상으로 포함하여 다른 사회적 행위 이론들과 비교하고자 했던 주된 이유 가운데 하나였다.

가. 마음

우리는 인간은 마음을 가지고 있다는 점에서 특별한 존재라는 말을 흔히 듣곤한다. 짐승으로 불리는 다른 동물들과 질적으로 구분되는 의미에서 인간에게만 특징적으로 구유된 내면적 의식의 세계와 거기에서 일어나고 있는 정신적 과정을 우리는 생각 또는 마음이라고 부른다. 그렇다면 인간들이 그들의 발전 과정에서 지니게 된 그들 존재에게 고유한 능력으로서 마음이 갖는 특징과 기능은 무엇인가? 미드는 일단 이 문제를 인간에게만 볼 수 있는 마음이 아직 발달하지 않은 상태에서 행동하는 동물들 간의 상호작용을 관찰하고, 그들로부터 관찰된 행동이 인간들 간의 상호작용에서 목격되는 양태와 어떤 본질적 차이를 보이는지를 비교하는 방법을 통해 해답을 찾는다. 인간들도 시초에는 그랬을 것으로 짐작되거니와 동물들의 행동은 어떤 개체의 행동이 유발하는 자극에 대해 다른 개체가 본능, 감정, 또는 욕구에 따라 어떤 형태로 반응을 보임으로써 이루어지는 상호작용으로부터 학습이 시작된다. 힘센 상대의 도발적 행동은 두려움 또는 분노를 야기함으로써 도망을 친다든지 이를 드러내는 등 위협적으로 맞서는 반응을 유발할 것이다. 이와 같은 반응 행동은 "앞서 행동을 유발한 개체의 행동에 조정을 가져오고, 이와 같은 행동의 조정은 다시 상대방으로 하여금 또 다른 행동의 조정을 불러일으키게 될 것이다"(Mead. 1910: 398).

이 과정은 각각의 행동 주체들이 상대방을 향해 표시하는 "동작 신호들(gestures)"을 통해 서로 주고받는 일련의 의사소통 과정이라고 표현할 수 있다. 그리고 각각의 행동 주체들에게 이러한 의사소통 과정이 갖는 의미 또는 기능은 그들이 주고받는 행동들로부터 얻어지는 결과에 있을 것이다. 예를 들어, 나의 어떤 행동에 대해 상대방이 우호적인 반응을 보였다면, 내 행동이 야기하는 효과, 즉 관찰된 상대방의 우호적 반응은 곧 내가 그 행동을 하는 이유, 즉 의미로서 나에게는 경험될 것이다. 내 행동이 야기하는 효과가 내게는 곧 그 행동하는 이유가 된다는 것이다. 동물의 행동을 예로 들어 설명하자면, 비둘기가 어떤 대상을 쪼는 행동이 갖는 이유 또는 의미는 그 행동을 통해서 나타나는 효과, 즉 행동에서 얻어지는 보상일 것이다. 이와 같은 관점은 본질적인 면에서 고전적 행태주의자들이 인간을 포함하여 여타 동물들의 행동 학습 과정을 설명하는 관점과 정확하게 일치하고 있다. 행태주의자들은 인간을 포함하여 모든 동물들의 경우에, 구태여 "마음"이라는 내면적 상황을 고려하지 않더라도, 모든 행동들은 순수하게 행태적 차원에서 설명이 가능하다고 보았다. 즉, 행동과 그에 의해 야기되는 결과에 대한 객관적 관찰과 서술만으로써도 행동의 원인에 대한 과학적 설명이 이루어질 수 있다고 본 것이다. 물론 이와 같은 상황 하에서 이루어지는 동물들 간의 상호작용에 대해서 역시 "사회적 행동(social act)"이라는 수식어를 사용하고 있다. 왜냐하면 동물들의 행동 역시 개체들 간에 서로에게 자극 행동과 반응 행동의 교환을 통한 상호작용이 수반되기 때문이다.

이와 같은 상호작용의 과정은 다음과 같이 진술될 수 있다. 우선 어떤 개체가 내보내는 어떤 형태의 동작(음성을 포함한) 신호들은 다른 개체로 하여금 어떤 종류의 행동 반응을 불러오는 자극으로 작용하게 될 것이다. 다음에, 타 개체가 그 자극에 대해 나타내는 반응은 그것을 유발한 행위 개체에 대해 어떤 영향을 미치게 될 것이다. 주어진 개체의 행동에 대한 상대방의 반응이 긍정적인 (아니면 부정적인) 결과를 가져왔다면, 그 개체의 해당 행동은 강화되거나 아니면 변화하게 될 것이다. 자극과 반응 그리고 그것이 상호작용하는 개체들에 미치는 효과 사이에 이루어지는 일련의 상호작용의 과정이 곧 행동 학습의 원리를 설명하고 있다는 주장은 고전적 행태주의 심리학의 기본적 명제가 되어 왔다.

이와 같은 행태주의자들의 주장은 그것이 표방하는 과학주의적 명분에도 불구하고, 인간 행위를 이해하는 데 있어서는 그 자체가 그어놓은 한계로 인한 난제를 떠안게 된다. "행태주의"는 인간 행위 속에서 "마음"의 문제를, 다시 말해 인간 "행위(action)"의 의도나 의미의 측면을 배제한 채 오직 "행동(behavior)"의 측면에서만 다루려 한다는 점에서 특징을 보인다. 그러나 인간의 마음이 객관적인 방법을 통해 과학적으로 연구하기 어렵다고 해서 저절로 사라지는 것은 아닐 것이다. 그것은 여전히 우리 의식 속에서 존재하는 현상이고, "행태주의"라는 행태주의자 자신들의 이론적 발상 자체부터가 "마음"의 작용을 통해 나온 산물이라는 것은 너무도 당연한 사실이기 때문이다. 설령 일부 학자들이 "마음"을 인간 행동과는 관계가 없이, 사람들 의식 속에 제멋대로 나타났다 사라지곤 하는 신기루 같은 현상으로 치부한다고 하더라도, 모든 현상들에 대한 개인들의 체험은 물론 행동에는 어떤 형태로든 "마음"이 작용하고 있다는 사실을 부인할 수는 없을 것이다. 당연스럽게도 행태주의자들의 주장은 인간이 "마음"을 소유한 존재라는 점에서 어떤 다른 동물과도 다른 독특한 속성을 지닌 존재이며, 그것이 없이는 인간 행동에 대한 이해는 가능치 않다고 믿는 많은 사람들로부터 강한 반론을 불러일으켰다. 인간 문명의 시작과 함께 동시에 시작된 "관념론"적 전통은 여전히 인간 행동을 이해하는 하나의 가장 강력한 전통의 지위를 잃지 않고 있었던 것이다.

미드의 저서 『마음과 자아 그리고 사회』라는 표제는 이 저서의 가장 큰 관심사의 하나가 개인들의 주관적인 내면의 세계라는 사실을 알리고 있다. 미드가 자신을 "사회적 행태주의자"로 인식하고 있었고, 거기에 포함된 "행태주의"라는 말이 갖는 의미는 고전적 행태주의자들이 의미하는 바와 거의 정확하게 일치하고 있다는 점에서 해당 저서의 표제는 그의 입장에 대한 오해의 여지를 남기고 있다. 필자는 이 장의 서두 부분에서 미드의 이론은 "마음"과 "자아," "사회," 그리고 "행동"의 네 개의 지시어로 요약될 수 있다고 말하면서, 미드의 책의 제목에 나온 세 요소에 다른 하나의 요소, 즉 "행동(behavior)"을 추가적으로 포함시킨 바 있다. 그의 이론을 특징짓기 위해 이 네 개의 지시어가 동시에 사용되어야 했다는 것은 미드의 인간 행위에 대한 시각이 고전적 행태주의자들과도 다르고 또한 통상적으로 이해된 관념론자들과도 다르다는 점을 시사한다. 만약 우리에게 부르디외가 자주 사용하는 역설적 표현을 다소 과장되게나마 사용하는 것이 허용된다면, 미드는 행태주의적 관념론자였고 사회학주의적 개체론자 그리고 동시에 행태론적 사회학주의자라고 특징지을 수 있을 것이다. 미드의 행위 이론을 그렇게도 특징지을 수 있다는 것은 그가 그의 이론 속에서 인간 의식과 행동과 사회라는 세 개의 요소를 연결시켜주는 통로를 탐색하는 데 어느 정도는 성과를 이뤘음을 시사한다. 이는 이미 부르디외에 의해 시도되었던 작업이기는 하다. 그러나 그 성과에 대한 평가는 그다지 긍정적이지는 않았다는 것이 부르디외를 다룬 앞 장에서 내려진 결론이었다. 그리고 미드의 이론은 바로 이 점에 있어서는 부르디외에 대해서와는 다르게 긍정적인 평가가 이루어질 수 있었다는 점이 필자가 미드를 이 책에서의 논의에 포함시키기로 한 하나의 결정적 이유였다.

미드의 인간 행위에 대한 논의는 일단 고전적 행태주의의 주장이 다른 동물들과 마찬가지로 인간 행동에도 적용될 수 있다는 전제로부터 출발한다. 그렇다 하더라도 인간에게는 "마음"의 세계가 존재한다는 사실과 함께 그것이 행동과 매우 중요한 연관성을 갖는다는 사실을 강조하고 있다는 점에서 일반적 행태주의자들과 견해를 달리한다. 그리고 단순히 부인하지 않는다는 소극적 입장을 넘어 인간 행동에 특징을 부여하는 능동적이면서도 필수적인 요인으로서 관여되고 있다고 본다. 그런 점에서 고전적 행태주의자들과는 본질적 차이를 보인다.

아마 현재의 시점에서, 현생 인류의 조상과 다른 동물과의 구분이 아직 분명치 않았을 상황을 가정해 보았을 때 그리고 인간에게도 아직 이렇다 할 의식이 아직 발생하지 않은 매우 어린 유아 단계를 돌이켜 보았을 때, 인간과 여타의 동물들이 어떤 공통의 특성을 공유하는 상황을 상정할 수는 있을 것이다. 이런 상황 하에서 인간 의식의 발달을 유발한 초기의 상황에 대한 합리적 추정은 가능할 것이다. 우선 예를 들어, 개와 같은 동물이 자신을 위협하는 상대 동물의 행동에 대해 그 위협을 피하려는 반응 행동을 보이면서 서로 간에 공격과 방어적 행동을 교환하는 과정은 흔히 목격되는 현상이다. 인간 유아들의 경우에 배가 고프거나 기저귀가 젖으면 울고 보호자가 여기에 반응하여 수유를 한다든지 기저귀를 갈아주는 등의 행동을 보이는 것은 외형적인 면에서 앞에서 예로 든 동물들의 상호작용과 크게 다를 것은 없다. 그러나 인간의 경우 행동적 반응의 상호교환을 통한 상호작용의 단계에 머물기보다 개인들의 의식이 형성되고 발달함으로써 상징적 상호작용의 단계로 도약하게 된다. 이 점에서 다른 동물들과는 본질적으로 다른 차이를 보여주게 된다. 이와 같은 도약적 발전을 가능케 하는 중요한 요인으로서는 인간의 언어생활을 가능케 한 지적 능력이라든지 손이라는 신체 기관을 이용한 자연환경에의 적응 능력과 같은, 발달된 동물로서의 인간이 지닌 생물학적 특질이 지적된다. 그러나 미드에 의해 인간에게 의식의 발전이라는 현상과 관련하여 특히 강조하는 요인으로서는 "사회"가 지적된다. 즉, 인간들이 공동체를 이루어 집단적으로 생활을 영위하고 있다는 환경 자체가 인간 의식의 발달에 가장 중요한 요소로서 작용한다는 것이다.

이에 관한 보다 자세한 설명을 위해서는 우선 "유의미한 상징(significant symbols)"(Mead, 1934: 71-72)에 대한 설명이 요구된다. 다음은 유의미한 상징에 대한 미드의 설명이다.

> 만약 어떤 사람이 개가 의미하는 바가 무엇이냐는 질문을 받고 머릿속에서 개에 대한 생각을 찾아보려고 시도한다면, 분명한 연결고리를 따라 느슨하거나 긴밀하게 얽혀 있는 일련의 반응들을 머릿속에 떠올리게 될 것이다. 다시 말해, 개인이 "개"라는 말을 사용했을 때 그의 머릿속에는 다음과 같은 일련의 반응들이 연상될 것이다. 개는 놀이 친구일 수도 있고, 적대적 상대일 수도 있으며, 자신의 재산이거나 다른 사람에게 속하는 재산일 수도 있다. 이와 같은 일련의 반응들이 우리가 흔히 나타내는 종류의 반응들이다. 이들 반응들 가운데 어떤 종류의 것들은 우리 모두가 가지고 있는 것들이기도 하고, 어떤 것들은 개인에 따라 차이가 나기도 한다. 그러나 항상 "개"라는 말이 우리의 머릿속에 떠올리는 반응들에는 어떤 조직적 연관성이 존재하게 마련이다. 이에 따라 우리가 다른 사람에게 개에 관해 이야기하는 경우에 다른 사람의 마음속에 일으키는 일련의 반응들을 우리는 자신의 마음속에서도 또한 불러일으키고 있는 것이다.
>
> 물론 이와 같은 상징과, 즉 이러한 ("개"라는) 음성 신호와, 개인 스스로에게 그리고 다른 사람에게도 불러일으키는 그와 같은 일련의 반응들 사이에 관계가 일단 형성되면, 그 음성적 신호는 곧 "유의미한 상징"이라고 부를 수 있다(Mead, 1934: 71).

이와 같은 미드의 언급은 아주 간단히 요약해서 말하자면, 만약 어떤 음성 신호, 즉 어떤 특정의 말이 사람들에게 유사한 일련의 의미를 지시하는 상징으로서 받아들여지게 된다면, 우리는 그러한 상징을 "유의미한 상징", 즉 사람들 간에 공유된 의미를 전달하는 상징으로 간주한다는 것이다. 사람들 간에 의사소통을 통한 상호작용이 가능한 것은 바로 이와 같이 유의미한 상징들의 체계를 공유하기 때문이라는 사실은 바로 위에 지적된 사실들로부터 간단히 유추될 수 있을 것이다.

사람들 간에 공유된 의미가 형성되는 과정에 대한 미드의 설명을 이해하기 위해서는 그가 사람들의 마음속에 사물의 의미가 형성되는 기제를 어떻게 이해하고 있는지를 먼저 살펴볼 필요가 있다. 미드는 우선 개인들의 의식 속에 의미가 형성되는 과정 속에서 가장 결정적으로 작용하는 요인에 관하여 다음과 같이 설명한다:

"자극에 의해 작동하고 그에 반응하는 과정 속에서 신체를 움직이고 사물을 조작하는 우리의 행동은 사물들이 지각의 대상으로서 우리에게 인식되는 구조적 틀을 제공한다. 그리고 바로 이런 의미에서 행동이야말로 우리가 접하는 물질적 세계를 조직화하는 데 결정적 요인으로 작용한다"(Mead, 1912:410). 맨 앞의 문장에서 미드는 개인들의 인식 역시 행태주의자들이 보는 행동의 학습과 마찬가지로 자극과 반응의 과정에서부터 시작된다고 지적한다. 인식은 어떤 사실을 보고 생각하는 데서부터 시작되는 것이 아니라 개인이 어떤 행동을 유발하는 자극으로서 그 사실에 대해 반응하는 데서부터 시작된다. 즉, 이어지는 부분에서 설명하듯이 어떤 대상에 반응하여 개인이 어떤 종류의 행동을 취함으로써 나타나는 결과들이 그 지각의 대상에 대한 인식을 형성하는 데 가장 결정적인 요인으로서 작용한다는 것이다. 세계에 대한 우리의 인식은 세계 그 자체에 존재하는 사실들을 우리의 지각기관을 통해 모사(模寫)하여 뇌 속에 저장하는 과정을 통해 형성되는 것은 아니다. 그보다는 우리가 접하는 물질적 세계는 우리가 그것에 어떤 선택된 방식으로 접근하여 보고 만지고 조작하는 행동을 통하여 우리가 경험하게 되는 세계로서 존재하며, 우리의 인식은 그 체험된 세계의 구조적 틀 속에서 형성된다는 것이다. 그러한 체험의 실질적 내용은 곧 개인의 행동에 대한 타인들의 반응 또는 그로부터 얻어진 효과들로 채워질 것이다. 다른 말로 표현하자면, 개인의 행동이 그 개인에게 갖는 의미는 곧 그 행동으로부터 나타난 효과 또는 그 행동이 유발하는 타인들로부터의 반응들이 그 개인의 내부에 형성된 태도 또는 기억으로서 축적됨으로써 형성된다는 것이다. 물론 어떤 행동을 취함으로써 유발되는 효과나 반응들에 의해 그 의미가 규정된다는 견해는 실용주의 철학자로서 미드의 핵심적인 주장이기는 하지만, 사물이 지닌 의미가 오직 그것만으로 형성된다는 견해는 미드의 견해를 너무 단순하게 제한하는 면이 없지 않다. 다음 구절을 살펴보자.

> 우리는 물질적 대상을 그 물질적 대상에 대한 우리의 행동의 맥락에서 정의한다. 마찬가지로 사회적 대상물은 우리가 그것을 향해 보여주는 사회적 행동의 맥락에서 규정된다. 사물은 어떤 행동을 유발하는 자극에 대한 감각적 경험들로 구성되어 있음을 알 수 있다. 그리고 그 행동을 통해 최종적으로 나타난 결과에 대한 경험이 남긴 지나간 기억들

이 또 하나의 중요한 구성 부분을 이룬다. 그렇다면 사회적 대상이란 우선 동작 신호(gestures), 즉 다른 사람이 현재 수행 중인 사회적 행위를 전달하는 표시 수단으로부터 시작하여, 그러한 표시 수단을 통해 전달되는 자극에 대해 개인 자신이 반응한 기억으로 구성되어 있다는 것이다. 어린 아동에게 그들 둘러싼 사람들의 찡그림, 미소, 몸짓, 넓게 뻗은 두 팔 등과 같은 몸동작은 처음에는 아동 자신으로부터 본능적인 반응을 불러일으키는 단순한 자극에 불과했을 것이다. 아동은 울기도 하고, 웃기도 하며, 엄마에게 다가가고, 또는 자신도 팔을 벌리기도 할 것이다. 어른들의 그와 같은 행동 신호가 아동으로 하여금 그에 대한 자신의 과거 반응이라든지 그것의 결과에 대한 기억을 상기시켰을 때, 이제 아동은 그의 환경의 가장 중요한 부분을 구성하는 사회적 대상들을 구성하는 데 필요한 요소들을 갖추게 되는 셈이다(1912:408).

위의 인용문에서 미드는 사물의 의미를 구성하는 두 가지 요소와 함께 의미의 형성이 시작되는 사회적 기제(機制)의 초보적 단계에 대해 설명하고 있다. 사물의 의미를 구성하는 첫 번째 요소는 주어진 행위자로부터 어떤 종류의 행동적 반응을 유발한 자극의 사실적 특성이다. 그 자극이 주변 사람들의 행동적 반응을 불러내는 행동 신호와 같이 사회적 상호작용을 유발시키는 종류의 것일 경우 "사회적 대상(social object)"이라고 부른다. 예를 들어, 나의 "안녕하세요?"라는 말이 상대방으로부터 어떤 호의적인 반응을 유발한다면 예로 든 나의 음성 신호는 상대방이 보여준 사회적 반응을 유발하는 사실로서 나에게 기억될 것이다. 사물의 의미는 일차적으로 그 사물이 행동을 유발하는 자극으로서 갖는 외적 특성과 그리고 그것에 반응하여 취한 행동에 대해 행위자 자신이 기억하는 감각적 경험들로 구성되어 있다. 위에서 예로 든 바와 같이, 그 사물이 사람과 같은 사회적 대상이라면 그것에 대한 감각적 경험은 주로 동작 신호(gestures)라든지 음성 신호(vocal gestures)와 같이 사람들 간에 교환되는 의사소통의 수단들일 것이다. 의미의 두 번째 요소는, 주어진 대상에 대해 행위자가 나타낸 반응으로부터 그 행위자가 경험한 결과에 대한 기억으로 구성된다. 예를 들어, 엄마의 웃음에 대해 아동 또한 웃음으로써 반응했을 때, 엄마로부터 돌아오는 칭찬과 같은 결과에 대한 경험이 자신의 행위적 반응이 갖는 의미적 요소의 다른 한 측면을 구성한다는 것이다.

인용문에서 미드가 강조하는 매우 중요한 또 하나의 사실은 위에서 이야기하는 맥락에서 사물이 지닌 의미가 사회적 상호작용을 통해 구성원들 간에 공유가 이루어지게 되면 앞에서 언급한 바 있는 "유의미한 상징"으로 발전하게 된다는 점이다. 아직 사회화 과정이 이루어지기 전에 아동은 어른들의 행동이나 말에 대해 아마 거의 본능적이거나 충동적인 반응을 보일 것이다. 그러나 어떤 충동적인 반응에 대해 어른들이 보이는 행동, 즉 박수라든가 칭찬과도 같은 반응을 경험하면서 어른에 대해 그가 보이는 어떤 행동에는 일정하고 일관된 결과가 따른다는 사실을 기억에 담아두게 될 것이다. 아동의 머리에 남게 될 그와 같은 "기억(imagery)"은 곧 자신이 한 행동의 의미를 형성하게 된다는 것이 미드의 주장의 요체이다. 여기에서 우리가 특히 유의해야 할 사실은 아동의 어떤 행동에 대해 보이는 반응은 어른들의 관점에서 보았을 때 그 역시 그 아동의 행동이 갖는 의미의 한 부분을 형성하게 된다는 것이다. 결과적으로 아동과 어른들 간의 주고받는 동작들이나 음성 신호와 같은 상징적 수단들을 매개로 하여 이루어지는 상호작용은 그 의사소통의 수단들이 전달하는 공유된 의미들이 토대가 된다. 그리고 다시 강조하거니와, 체험적 학습을 통해 의미의 공유가 가능하게 되는 것은 그 의미들이 개인들이 주관적으로 가지고 있는 추상적 관념들로 구성되어 있다기보다는 그들이 사회적으로 상호작용하는 가운데 실질적으로 경험하는 "행동과 결과"를 통해 형성되기 때문이라는 것이다.

여기서부터 우리는 미드가 보는 "마음"의 현상과 관련하여 한 걸음 더 나아가 인간의 마음을 특징짓는 중요한 특질로서 개인의 자아 속에 형성된 자아의 다른 부분들 간에 이루어지는 내적 대화의 현상이 있다. 아동들이 혼자 놀이를 할 때 흔히 목격되는 행동 가운데 하나가 엄마와 같은 누군가의 역할을 맡아 자기 자신을 향해 이야기를 한다든지, 자신의 입장에서 누구인가를 향해 이야기를 하는 것이다. 가상의 대화 상대는 대체로 주변의 사람들일 경우가 많다. 이를 통해 우리는 아동들이 이미 자주 접촉한 바 있는 사람들의 역할을 모방하는 행동을 하고 있음을 알 수 있다. 흥미로운 점은 아동이 모방하는 사람들의 역할의 상대방으로서 자신을 대상화하여 가상의 상호작용이 이루어지고 있다는 점이다. 아동들이 수행하는 이와 같은 가상의 상호작용 놀이는 자신을 어떤 의미를 지닌 하나의 대상으로서 바라볼 수 있는 능력이 발달하고 있음을 보여준다. 여기에서 특히 강조해야 할 중요한 사실은 아동이 상상의 놀이 속에서 전개되는 자신의 어떤 행동이나 역할에 대해 아동 자신이 또한 어떤 가상의 상대역의 역할을 맡아 어떤 종류의 반응을 보여주고 있다는 것이다. 분명한 것은 이를 통해 그 아동은 자신의 행동이 어떤 의미를 가지고 있는지를 그가 놀이하는 타자(들)의 관점에서 표현하고 있다는 사실이다. 이러한 점에서, 아동의 마음의 발달 과정에서 위에서 언급한 "놀이(play)"[121]의 기능적 중요성은, 적어도 개인의 인격이 어떤 수준으로 성숙한 상태에 이른 것으로 평가될 수 있는 경우에,[122]자아 내부에서 이루어지는 타인과의 대화라는 점에서 찾을 수 있다. 아동들이 보여주는 역할 놀이는 곧 그들이 타인과의 의사소통 능력을 갖추어가는 과정을 거치고 있음을 보여준다. 그것은 아동이 그와 같은 사회적 능력에 있어서 성장하고 있음을 보여주는 표징임과 동시에 그것을 통해 아동이 스스로를 성장시키는 과정으로서의 기능을 갖는다.

미드가 보는 이 모든 과정의 중심에는 하나의 핵심적 현상이 있다. "마음"이 그것이다. 조금 구체적으로 이야기하자면, 개인들은 사물들의 의미들로 이루어진 내면적 세계, 즉 마음을 가지고 있다는 사실이다. 따라서 개인의 성장은 곧 마음에 있

---

121) 미드(1934: 150-64)는 "놀이(play)"를 마음의 발전과 관련된 기능적인 측면에서 한 차원 더 높아진 수준의 "집단적 놀이(game)"와 구분된 의미에서 사용하고 있다. 미드는 이 단계에서 아동들은 자신이 관찰하고 생각할 수 있는 범위 내에서 타인들이 어떤 종류의 반응들을 보여주는 역할들 또는 행동들을 알게 된다. 예를 들어, 엄마라든지, 인디안, 경찰과 같은 사람들이 어떤 상황에서 어떤 역할이나 행동을 하는지를 배워 알게 된다는 것이다. 놀이의 단계는 아동들이 놀이 상황 속에서 그와 같은 역할들을 보여주는 행동들을 하고 있다고 상상하거나 연희(演戲)하고, 다른 사람들이 그러한 역할에 대해 보여주는 반응들을 스스로 연희해보는, 아동들이 일반적으로 거치는 성장의 한 과정이다.

122) 이와 관련하여, 미드의 다음과 같은 언급들을 음미해 본다면 도움이 될 것이다: "사람이 어떤 이야기를 하는 경우에 이는 다른 사람에게도 이해될 수 있는 이야기를 자신에게 한다는 것을 의미한다. 만약 그렇지 않다면, 그 자신도 역시 자신이 어떤 이야기를 하는지 알 수 없을 것이다"(Mead, 1934: 147); "이성(理性, rationality)이란 우리가 다른 사람들로부터 불러일으키는 반응을 우리 자신에 대해서도 마찬가지로 불러일으킬 수 있는 (사회적) 능력을 의미한다. 그리고 이와 같은 반응을 인지한 다음에는 우리가 이야기하고 행동을 결정하는 데 반영할 수 있는 능력을 의미한다"(p. 149). 이와 같은 미드의 견해는 개인에게 마음이 정상적으로 형성되고 작동하는 경우에 자기 자신과 다른 사회구성원들에게 유의미한 의사의 소통이 이루질 수 있다는 점과 상호작용의 상대방의 생각과 행동을 이해하는 능력을 부여한다는 점을 강조하고 있다.

어서 성장을 의미한다. 그러나 관념론자들의 통상적인 시각과는 다르게, 미드의 시각에서 보자면 사람들은 관념적 시각을 통해 사물들의 의미를 규정하고 그것들을 토대로 행동하는 것은 아니다. 이는 미드가 의미를 우리가 통상적으로 무엇에 관해 우리 머릿속에 형성된 "생각(thought)"을 의미하는 것과는 다른 맥락에서 사용하고 있기 때문이다. 통상적으로 생각이란 어떤 사물이나 현상에 대해 개인들이 주관적인 관점에서 보고 느끼고 추측하거나 판단한 바들을 의미한다. 따라서 대체로 개인의 자의적이며 자율적인 의지라든지 개별적인 특성과 분리하기 어려우며, 생각의 주체 외에는 접근할 수 없는 정신 영역에서 벌어지고 있는 활동을 통해 나온 산물을 지칭하는 개념이다. 미드는 이와는 다르게 의미를 어떤 대상에 대해 그것이 자극으로서 유발하는 행위적 반응과 그러한 반응이 가져오는 결과라는 연관된 두 측면에서 발생한 경험들로 구성된 기억으로 규정한다. 간단히 말해서, 현실 속에 존재하는 유기체로서 인간들이 활동하면서 사물들을 상대로 행동하는 과정에서 생성된 현실적 경험들이 곧 사물들의 의미를 구성한다고 보고 있다. 이렇게 본다면, 생각이란 개인들이 행동을 통해 얻게 된 경험의 산물이며, 경험을 통해 검증되고 변화하는 현상으로서 설명되고 있다.

미드는 이와 같은 맥락에서 이해된 의미의 본질을 설명하기 위한 가장 핵심적 환경이자 결정 요인으로 사회적 관계를 지적한다. 위에서 설명이 이루어진 아동들의 놀이가 인성의 발달에 매우 중요한 의의를 갖는 것은 그것이 곧 아동들이 사회의 구성원으로 성장하는 과정의 중요한 일부분이기 때문이다. 그리고 그와 같은 과정을 통해 타인들과의 상호 의사소통이 가능한 인성적 자질과 태도를 갖게 됨으로써 사회 공동체의 구성원으로서 참여가 가능해지기 때문이다. 이 과정을 통해 이루어지는 성장 가운데 특별한 주목을 요하는 기능은 다른 어떤 존재와도 차별성을 갖는 인간에게 특징적인 "마음," 즉 공동체의 여러 존재들의 "마음들"을 마치 자신의 것처럼 마음속에 내재화한 인간의 독특한 심리적 구조가 이 과정으로부터 발달하게 된다는 것이다. 사회학자들은 이 과정을 흔히 "사회화(社會化)"라고 부르는데, 미드의 이론적 시각을 빌려 설명한다면, 아동들이 자신이 경험한 사회 세계 속의 여러 마음들을 자신의 마음속에 옮겨 심어가는 과정으로서 표현할 수 있다. 이 과정이 성공적이라면, 아동들은 자신 속에 내재화된 타인들의 관점에서 자신을 바라보는, 다시 말해 자신에 대한 "객관적"인 성찰이 가능한 존재로 성장하게 될 것이다. 이와 같은 존재로 성장했을 때 개인은 비로소 다른 사람들은 물론 자신 또한 이해할 수 있는 생각을 하고 이야기할 수 있는 사회적 존재로서의 역할을 수행할 수 있게 될 것이다. 이 과정에 대한 보다 구체적이고 심화된 설명은 다음 부분에서 "자아(self)"를 논의하는 과정에서 추가적으로 이루어질 것이다.

나. 자아(Self)

미드의 자아에 관한 견해는 다음의 인용문에서 나오는 두 구절에 의해 요약되고 있다: "우리가 자아를 자신에 대해 대상이 될 수 있는 존재로 이해한다면, 자아는 본질적으로 사회적 구조물이며 사회적 경험이 만들어낸 산물이다"(1934: 140). 첫 번째의 핵심적 구절은, 자아는 자신에 대해 스스로 대상이 되는 존재라는 말이며, 두 번째 핵심적 구절은 그와 같은 자아는 개인의 사회적 경험에 의해 만들어진 사회적 구조물이라는 말이다. 첫 번째 구절에서 강조하는 의미는, 인간은 마음속에서 자기 자신을 대상으로 생각하는 존재라는 것이다. 말을 바꾸어 표현해 본다면, 인간이란 자기 자신, 즉 자아의 상(像)을 마음속에 간직하고 그에 대해 끊임없이 이 모저모로 살피고 생각하며 살아가는 존재라는 것이다. 개인이 살아가는 과정에서 경험한 모든 대상들에 대해 나름대로 경험한 바에 따라 갖게 된 의미들이 그의 의식의 세계를 구성하고 있다. 그러한 그의 의식 세계를 점령한 가장 중요한 대상은 자기 자신일 것이다. 바로 이런 의미에서 인간은 자아를 지닌 존재로서 불린다.

두 번째의 구절에서 지적된 "자아는 본질적으로 사회적 구조물이며 사회적 경험이 만들어낸 산물"이라는 언급은 개인들이 생각의 대상으로서 자신에 대해 갖는 의식은 타인들과의 사회적 상호작용 과정 속에서 개인들이 경험한 바에 의해 형성된다는 주장을 담고 있다. 앞 부분에서 이미 살펴보았듯이, 사물이 갖는 의미는 그것이 자극으로서 개인으로부터 유발하는 행위적 반응과 그 반응에 의해 개인이 경험하는 결과에 의해 결정된다. 이와 같은 미드의 관점은 개인이 자신에 대해 갖는 의식에 대해서도 그대로 적용된다. 개인은 타인과 상호작용을 하는 과정에서 자신의 어떤 행동이나 말에 대해 타인들이 나타내는 어떤 종류의 반응을 경험할 것이다. 타인들이 나타내는 이러한 반응으로 인하여 그 개인은, 그것이 태도적 호불호(好不好)의 표시이든 협조적 또는 비협조적 행동이든 간에, 자신의 삶에 영향을 미치는 어떤 결과를 경험하게 된다. 미드의 행동의 의미에 관한 이론은 바로 이러한 경험이 그 개인이 취한 행동의 의미를 형성하게 된다는 것이다. 그리고 이로부터 추론되는 당연한 결과는 자신이 취한 행동들이 갖는 그와 같은 의미들이 모여 사회 속에서 자신이 갖는 의미, 즉 개인의 마음속에서 스스로 생각하는 "자아(self)"를 형성한다는 것이다. 자아가 사회적 구조물이고 산물이라는 말은 결국 개인들의 자아가 타인들과의 사회적 상호작용을 통해서 그리고 그 토대 위에서 형성된다는 점을 강조하고 있다.

이제 자아에 관한 견해를 다음 두 가지 측면에서 보다 구체적으로 설명하려고 한다. 하나는, 앞 부분에서 부분적으로 간략하게 언급이 이루어진 바가 있으나, 자아가 형성되는 아동들의 인성 발달 단계에 관한 보다 세부적인 설명이다. 두 번째는, 자아가 발달하게 됨에 따라 개인들의 인성 구조는, 마치 생명체가 성장 과정에서 그러하듯이, 기능적으로 분화된 요소들 간에 의사소통을 수행하는 이원적 구조를 형성하게 된다. 이른바 자아의 구성 요소로서 "**I**(주체적 자아)"와 "**Me**(객체적 자아)"가 그것이다. 자아의 성장에 따른 이와 같은 구조적 분화와 함께 작동하게 되는 자아의 "성찰적 기능"은 앞에서 우리가 이미 살펴본 부르디외의 "아비투스"의 "(사회적으로 결정된) 성향(dispositions)"과는 흥미로운 대조를 이룬다는 점에서 주목을 끈다. 이미 지적되었듯이. 미드가 보는 자아 역시 사회적 산물이라는 점에서는 부르디외의 아비투스와 차이가 없다. 그러나 미드가 보는 자아의 구조적 요소와 그것을 통해 발휘된다고 보는 인간의 성찰적 기능은 부르디외의 아비투스에 의해서는 설명되기 어려운 인간 행위의 불확실성과 창의성을 설명할 가능성을 열어준다는 것이 필자의 평가이다. 이러한 점에서 미드의 자아 이론은 사회학의 오랜 숙제의 하나로 남아 있던 몇 가지 이론적 문제의 해결을 위해 이제껏 기존 사회학자들이 그래 왔던 것보다는 훨씬 진지하고 심도 있는 고찰이 요구되는 것으로 여겨진다. 이와 같은 필자의 주장을 구체적으로 뒷받침하는 논의가 다음에 나오는 미드의 자아에 관한 논의에서 두 번째 관심사로 다루어질 것이다.

1. 자아의 형성 과정

미드의 인성 발달 단계에 관한 이론의 배경에는 인간 의식과 행위의 본질적 특성을 보는 그의 기본적 시각이 자리 잡고 있다. 실용주의 철학에 토대를 둔 행태주의 사회심리학적 시각이 그것이다. 이 점에 대해서는 여기까지 이르는 논의 과정에서 이곳저곳에서 반복해서 강조된 바 있다. 그러나 흩어진 논의를 요약 정리하기 위해 미드 자신이 그의 입장을 요약해서 정리한 부분을 다음에 인용하려고 한다. 독자들이 미드 이론의 토대를 이루는 시각을 보다 명료하게 이해하는 데 도움이 되리라는 생각에서다.

우리 인간의 사회적 환경이 갖는 독특한 특성은 인간의 사회적 활동이 갖는 독특한 특성에 기인한다. 우리가 살펴보았듯이, 그와 같은 특성은 인간들의 의사소통 과정에서 목격되며, 특히 인간에게 사물들이 지닌 의미가 생겨나는 데 토대를 이루는 세 가지 요소들 간의 관계 속에서 찾아볼 수 있다: 1) 한 개체가 보내는 의사소통의 신호('gesture')에 대해, 2) 다른 개체가 그에 알맞는 반응을 보이고, 3) 그 의사소통 신호와 그것이 유발하는 행동 또는 그로부터 나타나는 결과 사이에 예측할 수 있는 관계가 형성되어 있다는 점에서 인간 행동은 특징을 갖는다(따라서 한 개체가 나타내는 의사소통의 신호가 갖는 의미는 다른 개체가 그에 대해 나타내는 반응 또는 그에 대한 반응으로서 나타내는 의사소통의 신호이다). … 다시 반복해서 이야기하자면, 한 개체가 나타내는 의사소통을 위한 신호가 갖는 의미는 그 의사소통의 신호가 유발 또는 지시하고자 하는 행동에 반응하여 결과적으로 상대 개체가 나타내는 행동에서 찾을 수 있다는 것이다(Mead, 1934: 145-146).

미드는 인간을 포함하여 모든 사물들에 대한 개인의 인식을 결정하는 요인은 그 개인이 참여하는 사회적 상호작용에서 그가 대면한 타인들을 상대로 나타내는 언어적 또는 행동적 표현들에 대해 상대방이 보여주는 반응에 의해 결정된다고 본다. 위의 인용문의 마지막 부분은 원문 자체부터 다소 난삽하게 표현되고 있고 또 필자의 입장에서 쉽게 번역하기에 어려움이 없지는 않았다. 그러나 미드가 의미하고자 하는 바는 명확한 것으로 여겨진다. 즉, 어떤 형태의 의사표시라든지 행동이 갖는 의미는 그것을 통해 행위의 주체가 유발하고자 하는 결과를 상대방이 사전에 이해하고 그에 근거하여 어떤 식으로든 반응을 하는데, 이 반응이 곧 그 행위 주체의 행동이 갖는 의미를 구성한다는 것이다. 아주 간단한 예를 들자면, 유아가 우는 행동으로 의사표시를 하고 그러한 의사표시가 엄마로부터 수유를 원하는 것이었고, 따라서 엄마가 실제로 젖을 주는 행동으로 반응했다면 유아의 우는 행동이 갖는 의미는 곧 실제로 유아가 경험한 결과, 곧 젖을 얻기 위한 행동을 의미한다는 것이다. 이 경우에 만약 엄마가 우는 유아의 행동에 대해 젖을 주기보다는 전혀 다르게 반응했다면, 적어도 그 유아에게 운다는 행동이 갖는 의미는 전혀 달라지게 되었을 것이다. 여기에서 우리가 특별히 유의해야 할 한 가지 사실은 배고플 때 유아가 운다는 것은 본능적인 것이라고 하더라도, 우는 데 대해 양육자의 반응이 달라지는 데 따라 운다는 행동이 갖는 의미는 달라지리라는 것이다. 이는 행동의 의미는 행위 주체가 경험하는 결과에 의해 통제된다는 사실을 시사한다.

미드는 성장과정에서 영향을 미치는 아동들의 경험은 그들이 접촉하는 사람들의 범위와 수준 및 상호작용의 성격에 따라 대체로 두 단계로 구분될 수 있다고 본다. 첫째는, 주로 부모를 중심으로 하여 소수의 친밀한 사람들과 밀접한 접촉을 하면서 각기 특수한 인격체로서 개인과 개인들 간에 인간적 교류가 이루어지는 단계에서 아동들이 얻는 경험이다. 이때의 아동들의 사회화 과정은 자신과 타인의 역할을 "놀이(play)"하는 것 같은 모습을 보인다는 점에서 "놀이 단계(play stage)"(1934: 150-164)로 불린다. 두 번째 단계는 "게임 단계(game stage)"이다. 게임이란 다수의 사람들이 게임의 규칙에 따라 각자가 맡은 역할을 수행한다는 점과 그 역할들이 집단의 구성원들이 협동을 통해 수행하는 활동 속에서 서로 유기적으로 연결되어 있다는 점에서 놀이와는 차이를 보인다. 따라서 놀이 상황과는 다르게, 아동들은 어떤 특정의 역할을 놀이하는 것보다는 게임의 규칙에 따라 이루어지는 자신의 역할은 물론 모든 다른 사람들의 역할을 이해할 필요가 있다. 즉, 어떤 특정 개인의 개별적 관점에서가 아니라 게임에 참여하는 모든 사람들의 "일반화된(generalized)" 관점에서 자신의 역할을 이해할 필요가 있다. 다른 말로 표현하자면, 모든 집단구성원들의 공통적인 관점에서 개인의 역할은 물론 그에 연관된 모든 다른 사람들의 역할을 이해할 필요가 있다. 놀이의 단계와 다른 이와 같은 차이는 개인의 인성 구조에서 질적으로 다른 발전을 가져오게 된다. 이에 관하여 미드는 다음과 같이 설명하고 있다: "조직화된 자아는 집단에 공통적인 태도들이 조직화된 것이다. 인간은 공동체에 속하기 때문에 "인성(personality)"을 갖게 된다. 왜냐하면, 개인은 공동체의 제도들을 자신의 행동 속에 구현하고 있기 때문이다"(Mead, 1934: 162). 미드의 이와 같은 언급을 좀 더 체계적인 시각에서 이해하기 위해서는 놀이 단계와 게임 단계에서 각기 진행되는 인성의 발달 상황과 그에 수반하여 인성 구조에 있어서 일어나는 변화에 관한 보다 상세한 설명이 요구된다.

이미 설명된 바 있듯이, 놀이 단계에서 아동의 역할 놀이는 아동들의 제한된 환경 속에서 주로 접촉하는 타인들의 역할을 놀이하는 행동을 중심으로 이루어진다. 자신이 타자의 동작이나 말을 흉내내고 역할을 교환하여 자신이 역할을 하는 입장에서 그에 대해 나타내는 자신의 반응을 놀이하기도 하고, 다시 자신의 그와 같은 반응에 대해 타인의 입장에서 나타내는 반응을 놀이하기도 한다. 이 단계가 아동의 인성 발달에 미치는 영향에 대해 미드(1934: 153)는 다음과 같이 설명한다.

… 소아들은 부모나 선생과 같은 역할을 놀이하는데, 이들은 아동들에게는 성격의 실체가 아직은 분명치 않은 주변 사람들로서 대개는 아동이 의존해야 하는 사람들이다. 이들은 아동이 모방하는 인성 유형이며, 놀이하는 역할이며, 그들이 행사할 수 있는 범위 내에서 아동의 인성 발달에 통제력을 가진 사람들이다. 이 점이 바로 유치원이 추구하는 결과이다. 소아의 성격을 형성시키기 위해서는 바로 이와 같이 역할이 분명하게 규정되지 않은 여러 사람들의 특성들을 상호 간에 연관성을 갖는 사회적 조직체로서 기능을 발휘하도록 만들어야 한다. 몇몇 주변 사람들이 모여 아동의 사회화 과정을 담당한다는 것은 이 아동의 발달 수준이 이 단계에서는 매우 비조직적으로 이루어질 수밖에 없다는 사실을 시사한다.

위의 인용문을 통해 미드가 특히 강조하고자 하는 바가 있다. 그것은 인성의 형성은 그것의 기반이 되는 사회적 조직체를 필요로 하는 반면에 아동의 놀이 과정에 실제로 관여하는 느슨한 형태의 사회적 관계 속에서 형성된 아동의 인성은 그만큼 어떤 분명한 특성이 결여된, 미완성의 상태에 머물 수밖에 없다는 것이다. 즉, 인성은 결국 사회적 관계 또는 조직의 모습이 개인의 내부에 반영된 산물임을 강조하고 있다.

미드에 따르면, 개인에게 자아의 모습이 어느 정도 분명하게 부각되기 시작하는 시기는 게임 단계로 부르는 시기부터이다. 게임 단계와 놀이 단계의 본질적 차이는, 이미 지적된 바 있듯이, "아동은 게임에 관여된 모든 다른 사람들의 태도를 지녀야 한다"는 점이다. "게임의 참여자가 취하는 다른 참여자들의 태도는 하나의 단위로 조직화되며, 이와 같은 조직화된 태도가 바로 게임 참여자 자신의 반응을 통제하게 된다"(Mead, 1934: 154). 게임 속에서 참여하는 개인이 나타내는 반응들은 바로 이와 같은 개인이 내재화한 집단의 조직화한 태도에 의해 통제가 되며, 미드는 이러한 집단의 조직화된 태도가 그 개인의 자아의 행동을 통제하는 통합된 일반적인 원칙으로 작용한다는 점에서 "일반화된 타자(generalized other)"(1934: 154)라고 부른다. 미드가 일반화된 타자를 "조직화된" 자아의 한 필수적인 요소로서 간주하는 데에는 아주 중요한 이유가 있다. 놀이의 단계에서 아동들이 몇몇 주변 사람들과 역할 놀이를 한다는 것은 자신의 행동에 대해 반응하는 그들의 행동적 반응을 기억으로부터 불러내어 재연한다는 것을 의미한다. 그리고 그것을 통해 자신의 행동에 대해 특정의 타인들이 보이는 반응, 즉 행위의 "의미"들을 놀이를 통해 학습한다는 데서 의의를 찾을 수 있을 것이다. 미드는, 앞에서 잠깐 지적된 바 있듯이, 이때 아동들이 접촉한 타인들의 범위나 그들과 아동 사이에 형성된 관계가 아동들의 발달 과정에서 기능적으로 비조직적 특성을 보인다는 점에서 성숙된 자아의 형성에는 한계를 보이는 것으로 평가한다. 개인에게 자아가 존재한다는 것은 개인이 스스로를 의미 있고 객관적으로 납득할 수 있는 시각에서 바라볼 수 있는 시각을 가질 때 비로소 가능한 일일 것이다. 이를 미드의 용어를 빌려 표현한다면, 개인에 의해 내재화된 "일반화된 타자"의 시각이 형성되었을 때 비로소 가능한 일이라는 것이다. 보다 구체적으로 이는 기본적으로 다음과 같은 세 가지 주장을 함축하고 있다. 하나는, 개인들이 다수의 사람들이 준수하는 규칙 또는 규범에 따라 행동함으로써 집단의 질서가 유지될 수 있다고 본다면, 집단적으로 준수되고 있는 가치 또는 규범에 비추어 자신이 행동의 의미를 성찰할 수 있는 능력을 갖추게 된다는 것은 그 집단의 구성원으로서 필수적인 조건 가운데 하나일 것이다. 미드는 적절한 사회화 과정을 거친 대부분의 성숙한 사회 구성원들은 그와 같은 능력을 갖추고 있으며, 바로 그와 같은 의미에서 그들이 스스로에 대해 생각하고 있는 "자아는 본질적으로 사회적 구조물이며 사회적 경험이 만들어낸 산물"이라고 특징짓고 있다. 이를 다른 말로 표현한다면, 자아는 개인의 내면 속에 형성된 "일반화된 타자"의 시각으로부터 바라본 개인의 모습이라는 것이다.

일반화된 타자의 관점에서 이루어지는 개인의 성찰적 능력이 발휘하는 기능에 관하여 미드가 강조하는 또 다른 중요한 사실이 있다. 이 역시 인간 행위의 사회적 본질을 이해하고자 하는 과제와 관련하여, "자아"를 가진 존재라는 사실에 덧붙여 인간의 존재적 특질을 규정하는 중요한 요소가 되기 때문에 주목을 요하는 것으로 평가된다. 먼저 이에 관련된 미드(Mead, 1934: 154-155)의 언급을 살펴 보자.

인간은 자신에 대해 그리고 상호 간에 사람들이 지니고 있는 태도들을 자신의 마음속에 내면화할 수 있는 존재라는 점에서 특징을 보인다. 그러나 마찬가지로, 사람들이 공통적으로 수행하고 있는 사회적 활동이라든지 일련의 사회적 과업들의 다양한 국면들 내지는 측면들에 대해서 다수의 개인들로 이루어진 사회의 또는 집단의 구성원으로서 지니고 태도들을 또한 자신 속에 내면화할 수 있는 능력을 지닌 동물이기도 하다. 그렇다면 하나로 조직화된 사회 또는 사회적 집단에 속하는 개인들이 각기 지닌 태도들을 전체로 일반화함으로써 어떤 주어진 시기에 그 집합체가 수행해야 하는 사회적 사업들을 추진해 나가야 할 것이다. 이러한 사회적 사업들은 보다 큰 차원에서 그 집단의 존속을 위해 필요한 일반적 사회 과정의 관점에서 보아 세부적으로 이행을 필요로 하는 하부 과제들일 경우도 있다. 어떤 경우이든 그와 같은 과제를 수행하기 위해서는 개인들이 지닌 태도들을 공동체의 수준에서 일반화하는 작업이 요구된다. 이는 전체 집단 속에 참여하고 있거나 포함된 개인들 가운데 각각의 사람들의 경험적 장(field) 속에는 주어진 전체 사회 또는 조직화된 사회에서 이루어지는 (집단적) 활동들이 포함될 수밖에 없다는 사실에서 기인한다. 다시 말해, 집단적 삶에의 참여는 개인들의 자아의 완전한 발달을 위한 본질적 토대이며 필수적 조건이 되는 것이다.

위의 인용문에서 미드는 개인의 사회적 참여와 기여가 "일반화된 타자"라는 사회의 일반적 관점을 내재화한 자아의 형성을 가져오고, 또 그것을 통해 가능하게 된다는 점을 강조하고 있다. 자아와 사회가 불가분의 관계 속에서 융합된 현상이라고 보는 시각은 사회학에서 결코 낯선 주장는 아니다. 그러나 개인의 의식과 활동 그리고 사회 사이에 존재하는 구체적인 연관성을 규명하고자 하는 학문 활동을 수행하는 데 있어서 인간 지성이 감당해야 하는 과제의 방대함과 복잡성 때문에 학자들이 당면하는 한계가 있게 마련이다. 따라서 결과에 있어서는 집단주의적 관점이라든지 개체주의적 관점의 어느 한편으로 기우는 경향을 보여 왔다. 아마 이는 개인과 집단의 현상이 어떤 원리에 의해 유기적으로 관련되어 있는지를 안다는 것, 다시 말해서 양자 간의 연관성의 고리를 찾는다는 일이 그만큼 쉬운 일은 아니라는 학문적 현실에 기인한 것으로 짐작된다. 사회학이 처한 이러한 현실을 고려해 볼 때, 인간 의식의 발전이 사회적 현상과 불가분의 연관성을 가지며, 따라서 본질적으로 사회적 산물이자 동시에 개인들의 사회적 활동을 견인하는 동력으로 작용한다는 미드의 사회학적인 시각은 주목을 요하는 발상으로 평가된다. 이는 일단 필자가 본 현상적인 측면에서, 사회는 우리의 삶을 규정하는 가장 압도적 조건으로 작용하고 있음은 분명하다. 그러나 동시에 앞의 인용문에서 미드가 지적하듯이, 사회가 우리 삶에 영향을 미치는, 아마 보다 적극적으로 작용하는, 다른 이유가 있다. 많은 사람들이 때로는 매우 적극적으로 자신들의 삶을 규정하는 사회적 조건들에 관해 성찰하고, 공동체의 관심사를 구현하는 데 필요한 행동을 하려는 적극적 의지를 보여준다. 바로 이 때문에 사회는 융합된 공동체로서 개인들의 삶에 영향을 미치게 된다. 개인과 공동체 간의 이와 같은 융합 현상에 대한 미드의 입장은 분명하다. 개인들이, 일반적으로 행태주의자들의 시각과는 다르게, 자신의 의미를 스스로를 인식하고 평가하는 데 있어서 그들의 내면 속에 일반화된 타자라는 공동체와 융합된 시각이 작용하고 있다는 것이다. 물론 개인들 각자의 자아 속에 성장한 일반화된 타자들의 시각은 놀이의 단계에서 시작하여 게임의 단계를 거치는 과정에서 사회가 만들어낸 산물이며, 바로 이 점에서 미드는 인간의 자아를 사회적 산물로서 규정하고 있다.

개인에 의해 내재화된 일반적 타자의 세 번째 기능은, 개인의 의식 속에서 일반화된 타자의 작용은 그의 내면 속에서 자신의 행동이나 태도에 반응하는 또 다른 자아 또는 자신과 대화를 나누는 다른 "누군가"와의 대화의 형태로 이루어진다는 주장과 관련된다. 미드는 개인의 사유 활동(thought activities)이 개인이 자신과 수행하는 "내적 대화(internal conversation)"라는 형태로 이루어진다고 지적한다(Mead, 1934: 155). 이는 사물들이 갖는 의미는 개인이 공동체 내에서 타인들과 행동 또는 언어적 수단을 통해 교환되는 의사소통 속에 함축되어 있다는 주장과 궤(軌)를 함께 한다. 즉, **의미**는 자신을 포함해서 사물들에 대해 의사소통의 상대방들이 보이는 반응들을 통해 **체험된다**는 것이다. 상호 의사소통 과정에서 나타나는 이러한 반응들을, 다시 말해서 의미들을, 이해함으로써 체득된 소속 공동체 구성원들의 태도를 미드는 일반화된 타자라고 부른다. 여기에서 미드가 강조하는 한 가지 중요한 사실은 인간 사유의 본질적 특성에 관한 미드의 이와 같은 견해를 그의 목소리로 직접 들어보도록 하자.

> 그러나 이러한 또는 다른 방식으로 자신을 향해 일반화된 타자의 태도를 취함으로써 개인은 비로소 생각할 수 있는 존재가 된다. 사유, 또는 생각이 의사 표현 수단을 사용한 내적인 대화를 통해 표현됨으로써 비로소 인간 사유는 그 모습을 드러낸다는 것이다. 개인들이 자신들을 향해 일반화된 타자의 태도 또는 태도들을 취함으로써 담론의 세계, 즉 인간의 사유 작용에 전제적 토대가 되는 공유된 또는 사회적 의미들의 체계는 비로소 존재할 수 있다는 것이다(Mead, 1934: 156).

미드의 주장의 핵심은 인간이 생각할 수 있는 능력이 있기 때문에 사회가 가능했다기보다는 공유된 사회가 있었기 때문에 생각할 수 있는 존재가 되는 것이 비로소 가능했으며, 인간 사이에 담론의 세계가 열리게 되었다는 것이다. 이와 병행해서, 미드는 또 하나의 매우 흥미로운 관점을 제시한다. 우선 미드 역시 인간 사회가 계급적 차이와 다양한 하위 집단들 등으로 크게 적게 나뉘어 있다는 사실을 인정하고 있다. 따라서 이제까지 기술한 미드의 모든 주장을 인정한다고 하더라도 여러 갈래로 갈린 인간 집단들 사이에 생각의 차이와 소통의 어려움은 충분히 짐작될 수 있는 사실이거니와 실제로도 우리가 목격해온 사회적 현상들을 통해서도 확인이 되는 사실이다. 말하자면, 개인들은 소속 집단을 달리한다거나 준거를 삼고자 하는 집단을 달리함에 따라 그들의 마음속에 각기 다른 태도적 지향을 시사하는 수많은 분열된 일반화된 타자들에 존재하고, 따라서 사회적 합의를 도출하는 데 어려움을 겪으리라는 사실은 충분히 가능한 추정이다. [123] 이와 같은 추정은 이제까지 설명해온 미드의 이론에 관해서는 상당한 보완이 필요하다는 지적과 함께, 미드가 미리서 상정하고 있는 것처럼 집단의 전체 구성원들 사이에 통용되는 보편적 담론의 세계가 실제로 존재하고 또 작동하고 있는지에 관해서도 의문이 제기될 수밖에 없다. 이와 관련하여 미드는 공동체 구성원들에 의해 공유되는 "유의미한 상징들"의 체계를 매개로 하여 수많은 사람들이 직간접적으로 참여하고 서로의 의사를 교환하는 사회적 담화의 통로가 형성되어 있다고 가정하는 것으로 여겨진다. 계급적 구분과 분열된 집단의 경계를 초월하여 넓은 범위에 걸쳐 공동체를 관통하는 일종의 공론의 장이 형성되고 있다는 것이다. 만약 이와 같은 해석이 옳다면, 그와 같은 공론이 소통되는 공동체의 개개 구성원들의 정신세계는 상당한 수준의 보편성을 갖는 일반화된 타자에 의해 통제되고 있다고 볼 수 있을 것이다. 이는 곧 개인이 과학적 사고라든지 합리적 사리 분별을 토대로 이루어지는 보편적 담론 세계의 한 성원으로 활동할 수 있는 사고력과 의사소통 능력을 갖는다는 것을 의미한다. 우리는 흔히 이와 같은 인간의 품성을 "지성(知性, reason)"이라는 말로 표현하다. 그리고 이와 같은 인간 지성은 곧 높은 수준의 보편성을 확보한 일반화된 타자들을 자신의 자아 속에 내재화한 개인들에 의해 발휘되는 능력이라는 점이 강조된다. 문제는 그와 같은 합리적 공론의 장과 인간 지성이 실재하는지에 관해서 의문이 제기될 소지가 크다는 것이다.

여기까지 우리는 개인들의 사회적 속성들은 사물들과 자신들의 행동들이 갖는 의미를 "일반화된 타자," 조금 간단하게 표현해서 "우리"라는 사회적 시각에서 바

---

123) 사회학에서는 이와 같은 현상을 지적하고 설명하는 여러 이론들을 "준거집단 이론(reference group thory)"이라는 명칭 하에 포괄적으로 분류되는데, 그 분량이 상당히 방대하다. 그 정의라든지, 기능, 집단의 분류, 이론에서 제기되는 쟁점들 등에 관한 논의들을 정리한 가장 대표적인 논문으로서는 Merton(1968b; 1968a)을 참조할 것.

라보고 이해하는 인간의 독특한 능력에 기인하고 있다는, 미드의 주장에 관해 살펴보았다. 개인의 성장 단계에서 그와 같은 능력들이 어떻게 길러지게 되는지를 설명하고자 했던 미드의 모든 논의들은 이 사실에 초점이 맞추어지고 있었다. 그리고 이 모든 논의들이 지향하는 결론은 곧 "자아는 사회적 산물"이라는 미드의 진술 속에 간결하게 표현되고 있다.

다음 주제인 자아의 구조에 관한 논의로 옮겨가기 전에 한 가지 덧붙여 두고 싶은 사항이 있다. 그것은 이제까지 논의된 미드의 견해가 사회학에서 일부 사회학자들에 의해 비판되는 "과잉사회화된 인간의 개념(oversocialized conception of man)의 개념"(Wrong, 1961)을 연상시킬 수 있다는 점이다. 즉, 모든 인간의 행위나 생각이 사회적 요인들에 의해 결정된다는, 과도하게 사회학적으로 경도된 인간관을 연상시킨다는 것이다. 필자가 이제까지 논의한 내용에 비추어, 미드의 이론 역시 이와 같은 비판을 피해가기 어렵다는 점은 분명한 것으로 여겨진다. 그러나 이 문제와 관련하여 미드의 이론에 관한 보다 정확한 이해를 위해서는 검토를 요하는 추가적인 사항이 두 가지가 남아 있다. 하나는, 자아의 구조에 관한 그의 견해에 담긴 자아의 사회적 특성에 관한 논의 내용들이다. 두 번째는, 내적 대화라는 형태로 이루어지는 개인들의 정신적 활동이 그들의 행동과 사회에 미치는 효과에 관한 미드의 견해이다. 따라서 미드가 인간의 본질을 너무 과도하게 사회결정론적 관점에서 이해하고 있는지의 여부는 필자가 바로 위에서 언급한 두 가지 사항에 대해 검토가 이루어진 이후에 결론을 내리려고 한다.

2. 자아의 구조

인간은 자신을 마치 다른 사물처럼 생각의 대상으로 삼을 수 있는 존재이며, 따라서 자아를 가진 존재라는 점에 대해서는 누차에 걸쳐 강조된 바 있다. 그리고 그와 같은 능력은 사회적 상호작용을 통한 아동들의 인성 발달 과정에서 자신의 어떤 말이나 행동에 대한 타인들의 반응을 내재화함으로써 자아의 내부에 "일반화된 타자"의 시각이 형성되고, 바로 그와 같은 타자의 시각에서 개인이 스스로를 바라볼 수 있기 때문에 가능하다는 점에 대해서도 이미 강조된 바 있다. 바로 이와 같은 관점에서 개인에게 자아가 갖는 의미는 자신이 이미 한 말이라든지 행동들에 대해 타인들이 보일 것으로 짐작되는 반응들에 의해 규정될 것이다. 그러나 미드의 자아에 관한 이론은 바로 위에서 지적한 의미에서 자아는 곧 "사회적 자아"의 형성을 의미한다는 사실을 이해하는 것으로 충분한 것은 아니다. 그가 자아의 구조를 다룬 부분은 "주체적 자아와 객체적 자아(the I and the Me)"라는 표제가 붙어 있다. 이와 같은 필자의 번역어는 우선은 영어에서 "나"를 지적하는 경우에 주어로 쓰일 때는 "I"를 목적격으로 쓰일 때는 "Me"를, 즉 행위를 표현하는 동사의 주체로서 사용될 때와 목적격으로 사용될 때 나타내는 차이를 보여준다는 점을 고려한 것이다. 그리고 영어 문법에서 나오는 이러한 차이는 개인들이 행위 과정에서 교차해서 나타나는 자아의 두 **국면**(phases)이 갖는 본질적 차이와 관계를 반영하고 있다는 점에서 적절한 것으로 여겨진다.

I와 Me가 행위 과정 속에서 자아 속에 전개되는 각기 다른 국면을 지적하고 있다는 설명에 근거하여 이 두 개념이 의미하는 바를 이해하기 위해서는, 미드가 실제로 제기하고 있듯이, "행위를 설명하려고 했을 때 행위 국면 속에서 'Me'가 차지하는 지점과 대비되는 의미에서 'I'는 어느 지점에 위치하고 있느냐?"(Mead, 1934: 173-174)라는 질문에 대해 대답을 시도하는 것이 매우 적절한 하나의 출발점을 제공할 것이다. 행위 과정 속에서 행위 주체는 자신이 추구하는 목적이 그가 금방 한 행동을 통해 실현되고 있는지를 돌이켜보는 순간들을 경험하곤 한다. 물론 여기에는 어떤 내재적 기준이 작동하는데, 미드의 관점을 그대로 적용한다면, 일반화된 타자에 의해 적용되었을 것으로 짐작되는 기준이 그것일 것이다. 즉, 개인들이 기왕의 사회화 경험을 통해 학습한 사회적 기준들이 이미 이루어진 자신의 행위가 갖는 의미 또는 결과를 평가하는 기준으로 작용한다는 것이다. 이로부터 우리가 이내 짐작할 수 있는 사실은, 자아의 행위 과정의 어떤 국면에서, 우리는 자아를 어떤 사회적 시각에 비추어 어떤 모습을 갖는 객체로서 바라보는 순간들을 경험한다는 것이다. 이렇게 행위의 국면들 가운데서 자아가 개인 자신에게 어떤 의미를 지닌 하나의 객체로서 경험되는 순간의 자아를 미드는 "객체적 자아(Me)"라고 부른다. 미드가 자아는 사회적 산물이라고 특징지은 것은 바로 개인들에게는 곧 이와 같은 의미에서 자아가 존재한다고 보기 때문이다. "조직화된 일련의 모든 태도들

을 내면화함으로써 개인에게 '객체화된 자아(**Me**)'가 생겨나게 되며, 그것이 곧 자신이 인식하는 자아인 것이다"(Mead, 1934: 175).

그렇다면 "주체적 자아(*I*)"는 어떤 국면의 자아를 의미하는가? 다음은 미드(1934: 175)가 "**I**"에 대해 설명한 부분이다.

개인은 (예를 들어 야구를 하는 경우) 팀의 다른 선수들이 그에게 요구하는 역할에 따라 다른 선수에게 공을 던질 수 있을 것이다. 이것이 (게임의 상황 속에서) 그의 의식 가운데서 그가 즉각적으로 인지하는 자아의 역할이다. 그는 동료 선수들의 태도를 내재화하고 있고, 동료 선수들이 무엇을 원하는지를 알고 있으며, 자신의 어떤 행동이 어떤 결과를 가져올지를 알고 있을 것이다. 이로써 그는 그 상황에서 자신이 감당해야 할 책임을 떠맡게 되는 것이다. 그와 같이 존재하는 조직화된 일련의 태도들을 바탕으로 개인들이 자신을 바라봄으로써 "객체화된 자아(*Me*)"는 형성된다. 그리고 그와 같은 자아의 요구에 응하여 개인은 "주체적 자아(*I*)"로서 반응(행동)하는 것이다. 그러나 그 행동이 구체적으로 어떤 것일지는 그 자신도 알 수 없으며, 다른 누구도 알 수 없는 일이다. 놀랄 만한 플레이일 수도 있고, 아니면 에러일 경우도 있을 것이다. 그 상황 아래서 자신의 경험 속에서 즉각적으로 나타나는 반응이 어떨지는 불확실하며, 이 행동들이 곧 "주체적 자아(*I*)"를 형성한다.

위 문장에서, 행동의 과정에서 개인이 자아를 경험하게 되는 두 개의 국면이 있음을 지적하고 있다. 개인들은 그들의 의식 속에서 자신들의 존재 또는 자신들이 한 행동이 곧 생각의 대상이 되는 순간을 경험한다. 이때 개인들은 대상화된 자기 자신에 관해 생각하는 다른 하나의 자아의 존재를 경험하게 된다. 개인의 의식 속에서 마치 타자처럼 자기 자신을 바라보고 성찰하는 "또 다른 하나의 자아"를 미드는 "일반화된 타자"라고 부른다. **Me**는 자신을 성찰의 대상으로 삼아 자기 자신을 바라보는 바로 그 "다른 하나의 자아"에 의해 인식되고 평가된 자아의 모습을 지칭한다.

그러나 그와 같은 성찰의 순간에 인식되는 자아와는 다른 국면의 자아가 또한 존재한다. 특정의 상황적 조건에 반응하여 이루어지는 개인의 행동은 행위자 자신에게도 예측하기 어려운 불확실성을 내포한다. 매일 걷는 길을 가더라도 그날그날 기상 조건이나 교통 상황에 예측하기 어려웠던 변화가 나타나기도 하고, 본인의 건강 상태에 따른 신체적 능력에도 변화가 나타날 수 있다. 어떤 때는 문득 다른 생각을 하다 발을 헛디디기도 하는 실수를 저지르는 경우도 있을 것이다. 더욱이 야구와 같이 고난도의 기술과 집중력을 요하는 경기의 경우 선수가 자신이 어떤 수준의 경기를 할 수 있을지 자기 자신도 예측하기 어렵다는 사실은 누구나 알고 있는 상식이다. 연극처럼 고도로 짜여 있는 각본에 의해 진행되는 무대 위의 연희 행위조차도 기대하는 바대로 반드시 성공적인 효과를 거둔다는 것은 많은 경우에 있어서 불확실한 일이다. 왜 내 표정이, 대사가, 내 동작이 원하는 만큼 또는 연습한 대로 움직여주지 않은지? 하는 한탄은 비단 신출내기 배우에게서만 들을 수 있는 것은 아니다. 물론 대부분의 경우에 있어서 야구 경기에서 선수들의 행동은 여전히 야구 게임의 일부로 나타나는 행동이지 축구나 배구에서 볼 수 있는 그런 행동은 아닐 것이다. 행동의 불확실성에는 규범적으로 통제된 한계가 그어지고 있다는 것이다. 그러나 그 한계 내에서 사람들의 많은 행동은 실제로 나타나기 전까지는 행동하는 사람 본인도 예측하기 어려운 불확실성이 존재한다. 과거의 어떤 실례와도 어떤 점에서는 차이를 보일 개인의 행동의 구체적 모습은 그것이 행해진 이후, 즉 객관적 현실로 나타난 후에야 행위자 자신에 의해서도 비로소 관찰 또는 인지될 것이다. 미드는 행위의 과정 속에서 이와 같이 주변의 자극에 대해 어떤 행동을 통해 반응하는 순간의 자아를 곧 "주체적 자아(I)"라고 부른다.

개인들이 독특한 특성을 지닌 존재로서 자신에 대해 가지고 있는 정체성은 바로 이 "I"로부터 형성된 정체성에 연유한다는 사실을 주지할 필요가 있다. 이는 특정 행위자만이 대면하는 상황적 특성들, 개인적 성향이나 능력, 과거 경험들이 "I"의 국면에 작용하기 때문일 것이다. 물론 한 가지 유의할 사실은 "Me"의 요소는 "I"의 국면에서도 매우 결정적인 요소로 작용하게 마련이라는 것이다. 예를 든다면, 야구를 하는 사람이라면 그가 야구를 하는 순간 실행하는 어떤 행동이라도 야구의 규칙이 중요한 규제 원리로 작동하게 마련이다. 그럼에도 불구하고,

'I'의 국면에서 전적으로 사전에 기획하고 예상된 행동이 산출되는 것은 결코 아니다. 우

리가 행위 자체에 부여된 어떤 의무들을 수행해야 하는 경우에 '*I*'의 국면에서의 행동은 '*Me*'가 요구하는 바를 충족시켜야 한다. 그러나 '*I*'의 국면에서의 자아는 사회적 규범이 요구하는 자아의 행동과는 항시 일치되는 것은 아니다(Mead, 1934: 178).

미드의 이와 같은 언급은 개인들이 실제로 행동하는 시점에는 "**Me**"라는 내재화된 사회적 요인들 외에도 다양한 다른 요인들이 작용하고 있음을 시사한다. "**Me**"는 행위의 과정에서 행동이 일단 이루어진 연후에 사회의 일반적 관점에서 그 행동을 인식하고 평가하는, 즉 자신의 행동을 성찰의 대상으로 삼아 그 의미를 저울질하는 인간 자아의 특징적 모습을 지적하고 있다. 인간에게는 행동의 과정 속에서 생각과 행동이 서로 분리될 수 없는 기능을 각기 수행하고 있다면, "**I**"는 행동의 국면을, "**Me**"는 생각의 국면을 지적하고 있다는 점에서 각기 구분된다. 여기에서 지적해두어야 할 한 가지 중요한 사실은 개인이 자신의 생각 속에서 접하는 "**Me**"는 바로 이전까지 자신이 한 행동들에 대한 기억들, 즉 "**I**"에 대한 자신의 과거 경험들과 함께 그 경험된 과거의 "나(**I**)"에 대해 타인들이 나타낸 바 있었던, 또는 나타낼 것으로 예기되는 반응들이 포함된 의미의 복합적 구조를 형성하고 있다는 것이다. 간단히 표현하자면, "**Me**"는 기억된 과거의 "**I**"를 사회적인 관점에서 생각하고 평가하는 자아의 한 국면으로 정의될 수 있다. [124] 위의 이야기를 정리하면, 필자의 해석은 "**I**"와 "**Me**" 간의 관계를 다음과 같은 도식으로 정리할 수 있다는 것이다.

---

124) "**I**"와 "**Me**"의 관계와 차이에 관하여 미드(1934: 174)가 언급한 다음 구절을 참고할 것: "따라서 "**I**"는 일초 전, 일분 전, 혹은 하루 전의 자아를 증언하는 모습으로 개인의 기억 속에 존재한다. 인식된 존재로서 자아는 "**Me**"이지만 그 "**Me**"는 이전에는 "**I**"였던 것이다. 만약 우리가 여기에서 우리의 경험 가운데서 언제 "**I**"가 직접적으로 나타나느냐고 묻는다면, 그 답은 내 기억 속에 존재하는 역사 속의 인물로서 경험이 가능할 뿐이라는 것이다. "**Me**" 속의 "**I**"는 바로 순간 전에 있었던 나 자신이라는 것이다."

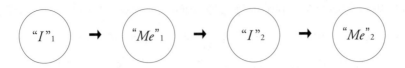

〈도식 2〉 "I"와 "Me"의 관계

위의 도식에서, "I"₁을 일단 어느 순간 행동하는 국면에서 개인이 경험하는 자아의 한 국면으로 간주해 보자. 예를 들어, 나는 길을 걷다가 어떤 개를 보았는데, 그 개가 으르렁대며 공격적인 태세를 보이자 순간 뒤로 물러서며 방어적인 몸짓을 보였다고 가정해 보자. 순간적으로 뒤로 멈칫 물러서는 반응을 보이는 순간 나의 행동은 그렇게 행동할 사전의 의도에 의해 기획되고 지시된 행동이었다기보다는 나 역시 하나의 동물로서 보인 본능적인 반응이었든지 아니면 이전의 반복된 경험을 통해 학습되어 내재화된 능력이 무의식적인 가운데 발휘되어 나타난 행동이었을 것이다. 미드는 다른 동물들이 발휘하는 행동들 역시 본능적 욕구와 신체적 능력 그리고 학습된 경험들이 신체 속에서 효율적으로 결합되어 주어진 개체의 기능적 요구와 환경적 조건들에 부합되는 어떤 형태의 행동으로 실현되어 나타난다는 점에서는 이 "I"의 국면에서 나타나는 인간의 행동과 별다른 차이점은 없는 것으로 보고 있다. 미드가 이 국면에서 발현되는 자아의 특성을 "생물학적 개체(biological individual)"(1934: 347-353)로 특징지은 것은 바로 "I"의 국면에서 나타나는 이와 같은 인간 행동의 특성을 강조하기 위한 것이다. 미드는 인간 외의 동물의 경우에 이때의 행동을 결정하는 가장 중요한 요인을 "본능(instinct)"으로 보고 있다. 즉, 본능적으로 타고난 신체적 욕구와 해당 종류의 동물이 유전적으로 발휘할 수 있는 신체적 능력과 한계 속에서 시행착오를 통해 환경에 적응해온 동물 개체의 경험이 주어진 동물 개체의 행동을 결정하는 가장 중요한 요인이라고 본다. 이에 비해, 인간 행위자에 대해서는 이 국면에서의 행위에 임하는 생물학적 개체의 행동을 결정하는 요소를 "추동(impulse)"이라는 말로 특징짓는다. 사람을 제외한 동물들의 "본능적" 행동 대신에 사용된 이 단어는 본능적 요소를 포함하여 보다 다양한 요인들이 작용하는 인간 행동을 특징짓기 위해 선택된 것으로 짐작된다. 이와 관련하여, 미드가 "I"를 프로이트의 "ego"에 유사한 개념으로 해석하고 있다는(참조: Tejara, 1988: 59) 점을 고려해 본다면 이해에 도움이 될 것이다. 프로이트(Freud, 1960: 15)에 의하면, "ego"는 자아의 본능적 욕구("id")를 실현하는 데 현실적 조건들에 대한 적응이 요구됨으로써 그에 맞추어 발달된 자아 기능의 일부이다. "ego"가 다른 두 자아의 요소들, "id"와 "super-ego"와 다른 점은 개인의 의식 또는 무의식 속에 내면적으로 작동하는 자아 요소들 간의 눈에 보이지 않는 상호작용을 거쳐 실제 행동을 통해 외부로 표현되는 자아라는 것이다. 일단 이 점에서 "I"와 "ego" 사이에 유사성은 부인하기 어려운 것으로 여겨진다. 프로이트의 관점에서 어떤 본능적 욕구를 실현하기 위한 수단으로서 "ego"의 행동은 그 행동의 주체가 의식하든 의식하지 못하든 현실 속의 다양한 조건들에 의해 부과되는 한계와 가능성 속에서 수행된다. 바로 그와 같은 맥락에서, 미드가 인간 자아의 구조 속에서 "I"가 차지하는 위치를 프로이트의 "ego"에 비교하고 있다는 점은 "I"의 의미를 이해하는 데 매우 중요한 단서를 제공한다. 그것은 다음과 같은 두 가지 점으로 요약해 볼 수 있다. 첫째로, "I" 국면에서 자아의 행동은 개인이 주어진 행동을 통해 추구하는 목적과 그것이 실현 또는 실패하는 데 실제로 작용하는 모든 현실적 조건들의 조합에 의해 설명될 수 있다. 사람들은 일상적으로 수행하는 과제들을 이행하는 데 요구되는 능력과 지식들을 주로 행태적 학습 과정을 통해 내면화하고 공유하고 있다. 일반적으로 개인들은 자신들도 의식하지 못하는 가운데 작동하는 그와 같은 지식 또는 능력들을 활용하여 일상적인 활동들을 수행해나가고 있다. 반면에 그러한 활동 속에 나타나는 하나하나의 행동들은 개인의 의도하는 바대로 통제하기 어려운 많은 요소들이 개입되게 마련이다. 여기에는 개인의 훈련된 능력, 성향, 감성 등의 내면적 요인들과 함께 환경적 요인들이 갖는 복잡성 및 주어진 상황 속에서 그것들 간에 이루어지는 상호작용의 양태 등이 포함될 것이다. 따라서 행동 자체의 추이와 결과는 행위자의 의도에서 벗어날 불확실성을 항시 안고 있다. 두 번째는, "I" 국면에서의 자아의 행동은 앞에서 지적한 특성을 지니고 있음에도 불구하고 무난히 사회화 과정을 거친 사람들의 경우에 큰 틀에서 사회적 기대를 벗어나는 행동을 보이지는 않을 것이다. 다른 사람보다 더 뛰어나기를 바라는 개인의 기대에 비추어 실망스럽거나 실패했다는 느낌을 줄 수는 있을지언정 지나친 일탈 행동을 보이는 경우도 드물다는 것이다. 이는 "**I**" 국면에서 행동하는 자아 속에는 미드가 말하는 "일반화된 자아"라는 통제적 요소가 (마치 프로이트의 "**super ego**"처럼 자아의 무의식 속에서) 중요한 하나의 요인으로서 작동하고 있음을 의미한다.

　미드(1934: 348)에 따르면, "**I**" 국면에서 "**Me**" 국면으로의 전환은 "추동하는 행동이 실패한 경우에," "행동이 그 기능을 실현하는 데 실패하는 경우에," "추동하는 행동에 장애가 생기고 행동들 간에 마찰이 초래되는 경우에"라고 표현한 상황들이 계기가 된다. 이때 자아의 활동은 행동의 실행 국면에서 이미 이루어진 자아의 행동을 대상으로 한 성찰의 국면으로 전환한다. 즉, 행동하는 자아에서 생각하는 자아로 국면의 전환이 이루어지는 것이다. 이 국면에서의 자아의 기능에 관한 미드의 주장은 그의 주저『마음, 자아 그리고 사회』의 곳곳에서 가장 자주 언급되고 있기 때문에 그 일반적 특성과 의의에 관한 해석에 있어서는 그다지 큰 논란의 여지는 남기지 않는다. 근간을 이루는 가장 핵심적인 주장은 타자들의 관점에서 스스로 자아를 생각의 대상으로 삼는, 즉 그러한 의미에서 인간의 "자아(self)"가 표현되는 순간이 자아의 행위 과정에서 "**Me**"의 국면을 형성한다는 것이다. "생물학적 개체(biological individual)"로서의 인간이 "사회적 동물"로서, 또 "이성적 사유" 능력을 갖춘 존재로서 발전할 수 있었던 것은 "**Me**"의 국면에서 보여주는 인간 자아의 속성에 의해 가능했을 것이다. "**Me**" 국면에서 이미 완료된 "**I**" 국면에서의 행동에 대한 성찰이 구체적으로 어떻게 이루어지는지에 대한 미드의 설명은 자아에 의해 내재화된 일반적 타자의 관점에서 이루어진다는 사실을 지적하고 있다는 점 외에 특별하게 더욱 구체적이지는 않다. 어떤 의미에서 아마 이는 당연한 것으로 여겨질 수도 있다. "**I**" 국면에서의 개인이 의도한 행동의 목적이나 그가 처한 구체적 상황들 그리고 그 행동에 임하는 개인들의 능력이나 지식, 내적 성향들과 같은 극히 다양한 요인들이 작용하고 있으며, 따라서 일반화하기에는 극도로 다양하게 형태로 벌어지는 각각의 인간 행동들에 대해 개인이 어떤 시각과 생각을 가지고 성찰에 임하는지를 포괄해서 특징짓는다는 것은 무척 어려운 일처럼 보이기 때문이다. 그러나 "**Me**" 국면에서 다루어질 것으로 예상되는 성찰의 과제와 함께 기대되는 결과에 관한 다음과 같은 미드(1934: 348)의 설명은 자아의 행위적 과정에서 "**Me**"가 구체적으로 어떤 기능을 수행하는지에 관해 시사하는 바가 많은 것으로 평가된다.

행동이 그 기능을 달성하지 못할 때, 먹을 것을 얻기 위한 행동에서 먹을 것을 얻지 못할 때 — 특히 충돌되는 욕구들이 상호 간에 장애로서 작용하고, 서로 간에 기능을 저해할 때 — 여기에서(즉 "**Me**"의 국면에서) 이성적 사유는 생물학적인 개체로서는 가능하지 않았던 (행동의) 새로운 절차들을 고안해냄으로써 문제를 해결하는 방안으로 등장한다. 이성적 사유 과정을 통해 일반적으로 얻게 되는 성과는 개인이 행동을 통해 반응할 일련의 다른 대상들을 확보한다는 것이며, 개인의 행동을 자극할 다른 종류의 사물들로 이루어진 공간 속으로 이동한다는 것이다. 충돌되는 욕구들을 불러일으켰던 사물들에 대한 차별화, 분석, 재구성이 이루어진다. 그리고 이로부터 충돌하는 욕구들이 서로 조정됨으로써 이제 새로운 행동적 반응을 요구하게 된다. 행동하는 가운데 자신의 내부로부터 분열된 모습으로 나타났던 자아는 이제 새로운 행동 가운데서 하나로 다시 통합을 이루게 되는 것이다.

위에 인용된 미드의 견해는 "**Me**" 국면에서 이루어지는 자아의 성찰적 활동이 이후에 이루어질 개인의 행동에 어떤 기능을 갖는지를 설명하기 위한 것이다. 행위의 관점에서 미드가 "**Me**"의 기능을 보는 관점을 간단하게 요약하자면, 인간 행동은 다른 동물들과는 다르게 "성찰을 통해 통제(reflectively controlled)"(Mead, 1934: 362)된다는 데서 특징을 찾을 수 있고, 이는 곧 인간 행동에 대해 "**Me**"가 수행하는 핵심적 기능이라는 것이다. 그러나 여기에서 "**I**"와 "**Me**"의 의미와 기능을 이해하는 데 있어서 미드가 주는 조언에 주목하려고 한다. 미드는 우선 상당히 단호한 어조로, 인간은 "생물학적 개체에 이성이 더해진 존재(a biological individual plus reason)"(1934: 347)는 아니라고 단언한다. "**I**"와 "**Me**"라는 두 다른 국면의 맥락에서 표현하자면, 인간을 생물학적 욕구에 의해 추동되는 자아와 이를 이성적으로 성찰하는 또 다른 자아의 단순한 합으로 특징지을 수는 없다는 것이다. 미드의 견해는 이 두 자아의 관계의 본질은 "이성적 행위는 욕구에 의해 추동되는 행동으로부터 발원하고 있다(rational concduct must grow out of impulsive conduct)"는 점에서 찾을 수 있다는 것이다. 다시 말해서, 인간의 이성은 행동에서 얻어진 경험으로부터 발원하며, 행동은 다시 그 경험을 통해 형성된 이성에 의해 통제 내지는 재구성됨으로써 성취되는 진화적 발전이 곧 인간 행동을 특징짓는다는 것이다. 이렇게 본다면, "**I**"

와 "**Me**"는 서로의 국면을 배태시키는 계기로서 작용한다는 점과 함께 이 이전에 이루어진 서로의 국면을 그 자체 속에 내재함으로써만이 온전한 기능을 발휘할 수 있다는 점에서 상호 분리할 수 없는 인간 자아의 두 측면을 대변하고 있다고 특징지을 수 있다. 다른 말로 표현해 본다면, 그것이 "**I**" 국면이든 "**Me**"의 국면이든, 자아가 나타내는 특성은 과거의 모든 "**Me**"의 국면과 "**I**" 국면들을 거쳐 진화적으로 축적된 산물이라는 것이다.

"**I**"와 "**Me**," 두 국면에서 자아의 기능과 특성에 관해 이상에 소개된 해석은 미드 본인의 견해에 가장 가깝다는 것이 필자의 판단이다. 문제가 되는 것은 미드 자신의 저술에서 위의 해석과는 상충되는 것으로 여겨질 수 있는 부분들이 군데군데 눈에 띄고 있다는 점이다. 그리고 그에 근거하여 몇몇 저명한 학자들에 의해서도 위에서 필자가 제시하고 있는 설명과 다른 해석들이 제시되고 있다. 이들 해석 역시 그들 나름의 근거가 없지 않고, 또 사회학에서 많이 읽혀지는 해설서나 교재들에서 소개가 되는 견해이기 때문에 다루어주는 것이 미드 입장의 정확한 이해를 위해 필요하다는 생각이 든다.

미드의 강의 노트를 정리해서 『마음, 자아 그리고 사회』라는 표제를 붙여 출판한 미드의 제자 찰스 더블유 모리스(Charles W. Morris)(1934: xxiv-xxvi)는 그 책의 서문에서 개인들에 의해 내재화된 "타인들의 태도"를 의미하는 "**Me**"와의 차이를 설명하면서 "**I**"의 특성을 "추진력(impulse)," "창의적(creative)," "변화를 가져오는 활동(reconstructive activity)"과 같은 어휘를 빌려 표현하고 있다. 이는 곧 "**Me**"가 기존 제도의 산물이자 그것의 유지에 기여하는 자아의 보수적 성향을 대변하고 있는 반면에 "**I**"는 새로운 요소의 도입과 변화에 기여하는 자아의 다른 한 측면을 대변하고 있다는, 관점을 반영한다. "**I**"와 "**Me**"에 대비적 기능에 대한 모리스의 이와 같은 해석은 훨씬 이후에 멜처(Meltzer, 1972: 10-11)가 쓴 논문에서 피력한 해석의 근거가 되었던 것으로 여겨진다. [125] 이와 같이 자아의 두 국면을 각기 대비적 특성(보수적

---

125) 멜처(Meltzer)의 다음 언급을 참조할 것: ""**I**"는 개인의 충동적 성향(impulsive tendency)을 대변한다. 인간의 경험 속에서 충동적이며, 순발적이며, 비조직화된 특성을 대변한다. 따라서 개인의 행동 가운데서 비계획적 성향을 표현하고 있다. "**Me**"는 개인의 내부에 자리 잡은 타인(들의 태도)을 대변한다. 따

vs. 변화유발적)을 지닌 자아의 두 요소의 표현으로 해석하는 시각은 물론 미드 자신이 제시한 소견에 기인하고 있다는 점은 부인할 수 없다. "I"와 "Me"에 관한 미드의 설명이 군데군데 필자가 해석한 그것과 벗어나고 있는 부분들도 눈에 띄는 것이 사실이다. 하지만 행동을 통한 경험으로부터 발전되어 나오는 인간의 이성적 사유 능력과 그것들 간의 기능적 상호작용에 대한 미드의 견해는 "I"와 "Me"를 이분법적으로 나누는 해석과는 그다지 부합되지 않는다는 것이 필자의 판단이다. 따라서 앞에서 필자가 그린 〈도식 2〉에서 보여주는 "I"와 "Me"의 국면이 교차하면서 발전하는 인간 행동의 진화 과정은 필자가 인용한 모리스나 멜처의 해석과는 다소 괴리가 있다. 왜냐하면 행동하는 국면에서의 "I"를 창의적이거나 충동적, 또는 비계획적이라고 특징짓도록 만드는 어떤 요인(들)이 행동하는 당시의 개인에게 작용하고 있다고 본다면, 그것은 분명히 "Me"의 국면에서 작용하는 "일반화된 타자"의 태도와는 다른 어떤 요인일 것이기 때문이다. 바로 이 때문에 멜처(1972: 11의 각주 2)는 "I" 국면에서 작용하는 심리적 요인의 핵심적 특성을 프로이트의 "id"와 유사한 어떤 것으로 보고 있는 것으로 여겨진다. 멜처가 "'I'는 임의적이며, 충동적인 특성에 따라 새롭고 창의적인 활동을 이끄는 반면에 'Me'는 그 규제적 특성에 따라 개인들이 목적지향적이며 순응적인 활동을 하도록 이끈다"(p.11)라고 지적한 것은 바로 이와 같은 해석에 따른 결론이다. 행동이 이루어지는 국면에서 개인이 당면하는 상황에 대한 미드의 기술에서 "I"의 행동이 갖는 불확실성에 대한 미드의 주장은 여러 곳에서 반복되고 있기 때문에 여기에 대해 구태여 의문을 제기할 여지가 없는 것은 사실이다. 필자가 앞에서 그와 같은 입장과 다소 괴리가 있는 것처럼 여겨질 수 있는 도식을 제시한 이유를 이해하기 위해서는 우선 다음과 같은 미드(Mead, 1934: 176)의 설명을 살펴볼 필요가 있다.

우리의 행동에 영향을 미치는 요인으로서 타인의 태도들은 "Me"를 구성한다. 이는 이미

라서 집단에 의해 공유된 조직화된 태도들의 체계, 정의(definitions)들, 이해와 기대들 -줄여서 말하자면, 의미들- 로 구성되어 있다. 따라서 개별적인 상황에 따라, "Me"는 일반화된 타자를, 그러나 때로는, 특수한 종류의 타인들로 구성되어 있다."

우리 내부에 이미 존재하는 요소이다. 그러나 그것에 대해 우리가 실제로 어떻게 반응하느냐 하는 것은 행동이 실제로 실행되기까지는 기정 사실로 취급할 수는 없는 일이다. 우리가 앉아서 결정을 내리려고 하는 순간에 우리는 그 결정에 필요한 자료들을 가지고 있을 것이다. 예를 들어, 우리가 해결하려고 하는 상황이 있다고 가정해 보자. 우리는 어떤 사람 또는 집단의 관점에서 자신이 당면한 문제의 해결책을 고찰해 보려고 할 것이다. 이들의 관점들이 모여 우리 안에 어떤 종류의 자아를 형성하게 된다. 그렇다 하더라도 바로 그 자아의 그러한 요구가 인식된 상태에서, 우리의 행동이 실제로는 어떻게 나타날 것인가? 문제는, 그에 대해서는 우리 자신도 모르고, 다른 누구도 모른다는 것이다. … "I" 국면에서 자아의 행동은 이와 같은 상황에 대한 반응으로서, 행위자가 타인들의 태도를 취함으로써 전개되는 "Me"의 국면에서의 자아와는 다르게, 불확실성을 보인다. 그리고 행동적 반응이 표출되고 난 다음에야 비로소 그것은 대체로 기억된 이미지로서만 (행위자의) 경험적 공간에 모습을 드러낸다.

위에 인용된 글의 요지는 다음과 같이 간단히 요약될 수 있다. 개인들은 주어진 사회의 일반화된 관점에 따라 그들이 당면한 상황이 어떤 상황이고 어떻게 대응해야 되는지를 대체로 잘 이해하고 있다. 이러한 상황에 대한 인식은 행위자들이 내재화한 타인들의 태도들의 관점에서 자신의 처한 상황과 해야 할 역할을 객관적으로 이해할 수 있는 능력을 갖춘 데 따른 자연스러운 결과일 것이다. 그러나 실제 행동이 행위자 자신에 의해 규범적으로 기대하는 바와 부합되는 방식으로 반드시 나타날지는 불확실하며, 이 불확실성이 "I" 국면에서 나타나는 자아 행동의 결정적 특징이라는 것이다. 그러나 이 불확실성의 원인에 대해서는 두 가지 상충되는 해석이 가능하다. 하나의 해석은 생물학적인 개체로서의 인간의 행동은 상황적 특수성에 따라 순간적인 적응과 실행을, 즉 순간적이고 임기응변적인 반응을 요하기 때문에 대체로 의식적이며 이성적 통제의 범위 밖에서 이루어진다는 것이다. 미드가 "I"의 행동을 "impulsive"한 특성을 지니고 있다고 표현하고 있는데, 이를 우리 말로 "충동적"으로 번역이 될 수 있는 이유는 여기에 있는 것으로 짐작된다. 그러나 필자가 판단하건대, 이것이 미드의 이론적 관점의 전체 맥락에서 볼 때 어느 정도 들어맞는 해석인지에 관해서는 상당한 의문점이 남는다. "I"의 행동이 어떤 경우에는 기대했던 결과를 거두지 못하기도 한다는 점에서 "불확실"하다거나 또는 기대 외의 성공을 가져다 주기도 한다는 점에서 "창의적"인 면도 보인다는 것은 인정할 수 있는 인간 행동의 현실적 속성이다. 그러나 그 불확실성의 요인에 대한 가능한 해석을 미드 자신의 이론적인 구조 속에서 찾으려고 한다면, "I" 국면에서의 행동이 충동적이라는 그 자체에서보다는 "Me"의 속성과 기능에서 찾아야 한다는 것이 필자의 견해이다. 앞에서 인용한 글에서 과거의 행동에 대한 자아의 성찰이 어떻게 이루어지는지에 대한 미드의 설명을 살펴보았다. 그 요지는 과거에 이루어졌던 행동과 상황에 대한 분석과 함께 상황의 구도와 행동의 방식에 대한 재구성이 "관념적인(imagery) 수준"에서 이루어진다는 것이다. 이렇듯 "Me"의 국면에서 이루어지는 성찰의 성과는, 만약 그것이 효과적이고 현실적 적합성을 갖는 사유의 산물이라면, 다음 행동의 국면에 투입되어 어떤 긍정적인 효력을 발휘하는 요소로서 작용할 것이다. 물론 "I" 국면에서 행동을 결정하는 요인들은 이미 사람들에 의해 알려졌거나 미처 알려져 있지 않거나 또는 사람들 간에 논란 중인 다양한 요인들이 있을 것이다. 이들 요인들 가운데서 미드는 두 가지 요인을 특히 강조하고 있다. 하나의 요인은 물론 "I" 국면의 행동을 통해 얻은 과거의 경험이다. 행태주의자들은 행동을 통해 행위자가 얻은 경험의 효과는 바로 다음에 이어지는 반응 행동을 통해 경험적으로 확인이 가능하다는 점에서 별도의 이론적 설명을 필요로 하지 않는다고 주장한다. 이에 비해, 미드는 이미 이루어진 행동에 의한 경험적 학습의 효과는 "Me" 국면에서의 성찰이라는 매개 과정을 거쳐 다음 "I"의 국면으로 투입되는 것으로 보고 있다.

따라서 예상치 못한 행동이나 과거에는 본 적이 없었던 창의적 행동이라고 하더라도 거기에는 과거의 행동에 대한 반성과 그것을 기반으로 머릿속에서 그려지는 미래 행위에 대한 구상이, 적어도 하나의 필수적인 요소로, 개입될 수밖에 없었으리라는 것은 그것이 바로 인간의 행동이기 때문에 거부하기 어려운 결론일 수밖에 없을 것이다. 물론 "I"의 모든 행동이 "Me" 국면에서 이루어지는 다분히 관념적인 활동의 산물이라고 보기에는 어려울 것이다. 또한, 새롭게 행동하고자 하는 진지한 의도와 치밀하게 짠 계획에도 불구하고 결국 실제 행동은 과거의 그것의 답습에 불과하다는 비난을 우리는 종종 듣곤 한다. 이는 현실 속의 행동은 우리의 관념적 세계 속에서 이해 내지는 기획되고 의도되는 것처럼 그렇게 단순하게 진행되지는 않는다는 것을 의미한다. 실제로 우리의 행동은 불확실성을 갖는다고 하더라도 일반적인 사회의 규범에 비추어 그다지 벗어나지 않은 범위 내에서 일어나게 마련이다. 미드가 "사회적 통제는 'I'의 표현을 억제하는 요인으로서 'Me'가 작용하는 것이다. 'Me'는 (I'의) 한계를 설정하며, 'I'의 표현이 가능한 범위를 결정한다. 말하자면, 사회의 모든 구성원들이 관심을 갖는 일을 하도록 통제하는 수단으로서 'Me'를 활용하는 것이다"라고 지적한 것은 개인들의 행동은 결국은 사회적 통제의 범위 내에 머물게 된다는 점을 강조하기 위한 것이다. 여기에서 "Me" 국면에서 과거 행동을 대상으로 이루어지는 성찰이 개인의 체제 순응을 위한 통제적 기능을 발휘하느냐 아니면 과거 행동의 비판적 성찰을 통해 행동 상황의 재인식 또는 재구성과 함께 행동의 새로운 설계를 통해 변화의 가능성을 열어주는 기능을 할 것인가 하는 의문이 제기된다. 이에 대해서는 미드가 일관된 방향으로 해답을 제공하고 있지는 않다. 우리가 이미 인용한 미드의 언급들을 참조한다고 하더라도 두 입장을 뒷받침하는 내용들을 포함하고 있음은 부인할 수 없는 사실이다. 그러나 이와 같이 일관되지 않은 입장을 크게 문제를 삼을 필요는 없다는 것이 필자의 판단이다. 문제가 되는 것은 자아에 있어서 "I"와 "Me"의 기능적 차별성과 그것들 간의 관계이다. 우리가 살펴보았듯이, 모리스로부터 멜처에 이어지는 사회학자들의 해석은 "I"는 예측불가능하고 충동적이며, 창의적인 자아의 측면을 대변하고 있으며, "Me"는 규범적이고 보수적인 자아의 다른 한 측면을 대변하고 있다는 것이다. 이와는 대조적으로 필자의 해석은, 자아의 이 두 기능적 속성은 "Me"의 국면에서 자아의 생각이 어떤 방향으로 발전되느냐에 따라 달라질 수 있으며, 따라서 "I"의 행동에서 나타날 수 있는 이 특성들은 결론적으로는 "Me"의 국면에서 그 이전의 "I"의 행동을 어떻게 분석하고 그 이후의 행동을 어떻게 설계하느냐에 따라 다르게 표현될 수 있다는 것이다. 물론 "I"의 국면에서 행동에 영향을 미치는 요인들에는 "Me"의 국면에서 행사되는 통제적 기능의 범위 밖에서 작용하는, 따라서 개인들이 그들이 처한 상황과 지식의 한계 속에서는 숙명처럼 여길 수밖에 없는 요인들도 작용할 것이다. 이 때문에 발생하는 행동의 불확실성이 적어도 "I"의 국면에서 나타나는 행동의 중요한 특성으로 지적되는 것은 인간 행동의 피할 수 없는 현실일 것이다. 그러나 그럼에도 여전히 분명한 사실은 **"I"**의 행동은 그전에 있었던 무수한 **"I"** 국면의 행동들을 통해 얻어진 경험들과 그 경험들을 놓고 나름대로의 시각에서 성찰을 거듭해온 **"Me"**의 국면들이 미친 영향을 고려하지 않고서는 설명이 가능치 않으리라는 것이다. 즉, 인간의 행동은 **"I"**의 행동 속에 과거로부터 **"Me"**가 어떤 규제적 영향들을 어떤 형태로 영향을 미쳐왔는지를 고려하지 않고서는 설명될 수 없다는 것이다.

이상의 논의를 고려해 볼 때, 자아의 두 국면, **"I"**와 **"Me"** 간의 차이를 마치 프로이트의 **"id"**와 **"super-ego"** 사이의 그것에 유사한 것으로 보는 견해는 그다지 설득력이 있는 해석으로 평가되지는 않는다. 필자의 해석은 미드의 견해를 배경에 놓고 보았을 때 그 전체적 맥락과 가장 부합되는 해석은 실제적 행동을 통해서 얻어진 자아의 경험(**"I"**)과 그 결과에 대한 자아의 성찰(**"Me"**)과의 관계는 각기 축적된 성과와 영향들을 서로 간에 전달함으로써 성취되는 진화적 발달의 관점에서 이해되어야 한다는 것이다. **"I"** 국면에서의 행동은 그 이전의 성찰의 국면(**"Me"**)에서의 성과가 중요한 하나의 결정 요인으로서 작용하며, **"Me"** 국면에서의 성찰 역시 그 이전의 **"I"** 단계에서 얻어진 경험들이 현실의 진단과 처방에 중요한 토대로 작용하게 마련이다. 다른 말로 표현하자면, **"I"**의 행동을 결정하는 요인들 가운데는 그 이전에 **"Me"**의 국면에서 얻어진 성과들이 (아마 가장 중요한 요인으로서) 포함되어 있고, **"Me"** 국면에서의 성찰을 이끌어가는 자아의 인지적 및 규범적 자원들은 그 전의 수많은 **"I"**의 국면에서 체험된 현실들을 토대로 하고 있을 것이다. 바로 이와 같은 관점에서, **"I"**와 **"Me"**의 관계를 필자가 (마치 파슨스가 인간 행위 체계의 하위체계들 간의 관계를 표현할 때 이야기한 바 있듯이) [126] 상호침투되어 있는 관계라고 특징짓더라

---

126) 파슨스는 인간의 행위에 영향을 미치는 네 가지의 종류의 중요한 요소들이 각기 내부적으로 논리적 연관성을 가지고 다른 요소들과 구분될 수 있는 "체계(system)"를 형성하고 있다고 보고, 이들을 인간 행위 체계를 형성하는 네 가지 하위체계로 분류한 바 있다. 사회체계(social system), 문화체계(cultural system), 인성체계(personality system) 그리고 행동 유기체(behavioral organism)가 그것들이다. 예들 들어, 사회적 대상에 대한 구분과 인식, 문화적 규범들과 같이 사회체계의 구성 요소들 또는 문화적 요소들은 인성체계를 구성하는 요소로서 개인들의 인식 속에 내재화된 요소로서 또한 자리 잡고 있다. 이들 체계들 간의 관계에 있어서, 개인들이 생각하고 행동하는 방식과 맞지 않는 사회구조는 실패할 수

도 무리는 없다는 생각이 든다.

자아의 구조에 대한 미드의 이와 같은 견해가 사회적 행위의 본질적 특성과 사회적 행위를 결정하는 요인들과 관련하여 지닐 수 있는 의의에 관해서는 결론 부분에서 논의가 이루어질 것이다. 그러나 여기서 미리 지적하고 싶은 한 가지 사실은 "**I**"와 "**Me**" 국면이 교차하는 과정을 통한 자아 발달의 역동성을 비롯하여, 행동하는 생물학적 존재로서 그리고 동시에 자신을 포함한 현실에 대해 비판적으로 성찰할 수 있는 이성적 존재로서의 인간 속성에 대한 미드의 견해가, 적어도 필자의 판단에 따른다면, 사회학자들 사이에 기존 사회학 이론들이 지나치게 정태적이라든지 또는 인간 행위의 속성들 가운데 어떤 선택된 일면에 지나치게 기울어왔다는 등의 비판을 극복하는 데 도움이 될 수 있는 상당히 의미 있는 이론적 시각들을 제공하고 있는 것으로 판단된다는 것이다. 여기에서는 이 점이 바로 미드의 사회심리학적 이론을 이 책에 검토 대상으로 포함시킨 이유였다는 사실을 알려두는 것으로써 이 부분에서의 논의를 마감하려고 한다.

다. 사회

1. 사회의 기본적 요소와 속성

이제까지 논의를 통해 미드의 견해를 한 마디로 줄여서 표현한다면, 인간의 마음과 자아는 사회적 산물이라는 말로 요약될 수 있다. 그리고 그 연장선상에서 또한 내릴 수 있는 결론은 인간들의 공동체적 삶이 이어질 수 있는 것은 바로 개인들

밖에 없을 것이며, 그 행동이나 생각이 자신이 속한 공동체가 요구하는 그것과 부합하지 못하는 개인들 역시 생존이 어려울 것이다. 따라서 사회체계는 개인들로부터 어떤 종류의 인성 유형들을 요구하며, 반면에 개인들 역시 역으로 그들의 가치나 성향과 부합되는 사회적 체계의 형성을 지향할 것이다. 결과적으로 개인들의 인성에는 사회적 요구가 담기게 되고, 사회 구조는 개인들이 지향하는 규범적 요구들이 담기게 될 것이다. 결과적으로 어떤 공통적 요소들을 다른 체계들 사이에 공유하게 되는 현상을 파슨스는 "상호침투성(interpenetration)"으로 특징짓고 있다(Parsons, 1971: 6).

이 인간 사회를 가능케 하는 특유의 "마음"을 가지고 행동하고 있으며, 그들이 또한 사회적 관계 속에서 "자아"를 지닌 존재로 성장한다는 사실에 의해 설명될 수 있다는 점이다. 달걀은 닭이 있어서 낳을 수 있는 것이고, 닭은 달걀이 있어서 낳을 수 있었다는 식의 주장은 사회와 개인의 순환적 관계에 관한 한 지나치게 단순화된 논리이기는 하다. 그러나 핵심적 요지에 있어서 사회와 개인의 관계에 대한 미드의 주장은 그렇게 단순하게 비유될 수 있음을 부인할 수는 없을 것이다. 그러나 우리가 앞에서 살펴보았듯이, 개인의 인성은 이미 주어진 개인들의 생물학적인 바탕 위에서 오랜 기간에 걸쳐 공동체의 구성원들 간에 아직도 우리가 충분히 이해하지 못하는 미묘하고 복잡한 형태의 상호작용을 통해 형성되는 산물이다. 그러나 사람들의 내면적 정신세계와 현실 세계 간의 역학관계 속에서 인성이 사회 현상의 유지 또는 변화를 가져오는 요인으로서 실제로 어떻게 작용하고 있는지에 관해서 우리는 아직 모르는 바가 너무 많은 것이 사실이다.

인간 인성의 실체, 사회의 실태와 본질 및 그것들 간의 관계에 대해 우리 지식이 갖는 한계와 관련해서 미드라고 해서 특별히 예외가 될 수는 없을 것이다. 그러나 개인과 사회 간에 존재하는 관계의 본질에 대한 미드의 접근 시각은 다른 사회학자들의 그것과는 매우 다른 특징을 지니고 있음을 주목할 필요가 있다. 사회학 이론에 있어서 통상적인 쟁점 가운데 하나는 사회구조를 결정하는 기본적 요인에 관한 의문이었다. 경제적 소유 또는 통제력의 있어서 사회구성원들 간에 나타난 차이라든지, 사회구성원들 간의 협동과 사회적 유대를 유지하기 위한 기능적 필요성에 부응하여 발전된 가치와 이념의 체계 등과 같은 요소들이 사회학자들의 중요한 관심사로 다루어져 온 이유는 여기에 있었다. 즉, 그와 같은 것들이 사회구조의 토대를 이루는 요소들이라고 믿어졌기 때문이다. 이에 비해 행태주의자들은 사회구조라든지 규범과 같은 사회적 현상들은 그것들을 통해 자신의 욕구를 가장 효율적으로 실현하기 위한 개인들의 행동으로부터 나온 산물이며, 따라서 사회 현상은 곧 개인들의 행동 원리에 의해 설명이 가능한 그 이상의 또는 그 이하의 현상도 아니라고 주장한다. 물론 이외에도 사회 현상을 설명하는 다양한 이론적 관점들이 존재해 왔다. 그렇다면 이제, 우리가 흔히 접해왔던 사회학적 시각들과는 다소 이질적으로 느껴지는 시각을 함축하고 있다는 점에서 필자가 상당한 흥미를 지녀왔던,

미드가 사회를 보는 시각에 대해 살펴보려고 한다.

　우선 미드는 인간 공동체의 경우에 그 구성원들은 신체적인 면에서 서로 간에 기능적으로 분화된 차이들을 보이지 않는다는 점에서 다른 사회적 동물들과는 차이가 있음을 지적한다. 개미라든지 벌은 각각의 개체들이 군집 속에서 맡게 될 역할에 따른 생물학적인 특징들을 지닌 채 태어난다. 이들이 타고난 능력들을 바탕으로 분담된 역할을 수행함으로써 주어진 군집은 주어진 종류의 공동체로서의 특성과 생존을 유지하고 있다는 점에서 특징을 보인다. 사회적 동물로서 인간들이 수행하는 사회적 역할들은 그와는 전적으로 다른 원리에 의해 이루어진다. 우선 개인들 사이에는 역할에 따른 신체적 특징과 능력에 차이가 존재하지 않으며, 그 역할들을 수행하는 데 필요한 능력은 대체로 생후에 이루어지는 사회적 학습에 의해 결정된다. 그리고 그와 같은 학습은 인간의 의사소통 능력과 함께 그가 "자아"를 가진 존재라는 특성에 의해 가능케 되는 인간만의 특유한 능력의 표현이자 현상이라고 미드는 강조한다. 사회의 기본적 구성단위로서의 인간이 "자아"를 지닌 존재라는 사실은 다음과 같은 점들에서 미드가 인간 사회의 특성을 설명하는 데 매우 중요한 의미를 갖는다. 첫째로, 개인들이 "자아"를 가졌다는 사실은 공동체의 구성원들 간의 의사소통 과정을 통해 개인들에 의해 성취된 독특한 속성이다. 이와 같은 속성은, 앞에서 반복적으로 지적되고 있듯이, 개인이 타인의 관점에서 자신을 성찰할 수 있는 능력을 지닌 존재라는 것을 의미한다. 이로부터 분명하게 추론될 수 있는 사실들이 있다. 그것은 자신을 타인들의 입장에서 이해할 수 있는 개인들의 능력은 사회구성원들 간에 상호 이해와 협동에 의한 사회적 질서를 가능하게 한다는 것이다. 그리고 이것이 곧 사회에 질서가 왜 가능한지를 설명한다는 점에서 질서의 문제에 대해 홉스가 제시한 사회계약설[127]보다 훨씬 설득력있는 대안을 제

---

127) 홉스의 사회계약설은 개인들이 각자의 이기심 때문에 발생할 "모든 사람들의 모든 사람을 향한 투쟁의 상태"에서 벗어나기 위해 외부 권력에 의한 통제에 동의한다는, 매우 믿기 어려운, 시원설화(始原說話)와 유사한 가설에 근거를 두고 있다. 미드의 사회 질서에 견해는 두 가지 점에서 홉스의 이론과 차이를 보인다. 첫째는, 사회 질서는 개인이 "자아"를 지닌, 즉 인간으로서 가지고 있는 특징적 품성에 바탕을 두고 있다고 보는 점이다. 두 번째는, 홉스는 이성적 판단 능력을 갖춘 개인들이 자신의 이익을 위해 내린 판단의 결과로서 사회가 존재하게 된다고 본다. 반면에 미드는 사회가 이미 존재하는 상황 속에

시하고 있는 것으로 여겨진다. 두 번째로, 개인들이 자아를 가졌다는 사실은 사회구성원들이 상호 통제를 행사함으로써 사회 질서의 유지에 기여하게 되는데 그치는 것만은 아니라는 점에 유의할 필요가 있다. 어떤 행동이 의도하는 성과를 거두는 데 실패하게 되면, 사람들은 그 행동이 실패한 이유에 대해 생각하기 시작한다. 뿐만 아니라, 그 행동을 대신하여 보다 나은 결과를 가져올 행동 대안들을 모색하게 될 것이다. 마음속에 그려지는 상상적 실험의 행태로 이루어지는 이와 같은 새로운 행동의 설계는[128] 과학자의 발상이 흔히 그러하듯이 현실 속에서 반드시 그대로 실현된다는 보장은 없다. 그러나 기획된 행동을 통해 때로는 의도하는 결과를 실제로 실현함으로써 사람들의 생활 방식이나 사회구조에 대개는 점진적인, 그러나 드믈게는 혁명적인, 변화를 이루는 데 기여하기도 한다. 이와 같은 미드의 견해는 자연스럽게 인간 사회가 보이는 모습과 그 변화의 과정은 결국은 그것을 이룬 구성 요소가 "자아 의식을 지닌 개인들(self conscious individuals)"이기 때문에 가능하다는 결론으로 이어진다. 인간 사회와 개미와 같은 동물들의 사회 간에 나타나는 본질적 차이는 인간 사회는 자아를 지닌 인간 개체들로 이루어졌다는 사실이 가장 핵심적 요인으로 지적될 수 있다는 것이다. 구성원들 사이에 역할의 분화를 예로 들어 보자. 사회적 동물의 경우 역할의 분화에 따른 사회 구조의 형태는 군집들 사이에 어떤 본질적인 차이를 보이지 않으며, 환경의 차이에 의해 달라진 진화의 양상에 있어서 어떤 차이를 나타낼 뿐이다. 개체들 사이에 역할의 분화에 따른 군집 내의 관계적 구조 역시 생물학적 요인에 의해 결정된, 매우 단순한 형태를 보인다. 이에 비해 인간 사회의 역할 분화와 분화된 역할들 간의 관계의 구조는 수직, 수평적으로 발달된 매우 복잡한 구조를 보이는 형태로 발전해 왔다. 의문은 생물학적인 측면에서는 인간 개체들 간에 별다른 차이를 보이지 않는다는 사실을 감안했을 때

서 타인들과의 의미 있는 의사소통을 통해서 개인들은 비로소 자아를 인식하게 된다는 점에서 자아를 지닌 개인은 사회에 앞서서 존재할 수는 없다고 본다(Mead, 1934: 233).

128) 이에 대해서는 다음과 같은 미드의 언급을 참조할 것: "행동을 분석하고, 행동을 이루는 요소들을 부분부분으로 떼어내어 재구성하는 과정은 머릿속의 사유 작용을 통해 이루게 된다. 그리고 이와 같은 생각을 개인이 스스로 할 수 있는 (지적) 능력을 갖게 된 것은 전적으로 (사회적) 의사소통의 과정으로 인한 성과이다(1962: 171).

그들이 수행하는 사회적 역할에서의 복잡한 분화는 어디에서 연유하고 있는가 하는 것이다. 이에 대한 미드의 설명은, 개인들의 행동과 그 결과에 대한 성찰을 토대로 새로운 행동을 구상하고 실행에 옮긴 개인들의 능력을 통해 얻어진 결과라는 것이다. 예를 들어, 농업에서 얻어진 소출이 만족스럽지 못하다면 자신이 하던 일과 그 결과에 대해서 돌이켜보고 어떤 부분의 일들을 다른 사람에게 맡겨 효율성을 높인다든지 자신의 노동력을 보다 효율적인 기구로 대치할 것이다. 자신의 행동에 대한 이와 같은 성찰과 분석은 개인의 머릿속에서 이루어지는 자아와 익명의 타자 간의 내적 대화의 형태로 이루어진다. 미드는 이와 같이 자아를 상대로 내적 대화를 수행하는 인간의 특성은 사회적 과정의 산물이며, 또 사회를 유지하고 변화시키는 가장 기본적인 기제로 파악하고 있다. 사회를 움직이고 그 구조를 결정하는 가장 기본적인 요인이자 동력은 개인들의 행동과 생각이라는 것이다.

2. 사회 제도

개인들의 행동과 그들이 내면적으로 수행하는 성찰적 행동은 사회를 유지하고 변화시키는 가장 기본인 요소로 규정하는 경우에 사회 구조의 근간을 이루는 사회적 제도는 어떻게 설명될 수 있을 것인가? 파슨스에 의해 구축된 구조기능주의적 시각에서 사회 제도는 흔히 개인들의 역할과 관련된 행위를 규제하는, 비교적 지속적으로 작용하는 행위 규범들의 체계로 규정된다. 반면에 미드는 제도를 유사한 사회적 상황 속에서 나타나는 개인들의 행동적 반응이라는 측면에서 다음과 같이 규정한다: " … 사회 제도란 조직화된 형태의 집단적 또는 사회적 활동들을 지칭한다. 조직화된 형태란 사회의 성원들이 그와 같은 활동들을 하면서 동료 사회 구성원들의 관점에서 적절하다고 보거나 용인하는 행동을 하는 것을 의미한다"(Mead, 1934: 261). 사회 제도에 관한 미드의 이와 같은 정의는 종래의 제도권 사회학에서 제도를 이해하는 관점과 그 강조점에서 중요한 차이를 보인다. 인간의 행동을 사회구조적 측면에서 설명하고자 하는 사회학자들에 의해서 사회 제도는 대체로 사회구성원들의 행동들을 통제하는 데 비교적 안정적으로 기능하는 역할과 규범들의 체계를 지칭하는 용어로 사용되어 왔다. 이와 같은 맥락에서, 비교적 안정된 구조적 또는 규범적 토대 위에서 사회구성원들이 수행하는 어떤 종류의 활동들이 반복적으로 재생될 때 우리는 "제도화"되었다는 표현을 사용해 왔다. 사회학의 일반적 관점에서 본 제도와 미드의 시각에서 규정된 제도에 관한 정의는 유사한 듯 싶기는 하지만 다음과 같은 점에서 한 가지 결정적인 차이를 보인다. 그것은 개인 또는 주변의 타인들이 어떤 행동에 대해 나타내는 반응들이 제도의 성립을 결정하는 중요한 요인으로 규정되고 있다는 점이다. 이는 미드의 경우에 제도는 역할과 규범과 같이 사회의 구조적 요소에 강조점을 두기보다는 어떤 행동들에 대해 개인들이 나타내는 행태적 반응들에 훨씬 가깝게 다가서고 있는 개념이라는 것을 의미한다. 물론 미드가 의미하는 맥락에서 개인들의 행태적 반응이란 그에 전후하여 자아의 내면에서 이루어지는 성찰적 활동을 또한 포괄하는 개념이라는 점을 주목할 필요가 있다. 이 때문에 일반적으로 사회학에서 제도라는 용어가 사회적 행위들의 경직되고 형식화된 규칙성을 시사하는 의미를 담고 있는 반면에 미드가 의미하는 **사회 제도는 훨씬 유연성 있는 해석의 폭을 허용함과 동시에 변화의 가능성을 함축하는 보다 역동적인 의미를 담고 있다**는 것이 필자의 해석이다. 이와 같은 사회 제도의 속성과 관련하여 다음과 같은 미드 자신의 견해를 인용함으로써 이 부분의 논의를 결말지으려고 한다.

… 제도란 결코 사회구성원 개개인들의 개별적 특성을 말살하는 것은 아니다. 어떤 고정화되고 특수한 행동들의 양식을 좁은 개념 속에 담아 표현하고 있거나 강제하기 위한 사회적 수단으로서 사용되기 위한 것이 결코 아니다. 어떤 주어진 상황 속에서 지적으로 깨어 있고 책임감이 있는 개인들이 주어진 공동체 또는 사회집단의 구성원으로서 (무지몽매하고 도덕적 책임감이 없이 행동하는 바보 천치들과 대조적으로) 보여주는 전형적인 행동들이 어떤 것들인지를 보여주는 것도 아니다. 내가 보는 제도란 그와는 전적으로 다른 것이다. 우리가 제도를 규정하기 위해서는 매우 넓고 일반적인 시각에서 사회적인 또는 사회적으로 책임 있는 개인들의 행동 양태들이 어떻게 나타나고 있는지를 파악하는 것으로써 충분할 것이다. 우리는 그러한 행동들에는 창의성이라든지, 유연성 또는 그와 같은 유형에 속하는 다양한 특성들이 있음을 충분히 감안하지 않으면 안 될 것이다. 사회 제도는 그 주체가 인간인 이상 구조화된 중요한 기능적 측면들 또는 사회적 생활

과정의 조직화된 전체 구조의 발전 단계들에서 나타나는 역동적이고 발전적인 특성으로부터 예외가 될 수는 없을 것이다(Mead, 1934: 262-263).

3. 윤리적 공동체로서의 사회: 이타적 행동의 사회적 근원

뒤르케임은 집단의식을 바탕으로 구성원들이 견고하게 통합되어 있는 상태에서 그들 간의 일체감이 이타적 자살을 촉진하는 원인이 된다고 주장한 바 있다. 그러나 자살을 포함하여 개인들의 이타적 행동이 왜 나타나는지를 설명한다는 것은 쉽지는 않은 일이다. 사회의 대부분의 윤리 교재에는 구성원들을 향한 서로의 이타심에 대한 훈육이 포함되어 있다. 종교적 교육의 경우에는 더욱 그러하다. 그러나 타인과 나누는 사랑이라든지 신의와 같은 덕목들은 가르쳐질 수 있는 지식은 아니다. 지식을 배우듯이 단지 어떤 도덕적 조목들을 암기하고 기억 속에 보존함으로써 실행이 가능한 것은 아니라는 것이다. 행태주의 심리학자들은 사람들의 본성에는 애초에 이타심이란 존재하지 않으며, 혹시 이타적인 것처럼 보이는 행위가 관찰되더라도 이는 오직 이기적 욕구를 충족하기 위해 보상과 대가를 상호 교환하는 행위의 일환일 따름이라고 주장한다. 그러나 뒤르케임도 지적했고 파슨스 역시 적극적으로 동의하고 있듯이, 각기 이익을 목적으로 맺어지는 계약이라 할지라도 그것이 반드시 지켜져야 한다는 데 대한 서로 간의 도덕적 의무와 신뢰가 뒷받침하지 않고서는 계약의 효력을 유지한다는 것은 사실상 어려울 것이다. 따라서 파슨스는 고도로 분화된 사회에서 각자의 이익을 목적으로 맺어지는 계약이라 할지라도, 계약 자체에는 적혀 있지 않지만 계약당사자들의 도덕적 의무들에 대한 이해와 동의가 포함되어 있으며, 이 때문에 대부분의 계약들은 실질적인 효력을 갖는다고 주장한다. 고도로 분화된 현대 사회라고 할지라고 이와 같은 윤리적 의무들에 대한 합의가 바로 사회 유대와 질서를 지탱하는 가장 기본적 토대가 되고 있으며, 그러한 점에서 모든 사회는 **이익 사회**이기 이전에 본질적으로 **도덕적 공동체**

로서의 특성을 지닌다는 것이 파슨스 주장의 요체이다. [129] 바로 이와 같은 측면에서, 굴드너(Gouldner, 1970: 246)가 "파슨스에게는 사회 세계는 무엇보다도 윤리적 세계이고, 사회 현실은 윤리적 현실이다"라고 지적했던 것은 결코 무리하지 않은 평가였다.

미드의 사회적 행위 이론의 전반적 기조가 위에서 보는 바와 같이 사회를 일종의 도덕적 공동체로 보는 견해와 결을 같이하고 있다는 것은 부인하기 어려운 사실이다. 이러한 유사성에는 미드나 파슨스의 성장 당시 영향을 주었던 개신교를 배경으로 하는 미국 문화의 지배적인 가치들이 작용하고 있지 않았느냐 하는 것이 필자의 짐작이다. 어쨌든, 사회를 보는 이와 같은 시각에 있어서 공통성에도 불구하고 미드가 보는 사회의 본질을 특징적으로 부각시키기 위해서는 파슨스가 보는 그것과의 비교가 필요한 것으로 여겨진다. 기능주의적 입장에서는 사회적 동물로서 인간의 안정적 생존은 그들의 공동체에 질서가 유지되어야 할 필요성이 있고, 그와 같은 요구에 따라 개인들이 집단 속에서 따라야 할 행동 규범들이 존재하며, 또 그것들이 실제로 준수되고 있기 때문에 가능하다고 주장한다. 이러한 주장이 파슨스 사회관의 한 토대를 이루고 있음은 부인할 수 없는 사실이다. 물론 그로부터 나타나는 질서가 사회 그 자체의 작용이라기보다는 행위하는 사람들이 그와 같은 규범들을 사회화 과정을 통해 내면화하고, 사회적으로 기대되는 방식으로 행동함으로써 비로소 가능하게 된다는 것은 당연한 이치일 것이다. 미드는 이에 비해 사회를 자아를 지닌 사람들의 집합체로 보고 있다. 개인들의 자아는 개인들이 상호작용하는 과정 속에서 그들의 행동들을 통해 얻은 경험들로부터 생성된 산물로서 설명되고 있다. 미드의 이와 같은 주장을 받아들이는 경우에, 개인들의 활동이 자아의 행동과 생각을 통제하는 윤리적 규범들의 지배를 받는다고 보는 파슨스의 주장에는 다소 무리한 논리가 개입되고 있음을 알 수 있다. 왜냐하면 윤리적 태도들은 그 자체가 개인들의 사회적 생활 과정들을 통해 자연스럽게 형성된 인간 자아의 본질적 속성의 전부는 아니라고 하더라도 적어도 중요한 일부분을 구성한다고 판단

---

129) 이에 대한 보다 상세한 설명은 이 책의 본문 p. 158-168을 참고할 것.

되기 때문이다. 만약 윤리적 가치들이나 또는 태도들이 사회를 지탱하는 중요한 요소라는 사실을 인정한다고 하더라도, 그것은 개인들에 의해 수행되는 행동과 성찰의, 즉 "I"와 "Me"로서 구분되는 자아 국면들 간의 내적 상호작용의 연장선상에서 이해해야 한다는 것이 미드의 주장이다. 이러한 입장은 적어도 개인들의 자극과 반응 및 그 결과의 연장선상에서, 오직 그것에 기초하여 사회 현상은 설명되어야 한다고 강조하는 고전적 행태주의자들의 입장과 닮아 있는 부분이 있다. 그러나 "I"와 "Me", 다른 말로 표현하자면, 행동과 성찰의 상호작용을 통해 나타나는 개인들의 활동은 결정론적인 이론을 통해서는 가능하지 않은 넓은 폭의 가변성과 역동성을 사회 현상에 부여하게 된다. 물론 여기에는, 한스 요하스(Hans Joas, 1990: 166-186)가 지적하고 있고 앞 부분에서도 누차에 걸쳐 반복적으로 강조된 바와 같이, 집단적 수준에서의 질서가 유지되기 위해서는 사회에서 자아의 행동은 일정한 한도 내에서 규범적인 통제 하에 있을 수밖에 없다는 인식이 동시에 반영되고 있다. 그러나 재차 강조하거니와, 미드의 관점에서, 규범적 통제로 인해 유지되는 일정한 수준의 인간 행동의 규칙성은 개인이 자라는 과정에서 그의 행동에 대한 타인들의 반응들이 모여 형성된 사회적 과정의 산물로서의 자아가 자신의 행동에 대해서 행사하는 내적 규제력에 의해 유지된다. 미드가 주장하는 **자아에 의한 자기 규제**는 "Me"와 "I"의 상호작용의 기제를 통해 설명되고 있다. 그러나 동시에 바로 앞 부분에서 지적한 바 있듯이, 미드의 이론은 " … 결정론적인 이론을 통해서는 설명하기 어려운 넓은 폭의 가변성과 역동성을 사회 현상에 부여하고 있다." 미드 이론의 이와 같은 특성에 대한 요하스(Joas, 1990: 167)의 다음과 같은 평가는 미드의 행위의 규범성에 대한 강조가 파슨스의 그것과 어떤 점에서 차이가 나는지를 매우 정확하게 지적하고 있다: "미드의 행위 이론은 행위의 창의성을 전면에 부각시키고 있다. 행위의 규범성을 강조하는 그의 이론은 사회적 규범의 상호주관적 합의에 바탕을 두고 있다. 그러나 그의 이론은 또한 행동하는 가운데 일어나는 윤리적 문제들이 사람들의 창의적 행위를 통해 또한 극복되고 있다는 사실을 놓치지 않고 있다"(Joas, 1990: 167). 즉, 파슨스가 사회적 행위를 "규범성(normativity)"에 의해 설명하고 있는 반면에 미드는 반대되는, 또는 상호보완적이라고 특징지을 수 있는, 행위의 "창조적 측면(creativity)"을 동시에 강조하고 있다는 점에서 차이를 보인다는 것이다.

4. 사회 통합의 기제(機制): "I"와 "Me"의 융합

미드 이론의 관점에서, 일반적인 상황 하에서의 사회 통합은 "**I**"의 행동에 대한 "**Me**"의 통제에 의해 설명된다. 즉, 자아 내부로부터 행사되는 일반적 타자의 규제적 기능에 의해 설명된다. 그러한 자율적 규제로부터 일탈하는 행동들에 대한 미드의 설명은 그다지 일관적이지는 않다. 다수의 사회학자들은 행동하는 국면에서 나타나는 "**I**" 행동에는 사회에 의해 통제되지 않은 본능적이거나 창의적 욕구 등과 같이 불확실성을 내재한 요인들이 영향을 미치기 때문이라고 주장한다. 실제로 미드의 저서를 살펴보면, 이와 같은 해석을 뒷받침하는 듯한 구절들을 여러 곳에서 발견할 수 있다. 예로서 아래의 인용 구절들을 살펴 보자.

… "**Me**"를 구성하는 조직화된 태도들을 바탕으로 주어진 상황에 반응하는 자아를 우리는 "**I**"라고 칭한다. 그러나 그 반응이 구체적으로 어떠할지는 행위자 자신도 모르고 다른 아무도 모른다. (운동 선수의 경우에) 아주 엄청난 솜씨를 보여주기도 하고 에러를 저지르기도 한다. 행위자의 순간적인 경험 속에 진행되는 상황에 대한 반응은 불확실하며, 이 국면의 자아가 곧 "**I**"를 구성한다(1934: 175).

개인의 미래로 움직이는 발걸음이 곧 흔히 "자아(ego)"로 지칭되는, 즉 "**I**"이다. 그러나 이는 "**Me**"에 의해 결정되는 것은 아니다. … 자아의 행동은 상충되는 자료들에 의해 제기되는 문제에 대한 반응의 맥락에서, 즉 과학자로서 개인에게 부과되는 상충되는 요구들에 대한 반응으로서 이루어진다. 과학자는 그 문제를 여러 다른 방향에서 살펴보아야 한다. 그에 대한 해답으로서 "**I**"의 행동은 우리가 미리서 예측하기 힘든 성격의 문제이다(1934: 177).

요지는 "**I**"의 행동은 우리가 규범적으로 예단할 수 없는 불확실성을 내포하고 있다는 것이다. 그러나 이와 같은 해석은 두 가지 측면에서 미드 자신이 밝히고 있는 견해와 충돌되는 면이 있다. 우선 하나는, 미드는 "**Me**"가 개인에 대한 사회의 규범적 통제가 이루어지는 핵심적 기제를 형성한다고 본다는 사실이다. 따라서 대체로 정상적인 사회화 과정을 거친 개인들의 행동은, "**Me**"가 정상적으로 형성되고 작동하는 경우에, 사회적 기대로부터 크게 벗어나는 일은 드물다는 것이다. "**I**"의 행동은 오랜 동안 "**Me**"에 의한 자아 검열 또는 자기 성찰에 익숙한 개인들에 의해 행해진다고 보는 것이 미드의 입장에 가장 가깝다는 것이 필자의 해석이다. "**I**"를 인간 행동의 불확실성과 창조적 변용의 출처로 규정하는 견해에 대한 다른 하나의 반론은 미드가 보기에, 행동 이전에 이루어지는 순수하게 관념적인 수준에서 이루어지는 자아의 성찰 활동은 인간 사회에 대해 동물 사회와는 질적인 다른 창조와 변화의 기회를 제공하고 있다는 점이다. 이런 의미에서 개인 행동의 불확실성은 "**I**"의 행동이 수행되는 국면에서 "충동적"으로 작용하는 본능적 욕구들이나 감정들 같은 요인들에 기인하는 것으로 설명될 수만은 없을 것이다. 그보다는 "**Me**"의 국면에서 표현되는 개인적인 사고 능력의 편차라든지 생각하는 성향의 차이에 연유하고 있을 가능성이 있다. 이는 곧 인간의 행동과 그 연장으로서 사회의 본질적 특성을 이해하는 데 개인들이 그들의 내면 세계에서 영위하는 **성찰적 활동들을 매우 중요한 요인으로서 고려할 필요가 있음**을 의미한다.

우리가 앞에서 소개한 미드의 "**I**"의 불확실성에 대한 해석의 차이는 양자가 다 미드가 언급한 바에 근거를 두고 있다. 따라서 어느 편이 특별히 더 올바른 해석인지는 단정적으로 판단하기에 어려운 문제로 여겨진다. 단지 필자의 주관적인 평가로는, "**I**"와 "**Me**" 국면의 자아는 자아의 발전 과정 속에서 서로 긴밀하게 얽혀 상호 영향을 주고받기 때문에 전자를 창의적이거나 충동적인 자아의 표현이라고 보고 후자를 규범적인 자아의 표현이라고 규정한다는 것은 무리가 있다. 만약 "**I**" 국면에서의 자아가 "창의적"인 행동을 했다면 이는 그 이전 국면에서 이루어진 자아의 사유 활동이 자아의 행동을 좀 더 창의적이도록 만드는 데 기여한 측면이 있었기 때문에 가능했다는 것이 필자의 해석이고, 이는 미드가 여러 곳에서 자아의 성찰 활동을 이야기할 때 강조한 사실이기도 하다.

인간의 사유 생활에 대해 부여한 이와 같은 중요성은 미드 이론의 한 중요한 특징을 이루는 것은 사실이다. 그리고 이와 같은 점에서 미드의 이론은, 고전적 행태주의 이론과 부분적으로는 공통적 시각을 공유하면서도, 일반적으로 유물론적인 관점이라든지 사회결정론적인 이론들과는 일정한 거리를 두고 있다. 즉, 소위 주관적이고 관념론적인 이론들이 자리 잡고 있는 토양 속에서 인간 특유의 행동에 대한 설명을 위해 적절한 자원을 공급받는 한편, 그로 인해 사변적 철학으로 추락할 위험성을 행태주의와 같은 객관주의적 이론에 기댐으로써 적절한 균형을 유지하는 모습을 보이고 있다고 평가할 수 있다.

이제, 사회와 관련된 미드의 견해 가운데 특히 중요한 쟁점으로 여겨지는 한 가지 사항에 관한 논의를 마지막으로 미드의 이론에 대한 설명을 마치려고 한다. 그것은 사회 통합의 문제이다. 파슨스는 명시적으로 그러했던 것이기는 했으나, 미드에게도 역시, 다소 암묵적이기는 하나, 사회 질서, 다시 말해 통합의 문제는 핵심적인 관심사였던 것은 사실이다. 일반화된 타자에 의한 개인의 자기 규제는 개인들의 자발적 행동을 통해 사회 질서의 문제를 해결하는 가장 원천적이며 효과적인 방법이라는 점에서 미드가 가졌던 관심사가 곧 사회 질서의 문제였다는 사실에는 의심의 여지가 없는 것으로 여겨진다. 이와 같은 관심사의 맥락에서, **사회적 활동에 있어서 "I"와 "Me" 간의 융합**((fusion of "I" and "Me" in social activities)이라는 개념(Mead, 1934: 273-281)은 개인 내면에 형성된 자아의 두 국면의 융합이라는 의미를 시사하기 때문에 상당히 흥미를 유발하는 주제이다. 이 개념을 설명하기 위해 미드는 다음과 같은 다분히 비유적인 예를 든다. 방에 어떤 사람이 항시 앉아서 일하는 의자가 있다고 가정해 보자. 그 사람은 방에 들어가면 자연스럽게 그 의자를 향해 움직이고 거의 무의식의 상태에서 그 의자가 허용하는 형태로 몸을 움직여 그 의자에 자신의 몸을 앉히게 될 것이다. 그 의자라는 사물과 의자가 놓여 있는 환경 그리고 그 사람의 몸을 움직이는 활동 사이에 융합이 일어난 것이다. 미드는 이와 같은 형태의 융합이 종교적인 활동, 국가에 대한 개인의 태도와 행동, 사회적 조직체에서의 협동 활동 등에서 관찰될 수 있다고 지적한다. 즉, 종교적인 신념과 활동에 대한 개인들의 몰아적(沒我的) 헌신, 국가를 비롯한 공동체의 공동 목표의 실현을 위한 개인들의 헌신과 희생 등의 예들을 통해 볼 수 있는 바와 같이 자아와 어떤 신념 또는 공동체 사이에 거의 완전한 일체감이 형성되는 경우들을 관찰할 수 있다는 것이다. 미드는 이와 같은 융합이 관찰되는 상황을 다음과 같이 특징짓는다: "우리가 하는 일들, 우리가 하는 말들, 우리가 하는 표현과 감정들, 이것들이 곧 "I"이다. 이러한 행동들이 "Me"와 융합이 이루어지는 경우에, 마치 우리가 (오랫동안 생활의 일부가된 방안에서) 서랍 속에 종이를 꺼내기 위해 방에 모든 가구들이 배치된 상황에 맞추어 모든 관련된 행동들을 자연스럽게 실행하는 것에 비유될 수 있을 것이다. 이 점에서 앞의 두 사안은 동일한 특성을 갖는다"(1934: 279). 물론 이와 같은 융합이 항시 이루어지는 것은 아닐 것이다. 대체로 "**I**" 국면에서 행동은 의도하는 목적과는 좋은 방향으로든 나쁜 방향으로든지 벗어나는 경우가 흔히 일어나며, 따라서 "**Me**"에 의한 비판적 성찰의 대상이 되게 마련이다. 즉, 그것들 간의 완벽한 융합은 개인들이 흔히 경험하는 현상은 아니라는 것이다. 이에 따라, 미드가 지적하는 "**I**"와 "**Me**" 간의 융합 현상은 어떤 사회 또는 집단에서 어느 시기에 어떤 요인에 의해 발생하며, 그것이 결과적으로 사회 통합에 미치는 영향에 대해서 어떻게 이론적으로 정리해서 평가할 수 있을 것인가 하는 의문을 우리에게 제기한다. 이는 파슨스가 베버의 카리스마적 지도자와 그에 수반해 나타나는 사회 현상들에 대해서 제기했던 의문과 유사한 것이기도 하다. 이는 매우 중요한 의문이라는 것이 필자의 판단이나 미드가 바로 위에서 제기된 관점에서 의문을 제기한 바는 없다는 사실은 아마 사회심리학자로서 미드의 관심은 사람들의 행동을 설명하는 데 자아 요소들 간의 상호작용을 넘어서는 어떤 문제들에 대해서는 상대적으로 관심이 결여되었던 것이 원인이 아니었던가 하는 것이 필자의 짐작이다.

라. 마음과 자아, 행동 그리고 사회 간의 연결 고리를 규명하고자 한 미드의 이론적 성과에 대한 평가

미드의 주저 『마음과 자아와 사회(*Mind, Self, and Society*)』의 제목에는 "행동(conduct)"이라는 단어를 하나 더 삽입했더라면 오히려 미드가 자신의 책에서 말하고자 하는 바들을 더 정확하게 표현할 수 있었으리라는 것이 필자의 의견이다. 우리가 살펴보았듯이, 미드의 이론에서는 "마음"뿐만 아니라 외부로 표현되는 행동과 그에 따른 객관적인 결과로 이어지는 행위자의 현실적 체험들이 중요한 위치를 점한다. 미드의 중요한 관심사는 위에서 지적한 네 가지의 핵심적 현상들이 서로 어떤 연관성을 지니고 있는지를 이해하는 데 있었던 것이다. 이러한 관심사와 관련하여,

우선 미드가 부분적으로 공유하고 있고 또한 부분적으로 공감하고 있었던 고전적 행태주의에서 보였던 사회과학적 관심사와 비교해서 크게 확장된 지평을 가지고 있다는 사실을 주목할 필요가 있다. 예를 들어, 대표적 행태주의 사회학자 호만스 (George C. Homans, 1974a, 1974b)는 사회 현상은 개인들의 행동에 의해 설명될 수밖에 없고, 또 개인들의 행동 외에는 사회 현상을 이루는 다른 요소들은 존재하지 않기 때문에, 모든 사회 현상은 개인들의 행동을 결정하는 행동의 법칙 또는 그것들로부터 추론된 법칙들에 의해 설명이 가능하다고 주장한다. 이는 곧 개인들의 행동과 그것을 결정하는 인간의 기본적 욕구들 외에는 사회 현상을 설명할 수 있는, 어떤 다른 요인들은 고려될 필요는 없다는 주장으로 귀결된다. 이와 같은 주장을 따르는 경우에 사회학자들의 활동 영역은 오직 인간 행태의 학습을 결정하는 원리를 과학적으로 규명하는 데 국한될 수밖에 없을 것이다.

사회 현상을 인간의 정신적 활동의 소산에 의해 설명이 가능하다고 보는 문화론적이 시각이라든지, 사회구조적 요인들에 의해 설명하려고 하는 시도들, 그 외의 여타의 변수들을 포함하는 보다 확장된 시각에서만이 인간 현상에 대한 설명이 가능하다고 보는 다원론적 시각 등에 대해서는 이미 이 책의 여러 부분에서 소개된 바 있다. 이와 같은 사회학자들의 다기화된 이론적 관심사들을 놓고 평가했을 때, 미드의 이론은 거시적 이론은 아니며 동시에 지식의 구조에 있어서 부르디외의 그것처럼 많은 구성적(constructive) 개념들을 포함하는 복잡한 이론도 아니다. 그러나 사람들의 행태, 생각, 인성, 사회라는 — 인간들의 삶이 경험되는 네 본질적 측면들이 서로 어떻게 유기적으로 연관되어 있는지를 규명하기 위한 시도를 통해 그가 이룩한 이론적 성과는 "상징적 상호작용론"이라는 다분히 제한적 관점을 시사하는 용어 속에 국한될 수 없는 큰 의의를 지닌다는 것이 필자의 평가이다. 다른 말로 표현해서, 미드는 개인들의 사회적 삶을 구성하는 다양한 측면의 경험들이 어떤 상호연관성을 가지고 형성되고 있는지를 매우 밀도 있게 그리고 설득력 있게 설명하는 이론을 제시하고 있다는 것이다. 그러한 점에서 미드의 이론은 그 성취의 수준에 대해서는 평가를 달리할 수도 있지만, 현대 사회학자들이 흔히 통합 이론이라고 일컫는 이론 모형을 예시하는 하나의 사례를 제시하고 있다고 평가할 수 있다.

미드의 이론은, 부르디외가 활동하던 시기와는 달리, 미국의 사회심리학이나 사회학이 유럽의 학문을 받아들여 발전을 시작한 초창기에 있었던 만큼 지금처럼 엄청난 양으로 축적된 이론적 및 경험적 연구 업적들의 도움을 받을 수 없었던 요람기(搖籃期)의 산물이었다. 사회 구조의 특성을 놓고 학자들 간에 벌어진 첨예한 대립이라든지, 그에 따라 미국의 진보적 사회학자 밀스(C. Wright Mills)가 그의 대표적 저서『사회학적 상상력(The Sociological Imagination)』(1959)에서 부각시키고 있는 바와 같은 미국 사회의 정치-경제-사회적 균열과 대중들의 사회적 소외의 현상들은 아직은 학자들 사이에 큰 쟁점으로 대두되고 있지 않았던 시기였다. 만약 미드가 1960년대 전후에 활동하고 있었다면, 미드가 이른바 사회적 행태주의 학자로서 기본적 시각을 그대로 유지하고 있었다고 가정한다 하더라도 시대를 살아가는 개인들의 행동과 생각과, 자아의 심리적 상태 그리고 제일 중요하게는 사회의 실태에 대한 미드의 견해는, 마치 부르디외가 그러했던 것처럼, 시대가 당면한 쟁점들에 대해 훨씬 논쟁적인 자세를 보였을지 모른다. 적어도 머튼이 다룰 수밖에 없었던 미국 사회의 아노미적 상황과 그에 따라 개인들이 부딪쳐서 해결해야 하는 많은 문제들에 대해 무관심할 수는 없었을 것이다. 그러나 실제에 있어서 미드에 의해 설명의 대상이 되고 있었던 개인들의 생각과 행동과 자아 그리고 사회는 그것들을 관통하는 "일반화된 타자들"이라는 보편적 태도들에 의해 규범적으로 통제 내지는 통합되고 있는 듯이 설명되고 있었음은 사실이다. 이와 같은 맥락에서, 상징적 상호작용이론에 대해 일반적으로 가해지는 비판, 즉 사회 현실 내지는 사회 구조에 대해 매우 제한적인 관심만을 보이고 있다는 평가(Aksan et al., 2008: 903-904)는 미드에게도 적용될 수밖에 없다는 것이 필자의 판단이기도 하다. 결론적으로 상징적 상호작용 이론이 그리고 거슬려 올라가자면 그 원류가 되었던 미드의 이론에서 이야기하는 사회가 실제로 존재하는 사회 현실을 충분히 반영하고 있지 못하다는 비판은, 멜처(Meltzer, 1972: 575)가 사회심리학계의 비판들을 요약해서 지적하고 있듯이, 사회학자들 사이에 대체로 일반적인 의견이었다.

　미드 이론에서 핵심적 관심사로 다루어진 네 가지 현상들 가운데 "사회"에 대한 이해가 실은 상당히 피상적이었다는 비판에 대해서는 필자 역시 동의하는 편이다. 반면에 나머지 요소들, 즉 "마음"과 "자아"와 같은 개념들과 또 그와 연관된 "I"나 "Me," 또는 "일반적 타자들"과 같은 개념들이 다소 애매하게 정의되고 있거나 일관된 의미로 사용되지 않고 있다는 비판들(Kolb, 1944; Meltzer, 1964)이 제기되어 왔다. 이에 대해서는 조금 조심스럽게 접근할 필요가 있다. 모리스(Charles W. Morris)에 의해 편집된 『마음과 자아와 사회』는 학생들에 의해 기록되었거나 속기(速記)된 강의 노트들을 정리해서 책으로 출판한 것이다. 학생들에 의해 필기된 강의 노트는, 출판 이전에 얼마든지 저자에게 수정의 기회가 허용된 책과는 달리, 미드의 이론 속에 나오는 표현을 빌려 이야기하자면, "I" 국면에서 즉흥적으로 이루어진 담화를 기록한 것이다. 더욱이 미드가 강의를 통해 반복적으로 언급한 네 개의 어휘들은 학술적 전문용어이기 이전에 일상 대화 가운데 흔히 사용되는 용어들이다. 필자의 경험과 짐작으로는, 그러한 어휘들을 즉흥적으로 이루어지는 담화 속에서 엄격하게 정의된 의미를 가지고 그리고 일관된 의미와 함께 사용한다는 것은, 미드처럼 강의에 뛰어난 사람이라고 하더라도, 아마는 가능치 않았을 것이다. 이와 같은 경우에 주어진 개념이 사용된 예를 하나하나 따져가며 그 의미의 명료성이나 일관성을 쟁점으로 삼는다는 것은 그다지 적절한 일로 여겨지지는 않는다. 그보다 더 좋은 전략은 주어진 이론의 전체 구조나 전반적인 취지에 비추어 가장 들어맞는 것으로 판단되는 개념의 정의 또는 설명이 있다면 바로 그것들을 가장 적절한 해석으로 받아들이는 것이다. [130]

그럼 조금 구체적으로 이 문제에 대한 논의를 이어가 보자. 여기서 관건이 되는 사안은 이론의 전체 구조 속에서 미드 이론이 전달하는 본질적인 내용과 취지를 어떻게 파악하느냐 하는 것이다. 우선 미드는 개인들의 사회적 행위에 관여되는 가장 핵심적인 요인들 또는 현상들을 네 가지로 파악하고 있다. 행동(conduct), 마음, 자아 그리고 사회가 그것들이다. 미드의 초점적 관심사는 행위를 산출하는 데 관여되는 이들 요인들이 각기 수행하는 역할과, 그 역할들 사이에 관계의 구조를 파악하는 데 있었던 것으로 판단된다. 즉, 그것들이 어떤 관계 속에서 상호작용하는

---

130) 어떤 개념에 대한 정의나 설명이 주어진 이론가의 전반적인 담론 체계와 부합하기 어렵다는 사실이 발견되었고, 이론의 논리 구조에 있어서 발견되는 그와 같은 괴리가 주어진 이론가가 학생들 앞에서 강의하는 와중에서 발생한 것이라면 왜 우리가 구태여 그것을 심각한 문젯거리로 다루어야 할 필요가 있는지? 이와 같은 반문이 특히 미드 이론의 해석에 있어서 제기되는 문제들에 대한 필자의 반응이다.

가운데 사회적 행위가 산출되고 있는지를 설명하려고 하는 의도가 미드 이론의 가장 중요한 관심사가 되고 있다는 것이다. 그 구체적 성과에 대해서는 우리는 앞에 까지 미드의 이론을 검토하는 과정에서 이미 살펴본 바 있다. 사회학에서는 통상적으로 그의 이론의 의의를 평가하는 데 있어서 사회적 상호작용에 있어서 주관적 의미가 갖는 중요성을 **지적**하고 있다는 점을 지적해 왔다. 즉, 상징적 상호작용론의 기본적 시각이 형성되는 데 이론적 토대를 제공한 선구적 학자로서 평가되고 있다는 것이다. 그러나 필자가 미드를 이 책의 논의 대상으로 선택한 데에는 반드시 그가 상징적 상호작용론의 창시자라는 점에서 주목받는 학자라는 데 이유가 있었던 것은 아니다. 필자의 짐작은, 미드 자신도 그와 같은 평가에 동의하지는 않으리라는 것이다. 바로 위에서 간단히 지적했듯이, 미드에 의해 파악된 사회적 행위의 체계는 네 개의 구성요소와 그것들 간의 상호작용을 통해 서로 영향을 교환하는 과정들의 맥락에서 설명이 이루어지고 있다. 우리는 유아가 처음 태어나서 처음 접하는 가장 중요한 환경인 사회를 그 영향의 출발점이라고 일단 가정했을 때 아동이 사회라는 환경 속에서 행동하면서 사물들에 대해 공동체의 구성원들이 공유하는 의미들을 내면화하고, 이어서 그것들을 기반으로 형성된 자아를 지닌 개인들이 사회적으로 통용되는 규율에 따라 행동들을 수행하면서 사회가 재생산되는, 순환적 과정을 머릿속에서 그려볼 수 있다. 여기에서 사회적 행위 체계의 시발점이자 종착점이 되는 사회에 대한 미드의 설명을 우리가 이미 논의한 바 있는 부르디외의 그것과 비교해 본다면, 우리는 후대 사회학자들이 대체로 미드의 사회 실태에 대한 다분히 피상적 인식에 대해 대체로 부정적 평가를 내리고 있는 이유를 이해할 수 있을 것이다. 자아의 구조와 기능을 밝혀내는 데 있어서도 프로이트와 미드를 비교했을 경우 앞서와 유사하게 미드에게 상대적으로 불리한 판정이 내려질 수밖에 없을 것으로 여겨진다. 즉, 심도 있게 현상을 파고들어 그 현상이 지닌 특성들에 대해 논리적으로 그리고 경험적으로 견고하게 구축된 지식을 서술하고 있다고 보기에는 아직 미흡한 수준에 머물고 있다는 것이 아마 정확한 평가일 것이다. 자아의 구조에 대한 그의 이론은, 특히 프로이트의 그것과 비교했을 때, 강의를 통해 발언되고 있다는 점을 감안한다고 하더라도 아직 구체화되고 명료화될 여지를 많이 남기고 있다는 것이 필자의 솔직한 평가이다. 이는 마음과 행동의 경우에도 마찬가지로 해당되는 사실로 여겨진다.

그렇다면 미드가 서술하고 있는 견해들이 갖는 중요한 의의는 어디에서 찾을 수 있을 것인가? 필자는 미드가 결과적으로 완성시킨 지적 성과에서 그 진정한 의의를 찾기보다는 그가 해결을 시도한 이론적 과제 자체가 갖는 의의와 함께 사회(심리)학적 이론 구축을 위해 그가 발을 내디딘 방향이 사회학이 앞으로 찾아가야 할 방향을 지향하고 있다는 점에서 찾고자 한다. 필자는 그가 지향하고 있었던 학문적 과제는 그 핵심에 있어서는, 이미 지적한 바 있듯이, 사람들의 행위가 산출되는 과정에서 사람들의 행동, 생각, 자아 그리고 사회적 환경이라는 요인들 사이에 이루어지는 상호작용의 양태를 파악하는 데 있었다고 보고 있다. 전체적으로 보아 이들 간의 관계는 상호 영향을 미치는 일련의 순환적 과정으로 연결되고 있으며, 부르디외의 이론에서 그러하듯이, 각각의 단계는 이전 단계의 영향을 반영하고 있다. 따라서 각 단계에서 형성된 특성이 그 이전에 진행된 단계들에서 이입된 그것들과 혼합되어 복합적 구조를 형성하고 있기 때문에[131] 결과적으로는 미드의 시각은 다원론적이며, 통합 이론으로서의 특징을 보이고 있다. 요즘 사회학자들이 입버릇처럼 강조하는 소위 통합 이론의 기본적 발상은 미드의 이론에 의해 이미 윤곽이 그려지고 있다는 것이 필자의 평가이다. 바로 이러한 필자의 해석이 어느 정도나마 적절하다면, 미드의 이론에 대해 가장 권위 있는 해설자로 간주되어 오던 불루머(Herbert Blumer)를 제자로 둔 것은 미드의 입장에서 보았을 때는 불운이었다고 생각할 수도 있다. 왜냐하면, 미드 이론의 권위 있는 해석자로서 그의 해석에 기초로 하여 상징적 상호작용론이라는 당시에 새로운 사회학적 패러다임을 개척한 학문적 업적은 일단 인정한다고 하더라도 미드의 이론적 업적에 대해 훨씬 제한된 의의를 부여함으로써 그것의 잠재된 가능성을 간과했다는 점에 있어서는 호의적 평가를 받을 수 없기 때문이다. 조금만 주의해서 살펴보았다면, 미드가 그의 이론에서 후대의 사회학자들에 의해 새삼스럽게 거론되기 시작한 개체 단위의 사회학적 분석

---

131) 파슨스(1971: 6-7)는 이를 서로 다른 기능적 영역들에서 각기 형성된 특성들이 "상호침투(interpenetration)"되어 있다라는 말로 표현할 것이다.

과 집합적 단위의 사회학적 분석의 통합을 이미 시도하고 있었다는 사실을 간과할 수는 없었을 것이다. [132] 또한 "구조주의적(structralist)" 시각 아니면 "구성주의적 (constructivist)" 시각의, 어느 일방에 편중된 접근 방법의 발전적 극복을 위한 부르디외(1989: 14)와 유사한 시도가 미드에 의해서도 이미 진척되고 있었다는 점을 간과하기 어려웠을 것이다. 물론 미드의 이론은, 특히 사회의 실태적 측면에서, 심화된 이해를 요하는 여지를 많이 남기고 있는 것은 사실이다. 그러나 당시에 사회학이 요람기를 맞이하고 있었다는 한계를 감안한다면, 미드의 이론은 다원적인 시각에서 사회적 행위의 접근을 허용하는 유익한 발상들을 제시하고 있었던 것은 사실이며, 그러한 의미에서 당시의 사회학을 앞서는 매우 선구적인 혜안들을 담고 있었던 것은 분명한 것으로 평가된다.

---

132) 이 점과 관련하여, 미드에 관한 불루머의 해석에 개체주의적 편향이 있었다는 애선스(Athens, 2005)의 주장에 대해서 경청할 필요가 있다. 애선스의 주장의 요지는, "미드의 기본적 입장은 개인과 사회는 항시 서로간에 상호교환적인 관계 속에서 존재한다"(p. 319)고 본다는 것이다. 필자 역시 애선스의 이 주장에 동의하며, 그런 의미에서 불루머를 비롯한 다수의 학자들의 미드에 대한 해석에서 개체주의적 편향이 있다는 그 주장에 또한 공감하고 있다.

토마스 쿤(Thomas Kuhn)
과학적 연구의 행위적 구조와 사회적 행위

07

가. 왜 토마스 쿤인가?

바로 위의 소제목에서 제기한 의문은, 쓰인 그대로, 사회적 행위를 다루는 이 책에서 왜 토마스 쿤을 다루려고 하는가? 라는, 이 책을 읽는 사람들이 당연히 제기할 것으로 예상되는 의문을 적은 것이다. 토마스 쿤(Thomas Kuhn)의 대표적 저술 『과학 혁명의 구조(*The Structure of Scientific Revolutions*)』(1962, 1969)는 과학철학 분야의 전문학술서로 분류되는 연구서이다. 쿤의 이 저서는 해당 분야, 즉 과학을 연구하는 분야에서 흔히 논리적 실증주의자들로 통칭되는 학자들의 입장과 극명하게 대립되는 견해를 발표한 저서로서, 과학 연구 분야에서는 이미 고전이 될 만한 업적으로 평가받고 있다. 통상 과학을 주제로 하는 연구 분야의 관심사는 두 가지이다. 하나의 관심사는, 과학적 진실을 평가하는 기준이 무엇인가를 규명하는 문제이다.

토마스 쿤이 과학 활동의 본질에 관한 연구 결과를 발표하기 이전에 과학에 관한 대부분의 과학철학자들의 견해는 "논리−실증주의"로 불리는 입장으로 기울어지고 있었다. 이 진영의 과학철학자들의 과학에 관한 입장은 과학적 지식이 참이기 위해서는 경험적 근거와 논리적 기준을 충족해야 한다는 두 가지 주장으로 요약될 수 있다. 토마스 쿤의 입장은 이들과는 다르게 주로 과학자들의 공동체 구성원들이 공유하는 "패러다임(paradigm)"과 그것을 기반으로 이루어지는 과학자들의 "문제풀이 활동들(problem-solvings)"이 어떤 실질적 기능과 실태적 속성들을 지니고 있는지를 파악함으로써 과학 활동의 본질에 접근하려고 시도하고 있다. 이후 본문에서 자세한 설명이 이루어지겠으나, 논리적 실증주의자들이 과학적 진실을 평가하는 객관적이고 절대적 기준이 존재하고 있다고 믿는 반면에 쿤은 과학적 진실의 평가 기준은 과학적 지식의 역사적 발전 단계 속에서 주어진 과학 공동체에서 받아들이고 있는 "세계관과 신념과 가치 및 이론적 가정들"의 집합체, 즉 "패러다임"에 따라 상대적이라고 주장한다. 그리고 과학자들의 연구 활동은 주어진 패러다임에 의해 규정된 현실 속에서 제기되는 문제들, 즉 **수수께끼들(*puzzles*)"을 풀어내는 활동**이며, 그러한 점에서 **지식의 참의 입증을 위한 활동**이라는 주장은 과학 활동의 실체적 본질과는 부합되지 않는다고 지적한다. 여기에서 우리는 과학적 문제 풀이를 쿤이 "수수께끼 풀이"라고 특징지은 이유에 대해 이해하는 것이 중요하다. 사람들이 일상생활 가운데 자주 접해본 수수께끼의 쉬운 실례로는 학교에서 푸는 수학 예제들이 있다. 수학 예제의 해결은 간단히 말해서 학습을 통해 얻은 수학 지식을 자원으로 활용함으로써 이미 정해진 해답을 찾아내는 데 목적을 두고 있다. 마치 자본주의 체제 하에서 기업을 경영하는 사람들이 자본주의 체제 하에서 허용되는 방식의 기업 운영을 통해 그 활동을 통해 추구하는 목적, 즉 돈을 벌기 위한 목표를 성취하려는 것에 비교할 수 있다. 그 성과의 차이는 개인들의 노력이나 능력의 차이에 의해 결정될 것이다. 즉, 개인들이 자본주의 체제 하에서 허용된 가용의 자원들을 어떻게 교묘하게 활용하여 목적을 달성하느냐에 따라 달라질 것이다. 이러한 비유가 적절하다면, 과학적 연구 활동은 미지(未知) 영역의 진실을 탐구하는 활동이라기보다는 기존하는 지식의 체제 내에서 제기되는 문제들을 그 체제 내에서 학습되고 단련된 능력들을 활용하여 풀어내는 것과 유사한 성격의 활동으로 이해할 수 있다. 물론 그 활동의 성과나 의의를 평가하는 기준 역시 주어진 패러다임 내부에서 형성되고 제도화된 기준들이 적용되기 때문에 다른 패러다임 하에서 이루어진 성과와 비교한다는 것은 가능치 않게 된다. 즉 "동일 기준에 의해 비교한다는 것이 가능하지 않게(incommesurable)"(Kuhn, ; 1970: 198-204; 1977: xxli-xxlii) 된다. 과학적 지식을 이처럼 여타의 문화적인 산물들과 마찬가지로 상대주의적 관점에서 이해하게 되면, 포퍼(Popper, 1968a; 1968b)가 그리고 러커토시(Lakatos, 1974)가 조금 다른 맥락에서 주장하는 것처럼, 지식과 지식 사이에 참 또는 유용성의 정도를 보편적 기준을 가지고 비교한다는 것은 유의성을 상실하게 된다. 이와 같은 쿤의 과학 이론은 그때까지 사람들이 과학적 지식에 대해 가지고 있었던 생각을 통째로 뒤엎는 혁명적인 생각이었다. 쿤 이후의 과학 이론 또는 철학은 쿤이 해당 분야에 촉발시킨 쟁점들이 그 학문적 논의의 한 중심을 차지하게 된다.

쿤의 과학 이론의 보다 세부적 사항에 대해서는 이내 더 자세한 논의가 이루어질 것이다. 이 시점에서 필자는 처음에 제기한 의문으로 다시 돌아가 보려고 한다. 사회적 행위를 주제로 하는 이 책에서 왜 과학 활동의 본질에 관한 이론이 논의의 대상이 되어야 하는지 하는 의문이다. 이러한 의문에 대해 필자는 우선 쿤의 이론은 논리적 실증주의자들이라든지 포퍼의 경우에서처럼 과학적 지식의 참을 (또는 상대적 참의 정도를) 보장하는 보편적이고 객관적 기준들을 제시하는 이론이 아니라는 점을 강조하려고 한다. 지식의 객관적인 진실을 확립하기 위한 과학의 방법론을 다루는 이론이 아니라는 것이다. 논리 실증주의자들은 어떤 과학적 지식으로부터 연역적으로 오류 없는 추론 과정을 통해 경험적으로 관찰가능한 주장을 담은 명제를 도출한 다음, 그 명제에서 담긴 경험적 사실에 대한 주장이 관찰 또는 실험을 통해 실제 현상과 일치하는 것이 발견된다면, 그 경험적 명제가 도출된 과학적 지식의 참은 객관적으로 확립이 되는 것이라고 주장한다. 간단히 말해서, 지식의 참은 그것을 검증하는 데 적용된 과학적 검증 절차에 의해 "입증"될 수 있는 것으로 보고 있다. 포퍼는 이와 같은 입장과는 다르게 어떤 과학적 지식이 참임을 절대적으로 입증하는 것은 가능치 않다고 보고 있다. 단지, 주어진 지식이 "허위"인지의 여부를 경험적 검증을 통해 판정을 내릴 수 있고, 그에 수반하여 높은 허위화의 위험성에도 불구하고 경험적 검증에 실제로 얼마나 견뎌내는지를 기준으로 지식의 상대적인 진실도에 대한 판단은 가능하다고 주장한다. 다시 말해, 지식과 지식 간에 참의 정도를 놓고 상대적 비교는 가능하다는 것이다. 포퍼의 결론은 지식의 상대적 참의 정도에 대한 객관적 평가가 가능한 지식이 곧 과학적 지식이라는 것이다. [133)

쿤의 과학 이론은 앞에서 잠깐 언급이 되었듯이, 지식의 참의 여부의 확립 또는 허위화를 위한 방법론적 기준을 정립하기 위한 규범적 이론은 아니다. 쿤의 일차적 관심사는 우선 과학 연구에 종사하는 사람들이 실제로 어떻게 활동하는지를 기술하는 데 있었다. 쿤에 따르면, 그들의 과학 활동은 수련기를 거치는 동안에 교과서에 실린 연습 문제들을 푸는 데서부터 시작된다. 이러한 문제 풀이는 수련생이 이미 습득한 지식을 활용하여 또한 이미 알려져 있는 해답에 도달할 수 있는 능력을 함양하는 데 목적을 두고 있다. 반복되는 문제 풀이를 통해 수련생들은 그들이 앞으로 주어진 분야의 연구자로서 해결하게 될 문제들에 대한 이해력을 키우게 될 것이며, 그것들을 푸는 데 소속 공동체에서 허용하는 방법과 절차들을 익히고 활용하는 능력을 키우게 될 것이다. 이와 관련하여 "문제 풀이 사례(examplars)"(1970:198-204)의 개념은 쿤의 과학 이론에 있어서 가장 핵심적인 중요성을 갖는다. 그 이유는 우선 쿤이 자신의 저서 『과학 혁명의 구조』가 처음 발표되었을 때 그의 과학 이론의 중심적 설명 개념으로 제시했던 "패러다임"을 둘러싼 논란들(Masterman, 1970: 50-89)을 정리하는 과정에서, "앞으로는 패러다임을 이와 같은 유형의 "문제 풀이들(problem-solutions)"(1970: 272)이라고 일컫겠다"고 선언한 데서 찾을 수 있다. 물론 패러다임의 개념을 반드시 그러한 의미에 국한해서 사용한 것은 아니다. 이에 대해서는 다음 부분에서 조금 더 자세히 언급될 것이다. 단지, 여기서 필자가 강조하고 싶은 사실은 문제 풀이와 같은 과학적 행동의 실태와 과학적 연구의 특성에 대한 설명이 당시까지 과학자들의 행위를 특징짓는 과학철학자들의 일반적 관점과는 현저한 차이를

---

133) 칼 포퍼(Karl Popper)의 과학철학적 입장이 논리적 실증주의 계열에 속하는 견해인지의 여부에 대해서는 논란의 여지가 없지 않다. 포퍼(1976b: 290) 본인은 자신의 입장을 "논리적 실증주의"로 분류하는 데 심한 거부감을 표명한 바 있다. 그러나 그의 "반증주의 이론(falsification theory)" 역시 과학적 지식과 비과학적 지식 사이에 분명한 경계기준이 존재한다는 주장에 토대를 두고 있으며, 경험적 사실과 논리적 추론에 의한 "반증"의 가능성이 곧 그 기준이 된다고 주장한다는 점에서 논리적 실증주의와 한 울타리 속에 위치하고 있다는 점은 분명한 것으로 판단된다.

보였다는 점이다. 당시에 과학철학계를 풍미하고 있었던 가장 지배적인 견해는 칼 포퍼(Karl Popper)에 의해 제시된 그것을 들 수 있다. 요약해서 설명하자면, 포퍼의 과학 이론은 과학자들의 판단이 갖는 과학적 진실의 여부에 대해서 최종적 판단을 내릴 수 있는 어떤 절대적 기준은 존재하지 않으나, 적어도 그것이 허위임을 증명할 수 있는 논리적 및 경험적 기준은 존재한다는 주장이 요체를 이룬다. 따라서 인간의 주관적 인식 또는 판단 기준과는 별도로 존재하는 과학적 지식의 진실의 판단을 위한 객관적 기준이 존재하며, 과학적 지식의 진실의 여부 또는 참의 정도는 오직 그와 같은 기준에 의해서 판별될 수 있다고 본다. 이러한 견해에는 과학자들의 일상적 인식이나 행태와는 독립적으로 작동하는 "합리적 이성"이 존재하고 있고, 이에 의거하여 과학적 판단이 이루어짐으로써 과학적 지식의 발전이 이루어질 수 있다는 주장이 함축되어 있다.[134] 쿤의『과학 혁명의 구조』는 바로 앞에서 소개한 바와 같은 과학적 지식에 관한 기존의 이론에 대해, 마치 자신의 책 표제의 한 단어에서 표현하고 있듯이, "혁명적" 전환을 가져올 수 있는 파격적 시각을 담고 있다. 그것은, 전통적으로 과학철학에서 주장되어 왔던바, 인간의 사회적 활동 영역들에서 이루어지는 다른 종류의 활동들과 과학적 영역의 활동 사이에 본질적 차이를 부정하는 시각을 보였다는 것이다. 우리는 종종 인간 행동 영역 가운데, 유일하게는 아니라고 할지라도, 가장 합리적인 영역이 과학이라는 이야기를 듣는다. 이러한 주장이 설득력을 갖는 것은 과학적 지식이야말로 경험적 사실과 논리적 추론에 의해 그 참의 여부 내지는 정도에 대한 객관적 판단이 가능한 지식이라는 믿음이 존재하고 있었기 때문이다. 쿤의『과학 혁명의 구조』는 이와 같은 믿음에 반론을 제기하는 파격적 연구 업적을 담고 있다. 말하자면, 실재하는 현상으로서 과학공동체를 묶어주고 있는 제도적 및 신념적 토대와 함께 그 틀 속에서 이루어지는 과학자들의 행태를 분석함으로써 앞에 언급된 믿음을 "허위화"시키려고 시도한, 실로 혁명적인 의도를 담은 연구였다. 이 지점에서 우리는 쿤의 과학 이론의 핵심적 개념이 "패러

---

134) 반스(Barns, 1982: 159)는 이와 같은 견해의 특징은 과학적 활동을 마치 "현실과는 독립적으로 존재하는 '제 삼의 관념의 세계'에서 이루어지고 있는 것처럼" 묘사하고 있다는 점에 있다고 지적하고 있다.

다임"이라는 사실을 상기할 필요가 있다. 쿤에 따르면, "(나의 저서에서) 패러다임은 '과학적 공동체'라는 구절과, 문장의 연결에 있어서나 논리적으로, 매우 밀접한 연관성을 보이며 논의에 등장한다. 패러다임이란 과학 공동체의 구성원들에 의해, 오직 그들 사이에서만, 공유된다. 바꾸어 표현하자면, 주어진 과학 공동체가 없었더라면 개인들로 각기 분리되어 남아 있을지도 모르는 사람들이 집단을 구성하여 해당 공동체를 이루고 있는 것은 그들이 하나의 공유된 패러다임을 소유하고 있기 때문에 가능했다고 말할 수 있을 것이다"(1977: 294). 쿤의 이와 같은 언급에는, 필자의 해석에 따르자면, 과학 역시 행동하고 생각하는 인간들로 이루어진 다른 종류의 공동체들에서도 유사하게 관찰되는 인간 활동의 산물이라는 점에 대한 강조가 반영되고 있다. 이로부터 우리는 다음과 같은 한 가지 점을 유추해 볼 수 있다. 과학 활동 역시 인간의 사회적 활동의 한 유형이며, 거기에서 관찰되는 어떤 종류의 특성들은 인간들의 다른 사회적 활동들과 공유되는 일반적인 특성들일 수 있다는 것이다. 이와 관련하여 필자의 입장에서 특히 강조하고 싶은 한 가지 사실은, 쿤이 과학공동체에서 관찰한 바 있는 특성들 가운데 어떤 것들은 사회적 행위들 가운데 이제까지 사회학자들이 나름대로 학문적 전통에 따른 독특한 시각과 편견에 따라 놓치고 있었던 것들도 있으리라는 것이다. 이러한 점에서, 쿤의 과학 이론은 논리적 실증주의로 불려 온 입장과 포퍼의 소위 "반증주의"적 입장과는 차이를 보여준다. 후자들의 경우에 과학이론가들이 가지고 있는 특별한 관심사가 있다. 그것은 과학적 지식의 진실을 판별하는 기준에 대한 관심사이다. 즉, 과학 연구가 과학자들에 의해 실제로 어떻게 이루어지고 있느냐 하는, 다분히 사회학적인 관심사보다는 과학을 통해 참된 또는 참에 가까운 지식을 얻는 방법론에 대한 관심사가 큰 비중을 점유하고 있다는 것이다. 참된 지식을 보장하는 방법론적 규범의 준수가 과학 활동과 여타의 일상적 행위를 구분하는 본질적 차이라고 이해하는 이와 같은 시각은 과학의 성격을 실제로 과학 활동에 종사하는 사람들의 공동체에서 관찰되는 제도적 및 행태적 측면에서 이해하고자 하는 쿤의 접근 방식과는 중요한 차이를 보인다. 이와 같은 의미에서, 쿤의 과학 이론을 간단히 특징짓자면, 과학공동체를 움직여가는 과학자들의 행동들을 사실적으로 서술하고 분석한 쿤의 경험적 연구 결과에 대한 보고서로서 성격을 갖는 것이었다.

여기에서 우리가 제기하는 가장 중요한 의문은 일단 쿤의 그러한 연구보고서를 통해 우리는 과학이라는 인간 활동 영역이 갖는 특성을 얼마나 정확하게 그리고 적절하게 이해할 수 있느냐 하는 것이다. 이는 쿤의 이론이 과학의 본질을 규명하기 위한 노력의 소산인 이상 당연한 의문일 것이다. 이에 대해서는 당시 시대를 대표하는 철학자들 사이에 이미 많은 논의들이 이루어진 바 있다. [135] 필자는 이 문제 자체에 대해서는 사실상 문외한이나 다를 바가 없기 때문에 문외한으로서 갖는 호기심과 흥미 외에 여기에 더 이상 언급할 자격을 갖추고 있지는 않다. 그러나 쿤의 과학이론과 관련해서 그가 다루고자 했던 관심사와는 다른 학문적 맥락에서 필자가 오랫동안 관심을 지녀왔던 의문이 있다. 그것은 필자가 쓰고 있는 이 저서의 주제와 관련된 것이다. 쿤이 고찰한 과학 공동체의 구성원들, 즉 과학자들에 의해 추구되는 목적과 그것이 달성되는 과정에서 관찰되는 활동의 양태들이 여타 분야의 생활 속에서 일반적으로 관찰되는 그것들로부터 어떤 본질적인 차이를 보여주는가? 하는 의문이다. 과학적 활동은 객관적 관찰과 엄격한 논리적 추론에 의해 규제되지 않을 경우에 그것이 목적으로 하는 참된 (또는 참에 가까운) 지식의 취득은 보장될 수 없는 것으로 흔히 주장되어 왔다. 종교적 신념과 활동, 사회문화적 영역에서의 통용되는 규범들의 토대를 이루는 신념과 가치의 체계와는 본질적으로 다른 객관적 기준과 논리적 원칙에 의해 움직이는 인간의 행동 영역이 곧 과학의 영역으로 간주되어 온 것이다. 이에 비해 쿤의 과학 이론 속에서 서술된 과학의 세계가 여타의 인간 행동 영역들에 비해 어떤 본질적인 차이를 보이느냐에 대해서 묻는다면, 쿤 자신도 확고하게 양자를 구분지을 차이점을 지적한다는 것이 그다지 쉽지는 않으리라고 것이 필자의 생각이다.

어떤 문제에 대한 설명을 놓고 서로 다른 이론들이 대립하는 경우는 매우 흔한 일이다. 이때 두 개의 지식 체계 간에 더 나은 지식을 판단하는 문제가 제기된다. 논리적 실증주의자들이나 포퍼는 이를 판단하는 분명하고도 객관적인 기준이 존재

---

135) 쿤의 이론을 주제로 하여 포퍼, 러커토시, 매스터만과 같은 당시의 저명학자들이 참여하여 이루어진 치열한 논쟁의 결과는 『비판과 지식의 성장(Criticism and the Growth of Knowledge)』(eds. by Lakatos, and Alan Musgrave)(1970)이라는 제목의 책으로 편집되어 출판되었다.

하며, 그것이 존재한다는 것 자체가 과학이 다른 종류의 지식들과 구분되는 점이라고 주장한다. 과학 철학에서 주류를 형성해온 이와 같은 주장에 대해 쿤은 반론을 제기한다. 이를 뒷받침하는 사실로서 서로 다른 과학적 패러다임 간에 진실도의 차이를 비교하려 할 때 당면하는 문제가 지적된다. 이 문제가 논의될 때 흔히 거론되는 개념이 "(동일기준에 의한) 비교불가성(incommensurability)"(1977: xxii, 206-9)이다. 비교불가성은 더 자주 쓰이는 용어로 표현한다면, 그 어의에 있어서는 "상대주의(relativism)"라는 말로도 대치될 수 있는 개념이다. 이는 어떤 과학적 지식 체계라든지 (쿤의 용어를 빌려) 서로 다른 패러다임 간의 진실도를 순수하게 객관적인 그리고 합의된 보편적 기준에 의거하여 판단하는 것은 가능치 않다고 보는 입장이다. 그 이유는 어떤 지식의 참을 판별하는 기준은 평가의 대상이 되는 주어진 지식 체계 자체 내에 존재하기 때문에 해당 지식 체계와 그 지식을 평가하는 기준 간의 관계를 일종의 동의어반복적 관계로 보기 때문이다. 간단한 예를 들자면, 황진이를 아름답게 보는 문화권에서 그 기준에 따라 황진이의 아름다움을 평가한다면 어차피 황진이는 아름다운 여자로 평가될 수밖에 없을 것이다. 이러한 비유가 합리적일 수밖에 없는 이유로는 아름다움에 대한 평가는 문화적으로 상대적일 수밖에 없다는 점을 들 수 있다. 즉, 문화가 달라지면 그 평가의 기준도 달라질 수밖에 없으며, 문화를 초월하는 객관적인 미에 대한 기준이 존재하지 않은 한 미에 대한 평가는 주어진 문화권 속에서만 통용이 될 수밖에 없을 것이다. 우리의 논의의 맥락에서 중요한 점은, 쿤이 이제 과학적 지식의 패러다임에 대해서도 유사한 방식의 논리를 제시하고 있다는 점이다. 그리고 지적해야 할 다른 하나의 중요한 사실은 이와 같은 쿤의 상대주의적 관점은 과학적 활동 영역과 인간의 여타 활동 영역 간에 과학철학자들이 종래부터 그어놓았던 엄격한 경계선을 허물어트리는, 시각의 대담한 전환이라는 점에서도 매우 파격적 의미를 지닌다.

필자는 이제 토마스 쿤의 과학 이론을 이 책에서 다루기로 결정한 이유를 밝혀야 할 적절한 시점에 이르렀다고 생각한다. 사회적 행위를, 또 그와 아울러 인간공동체의 질서를 이해하는 데 도움이 되는 이론적 발상들을 함축하는 이론으로서의 가능성을 쿤의 이론으로부터 탐색하게 되었던 것은 순수하게 필자의 개인적 생각이 계기가 되었다. 쿤의 이론에서는 과학자들의 연구가 그가 소위 패러다임이라고 부르는 지적 자원들의 체계를 토대로 하여 이루어지는 문제 풀이 활동으로서의 성격을 지닌 것으로 규정하고 있다. 과학자들이 종사하는 문제 풀이 활동이 갖는 의의와 가능성 및 한계는 주어진 과학 공동체가 선택, 추종하는 (쿤이 패러다임으로 부르는) 지적 자원들의 체계 속에서 규정된다는 것이다. 여기에는 중요한 두 가지의 주장이 함축되어 있다. 하나는, 과학자들은 그들의 연구 대상이 되는 어떤 종류의 문제들을 그들이 지닌 지적 능력과 가용의 자원을 활용하여 해답을 얻기 위한 활동에 종사한다. 다른 말로 표현하자면, 과학이란 어떤 분야의 과학자들이 그들이 추종하는 패러다임의 내적 관점에서 중요하다고 판단되고, 또 해답을 얻어내는 것이 가능하다고 판단되는 문제들을, 그 패러다임이 허용하는 방법들을 동원하여 해결하기 위한 활동이라는 것이다. 적어도 이런 점에서, 과학 연구도 인간들의 다른 활동들과 마찬가지의 특성을 지닌다. 즉, 본질적으로 체제 내적 또는 체제 순응적 활동이라는 점에서 차이를 보이지 않는다는 것이다. 이러한 점에서 쿤의 입장은 과학 연구를 기존 지식을 뒤엎는, 끊임없는 크고 작은 혁명의 연속으로 보는 포퍼의 입장과 차이를 보인다. 두 번째로는, 만약 과학자들의 문제 풀이 활동에 어떤 본질적인 변화가 나타나는 경우에, 쿤은 이를 하나의 패러다임에서 다른 패러다임으로 변화하는, 다시 말해 하나의 체제에서 다른 체제로의 전환 과정으로서 설명한다.

이상에서 윤곽만 설명된 쿤의 과학 이론과 관련하여 필자의 입장에서 매우 흥미롭다고 생각하는 점이 있었다. 그것은 쿤이 제시하는 과학적 패러다임 내부에서 이루어지는 과학자들의 활동 양태들에서 나타나는 특성들을, 보다 확장된 수준에서, 즉 인간 행위의 일반적 특성들과의 유사성이라는 시각에서 조명해 볼 수 있다는 것이다. 다른 말로 표현해 보자면, 과학 활동에 대해 쿤이 주장하는 일련의 사실들을 파슨스에 의해 개념화된 "단위 행동"의 요소들을 표현하는 일련의 개념들로 치환해서 설명해 볼 수 있다는 점이다. 이는 쿤의 이론이 과학적 연구 활동이라는 제한된 인간 활동 영역을 넘어서 보다 일반적으로 사회적 행위를 설명하는 데 적용할 수도 있는 사회학적 이론으로서의 가능성을 지니고 있음을 의미한다. 물론 그렇게 보는 데 쿤이 동의할지는 모를 일이다. 그러나 쿤의 이론에서는 과학 영역과 여타의 인간 활동 영역들 사이에 가로놓여 있다고 인식되어온 경계가 모호해지고 있으며, 또한 사회적 행위의 구조에 대해 파슨스가 제시한 바 있는 분석 도식에 유사한 어떤 요소들을 쿤의 이론 역시 상당 부분 공유하고 있다는 것이 필자의 판단이었다. 이러한 필자의 평가가 일리가 있다면, 사회적 행위에 대한 우리의 이해를 넓히는 데 쿤의 이론에 함축된 잠재적 가능성을, 만약 실제로 있다고 판단되는 경우에, 적극적으로 검토해 보는 데 주저할 필요는 없을 것이다. 따라서 다음에서는 일단 쿤의 과학 이론의 본질적인 요소들을 가능한 한 간단하게 추려서 정리해보려고 한다. 그리고 이제까지 사회적 행위의 구조와 관련하여 이 책에서 정리된 여러 가지 특성 및 결정 요인들과 연관성 등의 측면에서 사회적 행위 이론으로서 쿤의 이론이 갖는 의미들을 탐색해보려고 한다.

나. 쿤의 과학 이론의 개요

쿤의 과학 이론의 성격을 이해하기 위해서는 우선 그 이전의 과학 연구의 두 주요 패러다임이라고 부를 수 있는 논리-실증주의(logical positivism)와 칼 포퍼의 반증주의 이론(falsification theory)이 둘 다 규범적인 이론이었다는 사실에 주목해야 한다. [136] 즉, 참된 지식을 산출하기 위한 방법론적 규범들을 규명하기 위한 철학적 연구의 소산이었다는 것이다. 이에 비해 쿤의 과학 이론에 대한 구상은 쿤이 과학 현장의 전공자로서 경험한 현실로 미루어 기존 과학 이론들이 주장하는 과학 활동의 규범적 원리들이 실제 현실에서 작동하는 그것들과는 부합하지 않는다는 인식이 동기가 되었다. 이러한 점에서 쿤의 이론은 과학자들의 활동에 대한 경험적 연구의 결과물이었다고 특징지을 수 있다.

결과적으로, 쿤의 과학 이론은 과학적 지식의 참의 여부 또는 정도를 평가하는

---

136) 지적된 과학 이론의 두 규범적 패러다임이 지배적인 견해로 자리 잡게 된 시기에 이르러 그것들에 의해 비판의 대상이 되었고, 따라서 학사적(學史的)으로는 이미 도태된 것으로 간주되었던 다른 하나의 규범적 패러다임이 있었다. "귀납주의(inductivism)"가 그것이다. 아주 간단히 요약하자면, 과학적 지식은 충분한 정도의 관찰된 지식을 확보하고 그것들로부터 정확한 귀납적 논리의 적용을 통해 일반적 진술을 얻어낸다면 관찰된 지식의 양이 늘어날수록 그에 비례하여 주어진 진술이 과학적으로 참일 가능성은 높아진다는 것이다 (참조: Chalmers, 1976: 1-21).

기준이 이론의 핵심적 관심사가 되고 있다기보다는 과학자들의 공동체가 보여주는 속성과 그 공동체 속에서 이루어지는 과학자들의 활동에서 나타나는 특징적 면모를 파악하는 데 초점을 맞추고 있다. 역사적으로 과학 분야에서 이룬 성과들은 바로 과학공동체들에서 벌어지는 활동들이 보여주는 어떤 종류의 실질적 속성들에 기인하고 있다고 보기 때문이다. 이 점에서 쿤과 기존의 과학 이론 사이에는 차이를 보인다. 우선 기존의 과학 이론에서는 과학적 지식의 참의 여부 또는 정도를 판단할 수 있는 과학적 기준이 존재하고 있다고 주장한다. 따라서 과학자들에 의해 이루어진 성과는 그들이 얻으려고 노력해왔고, 또 실제로 얻게 된 지식들이 바로 그와 같은 기준에 부합되기 때문이라는 설명을 내놓고 있다. 이와 같은 점에서, 기존의 이론들의 핵심적 관심사는 지식의 참의 여부 또는 정도를 판별하는 기준이다. 즉, 지식의 과학적 특성을 보장하는 기준과 방법론에 주된 관심을 보인다.

이와는 대조적으로, 쿤의 이론은 과학자들의 공동체가 보여주는, 또는 그와 연관되어 나타나는, 속성들을 표현하는 몇 개의 핵심적인 개념들이 이론의 중심적 요소들로 자리 잡고 있다. 여기에는 쿤의 이론이 논의되는 경우에 대체로 가장 먼저 거론되는 "패러다임"을 위시하여 "표준적 문제 풀이(exemplars)," "정상 과학(normal science)," "비정상적 현상(anomaly)," "(동일기준에 의한) 비교불가성(incommensurability)," "과학 혁명(scientific revolutions)"과 같은 개념들이 포함된다. 그럼 먼저, 패러다임으로부터 설명을 시작하려 한다. 패러다임에 대해 설명하기 위해서는 위에 열거한 여타의 개념들에 대한 설명이 또한 불가피하게 요구되기 때문에 위의 다른 개념들은 전체 논의의 과정에서 필요한 시점마다 각기 자연스럽게 거론이 될 것이고, 그런 과정 속에서 우리는 쿤의 과학 이론에 대한 전반적인 이해에 도달할 수 있을 것으로 기대한다.

쿤의 과학 이론을 규정짓는 가장 특징적인 시각은 과학자들에 의해 일상적으로 이루어지는 연구 활동을 주어진 과학자들의 공동체에 의해 공유되는, 일련의 규범들을 토대로 이루어지는 활동으로 본다는 데서 찾을 수 있다. 쿤은 이와 같은 과학 연구 활동을 인도(引導) 내지는 규제하는 규범들의 체계를 패러다임이라고 부른다. 쿤은 패러다임이라는 용어는 어떤 분야의 전문과학자들이 자신들의 연구를 위해 따르도록 훈련된 학문 활동의 기준들로서 이루어진 체계라는 의미에서 "(학문적) 판단과 활동을 위한 규범 체계(diciplinary matrix)"(1970: 182)라는, 패러다임이라는 다소 추상적 개념에 비해 보다 구체적인 의미를 전달하는 용어로 대치될 수 있다는 의견을 표명한 바 있다. [137] 쿤에 따르면, 여기에는 그와 같은 기준들로서 기능을 수행하는 다양한 수준과 종류의 지적 자원들이 포함된다. 필자가 쓴 한 저서에서 이에 관해 설명한 바를 그대로 인용하여 설명하자면,

> 그러한 지적 자원으로서는 E=MC²에서처럼 기호적 상징을 통해 표현되는 이론 또는 법칙들, 또는 그러한 이론이나 법칙들을 구성하는 요소의 하나로서 개념들에 대한 정의, 관심의 대상 현상의 본질 또는 특성에 대해 유추적으로 적용되는 '형이상학적인' 신념들, 주어진 학문공동체의 구성원들이 공유하는 가치관들 그리고 학술적인 문제에 대해 '표준적' 내지는 '모범적'인 해결을 예시해주는 문제해결의 구체적인 사례들(Kuhn, 1970: 182-87)과 같은 다양한 요소들이 포함된다(정창수, 1996: 18-19).

쿤의 저서 『과학 혁명의 구조』가 1962년도에 처음 출판되자 과학적 지식의 본질적 속성의 규명을 위해 활동해오던 기존 학계에 미친 영향은 한 편의 저서가 미친 영향으로서는 실로 파격적이라고 표현할 수밖에 없는 것이었다. 버드(Bird, 2012: 859-860)는 쿤의 저서에 대해 "여러 점에서 특출하고 주목할 만한 저술이며, 이십세기 과학철학 분야에서 가장 중요한 업적이라고 힘주어 강조하기에 부족함이 없는" 저술이라고 극찬한 바 있다. 이러한 평가는 이 저서를 놓고 수많은 서평과 논문들을 통해 학자들이 보여온 반응들을 그다지 과장 없이 표현하고 있는 것으로 평가된다. 그러나 그것이 일으킨 파장의 강도만큼 비판적 목소리 역시 강력하고 날

---

137) 패러다임이라는 용어가 불러온 논란을 해소하기 위한 시도의 일환으로 쓰여진 "후기(postscrpt)"(쿤의 『과학혁명의 구조』1969년 개정판, pp. 174~210)에서 쿤은 다음과 같이 제안한 바 있다: "현재 논의의 맥락에서, 나는 '(학문적) 판단과 활동을 위한 규범 체계(diciplinary matrix)'라는 용어를 제안하고자 한다. 여기에서 '학문적(diciplinary)'이라는 말은 특수한 학문 분야에 종사하는 구성원들에 의해 공유된다는 의미를 함축하고 있으며, '규범 체계(matrix)'라는 말은 개별 과학자들에 의해 보다 구체적인 적용이 요구되는 다양한 종류의 조직화된 지적 자원들로 이루어져 있음을 의미한다"(p. 182).

카로웠던 것도 사실이다. [138] 비판은 여러 각도에서 이루어졌으나, 가장 중요한 문제점의 하나로 지적되었던 점은 쿤의 이론에서 핵심적 위치를 점유하고 있는 패러다임의 의미에 관한 것이었다. 즉 패러다임의 개념이 논의의 맥락에 따라 너무 다의적(多義的)으로 사용되고 있어 이해하는 데 어려움을 야기하고 있다는 것이다. [139] 『과학 혁명의 구조』의 1970년 개정판의 "후기-1969 (Postscript-1969)"라는 제하의 부록 논문의 서두에서 쿤 역시 자신이 패러다임의 의미를 설명하는 과정에서 "불필요한 어려움과 오해들을 야기했음"(1970: 174)을 인정하고 있다. 그리고 그와 같은 문제를 일으키게 된 요인을 다음과 같이 분석하고 있다.

앞에서 이루어진 분석을 통해서 우리는 본인의 저서 대부분에서 '패러다임'이라는 용어는 두 가지 다른 의미에서 사용되고 있음을 어렵지 않게 알 수 있다. 첫째로, 패러다임은 주어진 과학공동체 구성원들이 공유하는 신념, 가치, 방법적 기법들 등으로 이루어진 전체적 집합체를 지칭하고 있다. 다른 한편으로, 그것은 그 집합체 가운데 하나의 요소, 즉 구체적 수수께끼 풀이들을 지칭하는 의미로 사용되었다. 이는 본보기 또는 실례들을 제공함으로써 명확하게 서술된 규칙들을 대신하여 정상 과학의 연구 활동을 통해 아직 풀리지 않은 여타의 수수께끼를 푸는 데 기초적 자원으로 활용된다.

앞의 인용문에서 첫 번째 의미에서의 패러다임이 포함하는 요소들은 어떤 특정 분야의 전문과학자들에 의해 공유되고 있으며, 그들이 과학적 연구를 수행하는 과정에서 현상을 선별적으로 인식 또는 분류하는 데 토대가 되는 상징적 언어 또는 기호 자원들, "형이상학적(metaphysical)"(1970: 184) 성격의 신념들 그리고 이론에 또는 방법론에 대한 선호를 결정하는 "가치들(values)"(1970: 185)을 포함한다. 이와 같

---

138) 이에 관해서는 쿤이 자신의 입장을 정리하여 발표한 논문을 중심으로 포퍼를 비롯한 당대의 쟁쟁한 과학자들이 참여한 토론 결과들을 담은 책 『비판과 지식의 성장(Crticism and the Growth of Knowledge)』(Eds. by Lakatos, Imre and Alan Musgrve, 1970)을 참고할 것.

139) 매스터만(Masterman, 1970: 61)은 "자신의 세어본 바에 근거해서 이야기하자면, 쿤은 "패러다임"을 스물한 가지의 다른, 아마 그 이상의, 그러나 이하는 아닌, 의미에서 사용하고 있다"고 지적한 바 있다.

은 요소들의 집합체는 전공 분야의 연구에 종사하는 구성원들이 공유하는 지적 자원 체계를 형성한다는 의미에서 "(학문적) 판단과 활동을 위한 규범 체계(diciplinary matrix)"로 불리는데, 이것이 곧 첫 번째 의미에서 사용된 패러다임의 의미들을 체계적으로 정리하여 쿤이 내린 정의로 간주될 수 있다. 그러나 이와 같이 정의된 의미에서 패러다임이 구체적으로 어떻게 공유되고 실제로 작동하고 있느냐와 관련하여 중요한 의문이 제기되게 마련이다. 패러다임은 어떤 경로를 통해 학습된 것이 분명하다. 그러나 대부분의 자연과학자들의 경우에, 사회과학자나 인문학자들과는 달리, 두 번째 의미에서의 패러다임, 즉 표준적 문제 풀이 활동의 배후에 존재하는 다분히 추상적인 종류의 학문적 시각이나 방법론적 판단 규범들에 대한 비판적 논의나 학습에 종사하지는 않는다. 그렇다면 의문은 그와 같은 종류의 지식 자원들이 어떻게 학습됨으로써 공동체 구성원들에 의해 공유되느냐 하는 것이다. 이는 마치 주어진 언어공동체의 구성원들이 그 언어에서 말들의 구성 원칙들, 즉 문법을 따로 배우지는 않는다는 것에 비유될 수 있다. 문법은 실제 상황 속에서 사용되는 말들을 다른 사람들이 보여주는 실례들을 통해 모방하고 응용하는 과정에서 그 안에 "암묵적으로 함축된 지식(tacit knowledge)"으로서 동시에 습득되게 마련이다. 과학에 있어서도 실례를 통한 이와 같은 학습이 차지하는 중요성에 대한 인식과는 대조적으로, 과학철학자들의 시각은 주로 "과학의 인지적 요소(cognitive content of science)"에 초점이 맞추어지고 있다는 것이 쿤(1970: 187-188)의 설명이다.

과학철학자들 사이에 통상적으로 실험실이나 교과서들에서 학생들이 부딪치는 문제들이 논의의 대상이 되는 경우는 드물다. 이유는 그와 같은 문제 풀이들은 학생들이 이미 배운 지식들을 단지 응용하기 위한 과정에서 수행하는 활동으로 간주하기 때문이다. 학생들은 처음에 이론을 배우고 그것을 응용하기 위한 규칙들을 배우지 않는 한 (과학) 문제들을 풀 수 없다는 것이 그들의 지적이다. 과학적 지식은 이론과 (논리적 및 방법론적) 규칙들 속에 함축되어 있으며, 학생들이 연습으로 푸는 문제들은 이론과 방법론적 규칙들을 응용하는 능력을 키우기 위해 부과되는 것이다 라는 것이 그 주장의 요지이다. 이와 같은 주장에 반하여, 나(쿤)는 과학을 그와 같은 인지적 지식으로 귀결시키는 것은 타당치 않다는 주장을 제기해 왔다. 학생들은 많은 문제들을 풀어본 이후에 추가적인 문제

풀이 활동을 통해서 문제 풀이 능력의 향상을 경험할 수 있다. 그러나 문제 풀이는 단순히 그것들을 잘 푸는 데 목적이 있는 것은 아니다. 자연에 대한 실질적인 내용의 교육은 과학자로서의 교육이 시작되고 그 교육이 진행되는 일정 기간 동안은 주로 문제 풀이 활동을 통해 이루어지게 된다. 그와 같은 구체적 실례를 통한 문제 해결의 과정을 거치지 않고서는 법칙이나 이론들은 설령 미리 배운다고 하더라도 경험적인 내용이 결여된 껍데기 지식에 불과할 것이다.

쿤의 이와 같은 주장은 문제 풀이의 실례들을 패러다임의 가장 핵심적 요소로서 보는 그의 입장에 근거를 제공한다. 표준적 문제 풀이의 사례들을 패러다임의 핵심적 요소로 보는, 보다 구체적인 이유는 다음의 두 가지로 나누어 설명할 수 있다. 첫째로는, "유사 관계(similarity relations)"를 지닌 여러 문제들을 푸는 과정에서 학생들은 그러한 종류의 문제들을 접하고 해결해왔던 동일 공동체의 구성원들과 유사한 관점에서 그 문제 상황들을 선택적으로 인지하고 해결하는 능력들을 키워나가게 된다. 쿤(1970: 189)의 표현에 따른다면, 구체적인 문제 해결들을 통해 학생들은 "오랜 시간에 걸쳐 검증되어 왔고 집단적으로 허용된 방식으로 사물을 바라보는(a time-tested and group-licenced way of seeing) 능력을 습득하게 될 것이다." 구체적인 문제풀이의 사례들을 바로 이와 같은 이유로 해서 패러다임의 핵심적 요소로 규정된다. 두 번째로, 바로 위에서 지적한 사실에 근거하여, 쿤(1970: 190-191)은 "자연 현상에 관해 과학적 의의를 지닌 지식(consequential knowledge)"을 방법론적인 규칙이라든지 법칙들 속에서 찾기보다는 구체적 문제 해결의 사례들을 통해 배우는 유사 관계와 그러한 학습에 기초하여 과학도들이 경험적 현실들을 바라보는 방식에서 찾아야 한다고 주장한다. 이와 같은 주장을 쿤(1970: 193-194)은 다음과 같이 요약해서 설명한다:

집단의 구성원들이, 전체 문화권이든 또는 전문가들로 구성된 하위 공동체이든지 간에, 동일한 자극 대상을 대했을 때 동일한 사물로 인식하는 법을 배우는 가장 기본적인 기법들 중의 하나는 그 집단의 연장자들이 그것을 같은 사물로 인식하고 또한 다른 종류의 상황과는 다른 사물로 인식하도록 배웠던 사실들을 실례로서 보여주는 것이다.

비유적인 표현을 빌려 설명하자면, 다른 사람과 같은 방식으로 말을 사용하는 방법을 가르치기 위해서는 단어장이나 문법적 규칙을 사용하는 것보다는 그 말이 사용되는 실제 현장에서 실례로서 보여주는 것이 가장 기본적인 방법이라는 것이다. 쿤이 모범적인 문제풀이의 실례를 패러다임의 가장 핵심적인 요소로 보는 이유는 여기에 근거를 두고 있다.

그렇다면 이제 과학이라는 인간 활동 영역에서 주로 문제 풀이들을 통해 성취되는 과학적 연구의 성과들이 지닌 의의와 기능에 관해 쿤이 어떻게 설명하고 있는지를 살펴보려고 한다. 이를 위해 우선 과학적 문제 풀이는 "수수께끼 풀이(puzzle-solving)"로서의 속성을 지니고 있다는 쿤의 주장을 주목해 볼 필요가 있다. 과학적 연구가 통상적인 경우에 "수수께끼"의 풀이에 목적을 두고 있다는 쿤의 주장을 이해하기 위해서는 먼저 쿤이 보는 관점에서 과학적 수수께끼가 갖는 성격을 이해할 필요가 있다. 그리고 이를 위해서는 먼저 쿤이 말하는 "유사 관계(similarity relations)"의 의미에 대한 이해가 요구된다. 유사 관계란 어떤 현상들 간에 어떤 공통된 특성이 공유됨으로써 어떤 공통된 접근 시각 또는 해결 방법의 적용을 통해 설명이 가능한 경우들 간에 존재하는 관계를 지칭한다. 아주 간단한 예를 들어, 다음의 두 도형을 보자.

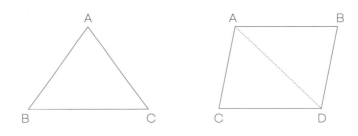

〈도식 3〉 유사 관계와 문제풀이의 사례[140]

---

140) 출처: 베리 반즈(Barry Barnes). 1986. 패러다임(정창수 역). 서울: 정음사, p.129.

이제 막 기하 문제를 푸는 방법을 배우기 시작한 초등학생에게 위의 두 도형은 둘 다 삼각형으로 구성되어 있음을 "보여줌"으로써, 즉 두 도형이 유사 관계에 있다는 사실을 알려줌으로써 학생은, 일단 그가 삼각형을 면적을 구할 수 있다면 그 능력을 활용하여, 오른편에 있는 도형의 면적을 구할 수 있을 것이다. 그 아동이 오른쪽 도형이 A와 D, 두 꼭짓점을 잇는 분할선으로 연결된 두 개의 삼각형으로 구성되어 있다는 사실을 인지하게 될 때까지는 도형 ABCD의 넓이는 해결을 요하는 수수께끼로 남아 있게 될 것이다. 수수께끼 풀이는, 위의 도식에 의해 예시되듯이, 이미 학습된 지식을 활용하여 그와 유사 관계를 지닌 것으로 판단되는 현상에 적용함으로써 새로운 지식을 얻어내는 활동으로 정의될 수 있다. 수수께끼라고 표현한 것은 학습된 기존의 지식과 새로 해답을 찾아야 하는 과제 사이에 존재하는 유사 관계를 찾는다는 일이 단순히 논리적 추론에만 의존한다기보다는 쉽든 어렵든 간에 종래까지는 모르고 있었던 어떤 장애를 건너는 데 필요한 창의적 발상이 요구되는 작업이기도 하기 때문이다. 이와 같은 점에서, 과학자들의 수수께끼 풀이 활동은 이미 확보된 지식의 창의적 연장을 통한 지식의 확장 과정으로서 특징지을 수 있다. 이는 반스(1982: 48)가 물리학의 동역학 분야에서 유사 관계의 확장을 통해 이루어진 지식 발전의 과정을 설명한 다음과 같은 실례를 통해 더욱 명료하게 이해될 수 있을 것으로 여겨진다.

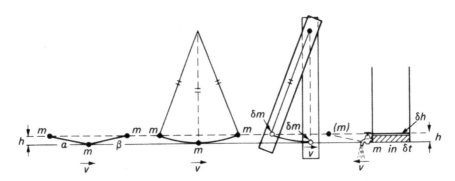

(a) 경사면 (b) 점입자 진자(點粒子 振子) (c) 진자(振子) (d) 관속 액체운동

〈도식 4〉 패러다임의 활용 실례 (Barnes, 1982: 48에서 전재)

위의 그림은 물리학의 동역학에서 두 경사면 사이의 물체의 움직임에 대한 예측과 설명이 점점 더 복잡한 형태의 유사 관계에 대해서 적용이 시도되었고, 거기에서 제기되는 문제들을 해결해온 과정을 소개하고 있다. 이와 같은 과정에서 이루어진 지식의 발전 현상에 근거하여 쿤(1977b: 234)은 과학적 연구가 갖는 특징에 대해 다음과 같이 지적하고 있다.

정상적인 상황 하에서, 과학 연구자는 혁신자가 아니라 수수께끼들을 풀어내는 사람이다. 그리고 그가 풀이에 열중하는 수수께끼들은 현존하는 과학적 전통 속에서 서술될 수 있고 동시에 해결될 수 있다고 믿는 수수께끼들인 것이다.

즉, 수수께끼 풀이는 주어진 지식 체계의 내부에서 이루어지는 지식의 발전 과정인 것이다.

그러나 위의 인용문에서 주목해야 할 구절이 있다. "정상적인 상황 하에서(under normal conditions)"라는 부분이다. 쿤(1970: 35-42)은 기존 지식 체계의 틀 속에서 수수께끼 풀이에 비유될 수 있는 유형의 연구 활동을 통해 지식의 누적적 발전이 이루어지는 학문 분야를 "정상 과학(normal science)"이라고 특징짓는다. 이 용어는 두 가지 의도를 가지고 사용되고 있다. 하나는, 자연 과학 분야와 같이 진정한 의미에서 "과학(science)"으로 불릴 수 있는 학문 분야를 특징짓는 용어로 사용되고 있다. 즉, 이른바 "과학 분야"로 분류되는 학문 분야들은 주어진 시기에 각각의 분야에서 지배적인 패러다임으로 받아들이는 학술적 자원들의 틀 속에서 제기된 학문적 수수께끼들을 그 패러다임이 제공하는 지적 자원들을 활용하여 풀어내는 활동에 종사하며, 그로부터 얻어진 성과로서 자연에 대한 우리의 지식을 넓혀간다는 데서 특징을 찾을 수 있다. 이와 같은 학문 분야를 "정상 과학(normal science)"이라고 부른다. 두 번째로는, "정상 과학"은 주어진 과학 분야에서 어떤 주어진 시기에 지배적인 위치를 점유한 어떤 패러다임이 정상적으로 작동하는 상황을 지칭하는 의미로서 사용된다. 이 상황을 이해하기 위해서는 과학의 장기적 발전 과정에 대한 쿤의 견해를 이해할 필요가 있다. 과학의 장기적 발전 과정에서 어떤 과학 분야가 거치는 각 단계들은 쿤의 저서 『과학혁명의 구조』에서 각 단원의 표제어들 가운데서 차례로 살펴볼 수 있다. 따라서 비교적 쉽게 정리될 수 있으나, 쉬운 이해를 위해 줄여서 다음과 같이 정리해볼 수 있다.

전과학단계(pre-science) → 정상과학(normal science) → 위기와 혁명(crisis and revolution) → 새로운 정상과학(new normal science) → 새로운 위기(new crisis) (정창수, 1996: 44에서 전재).

위에서 정상과학의 단계로 규정된 시기는 주어진 지식 체계를 창의적으로 활용하면서 이루어지는 수수께끼 풀이가 과학자들의 활동의 특징적 유형으로 정착되고, 또 대체로 안정적으로 지속되는 시기라는 점에서 다른 시기와 구분된다. 물론 이 기간 중에도 과학공동체의 구성원들이 활용해온 지식 자원들을 기반으로 한 끈질긴 연구 노력에도 풀리지 않은 까다로운 문제들이 존재하게 마련이다. 어떤 경우에는 주어진 패러다임에 의해 예측되었던 바와는 전혀 다른 사실들이 발견됨으로써, 다시 말해 해당 패러다임의 시각으로부터 "역행하는 것으로 여겨지는 비정상적 현상들(anomaly)"(1970: 52)이 발견됨에 따라 패러다임 자체의 존립을 위협할 가능성을 가진 사건들이 발생하기도 한다. 이와 같은 특이한 현상들은 통상적인 수수께끼 풀이의 방법으로는 해결될 수 없는 까다로운 도전을 제기하게 될 것이다. 그러나 기존의 패러다임에 의해 예상되는 바에는 어긋나는 듯이 보이는 특이현상들과 관련하여, 쿤이 그의 한 논문(1977b: 225-239)에서 강조하고 있거니와, 역설적인 측면이 있다. 그것은 특이현상들의 "인식과 평가는 오직 기존하는 과학적 전통에 대한 확고한 헌신"의 바탕 위에서 이루어진다. 따라서 그 확고한 헌신에 의해 뒷받침되는 노력에 의거하여 제기된 문제들을 해소하기 위한 문제 풀이 활동을 오히려 촉발 또는 강화하는 계기를 제공함으로써 패러다임의 내재적 발전에 기여하는 경우가 대부분이라는 것이다.

물론 그와 같은 특이한 문제들은, 만약 해소에 실패하는 경우에, 해당 시기의 패러다임 자체의 존립에 의문을, 따라서 위기를 초래할 정도로 치명적인 문제들일 수도 있다. 풀리지 않은 문제들이 주어진 패러다임의 고질적인 취약점으로 대두되고, 그에 따라 그 패러다임에 대한 구성원들의 회의가 점차적으로 증가하면서 새로운 패러다임에 대한 필요성이 논의되기 시작한다면 지배적 패러다임의 "위기 (crisis)"가 도래되기 시작한 것으로 볼 수 있다. 물론 대공황과 같은 자본주의의 위기가 뉴딜정책과 같은 매우 혁신적 정책에 의해 해소되었던 것처럼, 지배적 패러다임의 내부에서 풀리지 않은 수수께끼를 풀고자 하는 끈질긴 노력에 의해 극적인 돌파구가 열리기도 할 것이다. 즉, 자체 내에 존재하는 잠재적 지적 자원들을 창의적으로 활용하여 위기가 해소되는 경우들도 있을 것이다. 그러나 그와 같은 노력들에도 불구하고 해소되지 않은 문제들이 상존하는 상태가 지속되거나, 쿤(1970: 68)이 예로 든 프톨레마이오스(Ptolemy)의 천동설에서처럼, 이론적인 예측과 실제로 관측된 천체의 움직임 사이에 미세하나마 불일치 상태가 지속적으로 발생하는 경우에 과학자들 사이에서는 기존 패러다임에 대한 불신이 퍼지게 된다. 즉, 위기가 시작되는 것이다. 그리고 위기는 곧 새로운 패러다임에 대한 요구와 탐색을 불러오게 된다. 프톨레마이오스의 천동설의 경우에, 위기의 해소와 패러다임의 퇴장을 불러온 주 요인이 코페르니쿠스의 『천구의 회전에 관하여(De revolutionibus orbium coelestium)』라는 책을 통해 발표된 지동설이었다는 것은 잘 알려진 역사적 사실이다. 이제 신, 구 패러다임 사이에 혁명적 교체가 시작되고, 지동설이라는 새로운 패러다임을 기반으로 천구들의 움직임과 위치를 계산하고 설명하기 위한 새로운 유형의 수수께끼 풀이들의 시대가 열리게 된 것이다. 물론 코페르니쿠스의 지동설 역시 그 이론적 기반의 하나로 별들이 완전한 형태의 원형 궤도로 회전한다는 가정을 기반으로 하고 있었던 패러다임이었고, 당시에는 연주시차(年周視差)를 측정할 수 있는 방법도 개발되지 않은 때였기 때문에 그것의 우위가 일거에 그리고 결정적으로 확립될 수는 없었다. 천동설 패러다임의 쇠퇴와 지동설 패러다임으로의 교체는 따라서 반드시 구 패러다임을 부정하는 경험적 증거들이 일거에 코페니쿠스에 의해 과학적으로 확보되면서 시작된 것은 아니었다고 쿤(1970: 28-79)은 지적한다. 물론 새로운 패러다임이 대두된 배경에는 성구(星球)로부터 실제로 관측된 움직임들이 프톨레마이오스의 천문학에 의해 이론적으로 설명되고 예측된 바와 어느 정도는 일치하지 않은 것은 아니었으나 항시 해명되지 않은 괴리가 존재하고 있었다는 사실이 작용하고 있었던 것은 사실이다. 프톨레마이오스의 천문학을 추종하는 학자들은 이러한 괴리를 그들의 천문학적 패러다임에 의해 해결되어야 할 그리고 해결될 수 있는 문제들로 인식하고 있었다. 반면에 "역법 개혁의 필요성에 대한 사회적 압력(social pressure for calendar reform)"과 같은 당시의 사회적 조류로 인해 "지구의 세차 운동으로 인한 춘분점의 이동"이라는 문제를 해명하는 데 실패한 프톨레마이오스의 천동설 대신에 새로운 천체 이론에 대한 요구들이 고조되고 있었다. 즉, 코페르니쿠스의 지동설과 같은 대안 패러다임의 출현과 함께 그것을 받아들일 사회적 및 과학계 내부의 조건들이 성숙하고 있었던 것이다.

과학 연구 현장의 과학자로서의 경력을 거친 과학사학자로서 쿤이 제시한 코페르니쿠스 혁명의 사례와 함께 그 이후의 여러 사례들은 과학적 지식의 구조와 발전 과정에 대해 과학철학자들이 기왕에 설명해오던 바에 비해 매우 급진적인 대안을 제시하고 있다는 점에서 의의를 지니고 있다. 그 요지는 다음과 같은 결론으로서 요약될 수 있다.

1) 과학적 지식의 발전은, 이른바 정상 과학에 있어서는, 한 시기의 패러다임을 구성하는 전체 지적 자원들의 체계 속에서 제기되는 문제 풀이 활동들을 통해 이루어진다. 문제 풀이들은 통상 수수께끼 풀이로서의 특성을 보인다. 즉, 주어진 패러다임에 포함된 지적 자원들을 활용함으로써 해당 패러다임의 관점과 부합되는 결론을 얻어내는 작업이 곧 정상과학의 주된 활동을 이룬다는 것이다. 과학 역시 체제 내적 활동으로 규정하는 이와 같은 견해는 자연 현상에 대한 객관적인 관찰을 통해 끊임없이 새로운 지식을 발견해나가는 과정으로 인식하는 과학에 대한 상식적인 이미지나, 끊임없이 기존 지식의 오류와 한계를 파헤쳐 보다 타당한 지식을 새로이 정립해나가는 과정으로 과학 활동을 특징짓는 포퍼의 과학관과는 극명한 대조를 이룬다.

2) 과학적 지식은 두 가지 경로를 따라 발전 또는 변화한다. 하나는, 주어진 패러다임의 지적 자원 체계 내에서 제기되는 수수께끼들을 풀어내는 활동을 통해 이루어지는 지식의 확장 과정이다. 기존하는 패러다임의 입장에서 보았을 때, 그것을 대체하기 위해 등장한 새로운 패러다임에서 설명하는 사실 또는 예측하는 사실들과 정확히 부합되지 않은 모든 경험적 현상들은 새로운

패러다임을 뒤집을 수 있는 증거들로서 간주된다. 역으로, "코페르니쿠스는 대부분의 프톨레마오스의 후계자들이 관찰된 사실과 이론을 부합시키기 위해 수수께끼로 인식하고 있었던 문제들을 천동설을 부정하는 증거들로서 간주하고 있었다"(Kuhn, 1970: 79). 이와 같은 경쟁적 상황 속에서 자신의 이론이 경험적 사실과 더 부합한다는 증거를 확보하기 위한 수수께끼의 풀이에 많은 노력들이 경주되고, 그러한 노력들이 거두게 되는 실질적 성과가 곧 지식의 증가를 가져온다고 보고 있다. 이것이 곧 과학이 패러다임에 의해 규제된 체제 속에서 활동하는 정상 과학으로서 갖는 의의와 성과에 대한 쿤의 평가이다. 그러나 누차에 걸쳐 지적된 바 있듯이, 주어진 패러다임의 토대 위에서 이루어지는 과학적 연구 활동은 일정한 단계에 이르면, 패러다임 자체가 안고 있는 내적 한계로 인하여, 어떤 노력에도 불구하고 풀리지 않은 문제들, 즉 "풀리지 않은 비정상적 현상들"이 누적되는 시기를 맞게 된다. 과학자들 사이에서는 여전히 풀릴 수 있는 수수께끼로 간주하기보다는 패러다임 자체를 부정하는 증거로 간주하는 의견들이 늘어나고, 새로운 패러다임의 필요성에 대한 목소리가 들리기 시작한다. 즉, 인식의 전환과 함께 위기를 맞게 되는 것이다. 그러나 중요한 한 가지 사실은, 기존 패러다임을 대체할 수 있는, 신뢰할 수 있는 어떤 구체적인 패러다임이 실제로 모습을 드러내기 이전까지 과학 혁명은 일어나지 않는다는 것이다. 다시 말해서, 과학자들은 새로운 단계의 수수께끼 풀이의 기반이 될 수 있는 새로운 패러다임이 어느 정도 마련되기 이전에는 전부터 이어오던 수수께끼 문제들을 중심으로 한 정상적 과학 활동을 포기하지는 않는다는 것이다.

3) 이제 문제가 되는 사항은, 기존 패러다임과 대체 패러다임의 혁명적 교체에 의한 과학적 연구 활동에 있어서 변화 과정이 지닌 의의를 어떻게 평가할 수 있느냐 하는 의문이다. 관건이 되는 쟁점은, 두 지식 자원 체계의 비교 평가에 관한 것이다. 즉, 어떤 단일한 기준(들)에 의거하여 둘 사이에 과학적 참의 정도라든지 그것들이 각기 설명하는 현상들의 적용범위에 관하여 상대적 우열을 결정할 수 있느냐 하는 것이다. 과학계에서는 과학적 지식은 과거 시

대로부터 현대에 들어올수록 발전해 왔다는 것이 통념으로 되어 왔다. 이와 같은 통념은 과학철학 분야를 지배했던 이론들이 형성된 배경으로 작용해 왔고 그리고 다른 한편으로는 그와 같은 지배적 견해들을 뒷받침하는 근거로서 인식되어 왔다. 예를 들어, 귀납주의적 과학관의 경우에 현대의 과학적 지식이 과거에 비해 발전한 이유는 시간이 지남에 따라 자연 현상에 대해 더 많은 관찰 결과들이 축적될수록 더욱 참된 지식이 얻어질 수 있었던 것으로 설명이 되며 그리고 이와 같은 설명에 의거하여 관찰된 사실들에 대한 귀납적 추론은 보다 참되고 또한 일반적인 지식을 얻는 과학적 방법이 될 수 있는 것으로 주장했던 것이다. 이는 포퍼의 경우에도 마찬가지로 적용될 수 있다. 쿤의 과학 이론과 포퍼를 위시한 기존 과학철학자들 간에 가장 예리한 견해의 대립이 나타나는 것은 바로 이 부분에서다. 즉, 쿤이 기존의 과학 이론들의 주장과 가장 큰 이견을 드러내는 부분은 후속되는 과학 이론들이 "자연 속에 실제로 존재하는 무엇(what is really there)"과 일치하는 방향으로 발전한다는, 즉 "참(truth)"에 가까워진다는 주장(Kuhn, 1970: 206)에 대해 반론을 제기하고 있다는 점이다. 이러한 견해의 차이는 쿤의 과학 이론이 "상대주의적(relativistic)"이라는 비난의 근거가 되었다. 쿤이, 마치 문화 현상과 문화 현상을 비교하려고 시도하는 경우에서처럼, 과학에서 역시 패러다임들 사이에 동일한 기준에 의해 우열의 비교할 수 있는 기준은 존재하지 않으며, 따라서 상대주의적 입장을 고수하고 있다는 것이다. 이러한 입장은 과학적 지식이 발전한다는 엄연한 사실을 부정한다는 점에서 쿤의 과학 이론의 가장 치명적인 문제점으로서 지적되어 왔다.

이러한 비판에 대한 쿤의 반론은 대개 다음과 같이 요약될 수 있다. 우선 하나의 패러다임으로부터 다른 하나의 패러다임으로 전환은 기존의 과학 이론에서 이야기하듯 순수하게 경험적 증거와 논리적 추론에 의해 이루어지는 순수하게 합리적 결단은 아니라는 것이다. 뒤집어 이야기한다면, 대체 패러다임 대신에 기존의 패러다임을 고수하고자 하는 행동 역시 타당한 근거를 상실해가는 지식에 집착하는 비합리적 행동은 아니라는 것이다. 흔히 이론의 선택 기준들로 거론되는 "정확성, 단순성, (연구)

생산성(accuracy, simlicity, fruitfulness)" 등과 같은 기준들 역시 가치적 기준들이며(1970: 199), 따라서 그 적용은 그 가치들에 대한 개인과 집단들의 해석과 선택에 따라 다를 수 있을 것이다. 새로운 패러다임의 전환이 이루어지는 과정을 객관적 참의 승리와 같은 용어를 써서 표현하기보다는 "설득(persuation)"이라든지 "개종(conversion)"과 같은 사회심리학적 기제들이 작용하는 과정으로 쿤이 특징짓고 있는 것은 이 때문이다. 쿤(1970: 204)은 그것을 "게슈탈트의 전환(a gestalt switch)"에 비유할 수 있다고 지적한다. 하나의 패러다임에서 다른 패러다임의 전환은 나름대로 합리적 기준에 의해 운영되는 하나의 지식 자원 체계로부터 과학공동체의 구성원들이 나름대로 합리적이라고 판단하는 여러 기준들에 의거하여 보다 적합하다고 평가하는 다른 지식 자원 체계로의 귀속(歸屬)을 통해 이루어진다는 것이다. 그러한 기준들 가운데 가장 중요한 하나의 기준으로서 쿤은 "자연이 우리에게 제기하는 수수께끼들을 구성하고 풀어내는 데 (주어진 패러다임이) 보여준 능력(demonstrated ability to set up and to solve puzzles presented by nature)"(Kuhn, 1970: 205)을 지적한다. "객관적으로 입증된 참"과 같은 이론의 여지가 없는 합리적 기준은 아닐지라도 과학공동체의 구성원들에 의해 합의 가능한 합리적 기준들이 과학적 지식의 선택에 작용한다는 것이다. 물론 기존 과학철학자들의 입장과는 다르게, 쿤은 수수께끼 풀이 능력에 대한 판단 기준이 실제 적용되는 현장에서는 항시 "명료하지는 않다(equivocal)"고 지적한다. 과학적 판단 영역은 인간의 사회적 행위 영역 가운데서 가장 합리적 유형의 기준들에 의해 통제되는 영역으로 분류되어 왔다. 이는 우리가 이제까지 살펴본 바와 같이 파레토를 위시하여, 베버, 파슨스 등의 저명한 인간 행위 이론가들의 공통된 소견이었다. 과학철학자들의 견해 역시 이로부터 크게 다르지는 않다. 단지, 과학적 합리성에 대해 보다 명료하고 체계적으로 정리된 기준을 밝히고 있다는 점에서 다를 뿐이라는 것이 필자의 평가이다. 이론의 선택과 관련된 쿤의 입장에 대한 과학철학자들의 반응은, 쿤이 이론의 선택을 "궁극적으로 개인적이고 주관적이며, 신비에 가린 통각(統覺) 작용에 의해 이루어지는 것으로 보고 있다는,"

즉 "비합리적"인 판단에 의존하는 것으로 파악하고 있다는 비판이었다.[141] 이에 대한 쿤(1070: 205)의 해명은 다음과 같은 구절로써 요약되고 있다.

> (이론 선택에서 적용되는 가치들은) 그것들을 공유하는 두 사람이라 할지라도 그것들을 적용해서 내려지는 판단에 있어서는 서로 다를 수도 있을 것이다. 그러나 그와 같은 가치들을 특별히 중요하게 생각하는 공동체의 행태는 그렇지 않은 공동체가 보여주는 행태와는 크게 다를 것이다.

이와 같은 입장에 대해 쿤이 과학 역시 비합리적 행위 유형에 의해 지배되는 영역으로 보고 있다는 비난은 온당한 비판으로 여겨지지 않는다는 것이 필자의 평가이다. 그러나 쿤의 입장은 과학적 합리성의 한계에 대한 인식이 담겨 있다는 점에서 주목을 끈다. 그의 입장은, 우선 패러다임의 선택에는 두 가지 기준이 적용된다고 본다. 하나는, 주어진 지적 자원 체계로부터 과학적으로 중요한 의문점들(즉, 수수께끼들)이 제기될 수 있느냐의 여부이다. 두 번째는, 제기된 수수께끼의 풀이를 위한 확실한 해법들을 그 자원 체계가 또한 제공하고 있는지의 여부이다. 이 두 가지 점에서 과학 활동을 위한 토대로서 얼마나 생산적이고 효율적인 기능을 발휘할 가능성을 지니고 있는가 하는 점이 패러다임의 선택을 위한 합리적 기준으로 작용한다는 본다. 이러한 입장이 결코 과학의 비합리적 특성을 주장하는 것은 아니라는 점은 분명하다. 그러나 쿤은 그와 같은 기준(들)의 적용은 수학적 정밀성을 가지고 계산할 수 있는 성격의 문제는 아니라고 강조한다. 또, 논리적으로 엄밀한 추론을 통해 결론지어질 성격의 문제도 아니라는 본다. 그 판단에 있어서 개인의 집단적 이력이나 가치 또는 태도 등에 의해 상당한 폭의 임의성이 작용하는 문제이기도 하다는 것이다. 쿤이 과학 현장에서의 이론 선택의 문제는 "명료하지 않는" 문제라고 지적한 것은 이 때문일 것이다. 이 문제에 대한 쿤의 결론은 과학자들의 공

---

141) 이와 같은 비판은 쿤(Kuhn, 1970: 199)이 스스로 자신의 과학 이론을 비판한 과학철학자들의 비판들을 요약하기 위해 사용한 표현들을 인용한 것이다.

동체가 결과적으로 보여주는 집단 지성의 지혜로움을 지지하는 입장으로 기울고 있는 것으로 판단된다. 즉, 과학자들이 개인적으로 또는 상호작용하는 가운데 행사하는 선택들이 모여 경쟁 패러다임들 간에 생존의 여부가 결정될 때 그 최종적 결과는 합리적인 방향으로 이루어질 것으로 판단한다는 것이다.

다. 파슨스의 사회적 행위 이론과 토마스 쿤의 과학 이론

이 부분에서의 논의는 사회적 행위 이론과 토마스 쿤이 그의 관찰과 분석을 통해 파악한 과학자들의 행위 구조의 특징적 측면들을 비교하는 데 초점을 맞추게 될 것이다. 매우 다른 인간 행동 영역을 대상으로 이루어진 연구 성과를 비교하려는 것은 다소 무리하다고 볼 수 있는 과제이다. 이 과제가 그렇게만 평가될 수 없다고 여겨지는 이유를 설명하기 위해서 이에 대해 필자가 비교적 오랫동안 품고 있었던 생각을 이야기하는 것이 도움이 되리라고 본다.

우선 이 책에서 필자가 왜 머튼을 논의의 대상으로 삼게 되었는지에 관해서는 머튼에 관해 논의하는 부분의 서두에서 설명되었다. 그 설명에서 필자는 우선 행위를 일으키는 가장 기본적인 요인이 그 행위를 통해 달성하고자 하는 목적에 있다는, 파슨스의 이론적 관점에 일단 동의를 표하고 있다. 행위의 목적이란 개인들이 자신의 행위를 통해 실현하려고 의도하는 미래의 상태이며, 이에 대해서는 행위자들의 다양한 태도나 전망이 존재한다. 그것은 각별한 관심을 요할 필요조차 없이 일단 의도만 하면 당연히 성취될 수 있는 행위의 결과일 수도 있으며, 상상하기조차 두려울 정도의 노력이나 행운이 없이는 다다르기 어려운 목표일 수도 있을 것이다. 바람직한 행위 목표에 대한 개인들의 태도나 전망은, 파슨스가 강조하고 있거니와, 일단 소속공동체의 가치 규범 체계 속에서 개인들이 그 목표에 대해 내리고 있는 평가가 하나의 결정적 요소로 작용하고 있다는 점은 분명하다. 다른 말로 표현하자면, 어떤 행동의 목표들이 강조되고 구성원들 사이에 그것들을 이루고자 하는 동기가 얼마나 강한지는 소속된 사회의 문화적 특징을 나타내는 하나의 지표가 될 것이다. 이는 파슨스의 행위 이론으로부터 매우 분명하게 추론될 수 있는 주장임은 분명하다. 그러나 그 목표들에 대해 구성원 개인들이 실제로 나타내는 태도적 반응과 그 목표들을 자신들이 달성할 수 있다고 보는 전망에 있어서는, 적어도 자본주의 사회와 같은 현실 속에서는, 상당한 차이가 존재할 것이다. 이러한 차이가 곧 개인들이 어떤 위치에서 사회를 살아가는 과정에서 보고, 듣고, 경험한 차별적 현실로부터 발생한 차이라는 것은 당연한 사실이다. 그리고 파슨스에 대해 많은 사회학자들이 가한 비판은 주로 그러한 차별적 현실에 대한 인식이 그의 이론 속에서는 아예 반영되고 있지 않다는 데 집중되었던 것이 사실이다. [142] 필자는 머튼의 이론을 검토의 대상으로 삼은 중요한 이유로서 개인들이 추구하는 목적의 실현과 관련하여 당면하게 되는 현실적 상황들을 이해하는 데 그의 아노미 이론이 매우 중요한 의의를 지니고 있음을 지적한 바 있다. 요약하자면, 머튼은, 미국 사회의 문화를 놓고 보았을 때, "성공"이라는 행위의 목적은 그 구성원들에게 실현이 요구되는 가치로서 강조되는 반면에 그것을 실제로 달성할 수 있는 기회에 있어서는 구성원들 간에 큰 폭의 불평등이 존재하고 있다고 보았다. 이러한 현상의 구조를 머튼은 아노미적 상황으로 규정한 바 있다. 즉, 실현이 강조되는 행위의 목적과 그것을 실제로 '실현할 수 있는 가능성 사이에 건너기 어려운 간극이 존재하고 있다는 것이다. 따라서 그 간격을 극복하기 어려운 상황에 처해 있는 사람들에게는 파슨스가 말하는 문화적으로 강조되는 목적의 실현은 사실상 어떤 방법으로든 해결해야 하거나, 아니면 그 사회에서는 감내하기 어려운 상황 속에 빠지게 되는, 문제 상황으로 대두되게 마련이다. 파슨스에 의해 분석된 인간의 행위는 어떤 목적의 실현을 위해 작동하는 체계로서 도식화되고 있다. 주어진 공동체에서 바람직한 것으로 강조되는 목적의 실현은 그 행위가 수행되는 이유를 구성하며, 따라서 사

---

142) 이러한 점에서 파슨스의 대표적 저술들을 개관한 논평문에 붙여진 "바깥에서 본 세상(Out of This World)(Bottomore, 1992)이라는 보토모아의 제목은 매우 시사적이다. 간단히 말해서, 파슨스의 이론이 사회적 현실은 보이지 않은 사회에 관한 이론이라는 의미이다. 유사한 맥락에서, 다렌도르프 (Dahrendorf, 1990)가 파슨스에 의해 주도된 사회학적 시각에 대한 비판과 극복을 위한 제언을 담은 내용의 논문에 대해 "유토피아로부터의 탈피(Out of Utopia)"라는 표제를 붙이고 있는 다렌도르프 (Dahrendorf, 1958) 역시 마찬가지의 맥락에서 이해될 수 있다. 이와 유사한 관점에서 파슨스를 비판한 록크우드(Lockwood, 1990), 밀스(Mills, 1959: 44-49), 코저(Coser, 1956: 1-10)를 또한 참조할 것.

회학의 학문적 관점에서는, 사람들이 그 행위를 왜 수행하려고 노력하는지를 설명하는 핵심적 변수로 설정되고 있다. 그러나 우리가 머튼의 아노미 이론이라는 필터를 통해서 들여다보면, 인간 행위의 상황은 예측하기 어려운 운명적 추이가 얽힌 수많은 이야기거리들이 전개되는 무대처럼 서술될 수밖에 없을 것이다. 우선 우리는 목적 달성을 위해 해결이 요구되는 문제들의 극복에 실패함으로써 좌절을 경험하는 상황에 처한 수많은 사람들을 목격하고 있다. 머튼은 이것은 바로 미국 사회에서 실제로 목격하는 현실이라고 주장한다. 이로 인해 나타나는 사회적 갈등과 변화에 대한 압력은, 적절히 관리되지 않는다면, 현존의 사회 질서를 뒤집어엎는 요인으로 작용할 수도 있을 것이다. 분석적 작업을 통해 인간 행위는 달성하고자 하는 어떤 목적을 본질적인 요소로 포함하고 있다는 사실을 밝혀내고, 그것을 토대로 인간 행위의 일반적 구조에는 그것이 필수적인 요소로서 포함된다고 주장하는 것은, 물질이 일정한 크기의 공간을 점유하고 있다는 사실을 들어 인간 역시 일정한 공간을 점유하는 물질적 존재임을 주장하는 것과 다름이 없을 것이다. 그러나 실로 중요한 사회적 사실은, 어떤 사회들에서 자신이 차지할 생활 공간을 마련하는 문제는 어떤 개인들에게는 실로 감당하기 어려운 문제 상황이 되어 왔다는 점일 것이다.

1950년대에서 60년대에 이르는 사이에 폭풍전야와 같았던 미국 사회의 분위기 속에서 씨 라이트 밀스(C. Wright Mills)가 그의 저서 『사회학적 상상력(The Sociological Imagination)』(1959)을 통해 미국인들의 삶의 현장에서 겪고 있던 현실과 문제들을 외면한 파슨스의 사회학을 날카롭게 비판했던 것은 인간 사회에서 사회학이 존재하는 근본적 이유와 관련된, 의미 있는 학문적 각성을 반영하고 있었다. 바로 그와 같은 맥락에서, 파슨스가 분석적인 작업을 통해 파악한 인간 행위의 구조가 개인들의 현실적 체험 속에서 실제로 나타나는 모습을 보여주려고 했던 머튼의 시도는 매우 중요한 의미를 지닌 것으로 평가된다.

바로 위에서 지적된 의미에서 파슨스가 지적하는 "행위의 목적"을 달성하기 위해 노력하는 사람들이 실제로 보여주는 모습과 그리고 그와 같은 모습의 사람들로 구성된 사회의 성격을 과연 어떤 관점에서 파악하는 것이 가장 적절한 것인가? 이는 결코 쉽게 다루어질 의문은 아니다. 그래서 약간 맥락을 달리 잡아, 다음과 같이 질문을 던지는 것이 어떨까 한다. 만약, 필자가 기존 학자들이 남긴 학문적 업적들 중에서 이러한 의문에 해답을 제공해줄 수 있는 적절한 학문적 성과로 꼽힐 수 있는, 문학적 표현을 사용해서 "가장 감명 있게 읽힐 수 있는," 성과를 꼽는다면 누구의 그것을 꼽을 수 있을 것인가? 아마 이에 대한 견해는 사회학자들 간에 무수하게 다양할 수 있겠지만, 필자의 견해를 묻는다면, 머튼의 미국 사회의 아노미 현상에 관한 연구를 그중 하나로서 지적할 것이다. 사람들의 마음속에는 어렸을 때부터 헌신하도록 배워왔던 가장 중요한 인생의 목표들이 존재하고 있으며, 이와 같은 목표들을 이루려고 노력하는 과정에서 발생하는 많은 일들과 거기에서 실제로 거두어지는 성과들이 곧 대부분의 사람들이 자신들의 인생을 평가하는 가장 중요한 의미를 구성한다. 머튼의 연구가 갖는 중요한 의의는 사람들이 자신의 체험을 통해 알아 온 당연한 인생의 진실들을 학문적인 분석을 통해 알려주고 있다는 점이다. 즉, 의외로 많은 사람들이 사회에서 제도적으로 강조되어온 목적을 그 문화권에서 제도적으로 용인하는 수단을 통해 성취하는 데 실패하고 있다는 것이다. 이 상황을 말을 바꾸어 표현해 본다면, 사회에서 성취를 강조하는 목표를 실현한다는 일은 대부분의 개개인들의 입장에서는 그들의 삶에서 해결을 요하는, 상당한 부분의 사람들에게는 실패할 가능성이 크기도 한, 매우 중요하고도 어려운 문젯거리들이 되고 있다는 것이다.

사회학은 인간의 사회적 삶의 현실과 가장 밀착되어 있는 학문이다. 이러한 점에서 거의 모든 사람들이 당연하게 알고 있는 인생의 이와 같은 현실이 사실상 많은 사회학 이론들에서 외면되어 왔다는 것은 필자와 같은 사회학자의 입장에서는 극히 당황스러운 일일 수 있다. 물론 이와 같은 현실의 외면에는 계급 사회의 실상을 은폐하고자 하는, 의식적이거나 또는 무의식적으로 작용하는, 사회 지배계층의 의도가 작용하고 있다는 설명이 제시되기도 한다. [143] 그러나 필자는 이와는 다른

---

143) 사회적 진실이 은닉되고 있다는 이론은 소위 "좌파 사회학 이론들"에서 여러 형태로 표현되어 온 것은 사실이다. 대표적인 한 예로서는 마르크스 계열의 "허위 의식"에 관한 이론(Lukács, 1967)을 들 수 있다. 밀스(C. Wright Mills)(1959)의 파슨스 이론에 대한 비판에도 역시 이와 유사한 인식이 담겨 있다는 것은 부인할 수 없는 것으로 여겨진다.

관점에서 평가하고 있다. 많은 사회학 이론들은 그때그때 학문적 상황에 따라 제기되는 학문적 쟁점들을 중심으로 학문적 관심사를 설정하게 마련이다. 학문 분야는 그것이 발전하는 과정에서 전개되는 학문 내적 상황에 따라 특수한 관심사들을 갖게 마련이다. 이와 같은 맥락에서, 파슨스의 일차적 관심사는 당시까지 이루어진 사회학의 성과들에 대한 비판적 성찰과 분석을 통해서 인간의 사회적 행위에 영향을 미치는 **일반적인 요인**들을 파악한다는 것이었다. 그리고 그것들 간의 관계의 구조를 수학적 등식의 형태로 정연하게 정리해서 표현한다는 것이었다. **사회적 행위를 서술하고, 연구하기 위한 기본적인 개념들의 체계를 정립하기 위한, 순수하게 이론적 작업에 관심을 가지고 있었던 것이다.** 이 수준을 넘어, 현실 속에서 사람들에 의해 구체적으로 어떤 목적들이 추구되고 어떤 가용의 수단들을 동원해 그 목적들이 실제로 어떻게 실현되고 있는지에 관해 경험적 관찰을 수행한다는 것은 파슨스로서는, 아마 그 경험적 관찰을 위해 요구되는 "개념적 틀(conceptual frameworks)"을 완성하기 전까지는, 미루어 둘 수밖에 없는 과제로 인식되었을 것이다. 미국 사회의 아노미 현상에 대한 머튼의 고찰은 파슨스의 사회적 행위의 구조적 토대 위에서 사람들이 행위가 이루어진다는 전제 하에서 실제로 나타나는 경험적 현상들을 분석한 연구에서 얻어진 결과물이다. 머튼의 연구가 시사하는 의미는, 결론적으로 이야기해서, 사회적 행위의 여러 구조적 요소들 간의 부조화는 개인들 또는 집단에 따라서는 불편하고 불안한 삶을 견뎌야 하는 처지로부터 때로는 극적인 파국에까지 이르는 결과를 야기하기도 한다는 것이다. 머튼이 아노미적 상황이라고 특징지은 것은 바로 이 때문이었다. 파슨스가 말하는 문화적으로 부여되는 목적의 추구는 개인들에게는 현실적으로 성공적인 해결을 요하는, 특히 미국과 같은 경쟁 사회의 경우에는 많은 사람들에게 실패의 가능성이 높은 그리고 현실적으로 실패하는 사람들이 많이 생겨나는, 문제 상황인 것이다.

이제 필자는 바로 위에서 지적된 사실이 인간의 사회적 행위에 대해 시사하는 일반적인 의의에 대해 필자의 견해를 이야기해 나가려고 한다. 이를 위해서는 우선 머튼에 의해 지적된 사회적 상황을 역사 속의 어느 지점에 위치시켜 놓고 바라볼 필요가 있다. 즉, 어떤 역사적 과정을 거쳐 미국 사회에서 목격되고 있는 그와 같은 구조적 상황이 미국 사회의 가장 중요하고도 특징적인 단면을 구성하게 되었느냐 하는 의문에 대해 먼저 검토해야 할 필요가 있다는 것이다. 어떤 과정을 거쳐 미국이라는 사회가 지금 같은 사회가 되었느냐 하는 의문은 실로 방대한 문제이기 때문에 그와 같이 포괄해서 의문을 제기하는 것 자체부터 터무니없는 일처럼 여겨질 수도 있다. 그러나 이런 어려운 의문에 대해 의외로 단순 명료하면서도 통찰력 있는 해답을 던져주는 이론도 있을 것이다. [144] 만약 있다면, 그것이 어떤 이론에 우리가 특히 끌리게 되는 하나의 중요한 이유라고 필자는 보고 있다. 필자가 과학 혁명과 관련된 쿤의 명제들을 일반적인 수준에서 사회 현상에 적용하려고 한 이유는 바로 여기에서 찾을 수 있다. 즉, 머튼에 의해 파헤쳐진 미국 사회의 (그리고 자본주의 체제를 지닌 거의 모든 사회에서 일반적으로 관찰되는) 현실들을 쿤이 제시한 일련의 명제들을 통해 조명해 본다면, 보다 거시적이고 역사적인 관점에서 그 현실이 갖는 의미들을 검토해 볼 수 있는 매우 적절한 시각을 제공한다는 것이다.

이와 같은 다소 파격적일 수 있다고 느껴지는 주장을 뒷받침하기 위해 필자는 우선 쿤이 그의 과학 이론에서 제안하는 몇 가지 기본적인 명제들을 요약해서 서술하려고 한다. 그리고 과학 제도라는 테두리 속에서 쿤이 관찰할 수 있었다고 주장하는 과학자들의 문제풀이 활동들, 즉 패러다임이라는 개념을 통해 파악되고 설명된 과학자들의 여러 행태적 특성들이 보다 일반적인 수준에서 사람들의 사회적 행위를 서술하고 설명하는 데도 적용될 수 있음을 주장하려고 한다. 이와 같은 주장은 아마 쿤 자신이 전혀 의도한 적이 없는 주장이고, 다른 사회학자들에도 전혀 생소한 주장이리라는 점에서 앞에서 "다소 파격적"이란 표현은 실은 "매우 파격적"이라든지 "무리한"이라는 표현으로 바꾸는 것이 적절할지도 모른다. [145] 여기에서

---

144) 파슨스가 그의 『사회적 행위의 구조』를 집필하고 있었던 때를 전후하여 서구의 지식인들 사이에서는 그들의 역사와 사회를 이해하는 데 위에 지적된 맥락에서 가장 통찰력 있는 설명을 제공하고 있다는 점에서 많은 인사들이 마르크스의 이론에 끌려들고 있었다. 비교적 오랫동안 지속되어온 이와 같은 조류가 어떤 이유에 의해 그리고 어떤 방식으로 끝을 맺게 되었는지에 관해서는 뒤에 인용될 후쿠야마의 논문과 함께 사회주의 체제의 몰락의 원인들을 분석한 문헌들이 흥미로운 참고자료를 제공하리라고 생각된다.

145) 참고적으로, 이러한 입장과 관련된 필자의 경험을 이야기하려고 한다. 필자는 2002년도에 이와 같은 입장을 논문으로 정리하여 한국사회학 정기 총회에서 발표한 적이 있다. 당시의 반응은 그런대로 긍정적이었던 것으로 기억한다. 발표 논문을 영문으로 작성하여 미국의 유수 학술지 가운데 한 곳에 투고

필자가 개인적인 입장에서 희망하는 것은 단지 필자가 자신의 이러한 주장이 그런 대로 설득력 있게 읽혀짐으로써 다소 파격적이기는 하지만 논의해 볼 가치가 있는 주장으로 받아들여질 수 있었으면 하는 것이다. 물론 파슨스의 이론은 물론이거니와 머튼의 이론, 기타 어떤 사회학 이론도 그 자체의 설명력만을 가지고 사회적 행위와 사회적 현상을 온전하게 설명할 수 있는 이론은 존재하지 않는다. 이는 우리가 쿤의 이론을 차용하여 어떤 유형의 사회 질서 속에서 이루어지는 개인 및 집단의 행위적 상황에 대입할 수 있는 이론을 구성한다고 하더라도 마찬가지일 것이다. 따라서 일반적으로 사회적 현상을 설명하는 데 논리적 공백이 생기는 것으로 여겨지는 부분들이 있다면, 파슨스나 머튼을 위시한 여러 다른 이론가들의 견해를 차용하여 보충한다는 전제 하에 쿤의 이론이 사회적 행위에 대한 시사하는 점들을 다음과 같은 일련의 명제들로서 정리해 보려고 한다.

1) 과학 연구에서와 마찬가지로, 보다 일반적인 수준에서 개인들의 사회적 행위들 역시 공동체 내에 형성된 규범들의 통제 하에 수행되는 활동이라는 점에서 특징을 보인다. 그와 같은 규범들에는 공동체의 구성원들이 그들의 행동을 통해 실현을 원하는 목표들 가운데 어떤 것들이 바람직스러운 것이며 또는 바람직스럽지 않은지를 규정하고, 그러한 목표들을 달성하는 데 동원되는 가능한 수단들 가운데 어떤 것들이 허용 또는 허용될 수 없는 것들이 있

한 것은 2005년도 였다. 당시 논문 심사위원 가운데 게재에 찬성한 사람이 한 명, 나머지 세 사람은 부정적으로 평가함으로써 해당 학술지에 등재하는 데 실패하였다. 찬성한 사람은 자신이 "상징적 상호작용론자"이며, 바로 그와 같은 자신의 입장에 비추어 논문이 갖는 긍정적인 측면에 동의한다는 것이 등재를 찬성한 이유라고 밝혔다. 다른 세 사람이 논문의 등재에 부정적이었던 이유들에 대해서는 제시된 이유들이 각기 너무도 상이했기 때문에 사실 이론적인 논문들에 대한 어떤 객관적 기준이 존재하는지의 여부에 대해 필자로서는 강한 의문을 느꼈다는 것이 솔직한 고백이다. 필자가 쓴 이론적인 논문의 경우에, 부정적인 측면이든 긍정적인 측면이든 평가하는 의견들 자체에 어떤 공통 분모를 발견하기 어려웠다는 것은 필자에게는 사실 충격적인 경험이었다. 등재에 찬성해주는 곳을 발견할 때까지 다른 학술지들에 돌아 가며 투고하는 것이 관행적인 조치일 것으로 생각되었으나, 이후로 논문은 방치된 상태로 남겨져 있었다. 당시에 이론적인 논문에 대해서는 과연 어떤 객관적인 평가 기준이 적용될 수 있을 것인가 하는 의심으로 일종의 트라우마를 겪고 있었지 않았나 하는 것이 필자의 짐작이다.

는지를 규정하는 규범들이 포함된다.

2) 반면에 바람직한 것으로 강조되는 목표들의 실현은 그에 필요한 개인적 능력의 차이, 수단적 자원들의 불평등한 분포와 그에 영향을 미치는 상황적 조건들에 대한 지식의 부족, 극히 다양한 요인들의 상호작용으로 인한 결과의 불확실성 등으로 인하여 사람들 간에 상당히 다양한 성과의 차이를 보일 것이다. 이에 따라 목표 달성은 가장 효율적인 행동 및 기타 수단적 자원들의 활용을 통해 풀어가야 할 문제 상황으로서 성격을 지니게 된다. 이와 같은 점에서, 주어진 목표의 추구는 단순히 문화적으로 부여된 동기에 의해 자동적으로 작동되는 행위적 반응이라기보다는 상당한 "희생(sacrifice)과 노력(effort)"(Parsons, 1968: 298, 396을 비롯한 여러 군데)을 필요로 하는 동시에 많은 개인들에게는 그 성과를 예측하기 힘든 "문제 풀이(problem-solvings)" 또는 "수수께끼 풀이(puzzle-solvings)"(Kuhn, 1970: 35-42)로서의 속성을 띠게 된다.

3) 주어진 사회 공동체 내에서 개인들의 생존과 복지는 그 사회 내에서 규범적으로 강조되는 행동 목적의 달성에서 오는 성과에 의존한다. 따라서 위에서 말하는 의미에서 문제 풀이 활동에의 참여는 개인들의 인생의 의미를 좌우하는 매우 중요한 사명으로 인식된다.

4) 따라서 개인들의 소속공동체에 대한 충성도와 헌신은 대체로 그들이 소속공동체에서 규범적으로 강조되는 행동 목적을 달성함으로써 주어지는 보상에 비례하는 경향을 보인다.

5) 개인들 또는 집단들이 주어진 공동체에서 강조되는 목적을 달성하는 정도와 비율은 제도적으로 강조되는 목적과 수단들 그 자체가 하나의 체제로서 발휘할 수 있는 잠재적 가능성과 한계 그리고 그 체제 내에서 활동하는 개인들 또는 어떤 집단이 발휘할 수 있는 노력과 능력에 달려 있을 것이다. 단, 후자의 요소들을 아무리 극대치로 증가시킨다 하더라도 그 결과값은 체제적 요소가 제도적으로 지닌 객관적 가능성의 한계를 넘기는 어려울 것이다. 가령

예를 들어, 머튼이 예로 든 미국 사회 그리고 그에 유사한 자본주의 사회들의 경우에 머튼이 아노미라고 지적하는 일련의 현상들은 거의 보편적인 문제점으로 관찰된다. 이러한 문제에 대해 개인들 또는 집단들은 여러 다양한 수단과 방법으로 성공과 생존, 또는 나름대로 적합한 형태의 적응을 도모해 왔다.[146) 그로부터 거두어진 성과들에 힘입어 역사상 유례없는 부의 축적과 함께 거대 기업 조직들이 출현하게 되었다는 것은 부인할 수 없는 사실이다. 드물기는 하지만, 어떤 성공 사례들은 자본주의적 패러다임의 잠재적 가능성이 얼마나 극대화될 수 있음을 보여주는 "문제 풀이" 활동의 모범적인 경우들을 예시하고 있다. 자본주의 사회에서 성공적 문제 풀이의 모범적 실례들이 대학들의 경제학 또는 경영학 교육에서 분석과 교육의 대상이 되고 있는 이유는 여기에서 찾을 수 있다. 이에 반해, 사회의 상당수의 구성원들 가운데는 머튼이 지적하는 소위 아노미 상태를 경험하고 있으며, 이 문제를 해결하기 위한 사회의 집단적 노력에도 불구하고 자본주의 체제의 구조적 특성상 해결하기 어려운 고질적인 문제들로 남아 있는 상태이다. 고용을 늘리기 위해 기업체들의 비용을 줄여주거나 이윤을 증가시켜주려는 여러 가지 경제 정책들은 동시에 임금 노동자들의 소득이나 양질의 취업 기회를 제약하는 조건으로 작용하는 경우들이 많을 것이며, 후자에 유리하다고 생각되는 조치들은 기업의 투자 의욕을 저하시키는 경우들이 많을 것이다. 이러한 모순적 효과를 효과적으로 해결한 정부는, 일정 기간의 경제 호황기 동안의 일시적 효과와 함께 정치-군사적 우위를 바탕으로 한 패권적 영향력을 독점한 극히 일부 자본주의 국가의 경우에도 바로 앞에서 지적한 일시적 시기를 제외한다면, 없는 것으로 알려진다.

6) 주어진 체제가 발휘할 수 있는 문제 해결 능력의 최대치가 어느 수준일지에

---

146) 필자는 바로 이와 같은 점에서, 최근에 "오징어 게임"이라든지 "기생충"과 같은 예술 작품들이 비유적으로 시사하고 사회 현실들에 대해 대중들이 보이는 엄청난 반응을 이해할 수 있다고 생각한다. 이들은 바로 그들 자신이 경험하고 있는 현실로서 공감을 이끌어내고 있다는 것이다.

대해서는 그 구성원들의 잠재적 능력과 그들이 그 체제에 대해 가지고 있는 신념의 강도에 따라 평가가 달라질 수 있는 문제일 것이다. 그러나 자본주의 사회에서 거의 보편적으로 관찰되는 사회적 아노미의 문제와 같은 해결되지 못한 문제들이 누적되고 심각해지면 해질수록 사회구성원들 사이에서는 점차로 대안 체제의 필요성에 대한 요구가 높아질 것이다.

7) 대안적 체제에 대한 필요성이 공동체의 구성원들 사이에 공감을 얻어가는, 즉 사회적 "쟁점(issue)"[147]으로 부상하기 이전의 상태에서 개인들은 자신들이 당면한 문제들을 해결하는 데 실패하는 경우에도 이를 체제의 구조 자체에 기인하는 문제로 인식하지는 않을 것이다. 즉, 체제가 구조적 차원에서 안고 있는 기능적 결함이라든지 구조적 한계로부터 발생하는 문제로서 진단하기 보다는 개인들의 능력의 부족이나 노력의 부족에 따른 결과로서 인식할 것이다. 개인들은 대부분 자신의 차원에서 해결해야 할 문제들로서 인식한다는 것이다. 그렇지 않은 경우라 하더라도, 체제가 지닌 본질적인 문제에 기

---

147) 씨 라이트 밀스(C. Wright Mills)에 따르면, 1930년대 당시에 개인들이 겪고 있었던 여러 가지 어려움들은 주로 경제적 문제에서 연유하고 있다는 이유에서 "경제적 쟁점(economic issue)"으로서 부각되고 있었다. 그리고 이와 같은 문제는 주로 마르크스의 관점에서 설명된 "자본주의의 위기(crisis of capitalism)"의 맥락에서 이해되고 있었다는 데서 특징을 찾고 있다. 그리고 그 이후 사태의 진전에 대해서는 사회의 기본적 가치들을 위협하는 사회적 모순들이 경제적 영역을 넘어 보다 광범위한 사회 영역들에 걸쳐 확대되고 있는 데도 불구하고 사람들의 관심사는 주변의 이해관계에 대한 관심으로 축소되는 현상을 지적하고 있다. 이에 수반하여 미국 사회의 전반적인 분위기는 오히려 "무관심(indifference)"이라든지 "막연한 불안감(uneasiness)"과 같은 심리적 증상들이 시대를 대변하는 특징들을 이루고 있다고 지적한다. 자본주의 사회에 대해 적대적인 대안 패러다임이 지식인들 사이에 공공연히 논의되던 시대적 분위기가 제이차 세계대전을 거친 후 왜 갑작스럽게 무관심이나 막연한 불안감이라는 소극적이고 애매한 반응의 형태로 전환되었느냐에 대한 밀스의 분명한 언급은 없다. 단지 개인들의 사생활이 주된 관심사로 부각되고 사회의 공공 쟁점들에 대한 관심이 결여되어 가는 현상에 관하여 다음과 같이 지적하고 있다: "(미국 사회는) 개인들의 생활을 그것이 영위되고 있는 보다 큰 제도권으로부터 따로 떼어내어 생각할 수 없는 데도 불구하고 분리해서 생각하도록 만들고 있다. 실제에 있어서, 이 제도적 영역은 아동들이 어렸을 때 접하는 주변 환경보다 때로는 더 고통스러운 영향을 미치기도 한다"(1959: 12). 필자의 개인적 견해는, 여기에 서술되고 있는 쿤의 이론을 차용한 일련의 명제들은 미국 사회에서 대안적 체제에 대한 관심이 결여되고 있는 현상과 관련하여 밀스가 놓치고 있는 여러 이유들에 대해 상당히 유용한 시사점들을 제공하고 있다는 생각이 든다.

인하기보다는 복지 정책이나 정책적 배려를 통해서 개인이 당면한 특수한 상황이나 환경을 부분적으로 개선함으로써 해결될 문제로서 진단하는 경향을 보일 것이다. [148]

8) 그러나 체제의 구조적 한계를 지적하는 목소리들이 점차 높아진다고 하더라도 이것이 곧 쿤이 말하는 체제의 "위기"를 유발하지는 않을 것이다. 여기에는 두 가지 이유가 지적될 수 있다. 하나는, 아무리 현재의 체제가 불만족스럽다 하더라도 어떤 대안적 체제도 부상하지 않고 있거나, 있다 하더라도 아직 당면한 여러 문제들에 대해 해결 능력을 실증하기 위한 기회가 주어지지 않은 상태에서 사람들의 광범위한 공감을 얻는 데 어려움을 겪을 수밖에 없다는 것이다. [149] 두 번째는, 자본주의 체제와 같은 경우, 마치 쿤이 지적했던 것처럼 코페르니쿠스의 지동설 이전까지 프톨레마이오스의 천동설이 과학

---

148) 위기의 징후에도 불구하고 기존의 과학적 패러다임의 유지에 기여하는 과학자들의 행태와 여기에서 서술된 사회적 행위 체제를 지탱하고자 하는 사람들의 행태의 유사성에 대해서는 다음과 같은 쿤(1970: 78)의 언급을 참조할 것: "추가적으로, 과학자들이 (기존 패러다임의 틀 속에서) 설명되지 않는 현상들이라든지 그것에 역행하는 증거들이 나타나는 경우에 해당 패러다임을 거부할 것이라는 주장을 의심하는 두 번째 이유가 있다… 위에서 지적한 바와 같은 주장에 대해 내가 의심하는 이유는 순수하게 사실에 근거를 두고 있다. 그 이유는 그 자체로서 (포퍼의 이론과 같이) 현재 유행하는 인식론적 이론을 부정하는 증거들이 존재한다는 사실에 근거하고 있다. 부정적 증거들은 그 자체로서, 지금의 내 주장이 옳다면, 가장 극단적인 경우에도 위기를 불러일으키는 데 기여하거나, 아니면 더 정확히 지적해서, 기존하는 패러다임을 강화하는 데 기여할 따름이다. 그 자체로서 고도로 일반화된 이론 체계를 허위화할 수도 없고 허위화하지도 않을 것이다. 왜냐하면 그 패러다임을 방어하고자 하는 사람들은 설명되지 않는 현상들을 접했을 때 우리가 과학자들로부터 이미 보았던 바와 같은 행동들을 보일 것이기 때문이다. 즉, 여러 가지 방법으로 이론을 보다 정교하게 한다든지 그때그때 임기응변적인 수정들을 가함으로써 눈앞에 불거진 문제를 해소하려고 한다는 것이다."

149) 이와 관련하여, 다음과 같은 쿤(1970: 77)의 언급은 매우 적절한 지적으로 평가된다: "하나의 패러다임을 거부한다는 것은 항시 다른 패러다임을 받아들이기로 결정이 되었음을 동시에 의미한다. 그러한 결심에 이르게 된 판단의 과정은 두 가지 점에 있어서 패러다임 간의 비교를 수반한다. 하나는 주어진 패러다임과 자연 현상 간의 부합성의 여부이며, 다른 하나는 선택 대상이 되는 패러다임들 간의 비교이다." 이와 같은 언급은 곧 아무리 주어진 패러다임에 대해 제기되는 문제점들이 심각하다 할지라도 대신 받아들일 수 있는 패러다임이 부재한 상태에서는 기존 패러다임에 대한 헌신은 쉽게 포기되지는 않는다는 사실을 시사한다.

의 분야에서 그러했던 것처럼, 그것이 안고 있는 많은 문제점들에도 불구하고 이제까지 인류가 발전시킨 많은 체제들 가운데 인간 사회의 빈곤 문제라든지 건강, 개인들의 권리 신장 등의 문제들을 해결하는 데 있어서 인간 사회의 어느 체제에 비해서도 상대적으로 성공적인 문제 해결 능력을 보여주었던 것으로 평가된다. 중세 유럽의 기독교적 세계라든지 동양의 유교와 같은 이념 지향적 체제 속에서 생활하던 사람들보다 돈을 추구하는 사람들이 지닌 가치적 및 심리적 유연성 역시 자본주의 사회가 보여주는 매우 효율적 문제 해결 능력에 기여했을 것으로 짐작된다. 이와 같은 여러 점에서, 자본주의 사회에 대한 대안적 체제(이를 쿤의 용어를 빌려 대안적 패러다임이라 불러도 무방하다는 것인 필자의 입장이다)의 가능성에 대해 상상하는 것은 가능할 수도 있지만 아직까지 자본주의 사회체제의 위기라고 볼 수 있는 결정적 징후는 나타나고 있지는 않은 것으로 여겨진다. 자본주의 발전 과정에서 일어난 1930년을 전후한 세계 대공황과 같은 위기 상황은 자본주의 체제 자체를 붕괴시킬 수 있는 위험성을 내포하고 있었다. 미국 사회는 뉴딜 정책과 같이 자본주의 체제의 내적 틀 속에서 이루어지는 경제 운영 방식의 혁신적 변화를 통해 위기 상황을 해소하는 데 어느 정도 성공했던 것으로 평가된다. 현대의 선진 산업 사회들의 경우에도 수시로 일어나는 정권 붕괴 또는 교체의 배경에는 대다수의 경우에 해소되지 않는 경제적 문제들이 작용하고 있음을 알수 있다. 사람들이 체험하는 많은 문제들을 해결해줄 뚜렷한 대안 체제에 대한 전망이 없고, 자본주의 체제 내에서 소위 우파적인 정책과 좌파적인 정책이 교차되는 동안 그것들이 각기 유발하는 심리적 기대감과 각각의 지지 진영이 느끼거나 실제로 체험하는 보상적 효과에 의존하여 자본주의 체제는 요동하는 가운데서도 그런대로 위기라 이를 정도의 위험 상황은 맞고 있지는 않은 것으로 판단된다.

9) 자본주의 사회의 이와 같은 현재의 상황과 비교할 때, 비교적 단기간에 붕괴의 과정을 겪은 사회주의 사회들의 실례는 어떻게 하여 한때는 그토록 공고하게 보이던 이념적-사회적-정치적-경제적 체제가 위기 상황에 봉착하게

되고, 결국에 그것이 원래는 부정하던 자본주의적 체제로 회귀하는, 즉 혁명적 교체로 귀결되었는지는 상당히 흥미로운 비교 분석의 대상이 될 것으로 판단된다.

10) 소비에트 사회주의 연방공화국과 같은 사회주의 체제의 해체를 거쳐 자본주의적 경제 체제로 전환한 러시아와 같은 사회의 경우에 하나의 사회-정치-경제적 패러다임에서 다른 하나의 사회-정치-경제적 패러다임으로의 전환으로 특징지을 수 있을 것이다. 쿤의 이론을 차용한 필자의 현재의 시각에서 평가한다면, 개인들이 보다 나은 생의 기회를 확보하기 위해 해결해야 할 문제들의 성격과 그것들을 해결하기 위해 거쳐야 할 수단적 경로에 분명한 전환이 일어났다는 것을 의미한다. 이러한 사회의 본질적 변화는 자본주의 사회라 하더라도, 그것의 미래가 실제로 어떤 형태이든 간에, 피할 수는 없을 것으로 짐작된다. [150)]

11) 마지막으로, 쿤 이전의 과학철학자들은 과학적 지식에 있어서 진보는 논리적으로 입증될 수 있는 사실로서 믿어 왔다. 그것은 이전의 과학적 지식이 이후의 과학적 지식에 의해 교체되는 것 자체가 보다 발전된, 또는 허위화의 가능성이 덜 하다는 의미에서 보다 나은, 지식을 선택할 수 있는 논리적 방법의 적용을 통해 이루어지고 있다고 보았기 때문이다. 이에 비해, 쿤은 하나의 지적 자원 체계와 다른 지적 자원 체계 사이에 참의 여부를 객관적

---

150) 필자의 이와 같은 "짐작"과는 다르게 후쿠야마(Fukuyama, 1986)는 당시로서는 큰 파장이 일었던 논문 "역사의 종말(The End of History)"이라는 제명의 논문에서 이제 역사에는 자본주의 사회가 혁명을 통해 다른 형태의 사회로 변화하는, 소위 "변증법적인" 변화는 더 이상 일어나지 않을 것이라는 주장을 한 바 있다. "자본주의 사회의 영속론" 또는 "자본주의 패러다임의 내적 논리에 따라 이루어지는 영속적인 형태의 사회진화론"이라고 특징지을 수 있는 이와 같은 주장에 대해 필자가 어떤 명료한 결론을 가지고 대응하기는 어렵다. 자본주의 사회 체제의 변화는 아직은 실제 일어나지 않은 미래의 역사로서 아무도 자신있게 단언할 수 있는 문제는 아니기 때문이다. 필자의 반응은 단지 과연 그런 의미에서 "역사가 종언을 고했다"고 결론지을 수 있을 것인가? 하는 강한 의문이다.

으로 평가할 수 있는 단일한 경험적 또는 논리적 기준(들)은 존재하지 않는 다고 주장한다. 왜냐하면 경험적 사실들이 지닌 의미를 규정하는 인식의 틀 또는 개념적 구조가 하나의 패러다임을 구성하는 가장 중요한 내재적 요소를 구성하고 있기 때문이다. 이는 어떤 사실이 어떤 의미를 지닌 사실인지를 규정하는 시각 자체가 패러다임에 따라 다를 경우 하나의 패러다임 내부에서 어떤 사실을 토대로 내려진 결론을 가지고 다른 패러다임의 진실성의 여부를 판별한다는 것은 사실상 가능하지 않게 된다는 것을 의미한다. 이러한 주장이 곧 서로 다른 과학적 패러다임 사이의 "동일기준에 의한 비교불가성(incommensurablity)"(Kuhn, 1970: 198-204)을 뒷받침하는 논리이다.

반면에 위와 같은 그의 입장에 근거하여 패러다임의 선택과 교체가 개인들의 철학적 경향이나 가치관에 따라 결정되는, 따라서 과학 분야 역시 "비합리적(irrational)"인 활동 영역으로 규정하고 있다는 비난에 대해서 쿤은 적극적인 자세로 해명을 시도하고 있다. [151] 쿤은 일단 지식의 참의 여부 또는 정도는 경험적 사실과 논리적 법칙에 의거하여 판별이 되며, 따라서 지식을 과학적이라고 부르는 이유는 지식의 선택이 곧 그와 같은 원칙에 의해 이루어지기 때문이라는 설명에 대해, 과학 발전의 역사적 실례들을 근거로, 부

---

151) 쿤에 따르면, "동일기준에 의한 비교불가성(incommensurablity)"에 관한 그의 입장에 대해 과학철학자들 사이에는 상당한 오해가 있어 왔다. 그것은 그의 주장이 패러다임 간에는 어떤 합리적 대화도 불가능하다든지, 이론에 대한 선택이 이루어질 때 어떤 "공감이 갈 만한(good)" 논리들도 통하기 어렵다든지, 따라서 이론의 선택은 순전히 "개인적이고 주관적인(personal and subjective)" 이유들로 해서 이루어지게 된다든지 하는 식의 주장으로 해석되고 있다는 것이었다(1970: 199-200). 이에 대해 쿤은 역시 이론의 선택은 "정확성(accuracy), 단순성(simplicity), 다산성(多産性, fruitfulness) 등"과 같이 과학철학자들이 기존에도 주장해왔던 기준들에 의해 이루어진다고 보는 점에서 자신의 입장을 과학의 "비합리적" 특성을 강조하려는 것으로 특징짓는 것은 억측이라고 해명한다. 그가 주장하려는 것은 우선 위와 같은 (수리-논리적이라기보다는)**가치적** 기준들이 적용되는 실제 상황 속에서 과학자들의 인식과 해석에 차이가 생기고, 그것들이 각기 지닌 상대적 중요성에 대한 판단에 있어서 과학자들 간에 합의가 요구된다는 것이다. 이를 위해 어떤 특별한 기준의 적용을 중심으로 과학자들이 어떻게 상호작용함으로써 어떤 주장이 다른 어떤 주장에 비해 더 "결정적(decisive)"이라고 보게 되는 과정에 대한 이해가 요구된다. 쿤은 이 과정은 논리적 추론에 의해 견인되기보다 "설득(persuasion)"이, 즉 사회적 상호작용이 더 중요한 기능을 담당하게 되는 것으로 본다.

정적 입장을 취한다. 어떤 경쟁하는 두 패러다임 간의 선택이 이루어질 때 과학자들은, 마치 수학적 결론을 유도하는 것과 같은 방식으로 결론을 내리지도 않으며, 보다 본질적으로는 두 개의 다른 지식 체계 간의 선택은 그와 같은 방식으로 이루어질 성격의 문제도 아니라는 것이다. 그렇다면 과학 현장에서 이론의 선택 그리고 종국적으로 하나의 패러다임에서 다른 패러다임으로의 교체는 어떤 방식으로 이루어지는가? 쿤은 이에 대해 일반적으로 과학철학자들이 지식의 선택에 있어서 제시하는 "방법론적 원칙"과 같은 분명한 해답을 제시하고 있지는 않다. 여기에는 훨씬 복잡하게 얽힌 과정들이 개입되고 있다는 것이 쿤의 견해이다. 마치 사회과학자들이 그러하듯이 연구 대상이 되는 문화를 자신들의 언어로 "번역(translation)"하는 과정을 거치는 경우를 들 수 있다. 그리고 이를 토대로 나름대로 합리적이라고 생각될 수 있는 기준에 의거하여 자신의 문화와 비교 평가하는 과정이 개입될 수도 있다. 또한 그 평가에 기초하여 더 나은 생활을 위해 어느 문화 형태를 선택하는 결정이 이루어질 수 있을 것이다. 그리고 자신의 선택에 동조하는 사람들을 확보하기 위한 "설득(persuasion)"이 이루어질 수도 있을 것이다. 여기에서 쿤이 또한 강조하는 다른 하나의 가능한 방법은 표준화된 문제풀이 활동에서 얻어진 성과들을 비교함으로써 보다 실질적인 측면에서 대안적 패러다임들 간의 평가가 이루어질 수 있다는 점이다.

이로써 쿤이 강조하려고 하는 점은 패러다임의 선택은 여러 수준과 종류의 판단 과정들이 종합되어 이루어지는 복잡한 심리적 및 사회적 과정의 산물이지 주어진 경험적 사실들을 기반으로 논리적으로 도출되는 결론에 의해 양단(兩端) 간에 어느 한쪽으로 결정되는 사안은 아니라는 것이다. 쿤이 말하는 지배적 패러다임에 대한 신뢰가 약화되고 어떤 패러다임을 선택할지 결단이 요구되는 상황에서 과학자들의 결정을 이끌어줄 명료한 과학적 기준(들)이 존재하고, 실제로 그러한 기준들에 의거해 보다 참된 지식에 대한 선택이 이루어짐으로써 과학적 지식의 발전이 이루어진다는 과학철학자들의 주장은 실제로 관찰되는 사실들과는 배치된다는 것이 쿤의 주장이다. 위기 상황 하에서 지식 체계의 선택은 분명한 사실과 논리적 결론에 의해 단순명료하게 결정될 수 있는 사안이라기보다는 주어진 패러다임 내부에서 사용되는 어떤 용어에 의해 지칭되는 사실 자체의 범위와 의미를 규정하는 데서부터 논란이 야기되기도 한다. 즉, 과학의 문제는 매우 철학적인 성격의 문제로까지 비화되기도 한다는 것이다. 한 시대의 지식 체계가 위기에 처하게 되었을 때 일어나는 이와 같은 상황의 복잡성은 결국 새로운 지식의 선택이 과학자 개인이 또는 그가 속한 공동체가 상호 영향을 통해 자신들이 속하고 있었던 세계를 벗어나 새로운 지적 세계로의 귀의를 결단하는 "개종 (conversion)"(Kuhn, 1970: 202)에 비유될 수 있는 혁명적 사건임을 시사한다.

여기에서 마지막으로 한 가지 추가되어야 할 논의 사항이 있다. 그것은 과학적 패러다임이 위기에 당면했을 때 과학자 개인들이 또는 집단적으로 새로운 패러다임의 선택을 놓고 나타내는 반응이나 행태들이 보다 일반적인 행위 영역의 차원에서도 유사한 형태로 관찰될 것인가 하는 의문에 대한 논의이다. 과학은 여타의 사회, 문화, 경제적 활동 영역들과는 다른 활동들이 다른 종류의 규범들에 따라 이루어지며, 매우 전문적인 능력을 지닌 소수의 사람들에 의해 영위되는 인간 활동 영역이다. 대부분의 사람들에게는 생소한 목적을 겨냥하여 활동이 이루어지며, 그 활동의 성과들을 평가하는 기준들도 일반인들에게는 생소한 것이 사실이다. 쿤은 이와 같은 과학자들의 활동을 주어진 지적 자원 체계의 내재적 관점에서 제기되는 특수한 학문적인 문제들을 그 패러다임이 제공하는 지적 자원들을 활용함으로써 이루어지는 문제풀이 활동이라는 데서 특징을 찾고 있다. 이 문제 풀이들을 통해 얻어지는 성과들이 곧 해당 지적 자원 체계가 생산하는 지식 자원을 형성한다. 그리고 이 지식 자원들이 곧 인간이 자연에 대해 품고 있는 궁금증을 해소시켜주는 창구이자 자연을 활용하기 위한 도구로서의 기능을 수행한다. 만약 어느 시점에서 해당 체계가 더 이상 생산적 기능을 발휘하지 못하는 한계에 부딪치게 되는 경우에 주어진 지적 자원 체계는 위기를 맞게 되고, 결국 과학자들을 과학 혁명을 통해 그것을 대신하는 지적 자원 체계를 새롭게 확립하고 또 다른 주기의 지식 축적 작업을 이어간다는 것이 쿤의 과학 이론의 요지이다.

여기에서 분명한 사실 가운데 하나는, 자본주의 사회에서 개인들이 지향하는 가장 중요한 목표는 그들이 생존을 이어가는 데 유리하고도 안정적 지위나 물적 자원을 확보하는 일일 것이다. 머튼은 이것을 들어 미국 사회에서 사람들에게 달성을 강조하는 목표가 되고 있다고 지적한 바 있다. 이 같은 점에서 성공에 대한 그와 같은 강조는 미국의 사회적 행위 체계를 특징짓는 중요한 측면이기도 하다. 그에 이르는 수단적 자원의 불평등한 분포와 제한된 성공의 기회 그리고 일부 고임금 직업들을 제외하고는 하향 평준화 과정을 걷고 있는 자본주의 사회에서의 임금 구조상 심각한 불평등의 문제들은 개인들에게 성공을 이룬다는 목표 자체를 해결하기 힘든 문제 상황으로 점차 몰아넣고 있다. 이와 같은 상황이 미국을 비롯한 자본주의 사회의 현 상황에 대한 올바른 진단에 가깝다는 것이 필자의 생각이다.

진행되는 논의와 관련하여, 이제 여기에서 제기되는 의문은 머튼이 지적하는 아노미의 상황을 쿤이 지적하는 한 시기의 패러다임이 처하게 된 위기 상황, 아니면 적어도 앞으로의 위기 상황을 예측해주는 어떤 징후로 설명할 수 있을 것인가 하는 것이다. 여기서 필자가 제기하는 쟁점은 쿤의 과학 이론에서 지적하는 지적 자원 체계, 즉 패러다임의 발전과 쇠퇴의 과정을 설명하는 이론적 논리를 보다 일반적인 사회적 행위 체계에 대해서도 차용, 적용할 수 있을 것인가 하는 의문이다. 이러한 의문에 대한 필자의 입장은 다음과 같다. 우선 소련의 사회주의 혁명 이후에 자본주의 사회에 사는 많은 사람들의 머릿속에 소련의 사회 체제는 분명히 자본주의 사회에 대한 대안적 패러다임으로서 의의를 지닌 것으로 받아들여졌던 것은 분명하다. 그런데 1922년에 공식적으로 그 존재를 선언한 『소비에트 사회주의 공화국 연맹』 체제는 1991년에, 약 69여 년 만에 붕괴되었다. 하나의 이념적 토대 위에서 인공적으로 설계된 체제가 한 사람이 누리는 평균 수명도 누리지 못한 기간에 위기를 맞아 붕괴되었고, 자본주의 체제로 회귀하는 혁명적 변화를 겪게 된 것이다. 이 기간 동안에 이 사회체제는 경제적으로, 문화적으로, 정치-군사적 등등의 분야에서 실로 놀라운 발전을 이룩함으로써 미국에 맞서는 세계 양대 패권국가의 하나로 도약했다. 그것이 지향했던 집단적 목표를 실현하는 데 실로 놀라운 성과를 기록한 것이다. 1939년 1월 소련의 신문들에는 소련공산당의 승리를 자축하는 다음과 같은 내용의 발표문을 소련 인민대표 회의의 명의로 게시한 바 있다: "우리는 완전한 사회주의 체제를 수립하였다… 그 체제 속에 소작농들과 기업가 그리고 상인들은 더 이상 존재하지 않게 되었다." 그리고 『소련 공산당사(*History of the Comminist Party of the Soviet Union*)』에서는 다음과 같이 기록하고 있다: "5개년 계획의 효과는 우리 국가에 사회주의 경제 체제의 기초를 공고하게 다지는 일이었다. 이는 사회주의 중공업과 기계화된 집단적 농업을 일류의 수준으로 끌어올리고, 실업이 더 이상 존재하지 않고, 사람이 사람을 착취하는 일은 더 이상 존재하지 않으며, 우리의 노동자들의 생활 수준을 꾸준히 증진시키기 위한 환경들을 창출해나가기 위한 계획 하에 진행되었다"(Guins, 1952: 138로부터 재인용). 이와 같은 일련의 목표들은 사회주의적 방식을 통해 수행할 수 있도록 한다는 것이 사회주의 혁명의 현실적 목표였다. 따라서 자본주의적 생산방식을 대신하여 국가 경제를 국가와 노동자들 자신들의 이익을 위해 계획하고 집행할 수 있는 노동자들의 대표기구가 구성되었고, 노동 조직, 생산 방식, 생산량, 보상의 분배 방식 등에 대한 모든 결정과 집행이 "위계적으로 구성된 당 조직에 독점적으로 지배되는 방식(monopolistic rule of the single hierarchically organized party)"(Brus, 1989/1990: 84)으로 이루어지게 되었다. 경제적 효율성에 대한 고려 없이 그들이 사회주의적이라고 생각하는 체제를 구현하고자 하는 의도로 당 조직에 의해 수립된 일련의 목표들에 자원과 노동력을 집중적으로 투하하고 독려하는 경제 운영 방식이 처음에는 매우 성공적인 결과를 낳았던 것처럼 보였던 것은 사실이다. 사실상 실업 현상은 자취를 감추게 되었다. 중공업, 무기 산업, 항공우주 분야, 학술, 문화예술, 스포츠 등등의 분야에서 세계를 선도하는 국가가 되었다. 그러나 시간이 지날수록, 소련의 사회주의 체제가 경제를 운영하는 방식에는 해결하기 어려운 문제들이 발생하기 시작하게 되고, 부분적으로 수정주의적 방식을 도입하여 이런 문제들을 해결하려는 노력들도 체제 자체에 근원적으로 존재하는 비효율성과 역기능적 요소들을 극복하는 데는 역부족이었다. 이로 인해 발생하는 가장 큰 문제로는 만성적인 물자 부족 상태였다. 풍요가 보편화되기보다는 빈곤이 보편화되는 현상은 거의 모든 사회주의 체제의 공통적 현상이 되었다. 사회주의 체제야말로 진정한 의미에서의 풍요가 창출되고 필요에 따라 분배되는 이상적 제도라는 믿음에 이념적 토대를 둔 혁명적 실험들에서 부정적 증거들이 속출하기 시작한 것이다. 부의 편재(偏在)라는 부정적 기능을 제거하기 위해 도입된 체제는 사실상 부(富)를 창출하는 능력을 상실하는 결과를 낳게 되었던 것이다.

소련과 같은 사회주의 체제 하에서 발생하는 문제들을 해결하기 위한 여러 시도들에도[152] 불구하고 문제들이 지속되고, 오히려 악화되는 과정을 밟아온 것은 이미 잘 알려진 사실이다. 쿤의 용어를 빌리자면, 위기 상황이 지속되어 온 것이다. 물론 한 패러다임의 붕괴는 위기 그 자체에 의해서만 일어나지는 않는다는 것을 쿤의 이론은 시사해주고 있다. 오랜 동안 많은 위기의 징후들, 즉 고질적 문제들의 해결 능력을 상실하고 있었음에도 불구하고 조선 왕조처럼 500년을 버텨온 체제도 존재했음을 우리가 목격한 바 있다. 역사는 조선 왕조가 실질적으로 붕괴의 위험에 처한 것은 조선의 성리학적 체제에 대해 동학(東學) 또는 서학(西學)이라는 대안적 패러다임들이 실제로 선택 가능한 대안들로 떠오르기 시작하면서부터라는 것을 보여주고 있다. 이는 쿤이 과학 혁명의 선행 조건으로서 선택가능한 대안들이 존재해야 한다는 주장을 뒷받침하는 사실로 해석된다.

후쿠야마는 기인용된 논문(Fukuyama, 1989)에서 이제 자본주의 사회 체제는 내부적 진화를 통한 발전을 제외한 다른 어떤 형태의 역사적 경로를 밟을 가능성은 사라졌다고 선언한 바 있다. 좀 다른 관점에서 유추해 본다면, 1980년대 당시에 발표된 이와 같은 견해는 그의 관점에서 보았을 때 당시까지 자본주의 체제의 가장 강력한 대인으로 거론되던 사회주의 모형의 체제가 무너진 이제 더 이상 전자의 체제를 대신할 대안은 존재하지 않는다는

---

152) 부루스(Brus, 1989/1990: 86)의 논문에는 이러한 일련의 시도들을 간결하게 요약해서 소개하고 있다.

인식의 표현이었다. 그러나 쿤의 관점에 상당한 관심을 지녀왔고, 공감도 느껴왔던 필자의 솔직한 입장은 그 같은 후쿠야마의 시각에 대해서 의문을 느낀다는 것이다. 물론 후쿠야마의 견해는 여러 관점들에서 비판이 되어 왔다(Bijukumar, 2008; Cumings, 1999; Drury, 1992/1993; Huntington, 1989; Mansfield, et al., 1999). 헌팅턴(Huntinton, 1989)에 따르면, 미국에서 그가 "종말론(endism)"이라고 부른 후쿠야마의 주장이 크게 주목을 받기 1년 전인 1988년에 미국 정치학자들의 주목을 끈 주된 쟁점은 미국의 "쇠퇴론 (theory of declinism)"이었다. 쿤의 용어로 바꾸어 표현한다면, 미국 사회는 "위기"의 국면으로 들어가고 있다는 것이었다. 이같이 대립되는 두 견해에 대한 필자의 소감은 둘 다 맞는 이야기일 수 있다는 것이다. 우선 세계의 자본주의 체제를 선도하는 국가로서 미국의 분위기는 그다지 밝은 편은 아닌 것으로 판단된다. 전체 국민소득 가운데 중산층이 차지하는 비율은 점차 감소하는 반면에 고소득 층이 차지하는 비율은 반대로 증가세를 보여주고 있다. [153] 이는 실질적인 추세에 있어서도 그렇거니와 미국 시민들의 현상을 인식하는 시각에 있어서도 1950년대에서 1960년대 사이에 미국 사회를 지배하던 낙관적인 분위기는 이제는 자취를 감추게 되었음을 보여준다. 마르크스가 자본주의 체제가 해결할 수 없는 고질적 현상으로 지적하던 실업 문제의 악화라든지 빈부 격차의 문제들이 보통 사람들의 눈앞의 현실로서 다가오고 있다는 징조들이 나타나기 시작한 것이다. 이런 점에서 아마 미국 자본주의 체제의 쇠퇴론은 근거가 결여된 주장은 아니었다. 다른 한편에서 후쿠야마의 "종말론"에서 이야기하는 자본주의 체제의 최종적 승리 역시 전혀 근거가 없는 것은 아니었던 것으로 평가된다. 인류가 그동안 경험해온 다양한 형태의 체

---

153) 한 보고서에 따르면, 1971년부터 2020년 사이에 고소득층이 전체 소득액 중에서 차지하는 비율은 29%에서 50%로 증가한 반면에 중간층에서는 62%로부터 42%로 감소세를 보이고 있다(https://www.pewresearch.org/fact-tank/2022/04/20/How the AMerican middle class has changed in the past five decades | Pew Research Center). 이와 연관된 한 보도에 따르면, 미국 시민들은 "현재의 경제 상황은 부자들에게는 유리하게 돌아가고 있는 반면에 빈민층과 중간 계층에게는 해로운 방향으로 움직이고 있다"고 보고 있다(https://www.pewresearch.org/social-trends/2019/12/11).

제들을 통해 해결하는 데 실패한 수많은 문제들을 해결하는 데 인류 문명사
상 유례없는 성공을 거둔 것은 사실이다. 1980년대에 이르러서 소련을 중
심으로 한 몇몇 사회들에서 진행된 실로 거대한 규모의 사회주의 체제에 대
한 실험이라든지, 조금 적게는 1960년대부터 70년대에 이르기까지 주로 미
국을 중심으로 나타났다가 지금은 대부분 자취를 감춘 "히피 공동체(Hippie
commune)"들, 여러 나라들에서 새롭게 출현하고 있거나 사라지고 있거나
또는 명맥을 유지하고 있는 여러 유형의 기독교 공공체들 등등의 대안 체제
를 향한 시도들은 1980년대에 이르러서는 대부분 중단되었거나 의미있는
성장세를 유지하는 데 실패하고 있다. [154] 자본주의 체제는 이제 마르크스가
말하는 내부적 "모순(contradction)"이 아니고서는, 다시 말해서 그 자체에 내
재하는 문제 해결 능력이 기능적으로 고갈되지 않는 한, 이제는 그것을 붕
괴시킬 대안적 체계의 위협으로부터 자유스러워진 것처럼 보이는 것이 사
실이다. 이것이 자본주의 체제에 대해 후쿠야마가 갖게 된 낙관주의적 전망
의 배경적 논리가 되었다.

그러나 자본주의 체제에 대해서는 외부적 도전이 사라지고, 사람들이 맞
서야 할 모든 위험한 문제들은 논리적 또는 기술적 방법들을 통해 해결될
수 있는 문제들로 바뀌게 되었다. [155] 따라서 매우 "지루한 시기(centries of

---

154) 기독교 공동체들 가운데 "에미쉬 공동체(Amish community)"의 경우에 교리상 인위적 출산조절에 반대
하고 있기 때문에 구성 인구는 거의 매년 증가하는 현상을 보이고 있다. 그러나 외부로부터 개종을 통한
인구 유입은 사실상 없는 편이며, 소득을 위한 경제 활동 역시 외부에 의존하지 않으면 영위될 수 없는
형태로 유지되고 있기 때문에 사실상 자본주의 체제에 대한 대안적 체제로서라기보다는 그것에 기생하
여 생존하고 있는 대안적 생활 방식으로 특징짓는 편이 보다 적절할 것이다(참조: https://en.wikipedia.
org/wiki/Amish).

155) 이와 같은 진단은 쿤의 이론에 토대를 둔 필자의 진단과는 매우 차이가 나기 때문에 후쿠야마의 원문을
여기에 그대로 소개하는 것이 참조가 될 것으로 사료된다: "종말이 온 역사는 매우 슬픈 시간이 될 것
이다. 인정받기 위한 투쟁, 순수하게 추상적인 목적을 위한 생명을 건 투쟁, 생사를 건 용기와 상상력,
이상을 향한 헌신을 요구하는 전 세계적 투쟁은 경제적 계산과 기술적 문제들의 해결을 위한 끊임없는
노력, 환경에 대한 관심, 날로 높아지는 소비자들의 욕구를 만족시키려는 노력들로 대치될 것이다. 탈
역사 시대(post-historical period)에서는 예술도 철학도 사라질 것이며, 단지 인간 역사 박물관에 대한
지속적 관리만 이루어질 것이다. 나는 내 자신 속에 그리고 주변의 타인들로부터 역사가 존재했던 당

boredom)"(Fukuyama, 1989: 18)가 될 것이라는 것이 후쿠야마의 진단이다. 과연 그렇게 볼 수 있을 것인가? 마르크스는 자본주의 사회가 움직이는 원리는 곧 그 자체의 붕괴를 가져올 수 있는 문제들을 발생시키는 내재적 요인들로 작용할 것이라고 예언한 바 있다. 이는 문제를 발생시키는 요인들이 곧 그 체제를 움직이는 기본적 동인으로 작용한다는 의미이며, 따라서 자본주의 사회에서 실업의 문제라든지 빈부 격차의 심화에 따른 불평등의 문제는 체제 내부에 작동하는 기제에 의해서는 해결되기 어렵다는 것을 의미한다. 실제로 자본주의 사회에서 많은 좌, 우의 정권들이 교체되고 무수하게 다른 명칭들이 붙여진 정책들이 시행되었는 데도 불구하고 자본주의 사회들이 안고 있는 근원적이고 고질적 문제들이 해결될 징후는 보이지 않고 있다. 필자가 마르크스의 견해에 대해 동의하지 않은 부분이 있다면, 그것은 마르크스가 선택가능한 분명한 대안적 체제를 제시하고 있는 반면에 필자의 입장에서는 보다 나은 대안에 대한 전망이 지금으로서는 어떤 방향으로도 보이지 않는다는 점이다. 쿤의 시각에서 본다면, 하나의 패러다임이 갖는 문제 해결 능력에 대한, 물론 희망적 전망들도 포함하여, 회의들이 존재하고 있으나 그것이 위기 상황으로 발전할 만큼 분명한 추세를 형성하고 있지는 못한 상태라는 것이다. 머튼이 지적하는 아노미 현상은 체제를 위협할 정도로 심각한 "위기"의 수준에는 다다르고 있지 않다고 설명할 수도 있을 것이다.

이상에서 1)번부터 11)번까지 나누어 정리된 내용들은 쿤의 과학 이론으로부터 차용한 이론적 시각들을 근간으로 삼아 파슨스라든지 머튼 등의 이론들을 결합하

시에 대한 강한 향수를 느낄 수 있다. 그와 같은 향수는 탈역사적 사회에서조차 얼마 동안은 경쟁과 갈등을 불러오게 될 것이다. 나는 이것이 불가피하다고 보고 있지만, 1945년 이후부터 유럽과 북대서양 그리고 아세아의 일부 지역에 생겨난 문명들에 대해 매우 높은 이중적 감정들을 느끼고 있다. 아마 역사 이후에 나타날 이와 같은 무료한 상황에 대한 전망은 역사를 다시 시작하도록 하는 동기로 작용할지도 모른다"(p.18).

여 사회적 행위이론의 토대가 될 수 있을 것으로 여겨지는 일련의 명제들을 정리한 것이다. 필자의 이와 같은 시도는 사회과학 분야에서 발전된 이론들을 이것으로 대치하기 위한 의도로 이루어진 것은 아니라는 점을 먼저 밝혀두려고 한다. 과학적 활동의 특성과 역사적 발전 과정을 실증적인 자료들을 토대로 분석한 쿤의 시도는 과학 철학 분야에 그 자체로서 혁명적 시각의 전환을 이룩한 업적으로 인정받고 있다. 그렇다고 하더라도, 과학자들의 행위의 울타리를 넘어 매우 다양한 분야의 인간 활동 영역에도 응용가능한 시각을 담고 있느냐 하는 의문에 대해서는 필자 역시 대답을 유보 또는 부정적인 대답을 줄 수밖에 없을 것이다. 그러나 부분적인 측면들에서라고 하더라도 사회 질서와 그 틀 속에서 이루어지는 사회적 행위들을 이해하고 설명하는 데 상당한 유용한 명제들을 담고 있다는 것이 필자의 평가이다. 특히 강조하고자 하는 점은 다음과 같은 두 가지 점에서 신중한 검토를 요하는 주장을 담고 있다는 것이다. 첫째는, 주어진 사회적 체제 내에서 강조되는 목표의 달성을 위한 행동들은 체제 내에서 학습된 인지적 및 행위적 능력들을 통해서 이루어지는 활동이라는 점에서 패러다임-순응적 특성을 지니고 있다. 그러나 주어진 규범 체제 하에서 가용의 자원들을 활용하여 주어진 목표를 달성하고자 하는 활동에는 개인들의 능동적 노력과 함께 경우에 따라서는 문제 해결을 위한 창의적 발상이 요구되기도 한다. 결과적으로 나타나는 성과는 행위자에게는 체제에 참여한 대가로 주어지는 보상을 의미하며, 그것들이 전체적으로 누적된 결과는 그 체제가 지닌 생산성과 우월성에 대한 증거를 제공할 것이다. 물론 반대의 경우로는, 머튼이 지적하는 문화적 상황 속에서 강조되는 목표를 달성하는 데 실패한 행위자들로 인해 발생하는 사회적 문제들이 증가하고, 주어진 체제의 정당성에 대해 의혹을 갖는 사람들이 증가하는 결과로 이어지기도 할 것이다. 그러한 문제들을 해결하는 데 실패한 체제는 결과적으로 위기를 맞이하고, 체제 자체의 붕괴로 이어지는 경우도 발생할 수 있을 것이다.

두 번째의 주장은, 체제의 전환이 일어나는 경우에 어떤 공통의 기준에 의해 두 체제 간의 우열의 비교가 가능하며, 그로써 역사의 발전의 방향성에 대한 평가가 가능한가 하는 의문과 관련된다. 그전에 우선 쿤의 이론에 의해 분명히 주장되는 사실의 하나는, 체제 내에서 이루어진 발전에 대해서는 "발전"으로서의 성격을 규정하는 데 의문을 표하지는 않는다는 것이다. 체제 내에서 이루어지는 문제 풀이 활동의 성과들이 축적되고, 이를 통해 주어진 체제의 문제 해결 역량이 지속적으로 향상되는, 선순환의 과정이 계속되는 경우를 상상해 볼 수 있다. 이는 현재까지도 자본주의 사회의 진화와 발전을 특징짓는 현상이었다고 규정하더라도 무리는 없을 것이다. 마르크스가 살아 있었다면, 자본주의 사회의 예상 밖의 경이스러운 **발전**(*progress*)에 대해 아마 크게 놀랐을 것으로 짐작된다. 사회주의적 패러다임의 토대 위에서 운영되던 체제들이 발전을 하는 듯 보이다가 비교적 짧은 기간 안에 실패로 귀결된 사례들에 대해서는 어떻게 평가할 것인가? 이는 마르크스에게 가상적으로 던져지는 질문이기는 하지만, 매우 흥미로운 대답이 기대되는 질문으로 여겨진다. 필자의 평가로는, 성리학적 이념에 토대를 둔 조선 사회 역시 500년에 걸친 놀라운 생존 능력을 보여주었다. 조선 왕조와 같은 규모의 왕조가 500년을 생존하는 과정에서는 그 구성원들이 생존하는 데 필요한 많은 문제들의 해결이 최소 수준에서나마 요구되었을 것이다. 내부에서 또는 외부로부터 일어나는 수많은 정치적 위기 상황들에 대한 해결도 요구되었을 것이다. 이는 조선 사회가 사가(史家)들에 의해 흔히 주장되는 많은 실책 또는 결함들에도 불구하고 하나의 체제로서 상당한 문제 해결 능력을 발휘해왔고, 또한 발전시켜 왔음을 보여주고 있다는 것이 필자의 견해이다. 물론 조선 사회가 누적된 성과들을 토대로 발전을 지속하는 사회라기보다는 정체된 사회였을지는 모른다. 그러나 하나의 체제가 그토록 장기간에 걸쳐 기능을 유지해왔다면, 그것을 보장하는 데 필요한 내재적 논리와 기제가 그런대로 작동해왔음을 의미한다는 것이 필자의 해석이다. 조선조의 사회 모델을 당시의 기준에서 보았을 때 결코 실패한 패러다임으로 해석될 수는 없다는 것이다.

그렇다면 이제 어떤 체제의 전환이 갖는 의미를 어떻게 평가할 수 있을 것인가? 사회학에 있어서 파슨스의 이론을 포함하여 소위 기능주의로 통칭되는 이론들에서는 대체로 인간 역사를 진화적 발전과정으로 이해해 왔다. 그리고 마르크스처럼 역사의 발전과정을 변증법적인, 즉 "정(正), 반(反), 합(合)(thesis, anti-thesis, synthesis)"의 과정으로 보는 시각에서도 인간 역사의 상향적 발전을 주장한다는 점에서 동일한 입장을 취해 왔다. 반면에 쿤은 가장 엄밀한 내용을 지닌 것으로 간주되어온 과학적 지식의 경우에도 패러다임들을 비교 평가하기 위한 명료하고도 단일한 기준은 존재하지 않는다고 보고 있다. 우선 사실에 대한 정의 자체가 이론적 시각에 의해 달라지는 경우들이 흔하기 때문에 서로 다른 패러다임을 추종하는 사람들 간에 우열의 평가에 합의를 이루는 경우는 흔치 않을 것이다. 사회 제도의 경우에 대해서는 더욱 그러할 것이다. 예를 들어, 우리는 자본주의 체제의 지지자나 사회주의 체제의 지지자들이 다 같이 "평등"이라든지 "자유," "민주주의"와 같은 가치에 동의를 표하는 경우를 흔히 볼 수 있다. 그러나 그와 같은 합의된 가치에 비추어 실제로 어떤 체제를 평가하고, 거기에 합의를 이루는 일은 결코 쉬운 일은 아니다. 상이한 체제의 구성원들은 같은 용어를 각각의 체제의 시각에서 정의된, 다른 의미로 이해하기 때문이다. 이 때문에 체제의 우월성과 체제의 교체가 발전을 의미하는지의 여부에 대한 판단과 함께 결과적으로 이루어지는 사람들의 선택은 논리적 사유에 의해 인도되는 결론에 의해서라기보다는 "관점의 전환(gestalt shift)"을 이끌어내기 위한 설득이나 상황적 압력의 산물로서 판단된다. 정치적 선택과 유사한 과정이 개입된다는 것이다. 쿤이 패러다임의 전환을 우월한 패러다임의 승리가 실현되는 사건으로 본다는 의미에서 "발전"으로서 단언하기를 주저했던 이유는 여기에 있던 것으로 보인다. 체제의 전환은 그것을 계기로 새로운 관점에서 새로운 방식의 문제 풀이 활동들이 전개된다는 점에서 혁명적 변화로 규정할 수는 있으나, 그것을 진보라고 규정할 수 있는, 의심의 여지가 없는 근거를 설명하기는 어렵다는 것이다. 다시 반복해서 이야기하자면, 이론적 관점에 따라 평가하는 시각이 다를 수 있기 때문이다.

라. 요약과 결론: 사회 체제의 내재적 발전과 혁명적 교체

이 장에서 필자의 논의는 사회적 행위의 체제가 지니고 있는 일반적 특성들이 쿤의 과학적 패러다임의 그것과 비유할 수 있는 특성들을 보여주고 있다는 주장에 초점을 맞추고자 했다. 이러한 주장은 설득력 있는 가설이고, 파슨스를 비롯한 여러 사회적 행위 이론가들이 놓치고 있었던 사회적 행위의 속성들을 이해하는 데 매우 통찰력 있는 시각을 제공한다는 것이 필자의 주장의 요지였다. 물론 쿤의 이론이 과학, 즉 인간 행위의 한 특별한 체제 영역에서 이루어지는 인간 행위를 대상으로 하는 이론이며, 보다 일반적인 관점에서 인간들의 사회적 행위를 설명하기 위해 체계적으로 발전된 이론은 아니다. 따라서 그것들을 대치할 수 있는 내용을 갖추고 있다고 평가할 수는 없을 것이다. 그러나 필자가 사회 현상과 그에 수반하여 나타나는 사회적 행위를 이해하는 데 매우 중요하다고 판단하는 몇 가지 측면들에서 새롭게 기여하거나 보완할 수 있는 내용들을 포함하고 있다는 것이 필자가 오랫동안 지녀왔던 지론이었다.

그와 같은 지론을 뒷받침하기 위하여 우선 필자가 앞에서 상당한 지면을 할애하여 검토한 파슨스의『사회적 행위의 구조』라는 저서의 제목이 시사하는 의도에 대해 간단히 살펴보려고 한다. 그러한 제목에 반영된 의도는 사회적 행위를 특징짓는 가장 본질적 요소들을 규명하기 위한 것이었다. 인간의 건축물은 그 건축물이 갖는 목적을 실현하기 위해 주어진 수단과 자원들을 어떤 방식으로 활용하고 있느냐에 의해 특징지어질 수 있을 것이다. 파슨스는 사회공동체에 내에서 규범적으로 바람직하다고 생각하는 목적과 그것을 실현하는 데 허용된 수단들이 연결된 체제의 틀 속에서 사회적 행위는 이루어진다고 보고 있다. 그리고 그러한 의미에서, 행위의 목적과 허용된 수단들 및 그것들의 선택을 허용 또는 규제하는 가치−규범적 및 지식 자원의 체계를 사회적 행위를 구성하는 기본적 요소들로서 규정하고 있다. 사회적 행위에 대한 이와 같은 파슨스의 관점이 공리주의자들과 다른 가장 중요한 점은, 파슨스 자신이 가장 역점을 주어 강조하는 바와 같이, 가치−규범적 요소들이 차지하는 역할의 중요성에 대한 강조이다. 이에 대한 필자의 평가는, 파슨스의 사회적 행위 이론은 매우 방대한 문헌들에 대한 심층적 검토를 통해 얻어진 연구 결과에 근거하고 있으나, 대체로 개념적 수준에서의 정태적인 분석으로 일관하고 있다는 점에서 특징을 찾을 수 있다. 행위를 구성하는 요소들에 대한 정태적 분석은 그것을 통해 우리가 행위가 어떤 특성들의 측면에서 이해될 수 있는 현상이라는 것을 알도록 해준다는 점에서 의의 있는 일일 것이다. 그러나 우리는 행위가 변화하는 요인들을 이해하지 못하고서는 그 행위들이 지속될지, 증가할지 또는 중단될지 예측하는 것은 가능치 않을 것이다. 쿤의 이론은 주어진 패러다임의 틀 속에서 이루어지는 문제 풀이 활동이 왜 주어진 전문과학 분야의 지배적인 활동으로 발전하는지 그리고 왜 위기를 맞게 되고, 결국에 가서는 새로운 패러다임으로 교체되는지를 설명하는 이론이다. 바로 이와 같은 의도를 반영하여 그의 주저『과학혁명의 구조』는 "혁명"에 이르는 단계적 발전 상황을 서술하는 "정상 과학(의 단계)," "(주어진 패러다임에 의해 설명되지 않은) 비정상적 현상," "위기(의 대두)," "세계관의 변화," "혁명"과 같은 소제목(小題目)들로 구성되어 있다. 파슨스의 이론이 정태적인 이론이라면, 쿤의 이론은 동태적 이론으로서 과학적 활동이 시간적으로 변화하는 모습을 단계적으로 서술하는 이론으로 특징지을 수 있다. 이러한 의미에서 파슨스의 사회적 행위의 "구조"가 시간이 통제된 상태에서 파악된 행위 요소들 간의 관계의 구조를 의미한다면, 쿤의 "구조"는 과학적 행위 체계의 상태가 변화하는 시간적 구조를 의미한다. 이와 같은 점에서 두 이론은 상이성을 갖는 동시에 상호 보완적인 성격의 행위이론으로서 간주될 수 있다.

쿤의 이론이 갖는 또 하나의 장점으로서는 다음과 같은 점을 지적할 수 있다. 쿤의 이론은 과학적 지식의 발전 과정을 패러다임들의 교체라는 역사적 시각에서 다루고 있다는 점에서 거시적 이론으로서의 특성을 지니고 있다. 반면에 과학 영역에서 이루어지는 과학자들의 활동을 개별 과학자들의 행태적 측면에서 서술하고 있다는 점에 있어서는 미시적 이론으로서의 특성을 보여준다. 따라서 과학적 활동 영역에서 나타나는 현상들에 대해 거시와 미시적 단위의 분석이 결합된, 매우 주목받을 만한 이론의 한 실례로 지적될 수 있다.

구태여 사회적 행위 이론과의 연관성을 거론치 않더라도 필자가 관심을 가져온 중요한 현상이 있다. 그것은 사회주의 체제의 실험이 비교적 짧은 기간 안에 실패로 귀결된 사회적, 역사적 사건이다. 세계의 최상급 지식인들을 포함하여 수많은 민중들의 관심과 정신적 지지를 받아온 체제가 그 이전까지는 사실상 존재한 적이 없다는 점에서 그리고 그 추구하는 이상들이 반대하기 어려운 인간적 가치들을 대변하고 있다는 점에서 이러한 체제가 그토록 짧은 기간 내에 붕괴하고 말았다는 사실은 실로 놀라운 역사적 사건이었다. 아마드(Ahamad, 1996: 87)도 지적하고 있듯이, 소비에트 사회주의 체제의 부상과 붕괴는 현대사에서도 그러하거니와 과거 역사를 보더라도 유례가 없던 현상이었다. 따라서 그 붕괴 원인을 설명하기 위한 분석과 논의들이 다양한 지면과 모임들을 통해 이루어진 바 있다. 원인(들)에 대한 진단들은 짧게는 개관하기에도 어려울 만큼 다양했다. 소비에트 연방처럼 거대한 제국이 붕괴할 때는 어떤 하나의 요인에 의해서라기보다는 (그간에 분석자들에 따라 의견이 갈려온) 많은 요인들이 중첩되어 작용했기 때문이라는 진단(Marples, 2011)과 같은 복합적인 요인론[156]도 제기되었다. 그러나 사회주의 체제의 대두와 붕괴와 같은 유례를 찾기 어려운 특수한 역사적 사실을[157] 인과적으로 설명하려는 노력은 방법론적인 측면에서 어떤 방법을 동원하더라도 그 타당성을 검증하기는 어려울 것으로 여겨진다. 이미 지난 역사적 사실에 대한 인과적 설명은 유사한 여러 사례들을 비교하는 방법 외에는 주장되는 어떤 요인(들)의 인과성을 주장할 수 있는 타당한 근거를 찾기는 어렵기 때문이다. 소련 체제가 붕괴한 원인을 찾고자 하는 시도들은 그 체제의 흥망 자체가 역사적으로 비교한 사례가 없는, 유례없는 현상이었다는 점에서도 어려운 과제일 수밖에 없다.

쿤의 이론을 차용한 이론적 관점에서 사회 체제의 흥망 과정에 관하여 설명한 사례는 없는 것으로 안다. 역사의 발전과정을 인간 사회의 일반적 발전 법칙에 비추어 설명한 이론들 가운데 가장 관심이 집중되어 왔던 이론이 마르크스의 유물사관이었다는 데는 이론의 여지가 없을 것이다. 앞에서 소개한 바 있는 후쿠야마의 논문이 강조하는 사실들 가운데 하나는 소비에트 사회의 붕괴는 마르크스에 의해 설명된 역사관에 결정적 타격을 가하게 되었다는 것이다. 그가 주장하는 "역사의 종언"에 대해 여러 관점에서 이견을 제기하는 견해들은 무수했던 것은 사실이다. 그러나 후쿠야마가 부정하는 것이 단지 마르크스가 주장하는 방식에 의해 역사가

---

156) 지적된 일련의 요인들로서는 다음과 같은 수많은 요인들이 열거되고 있다: 사회주의 체제 하에 계속되어온 경제적 위기 상황에 더하여 이를 더욱 악화시킨 요인들로서 엄청난 재정의 소요를 가져온 체르노빌 원자력발전소의 사고, 오랜 기간 동안 아프가니스탄 전쟁에 쏟아부은 인력과 경비, 아르메니아의 지진, 연방 체제가 탈중앙집중화되면서 초래된 연방 재정의 부실화, 경제적 위기를 벗어나기 위해 실시된 각종 개혁 조치들의 잇따른 실패, 권력기관들이 신뢰를 상실하면서 공산당 조직에 이어 KGB와 같은 권력 기관들의 의해 유지되어 오던 국가 권력에 의한 정치적 통제력의 붕괴, 이와 관련되어 그 사이 숨겨져온 권력 내부의 추문들이 드러나기 시작하면서 체제의 이념적 정당성의 상실 등의 요인들이 지적되고 있다(Marples, 2011: 462).

157) 아마드(Ahmad, 1996: 87)는 바로 이와 같은 의미에서 소비에트 사회와 그 흥망의 현상을 "그 자체로서 독자적 유형의 현상(sui generis)"으로 특징짓고 있다.

발전한다고 보는 마르크스 유의 이념적 신조라면, 후쿠야마의 주장은 바로 그 마르크스 이념의 핵심적 명제를 직격한 것은 사실이다. 그리고 소비에트 사회주의 체제의 붕괴는 그것을 입증하는 결정적 증거를 제공했다. [158] 쿤의 과학 이론은 과학적 지식의 역사적 사례들을 분석한 결과들을 토대로 과학적 지식이 어떻게 교체되는지를 설명한 이론이었다. 그리고 필자가 제기하려는 주장은 그와 같은 쿤의 이론을 차용하여 재구성된 사회적 행위 이론의 명제들에 의거하여 중요한 사회 현상들에 대한 설명이 이루어질 수 있다는 것이었다. 그러한 현상들 가운데 하나가 곧 사회주의 체제의 붕괴와 그에 상반된 과정을 걷고 있는 자본주의 체제에 대한 낙관적 전망이다. 순수하게 쿤의 이론적 관점에서 보았을 때, 가령 예를 들어, 사람들을 보다 풍족하게 먹여 살리는 데 어느 체제가 더 우월한지를 비교하는 것은 결론이 없는 논란만을 야기하는 일일 것이다. 조선조 성리학적 문화의 근간을 형성했던 선비들의 관점에서 본다면, 물질적 성취에서의 조선 왕국의 실패가 곧 서양 문화의 우월성을 증명하는 것은 아니기 때문이다. 그들이 목표로 삼았던 정치와 인간 행위의 도덕적 완성을 위해 필요로 했던 여러 과제들을 해결하지 못함으로써 결국은 감수해야 했던 왕조의 몰락에 대한 책임은 인정한다고 하더라도 그 책임의 기준은 자신들이 추구한 체제의 내재적 기준에 따라 평가할 것이다. 이는 곧 주어진 체제는 나름대로 추구하는 목표들이 존재하고 그것들을 그들이 바람직하다고 생각하는 수단들을 통해 얼마나 성과 있게 달성하고 있고, 또 그 과정에서 제기되는 문제들을 얼마나 효율적으로 해결하느냐에 따라 체제의 발전과 안위는 달려 있다는 것이다. 사람들이 결국은 대안적 체제로의 "개종"을 선택하고, 이제는 새로운 체제

---

158) 물론 전통적인 마르크스의 관점에서 이와 같은 견해를 부정하는 의견들도 없지는 않다. 예를 들어, 셔면(Sherman, 1994)의 주장에 따르자면, 소비에트 사회가 안고 있던 많은 문제점들은 그것이 사회주의 체제였기 때문에 야기된 문제들이었다기보다는 사회주의 사회로 진입하기에는 아직 성숙되지 않았던 여러 다양한 사회적 조건들 때문에 야기된 문제점들이었다. 즉, 마르크스가 사회주의 혁명을 위해 요구된다고 보았던 조건들이 미처 성숙하지 않은 상태에서 이루어졌기 때문에 발생한 문제들이었다는 것이다. 우리는 이러한 주장의 배후에 감추어진 함의에 주목할 필요가 있다. 그것은 소비에트 연방이 보여주었던 현실과 결과적으로 나타났던 체제의 붕괴가 후쿠야마나 많은 자본주의 사회의 지식인들이 주장하는 바와 같이 마르크스 이론을 부정하는 증거로 거론될 수는 없다는 것이다.

의 관점에서 실패한 체제를 비판적으로 바라보는 일은 피치못한 과정이기는 할 것이다. 그러나 그러한 "개종" 이전에 나타나는 체제의 "위기" 상황은 체제 내부의 논리에 따른 개인 및 집단의 문제 풀이 활동들이 원하는 결과들을 산출하지 못하는 상황에서 비롯된다는 것을 쿤의 이론은 시사하고 있다.

필자는 쿤의 이론을 차용한 시각이 어떤 사회 체제의 지속과 변동이라는 실로 거대한 규모의 역사적 추세를 설명하기 위한 이론으로서의 가능성을 과장해서 평가하고 싶지는 않다. 그러나 이제까지 논의한 내용들을 통해 지적된 여러 측면들에서 인간이 발전시킨 행위 체제들이 한 시대의 인간들이 만들어내는 산물로서 지닌 가능성과 한계, 그 가능성과 한계 속에서 벌어지는 개인들의 활동이 보여주는 유연성과 역동성, 개인들과 집단들이 당면하는 문제 상황의 극복 또는 실패의 드라마로 이루어진 인간 역사를 적절한 관점에서 파악하고 있다는 것이 필자의 평가이다. 역사적으로 개인들 또는 집단들이 보인 행태들을 패러다임이라는 구조적인 동시에 역동적인 개념 속에 담아 그것이 지속되고 변화하는 핵심적 요인들을 설명하는 데 매우 적합한 이론적 모델을 제공하고 있다는 것이다.

필자가 쿤의 이론과 관련하여 주목한 세 번째 요소는 인간 행위의 규범성과 창의성에 관한 시각이었다. 인간 행동의 창의성은 두 가지 차원에서 발휘되는 것으로 설명된다. 체제 내의 규범적 통제 하에 이루어지는 문제 풀이 활동에서 해답을 찾아내기 위해서는 정보들을 탐색 또는 취합하고, 해결해야 할 문제에 대해 남다른 시각에서 주어진 정보들이 갖는 의미를 찾아내는 능력이 요구된다. 해법을 찾아내기 위해 발휘되는 이와 같은 창의적 능력은 그 자체로서도 유용성을 갖는다. 그러나 주어진 정보들이 지닌 의미를 해석하는 데 적용되는 현행의 이론적 시각 자체에 어떤 부분적인 한계나 결함이 있음을 알아차렸을 때, 그것을 적절하게 보완하고 수정하는 능력 역시 창의적 발상이 요구된다. 이와 같이 주어진 패러다임의 틀 속에서 진행되는 문제 풀이 활동에서 발휘되는 창의력도 일단 창의력의 한 가지 유형으로 규정할 수 있을 것이다.

다음 유형의, 사고 방식의 보다 대담한 전환과 도약이 요구되는 것으로 여겨지는, 창의력 유형으로서는 새로운 대안적 패러다임의 창출을 들 수 있다. 마르크스의 유물사관이라든지 기독교 신앙의 혁명적 개혁을 가져온 루터의 신학이 이러한 유형에 속하는 것으로 판단된다. 모든 대안적 패러다임들은, 그것이 순수하게 학문적인 차원의 것이든 사회 체제에 대한 발상이든 간에, 대개는 실제로 작동하는 패러다임으로 실현되지 않은 상태에서 실패로 귀결되는 경우가 대부분이다. 거의 사람들에 의해 선택되지 않는다는 것이다. 마르크스의 사상이 실로 수많은 추종자들의 열렬한 호응을 끌어냄으로써 역사 속에 실재하는 거대한 규모의 국가-사회적 체제로서 실체를 드러낸 사례는 실로 유례를 찾기 어려운 사건이었다. 그러나 그것은 이미 단기간에 걸쳐 실패로 끝나게 되었고, 그것이 남긴 역사적 교훈에 대한 분석은 현재도 진행 중이다. 이미 잠깐 언급이 되었거니와 그 실패의 원인에 대해서는 다양한 견해들이 제시되어왔다. 가장 일반적인 수준에서 매우 설득력 있다고 생각되는 진단으로서는 포퍼(Popper, 1976b)의 견해를 들 수 있다는 것이 필자의 생각이다. 그의 생각은, 아주 간결하게 두 가지 점으로 요약될 수 있다. 하나는, 관찰이나 실험을 통해 그 타당성이 검증되지 않은 어떤 발상도 신뢰할 수 없다는 것이다. 두 번째는, 플라톤이나 마르크스와 같은 사상가들이 제안하는 유토피아적 사회의 건설과 같은 거대 담론 체계가 갖는 타당성을 검증하는 방법은 사실상 존재하지 않는다는 것이다. 이와 같은 견해는 인간의 창의성은 하고자 하는 어떤 목적들을 성취하는 데 요구되는 수단들의 효능이 과거의 성과를 통해 어느 정도는 입증된 토대 위에서 비로소 발휘될 수 있다는 것을 시사한다. 다시 말해서, 창의적 상상력은 단순한 공상을 넘어 미지의 사실을 경험된 사실들을 발판으로 해서 내다보는 경우에 비로소 실현 가능성을 갖는다는 것을 의미한다. 이러한 주장은 곧 쿤의 이론에 의해서도 시사되는 사실이기도 하다.

바로 위에서 이루어진 논의에 비추어 쿤의 이론은 인간의 행위와 관련된 규범적 속성과 창의적 특성과 관련하여 흥미롭고 중요한 의의를 지닌 시각을 제공하고 있다는 것이 필자의 평가이다. 대체로 우리는 규범적 통제 하에 이루어지는 행위와 창의적 행위를 상반된 속성을 지닌 행위 유형으로 파악하는 경향이 있다. 창의적 행동은 기존의 규범을 깨뜨리고 새로운 무언가를 만들어내는 활동으로 보는 경향이 있다는 것이다. 그러나 창의적 행위에 대한 이와 같은 인식은 현실적 상황 속에서 실질적으로 창의적 행위가 갖는 특성들에 대한 부족한 또는 혼란된 인식에 기인하는 것으로 여겨진다. 필자는 이 문제와 관련하여 쿤의 이론으로부터 매우 중요한 하나의 배움을 얻을 수 있었음을 밝히려고 한다. 그것은, 우선 비유적으로 이야기하자면, 대체로 창의적 성과를 가져온 행위 자체에 새로움은 별로 없으며, 이미 학습된 지식과 행동을 활용하여 종래에는 접하지 못했던 새로운 결과를 얻어내는 것이 곧 개인들이 수행할 수 있는 통상적인 형태의 창조적 행위라는 것이다. 이렇게 본다면, 과거에 학습된 지식이 튼튼하면 할수록, 학습된 행동이 견실하면 할수록 우리가 지향하는 어떤 목표를 창의적 방식으로 달성할 수 있는 가능성은 증가할 것이다. 통상적인 상황 속에서 창의적 행동이란 기존의 체제를 뒤집어엎는, 그야말로 매우 드물게 일어나는 역사적 사건들로부터 관찰되는 특출한 유형의 행위를 의미하는 것은 아니다. 그보다는 개인들 또는 집단들이 자신들이 속한 체제 속에 생활하는 과정에서 발생하는 문제들을 그 체제 속에서 활용가능한 자원들을 활용하여 해결해내는 능력을 의미한다는 것이다. 바로 이런 의미에서 행위의 규범적 속성과 창의적 속성은 주어진 행위 체계에 의해 규정되는 행위의 동기와 수단들이라는 규범적 요소들과 행위자들의 창의적 능력이 결합됨으로써 나타나는 행위의 양면적 특성으로 규정될 수 있다.

파슨스의 『사회적 행위의 구조』에는 뒤르케임의 이론에 대해 그의 비판적 견해를 담은 부분이 있다. 동일한 저서를 통해, 동시에, 뒤르케임 자신이 파슨스가 비판한 부분을 극복하는 과정을 밟고 있었다는 점에서는 사회학 이론의 발전을 선도하고 있었다고 긍정적으로 평가한 부분이 있었다. 그것은 "행위의 구조적 결정론"과 관련된 부분이었다. 즉, 파슨스는 뒤르케임의 관심이 "사회적 사실주의(social factism)"로 지칭되는 시각으로부터 출발하여 말년에 가까워지면서는 그것과는 상치되는 것으로 여겨지는 "문화론적" 시각으로 이동하는 경향을 보인다고 지적한다. 이는 융합이 요구되는 이론적 시각들 간의 융합을 위한 모색이 뒤르케임의 이론적 이력 속에서 이미 나타나고 있다는 점을 파슨스가 인지하고 있음을 의미한다. 뒤르케임의 말년의 업적에 대한 파슨스의 이와 같은 긍정적 평가는, 필자가 생각하기에, 인간 행위에 대한 구조주의적 시각과 문화론적 시각의 결합이 사회적 질서를 설명하는 데 반드시 필요하다는 파슨스의 이론적 인식을 반영하고 있다. 이러한 절충주의적 시각을 파슨스는 "자원론적 행위 이론"[159]으로 특징짓고 있다. 중요하고도 당연한 사실은 그가 자원론적 행위이론에서 지적되는 행위의 구성 요소들이 곧 현실 속에서 관찰되는 행위들의 특성들을 과연 얼마나 적절하게 포착하고 있는지 의문이 제기될 여지가 너무 크다는 점이다. 우선 현실 속에서 행위자가 차지하는 사회적 위치와, 겪어 왔고 겪을 것으로 예기되는 행위자의 개인적 이력, 역사적 과정 속에서 그 행위가 이루어지는 공동체가 처한 구조적 상황 및 변화의 추세 등등의 극도로 복잡한 상황 속에서 행위는 이루어진다. 어떤 상황에서 개인의 행동은 단지 예견된 성과를 산출하기 위한 관행적 행동일 수도 있을 것이다. 그러나 어떤 경우에 수행되는 행동은 원하는 결과를 얻기 어려운 것이 뻔한 상황에서 보여주는 절망적 시도일 수도 있다. 극한의 노력과 창의적인 발상이 아니고서는 성공하기 어려운 상황에서 개인과 집단의 운명을 건 절박한 도박일 수도 있다. 따라서 앞에서 간단히 지적하고 있듯이, 인간의 행위들에서 관찰되는 이와 같은 다양성과 역동성을 파슨스가 제안하는 규범적 통제 이론의 틀 속에서 담는 데는 상당한 한계가 있다는 것이 필자의 평가이다. 예를 들어, 머튼이 지적한 미국의 아노미 상황을 파슨스가 구축한 규범적 이론 체계 속에서 설명한다는 것은 사실상 어려우리라는 것이다. 이와 같은 관점에서, 파슨스가 전달하는 행위 체제의 이미지는 집단적 규율에 의해 지시된 행동들을 충실히 따라 함으로써 어떤 유형의 질서가 유지되는 사회이다. 이에 비해, 쿤의 패러다임이 전달하는 체제의 이미지는 생산적 결과를 내놓을 것을 압박하는 긴장 속에서 생활하는 사람들로 이루어진 역동적 생활 공간이다. 이러한 공간에서는 두 가지의 요소가 개인이나 체제의 성패를 좌우하는 요인으로 작용할 것이다. 하나는, 체제 자체가 가진 가능성과 한계이다. 다른 하나는, 규율의 기계적 준수라기보다는 그것을 창의적으로 활용하는 자질들에 있어서 개인이나 집단이 보유하고 발휘하는 능력이다. 이 두 가지 요소들의 작용을

---

159) 파슨스는 그의 자원론적 행위이론을 본서의 p.201에서 이미 인용한 바 있듯이 다음과 등식으로 표현하고 있다: $A = S(T, t, ie, r) + E(T, t, i, r, ie) + N(T, t, ie, i, r)$. (이 등식에 대한 자세한 설명은 본서의 pp. 199–201를 참조할 것).

통해 달성되는 성과에 의해 개인들이나 체제는 안녕, 위기나 머튼이 지적한 아노미적 상황, 또는 몰락을 경험하게 될 것이다. 보토모어가 파슨스의 이론은 "사회를 안정적이고 지속적인 구조를 지닌 현상으로 보고 있는 반면에 긴장과 갈등, 그로부터 오는 변화에 대해서는 관심이 결여되고 있다"(Bottomore, 1992: 219)고 지적한 것은 바로 이 때문일 것이다.

이 결론 부분에서는 필자의 관점에서 쿤의 이론을 차용하여 사회적 행위를 설명하는 이론을 구성한다고 했을 때, 기대될 수 있는 몇 가지의 이점들을 지적하였다. 그 가운데서도 특별히, 사회학자로서 필자의 관심을 끌었던 부분은, 개인의 실천 행동과 그 행위가 이루어지는 집단의 공유 자원 체제로서 패러다임 간에 존재하는 유기적 관계였다. 우리가 이미 살펴본 바 있듯이, 부르디외는 자신의 입장을 "구조주의적 구성주의," 그리고 동시에 "구성주의적 구조주의"라고 특징지음으로써 사회구조와 개인들의 실천 행동 사이에 존재하는 상호의존적 관계를 강조하고 있다. 그러나 부르디외가 원론적으로 내세웠던 그와 같은 원칙이 그의 이론 가운데서 실제로 구현되고 있었는지에 관해서는 부정적인 견해가 지배적이었다. 그의 이론이 여전히 구조 결정론적인 방향으로 기울고 있다는 것이 그것을 비판적으로 본 의견의 다수를 이루고 있었기 때문이다.

이 점과 관련하여 쿤의 이론으로부터 관찰되는 특징적 면모는 첫째로는, 개인들의 행위의 구조에 있어서 규범적 요소들이 차지하는 중요성을 부인하지는 않는다는 점이다. 둘째로는, 동시에 그러한 규범적 요구가 개인들의 실천적 행위를 통해 실제로 어떤 결과로 이어지게 되는지는 예측하기 힘든 사실이라는 점을 쿤의 이론은 시사하고 있다. 왜냐하면, 어떤 목표의 실현이 요구되는 각각의 특수한 상황 속에서 개인들이 또는 집단이 해결책을 찾아내는 일은 주어진 패러다임이 가진 가능성과 한계 그리고 개인들이 학습을 통해 얻은 능력, 그들이 동원할 수 있는 가용의 자원들 그리고 행위하는 개인 자신도 예측하기 어려운 창의성 등이 함께 어울려 작용하는 실로 복잡한 과제이기 때문이다. 과거의 역사는 결과를 남기고, 그 결과들이 축적된 토대 위해서 다시 미래의 역사는 만들어지게 될 것이다. 이 과정 속에서 구조와 개인의 역할이 어떻게 상호작용하는지를 어떤 예단을 가지고 이야기하는 것은 사실상 불가능할 것이다. 우선 주어진 체제의 가능성과 한계는 그 체제 속에서 제기되는 문제들을 개인들 또는 집단이 어떻게 해결해나가느냐에 따라 판단될 수 있는 문제일 것이다. 반면에 개인들이 주어진 체제 속에서 활동함으로써 거둘 수 있는 성과들은 그 체제가 가진 잠재적 가능성의 상한선을 넘기기는 어려울 것이다. 이와 같은 맥락에서, 사람들의 실천 행동이 체제를 만들어가는지, 아니면 사람들의 실천 행동이 체제에 의해 부과되는 규범적 틀 속에서 한정된 형태로 나타나는지를 양단 간에 판단을 내리는 것은 불가능하다는 것이 필자의 판단이다. 여기에서 우리가 단언할 수 있는 하나의 사실은 사람들은 주어진 체제 속에서 다른 사람들이 어떤 행동을 통해 거둔 성과를 보고 그 체제 속에서 행동하는 방식을 배우기 때문에 결국은 어떤 개인들 또는 집단이 보여주는 "표준적인 문제 풀이의 사례들(exemplars)"이 그 체제의 재생과 추이를 결정하는 가장 결정적인 요소가 된다는 점이다. 간단한 예를 들자면, 돈을 벌고 싶은 사람은 돈을 이미 번 누군가가 했던 행동을 따라 함으로써 돈을 벌려고 한다는 것이다. 이의 연장선상에서 개인들의 행동을 사회를 이루는 가장 기본적인 요소로 보아 개인들의 행태적 토대 위에서 사회의 구조화된 질서가 형성되는 과정을 설명하려는 시도가 이루어지기도 하였다(참조: Homans.1974a, 1974b). 그러나 호만스류의 소위 "심리학적 환원주의(psychological reductionism)"에서 지적하는 개인들의 행태와 개인들에 의한 문제 풀이 행동 사이에는 결정적 차이가 있다는 점에 유의할 필요가 있다. 호만스가 의미하는 행태는 자극과 반응 그리고 그에 주어지는 보상에 의해 학습되는 것으로, 행태주의에서 주장되는 인간 행동 유형을 지칭한다. 아마 이와 같은 맥락에서, 쿤이 말하는 문제 풀이 행동 역시 "보상받은 행동"에 대한 "본보기(modeling)"(Bandura, 1962; 1966) 학습을 통해 수행되는 행동일 수 있다는 점에서 기본적으로는 행태주의적 시각에서 설명될 수 있는 행동으로 행태주의자들은 주장할 수도 있는 것으로 여겨진다. 그러나 쿤의 문제 풀이 행동은 사회학자들이 보는 가장 본질적인 하나의 측면에서 행태주의자들이 이해하는 행동과는 차이가 있다. 그것은 풀이를 위한 문제의 중요성과 그것을 푸는 수단적 자원들과 과정을 규제하는 규범적 체계가 공동체 단위에서 작동하고 있다는 것이다. 여기에는 공동체의 구성원들 사이에 세계관이라든지, 신념, 가치에 대한 합의와 신뢰가 전제되어 있다. 가장 단순한 하나의 예를 들어 설명하자면, 개인의 이익 추구를 위한 활동은 사회주의 체제 속에서는 용인될 수 없는 범죄일 수 있으며, 돈을 벌기 위한 활동 과정 속에서 야기되는 문젯거리들을 해결하기 위해 벌어지는 기업활동은 그 체제 내에서는 일어날 수 없는 활동일 것이다. 우리가 행위를 설명하려고 할 때, 그 행위의 규범적 토대와 문화적 환경을 규명해야 할 필요성이 생기는 것은 이 때문이다. 쿤의 이론에서는 개인들의 문제 풀이 활동은 패러다임으로 불리는 체제의 핵심적 구성 부분이며, 동시에 그것의 존립에 필수적인 기제로서 설명되고 있다. 이는 곧 쿤의 이론적 관점에서 행동과 구조는 분리될 수 없는 표리의, 즉 상호의존적 관계를 형성하고 있음을 의미한다. 기든스(Giddens, 1979; 1984)는 문법, 즉 말의 구조적 원리가 우리가 말하는 행위를 실천하는 가운데 그 행위 속에서 재생된다고 보는 것과 유사한 관점에서 "구조화(structuration)"라는 용어를 사용하여 실천적 행위(pratice)와 구조(sturcture) 간의 상호의존성을 설명한 바 있다. 그간에 사회학 이론가들 사이에서는 행동과 구조, 즉 분리가능하지 않은 두 현상들 사이에서 어느 한편에서 다른 편의 현상을 설명하고자 하는 입장들 간에 대립이 발생해왔고, 기든스의 소위 "구조화 이론(structuration theory)"은 이 간극을 해소하기 위한 노력의 일환이었다. 학계에서 그 사이 상당한 관심을 끌어온 기든스의 이론을 여기서 다시 평가하는 데 지면을 소비할 필요는 없다고 본다. 여기에서 필자가 강조하고 싶은 것은 쿤이 패러다임의 유지, 발전, 변화의 핵심적인 기제로서 지적한 "문제 풀이"를 위한 인간 활동 유형이 소위 구조와 행동의 상호의존성을 이해하고, 사람들의 사회적 행위의 역동적 실태와 변화 현상을 서술하고 설명하는 데 있어서 훨씬 더 유용성을 지닌 것으로 평가된다는 것이다.

역경(易經)

사회적 행위를 보는 동양의 시각[160]

08

160) 이 부분에서의 논의는 필자가 출간한 저서 『*The I Ching on Man and Society: An Exploration into Its Theoretical Implications in Social Sciences*』(2000)에 이미 발표된 내용들을 상당 부분 반영하고 있다. 그러나 해당 저서 속에서 사회 현상을 이해하는 데 있어서 역경이 함축하고 있다고 주장된 내용들은 대부분 『역경』의 기록들이 사회적 관계의 구조와 그 구조 속에서 개인들이 처한 상황들을 유형화하고 있다는 전제 하에 해석이 이루어진 것들이라는 데서 특징을 찾을 수 있다. 이와 같은 해석은, 중국에 전래되어온 해석 방법을 그대로 따르는 경우, 동일한 형태로 도식화된 인간적 상황의 의미들을 때로는 시간적 발전단계들로 구성된 시간적 구조로, 또 다른 경우에는 어떤 공간을 점유하는 요소들의 공간적 분포 구조로, 또 다른 경우에는 양자가 혼합된 구조로 해석됨으로써 나타나게 되는 논리적 혼란을 피하기 위한 것이었다. 이는 『역경』의 내용이 서구의 학문적인 시각에서도 이해가능한, 논리적 해석을 허용한다는 전제 하에 이루어진 해석이었다. 따라서 필자는 자신의 저서에서 이루어진 해석은 매우 선택적인 시각에서 이루어지고 있음을 저서의 서두에서도 밝히고 있다. 이러한 필자의 입장은 해당 저서가 『역경』의 해설서라기보다는 『역경』에 함축된 사회학적 발상들을 추출하기 위한 시도의 결과물이라는 점에서, 그것이 실제로는 무엇이든 간에, 역경이 본래 전달하려고 의도한 내용들과는 거리가 있을 수 있다는 점을 필자는 충분히 인식하고 있다.

가. 왜 역경인가?

이 장에서도 앞 장에서 다룬 쿤과 마찬가지로 왜『역경』인가?라는 의문의 소제목으로 역경에 관한 논의를 시작하려고 한다. 많은 사람들은『역경』을 점서(占書)로 인식하고 있고, 또 실제로도 그러한 용도로 사용되어온 책이기도 하다. 때문에 사회적 행위를 주제로 한 책에서 "왜『역경』인가?"라는 의문에 대해서는 필자의 진지한 해명이 요구된다는 것은 필자에게도 당연한 일로 생각된다. 따라서 이 질문에 답하기 위해서 필자는 우선 중국 고대 점서로서『역경』에 기록된 내용들에 관한 간략한 소개로부터 논의를 시작하려고 한다.

『역경』은 "십익(十翼)"으로 지칭되는 해설 부분의 일부 내용이 공자에 의해 기록되었다는 주장이 유학자들 사이에 마치 정설처럼 받아들여지기도 하였으나 서지학자들에 의해 공식적으로 확인된 주장은 아니다. [161] 그보다 오래 전에 완성된 것으로 추정되는 효(爻)와 괘(卦)와 같은 도형적 기호들과 그것들의 이름 및 그것들에 붙어 있는 설명문들의 저작자로서는 복희(伏羲), 신농(神農)과 같은 신화적 인물들로부터 주(周)의 문왕(文王), 주공(周公)과 같은 고대 중국의 현인(賢人) 통치자들에 이르는 여러 이름들이 거론되기도 한다. 그러나 이 역시 확실한 근거가 결여된 전언에 불과할 따름이다(이기동, 1997: 29-30). 따라서『역경』은 저자가 정확히 누구(들)인지는 알려지지 않은 책이다. 책이 기록된 시기 역시 분명치 않다.『역경』에 나오는 양효(陽爻, −)와 음효(陰爻, --), 8괘(八卦), 64괘 (六十四卦)와 같은 상징적 부호들이 각기 완성된 시기를 달리하고, 64괘 가운데 각각의 괘에 붙여진 이름(卦名)과 괘가 상징하는 상황에 대한 설명(卦辭) 그리고 각각의 괘를 구성하는 6개의 음효 또는 양효가 상징하는 상황에 대해 설명하는 효사(爻辭)들이 기록된 시기들도 정확하게 알

---

161)『역경』에는 고대로부터 점을 치는 데 활용되어온 부분들이 있다. 우리가 현재 접하는『역경』은 바로 앞에 언급된 부분들과 이 부분들에 대한 열 편의 해설문이 부록으로 덧붙여진 형식으로 구성되어 있다. 언급한 열 편의 해설문은 "십익(十翼)"으로 지칭되는 데, 그 가운데 몇 편이 유교 철학으로부터 유래된 관점을 반영하고 있다는 점과 그 기록의 시기가 공자가 활동하던 시대로 추정되고 그리고 공자가 당시에 역경을 "책을 맨 끈이 끊어질 정도로" 탐독했다는 기록에 근거하여 공자의 소작이라는 견해가 정설처럼 여겨지기도 하였다.

려지지 않고 있다. 본문의 기호들과 글의 내용들을 설명하기 위해 후대에 쓰여진 해설문들(十翼) 역시 그 일부 내용이 유가철학(儒家哲學)의 관점을 반영하고 있다는 점에서 공자에 의해 저술된 것이라는 주장도 있었다. 그러나 서지학자들의 연구에 따르면, 기록들 자체의 연대가 전국 시대 중반부터 늦게는 한대(漢代) 초기까지에 이르는 긴 시대에 걸쳐 분포되어 있는 것으로 조사되고 있어 그 일부 내용이 공자에 의해 집필되었다는 사실도 역시 명확한 근거는 결여되고 있다.

위에서 지적된 점들로 미루어 『역경』이 저자도 그리고 그것이 쓰인 시기도 불명확한, 즉 매우 불명확한 출처로부터 나온 책임을 알 수 있다. 그러나 누가, 언제쯤 쓴 책인가 하는 것은 별로 문젯거리를 삼을 만한 일로 여겨지지 않는다. 필자의 입장에서 이 고전과 관련하여 가장 중요한 쟁점으로 제기될 수 있는 사안은, 중국 문화권에서 이 경전에 대해 부여해온 실로 엄청난 의미와 권위에 반해, 이 책이 어떤 표준적인 해석이 가능한가, 또는 존재하기는 하는지의 여부에 대해서 어떤 명쾌한 해답을 내리기 힘든 내용을 담고 있다는 점이다.[162] 흥미를 끄는 점은 이러한 책이 어떻게 오랜 기간에 걸쳐 중국의 지식인들의 마음을 지배할 수 있었느냐 하는 것이다. 중국의 『중국의 과학과 문명(*Science and Civilisation in China*)』의 저자로서 가장 저명한 서양의 중국 연구가의 한 사람이었던 조지프 니덤(Joseph Needham)(1954: 304)은 이러한 의문에 대해 다음과 같이 답하고 있다.

이와 같은 상징들(즉, 괘들)은 자연의 모든 현상들을 어떤 형태로든 담고 있다고 믿어져 왔다. 중국의 중세 과학자들은 따라서 자연 현상들을 그것들의 속성을 나타내는 특별한

---

162) 국내에는 역경에 대한 해설이 덧붙여진 형태의 번역본들이 상당수가 나와 있다. 이들 대부분이 필자의 국어 능력과 감각으로는 이해할 수 없는 번역문들로 이루어져 있고, 또 번역자들 간에 이 고전에 대한 조예, 표현력이나 어휘의 선택, 문장의 스타일에 따른 차이를 감안한다고 하더라도, 내용상 너무 차이가 크다는 것이 필자의 소감이었다. 이에 대한 필자의 해석은 『역경』은 읽는 사람의 학문적 시각, 세계관, 가치관, 개인적 선입견 등등의 요소들이 너무 쉽게 개입될 수 있을 정도로 추상적이며, 상징적이며, 산문적이기보다는 시적인 이미지로 표현된 내용의 글들로 이루어졌기 때문에 사실상 "정확한 해석"이라는 말이 해당되는 종류의 책은 아니라는 것이다. 조금 과장된 비유로 이야기하자면 해석자가 어떻게 보느냐에 따라 매우 다르게 나타나는 풍경과 같다는 것이다.

괘와 연관짓고, 그 괘의 특성에 비추어 대상 현상들을 설명하는 식의 의사과학적 방법에 의존하고 있었다. 따라서 각각의 상징은 오랜 과정을 지나오는 사이에 그 자체로서 어떤 추상적 의미를 갖게 되었고, 그 의미에 갇혀 실제 현상이 갖는 다양한 측면들에 대해서는 더 이상의 탐색은 필요치 않은 것으로 여겨지는 결과를 가져왔다. 어떤 면에서 이는 중세 유럽의 점성술이 보여주었던 의사과학적 설명 방식과 유사성을 지니고 있다. 그러나 『역경』의 상징적 도식과 언어들은 사람들을 현혹시키는 심오함을 지니고 있다. … 상징체계 속의 64괘는 수많은 사건과 과정들을 포괄적으로 표현가능한 일련의 추상적 개념들의 집합을 보여주는데, 거기에 어느 괘상(卦象)을 살펴보더라도 (사람들의 상상력이 작동할 수 있는 여지들을 허용함으로써) 실제 존재하는 자연 현상 속에서 그 실례를 발견할 수 있도록 유도되게 마련이었다.

니덤의 이와 같은 분석은 중국의 학자들의 『역경』을 보는 시각이라든지 실제로 활용하는 용도에 있어서 현대 사람들이 매우 이해하기 힘든 측면이 있음을 시사한다. 『역경』의 부록편 "계사전 상(繫辭傳 上)"에는 다음과 같은 구절이 나온다: "이로써 상(象)과 관련하여, 성인이 세상의 모든 현상들에서 나타나는 복잡한 모습과 특성들을 살펴보고 그것들을 (상징적으로) 나타낼 수 있도록 도형을 만들어 그것들을 "상(象)"이라고 불렀다. 성인이 또한 세상의 모든 현상들이 어떻게 움직이고 서로 영향을 미치는지를 살펴서 그에 알맞은 행동들에 대한 규범들을 제정하였다. 그리고 그에 의거하여 행위의 길흉을 판단하는 말을 덧붙였으니, 이를 효(爻)라 이른다."[163] 이와 같은 주장을 액면 그대로 너무 진지하게 믿은 나머지 『역경』의 상징체계가 제공하는 극히 제한된 창구멍으로 얻은 지식을 통해 모든 자연 현상과 사회 현상이 갖는 질서의 구조를 설명하려고 했고, 그 결과가 중국 과학 문명의 정체를 가져온 원인이 되었다는 것이 니덤의 진단이었다. 니덤은 더 나아가서 서양의 중

---

163) 위 번역문은 국내에 나와 있는 여러 국문번역본, 수종의 영문 번역본들 그리고 원문 자체를 비교 참조하여 그 원래의 의미가 손상되지 않은 범위 내에서 필자가 자신에게도 어느 정도 의미가 전달될 수 있다고 생각되는 문장으로 번역한 것이다. 따라서 여기에 소개된 번역에 대해서는 적전으로 필자에게 책임이 있다는 것을 밝혀두려고 한다.

세에서처럼 중국 역시 과학보다는『역경』과 같은 의사과학적(pseudo-scientific) 설명이 중국인들의 사고를 지배할 수 있었던 원인으로서는 그 사회 발전의 단계가 봉건사회를 벗어나지 못했기 때문이었다고 설명한다. 중국과 서양을 구분하여 중국에 있어서 "현대 과학"의 발전이 지체된 이유를 설명하고자 했던 니덤의 이와 같은 시도가 학문적으로 상당한 반향을 일으킨 것은 사실이다. 쟁점 자체가 산업사회의 대두와 그에 연관된 사회 및 정치제도의 발전 그리고 인간 행위와 관련해서는 "합리적 사고(rationalism)"를 토대로 한 새로운 가치 체계의 보편화에 이르는 ─ 최근세에 나타난 인류 사회의 혁명적 변화를 주제로 다루고 있기 때문이다. 사회학자들은 니덤의 이와 같은 주장이 주제에 있어서는 베버가 다룬 자본주의의 기원의 문제와 연관성을 가지고 있다는 사실과 함께 해답을 규명하기 위해 적용된 이론적 시각에 있어서는 마르크스의 진영에 속하고 있다는 사실에 대해서 아마 짐작을 했을 것으로 여겨진다.

그러나 필자가 니덤의 주장을 언급한 이유는 이 책에서 구태여 현대 과학 또는 자본주의 사회의 발전에 관해 논의하려는 의도 때문은 아니다. 니덤은, 위에서 이미 간단히 언급했듯이,『역경』과 같은 의사과학적(pseudo-scientific) 지식 체계는 중국에서 현대 과학이 발전하는 데 장애가 되었던 요소로 규정하였다. 여기에 대해서는 깊은 조예를 지닌 것은 아니지만『역경』과 관련 출판물들을 대강은 섭렵해본 경력을 지닌 필자 역시 대체로 동의하지 않을 수 없는 것이 사실이다. 따라서『역경』과 관련하여 니덤의 견해를 소개한 것은 "그런데 왜『역경』인가?"라는 당연한 의문에 대해 필자 스스로 해명의 책임을 자임하는 하나의 방식이었다.

그 해명을 위한, 즉『역경』이 담고 있는 (또는 담고 있는 것으로 주장되어온) "지식 또는 이론적 시각들"이 사회적 행위의 본질을 이해하는 데 어떤 면에서 도움이 될 수 있는지? 하는 의문과 관련하여 필자가 나름대로 주장하고 있는 점들에 대한 논의를 시작하려고 한다. 여기에서 먼저 당연히 전제되어야 할 사실들 가운데 하나는,『역경』의 도식화된 상징체계가 보여주는 현상이 사회적 현상이어야 한다는 것이다.『역경』은 도형으로 표현된 64괘와 각각의 괘가 의미하는 바를 설명하는 괘사(卦辭)와 그리고 각 괘를 구성하는 6개의 효(爻)에 각기 붙여진 효사(爻辭)들로 구성되어 있다.

위에 예로 보여준 괘의 이름은 "중산간(重山艮)" 괘이며, 밑으로부터 세 번째와 여섯 번째 효가 이어진 선, 즉 양효(陽爻) 그리고 나머지는 중간이 끊어진 선, 즉 음효(陰爻)들로 구성되어 있다. 위의 예에서 볼 수 있듯이, 『역경』에는 상하의 위계적 구조로 배열된 여섯 개의 자리에 위치한 양효 또는 음효들이 각기 다른 조합으로 구성된 총 64개의 괘가 핵심적 요소를 이룬다. 이와 같은 상징체계가 갖는 의미 내지는 기능과 관련하여 니덤은 다음과 같은 의문을 제기한다: "이에 대해서는 결코 그냥 지나칠 수 없는 의문이 생긴다. 말하자면, 유럽에서는 어떤 유례도 찾을 수 없는 『역경』의 이와 같은 보편적(으로 적용되는) 상징체계가 어떤 이유로 발전하게 되었는지? 그리고 어떻게 그렇게 오랜 기간 동안 생명력을 이어왔고, 사람들의 관심을 끌어왔는지 하는 것이다"(1954: 337). 이어서 니덤은 자신이 제기한 의문에 대해 다음과 같은 해답을 내놓는다.

중국 문명에서 『역경』의 상징체계가 그처럼 거부할 수 없는 매력을 지녔던 이유는 그것이 중국의 관료적 사회질서에 근본적으로 부합되는 세계관을 반영하고 있기 때문이 아니었을까? … 내가 강조하고자 하는 요점은 『역경』의 상징체계가 지닌 힘은 어떤 의미에서 지상에 존재하는 관료체제를 천상에 존재하는 이미지의 형태로 바꾸어 놓았다는 데 기인하는 것으로 판단된다는 것이다. 즉, 인간 문명 가운데 특별한 형태의 사회질서가 『역경』의 상징체계를 산출하고 있었고, 그것이 자연 세계의 질서를 인식하는 데도 그대로 반영되고 있었기 때문이라는 것이다 … 아마도 상관적-유기체적 사고방식(correlative organismic thinking)을 특징으로 하는 철학 체계는 어떤 의미에 있어서는 중국의 관료 사회가 거울에 투영된 모습이었다. 모든 것들을 철두철미할 정도로 『역경』에 비추어 설명할 뿐만 아니라 위계적인 구조 속에서 모든 연관 관계들을 표현하는 방식들 역시 다 그런 관점에서 이해될 수 있을 것이다. 인간 사회와 자연 현상들이 눈에 비추는 경관(景觀)들이 양자가 다 어떤 좌표 체계 속에, 목록화된 개념틀 속에 그리고 위계적 구조 속에서 표현되고 있으며, 모든 것들이 정해진 위치를 점유하고 있고, '규정된 관계'를 통해 서로 연결되고 있다는 사실들이 이를 증명하고 있다(1954: 337-338).

뒤에서 서술된 괘의 구조가 갖는 특징들에 관한 니덤의 설명은 아래에서 괘의 전체적 구조와 그것을 구성하는 요소들에 대한 설명이 이루어지는 과정에서 점차 이해가 될 수 있을 것이다. 우선 여기에서 니덤이 강조하고자 하는 결론만을 이야기하자면, 괘라는 도형은 고, 중세 중국의 "봉건적 관료 사회"가 구조적으로 보여주는 전형적 특징들을 상징적으로 투영하고 있다는 것이다. 괘상(卦象) 자체의 발전사적인 측면에서 제한적으로 보자면, 니덤의 이와 같은 견해에는 이견이 제기될 소지가 다분하다.[164] 그러나 점복의 전통과는 별도로『역경』의 해석적 이해를 위해 이루어진 여러 노선의 학문적 노력들에는 니덤이 강조한 사회적 및 문화적 요인들이 결정적 영향을 주었다는 사실은 분명한 것으로 여겨진다. 다시 말해,『역경』의 상징체계가 함축하는 의미를 중국의 위계적 사회관계 및 그와 연관된 특성들에 의해 형성된 신념들과 가치관에 비추어 해석하는 경향이 하나의 지배적 전통을 형성하게 되었다는 것이다. 서구에서 높이 평가되는『역경』의 영문번역본들 가운데 하나로는 린(Lynn, 1994)의『역경(The Classic of Changes)』이 있다. 해당 번역본의 서문에서 린(pp. 8-9)은 중국에서 가장 자주 인용되는『역경』의 해설서를 남긴 왕필(王弼)을 비

---

164) 이와 같은『역경』의 상징체계가 발전하게 된 배경 요인을 전적으로 사회구조적 요인에서 찾고자 하는 니덤의 일방적 해석 방식은 그가 마르크스주의자였다는(참조: Brook, 1996) 사실에 의해 설명이 가능하다. 사실상 괘를 구성하는 음효, 양효, 팔괘(八卦) 그리고 64괘의 완성에 이르는 과정과 배경에서 작용했던 구체적 요인들에 대해서는 사실상 정확히 알려진 바는 없다. 단지 필자가 짐작할 수 있는 것은,『역경』의 원래 기능이 점서였다는 점과 그리고『역경』이 그것이 지시하는 방식의 점법을 통해 얻게되는 상황에 대한 진단을 담은 상징적 기호들과 그것들을 설명한 글들을 기재한 책이라는 점을 미루어 가장 가능성이 있는 추정은 점괘가 단순하게 양효 또는 음효 중 하나로 표시되다가, 보다 복잡한 상황에 대한 세분화된 형태의 점괘가 필요함에 따라 음과 양이 위아래로 겹친 사상(四象)의 형태로 발전하고, 이어서 동일한 필요성에 의해 팔괘(八卦) 그리고 다음에는 64괘로 발전하는 과정을 밟았다는 것이다. 이러한 견해는 64괘의 형성과정과 괘의 구조를 점복 체계의 내재적 발전과정의 산물로 본다는 점에서 니덤의 견해와는 차이를 보인다. 필자가 접할 수 있었던 대부분의 해설서들(고형, 1995: 24; 곽신환, 1990: 23-30; 이기동, 1997: 19-30;)에서도 괘의 발전 과정에 대해 대체로 이와 같은 견해를 취하고 있다.

롯한 대부분의 중국의 해설자들이 『역경』을 해석하는 데 있어서 자신들의 사회에 대해서 이미 품고 있었던 신념과 가치관들이 반영되어 있다고 지적한다. 그리고 그 것들을 다음과 같은 다섯 항목으로서 요약한다.

1. 인간 사회는 본질적으로 위계적으로 구성되어 있다.
2. 국가는 가족과 동일한 원리로 짜여 있는 조직이다. 그런 의미에서, 가족은 국 가의 축소판이다.
3. 국가와 가족은 본질적으로 가부장적 구조를 지닌 조직이다.
4. 우주는 본질적으로 이원적 구조를 지니고 있다; 그 안에 모든 것이 음 아니 면 양의 속성을 지니고 있고, ─ 또는, 더욱 적절하게 표현한다면, 음 또는 양의 행태를 보이는 것이 도리에 합당하다.
5. 인간 사회는 ─ 우주의 자연적 질서를 구성하는 일부분으로서 ─ 또한 음양 의 두 가지 속성에 의해 파악될 수 있다.

『역경』의 상징체계가 중국의 전통적 관료사회의 위계적 구조에서 비롯되었다는 니덤의 주장은 근거가 결여되고 있다고 볼 수는 있다. 그러나 위에 지적된 일련의 신념들이 적어도 『역경』을 해석하는 중국인들의 시각에 중요한 영향을 미치고 있 었다는 사실은 분명한 것으로 여겨진다. 그러한 점에서 니덤의 주장이 적어도 『역 경』의 내용과 성격을 해석하는 데 있어서는 중국의 전통적인 시각으로부터 크게 벗 어나지 않는다는 것은 분명하다.

그러나 필자가 이 책의 독자들을 위해 『역경』을 논의하는 공간을 마련한 이유는 우리가 앞에서 5가지로 요약한 중국인들의 신념적 요소들이 『역경』의 해석의 방향 을 규정하고 있다는, 다분히 빤히 들여다 보이는 결론을 이끌어내기 위한 것은 아 니었다. 우선 『역경』이 64괘로 구성되어 있으며, 각각의 괘가 중국이라는 봉건 왕 국에서 일어나는 어떤 종류의 사회적 상황을 각기 상징하고 있다는 사실을 주목해 보자. 우리가 앞에서 예로 보여준 "중산간(重山艮)" 괘도 그 중에 하나이다. 우선 이 괘는 위계적인 순위에 따라 밑으로부터 위로 배열된 여섯 개의 음효 또는 양효로 구성되어 있다. 그렇다면 우선 제기되는 의문은 위계적 순위를 달리하는 여섯 자리들이 각기 상징되는 의미가 무엇인지 하는 것이다. 그 다음으로는, 각각의 위치에 이어진 선(양효, 陽爻) 또는 중간이 끊어진 선(음효, 陰爻)이 자리 잡고 있는데, 그것들이 상징하는 사실 또는 의미가 무엇인지 하는 것이다. 거기에 추가하여, 여섯 개의 선들이 여섯 개의 다른 위치에 배열됨으로써 이루어지는 어떤 구조적 형태를 지닌 전체 단위로서 하나의 괘가 상징하는 사실 또는 상황의 의미는 무엇인가 하는 의문이 제기된다. 그리고 무엇보다도 우리가 당면한 사회적 또는 인간적 상황을 표현하는 데 64가지의 유형에 이르기까지 세분화되고 복잡한 상황적 유형들을 포함하는 상징 또는 개념 체계가 요구되는 이유는 무엇인가? 하는 의문 역시 중요한 것으로 여겨진다.

필자가 이와 같은 일련의 의문들을 제기하는 이유는 두 가지이다. 하나는, 『역경』은 그 해석자가 어떤 선입관이나 의도를 가지고 접근한다고 하더라도, 점을 치는 수단으로서 그 나름대로 특징적인 구조를 지니고 있고, 그 구조 속에 포함된 모든 요소들이 어떤 형태의 연관관계를 형성하고 있다. 따라서 그 구조에 부합되는 해석이 요구된다. 예를 들어, 『역경』의 경우에 점을 시행하는 사람은 경전에 나오는 64괘 중에 하나의 괘를 얻게 된다. 그리고 괘가 상징하는 상황의 의미와 함께 그 상황 속에서 취해야 할 또는 하지 말아야 할 행동들에 대한 조언을 얻게 된다. 어떤 의미에서 이러한 요소들은 거의 모든 형태의 점복(占卜)에 표준적으로 포함되는 것들이다. 그러나 이는 사람들이 살아가는 가운데 흔히 당면하는 일상적 과제이자 경험이기도 하다. 즉, 사람들은 특별한 어려움이나 혼란을 경험하거나 예상했을 때, 처한 상황의 의미를 이해하고 어떤 행동을 하는 것이 가장 적절한지 판단을 내리려고 숙고한다. 전자가, 즉 점을 쳐서 자신의 상황을 아는 방법이, 후자, 즉 스스로 생각을 통해 파악하려고 노력하는 경우와 다른 점은 단지 처한 (또는 처할) 상황의 의미와 행동에 대한 처방이 (합리적인 사고 방식으로는 납득하기 어려운) 점술을 통해 얻어진다는 것이다. 그러나 『역경』을 이론적으로 분석하고 해석하는 사람의 입장에서 보자면, 일반적 점복의 습속들과는 달리 『역경』이라는 경전은 매우 복잡하지만 내부적으로 상호유기적인 연관성을 지닌 요소들로 이루어진 전체 체계로서 기능한다. 괘 속에 하나의 요소가 지닌 의미를 이해하기 위해서는 그것과 연관된 다른 요소들과의 관계 속에서 이해가 요구되며, 요소와 요소들 간의 관계는 그것들이 속한 괘의 전체적인 맥락에서 이해가 요구된다. 요소들 하나하나가 모여 전체의 의미를 형성하는 것이 아니라 모든 구성 요소들이 전체로서 형성하는 의미가 있고, 그 전체적 의미의 맥락에서 각 요소의 개별적인 의미들이 규정된다는 것이다. 이런 의미에서 하나의 괘는 그것을 구성하는 모든 요소들이 하나의 단위로 엮여 특수한 상황적 의미를 형성하고 있는 유기적 구성체로 볼 수 있다. 『역경』은 개인 또는 집단이 당면하는 어떤 유형의 상황을 상징적으로 표현한 64개의 그와 같은 유기적 구성체의 모습("象")과 그것을 설명하는 글들로 이루어져 있다. 이런 의미에서 『역경』은 1) 개인 또는 집단이 당면할 수 있는 64개 유형의 상황들을 각기 이름을 붙여 목록화하고, 2) 각각의 상황을 구성하는 요소들과 그것들 간에 형성된 역학 관계의 특성에 비추어 각 상황이 전체적으로 지닌 의미를 설명하고, 3) 그와 같은 의미를 지닌 상황 하에서 각각의 행위자들이 처한 상대적 입지에 따라 어떤 행동이 적절하거나 적절하지 않은지에 관한 조언들을 담고 있는, 매우 특이한 형태와 내용들로 이루어진 경전이다. 만약, 점을 치지 않고 개인들이 실제로 자신들이 처하고 있는 상황이나 처할 상황의 의미에 관해 숙고하거나 성찰하고, 그와 함께 이 경전에서 제공되는 각각의 괘의 상황적 특징들과 대조하여 자신들이 처한 상황이 64괘의 어느 유형에 해당되는지에 대한 판단을 내린다고 가정해 보자. 그렇다면 구태여 이 경서를 점서로 규정할 수는 없을 것이다. 『역경』의 많은 해설서들을 살펴보면, 실제로 이 경서가 갖는 중요성과 유용성을 주장하는 논리들은 대부분 신비한 점술의 개입을 필수적 요소로 강조하고 있지는 않다.

위의 논의를 통해 필자가 강조하고자 하는 가장 중요한 사실은 『역경』은 사회적 행위자들이 그들이 살아가는 과정에서 당면하게 될 다양한 유형의 사회적 상황에 대한 일종의 요람(要覽)을 제공하고 있다는 것이다. 이 요람을 살펴봄으로써 우리는 고, 중세의 중국인들이 그들이 처한 사회적 상황을 어떤 시각에서 파악하고 분류하고 있었는지를 알 수 있다. 이와 관련하여 필자가 특히 중요하다고 본 사실이 있다. 그것은 그 요람 속에서 서술하고 있는 사회적 상황의 유형들과 그에 수반해서 나타나는 사회 변화 과정에 대한 그들의 시각에서 보았을 때, "사회적 행위의 구조"는 일반적으로 서구의 사회학자들이 보는 그것과는 매우 다른 모습으로 부각된다는 것이다. 그럼 이제 『역경』이 사회적 상황들을 어떤 관점에서 이해하고 있는지를 보다 세부적으로 살펴봄으로써 서구의 사회학자들이 보는 사회 또는 그 안에서 이루어지는 사회적 행위를 보는 관점들과 어떤 점에서 본질적인 차이를 보이는지를 비교해 보려고 한다.

나. 『역경』의 사회적 상황관과 사회적 행위의 구조

앞 부분에서 지적되었듯이, 『역경』에 각각의 괘는 모든 괘가 공통적으로 지니고 있는 요소와 하나하나의 괘가 지닌 특징을 나타내는, 두 가지 요소로 구성되어 있다. 아래의 예를 보자.

위에 보여주는 "중산간(重山艮)"[165]이라는 명칭이 붙어 있는 괘는 이어져 있거나 중간이 끊어진 여섯 개의 선으로 구성되어 있는데, 각 선, 즉 효(爻)들은 밑에서부터 위 쪽으로 올라가면서 위치를 달리하고 있다. 6개의 효는 바탕으로부터 시작하여 초효(初爻), 이효, 삼효, 사효, 오효, 종효(終爻)로 불린다. 64괘의 모든 괘는 이 여섯 개의 효가 위계적으로 배열된 형태를 갖추고 있다는 점에서는 일치된 구조를 가지고 있다. 여섯 자리로 구분된, 즉 위(位)의 숫자와 배열된 형태에 있어서는 동

---

165) "중산간" 괘의 괘명은 "간(艮)"이다. 앞의 "중산(重山)," 즉 "산이 겹쳐 있다"라는 수식어는 괘의 구조를 설명하기 위해 덧붙여진 것이다. 괘를 구성하는 여섯 개의 선들 가운데, 아래 세 개의 선과 위 세 개의 선이 동일한 형태를 가지고 있음을 볼 수 있다. 그런데 『역경』에서는 위, 아래의 세 개의 선을 각기 하나의 단위로 묶어 "팔괘(八卦)"로 부른다. "간괘(艮卦)"는 "팔괘" 가운데 "산(山)"을 상징하는 두 개의 구성 요소가 겹쳐 이루어졌다는 것을 표현하기 위해 "중산간(重山艮)"이라는 명칭으로 불려지기도 한다.

일한 구조를 가지고 있다는 것이다. 괘에 따라 달라지는 것은 각 자리에 위치한 음효 또는 양효의 전체적 조합의 형태이다. 어떻게 해서 64괘가 형성되었는지는 간단한 계산을 통해서 알 수 있다. 각 위치마다 음효 아니면 양효가 자리를 차지할 수 있기 때문에 전체적으로 64개의, 효(爻)의 조합의 형태를 달리하는 64개의 괘가 형성된다. 이제, 64괘 가운데 반대되는 형태의 두 괘를 예로 들어 괘의 구조를 더 자세히 분석해 보자.

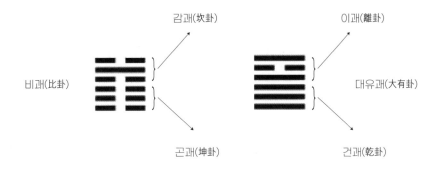

〈도식 5〉 비괘와 대유괘의 대칭적 구조(1)

위의 그림은 각각의 괘를 두 개의 하위 구성요소로 묶고 있음을 보여준다. 비괘(比卦)는 음 또는 양효의 세 효로 이루어진 팔괘(八卦)들 가운데 감괘(坎卦)와 곤괘(坤卦)가 결합된 형태를 보여주며, 대유괘(大有卦)는 이괘(離卦)와 건괘(乾卦)가 결합된 형태로 이루어지고 있음을 보여준다. 『역경』을 해석할 때, 괘의 이와 같이 분활된 구조와 괘의 속성은 왕조의 관료조직체라든지 어떤 종류의 위계적으로 구성된 조직체의 상부와 하부 구조의 상황적 특성을 나타내는 것으로 읽힌다. 어떤 사회적 단위를 이와 같이 상부구조와 하부구조 또는 지배집단과 피지배집단의 이원적 구조로 파악하는 것은 현대 사회학에서도 낯설지 않은 분류 방식이다. 사회 구조에 대한 이러한 이원적 분류 방식은 대체로 갈등이론으로 분류되는 사회학 이론들 가운데서는 흔하게 목격된다. 마르크스의 이론이 가장 대표적인 유형일 것이며, 사람들을 "권력 엘리트(power elites)"와 "대중(the mass)"으로 구분하여 미국의 사회 현실을 설명한 밀스(Mills, 1956)의 분석 역시 사회의 이원적 구조에 대한 시각이 이론적 토대를 이루고 있다. 이들의 입장은 다음과 같은 다렌도르프(1969: 212)의 주장 가운데 잘 요약되어 있다.

> 사람들이 공동 생활을 영위하고, 어떤 형태의 사회 조직들을 구성하게 될 때에는 예외없이 어떤 일들과 관련하여 어떤 지위들을 지배하는 권한을 행사하는 자리와 그것을 차지한 사람들이 존재하게 마련이다. 그리고 그러한 권한에 복종이 요구되는 자리와 그 자리를 차지하는 사람들이 또한 존재한다. "상(up)"과 "하(down)"의 구분, 또는 영국인들이 말하는 "그들과(Them)"과 "우리들(Us)"의 구분은 모든 사람들이 사회에서 경험하는 기본적 사실들 가운데 하나이다.

앞에서 예로 보여준 『역경』의 두 괘 역시 동일한 시각에서 해석된다는 점에서 『역경』이 사회 현실을 보는 시각 역시 본질적인 차이는 없어 보인다. 그러나 이제 아래 그려진 새로운 도형을 보자.

지배 집단
공식 조직
피지배집단

〈도식 6〉 괘의 구성 요소

앞에서 이미 보여준 도형과 차이가 나는 부분이 있다. 그것은 음영으로 감싸진 네 개의 효가 가장자리에 위치한 두 개의 효를 제외하고 새로운 단위로 묶여 표시되고 있다는 점이다. 이는 여섯 개의 구성 요소들 가운데 주어진 상황 하에서 "공식적으로" 영향력을 발휘하는 네 개의 조직 단위를 표시하기 위한 것이다. 괘를 어떤 수준의 관료조직체의 구조와 상황을 상징적으로 형상화한 도형으로 간주했을 때, 중간의 네 개 선은 그 조직체에서 공식적 지위를 점유하는 사람 또는 집단을 형상화하고 있으며, 나머지 두 개의 선은 상황에 따라 역할이 달라질 가능성을 가지고 있는 주변 요소들을 표시하고 있는 것으로 해석한다는 것이다. 상위에 위치한 효는 따라서 은퇴한 전직 원로라든지 공식적 직위를 가지지 않은 채 경우에 따라서는 큰 영향력을 행사할 수 있는 조언자들로 해석될 수 있다. 가장 아래에 위치한 효는 이제 갓 조직에 들어와 책임 있는 직책으로는 진입하고 있지 못하고 과도기적 과정에 있는 사람들로 해석된다. 따라서 괘의 여섯 개의 효들은 크게 두 조직 요소로 구분되고 있다. 하나는 지배조직과 피지배조직(또는 하부 실행조직)으로 구분되며, 다음으로는, 공식 조직과 주변의 관련 조직으로 구분된다. 물론『역경』에 위와 같은 해석을 강제하는 공식적 규정은 경전의 문구들 가운데서는 발견되지 않는다. 대체로 해석하는 사람들은 그들의 정치적 현실을 결정하는 왕국의 정치적 현상들이『역경』이 제시하는 상황적 이미지들 가운데서 유형화되어 표현되고 있다고 믿고 있었다. 위에서 소개한 괘의 구조가 의미하는 바에 대한 해석은, 따라서 그와 같은 믿음에 따라 해당 경전을 읽을 때 흔히 적용해왔던 관행적 해석의 한 예를 보여준다. 아마『역경』과 함께 그 해석의 관행을 알고 있는 사람이 현대 사회에서 기업조직이나 정치 조직이 처한 상황을『역경』을 준거로 삼아 진단하려고 한다면,『역경』의 취지가 과도하게 훼손되지 않은 범위 내에서 나름대로 적절하다고 생각되는 방식으로 경전의 구절과 자신의 상황을 해석하려 할 것이다.『역경』의 해설서들을 통해서 이루어진 다양한 해석 방법들을 감안해볼 때, 그와 같이 유연하게 적용되는 해석의 폭에 대해『역경』에 조예가 깊은 대부분의 전문가들이 반대는 하지 않으리라는 것이 필자의 짐작이다.

이제 괘의 형태적 특성과 관련하여 한 가지 더 지적하고 넘어가야 할 사항이 있다. 그것은 괘를 사회 집단의 위계적 구조를 형상화한 도식으로 보았을 때, 그것이 상징하는 계층 구조 속에서 각각의 효에 의해 형상화된 행위자들이 수행하는 역할과 지위와 관련된 것이다. 여기에도 경전에서 해석의 명확한 규정은 보이지 않는다. 대체로 관행적 해석은 괘에 의해 표현된 조직 구조 속에서 최고 결정권자를 나타내는 자리로 다섯 번째 자리, 즉 상괘(上卦)의 중심 자리를 꼽는다. 동양의 정치 체제의 경우에는 왕이나 황제를 나타내는 자리로 해석되는 것이다. 이에 상응하여 하부 구조에서 위로부터 명령을 실행하는 기능을 맡고 있는 사람들을 나타내는 자리로는 하괘(下卦)의 중심 위치, 즉 아래로부터 두 번째 자리가 꼽힌다. 실무집단이라고 불릴 수 있는 사람들을 나타내는 위치이다. 하괘(下卦)의 가장 상위, 즉 세 번째 위치는 이중적 특성을 지닌 위치로 해석된다. 이 위치는 하부조직을 지배하는 위치이며, 동시에 상부 조직에 의해 직접적으로 통제를 받는 위치이다. 바로 그와 같은 이유에 의해서, 『역경』에서 이 자리를 차지하는 사람들에게 주는 점사(占辭)들에는 조심스러운 조언들이 많이 포함되어 있게 마련이다. 마지막으로, 상괘(上卦)의 첫 번째 자리, 즉 전체 괘에서 아래로부터 네 번째 자리는 그 공간적 위치에 따라 다섯 번째 군주의 자리에 가깝게 위치한 고위 직분의 사람들에 해당되는 위치를 지칭하는 것으로 해석된다. 현대 국가의 관료조직에 적용한다면, 행위자가 소속된 국가의 헌법에 따라 어떤 형태로 권력이 분점되고 있느냐에 따라 이 자리에 대한 해석은 달라질 수 있다는 것이 필자의 추정이다. 그러나 고, 중세 중국으로부터 유래된 역경의 해석에 대한 관행을 다른 문화권에서 발전해온, 매우 다른 형태로 위계화된 권력 조직 또는 사회 계층 구조에 실제로 적용하려고 시도하는 경우에 상당한 무리가 따를 수도 있다는 것이 필자의 생각이다.

위에서 살펴본 상하로 배열된 괘의 형태적 특성이 엄격하게 중국의 서열화된 사회구조를 모사하고 있다는 견해는 『역경』의 상징적 의미를 이해하는 데 있어서 오랜 기간 동안 표준화된 해석 방식이었고, 바로 이러한 점에 대해서는 니담(Needham)과 린(Lynn) 등과 같은 서구의 해설자들도 동의를 표하고 있다. 그와 같은 구조 속에서 사람들의 사회적 행위가 갖는 가장 중요한 기능은 곧 그 구조적 질서를 지탱하는 것이었다는 것은 분명하다. 우리가 이제까지 살펴본 파슨스를 비롯한 대부분의 사회학자들은 주어진 사회질서를 지탱하는 가장 기본적인 요소는 개인들의 행위라는 아주 당연한 가정 위에서 "그렇다면 이기적일 수 있는 개인들에 의해 어떻게 그와 같이 공공의 질서에 기여하는 행동들이 가능할 수 있었는지?" 하는 의문을 제기해 왔다. 파슨스를 논의하는 과정에서 거론되어 왔던 소위 "홉스의 질서의 문제"인 것이다. 사회학자들의 사회적 행위에 관한 관심은 큰 틀에서 바로 그와 같은 의문점을 해명하기 위한 시도의 일환이었다.

이와 같은 의문과 관련하여, 여기까지 읽은 내용의 맥락에서 『역경』이 시사하는 사회적 질서와 개인들의 사회적 행위에 관한 관점은 비교적 분명한 것으로 여겨진다. 그것은 사람들의 분화된 역할들 간에 위계적 서열 구조를 사회질서의 한 본질적인 요소로 보고 있다는 점이다. 다시 말해서, 개인들 또는 집단들은 그러한 구조 속에서 맡겨진 역할을 수행함으로써 사회질서는 유지된다는 것이다. 이와 같은 맥락에서, 사회적 행위는 책임있는 개인들이 자연적으로 형성된 사회의 구조적 틀 속에서 부여된 역할을 자신에게 허용된 능력과 자원들을 활용하여 이행하는 행위로 인식된다. 이 지점에서, 파슨스가 부여된 사회적 역할에 대한 규범적 정당성의 근거를 규명하는 데 가장 큰 관심을 보이고 있었다는 사실을 상기해보는 것이 좋을 것이다. 파슨스가 사회적 규범의 정당성을 창출하는 과정과 기제와 관련하여 종교와 카리스마적 권위와 같은 현상에 특별한 중요성을 부여한 이유는 바로 여기에 있었던 것이다. 이에 비해, 『역경』에서는 그와 같은 사회적 기제 또는 정당성의 근거에 대한 의문을 제기하고 있지는 않다. 니덤이나 린이 지적하는 것처럼, 자연 질서에서와 마찬가지로 사회질서가 본질적으로 가지고 있는 하나의 특성이라고 보는 것이다. 『역경』은 그와 같은 사회질서가 구조적인 측면에서, 즉 사회적 관계의 형태적 측면에서 본연적으로 가지고 있는 특성을 도식으로 형상화해서 보여주고 있다는 것이다.

　　그러나 필자가 이 책에서 『역경』에 관해 논의하고자 했던 의도는 바로 위에 지적된 바와 같은 견해를 소개하려고 했던 것은 아니다. 『역경』에서 "역(易)"이라는 글자는 "변화"를 의미한다. 따라서 『역경』은 "변화를 이야기하는 경전"이라는 의미를 지닌 책이다. 그렇다면 앞에서 우리가 지적한 사회의 위계적 구조에 있어서 변화는 어떤 변화를 의미하는 것일까? 어떤 형태의 위계적 구조에서 다른 형태의 위계적 구조로의 변화를 의미하는 것은 결코 아닐 것이다. 『역경』에서는 64괘의 괘상, 즉 하나의 상황에서 다른 상황으로 변화함으로써 나타나는 상황의 유형들을 음효와 양효가 다르게 조합된 형태로 보여주고 있다. 그러나 각각의 괘가 보여주는 음효와 양효의 조합 형태에 있어서의 차이에도 불구하고 6개의 위치로 이루어진 위계적 구조의 골격은 일관된 형태를 유지하고 있다. 즉, 사회의 계층적 구조 그 자체에는 변화가 있을 수 없음을 보여주고 있다는 것이다. 바로 이와 같은 의미에서, 빌헬름(Wilhelm, 1960: 5)은 『역경』의 "역(易)"은 세 가지 의미를 함축하고 있다고 보았다. 우선 하나는 『역경』은 현상의 변화를 쉽게 읽을 수 있는 책이라는 의미를 지닌다. 이 경우 "역(易)"은 쉬울 "이(易)"로 읽힌다. 두 번째는,『역경』은 현상의 변화를 서술한 책이라는 것이다. 영문번역가들이『역경』의 "역(易)"을 변화로 해석 "변화의 서(書), 즉 *Book of Changes*"로 번역한 것은 이 때문이다. 세 번째는『역경』은 변화의 뒤에 작용하는 불변의(constant) 원리를 서술한 책이라는 의미를 동시에 지닌다는 것이다. 이 모든 의미들을 종합해서 본다면,『역경』은 변화하는 현상과 그 변화가 이루어지는 근본적 원리를 쉽게 설명한 책이라는 것이다.

이렇게 보았을 때『역경』의 기본적 의도는 결코 변화할 수 없는 사회의 구조적 형태, 즉 위계적으로 구조화된 사회의 모습을 있는 그대로 서술하기 위한 것은 아니었다는 것은 분명하다. 요즘의 사회학적 용어로 표현하자면, 사회가 어떤 형태로 구성되어 있는지를 알려주는 것 자체가 목적은 아니었다는 것이다. 그들의 시각에서 사회의 위계화된 계층적 구조는 이미 알려진, 사회 본연의 불변하는 구조적 현실로서 받아들여졌을 것이다. 문제는 그 불변하는 구조 속에서 사람들의 운명에 영향을 미치는 상황의 변화는 끊임없이 나타난다는 점이다. 강했던 집단의 세력이 약해지고, 약했던 세력이 부흥을 하게 되고, 군주가 권력을 실질적으로 박탈된 상태에서 권력이 주변 세력들로 분산됨으로써 국가가 혼란에 빠져드는 등등의 변화는 어떤 사회에서든지 어느 시기에서든지 관찰될 수 있는 상황들일 것이다.『역경』은 1) 변화하는 모든 상황을 64개 유형으로 분류하고, 2) 각각의 상황 유형이 전체적으로 갖는 특성들에 대한 설명과 함께 3) 그 상황 속에 위치한 개인들 또는 집단 간에 형성되는 관계의 형태와 변화하는 추이를 설명하고, 4) 이상에서와 같이 파악된 상황적 맥락과 구성원들 간에 형성되는 관계의 특성에 비추어 각각의 구성원들에게 가장 적절하게 생각되는 행동에 대한 진단을 제공하는 것이었다. 이상과 같은 내용들은 마치 요람과 같은 항목화된 서술 방식을 사용하여 각각의 괘와 그 구성요소들에 관해 이루어지는 설명들 속에 포함되어 있다. 다음에서는 이에 대한 세부적인 설명이 이루어질 것이다.

다. 상황에 의해 제약된 조건들 하에서의 사회적 행위의 구조

괘에 의해 상징적으로 형상화된 상황의 구조와 그에 붙여진 효사들이 의미하는 바들을 이미 보여준 두 괘를 예로 들어 설명하려고 한다.

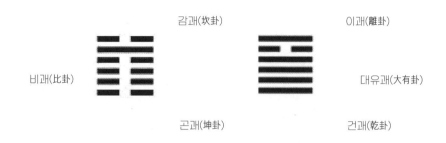

감괘(坎卦)   이괘(離卦)

비괘(比卦)   대유괘(大有卦)

곤괘(坤卦)   건괘(乾卦)

위의 두 괘는 형태적으로 서로 대칭적인 구조를 보여주고 있다. 모든 위치에 반대되는 효들이 자리잡고 있다. 왼쪽의 비괘는 양효가 자리잡은 다섯 번째 위치를 제외하고는 모든 다른 위치에 음효가 자리 잡고 있으며, 오른쪽의 대유괘는 반대로 음효가 자리 잡은 다섯 번째 자리를 제외하고는 모든 다른 자리에 양효가 자리 잡고 있다. 우선 양효는 해당 자리의 행위자가 활동적이며, 지배적이며, 선도적인 역할을 수행할 수 있는 능력 또는 세력을 보유하고 있음을 나타낸다. 또한, 그 위치가 공식적인 위계 구조 속에서 군주의 자리를 지칭하고 있다는 점에서 강력한 권력을 실질적으로 소유하고 행사하는 지배자가 위치하는 것으로 해석된다. 전체적으로 본 괘의 배열 형태가 중앙에 위치한 지도자의 강력한 권력에 의해 전체 사회 조직체가 통합된 상태를 형상화하고 있다. 따라서 괘의 이름 "비(比)"는 린(Lynn, 1994: 184)의 번역본에서는 "밀착(密着, closeness)," 빌헬름(Wilhelm, 1950: 35)에서는 "통합(Holding Together, [Union]"으로, 이기동(1997: 148)의 국문 번역본에서는 "(음효로 상징되는 요소들이 양효로 싱징되는 요소를) 따르는 상황"으로 해석되고 있다. 비괘의 이와 같은 상황적 특성과 유사성을 보이는 실제 상황의 실례를 현실 속에서 찾을 수 있는지 하는 의문은 『역경』의 상황관을 준거로 삼아 역사적 현실을 조감하고자 하는 사람들에게는 매우 중요하고도 흥미로운 문제를 제기한다. 그냥 하나의 짐작으로 필자에게는, 다음과 같은 사례가 머릿속에 떠 오른다. 중국이나 조선과 같이 어떤 왕조 말의 정치적 혼란기에는 정치적 패권을 다투는 거대한 규모의 투쟁이 벌어지게 마련이다. 이 와중에서 승리를 쟁취한 자가 새로운 왕조를 창시한다. 그러나 왕조의 창시자가 죽거나 권력을 물려줄 무렵이 되면, 후손들 가운데 강하고 영민한 인물이 왕조 창건의 공을 주장하며 특권을 유지하려는 여타 세력들을 제거하고 강력한 왕권의 확립에 성공하게 된다. 이런 과정이 동양 사회의 왕조사에 통상적으로 일어나는 과정이었다. 이 시기는 권력 다툼의 와중에서 구축된 무력의 집중력과 효율성은 최고의 수준에 달하며, 이전 왕조로부터 탈취한 재산과 조세권의 강화와 확장으로 인하여 국가 재정이 가장 부유한 수준으로 도약하는 시기이다. 누구도 감히 저항하기 힘든 시기인 것이다. 대체로 왕조의 3, 4대 국왕에 해당하는 시기이다. 조선조의 경우는 태종, 세종을 전후한 시기이고, 고려는 광종, 청나라는 강희제, 당은 태종, 명나라는 영락제, 한나라는, 다른 군주들보다는 조금 늦은 순위이기는 하지만, 무제(武帝)를 꼽을 수 있을 것으로 보인다. 독점된 권력을 중심으로 강력하게 통합된 체제에서 군주의 자리에 위치한 이 같은 인물들에게『역경』은 다음과 같은 조언을 주고 있다: "통합을 성취하는 길은 군주가 사냥감을 세 방향에서 몰되 앞에서 뛰는 것들은 놓아주는 것에 비유할 할 수 있다. 이런 식의 통합이면 백성들을 불안하게 하지는 않을 것이며, 행운이 따를 것이다"(린의 번역에 뜻을 보다 명료하게 하기 위해 문구에 [166] 약간 수정을 가했음)(Lynn, 1994: 187). 아무리 권력이 강대하다 하더라도 사람들이 숨 쉴 여유도 주지 않고 모든 것들을 통제하겠다는 식의 통치방식은 사람들을 불안하게 만들고 반발을 불러올 수 있기 때문에 그렇게 하지 않는 것이 좋다는 조언을 주고 있다.

　　나머지 첫 번째 효, 두 번째 효, 네 번째 효에 대해서는 각각 시대적 상황에 순

---

166) 번역 원문은, "The way one manifests Closeness here is comparable to how the sovereign has game driven three times and forgoes those that come before him, thus his subjects need not guard against him, and this means good fortune." 위 번역에서 "삼구(三驅)"를 "three times"로 번역한 것은 오역으로 판단됨. 그보다는 사냥감을 세 방향에서 몰되 나머지 전면에서 도망가는 짐승은 놓아준다는 것으로 번역하는 것이 맞는 것으로 판단됨.

응하여 성실하게 행동한다면, 별다른 불운은 없으리라는 취지의 진단이 내려지고 있다. 예외가 되는 괘로서는 남은 두 효, 즉 세 번째 효와 여섯 번째 효가 지목되고 있다. 이미 지적한 바 있거니와 아래의 세 효는 한 단위로 묶어서 피지배집단 또는 실행 집단의 상황적 특성을 표현하는 것으로 해석된다. 그렇다면 아래 세 개의 음효로 이루어진 곤괘(坤卦, ☷)의 가장 위에 위치한 음효는 피지배집단의 상층부를 지칭하는 것으로 해석된다. 이에 붙여진 효사는 이 지위에 위치한 행위자의 상황에 대해 다음과 같은 진단을 내리고 있다: "따라야 할 사람을 따르고 있지 않다." 즉, 잘못된 대상과 유대를 추구하고 있다는 것이다. 그래서, 피해를 입을 가능성이 있다고 진단하고 있으나, 잘못된 통합의 대상이 누구인지는 명확하게 설명되고 있지는 않다. 또한, 해석자에 따라 다른 설명이 제시되고 있기 때문에 원문에 대한 정확한 이해는 가능치 않다는 것이 필자의 판단이다. 단지 짐작할 수 있는 사실은 강한 통합의 상황에서 잘못된 대상과의 유대 관계로 제재를 받는 사람들이 발생하기도 한다는 점에서 일반적으로 제시되는 경구(驚句)로서는 의미가 있을 수 있다는 것이다. 다음으로, 여섯 번째의 음효에 붙여진 효사는 어쩌면 이해가 가능하다는 생각이 든다. 이 효는 같이 유대를 맺을 대상이 없다는 것이 효사의 내용이다. 왜 이 자리에 위치한 행위자가 통합의 중심에 자리 잡은 강력한 지도자를 따르지 않는지는 해당 위치의 음효가 은퇴한 원로와 같은 이미 활동력과 유용성을 상실한 주변 인물들을 상징하고 있다는 본다면 어느 정도 설명이 가능하다는 생각이 든다. 그러나 반드시 위와 같이 해석되어야 할 이유가 명시되어 있는 것도 아니다. 따라서 이런 점들이 『역경』은 고대로부터 전승된 경전으로서 현대적 논리로서는 접근하기 어려운 측면들을 지니고 있다는 지적으로써 비괘 부분의 해설을 끝내는 것이 좋으리라고 여겨진다. 단, 한 가지 첨언하고 싶은 말은 만약 비괘와 같은 강한 통합의 구조가 실제로 목격되는 사회적 상황 속에서 위에서 지적한 세 번째 위치의 음효와 여섯 번째의 위치의 음효에 의해 상징되는 유형의 사람들 또는 집단들이 실제로 존재할 가능성은 다분하다는 것이다. 즉, 독재 권력 하에 일사분란하게 움직이는 체제에 반발하여 나름대로 자율성을 행사할 수 있는 분파의 형성을 도모하거나, 통합된 체제에서 쓸모를 인정받지 못해 소외되는 집단들이 존재할 가능성은 분명하게 존재한다는 것이다. 바로 이와 같은 점에서, 『역경』은 현실 사회에서 발견되는 사회구조와 그 구조적 틀 속에서 나타나는 인간관계와 행동의 양태들에 대해 상당한 식견과 지혜로운 안목을 가지고 있었던 사람(들)이 저술했으리라는 것이 필자의 짐작이다.

다음으로 필자가 예로 들고자 하는 괘는 앞에서 설명한 비괘와는 정반대의 효 구조를 가진 대유괘(大有卦, ䷍)이다. 『역경』은 이 괘에 붙여진 괘사에서 이 괘에 의해 상징되는 전체적 상황에 대해 다음과 같이 이야기하고 있다.

> 크게 소유하는 형국이다. 모든 것에서 크게 이룬다. 단사(彖辭)에 따르면, "대유는 부드러운 것이 높은 자리를 얻어 한 가운데 위치하면서 위 아래가 그에게 응함으로 대유라 한 것이다. 그 덕이 강건하여 문명하며 하늘에 응하여 때맞게 행한다. 이 때문에 일을 시작하여 발전하고 번창하여 확장한다."[167]

이 괘의 이상과 같은 설명 속에 포함된 "문명(文明)"이라는 용어는 발달된 정신 문화와 물질적 생활을 의미하는 말이기 때문에 이 괘에 의해 상징된 상황은 유연하고 수용적인 지도자에 의해 사회가 문화적으로 물질적으로 크게 번성하는 상황을 일컫는다. 빌헬름(1961: 60)은 이 괘의 상황에 대해 아래와 같이 다소 기독교적인 경향의 해석을 내리고 있다: "어떻게 해서 (음효에 의해) 상징되는 유연한 지도력에 의해 (양효들로 표현되는) 강한 피지배세력들을 억제하고 부리는 것이 가능할 수 있었겠는가? 그것은 자신을 버리는 겸양의 미덕을 통해 이루어질 수 있었을 것이다." 그리고 각주에서 빌헬름(1961: 60의 각주1)은 다시 "이 괘의 의미는 '온유한 자는 복

---

167) 이 국역은 두 번째 문장을 수정한 것을 제외하고는 이기동(1997: 203–204)의 번역본으로부터 인용된 것이다. 이 괘의 단사(彖辭) 가운데 "대중(大中)"의 의미를 해석하는 데 있어서 번역자들 사이에서는 상당히 의견을 달리하는 것으로 나타나고 있다. 이기동과 레게(Legge, 1963)는 위치상의 가장 중심적 위치를 의미하는 것으로 해석한 반면에 Lynn(1994: 223)과 Wilhelm(1961)의 번역본에서는 도덕적 및 품성과 행위적 특성을 의미하는 것으로 해석하였다. 『역경』의 의미를 이해하는 데 나타나는 이와 같은 차이가 이 괘의 상황적 특성을 이해하는 데 있어서는 그다지 큰 문제가 될 것은 없는 것으로 판단된다. 그러나 『역경』의 해석에는 극복하기 어려운 심각한 애로들이 많다는 점을 시사하고 있다는 사실은 분명하게 보여준다.

이 있나니, 저희가 땅을 기업으로 받을 것임이요'라는 예수의 가르침과 마찬가지의 교훈을 함축하고 있다고 지적한다. 반드시 이와 같은 기독교적인 해석은 아니더라도, 모든 해설자들은 "대유괘"가 바로 앞에서 설명한 "비괘"에서와는 다른 방식의 지도력 또는 다른 유형의 지도자에 의해 통합된 상황으로 설명하고 있다. 전의 비괘가 강한 힘에 의한 통합을 표현하고 있다면, 대유괘가 상징하는 상황은 유연하고 수용적인 지도자에 의해 통합된 사회 조직 유형임을 강조하고 있다는 것이다.

이제, 이와 같은 통합 상황의 조건 하에서 각각의 효에 의해 개별적으로 상징되는 특성 또는 처지에 대해 효사(爻辭)가 설명하는 바들을 살펴보도록 하자. 먼저 통합의 중심적 역할을 하는 것으로 묘사된 아래로부터 다섯 번째 효에 대해서는 다음과 같은 설명이 이루어지고 있다: "그에게 부여하는 신뢰로 인해 사람들의 인기를 끌고, 인하여 높은 위세를 누린다. 길(吉)한 상황이다."[168] 이 상황에서 군자의 위치에 있는 사람과 수하의 사람들 간의 통합은 유연하고 수용적인 (현대적 용어로 표현하자면, 민주주의적인) 지도자에 의해 형성되는 "신뢰의 교환" 즉, "부교(孚交)"에 있는 것으로 진단되고 있다. 이는 앞에서 소개된 "비괘(比卦)"에 의해 표현되는 통합의 상황과는 매우 대조되는 지도자 유형에 의한 통합 방식이라는 점에서 주목을 끈다. 비괘에서의 통치 유형은 힘의 독점을 통해 강제되는 피지배 계층의 복종이란 점에서 대유괘와는 차이를 보인다. 오래전에 쓰여진 경전의 자구(字句)들을 해석하는 데 있어서 어려움과 견해의 차이들을 감안한다고 하더라도, 사회적 상황에 있어서 그와 같은 특징적 차이가 『역경』이라는 고대의 고전을 쓴 저자(들)에 의해 인식되고 있었다는 사실은 부인하기 힘든 것으로 여겨진다. 그리고 이러한 점에서, 이 저술은 당시의 사회적 및 정치적 현실에 대해 매우 예리하고 풍부한 식견을 소

---

168) 이는 필자에 의한 번역이나, 시사하는 의미는 Legge(1963, 88), Lynn(1994: 226), Wilhelm(1950: 62)의 번역본들을 취합하여 필자가 이해한 바에 근거를 두고 있다. 이기동의 번역은 이들과는 차이가 있다. 이기동의 국역본에서는 "육오(六五)(즉, 다섯 번째 자리의 음효)는 그 믿음이 교차함으로 위엄이 있어야 길하다"로 번역한다. 다른 번역자들과 이기동의 차이는 해당 효사(爻辭)의 "부교(孚交)"의 의미를 해석하는 데 차이에서 연유하는 것으로 보인다. 이기동은 이를 "신뢰가 교차한다," 즉 연약한 지도자에 대한 신뢰가 동요하는 경향이 있다는 의미로 해석한 반면에 다른 번역자들은 반대로 서로 신뢰를 교환한다는 의미로 번역한 데서 나온 차이라는 것이다.

유한 사람(들)의 소작이 분명한 것으로 판단된다.

　여타의 효들, 즉 유연하고 수용적인 지도자 아래서 활동하는 수하 계층의 사람들과 가장 상위에 위치한 사람의 행위적 성향 또는 특성은 모두 양효로서 표시되고 있다. 이는 자신들의 목적과 역할을 수행하는 데 매우 적극적이며, 수동적이기보다는 진취적인 성향과 활동력을 보이고 있음을 의미한다. 요즘 시각에서 표현하자면, 민주주의적 지도자 아래서 적극적인 의지와 역량을 최대로 발휘하고자 하는 사람들이 활동하는, 따라서 "큰 성취가 이루어지는(大有)"의 시대적 상황을 표현하고 있다. 이에 따라 다섯 번째 음효를 제외한 모든 자리는 양효로 표시되고 있으며, 그것들에 붙여진 효사들 역시 그와 같은 시대적 상황과 사람들의 진취적 성향에 부합되는 내용들로 이루어진 것으로 평가된다. 이 가운데 대유괘에 의해 상징되는 상황에서 사회 발전을 위한 실무적 기능을 맡아 수행하는 것으로 해석되는 하괘(下卦, "건괘, ☰")의 중심 위치에 자리 잡은 양효에 대해서는 "많은 짐을 싣고 가야 할 수레가 있으며, 목적에 유념하면서 일한다면 허물로 인한 피해는 없을 것이다"[169]라는 효사가 주어지고 있다. 대유괘에 의해 상징되는 집단에서 하부 실행 집단의 중심축을 이루는 자리를 점유하는 사람에게 자신이 집단의 핵심적 일꾼이며, 그 짐이 무거울지라도 상위 집단의 중심에 위치한 사람의 도움과 이해가 있을 것이기 때문에 건실한 태도로 일에만 몰두하라는 조언을 주고 있다. 세 번째의 양효에 붙여진 효사 가운데 "공용향천자(公用亨天子)"라는 문구에 대해서 필자가 참조한 네 명의 번역서가 서로 다른 해석을 내리고 있다. 두 명(Legge, 1963: 88; Wilhelm, 1950: 61)은 "(거둔 성과를) 천자에게 바친다"라는 의미로 해석했고, 린(Lynn, 1994: 224)은 "천자와 함께 공유한다"는 의미로 해석함으로써 세 사람이 거의 유사하게 해석한 반면에 이기동은 "천자가 베풀어주는 잔치를 받아 먹는다"라는 의미로 해석함으로써 이 자리의 점한 행위자의 행태에 대해 다소 다른 해석을 하고 있다. 아마 지도자가 유화적인 태도로 휘하의 신하를 대접한다는 의미에서 그와 같이 번역한 것 역시 대

---

169) 이 구절("九二는 大車以載하여 有攸往이면 无咎리라")에 대해서 역시 번역자들 간에 다소 차이가 나타나고 있다. 그러나 그 기본적 취지를 해석하는 점에서는 큰 이견은 없는 것으로 여겨진다.

유괘의 전체 상황과는 어긋나지 않은 해석으로 평가된다. 아래에서 네 번째 양효에 대해서는 "비기방(匪其彭)이면 무구(无咎)라"라는 효사가 주어지는데, 공식 구조상 순응이 요구되는 자리에 양효가 자리잡고 있고, 그 자리가 지배자와 제일 인접한 위치라는 점에서 자신이 가진 능력과 자원을 너무 과시해서는 안 된다는 조언으로 해석된다. 마지막으로, 가장 위에 위치한 양효에 대해서는 하늘로부터 도움을 받고 있기 때문에 길한 상황을 맞고 있다는 해석과 하늘의 도움이 있어야 길하다는 해석이 엇갈리고 있다. 필자에게는 양자의 해석에 다 이해되지 않는 부분이 있으나, 아래에 있는 효들의 특성과의 조응 관계를 고려하는 전통적인 해석 방식이라든지 이 괘가 상징하는 상황 하에서 은퇴한 원로 정치인들이나 지식인들이 처한 상황에 대해 알려져 온 역사적 사실들 그리고 다섯 번째 음효의 수용적인 지도 방식과 연관성이 있는 해석들로 추정된다.

위에까지 우리는 위계적으로 조직된 사회 체제의 구성 요소들이 어떤 유형의 통합 방식을 통해 결속을 유지한 상태에서 안정된 질서가 유지되는 두 대조되는 유형의 상황에 관해 살펴보았다. 다음에서 우리는 사회학에서 갈등 상황으로 일컬어질 수 있을 것으로 여겨지는 두 개의 상황을 소개하려고 한다.

먼저, "천수송괘(天水訟卦)"이다.

『역경』이 괘의 전체적 상황을 설명하는 바에 따른다면, 이 괘가 표현하는 갈등 상황은 상괘와 하괘가 건괘(乾卦 ☰)와 감괘(坎卦 ☵)에 의해 각기 상징되는 속성을 지니고 있고, 따라서 서로 갈등을 일으킬 수밖에 없는 관계를 형성하고 있기 때문인 것으로 진단하고 있다. 이러한 설명은 상위 집단이 매우 강한 성향을 가지고 있고, 또 하위 집단 역시 그것의 통제를 거부하는 "위험스러운" 성향을 가지고 있다고 보는 전통적인 해석의 시각에 근거를 두고 있다. 필자에게는 이것이 논리적으로 납득하기 어려운 "연관주의적 사고(correlative thinking)"에[170] 뿌리를 두고 있다는 점에서 받아들이기 어려운 측면이 있다. 단지, 전체 체제의 상황이 상위 지배집단의 상황과 하위에 있는 피지배 집단의 상황이 어떤 조합을 이루느냐에 따라 결정된다는 시각 자체는 일단 수긍이 가는 측면도 있다고 본다. 그러나 각각의 효에 붙여진 효사들이 설명하는 내용들은 앞의 괘사의 설명과는 부합되지 않는다는 것이 필자의 평가이다. 두 번째 양효에 붙여진 효사의 내용을 미루어 본다면, 갈등은 주로 이 위치를 점하는 행위자와 상위 집단의 최고 지도자 사이에 일어나는 것으로 짐작된다. 그렇다면 먼저 밑에서 두 번째 위치에 양효로 표시된 사람과 다섯 번째 양효로 표시된 사람에게 붙여진 효사들을 읽어보자.

> 구이(九二)(즉, 두 번째 자리에 위치한 양효): 송사를 감당할 수 없는 상황이다. 돌아가 달아나서 그 읍인이 삼백 호 정도면 재앙이 없을 것이 다.
> 구오(九五)(즉, 다섯 번째 자리에 위치한 양효): 갈등을 (적절한 방식으로) 해결한다. 크게 길하다.[171]

윗효사에서는, 하위 집단의 중앙에 위치한 행위자가 갈등이 만연하는 시대적 상

---

170) "연관주의적 사고"는 서구의 분석적이며 인과적 사고방식과 대조되는, 중국의 독특한 "비과학적" 사고방식을 지칭하는 것으로 간주되어 왔다. 연관주의적 사고란 어떤 면에서 유사성을 가지고 있다고 생각되는 두 가지의 사물 또는 현상들의 속성을 비유 또는 유추를 통해 다른 사물 또는 현상들에게 연장 적용함으로써 유사관계를 확장하는 방식의, 다분히 직관적인 사고 유형을 지칭한다. 예를 들어, 불(火)이 팔괘 가운데 이괘(離卦 ☲)의 속성을 나타낸다고 판단되는 경우에 이괘로서 표현되는 모든 현상 또는 사물은 유추적으로 불의 속성을 지닌다고 판단하는 것이다. 이와 같은 방식의 유추적 사고를 통해 일단 팔괘에 따라 분류된 모든 사물 또는 현상들은 각각의 괘가 표현하는 어떤 공통적 특성들을 지닌 범주의 현상들로 구분된다(관련 문헌은 Bodde, 1957: 86을 참조할 것).

171) 앞 부분의 효사에 대한 번역은 이기동의 번역본에 나오는 것을 그대로 옮겨온 것이다. 두 번째 효사에 대해서는 번역자마다 조금 다르게 해석을 하고 있다. 그 문구가 너무 간단하게 표현되어 있어서("九五는 訟이면 元吉하리라") 그 해석에 어려움이 있었던 것으로 추정된다. 송(訟)이라는 단 한자로 이루어진 문장에 대한 해석은 단순히 해당 행위자가 갈등의 당사자로 등장한다는 의미의 해석으로부터 갈등을 성공적으로 해결한다는 해석, 또는 군주의 자리에 있는 이 사람에게 갈등의 해결을 맡기면 좋은 결과를 얻게 될 것이다 라는 취지의 해석에 이르기까지 다양하다. 위에 소개된 필자의 번역은 이러한 여러 이견들을 감안하여 약간은 불확실한 상태로 남겨두는 것이 좋으리라는 필자의 의견이 반영된 것이다.

황에 고무되어 갈등의 당사자로 등장할 수 있는 가능성을 시사하고 있다. 이 행위 주체 역시 양효로 표현되는 굽히지 않은 적극적인 행위 성향을 소유한 사람이기 때문이다. 그러나 상위 집단의 특성이 모두 양효로써 이루어진 건괘(乾卦)로 표현되고 있다는 점은 매우 강한 기세와 성향을 소유한 세력이 지배 계층으로 군림하고 있는 것으로 읽히고 있다. 이와 같은 상황 하에서 갈등을 일으키는 것은 결과가 나쁠 수밖에 없고, 따라서 그 갈등이 극단으로 치닫기 전에 물러나는 것이 좋다는 조언을 주고 있다. 갈등 상황에서 물러나 피해갈 곳이 삼백 호가 넘지 않아야 한다고 조언한 것은 고대 중국의 정치사에 밝았던『역경』의 저술자가 정치적 피난처를 찾는 경우에 큰 지역을 선택하는 것이 지혜롭지 못하다고 보았기 때문일 것이다. 세력을 모을 수 있을 만큼 큰 지역을 선택하는 것은 아무래도 갈등을 재발시킬 가능성이 있기 때문이다. 다섯 번째 자리의 양효에 대해 붙여진 효사는 해당 자리의 당사자가 갈등을 극복하고 좋은 결과를 얻을 수 있는 지지 세력과 역량을 충분히 소유한 군주로 해석되었기 때문일 것이다. 건괘 중앙의 양효에 의해 상징되고 있고, 따라서 적극적인 지도력을 행사할 수 있는 능력과 성향을 지닌 지도자로 읽혀진다는 것이다.

나머지 효사들도 모두 상황이 따라 갈등에 대해 어떤 유형의 행태적 반응을 보이는 여러 유형의 사람들의 모습을 그리고 있다. 각각의 위치에서 나름대로 갈등 상황에 반응하는 모습들이 자신의 위치 또는 다른 위치의 사람들과의 세력 관계 속에서 차이를 나타내고 있음을 보여준다. 그러나 그 차이가 나타나는 이유를 설득력 있게 설명하는 논리는 명확치 않다. 반면에 "갈등 상황 하에서 보이는 반응들"이라는 표제 하에서 사람들 간에 나타나는 차이를 유형별로 분류해서 기술하는 논술문의 참고자료로 이용될 수 있는 가치는 충분히 지니고 있다는 것이 필자가 또한 내리는 평가이기도 하다. 동시에, 갈등 상황에 처한 사람들이 자신들의 처신에 대해 도움이 되는 조언을 구하려고 했을 때, 상당히 현명한 조언자의 역할을 할 수 있는 내용들을 함축하고 있다는 점 역시 이 부분에서『역경』이 사람들에게 기여할 수 있는 한 측면으로 생각이 된다. 그렇다면 이미 소개한 두 효를 제외한 나머지 네 효에 대한 효사들을 아래에 모아서 살펴보려고 한다.

초육(初六)은 일삼던 바를 길게 끌고 가지 않으면 조금 말이 있으나 마침내는 길하다.

육삼(六三)은 옛날에 쌓아놓은 덕의 대가를 먹으며 참고 견디면 힘들지만 마침내는 길하다. 혹 임금의 일에 종사한다고 하더라도 이룸이 없어야 한다.

구사(九四)는 송사를 해결할 수 없다. 돌아와 명에 따르고, 태도를 바꾸어 편안한 마음으로 참고 있으면 길하다.

상구(上九)는 혹 반대(鞶帶)를 하사하더라도 아침이 끝날 때까지 세 번을 빼앗을 것이다.

송괘의 첫 번째 위치에 자리한 음효(初六)에 주어진 효사는 갈등을 길게 끌고 가지 않고 타협을 선택한 사람을 상징하고 있다. 효사의 내용으로 보아 송괘에 의해 상징되는 갈등 상황 하에서, 적어도 『역경』을 쓴 저자의 관점에서, 결과적으로 현명한 행동 유형으로 평가하고 있음이 분명하다. 세 번째 위치에 있는 음효는 조상으로부터 물려받은 명성에 기대어 편당(偏黨)에서 올 수 있는 피해로부터 자신의 중립적 입지를 방어하는 사람의 모습을 그리고 있다. 갈등의 상황에서 중립적 자세를 유지하기 위해서 필요한 도덕적 자산을 보유한 것으로 묘사되고 있으나, 해당 상황 하에서는 견디기에 매우 힘든 일이기도 하다는 것이 효사가 주는 진단이기도 하다. 효사는 결국에 가서는 좋은 결과를 가져온다는 판단을 내리고 있다. 네 번째 자리에 위치한 양효에 붙여진 효사에서는 갈등에서 이길 수 있는 역량이 부족하기 때문에 그런 역량을 보유한 상급자를 도와주는 역할을 성실하게 수행할 수밖에 없는 사람의 모습을 그리고 있다. 태도를 바꾸기를 권하는 이유는 이 자리에 있는 사람의 성향이 양효로 표현되어 있고, 따라서 진취적이고 독립성을 지니고 있다고 판단되는 데 따른 것으로 여겨진다. 다시 말해, 위의 군주를 섬겨야 할 보조적 위치에 있는 사람에게서 요구되는 성향과는 반대의 행동 성향을 소유한 사람이 자리하고 있다는 것이다. 이런 경우에 『역경』의 효사에서 나타나는 상황 진단은 통상 그다지 길(吉)하지는 않다. 갈등에 끼어들고 싶어하는 태도를 바꾸어 안전을 도모하는 것이 좋다는 조언이 주어진 것은 이 때문인 것으로 판단된다. 마지막 괘의 가장 상위에 위치한 양효에 주어진 효사는 그 자체로서 흥미를 끄는 측면이 있다. 그 내용은 특별히 이 위치를 점한 사람이 아니라고 하더라도 갈등에 개입하는 사람에게 주는 일반적 교훈으로 여겨지는데, 싸움에 끼어들어 그 대가로 얻어지는 보상은 언제든지 쉽게 뺏길 수 있다는 것이다. 우리는 이제까지 사회적 상황에 대한『역경』의 진단을 조감하는 과정에서 한 가지 매우 중요한 특징을 감지했을 것으로 여겨진다. 그것은 모든 상황과 그 가운데서 행동하는 사람들에게 주어지는 조언들이 윤리적으로 매우 절제되어 있고, 어떤 행동들이 가져올 여러 가능한 위험들에 대한 매우 깊은 우려와 사려를 반영하고 있다는 것이다. 이와 관련하여,『역경』에는 그것이 쓰여진 역사적 배경과 관련하여 다음과 같은 기록을 볼 수 있다.

> 『역경』이 기록된 시기는 주(周)의 흥성기가 시작되던 은(殷)의 말기였던가? 문왕(文王)
> 과 주왕(紂王) 사이에 정치적 사건이 벌어지던 그 때였던가? 이 점이 바로 문왕의 괘사
> 에 위기에 관한 이야기가 자주 언급되는 이유이다. 위험한 상황에 유념한다는 것은 우리
> 가 안녕을 누릴 수 있는 길이며, 방심한다면 위험에 빠질 가능성이 높아진다. … (『역경』
> 의 기능은) 시작부터 끝까지 항시 위험한 상황임을 유념하면서 행동을 하도록 우리의 마
> 음을 일깨워준다는 것이다. 그 본질적 목적은 우리로 하여금 과오 없는 삶을 살도록 한
> 다는 것이다. 이것이 바로『역경』의 도(道)이다(Lynn, 1994:93).

다음으로는, 앞에서와는 다른 유형의 갈등 상황을 그리고 있는 "지화명이(地火明夷)"괘에 관해서 살펴보려고 한다. 괘의 명칭은 "명이"이며, 땅을 의미하는 "곤괘(☷)"가 상위에 위치하고 불의 특성을 지닌 이괘(☲)가 하위에 위치하기 때문에, 그 구조와 명칭을 동시에 표현하는 용어로 "지화명이"라는 명칭이 사용되고 있다. "명이(明夷)" 중 "이(夷)"는 "손상(損傷)"을 의미하기 때문에 "명이"괘는 하괘에 의해 상징되는 밝은 빛이 상괘로서 표현되는 어둠의 요소에 의해 억압받는 상황을 상징하고 있다.

위의 괘의 모양이 전체적으로 상징하는 사회적 상황에 관하여 괘사에서는 다음

과 같이 설명하고 있다: "밝은 빛이 억압당하는 상황이다. 어려움을 굳건히 이겨낸다면 이로울 것이다."[172] 이와 같은 상황에 대한 서술과 진단이 실제로 일어났던 역사적 사실에 근거하고 있었다고 판단하는 것은 괘를 설명하는 단사(彖辭)에 실제로 있었던 역사적 사실과의 연관성에 대해 분명한 언급이 이루어지고 있기 때문이다.[173] 포악한 군주에 의해 선한 의도와 능력을 지닌 하위 신분의 사람들 또는 집단이 탄압받는 상황은 역사 가운데서 매우 흔히 목격되는 상황으로 볼 수 있다. 이와 같은 점에서, 『역경』이 그 기원을 짐작하기 어려운 신비한 형태의 도형 체계에 접하는 사람에게 나름대로 상상력에 따라 편의적인 해석을 허용하는 애매한 내용의 점사들이 덧붙여진 책만은 아니라는 것이 필자의 평가이다. 적어도 그 저작자가 문왕임을 알 수는 없다고 할지라도, 역사적 사실들에 대한 해박한 지식과 사회적 상황의 구조와 변화의 양태에 대한 상당한 통찰력을 지녔던 사람(들)의 소작임은 분명하다는 것이다. 이제 명이괘로 다시 돌아와, 그것이 상징하는 정치적 상황의 세부적인 면모와 특징을 살펴보려고 한다. 우선 여섯 번째, 최상위에 위치한 음효에 붙여진 효사를 읽어보면, "상육은 밝지 못하여 어두어졌으니 처음에는 하늘에 올라갔다가 나중에는 땅으로 들어간다"(이기동, 1997: 44)고 쓰고 있다. 은나라의 주왕은 초기에는 매우 능력 있는 지도자로 추앙을 받다가 나중에는 폭압과 사치를 일삼던 중국의 대표적 폭군으로 거론되는 인물이다. 상괘에 함께 위치한 두 자리의 음효에 관한 설명은 다음과 같다:

네 번째 효사: 육사(六四)는 왼쪽 배에 들어가서 명이의 마음을 얻어서 문정(門庭)에 나

---

172) 이기동(1997b: 17)을 제외한 대부분의 역자들이 이러한 취지로 번역하고 있다. 이기동은 "明夷(밝음이 상처받는 상황)이다. 결실을 하더라도 저장하기 어렵다"라고 해석하고 있다. 이는 전자들이 대부분 괘사를 "明夷라. 利艱貞하리라"로 해석하는 반면에 이기동은 "明夷라. 利코 艱貞하니라"로 읽기 때문이다. 어느 편이 더 문헌이 원래 의도한 취지에 부합하는지 판단하기는 어려우나 전자들에 의한 해석이 효사들에 설명된 바들과 더 부합한다는 것이 필자의 판단이다.

173) "밝음이 땅 속에 들어가는 것이 明夷니 안으로 문명하고 밖으로는 유순하여 그로써 큰 어려움을 뒤집어쓴다. 문왕이 이러한 상황에 처했다. … 내부에 어려움이 있어도 그 뜻만은 바르게 할 수 있다. 기자가 이러한 상황에 처했다"(이기동, 1997b: 37). 문왕과 기자(箕子)는 다 같이 은나라 마지막 왕이었던 폭군 주왕(紂王)에 의해 탄압을 받았던 인물들로 알려지고 있다.

가도록 한다.[174]

다섯 번째 효사: 육오(六五)는 기자의 밝은 지혜도 상처를 받는 형국이니 참고 견디는 것
이 이롭다.[175]

이상에서 네 번째 음효에 주어진 효사는 대체로 은나라의 주왕(紂王)의 이복형으
로 그의 아우가 되는 주왕의 폭정에 대한 불만으로 왕실의 제기(祭器)를 가지고 탈출
하여 주나라의 무왕에 협력한 미자(微子)의 행적을 지칭하는 것으로 해석되어 왔다.
다섯 번째 위치의 음효에 덧붙여진 효사는, 기자(箕子)의 이름이 거명되어 있고, 그
가 주왕에 의한 감금을 감수하면서 그의 폭정에 협조를 거부했다는 점에서 그의 처
신에 대한 긍정적인 평가를 함축하고 있다. 바로 앞에서 언급한 미자와 함께, 기자 그
리고 또 한 사람 비간과 관련하여 『논어』에서 다음과 같은 공자의 언급이 기록되고
있다: "미자(微子)는 떠나가고, 기자(箕子)는 종이 되고, 비간(比干)은 간하다 죽었다.
공자가 말씀하시기를 은나라에 세 사람의 어진이가 있었다."[176] 이는 곧 『역경』에
기록된 상황들을 파악하는 시각이라든지 주어진 상황 아래서 개인들 또는 집단이
취해야 할 행동에 대한 평가가 유교적 시각에 의해 상당한 영향을 받고 있었음을
시사하는 것으로 여겨진다. 그리고 이러한 부분은 『역경』이 쓰여진 배경이라든지
문구들의 해석에 매우 중요한 고려 사항이 되어야 한다는 점을 시사한다.
　상괘의 음효들이 주왕과 그의 조정에 위치한 중요 인물들을 상징하는 반면에 하
괘의 양효, 음효 그리고 양효로 조합된 이괘(☲)는 새롭게 부상하는 변방 세력, 문

---

174) 이 효사에 대해서는, 린(Lynn, 1994: 362의 〈주 10〉)에서 지적하고 있듯이, 왕필(王弼)이나 정이(程頤)
그리고 주희(朱熹)와 같은 중국의 권위 있는 해석자들 사이에서도 여러 다른 해석이 존재한다. 이에 따
라, 국역본이나 영역본 사이에서도 다른 번역이 이루어지고 있다. 인용된 번역은 임채우가 옮긴 『주역
왕필주』(1998: 283)에서 인용되었다. 이는 여러 해석자들이 대체로 추정하듯이, 이 효사가 주왕(紂王)
의 폭정 하에서 미자계(微子啓)가 보였던 행적을 기술한 것으로 간주한다면, 이와 같이 번역되는 것이
맞는 것으로 생각되기 때문이다.

175) 원문의 "정(貞)"을 번역하는 데 번역자들 사이에 어의상 약간의 차이를 보이고 있다. 곧게 흔들리지 않
은 자세를 의미한다는 점에서 이기동(1997b: 43)의 번역을 그대로 인용하였다.

176) 『논어집주』(成百曉역), (1990: 510).

왕(중앙의 양효)과 그의 아들 무왕(가장 윗자리의 음효) 및 그 신원은 추정하기 어려운 세 요소(가장 밑자리의 음효)를 각기 지칭하고 있다. 이제 이 세 구성 요소들에 관해 설명하는 효사들을 살펴보자.

> 하괘의 첫 번째 효사: 명리 괘에 의해 상징된 상황에 의해 도피 중이나 날개를 접고 나는 듯 힘든 모습이다. 이 군자는 여러 날을 굶은 채 가고 있으며, 가는 곳에서는 좋지 않은 소문이 떠돈다.[177]
> 하괘의 두 번째 효사: 밝음이 상처를 받는 상황에서 왼쪽 다리를 다치는 상황이니, 그 때문에 이를 구제할 수 있는 건장한 말이 있어야 길하다.
> 하괘의 세 번째 효사: 밝음이 상처를 받는 상황에서 남쪽으로 사냥을 가서 그 우두머리를 잡았다. 그러나 바로 모든 것을 바로잡으려고 서둘러서는 안 된다.

이상의 세 효사는 모두 명이괘에 의해 상징되는 폭군의 압제로 인해 저항하는 세력들에게, 즉 밝음을 상징하는 사람들에게 발생하는 사건들을 서술하고 있다. 위의 첫 번째 효사에서 양효로 표시된 사람에게 발생하는 상황에 대한 서술은 옳지 않은 권력에 저항하여 도피 길에 오른 사람들의 상황을 그리고 있다. 그것은 날개를 숨기고 나는 것처럼, 끼니를 굶어가며, 가는 곳마다 의혹의 눈초리로 수군대는 것을 들어야 하는 매우 어려운 여정이라는 것이다. 두 번째 음효에 붙여진 효사는 정치적 탄압으로 다시 기동하기 어려운 피해가 발생하는 상황을 서술하고 있다. 따라서 어려운 처지를 극복하기 위해서는 강력한 지원 세력이 필요함을 조언하고 있다. 마지막 세 번째 양효에 붙여진 효사에서는 밝음을 상징하는 저항 세력이 남쪽에 위치한 폭압적 군주를 사로잡아 승리를 쟁취하는 결과를 그리고 있다. 이와 함께 효사는 적대 세력을 평정했다 하더라도 모든 것을 한꺼번에 바로잡으려고 해서는 안 된다는 조언을 주고 있다. 정이(程頤)와 주희(朱熹)의 해설서에서는 이 효사

---

177) 대체로 번역문들의 표현이 부자연스러워 필자가 효사의 취지를 훼손하지 않는 범위 내에서 필자의 재량을 활용하여 번역한 것임.

의 내용이 각기 중국 고대의 두 폭군 걸왕(桀王)과 주왕(紂王)를 토벌한 상(商)의 탕왕(湯王)과 주의 무왕(武王)의 고사를 배경으로 하고 있다고 지적한 바 있다(Lynn, 1997: 362의 <주11>로부터 재인용).

전체적으로 보아 명이괘는 『역경』의 저자가 64괘의 도형을 상징하는 상황의 의미를 중국의 상고사에 실제로 일어났던 정치적 사건들에 비추어 이해하려는 의도를 반영하고 있다. 물론 모든 괘들이 그와 같은 시각에서 해석되고 있는 것은 아니다. 그러나 많은 괘들의 의미가 그와 같은 관점에서 해석되고 있다는 것은 분명한 것으로 여겨진다. 이러한 점에서, 우리는 『역경』에 관해 두 가지 점을 짐작해볼 수 있다. 하나는, 이미 앞에서 『역경』의 "계사전(繫辭傳)"에서 서술된 바를 인용하여 지적된 바 있거니와, 고대 중국의 사회구조와 그에 연관된 정치적 상황과 그 변화하는 양태에 대해 깊은 관심과 조예를 지녔던 사람(들)에 의해 저술되었으리라는 것이다. 다음으로는, 적어도 『역경』이 쓰여졌던 중국 고대 사회의 경우에, 사람들이 처하는 많은 종류의 사회적, 경제적, 문화적 상황을 결정하는 가장 중요한 요인은 정치적 상황이었으리라는 것이다. 경제적으로 가장 중요한 생산수단이었던 토지는 곧 정치적 권력을 통해 분배되었고, 사회적 지위, 문화적 혜택 역시 권력구조로부터 파생된 산물이었다. 이것이 아마 『역경』의 상황 유형들이 곧 정치적 상황들을 의미하는 맥락에서 이해되었던, 주된 이유였던 것으로 판단된다. 이와 관련하여 다음에 소개되는 괘의 상황을 살펴본다면, 『역경』이 그것을 읽는 고대 중국의 지도층에 대해 의미했던 바를 이해하는 데 도움이 될 것으로 여겨진다.

우리가 다음에 살펴볼 괘는 "산풍고(山風蠱)"괘이다.

이 괘에 의해 상징되는 상황은 기존 제도와 관행들에 의해 움직이는 사회에 마치 벌레가 끼듯 부작용이 발생한 상태에서 그것을 혁신시킬 기회가 마침내 도래한 상황을 지칭한다. 따라서 괘사에서는, "고(蠱)(벌레가 먹어 침체하는 상황)이다. 이와 같은 상황에 적절한 대응이 이루어진다면, 발전을 이룰 수 있는 상황이다. 큰 강을 건너는 것이 이롭다. 갑일 전에 삼일과 갑일 후 삼일의 여유를 두는 것이 필요하다"고 적고 있다. 사회가 운영되는 과정에서 나타나는 역기능적인 현상들은 어느 사회에서 나타날 수 있는 상황일 것이다. 그러나 그것들을 바로잡을 수 있는 기회는 언제든지 주어지는 것은 아니며, 심지어는 예상되지 않은 부작용까지 나타날 수 있기 때문에『역경』은 사회 내부의 병폐는 바로잡아야 한다는 도덕적인 당위성만을 강조하지는 않는다. 『역경』의 상황관은 우리가 목적하는 것이 개혁이든지 혁명이든지 전쟁이든지 그 목적을 실현하는 데 알맞은 조건들이 형성되어 있는 시기들이 존재한다는 것이다. 통상『역경』을 이용해 점을 친다는 것은 점을 치는 사람이 추구하는 어떤 목적을 이루기 위해 행위자가 취하고자 하는 행동으로부터 긍정적인 (또는 부정적인) 결과를 가져올 어떤 조건들이 그 행동이 실제 실행되는 상황 속에 형성되어 있는지를 점을 통해 알기 위한 것이다. 이런 점에서『역경』역시 다른 어떤 점습(占習)과도 마찬가지 목적을 지닌다. 단지『역경』이 다른 점은 그것으로부터 얻는 상황과 가능한 행동에 대한 진단이 유가 철학의 사회관과 공동체적 가치와 윤리관을 거의 철두철미하게 반영하고 있다는 점이다. 이런 측면이 바로『역경』이 유교의 경전에 포함된 이유였을 것이다.

이와 같은 점에 유념하면서 앞에 나온 "고괘(蠱卦)"의 괘사를 읽는다면, 유학자들이 지니고 있었던 사회의 안녕과 질서의 유지에 대한 진지한 관심이 실제로 읽혀진다는 것이 필자의 평가이다. 우선 고괘의 괘사는 사회가 옛 관행들에 의해 유지되어오는 사이에 여러 부작용들이 누적되고 있음을 지적한다. 그리고 현재의 시점에서 그것들을 고치려는 시도가 적절한 방법으로 이루어졌을 때 좋은 성과를 거둘 수 있는 조건들이 성숙해 있음을 진단하고 있다. 물론 항시 그러하듯이,『역경』은 신중한 접근을 권하고 있다: 누적된 병폐들을 고치기 위한 법들을 제정하고 시행하는 과정에서 충분한 시간을 갖고 준비해야 하며, 시행 이후에도 신중하게 그 효과들을 살펴보아야 한다는 것이다.

그러나 이 특별한 괘와 관련하여, 각각의 효사에 함축된 상황적 의미와 그와 연관하여 행위적 진단이 내려진 배경 논리에 대해서는 이해가 쉽지는 않았다. 그러면 일단 모든 효사들을 모아서 살펴보려고 한다.

첫 번째 자리의 음효: 초육(初六)은 아비에 의해 초래된 폐해를 처리해야 하는 상황이다. 만약 그 임무를 수행할 아들이 있다면, 죽은 아비는 허물을 벗게 될 것이다. 위험한 상황이나 결국에는 길할 것이다.

두 번째 자리의 양효: 구이(九二)는 어미에 의해 초래된 폐해를 처리해야 할 상황이다. 너무 올바르게 일을 처리하려고 하지 않는 것이 좋다.

세 번째 자리의 양효: 구삼(九三)은 아비에 의해 초래된 폐해를 처리해야 하는 상황이다. 약간의 후회는 따를 것이나 큰 허물은 없을 것이다.

네 번째 자리의 음효: 육사(六四)는 아비에 의해 초래된 폐해를 관대한 태도로 처리하는 상황이다. 폐해를 그냥 두는 것은 후회를 남길 것이다.

다섯 번째 자리의 음효: 육오(六五)는 아비에 의해 초래된 폐해를 처리하는 상황이다. 알맞게 처리함으로써 명예를 얻게 될 것이다.

여섯 번째 자리의 양효: 상구(上九)는 왕후(王侯)를 섬기지 않고 자신만의 높은 이상을 추구한다. [178]

이상에서 살펴 본 효사들은 각각의 위치에서 아버지 혹은 어머니로부터 물려받은 폐해를 각기 다른 방법으로 치유하려고 나서는 후세대의 모습을 그리고 있다. 각각의 효사들은 그 노력들이 다른 결과들을, 즉 위험을 초래하지만 결국에 가서는 좋은 결과를 낼 수 있다거나, 너무 강하게 추진하다가는 좋지 않을 수도 있는 결과가 나올 수 있으며, 후회는 따를 것이나 큰 허물을 남기지는 않은 결과를 얻을 수도 있고, 관대한 태도로 방치한다면 후회할 수 있는 결과를, 알맞게 처리함으로써 명예를 얻는 결과를 가져올 수 있다는 등의 다양한 진단을 내린다. 마지막 효사에서는 모든 자리에 위치한 사람들이 나름대로 방법으로 과거로부터 물려받은 폐해들을 교정하려고 노력하는 가운데, 이와 같은 시대적 과제에 대해서는 어떤 관심도 보이지 않고 나름대로 고매한 가치를 추구하며 독자적인 행보를 걷는 사람의 모

---

178) 고괘(蠱卦)의 효사들에 대해서는 번역자들 사이에 해석에 있어서 어떤 공통적 의견을 확인하기 어려웠다는 것이 필자의 소감이었다. 위의 번역은 여러 번역가들의 해석을 가능한 한 수렴함과 동시에 현대 한국인들의 언어 관행에 어느 정도는 부합하는 문장으로 옮긴다는 필자의 의도를 반영하고 있다.

습을 보여준다. 일견『역경』이 서술하는 이와 같은 "고괘(蠱卦)"의 상황은 고대부터 전해지는 괘의 도형과『역경』의 의미를 해석하는 과정에서 발생할 수밖에 없는 약간은 무리한 사고(思考)의 산물처럼 느껴질 수 있다. 그러나 물려받은 옛 관습의 개혁을 놓고 벌어지는 사람들의 이와 같은 다양한 반응은 "개혁"이 시대의 화두로 대두되었던 지난 일, 이십 년간의 한국의 사회적 분위기를 돌이켜보면 결코 낯선 풍경은 아닐 것이다. 많은 사람들이 다양한 의도와 차원에서 개혁의 필요성을 언급했고, 실제로 개혁을 위한 법안들이나 만들어지거나 조치들이 취해졌다. 그리고 가장 상위에 위치한 자리의 양효에 붙여진 효사에서 이야기하듯 어떤 부류의 지식인들은 나름대로 추구하는 가치와 이상에 비추어 체제 내적 틀 속에서 시도되는 개혁의 효과에 대해 냉담한 평가를 내렸던 것도 사실이다. 단지, 필자의 입장에서 문제로 지적될 수 있는 사항은, 레게(Legge, 1963: 96-7)도 지적하듯이, 괘의 각각의 위치에 자리한 양효 또는 음효로 상징되는 행위자들이 개혁에 대해 어떤 형태의 반응을 보이는 것으로 해석된 이유가 분명치 않다는 것이다. 즉, 효사들이 쓰여진 배경 논리를 이해하는 데 어려움이 있다는 것이다. 물론 그 배경 논리를 규명하기 위한 작업에 대해 중국 철학자들이 얼마만큼 중요성을 부여하고 있는지는『역경』의 이해가 정이(程頤), 주희(朱熹), 왕필(王弼)등과 같은 중국 철학의 대표적 인물들에 의해 주된 학문적 과제의 하나로 인식되었다는 점에서 충분히 짐작되는 사실이다. 그러나 유감스럽게도, 그들 간에도『역경』의 해석을 놓고 많은 면에서 이견들이 존재하고 있음은 사실이다. 그리고 괘와 위(位)의 특성이 주로 음양(陰陽)으로 분류되고, 그것들 간에 대립 또는 상보적(相補的) 특성에 따라 행위적 상황과 행위자의 반응들을 예측 또는 진단하는 중국 학자들의 전통적 해석 방식은 현대인의 학문적 관점에서 이해하기 어려운 면들이 많다는 것이 필자의 입장에서 내려진 평가이다. 반면에 필자가『역경』의 내용과 관련하여 긍정적인 평가를 내리는 측면이 있다. 그것은 효의 위치나 음양이라는 특성과 효사의 내용들 사이에 어떤 연관성이 전혀 유추될 수 없는 경우일지라도 그것과는 관계없이『역경』의 효사들은 여전히 "사회학적 상상력"을 자극하는 내용들을 담고 있는 것으로 판단된다는 것이다. 여기에서 예로 든 "고괘(蠱卦)"에 의해 상징되는 상황은 각자의 위치에서 처리해야 할 전대(前代)로부터의 폐해를 각기 다른 태도 또는 행동으로 대응하는 사람들을 그리고 있다. 그것이 상징하는 상황적 의미에 대해 처음에는 필자가 사회학적인 입장에 다루어 본 정치−사회학적 주제들에 비추어 다소 생소하게 느꼈던 것은 사실이다. 그런데 필자가 문득 이 상황에 대해 특히 흥미를 느끼게 된 이유가 있다. 그것은 지난 십에서 이십여 년 동안 "개혁"이라든지 과거로부터 이어진 "적폐"의 제거는 한국 정치권의 주된 관심사가 되어 왔던 문제였다는 것이다. 이는 곧『역경』에서 말하는 "고괘(蠱卦)"의 상황이 우리에게도 결코 낯선 현실은 아니라는 사실을 시사한다. 물론 이와 같은 상황 하에서 정당들이라든지 일반 국민들의 대응과 반응에는 차이가 있었음은 물론이다.『역경』의 저자가 살았던 사회에서도, 우리가 사는 사회에서와 마찬가지로, 소위 "적폐"의 제거가 주요한 과제로 대두되고, 이를 중심으로 나타났던 현상들을『역경』의 저자가 관찰하고 "고괘(蠱卦)" 속에 담았다는 것은 괘의 내용으로 보아 매우 그럴듯한 추정으로 여겨진다. 즉,『역경』은 사회의 기존하는 폐해들을 제거하기 위한 노력이 어떤 이유에 의해서이든 시대를 이끄는 화두로 등장했을 때 사람들이 거기에 대해 보였던 다양한 반응들을 유형화해서 보여준다는 것이다.

위에까지 설명된 몇몇 괘들에 대한 설명은, 다시 강조하거니와,『역경』의 내용은 그 저자가 자신이 살았던 사회적 상황들에 대해 현대의 사회학자들과 비교하더라도 결코 못지않을 풍부한 식견과 예리한 관찰력을 지니고 있었음을 보여준다. 많은 경우에 사회학자들이 현상을 인식하는 데 빠지기 쉬운 함정 가운데 하나로 지나친 일반화를 들 수 있다. 어떤 사회적 제도를 그것이 사회구성원들을 위해 수행하는 긍정적인 "기능"에 비추어 설명될 수 있다고 결론지었다면, 그것을 전체 사회로 확대해서 사회의 모든 제도들이 성립 또는 운영되는 이유로 그것들이 수행하는 "기능"에 비추어 설명하는 것이다. 이러한 경향에 대한 필자의 평가는 사회학자들 사이에 나타나는 이와 같은 경향은 사회학에서는 대체로 사실들에 대한 철저하고 냉정한 관찰보다는 기존 이론에서 제공하는 개념적 틀 속에 현실을 엮어냄으로써 수확되는 추상적이고 일반화된 지식을 보다 중요하게 강조해왔기 때문이라는 것이다. [179] 이러한 경향과는 대조적으로,『역경』의 상황관은 매우 방대한 범위와 시간

---

179) 이와 관련하여 사회학적 명제들을 과학적으로 검증하기 위해 시도된 수많은 경험적 연구들에 대해 밀

에 걸쳐 역사적 및 사회적 사실들에 관해 축적된 관찰 자료들과 지식을 바탕으로 하고 있다는 것이 필자의 평가이다.

그 한 예로 "뇌화풍(雷火豐)"괘를 예로 들어 설명해 보자.

위에 보여준 "풍괘"에 붙여진 괘사는 해당 괘에 의해 상징되는 상황에 대해 다음과 같이 설명하고 있다: "풍(豐)(풍성하게 불어나는 상황)이다. 발전한다. 王(왕)이 이르면 걱정하지 않더라도 마땅히 태양이 중천에 떠오를 것이다." 이 상황은 괘명이 말하는대로 풍요, 즉 부가 축적되는 상황을 상징하고 있다. 괘사는 또한 증가하는 부를 긍정적 치적으로 전환시킬 수 있는 지도자가 있다면 마치 중천에 떠오르는 태양과 같은 존재로 칭송을 받을 것이라는 예측을 내놓고 있다. 따라서 지도자의 위치에 있는 다섯 번째 음효로 표시된 행위자에 대해서는, "밝은 사람을 오게 하면, 경사와 명예가 있게 될 것이며, 길하다"[180]라고 쓰고 있다. 즉, 좋은 조력자를 얻어 축적된 경제력을 현명하게 활용한다면 훌륭한 치적을 쌓을 것으로 보고 있다. 반면에 다른 지위에 위치한 행위자들의 상황을 서술한 효사들을 읽어본다면, 이 괘가 상징하는 상황이 전체 구성원들 간에 긴밀한 통합 상태를 보여주고 있지 않다

스(Mills, 1959: 50~75)가 붙여준 명칭 "추상적 경험주의(abstracted empiricism)"는 매우 시사적이다. 이 용어는 경험적인 타당성을 지향한다는 목적 하에 수행된 수많은 소위 "경험적" 연구들이 실제에 있어서는 경험적 현실로부터 유리된 연구들이라는 주장을 함축하기 때문이다. 필자 역시 매우 추상적인 개념들을 소위 "조작개념화" 하기 위한 목적으로 개발된 질문지라는 측정 도구들을 이용한 연구들이 갖는 경험적 특성에 대해 오랫 동안 상당한 회의를 품고 있었던 것이 사실이다.

180) 위의 괘사와 함께 다섯 번째 자리의 음효의 효사는 이기동(1997b: 216, 221)의 번역을 인용하였다. 왕필의 해석본을 참조한 린(Lynn, 1994: 491)의 번역본에서는 해당 효사를 "이 지위를 차지하여 스스로의 지도력을 드러냄으로써 명예와 칭송을 이끌어 낸다"라고 쓰고 있다. 이기동이 참조한 것으로 여겨지는 정이와 주희의 해설본과의 차이는 효사의 "래장(來章)"이라는 구절이 의미하는 행위 주체를 해석하는 데서 오는 차이인 것으로 판단된다.

는 점은 분명한 것으로 여겨진다. 경제적으로 풍요한 상태가 반드시 사회적 통합은 불러오지 않는다는 사실을 시사하고 있다. 풍괘의 상황은 오히려 대다수 구성원들에게 부정적인 영향을 미치거나 이기심을 유발하고 있음을 진단하는 구절들을 읽을 수 있다. 이 괘의 두 번째 자리에 위치한 음효, 세 번째 자리에 위치한 양효에 대해서는 어려운 상황을 묘사하는, 유사한 내용의 효사를 읽을 수 있다. 즉, 풍요를 가리는 어떤 것에 덮여 어두운 그늘 속에 묻혀 있다는 것이 양자에서 공히 볼 수 있는 효사의 내용이다. 이기동(1997: 218-220)의 해석은 대체로 경제가 발전하는 과정에 이 두 위치를 점유하는 사람들이 가장 큰 무거운 짐을 짊어지고 희생을 치러야 하기 때문이라고 설명한다. 그러나 이들이 겪어야 하는 문제점의 원인이 어디에 있는지에 관해서는 적어도 효사 그 자체의 내용을 통해 어떤 추정도 할 만한 근거도 찾을 수가 없다. 만약 그럴듯하다고 여겨지는 어떤 해석이라도 허용된다면, 이 풍요의 상황이 사람들로 하여금 대낮의 풍경들을 보지 못할 정도로 눈을 가리고 있다는 진단은 눈먼 경제적 부(富)의 추구에 대해 종교적 예언자들이 발했던 경고를 연상시키기도 한다는 것이 필자의 해석이다. 그러나 다시 말하거니와, 한낮인데도 별들이 보일 만큼 사람들을 어둠으로 덮고 있다는 표현이 어떤 상황을 의미하고 있는지 정확히 알기는 어렵다. 오직 단언할 수 있는 사실은 "풍괘"의 상황, 즉 풍요한 상황 속에서도 심한 어려움을 겪고 있는 사람들 역시 다수를 이루고 있다는 점이다. 이들과는 구분되는 다른 한 부류의 사람(들)로서는 가장 상위에 위치한, 음효로 상징되는 행위자를 들 수 있다. 이 위치의 점유자에 대해 해당 효사는 다음과 같이 이야기하고 있다: "상육(上六)은 그 집을 풍성하게 하고, 그 집에 차양을 쳐서, 남들이 그 문을 들여다보아도 사람이 없는 듯 고요하며 3년이 되어도 볼수 없으면 흉하다"(이기동, 1997: 223).[181] 이 효사의 내용은, 이기동도 그의 해설에서 지적하고 있듯이, 풍요한 시대에 거둔 성과를 담 안에 쌓아두고 홀로 향유하는 이기적인 사람의 모습을 그리고 있다. 그리고 그와 같이 공동체와 나눔없이 사는 사

---

181) 왕필의 해석본을 근거로 해서 해당 효사를 번역한 린(Lynn, 1994: 491)과 임채우(1999: 423)의 경우에는 "三歲不覿(삼세불관)이면"으로 이해한 이기동과는 다르게 "三歲不覿(삼세불관)이로소니"로 해석하여 "삼년을 지나도 볼 수 없으니"로 번역하고 있다.

람의 운세가 결국에 가서는 불운으로 끝날 수밖에 없다는 조언을 주고 있다.

나머지 두 효, 즉 첫 번째 자리의 양효와 네 번째 자리의 양효에 대해서는, 어떤 종류의 상호보완적 능력이나 특성에 의거하여 경제적으로 풍요한 상황 속에서 그들이 당면한 문제나 과제를 풀어가려는 협력자로서의 관계를 보여주고 있다. 특이한 점은 이 양자의 관계가 첫 번째 위치와 네 번째 위치라는 지위의 차등성에도 불구하고 효사에서는 "서로에게 주인이 되는" 동등한 관계로 규정되고 있다는 것이다. 물론 현대 사회에서 협력자들 사이에 이러한 동등한 관계는 "민주적" 가치를 반영하는 이상적인 관계로 인식된다. 그러나 그와 같은 관계가 긍정적으로 평가되지 않은 위계적 사회에서 왜 『역경』에서 언급된 두 행위자들 간에 이와 같은 관계가 형성되는 것으로 보는 이유는 분명치 않다. 양과 음, 전체 괘의 구조에서 지위들 간의 상응 관계, 하괘와 상괘의 특성과 조응 관계 등에 의해 설명이 되기는 하나 주희, 정이, 왕필 등의 권위 있는 해설자들 가운데서도 견해의 차이가 있으며, 그들의 설명에 토대가 되는 상관주의적 세계관에 대해서는 필자 역시 납득하기 어려운 측면이 많다고 보기 때문에 더 깊이 파고들 문제는 아니라고 보는 것이 필자의 입장이다.

요약해서 이야기하자면, 『역경』의 저자가 경제적 번영을 바라보는 시각에는 유교적 가치에 토대를 둔 정서와 객관적 현실에 대한 인식이 혼합되어 있는 것으로 여겨진다. 경제적 번영의 수혜는 군왕의 지위에 있는 정치적 지도자와 그 부를 홀로 향유하기 위해 자신의 창고 속에 축적하는 이기적 모습의 부유층, 이 두 계층에게 돌아가는 것으로 그려지고 있다. 이에 덧붙여, 『역경』의 다른 상황에서는 거의 볼 수 없는, 동등한 권리를 지닌 사람들 간의, 아마 어떤 실용적인 이유에 의해 이루어진, 협력 관계가 존재하고, 부가 창출되는 데 기여한 사람들이 그 부에서 오는 혜택으로부터 배제되는 상황이 그려지고 있다. 어쩌면 초기 자본주의 사회를 연상시키는 이와 같은 상황에 대해 은주(殷周) 시대의 최고 교양층의 일원으로 추정되는 『역경』의 저자가 가졌던 평가와 감정은 그다지 긍정적이었던 것 같지는 않다. 그러나 풍괘의 경우에 있어서도, 『역경』을 통해 보여주는 사회적 상황은 현대인들에게도 그다지 낯선 풍경은 아니라는 생각이 든다. 거의 기원전 1000년경에 집필된 것으로 추정되는 『역경』에 제시된 많은 사회적 상황들에 대해 현대를 사는 우리들이 느끼는 익숙함은 어디에 연유하고 있느냐 하는 의문은 매우 흥미로운 관심거리일 수 있다. 그것은 『역경』이 쓰여겼을 당시의 사회를 사는 사람들이 경험했던 삶의 현실들이 오늘날 사람들이 체험하는 사회적 삶의 현실과 본질적인 면에 있어서는 그다지 달라지지 않았다는 데 기인한 것일 수 있다. 그렇지 않다면 삶의 상황을 인식하고 분류하는 어떤 종류의 인식틀을 인간들이 공유하고 있고, 따라서 삶의 상황에 대한 인식에 있어서는 사람들 간의, 비록 암묵적일지라도, 상호 이해가 가능하기 때문일 수도 있다.

이제까지 우리는 몇몇 괘들을 예로 들어 『역경』이 어떤 내용을 담고 있는 책인지에 관해서 개괄적으로 살펴보았다. 이제 위에까지 살펴본 내용들을 중심으로 『역경』에 담긴 것으로 판단되는 사회와 사회적 행위에 대한 인식들이 어떤 점들에서 사회학적 의의를 지니는지에 관해 살펴볼 차례이다. 이 책의 주제와 관련하여 여기에서의 논의는 두 가지 사항에 초점을 맞추게 될 것이다. 하나는, 『역경』이 보여주는 괘들에 의해 상징되는 사회적 상황들을 통해 사회를 이해한다는 것이, 서구의 사회학 이론들과는 본질적으로 다른, 어떤 이론적 의의를 지니는가 하는 의문이다. 다른 하나는, 앞의 의문에 대해 얻어진 해답의 맥락에서 『역경』이 이야기하고 있는 것들이 개인들 또는 집단의 사회적 행위를 이해하는 데 어떤 의의를 지니는가 하는 의문에 대한 논의이다.

『역경』은 중국 고대로부터 점서로 이용되어 왔다. 그러나 단순한 점서로서의 기능을 뛰어넘어 그것이 우주와 사회 세계의 어떤 근본 질서와 함께 변화의 원리를 담고 있다는, 어쩌면 터무니없는, 신념과 함께 합리적 사고를 가지고는 이해하기 어려울 정도로 다양한 방면들에서 사람들의 인식을 지배하는 역할을 수행해 왔다. 따라서 그것이 해석되고, 활용되어온 전통들에는 서구적인 교육을 받은 필자와 같은 사회학자들이 납득하기 어려운 점들이 많은 것이 사실이다. 그러나 그 경전을 중심으로 발전된 전통 가운데는, 여러 권위 있는 해설서들을 관통하는 하나의 공통분모가 되어 왔던 해석의 시각이 존재하고 있었던 것은 분명하다. 그것은 용어상으로는 정이(程頤)나 주희(朱熹) 그리고 왕필과 같은 권위 있는 해설자들이 동의할지는 모르겠으나, "사회학적" 해석의 시각이다. 즉, 『역경』 해석에 있어서 주류를 이루는 전통 속에서도, 『역경』에 나오는 6개의 효로 이루어진 위계적 구조와 음양의 조합 형태 및 그것들을 설명하는 괘사와 효사들을 1) 사회적 관계의 구조와 2) 그 구조적 틀 속에서 이루어지는 사회적 구성원들 간의 역동적 상호작용의 양태를 상징하는 것으로 해석되어 왔다는 것이다. 이러한 시각에서 해석된『역경』의 내용에 관해서는 앞 부분에서 몇 개의 괘를 예로 들어 설명이 이루어진 바 있다. 이러한 내용이 현대적 관점에서 보더라도 "사회학적"이라고 특징짓는 것이 무리할 바는 없을 것이다. 대체로 우리는 개인들의 행위를 개인들의 심리적 속성에 비추어 이해하고자 하는 심리학적인 접근방법과는 다르게 개인들이 속한 집단 속에서 형성된 사람들 간의 관계의 속성이라든지 집단적으로 준수되는 가치와 규범들에 의해 질서 있게 나타나는 현상으로 이해하는 경우에 "사회학적"이라고 특징짓곤 한다. 인간 현상을 "사회학적"인 관점에서 접근한다는 자체에 있어서는 현대 사회학이나『역경』사이에 본질적인 차이는 없다는 것이 필자의 견해이다. 물론『역경』에는 현대 사회학에는 없는 요소들을 포함하고 있다는 것은 분명하다. 그것이 현대 학문적 시각에서는 동의하기 어려운, 과거 역사 속에서 비판 없이 관행적으로 통해온 무리한 억측들에 지나지 않은 것들일 수도 있다. 이러한 요소들에 대한 이해가 구태여 요구되는 경우에, 필자의 입장은, 그러한 요소들에 대한 이해를 희망하는 사람들에게 맡겨두자는 것이다. 그리고 필자가 의도하는 바는『역경』의 핵심적 내용들 가운데 현대 사회학에서 심각한 검토를 요하는 것으로 평가되는 요소들만을 추출하여 살펴보려는 것이다. 그 결과 우리의 손에 남게 되는 요소들을 서구의 사회학에서 사회적 행위와 관련하여 얻어진 성과들과 비교해 보는 일은 그 자체만으로써 상당히 흥미로운 문화 간 비교사회학적 과제가 될 수 있는 것으로 여겨진다. 물론 그와 같은 비교를 통해서 서구 사회학과『역경』사이에 어떤 본질적인 차이가 확인될 수도 있다. 그렇다면 사회 현상을 인식하는 관점을 놓고 문화 간에 나타나는 차이를 확인할 수 있었다는 점에서 의의를 갖는다는 사실을 부정할 이유는 없을 것이다. 그러나 필자는 이보다는 한 걸음 더 나아가, 사회적 행위의 중요한 측면과 관련하여 서구 사회학에서는 아직 거론조차 되지 않은 의문의 영역이 존재하고 있고, 그 미답의 영역이『역경』의 상황론적 사회관에 의해 채워질 수 있으리라는 생각을 오랫동안 품고 있었다. 아래의 결론 부분에서는 이상까지 설명된『역경』의 내용들이 갖는 이론적 의의를 바로 위에서 지적한 바와 같은 두 가지의 시각에서 보다 집중적으로 검토해 보려고 한다. 즉, 사회적 행위를 이해하는 관점에서 『역경』은 어떤 점에서 서구 사회학의 그것과 차이를 보여주며, 『역경』에 담긴 사회학적인 관점들이 어떤 측면에서 서구 사회학의 미진한 측면들을 메워주는 역할을 할 수 있는지에 관해 논의에 집중해 보려고 한다.

라. 논의와 결론

우선 『역경』이라는 점서와 현대 사회학 사이에 차이가 우리가 상식적으로 짐작하는 것처럼 그렇게 본질적이고, 또 큰 것은 아니라는 생각을 필자는 오랫동안 지녀왔다. 현대 사회에서 사회학을 하는 가장 기본적인 동기는 개인 또는 집단이 어떤 상황에 처해 있는지, 또 그러한 상황이 왜 형성되고 있는지를 사회적 관계와 사회적 행위의 원리에 비추어 이해하려는 데서 찾을 수 있다. 이는 중국 고대 사회에서 『역경』이 쓰여졌을 때 그 저자((들)이 가졌던 동기이기도 했다는 것이 필자의 판단이다. 바로 이 점에서 양자는 공통점을 갖는다. 개인 또는 집단이 처한 사회적 상황이 그들의 삶에 부여하는 가능성과 한계들을 이해함으로써 보다 이성적으로 통제된 삶을 살고자 하는 욕구는 현대 사회학의 경우에도 그렇거니와 『역경』의 경우에도 다르지는 않았다는 것이다. 『역경』의 경우에는, 그 의의를 이해하는 데 있어서 이 경전이 고대 왕조들의 출현과 함께 사람들의 삶에 국가적 단위로 조직화된 사회가 막대한 영향을 미치기 시작한 시기에 쓰여졌다는 사실에 주목할 필요가 있다. 이 책은 바로 그러한 시기에 고대 중국인들이 그들의 삶에 영향을 미치는 사회의 구조적 및 상황적 조건들을 간편한 형태로 정리한 요람과 같은 기능을 수행해 왔다. 물론 『역경』에서 그와 같은 지식이 서술된 형식과 내용은 현대 사회학의 그것들과는 상당히 다르기 때문에 매우 이질적으로 느껴질 수 있다는 것은 사실이다. 그러나 『역경』이 쓰여진 동기나 그 내용에 있어서 본질적인 요소들을 추려서 평가한다면 현대 사회학에서 추구하고자 하는 종류의 사회학적 지식과는 크게 다른 것은 아니라는 것이 필자의 판단이다.

물론 현대의 사회학적 이론들 사이에서도 그렇거니와, 『역경』이 사회와 사회적 행위를 이해하는 전체적 시각에 있어서 현대 사회학의 그것들과는 중요한 차이를 보이는 것도 사실이다. 그러나 우선 『역경』에서 사회 현상과 사회적 행위를 이해하는 시각에 있어서 하나의 토대를 이루는 부분은 서구 사회학에서 "역할 이론 (role theory)"이라고 부르는 그것과 큰 차이를 보이지는 않는다는 점을 주목할 필요가 있다. 즉, 양자 간에 공통적인 관점이 존재한다는 것이다. 이와 관련하여 우리가 이미 살펴본 『역경』에 실린 64괘의 도형을 관통하는 하나의 공통적인 요소에 주목해 보자. 모든 괘는 위계적으로 배열된 여섯 자리에 각기 위치하는 6개의 양효 또는 음효로 구성되어 있다. 이미 지적되었듯이, 아래의 세 개 효와 위의 세 개의 효를 각각 한 단위로 묶어 하괘, 상괘로 부른다. 여섯 개의 효가 위계적으로 배열된 괘의 구조는 국가, 또는 가족과 같은 사회적 단위를 구성하는 사람들이 각기 차지하는 지위로 이루어진 계층적 구조를 상징하는 것으로 간주된다. 그리고 앞에서와 같이 구분된 상괘와 하괘는 각기 전체 집단 속에서 상위 집단과 하위 집단, 또는 지배 집단과 피지배 집단을 상징하는 것으로 해석된다. 그렇다면 이제 상괘와 하괘, 그 두 요소가 결합되어 형성된 하나의 괘 그리고 그것들을 구성하는 단위 요소로서 하나하나의 지위는 그것을 점유한 사람들에게 차별화된 역할들을 부여하게 된다. 사회학에서 말하는 "사회적 제도"란 주어진 사회에서 사람들에게 부여하는 역할들과 그에 따라 해당 지위의 사람들이 짊어지는 의무와 권리에 관해 사회구성원들이 규범적으로 공유하는 기대들이 핵심적 요소를 형성한다. 이와 같이 제도화된 역할과 규범의 체계는 사회에 질서를 가져오는 기제로서 작용한다. 다른 말로 표현하자면, 사람들이 행위를 하는 데 있어서 그와 같은 기제가 사회공동체로부터 가해지는 규제적 요인으로서 작용하고 있다는 것이다. 『역경』의 64괘의 모든 괘들은 동일한 형태의 위계적 구조가 골격을 이루고 있다. 『역경』에서 괘의 의미를 설명하는 글들을 읽어보면 사람들의 사회적 행위에 가장 일차적으로 영향을 미치는 요인으로서는 괘의 그와 같은 위계적 구조, 다시 말해 사회의 계층적 구조상의 지위가, 개인 또는 집단의 행위에 미치는 영향들을 주목하고 있음을 알 수 있다. 이는 사회의 구조적 요인을 개인들의 행위를 결정하는 가장 중요한 하나의 요인으로 규정하고 있음을 의미한다. 그리고 이 점이 바로 『역경』의 사회학적인 시각을 특징짓는 중요한 하나의 측면임을 말해 준다. 분명한 사실은, 이와 같은 『역경』의 사회학적 시각은 사회적 행위에 있어서 사회 계층적 요인이 미치는 영향의 중요성을 강조하는 서구의 사회학적 시각과 본질적인 차이를 보이지 않는다는 것이다.

그러나 『역경』의 보다 진정한 특징을 이해하기 위해서는 『역경』이라는 책의 명칭이 갖는 의미를 떠올려볼 필요가 있다. 『역경』이라는 표제는 "역"이 "변화"를 의미하기 때문에 "변화의 서(書)"라는 의미를 갖는다. 그리고 여기에는 "모든 현상이 변화한다는 것은 불변하는 사실"이라는 역설적 의미가 담겨 있다(Wilhelm, 1960: 15). 그러나 끊임없이 나타나는 변화에도 불구하고 그것이 나타나는 양태에 대한 통찰과 이해가 가능했기 때문에 쓰여진 책이라는 주장을 암묵적으로 담고 있는 책이다. 『역경』은 사회적 상황은 변화하게 마련이며, 그 변화하는 국면들을 들여다 보면, 마치 자연 속에서 계절의 변화가 그러하듯이, 64괘로서 표현되는 극히 다양한 상황들이 교체되면서 변화하는 현상을 관찰할 수 있다고 주장한다. 즉, 변화는 다양한 유형의 상황적 국면들 가운데 어떤 한 유형의 상황이 다른 유형의 상황으로 교체되는 과정을 거치면서 진행된다는 것이다. 『역경』은 사회 변화의 다양한 국면들을 상징하는 64괘의 괘명과 함께 각각의 괘가 상징하는 상황의 의미와, 그 상황 속에서 행위자들 간에 형성된 관계적 구조의 특성을 괘사와 효사들을 통해 설명하는 책으로 규정될 수 있다.

우리는 윗 부분에서 그 중 몇 개의 괘들을 실례로 뽑아서 살펴본 바 있다. 우리가 64괘에 의해 상징된 사회적 상황의 유형들을 서구의 유형 개념들과 비교하기는 어려울 것이다. 우선 서구 사회학에서 제시된 유형 개념들은 합리적−비합리적 행위 유형의 구분이라든지, 갈등적 또는 통합적 상황과 같이 구성원들 간의 관계적 속성의 구분은 사회 또는 인간 행위에 대해 서로 상반되는 이론적 견해에 근거를 두고 있다. 이 점에서 서구의 유형론은 매우 분명한 이론적 지식을 배경에 두고 있다. 이에 반해, 『역경』의 64괘들이 상징하는 상황 유형들은 어떤 원칙이나 기준에 의해 분류된 것인지 이론적으로 설명한다는 것이 불가능할 정도로 어떤 일관된 논리를 찾아내기 어렵다는 것은 분명하다. 정신분석학자 칼 융(Carl Jung)(1950: xxi-xxx-ix)은 우리가 『역경』의 점법을 사용하여 얻어진 괘의 점사들이 그가 점을 치면서 던지는 의문에 대해 매우 의미가 있는 해답으로서 느껴진다는 자신의 체험을 소개하면서, 괘의 상황이 이성적 사고에 의해 가공되기 이전의 무의식 상태에서 직관적으로 파악된 현실이라는 점에서 그 해답을 찾을 수 있다고 주장한 바 있다. 그러나 이와 같은 "정신분석학적" 해석은, 『역경』의 해석에는 여러 다른 전통이 존재하는 가운데 필자가 주로 의존한 "사회학적" 해석의 전통과는 부합치 않는다는 점에서 고려의 대상에서 제외되었다. 즉, "사회학적" 해석의 전통이 레게(Lgge)나, 린(Lynn), 이기동 등의 번역본들이 주된 준거로 삼고 있는 유교의 정통적 시각을 반영하고 있고, 그와 같은 전통적 시각과 부합되지 않는 다른 해석들은 적어도 이 책에서는 심각한 고려의 대상이 되지 않았다.

그렇다면 『역경』의 괘들이 제시하는 "사회적" 상황들은 어떤 현실적 또는 이론적 시각에서 파악된 현실을 보여주고 있는가? 이 의문에 대해 필자의 솔직한 고백은, 이미 앞에서 지적한 바 있듯이, 64괘들이 함축하는 의미, 또는 상징하는 현실들을, 일관되게 관통하는 어떤 선택과 해석의 논리를 찾아내는 것은 불가능했다는 것이다. 아마 『역경』에서 괘라는 상징적 수단을 통해서 제시하는 하나하나의 사회적 상황의 유형들이 그것을 기록했던 저자에 의해 중요한 의미를 지닌다고 판단되었기 때문에 64괘로 상징된 상황들 속에 포함되었으리라는 것은 당연하다고 여겨진다. 그러나 그 중요성이 어떤 기준에 의해 판단되었는지는 불분명하다는 것이다. 어떤 상황들의 경우에는, 저자로 추정된 사람의 배경에 비추어 그것이 왜 중요하다고 판단되었는지 추정이 가능한 경우들이 있기는 하다. 확실하게 입증된 문헌적 근거가 있는 것은 아니나, 『역경』 가운데 괘의 의미를 이해하는 데 가장 기본적인 정보로 간주되는 괘사는 주의 문왕(文王)이 은나라 주왕(紂王)에 의해 투옥되어 감옥에 있을 당시에 쓰여졌다고 전해진다(Wilhelm, 1961: lix). 그 내용으로 미루어 본다면, 당시의 사회-정치적 상황들에 대한 절박한 관심과 함께 해박한 지식과 조예를 지녔던 사람에 의해 저술되었음을 시사한다. 하나의 예로서, 우리가 이미 살펴본 "명이괘(明夷卦)(䷣)"를 들 수 있다. 명이괘는 상괘인 곤괘(☷)와 하괘 이괘(☲)가 결합된 구조를 보여준다. 왜 위에 위치한 곤괘가 "빛을 가리는" 악한 군주가 군림하는 상층 구조를 상징하고, 아래의 이괘가 그에 의해 탄압받는 밝은 빛, 즉 정의로운 하층 구조를 나타내는지 하는 의문을 팔괘(八卦)에서 각각의 괘에 부여된 의미로부터 논리적으로 추론해내기는 어려운 일이다. 팔괘에서 각각의 괘가 갖는 형태적 구조와 또한 그것들이 의미하는 "땅(地)"이라든지 "불(火)"과 같은 자연적 현상으로부터 그와 같이 사회학적인 내용의 의미를 유추해낸다는 매우 무리한 논리적 비약이 아니고서는 가능한 일이 아니기 때문이다. 따라서 우리가 단정할 수 있는 한 가지 사실은『역경』의 저자(들)가 경험한 바 있었거나, 사적에 기록된 사실들, 또는 상상할 수 있었던 사회적 상황을『역경』의, 실제로는 그 명료한 의미가 결여된, 괘의 구조에 "투영시키는," 다분히 주관적이고 직관적인 방법으로『역경』을 해석하고 있었다는 것이다. 결과적으로,『역경』의 본질에 대한 필자의 견해는,『역경』을 통해 우리가 실제로 읽고 있는 것이 고대의 점서로부터 유래된 도형 그 자체에 함축된 어떤 종류의 지식은 아니라는 것이다. 그보다는 자신들의 사회에 대한 경험과 지식을『역경』의 상징체계에 투영함으로써 그것을 "사회학적" 지식 또는 지혜를 담은 책으로 해석한 저자(들)가 지니고 있었던 정치–사회학적 상상력의 단면들을 우리가 읽고 있다는 것이다.『역경』의 많은 괘들은 고대 중국 사회가 역사의 어떤 국면에서 보였던 정치–사회적 상황들을 상징함과 동시에 그 안에서 개인들 또는 집단들이 개별적으로 처한 상황에 대한 진단을 담은 책으로 간주되었다. 이에 대한 필자의 평가는『역경』의 괘의 도형 구조가 반드시 그렇게 해석되어야 할 이유를『역경』의 구조, 그 자체 속에서는 찾기 어렵다는 것이다. 결국『역경』의 도형들에 관해 그와 같은 해설문을 쓴 저자(들)의 인식 속에 존재했던 생각들을 우리가 읽고 있고, 그 생각들이 현대 "사회학적" 관점에서 심각하게 고려해볼 만한 가치를 지닌다는 사실 그 자체를 강조하는 것 외에『역경』의 수리적 측면이나 우주만물의 바탕을 이루는 형이상학적 원리와 관련된 여러 다른 해석 관점들에 대해 논평하는 일은 감당하기 어렵다는 것이 현재 필자의 입장이다.

그러면 이제『역경』의 괘사와 효사를 쓴 저자(들)가 자신이 사는 사회의 현실을 어떤 시각에서 인식하고 있었는지에 대해 보다 면밀하게 분석해보려고 한다.

우선『역경』은 사회적 현실을 두 가지 층의 현실이 표리(表裏)처럼 결속된 구조를 지니고 있는 것으로 본다는 점에서 특징을 찾을 수 있다. 하나의 층에 대해서는, 이미 설명한 바 있다. 모든 괘에 공통적으로 표현되고 있는 위계화된 사회구조와 그것을 구성하고 있는 지위와 역할들에 관한 것이다. 기능주의적 사회 이론에 따르면, 사회는 어떤 종류의 사회적 역할의 이행이 규범적으로 요구되는 사회적 지위의 점유자들로 구성된 것으로 설명된다. 이와 같은 의미에서, 많은 기능주의자들은 지위(position 또는 status), 역할(roles) 그리고 그것들을 수행하는 데 사람들이 따라야 할 규범들(norms)을 사회를 구성하는 기본적 요소로 보았다. 『역경』에서도 "역할 이론(role theory)"[182]이라고 부를 수 있는 그와 같은 이론적 입장은 사회 현상을 이해하는 데 있어서 하나의 토대가 되고 있다. 즉, 사회 현상과 그 속에서 이루어지는 인간의 행위를 이해하는 데 있어서 개인들이 속한 사회적 관계와 그 속에서 수행하는 지위와 역할들을 우선 일차적으로 중요한 설명 요인으로서 받아들이고 있다는 것이다. 이와 같은 관점에서 위에서 같은 기능론적 역할 이론에 비견할 수 있는 『역경』의 시각은 그것의 사회관을 구성하는 하나의 층을 형성한다고 말할 수 있다.

『역경』이 담고 있는 가장 특징적인 사회관 또는 사회적 행위에 관한 시각은 바로 앞에서 지적한 요소에 덧씌워진 다른 한 층의 시각에 반영되어 있다. 이는 필자가 바로 앞에서 강조한 "사회적 행위의 구조적 속성"과는 구분되는 의미에서 "사회적 상황의 유형들과 그 변화에 관한 이론"으로 지칭될 수 있는, 『역경』을 특징짓는 매우 독특한 시각을 담고 있는 부분이다. 『역경』의 이 부분은 현대 사회학에서 고려하고 있지 못했던 인간 행위의 중요한 측면들에 관하여, 어떤 결정적 해답은 아닐지라도, 관심을 불러일으킬 만한 의의를 지닌 이론적 시각들을 포함하고 있다는 것이 필자의 평가이다. 이제 아래에서는 왜 필자가 그와 같은 평가를 내리고 있는지에 관해 설명하려고 한다.

1. 우선 개인들 또는 집단에 의해 수행되는 사회적 행위는 어떤 순간에 주변에 존재하는 모든 자극들에 대한 반응은 아니며, 그럴 수도 없을 것이다. 그것은 중요하다고 판단되는 선택된 자극에 대한 선택된 반응이라는 점은 분명하다. 무수하게 많은 자극들 가운데 어떤 특정의 자극이 선택된 이유는 어디에서 찾을 수 있는 것일까? 이 질문을, 『역경』이 제시하는 상황론적 관점에서 대답을 한다면, 그것을 결

---

182) 사람들이 차지하는 사회적 지위와 역할을 사회구조의 기본적 구성요소를 규정하고, 사람들의 행위를 그들이 사회구조 속에서 점유하는 사회적 지위와 역할에 의해 설명하고자 하는 이론적 입장은 흔히 "역할 이론(role theory)" 또는 보다 제한된 의미에서 "기능론적 역할 이론(functional role theory)"으로 불린다. 그 구체적인 내용에 대해서는 Biddle(1986)을 참조할 것.

정하는 가장 중요한 요인은 "상황," 또는 그 상황에 따라 유발된 개인 또는 집단의 행위적 성향과 관심이라는 대답이 주어질 것이다. 『역경』은 인간이 행동을 하는 동기라든지 행위의 가능성과 결과에 영향을 미치는 요인들이 복합적으로 작용하는 사회적 환경을, 다양한 유형들로 나눈 다음, 그 각각의 유형의 상황이 갖는 의미에 관해 설명하는 책으로 규정할 수 있다. 『역경』의 64괘는 인간이 처한 상황의 유형들이 그만큼 다양한 형태로 사람들 간의 관계라든지 행동에 다르게 영향을 미칠 수 있다는 사실을 시사한다. 문제는 그것들이 어떤 종류의, 또는 의미를 지닌 상황들인가 하는 것이다. 그리고 그러한 상황들이 구체적으로 어떻게 인간의 행위에 대해 영향을 미치게 되는가 하는 것이다.

이미 지적한 바 있듯이, 『역경』에 의한 상황의 구분은 매우 추상적이거나 체계적인 이론에 토대를 두는 것은 아니다. 이 상황들에는 (아마 『역경』의 저자(들)의 경험과 지식에 비추어) 큰 의미를 지닌 것으로 판단된 정치적 사건이라든지 왕조의 운영 과정에서 부딪치게 되는 과제의 해결을 중심으로 조성된 정치−사회적 상황들, 왕조의 사회적 구조 속에서 대면한 세력들 간에 형성된 역학적 관계의 구도, 순환론적 관점에서 본 왕국의 흥망사에서 나타나는 여러 국면들 등등의 여러 다양한 상황들이 64괘의 상황 유형들에 포함되어 있다. 필자는 본인이 쓴 저서(Chung, 2000)에서 64괘가 상징하는 상황 유형들을 14가지에 달하는, 매우 긴 목록의 범주들로 묶어 정리한 바 있다. 어떤 현상들을 의미 있게 정리, 분류하기 하기 위해서 이와 같이 논리적으로 다른 수준과 차원을 포함하는 긴 목록의 범주들을 설정하는 것은 매우 이례적인 일일 것이다. 분류의 차원이 다르고, 또 긴 목록을 포함한다는 것 자체가 사람들의 이해에 혼란을 주기 때문이다. 사실상 『역경』의 64괘에 각각의 괘가 포함된 배경에 어떤 일관된 이론적 논리가 존재하고 있지 않다는 것이 필자의 솔직한 평가이다. 그리고 나름대로 내린 결론은, 『역경』에 올려진 상황 유형들의 선택은 무엇보다도 그 저자로 추정된 인물이 자신의 지식과 경험을 배경으로 그 상황들의 중요성에 대해 내렸던 매우 주관적이고 직관적인 판단에 의존하고 있다는 것이다. 그러나 여기서 필자가 강조하고 싶은 점은 이와 같은 추정에 따라 반드시 『역경』의 상황론적 시각에 대해 부정적인 평가를 내릴 필요는 없다는 것이다. 필자의 이와 같은 평가에 대해서는 다음과 같은 두 가지 이유를 들려고 한다.

하나는, 64괘 중에 상당히 많은 수의 괘들은 그 자체로서 현대 사회학적인 관점에서 심각하게 고려해 볼 수 있는 의미를 지닌 사회적 상황들을 보여주고 있다는 것이다. 일례로서 우리가 이미 예로 든 비괘(比卦)와 대유괘(大有卦)를 들 수 있다. 이 두 괘를 통해 우리는 그것들에 의해 상징되는 어떤 사회적 조직체의 통합 형태가 상황에 따라 다를 수 있다는 것을 짐작할 수 있을 것이다. 『역경』은 이 외에도 많은 다른 형태의 통합적 상황을 보여주고 있다. 동시에 괘에 의해 상징되는 조직체 내 구성원들 또는 집단들 간에 조성된 여러 유형의 갈등적 상황도 보여준다. 이외에도 앞에서 예로 든 고괘(蠱卦)와 같이 한 사회의 사회－정치적 과정에서 어떤 종류의 과제의 수행이 시대의 화두로 대두됨에 따라 사회 구성원들의 관심과 활동이 그와 같은 과제로 집중되는 것과 같은 상황 역시 포함되어 있다. 이외에도 매우 다양한 유형의 상황들을 『역경』은 보여주고 있다. 이와 같은 사회적 상황의 인식 속에는, 사회와 사회적 행위의 본질에 대해 혼란스럽고 애매하고 또 정리되어 있지 않은 측면들도 있기는 하지만, 예리하고 통찰력 있는 생각들도 표현되고 있다는 것이 필자의 평가이다. 이와 같은 측면이 존재하지 않았다면, 아마도 공자를 비롯하여 상당히 합리적으로 여겨지는 중국의 지식 계층에서 이 책에 대해 보여준 높은 관심은 설명하기 어려울 것이다.

두 번째로, 『역경』이 지닌 가능성에 대해 필자가 긍정적으로 보는 이유는 『역경』이 두 가지 차원에서 사회적 행위를 접근하고 있다는 점이다. 이러한 『역경』의 특성에 대해서는 앞에서 아주 간단히 언급된 바 있다. 여기에서는 『역경』의 그러한 특성과 함께 사회 현상과 사회적 행위에 대한 그와 같은 방식의 인식이 지닌 의의에 대해 조금 더 상세하게 이야기를 이어가려고 한다.

행위는 규범적 틀 속에서 통제가 된다. 그리고 이와 같은 규범적 틀은 특정의 지위를 점유한 행위자들이 그들의 역할을 수행하는데 지켜야 할 사항들에 대한 사회적 요구들이 반영되어 있다. 이에 따라 소위 역할이론가들은 개인들이 소속된 사회에 형성되고 또 지켜지고 있는 그와 같은 규범들에 의거하여 규칙성을 가지고 나타나는 인간 행위를 설명한다. 문제는, 이기적인 동기를 가지고 자신들의 이익을 위해 행동하는 개인들이 왜 그와 같은 규범들을 준수함으로써 사회 질서의 유지가 가능하게 되었는지 하는 것이다. 이러한 의문에 대해서는, 우리가 파슨스의 이론을 해설하는 과정에서 충분한 논의가 이루어진 바 있다. 구조적 결정론이라고 특징지을 수 있는 이와 같은 관점이, 『역경』에서 제시하는 위계적 지위 구조를 통해 표현되고 있는 사회학적인 관점과 부합하고 있다는 점은 이미 지적된 바 있다. 그러나 그 위에 겹쳐, 『역경』의 64가지로 세분화된 사회적 상황 속에서는 사회적 행위에 영향을 미치는 다른 한 층의 요인들이 상정되고 있다. 그것은 상황에 따라 다르게 형성되는 사람들 간의 관계에 있어서 역학적 구조이다. 『역경』에서는 이러한 관계의 역학적 구조를 음효와 양효 그리고 괘라는 전체 단위 속에서 그것들을 조합한 형태로 표현하고 있다. 그러나 이미 몇 차례 반복해서 지적되었거니와, 왜 어떤 형태의 음효, 양효의 조합이 어떤 사회적 상황을 의미하는지를 『역경』의 저자가 어떤 논리를 가지고 판단했는지는 오직 저자 자신만이 아는 일일 것이라고 필자는 생각한다. 양자 사이에 논리적 연결고리는 오직 『역경』의 저자의 개인적 경험과, 지식 그리고 상상력이 배경에 작용하고 있었다는 것 외에는 달리 설명할 방법이 없기 때문이다. 예를 들어, 다음의 괘를 보자.

위의 괘의 형상을 미루어 우리가 유일하게 추정할 수 있는 사실은 하괘에 감괘(坎卦), 상괘에 곤괘(坤卦)가 위치되어 있고, 하괘의 중심에 유일하게 양효가 위치되어 있다는 사실에 의해 그 양효에 의해 표현된 요소가 상황을 주도하는 세력을 이루고 있다는 사실일 것이다. 이 괘의 명칭은 "사괘(師卦)"이다. 따라서 이 괘의 상황은 그것에 의해 상징되는 집단이 "전쟁" 상태에 들어가 있음을 의미한다. 이러한 상황 규정에 대한 필자의 의견은 두 가지로 요약할 수 있다. 하나는, 괘의 구조로 보아 여러 다른 해석도 상상할 수 있었으나, 『역경』의 저자가 상황의 의미를 그와 같이 규정하는 데는 일리(一理)가 없지는 않다는 점이다. 두 번째는, 전쟁은 어떤 사회든지 역사적으로는 매우 흔히 경험하는 상황이며, 또 집단의 생사가 걸린 매우 중요한 위기 상황이라는 것이다. 이와 같은 사실들을 전제한 상태에서, 괘사와 효사들을 통해 내려진 상황에 대한 진단을 살펴보자.

전쟁이 일어나게 되면, 전쟁과 관련된 모든 의사결정권은 전방에서 전투에 임하는 지휘관(두 번째 자리의 양효에 의해 상징되고 있다)에 의해 행사되며, 상층부는 이를 지원하는 역할을 수행하게 된다. 이 괘에서 특히 중요하게 강조되는 사실은, 전쟁 상황은 거기에 관련된 모든 구성원들에게 전쟁이라는 상황 하에서 자신의 역할에 맞는 행동을 적절하게 수행할 것을 요구하고, 그렇지 않을 경우에는 흉(凶)한 결과를 가져올 것이라는 점이다. 괘사나 효사들은 모두 전쟁 하에서 사람들의 행동과 연관된 사실들과 관련된 내용들이다. "군율"의 준수를 강조한다든지, "중(中)"[183]으로서 표현되는 군 지휘자의 자세, 마차에 실린 시체들, 군의 복종을 이끌어낼 수 있는 지도자의 인정된 정통성,[184] 전쟁의 결과에 따른 올바른 논공행상에 대해 이야기하고 있다. 즉, 전쟁이란 국가적 과제가 전체 구성원들이 행동하는 공간을 지배하는 관심사로 대두되고 있는 상황에서 각각의 구성원들이 어떻게 행동하는 것이 좋을 것인지에 대한 조언들이 주어지고 있다. 조금 이론적으로 표현하자면, 전쟁이라는 과제에 집단의 활동이 집중되면서, 다른 과제들이 사람들에게 미치는 유인력은 감소되고, 따라서 주로 전쟁과 관련된 가치와 규범들이 이들이 활동하는 행동의 장(behavioral field)의 주된 동인이자 특징으로서 자리 잡게 된다는 것이다. 우리가 사람들의 행동이 벌어지는 사회적 공간을 쿠르트 레빈(Lewin, 1936; 1997)이 제안하는 "장이론(場理論, field theory)"에 따라 어떤 종류의 활동을 유발하거나 금지하는 힘(force)들이 작용하는 공간으로 이해한다면, 『역경』의 괘에 의해 상징되는 사회적 상황의 의미를 이해하는 데 도움이 되리라 여겨진다.

『역경』의 상황 유형이 갖는 이와 같은 특성에 관해 조금 더 자세하게 설명하기 위해 다음의 두 괘, 건괘(䷀)와 곤괘(䷁)가 의미하는 상황들을 비교해 보려고 한다.

---

183) "군대의 중심에 서야 하고(在師에 中)"라는 두 번째의 양효를 설명하는 효사에서 린(Lynn, 1994: 179)은 "중(中)"을 "중용(中庸)"으로 해석한다. 즉, 치우침이 없는 절제된 자세를 강조하는 것으로 해석하고 있다. 그 외의 대부분의 번역에서는 군대의 중심적 역할을 강조하고 있다는 뜻으로 해석하고 있다.

184) 다섯 번째 효사에서 "장자(長子)"가 군을 이끌어야 된다고 이야기하는 데 대해서는 대부분 이와 같은 의미로 해석이 이루어지고 있다.

건괘는 모든 효들이 양효로 이루어져 있으며, 따라서 이 괘에 의해 표현된 사회조직체의 특성은 모든 구성원이 각기 창의적이고 활발한 활동과 유기적 협력을 통해 왕성한 발전이 이루어지는, 매우 이상적인 상황을 보이고 있는 것으로 설명된다. 현대 사회학적 용어로 표현한다면, "역동적인 통합"이 이루어진 상태이다. 따라서 이 괘에 붙여진 괘사에서는 이와 같은 상황을 『역경』에서 상황이 상서롭다고 판단할 때 표현하는 원.형.이.정(元亨利貞)을 모두 인용하여 이 상황을 표현하고 있다. 즉, 발전하고, 번성하며, 결실이 이루어지며, 축적이 이루어지는 결과를 가져오는 상황이라는 것이다. 이에 맞추어, 이 괘의 효사들에서는 적극적이며 활동적인 성향의 사람들이 활동하는 데 적절하다고 판단되는 내용의 조언들이 주어진다. 한 가지 주목을 끄는 점은 이 괘의 상황에서 가장 중요한 역할을 수행하는 지위에 있는 것으로 간주되는, 밑으로부터 두 번째와 다섯 번째의 직위에 있는 사람에게 주어진 조언 가운데 "이견대인(利見大人)," 즉 좋은 조력자를 만나는 것이 좋다는 말이다. 이는 책임이 큰 사람이 사회를 발전시키는 일을 수행해나갈 때는 현명한 사람들의 도움이 필요하다는, 지극히 당연한 조언으로 이해된다.

　"역동성"과 그에 따른 "발전과 변화"에 의해 특징지어지는 건괘의 상황과는 달리, 곤괘(坤卦, ䷁)의 상황은 그 전체가 양효 대신 음효로 구성되고 있다는 사실에 의해 시사되고 있듯이, 앞의 건괘와는 정반대의 상황을 표현한다. 곤괘의 괘사는, 앞의 건괘가 역동적이며 변화를 가져오는 용들에 의해 상징되는 반면에 이 괘에 의해 상징되는 상황을 땅에 순응하며 살아가는 암말에 비유하고 있다. 보수적인 태도로 기존의 질서에 순응하며 도덕적으로 모범적인 삶을 살아가는 사람들로 이루어진 사회가 상징적으로 표현되고 있다. 이에 따라 대부분의 효사들에서는 행위 주체들의 순응적인 태도와 행동 그리고 조심스러운 자세가 강조되고 있다. 물론 그와 같은 태도와 행동들이 물질적인 번영을 가져온다는 것은 예측가능한 일이기도 하며, 실제로 이 괘의 괘사에서는 이 괘에 의해 상징되는 상황에 대해 앞의 건괘와 마찬가지로 "원형이정(元亨利貞)"이라는 표현을 사용해 긍정적인 진단을 내리고 있다. 즉, 이 역시 이상적인 질서가 유지되는 긍정적인 사회 통합 형태로 간주된다. 건괘의 경우에는, 적극적인 의지와 행동력을 지닌 행위자들에 의해 역동적인 변화가 추구된다는 점에서 특징을 찾을 수 있는 반면에 곤괘의 경우는 기존 질서에 대한 고집스러운 순응이 사회적 주조(主調) 또는 주조(主潮)를 이룬다는 점에서 차이를 보인다. 이러한 차이는 결국 사람들의 행위를 평가하는 가치와 기준에 있어서 두 사회 유형 간의 차이가 있음을 의미한다. 서구 사회학의 전통 속에서 교육을 받아온 필자의 관점에서 한 가지 흥미로운 사실은 미국 사회학을 대표하는 파슨스에 의해 파악된 사회의 모습에 대해 그 간에 많은 사회학자들에 의해 제기되어온 비판들 가운데 하나가 그가 그려낸 사회가 변화와 갈등은 존재하지 않고 오직 순응과 조화만 존재하는 유토피아와 같은 사회라는 것이었다(Dahrendorf, 1958). 파슨스의 이론을 통해 나타난 이와 같이 "정태적으로 통합된" 사회의 모습에 대해『역경』의 관점에서 표명될 수 있는 견해는 아마 그와 같은 상황도 사회의 어떤 역사적인 국면 또는 사회적 특성에 따라서는 가능할 것이라는 대답일 것이다. [185)]

그렇다면 여기에서 제기되는 중요한 하나의 의문은 왜 고대의 중국인들은 변화하는 상황에 그다지 많은 관심을 가지고 있었느냐 하는 것이다. 우리가 파슨스의 이론을 개관하는 과정에서 보았듯이, 서구 사회학자의 관심사는 사람들의 행위의 저변에 그 행위들을 지배하는 어떤 결정 요인 또는 일련의 결정 요인들을 찾아내, 가능하다면 수학적 등식의 형태로 간결하고 정확하게 기술하는 것이었다. 파슨스가 "사회적 행위의 구조"라고 부른 것은 바로 이와 같은 일련의 일반적 요인들에 의해 결정된다고 믿어지는 사회적 행위의 구조적 본질을 기술하기 위한 것이었다.『역경』의 상황론적 사회관은 이와는 매우 다른 시각에 바탕을 둔 접근방법을 보여준다.『역경』의 가장 기본적인 관점은 어떤 불변의 요인들이 사회적 현실의 배후에서 항시적으로 작용한다는 것 자체를 받아들이지 않는다는 것이다.『역경』은 "변화를 적은 책"이라는 의미를 지니고 있는데, 그 책의 그와 같은 명칭에는 "변화야말로 현상의 가장 기본적인 본질"이라는 시각이 깔려 있다. 따라서 사회 현상과 관련하여 무엇이

---

185) 이기동(1997: 80)은 "곤괘"에 대한 그의 해설에서 한국 사회와 일본 사회를 각각 "건괘"와 "곤괘"에 의해 표현되는 동태적 특성의 사회와 정태적 특성의 사회를 전형적으로 반영하는 실례로 들고 있다. 이와 같은 견해는 좀 더 엄밀한 검토를 거칠 필요가 있다는 생각이 든다. 그러나 일본 사회가 사회구성원들의 전통적 규범에 대한 순응성을 기반으로 하여 매우 견고하게 통합된 사회이며, 또한 그것을 기반으로 발전해 온 사회라는 평가가 상당히 일반적이기 때문에 적어도 "곤괘"의 상황을 예시하는 데에는 적절했다는 것이 필자의 평가이다.

어떻게 변화하는지에 관해서 알고자 하는 사람들에게 『역경』이 알려주는 세 가지의 기본적인 정보가 있다. 하나는, 사회가 변화하는 과정 속에서 개인 또는 집단이 처할 것으로 판단되는 어떤 특정 상황의 특성과 의미에 관한 설명이다. 즉, 『역경』은 괘사를 통해 주어진 상황이 전체적으로 어떤 특징을 지닌 상황인지 또는 어떤 종류의 문제 해결을 요하는 상황인지를 설명하고 있다. 두 번째 종류의 정보는, 위계적으로 구성된 인간 조직체 속에서 여섯 자리로 분류된 지위를 각기 점한 사람들(또는 집단들)이 전체 상황 속에서 각기 당면하는 상황에 대한 설명이다. 이는 전체 상황 아래서 나타나는 사회적 관계들의 역학적 구조 속에서 해석된다. 그리고 우리가 여러 예들에서 보았듯이, 그 역학적 구조는 상황마다 다르게 형성된 행위자들의 역할과 역량들에 의해 규정된다. 세 번째 종류의 정보는, 위의 두 번째 정보에 의해 설명된 상황 속에서 각기 다른 지위와 상황에 처해 있는 행위자들이 취할 수 있는 행동에 대한 조언이다.

사람들이 『역경』에 의해 제공되는 위와 같은 지식을 추구하는 데는 분명한 이유가 있다. 그것은 우선 현대 사회학에서도 동의하리라고 믿거니와, 사람들 간의 관계의 역학적 구조는 사람들이 살아가는 데 가장 중요한 환경적 요인이며, 동시에 수단적 자원이라는 것이다. 중요한 사실은, 『역경』은 개인 또는 집단들을 둘러싼 이 환경적 요인과 자원들의 분포상황은 고정되어 있는 것이 아니라 변화하며, 그에 따라 개인들이 누릴 수 있는 삶의 기회와 그에 영향을 미칠 수 있는 행동의 역량은 달라진다고 본다는 것이다. 이는 터무니없는 가정이라기보다는 인간의 사회적 행위를 이해하는 데 고려를 요하는 의의를 지닌다는 것이 필자의 판단이다.

2. 사회학자들 간에 흔히 많이 논의되어 온 사안들 가운데 하나는 행태주의자들과 관념론자들 간의 대립이었다. 인간의 행동을 결정하는 요인들로 흔히 주장되는 인간의 생각과 물질적 욕구라는 두 요인들 가운데, 어떤 요인이 더 중요하게 작용하느냐 하는 것이다. 우리의 논의의 대상이 되어 왔던 파슨스의 경우는 사회 질서가 유지될 수 있는 이유들 가운데 가장 중요한 이유로서 이념적 통합을 지적하고 있다. 즉, 사회구성원들 간의 신념에 있어서 합의가 없이는 사회적 통합은 가능치 않다는 점을 들어 신념적 요인의 중요성을 강조하고 있다. 그와는 대조적으로

소로킨은 이념과 물질적 요인들은 역사적 과정에서 그것들이 차지하는 중요성에 있어서 순환적인 기복(起伏)의 현상을 보인다고 주장함으로써 어떤 하나의 요인만을 강조하는 이론에 반론을 제기한다. 그러나 이러한 논쟁에서 주의를 요하는 중요한 하나의 사실이 있다. 이러한 논쟁의 성격에 관해 필자의 입장에서는 매우 상식적이고 당연한 것처럼 여겨지는 의문이 제기된다는 것이다. 과연 모든 사회의 모든 사회 구성원들에 대해 일반화할 수 있는 어떤 보편적 형태의 행동을 관찰한다는 것이 과연 가능한지 하는 의문이다. 우리가 관찰할 수 있는 것은 어느 특정 시점에, 어떤 특정의 환경 속에서, 특정의 행위자를 통해 나타나는 특정한 종류의 행동일 따름이다. 모든 행동들을 하나로 일반화시켜 "사회적 행위"라고 규정하고, 그와 같이 극도로 추상화된 현상을 결정하는 어떤 일반적인 요인들을 규명하려 한다는 것은 매우 대담하고 무모할 수도 있는 가정을 전제로 한다는 것이 필자가 제기하는 주장이다. 이와 같은 주장은 사회학자라면 아마 누구나 은밀하게 품어왔을, 아주 간단한 의문으로부터 시작된다. 즉, 어느 순간 t'에서의 내 행동과 그것과 다른 시점에서 t''에서의 행동이 어떤 동일한 요인들로 이루어진 환경 S'에 의해 결정된다는 가정이 과연 적절한 것인지 하는 의문이다.

그러한 가정에 대해 가장 강력한 반론을 제기하고 있다고 생각되는 쿠르트 레빈(Kurt Lewin)의 견해를 여기에서 소개하려고 한다. 레빈은 우선 개인이 과거에 경험했거나 학습한 어떤 것들이라도 현재의 행동을 실제로 결정하는 요인으로서 작용하지 않는다면, 그와 같은 요인들은 현재의 행동을 설명하는 데 포함될 필요는 없다는 입장을 취한다. 개인이 식사를 할 때, 그의 행동에 영향을 미치는 요인들은 식사가 필요한 육체적 욕구와 일정한 식사 예절을 학습함으로써 형성된 습관일 것이다. 만약 어려운 손님들 앞에서 식사를 한다면, 그때 느끼는 사회적 압력이 추가될 것이다. 행위자가 위치한 상황이 전쟁터라면, 생존하기 위한 욕구와 순간순간 변하는 전투 환경과 계급에 따른 의무와 권한이 그의 행동을 결정하는 가장 중요한 요인들로 작용할 것이다. 레빈은 바로 이와 같은 논리에 의해, 심리적 장에서의 행동 또는 행동에 있어서의 변화는 행동하는 그 당시의 심리적 장에 의해 결정된다(Lewin, 1997: 214-215)고 강조한다. 위에서 지칭된 "장(場, field)"이란 주어진 순간에 의식 또는 무의식 속에서 행위자의 행동에 영향을 주는 모든 요소들로 이루어진 심리적 공간(space)을 지칭한다. 레빈 자신의 표현을 빌리자면, "어떤 시점에서 개인의 행위를 결정하는 사실들과 요인들의 총체"(1936:216)를 표현한 가상적 공간으로, "생활 장(life space)"이라는 명칭도 사용된다. 레빈의 인간 행동에 관한 이론은 바로 위에서 말한 의미에서 장을 주된 이론적 및 방법론적 도구로 활용하여 인간 행동을 기술하고 설명하려고 한다는 점에서 장이론(field theory)으로 지칭된다. 레빈은 그와 같은 자신의 이론에 의거하여, 개인에 의해 취해진 행동을 다음과 같은 등식으로 표현한다.

$$b' = f(S') \text{ (Lewin, 1997: 208)}$$

이 등식은 "시간 t'에서 취해진 행동은 행위 상황 S'에 의해 결정되며, 이 S'는 행위의 시점에 주어진 행위 상황에 영향을 미치는 모든 요인들이 모여 형성된다"(Chung, 2000: 365-366)는 주장을 담고 있다. 물론 시점이 달라지게 되고, 행위자의 상황이 S"로 달라지게 되면 등식은,

$$b'' = f(S'')$$

로 표현될 것이다. 즉, "시간 t"에서 취한 행동 b"는 그 시점에서의 상황 S"에 의해 결정된다"로 바꾸어 표현될 것이다. 위 두 등식에 있어서 보여주는 차이가 강조하고자 하는 점은 간단하다: 각각의 상황을 구성하는 요인들이 행동의 시점에 따라 달라지게 되면, 다시 말해서 상황이 달라짐에 따라, 사람들은 다른 행동을 하리라는 것이다. 위의 두 상황 S'와 S"는 각기 다른 시점 t'와 t"에서 어떤 개인의 행위에 영향을 미치는 일련의 요인들이 어떤 형태로 분포하는 공간으로 이해될 수 있다. 이러한 공간이 실제로 존재하는 현실은 아니다. 그보다는 개인이 그의 삶을 살아가는 과정 또는 국면에서 그 영향을 실제로 체험하는 심리적 또는 사회적 요인들을 파악하여 이론적으로 구성된 개념적 구조물이다. 그러나 개인 삶의 어느 국면 또는 시기에 실질적으로 작용하는 요인들로 구성되고 있으며, 그 시기 또는 국면에서 그 개인이 처한 행위 상황을 특징짓고 있을 경우에, 레빈은 이를 일컬어 개인

의 "생활장(life space)"이라고 부른다. 카트라이트(Cartwright, 1997: 161-162)는 레빈의 장 또는 생활장의 개념과 그 이론적 의의에 관해 다음과 같이 언급하고 있다.

레빈의 가장 기본적인 구성 개념은, 물론 장(field)의 개념이다. 모든 행동은 (행위, 생각, 원망(願望), 노력, 가치판단, 성취 등을 포함하여) 주어진 시간 동안에 장(場)에서 나타나는 상태의 변화로서(즉 dx/dt) 파악된다. 개인 심리학 분야에서 과학자들이 다루어야 하는 장(場)은 "생활장(life space)"이다. 이 생활장은 행동하는 개인과 그를 둘러싼 환경으로 구성되어 있다. 집단 심리학과 사회학 분야에서도 역시 동일한 관점이 적용된다. 여기에서는 개인 심리학에서 개인의 생활장에 관해 이야기하는 방식과 정확하게 동일한 의미에서 집단이나 제도들로 구성된 장에 관한 설명이 이루어지게 될 것이다. 집단을 구성요소로 포함하는 생활장은 따라서 집단과 집단을 둘러싼 환경으로 구성되어 있을 것이다. 이에 따라, 과학자들의 임무는 어느 주어진 시기에 형성된 어떤 유형의 생활장의 특성들을 적절하게 특징짓고 기술할 수 있는 이론적 개념과 함께 그것에 대한 관찰과 측정이 이루어질 수 있는 기법들을 개발하는 일일 것이다.

혹자들은 『역경』에 나오는 괘에 의해 상징되는 행위적 상황이 위에서 설명된 의미에서 "생활장"의 속성과 상당 부분 유사성을 갖는다는 점을 간파했을 것으로 짐작된다. 기본적으로 『역경』은 레빈의 장이론과 유사한, 세 가지 전제 위에서 사회적 행위를 설명하고 있다. 그것들은 다음과 같이 간결하게 요약될 수 있다. 하나는, 어떤 시점에서 활동하는 사람들 간에 형성된 사회적 관계의 구조, 또는 어떤 시대적 과제를 중심으로 형성된 어떤 유형의 사회적 관계의 구조는 그들의 행동을 규정하는 환경적 조건들을 형성한다. (괘에 의해 형상화된) 이와 같은 상황적 조건들로 이루어진 사회적 공간은 어떤 종류의 행동을 유발 또는 촉진시키거나 억제하는 힘들이 작용하는 역동적 장으로서의 특징을 갖는다. 두 번째는, 이와 같은 상황적 조건들은 고정불변의 현실은 아니며, 시대나 사회, 또는 공동체의 성격, 사람들이 당면하는 문제 또는 과업의 특성에 따라 변한다는 것이다. 그리고 그 변화에 따라 사람들의 행동도 바뀔 수밖에 없을 것이다. 세 번째는, 장이론에서나 『역경』에서는 마찬가지로, 어떤 유형의 행동 상황이나 거기에 행동하는 사람들의 관계의 구조에 대해, "과일반화(over-generalization)"라고 부를 수 있는, 서구 사회학에 전형적인 시도와는 본질적으로 다른, 접근방법을 선택하고 있다. 파슨스가 그러하듯이, 서구 사회학의 일반적 특징은 어떤 종류의 일반화된 사회 질서의 형태 또는 그 안에서 이루어지는 인간 행동의 설명 도식을 모든 행위 상황에 적용하려고 한다는 것이다. 필자는 이러한 시도가 특정의 이론적 시각을 모든 사회적 현상 또는 행위 상황에 적용할 수 있다고 보는, 즉 과대하게 일반적인 이론을 구축하려는 과욕을 반영하고 있지 않은가 하는 의구심을 가지고 있다. "과일반화(over-generalization)"의 문제점을 안고 있다는 것이다. 레빈의 장이론에서도 그러하거니와, 특히 『역경』의 관점에서 본다면, 사람들이 위치하는 행동적 또는 사회적 공간은 그들이 다루는 과제의 특성, 그들 사이의 역동적 관계의 구조, 또는 (사람 간의 '우호적(friendliness)'이거나 '압력(pressure)'과 같은) 사회적 '분위기(atmosphere)'[186]에서 나타나는 차이에 따라 "다른 형태"로 표현하기 위해 "괘"라는 도형적 도구를 사용하고 있다. 레빈은 그가 구상한 행위적 공간을 표현하기 위한 도구로서 이른바 "위상공간(topological space)"을 사용하고 있다. [187] 이는 평면 공간 속에 여러 행위 요소들이 점유한 영역들과 함께 그들 간에 작용하는 힘의 방향과 강도를 표현함으로써 개인 또는 집단에 의해 나타나는 행동의 추이를 간결한 방법으로 설명하기 위해 구성된 도형이다. 이제까지 설명한 바와 같이, 『역경』은 개인들과 집단이 당면할 것으로 예상되는 사회적 상황들을 64괘라는, 매우 세분화된 유형들로 나누어 구분하고 있으며, 레빈의 경우에는 그가 연구하고자 하는 어떤 특별한 행위 상황의 경우일지라도 그것이 보이는 독특한 특성에 맞추어 도형을 구성할 수 있는 유연성을 특징으로 하고 있다. 우선 그와 같은 『역경』의 접근방법에 있어서 특징은 그것이 마치 현대의 사회

---

186) 인용된 용어들은 레빈((Lewin, 1939: 870)이 그의 장 이론에서 고려해야 할 필요성이 있다고 지적한 사회적 요인들 가운데 하나를 지적하기 위해 사용하고 있으나, 『역경』에서 서술하는 상황들에는 사회의 전반적 분위기를 서술하는, 이와 같은 유형의 상황도 있다는 것은 상당히 흥미 있는 일로 여겨진다.

187) 이와 같은 위상공간 또는 생활공간이 개인 또는 집단의 행동을 기술 내지는 설명하기 위해 사용된 실례들에 대해서는 레빈(Lewin)의 논문들을 모아 수록한 『사회적 갈등의 해결 방법(Resolving Socail Conflicts)』 (1997b)과 『사회과학과 장 이론(Field Theory in Social sciences)』(1997a)과 Burnsand Cooke(2013) 그리고 Lewin(1939)를 참고할 것.

학자들이 사회 또는 인간 행동에 일반적으로 작용하는 요인들을 규명하고자 하는 학문적 노력과 유사한 것은 아니었던 것으로 여겨진다. 그보다는 아마 현실 정치인 또는 그들에게 현실정치에 대해 조언을 해주었던 지식인이었을 것으로 짐작되는 저자(들)가 가졌던 현실적 관심사에 부응하는 종류의 것이었던 것으로 짐작된다. 즉, 그들은 자신들이 당면한 특별한 현실에 대해 구체적 진단을 담고 있는 실용적 지식을 필요로 했다는 것이다. 로마의 장군 시저 역시 그의 행동이 자신이 지닌 물질적 욕구와 자신을 키운 사회의 이념과 가치에 영향을 받는다는 주장에 대해 흥미를 느꼈을지도 모른다.

그러나 그의 행동에 가장 큰 영향을 미치는 요인은, 다른 어떤 사람들도 그러했을 것으로 짐작되거니와, 루비콘 강을 건너는 그 순간 그와 맞서는 세력을 극복할 수 있는 힘을 자신이 가지고 있느냐의 여부와 함께 그들 간의 세력의 균형에 영향을 미치는 객관적 요인들에 대한 고려였을 것이다. 『역경』이 어떤 행동의 순간 또는 시기에 존재하는 사회적 상황을 구성하는 여러 요소들 간에 형성된 관계의 역동적 구조에 관심을 보였던 것은 바로 이와 같은 태도에 연유했던 것으로 판단된다. 레빈 역시 학문적 관심사는 항시 구체적 현실 속에서 제기된 여러 현실적인 문제를 해결하는 데 유용하게 이용될 수 있는 지식을 개발하는 데 있었으며, 그러기 위해서는 어떤 행동적 처방이 도출될 수 있을 만큼 행동 상황에 대한 구체적이고도 탄력적인 응용 가능성을 허용하는 분석적 도구가 필요했을 것이다. "위상공간"은 그와 같은 필요성에 부응하는 방법론적 도구로서 활용하고자 하는 의도가 반영되어 있다는 것이 필자의 평가이다.

이와 같은 두 가지의 접근 관점에 대해 어떻게 평가하는지를 묻는다면, 서구의 사회학적 지식과 본질적으로 다르다는 점에서 매우 "이질적"이라고 느낄 필요는 없다는 것이 필자의 입장이다. 왜냐하면 사람이면 거의 누구나가 시간이 지나고 주변의 상황이 달라짐에 따라 이전과는 다르게 행동해야 한다고 느꼈거나 실제로 다르게 행동했던 경험들을 결코 적지 않게 가지고 있을 것이기 때문이다. 『역경』은 옛 문헌이 갖는 외형적 이질성에도 불구하고 그 기저에 깔려 있는 사회관과 인간 행동에 대한 견해는 현대 사회학의 그것보다 우리에게는 훨씬 친숙하다는 것이 필자의 평가이며, 그 이유는 우리가 일반적으로 삶을 살아오면서 얻고 있는 경험에 훨씬 부합되기 때문이라는 것이다.

요약과 결론
현재 시점에서 본 사회적 행위 이론의 상황과 과제들

09

탤컷 파슨스의 『사회적 행위의 구조』는, 우선 일차적으로, 사회적 행위에 관한 다음과 같은 두 가지의 입장에 대한 반론을 목적으로 하고 있다. 하나는, 인간이 행동하는 목적은, 그들이 다른 사람들과 협력하거나 사회적 규범에 따라 행동하는 경우에도, 결국은 개인들의 이기적인 욕구를 충족하는 데 있다는, 즉 공리주의적 인간관에 비추어 사회 질서를 설명하려는 시도에 대한 반론이었다. 다른 하나는, 사회는 개인들이 어떤 종류의 사회적 규범에 따라 행동함으로써 질서가 유지될 수 있고, 따라서 사회 질서는 소속 공동체에 의해 그와 같은 규범을 따르도록 사회적 학습과 통제가 가해짐으로써 생겨나는 결과로서 설명될 수 있다는 주장에 대한 반론이었다.

우선 첫 번째 입장과 관련하여, 파슨스는 인간들이 이기적인 존재라는 명제의 토대 위에서 현존하는 사회 질서에 대해 납득할 수 있는 설명이 과연 이루어질 수 있을 것인지에 대해 의문을 제기한다. 이 의문은 곧 홉스가 제기했던 "질서의 문제"가 중심에 자리 잡고 있다. 이 문제에 대한 홉스의 대답은 사람들 간에 맺게 된 "사회적 계약"이었다. 즉, 사람들은 "만인에 의한 만인을 대상으로 한 투쟁 상태"로부터 자신들을 보호하는 방법을 어떤 종류의 행동 규약들과 그것들의 준수를 강제하는 국가 권력의 권위에 복종하기로 합의하는 데서 찾았다는 것이다. 이를 토대로 형성된 인간공동체를 통해 사회 질서는 가능하게 되었다는 설명이다. 입증하기 어려운 가공의 현실을 가정한 홉스의 이러한 설명에 대한 파슨스의 반박은 이 책의 두 번째 장에 소개되었다. 여기에서 파슨스는 개인들에게 가져다주는 효용성(utility)에 근거하여 사회 질서를 설명하려는 공리주의자들의 시도들은 결국 실패로 끝났다는 진단을 내리고 있다.

두 번째 입장과 관련하여, 파슨스의 입장은 다분히 사회결정론적인 방향으로 기울어 있는 그와 같은 시각을 전체적으로 부정하기보다는 인간 행위의 사회적 본질에 대한 보다 정확한 이해를 위해서는 이론적 시각의 전면적인 재구성이 필요하다고 보았다. 그리고 파슨스는 당시까지 이루어지고 있었던 사회과학적 지식의 발전에 따라 그가 의도하는 이론적 시각의 재구성을 위한 지적 자원들이 이미 마련되는 과정에 있다고 보았다. 즉, 20세기를 전후하여 마샬과 같은 공리주의자들을 비롯하여 파레토, 뒤르케임, 베버와 같은 사회과학자들에 의해 발표되기 시작한 사회학적 이론들 가운데, 아직 충분할 정도로 명료하고 체계화되지는 않았으나, 이 문제에 대해 해결을 시사하는 성과들이 점차 모습을 드러내고 있음을 지적한다. 이 문제를 놓고 보았을 때 그들이 활동한 19세기 말경에서 20세기 초반 사이에 사회과학적 지식에 있어서 중요한 전기를 맞이하고 있었다는 것이다. 파슨스는 그들 사회과학의 대가들이 거둔 성과들을 비판적으로 분석하고 정리, 종합한 다음, 그것들의 토대 위에서 보다 체계화된 하나의 이론을 엮어냈는데, 그것이 자신이 제안하는 이른바 "자원론적 행위 이론(voluntaristic action theory)"이다. 이 이론을 특징짓는 핵심 용어는 사회적 행위의 규범성(normativeness)이다. 파슨스 이론의 내용으로 미루어, 행위의 규범성이란, 일부 사회학자들이 그를 비판할 때 흔히 지적하는 것처럼, 사람들이 행동을 할 때 사회화 과정에서 배운 그대로 주어진 사회적 규범들에 순응하기 때문에 사회 질서가 유지된다는, 당시에 이미 일반화되고 있었던 사회학의 상투적인 주장을 주된 내용으로 하는 이론은 아니다. 다시 말해서, 이 장의 서두에서 지적된 바와 같은 사회결정론적인 주장을 내세우고 있는 것은 아니었다는 것이다. 쟁점은 사람들의 행동에 대해 강제력을 갖는 규범이 존재한다는 사실 그 자체보다는 그것이 지켜져야 한다는 데 대해 집단적 합의가 형성되고 유지될 수 있는 이유에 모아지게 된다. 사회적 규범들이 지켜지는 데에는 그것들이 어떤 종류의 침해하기 어려운 권위 또는 정당성을 수반하기 때문일 것이다. 사회 질서가 존재하는 이유를 설명하기 위해서는 사회구성원들이 어떻게 해서 사회적 규범들이 갖는 그와 같은 정당성에 합의할 수 있었는가 하는 의문에 대한 해답이 요구된다는 것이다. 잘 알려져 있듯이, 도덕적 규범과 가치에 대한 신념은 과학적 명제와 같이 논리적으로 입증될 수 있는 사실은 아니다. 그것들을 행위자들이 수용하고 준수하는 데는 경험적 현상을 대상으로 하는 것과는 다른 기준들이 작용하기 때문이다. 파슨스가 파레토와 뒤르케임 그리고 베버를 개관하면서 종교라든지, 원시 신앙 습속에의 성속(聖俗)의 분리 현상, 비논리적 행위 유형, 카리스마 등과 같은 "정신적" 현상들을 특별한 관심을 가지고 분석의 대상으로 삼은 것은 여기에 기인하고 있다. 즉, 그와 같은 종류의 현상들을 고려함이 없이는 사회 통합의 기제라든지 사회적 규범들의 정당성을 설명한다는 것이 어려웠기 때문이다. 다시 뒤집어 이야기한다면, 개인들의 물질적 욕구의 해결을 위한 효용적 측면이라든지 사회적 압력과 같은 외재적 요인만으로는 사회 통합과 질서의 문제에 대한 해답을 찾는다는 것은 불가능하다는 것이 파슨스의 결론이었다. 사회적 행위를 결정하는 여러 요인들 가운데서도, 공리주의자들과 사회결정론자들에 의해서는 배제되었던, "형이상(形而上)"의 세계에 대해 합의된 신념들이 가장 중요한 요인으로 포함된 것은 바로 이 때문이었다.

행위의 규범성에 의해 사회 질서가 유지될 수 있다는 설명은 곧 사회 공동체 구성원들이 자신들의 행위를 통제하는 규범 체계의 정당성에 대해 승복하고 있다는 사실을 의미한다. 이는 아울러 주어진 규범적 질서의 정당성을 뒷받침하는 종교 또는 이념적 합의와 같은 사회적 기제들이 성공적으로 작동하고 있음을 의미한다. 그런데 파슨스의 이와 같은 설명은 현실 속에서 어떤 종류의 사회 질서가 실제로 작동하고 있다는 전제로부터 출발하고 있다는 점을 주목할 필요가 있다. 공리주의적 가정에 기초한 홉스의 사회계약설에 대한 그의 반론은, 계약 자체가 준수되기 위해서는 계약 이전에 그것이 준수될 수 있도록 만드는 합의된 사회적 질서가 이미 존재하고 있다는 사실이 전제되어야 한다는 점에 기초를 두고 있다. 즉, 그것이 없는 계약 문서는 언제든지 한 장의 휴지 조각으로 바뀔 수 있다는 것이다. 홉스에 대해 파슨스가 제기하는 의문은, 따라서 계약 이전에 계약을 **지켜질 수 있는 계약**으로 만드는 사회적 규제력 그 자체가 어디에 기반을 두고 있느냐 하는 것이다. 이러한 의문에 대한 파슨스의 대답이 곧 그의 자원론적 행위 이론의 핵심적 내용을 구성하고 있다. 파슨스는 그 이론에 담긴 자신의 입장이 마샬, 파레토, 뒤르케임, 베버 등 사회과학의 대부들에 의해 이룩된 업적들 속에서도 이미 싹을 틔우고 있었다고 주장한다. 즉, 이미 현대 사회과학에서 대세를 형성하고 있었다는 것이다.

그러나 이와 같은 파슨스의 인식에는 아주 중요한 문제점이 제기될 수 있다. 그와 같은 주장에는 사회가 존재하는 곳에서는 그것을 지탱하는 어떤 질서가 작동하고 있으며, 그것이 사회구성원들에 의해 "바람직한" 것으로 인식되고 있다는 사실이 전제되고 있다는 점이다. 이에 대해서는 두 가지의 의문이 제기될 수 있다. 하나의 의문은, 과연 어떤 내용의 또는 수준의 질서가 존재하느냐이다. 그것은 머튼이 말하는 아노미적 질서일 수도 있고, 부르디외가 보았듯이, 이해관계를 달리하는 사람들로 이루어진 계급적 집단 간에 형성된 갈등적 구조의 질서일 수도 있다. 즉, 질서의 사실적 특성에 관한 의문이 제기된다는 것이다. 두 번째의 의문은, 구성원들 사이에 실제로 인정되고 있는 그 질서의 "정당성"에 관한 의문이다. 여기에서 파슨스의 주장 갖는 한계는 비교적 분명하게 드러난다. 이 점이 바로 머튼의 논문을 이 책에서 다룬 이유였다. 미국 사회는 기존의 규범 체계의 정당성에 대해 의구심이 제기될 수 있는 현실들이, 그 정도에 대해서는 정확히 언급되고 있지는 않으나, 내재적으로 조성되고 있으며, 따라서 질서를 위협하는 행동들을 하고 있든지 또는 그럴 개연성이 높은 사람들이 생겨나고 있다는 것이 머튼의 진단이었다. 질서의 정당성이 유지되기 어려운 아노미적 상황이 펼쳐지고 있다는 것이다. 이는 뒤르케임의 『자살론』을 논의하는 과정에서 파슨스 자신이 지적했던 사실이기도 하다. 사회 질서는 질서라고 부르기에는 어려울 정도로 매우 취약한 어떤 것일 수도 있으며, 부르디외가 그의 이론에서 설명하고 있듯이, 상징적 폭력 등을 통해서 유지되는 타율적 질서일 수도 있을 것이다. 머튼의 진단이 옳다면, 미국 사회에서 일부 사람들의 행동을 결정하는 가장 절박한 요인은 규범을 준수하고자 하는 도덕적 동기에 의해 발휘되는 "노력"보다는, 무엇보다도, 무너져가는 사회 질서 속에서 자신의 이익을 보호하기 위한 본능적 욕구일 것이다. 만약 부르디외의 진단이 옳다면, 개인들이 행동하는 동기나 그에 영향을 미치는 요인들은 계급적 배경을 달리하는 사람들이 사는 분절된 생활 세계마다 다르게 작용하는 것으로 볼 수 있다. 머튼의 아노미 이론과 부르디외의 이론에 대한 논의를 이 책에 포함시킨 이유가 바로 여기에 있었다. 그것들은 파슨스의 자원론적 행위 이론에서 당연한 것으로 간주되는 사회 질서의 현상이 그 자체로서 깊은 성찰과 심층적 연구를 요하는 복잡한 사실임을 알려주고 있다. 이는 그 사회 현상의 실태와 본질이 어떻게 규정되는지에 따라 사회적 행위는 전적으로 다른 관점에서 접근을 요하는 문제가 된다는 것을 시사한다.

이 책에서 다룬 이론들 가운데 소로킨의 이론은 긴 역사적 과정 속에서 나타나는 사회 및 문화의 변동 현상을 다룬 이론이다. 소로킨의 이론에서는 사람들의 사회적 행위를 지배하는 신념 체계와 가치관에 있어서 순환적 변동 과정을 서술하고 있다. 이는 사람들의 행위를 결정하는 주된 요인들이 시대에 따라 바뀌는 현상을 지적하고 있다는 점에서 의의를 갖는다. 파슨스 이론의 맥락에서 표현하자면, 사회적 행위를 결정하는 요인들을 표현하는 등식이 바뀌는 것이다. 사람들은 그들의 행동에 이전 시기에는 효과적으로 작동하던 요인들이 더 이상 작용하지 않은 세계로 이행하는 과정을 겪게 되는 셈이다. 정신적 가치를 추구하는 시대에서 사람들의 모든 활동이 돈의 가치로 환산되어 합리적으로 관리되는 시대로 바뀌기도 한다는 것이다. 역사를 긴 호흡을 가지고 바라보는 이와 같은 시각에서 보자면, 사회적 행위를 결정하는 일련의 보편적 요인들을 규정할 수 있다고 보는 파슨스류의 행위 이론은 분명한 한계를 갖게 된다. 필자가 사는 한국 사회는 과거에는 조선 왕조로 불렸던 사회였다. 조선은 성리학을 국가 이념으로 공식적으로 선포하고 그에 위배되는 모든 사상들과 신습(信習)들에 대한 철저한 통제가 시행되었던 사회였다. 유럽의 중세 사회는 기독교가 그와 같은 역할을 했었다는 점에서 유사한 특성을 보였다. 만약 우리가 이 책에서 다룬 쿤의 이론을 유추적으로 적용해서 표현한다면, 조선 사회와 유럽의 중세 사회에서 사람들의 행동은 현대 사회와는 전적으로 다른 패러다임으로 그 의미들이 해석되고 통제되던 사회였다. 사람들은 지금과는 전적으로 다른 생각을 가지고 판단하고 구성된 질서 속에 살았고, 그 세계 속에서 옳거나 적절하다고 판단되는 행동을 했을 것이다. 파슨스는 이 역시 어떤 형이상학적인 신념체계는 사회를 통합하는 기제로 작용하고 있다는 점에서 이와 같은 소위 "이념지향적" 사회들이 자신의 이론을 부정하는 증거는 되지는 않는다고 주장할 것이다. 반면에 소로킨은, 파슨스의 등식 가운데 포함된 여러 변수들 가운데 공리주의자들이 옹호하는 핵심 변수가 소거된 상태로 표현된 관념론적인 행위 이론이 실재하는 사회에서 실제로 작동하는 전형적 사례들을 이러한 문화권들에서 발견할 수 있다고 주장할 것이다. 물론 사회는 그와는 다른 유형의 "감각지향형 문화(sensate culture)"로 바뀌기도 한다. 이때는 관념론적 행위 이론에서 포함된 핵심 변수가 소거되고, 대신에 공리주의자들이 주장하는 물질지향적 인간 욕구를 대변하는 변수가 주된 요인으로 자리 잡은 유형의 행위가 지배하는 사회가 들어서게 된다. 이러한 유형의 사회 역시 역사 속에서 실제 현실로서 관찰될 수 있다고 하는 것이 소로킨의 주장이다. 파슨스의 이론 모델에서 시사하는 바와 같은 이념지향적 성향과 감각지향적 성향이 결합된 "이상적(ideal)" 형태의 사회 유형 역시 가능성이 없는 것은 아니다. 그러나 역사적 자료들을 통해서는 매우 드물게 관찰될 뿐이라고 소로킨은 지적한다.

만약 우리가 이와 같은 소로킨의 연구 결과와 비교한다면, 파슨스의 행위 이론은 사회적 행위에 영향을 미치는 모든 **가능한 요인들**을 그가 제시한 단위 행동의 등식 속에 포함, 즉 명시화하고 있다는 점에서 이론적 의의를 지니고 있는 것으로 평가할 수 있다. 그러나 소로킨은, 파슨스가 열거하는 각각의 요인들이 역사적 상황 속에서 발휘하는 영향력의 강도는 고정되어 있기보다는 높아지기도 하며 낮아짐으로써 사회의 성격에 있어서 순환적 변화의 현상이 나타난다고 주장한다. 이와 같은 소로킨의 주장은 사회적 행위를 이해하는 데 있어서 검증을 요하는 매우 중요한 하나의 가설을 제기하고 있다는 것은 분명하다. 더욱이 소로킨의 주장은 그가 쓴 『사회와 문화의 변동(*The Social and Cultural Dynamics*)』(1957)에서 보고하고 있듯이, 순수한 이론적 논증에 의존한 파슨스와는 달리, 전 세계 문명권에서 수집된 방

대한 규모의 경험적 자료들을 토대로 도출된 결론이라는 점도 주목할 만한 점으로 고려될 수 있다. [188)

다음으로, 부르디외의 이론과 미드의 이론을 이 책에서 논의 대상으로 삼은 중요한 이유와 함께 그 두 이론이 사회적 행위 이론의 발전을 위해 함축하는 의의에 관해 이야기해보려고 한다. 부르디외의 이론은 과거에는 상호대립되는 것으로 간주되어왔던 설명변수들을 하나의 이론 틀 속에 통합하려고 시도했다는 점에서는 파슨스의 행위 이론과 관심을 공유하고 있다고 평가할 수 있다. 그러나 파슨스가 결과적으로 거둔 성과는, 우리가 그가 제시한 행위를 결정하는 등식이 보여주듯이, 사회적 행위를 결정하는 것으로 판단되는 모든 중요한 변수들을 일단 그가 말하는 "개념적 틀" 속에 명시적으로 등재하는 작업에 비유할 수 있다. 이론적인 수준에서 파악된 그와 같은 변수들이 현실 속에서 실제로 어떻게 작동하는지에 관해서는 차후에 경험적 연구들을 통해 밝혀질 수 있을 것으로 보았을 것이다. 반면에 부르디외의 이론은 개인들의 주관적 인식과 실천 행동 그리고 "자본"의 불평등한 분포와 분절된 계급 구조를 특징으로 하는 사회, 즉 "장"의 현실이 어떻게 서로 맞물려 "구성되고 (constructed)" 있는지를 보여준다. 이런 면에서 파슨스의 통합적 행위 이론이 이후의 보다 구체화된 이론 구성과 경험적 연구를 위한 "개념적 틀"을 구성하는 작업으로서의 성격을 갖는다면, 부르디외의 이론은 하나의 본격적인 "이론"으로서 특징지을 수 있는 훨씬 구체적 내용을 갖추고 있다. 즉, 부르디외의 이론을 통해 우리는 사회적 행위의 여러 국면들이 역동적으로 상호작용하는 과정을 조금이라도 더 구체적인 모습으로 들여다볼 수 있게 되었다는 것이다. 물론 부르디외의 계급론적인 시선을 통해서 보는 현실에는 선택적인 왜곡이나 과장이 있을 수 있다는 것은 분명하다. 그러나 부르디외의 이론이 여러 핵심 현상들 간의 인과적 연결고리를 파헤치고 있다는 점에서 그것들을 일단 개념화하는 수준에서 그친 파슨스의 그것에 비해 훨씬 정교하게 발전된 차원의 이론이라는 것이 필자의 평가이다.

---

188) 이와 같은 소로킨의 주장에 대해서는 자료의 해석이나 핵심 개념의 정의 들과 같은 문제를 대상으로 다양한 비판이 이루어진 바 있다(참조: Merton, 1998: pp. 272-335).

이후에 이루어진 파슨스의 구조기능주의적 이론의 단계에서 그의 행위 이론에 의해 강조된 여러 결정 요인들은 베일스(Robert Bales)와 쉴스(Edward Shils)와의 공동 연구를 통해 "네 가지의 기능적 (필수) 요건들 (four functional requisites)"의 개념으로 발전하게 된다(Parsons, Talcott, Robert Bales, and Edward Shils, 1953). 이 시점으로부터, 파슨스의 행위 이론은 행위를 결정하는 요인들의 체계이자 행위의 환경적 조건들을 형성하는 "네 개의 체계(인간유기체, 인성체계, 사회체계, 문화체계)"로 분화된 거시적 구조의 사회학 이론으로 발전하게 된다. [189] 1950년대의 미국의 사회학은 이와 같은 방향으로 이론적 성과를 달성한 파슨스의 영향력이 다른 어떤 이론적 유파에 비해서도 우위를 점하게 되었던 시기로 평가된다. 그러나 미국 사회에서 1960년 당시부터 고조되기 시작한 제도권 일반에 대해 비판적인 사회 분위기가 확산되면서 파슨스 이론에 대한 관심이 퇴조하게 된다. 그와 함께, 그것에 대한 이해는 살아 있는 전통으로서라기보다는 이미 지나간 과거 이론들의 성과를 놓고 이루어진 학술사적 정리작업의 성격을 띤 것이었다는 것이 필자의 평가이다. 파슨스 이론이 1980년대부터 다시 조명을 받게된 데에는 알렉산더(Jeffrey Alexander)의 저술『사회학의 이론적 논리(*Theoretical Logic in Sociology*)』(1983d)가 계기가 되었던 것이 분명하다. 1980년대는 당시의 여러 조류의 사회학 이론들 사이에 통합의 필요성이 미국 사회학의 큰 관심사로 대두되었던 시기였다. 알렉산더는 그의 저서에서 파슨스야말로 그러한 "다차원적(multi-dimensional)" 이론의 필요성을 인식한 선구적 학자였고, 상당히 주목할 만한 성과를 거둔 바 있다는 주장을 제기했다(Alexander, 1983d; Alexander, Jeffrey C. & Bernard Giesen, 1987: 21-26). 파슨스의 위상을 복원시키기 위한 이와 같은 노력으로 인해 파슨스에 대한 관심이 실제로 어느 정도 상승하게 되었는지 판

---

189) 이 각각의 체계는 주어진 사회적 행위 체계가 주어진 사회에서 실행되기 위해 충족을 요하는 기능들을 실행하기 위해 사회에서 발전된 지위와 역할의 체계와 같은 사회적 구조물들, 신념들과 가치들과 같은 문화적 요소들의 체계, 사람들의 인성적 요소들 그리고 인간이 생명체로서 가지고 있는 욕구들의 체계를 의미한다. 파슨스는 사회적 행위가 주어진 공동체 속에서 지속가능한 현상으로 유지되기 위해서는 이와 같은 체계들이 요구하는 바들을 어느 선에서는 충족시켜야 할 필요가 있다고 본다. 파슨스가 제시한 "네 가지의 기능적 요구 조건들"은 사회적 행위가 충족해야 할 것이 요구되는 그와 같은 기능적 필요성을 강조하기 위한 목적으로 제안된 이론적 개념이다(참조: Parsons, et al., 1953; 1966; 1971).

단할 수 있는 자료를 필자는 가지고 있지는 않다. 그러나 지금 대충 느끼는 바로는, 1980년대 이후 이론 통합의 문제라는 현안의 과제와 관련하여 파슨스의 이름을 거론하는 문헌들이 늘어난 것은 사실로 여겨진다. 그렇다면 이어지는 이론의 발전 과정에 파슨스는 『구조』에서 드러난 한계들을 메워줄 어떤 성과들을 이루어낼 수 있었던 것일까?

콜만(Coleman, 1986)은 이러한 의문에 대해 매우 단정적으로 부정적인 평가를 내린 바 있다. "그(Parsons)가 윤곽을 그렸던 엄청나게 야심적이고 (이론) 통합을 위한 과업은 그의 이후 연구들에서는 더 이상 체계적으로 추구되지 않은 채 중단되고 말았다"(p. 1310)는 것이 콜만의 진단이었다. 그러했던 이유로서는, 파슨스가 "아마도 개인들의 행위로부터 체계화된 행위에 대한 설명을 이론적으로 도출하는 데 실패함에 따라, (집합적) 체계의 수준으로의 이론적 도약을 감행했고, 따라서 사회적 평형이 이루어지는 방식들을 분류하는 작업에 몰두했기 때문이었다"(pp. 1310-1311)고 설명한다. 파슨스가 행위 이론에는 더 이상 미련을 두지 않고 아예 판을 엎어버리고 떠났다는, 이와 같은 콜만의 비난 섞인 설명에 필자로서는 동의하기 어려운 것이 사실이다. 왜냐하면, 『사회적 행위의 구조』 이후에 발전된 파슨스의 이론 구조 속에서 "체계(system)"란 사회체계, 인성 체계, 생명 유기체, 문화체계라든지 그보다 상위에 있는 것으로 규정된 "일반적 행위 체계(general action system)"처럼 어떤 종류의 현상들을 집합적 수준에서 지칭하기 위한 개념들이라는 점은 인정되는 사실이다. 그러나 파슨스가 그의 논문 제목 "일반 행위 이론의 구성을 위한 논문 시안들(*Working Papers in the General Theory of Action*)"에서 시사하고 있듯이, 일차적으로는 그 네 개의 체계는 네 종류의 행위의 결정 요인들이 모여 이루어진 각각의 집합을 의미하기 때문이다. 다시 말해서, 기능적 요건들이 부과되는 네 가지의 측면들이 있음을 지적한다는 것은 무엇보다 인간의 사회적 행위를 결정하는 네 가지의 다른 종류의 요인들이 있다는 사실을 강조하기 위한 것 외에 더 중요한 이유는 없다는 것이다. 일반적 행위 체계와 거기에 포함된 네 개의 하위 체계들이 각각 어떤 기능적 목적을 지니고 행동하는 실체처럼 취급되고 있다는 콜만의 주장에는 나름대로 일리가 있다는 것은 분명하다. 대체로 모든 구조주의자들이 그렇듯이 구조기능론자들도 분석적 개념들을 실체화하는 경향이 있기 때문이다. 그러나 필자가 판단하기에, 언급된 네 개의 하위 체계는 가장 일차적으로는 사람들의 사회적 행위에 영향을 미치는 요인들을 그 특성에 따라 네 종류로 분석하고, 그것들을 각기 다르게 일컫기 위한 분류적 개념들이라는 것이 필자의 해석이다. 두 번째는, 기능적 요구조건이라는 개념 역시 사람들의 행위가 목적지향적이라는 사실을 고려할 때, 목적을 규정하고 달성하는 과정에서 행위자에게 요구되는 현실적 내지는 규범적 고려 사항들을 지칭하고 있다는 것이 분명하다는 것이다. 파슨스는 그가 행위 이론을 "자원론적 행위 이론"이라는 이름으로 처음 발표했을 때와 마찬가지로 구조기능주의 이론의 단계로 접어들어 "체계"라는 개념을 사용하게 되었을 때도 그의 의중은 곧 행위에 영향을 미치는 요인들을 구성요소로 포함하는 체계를 의미하고 있었다는 것은 의심의 여지가 없는 것으로 여겨진다. 따라서 필자가 판단하기에, 『구조』이후에 지속된 파슨스의 이론적 작업들은, 알렉산더도 지적하고 있듯이, 『구조』에서 제기된 관심사, 즉 행위 이론의 연장선상에서 이루어지고 있는 것은 분명하다.

파슨스의 『구조』에서 제안된 행위 이론은 사회적 행위의 현장에 대한 견실한 조사나 실제로 행위자들이 경험하는 현실들과는 유리된 상태에서 주로 사회학적 고전들의 분석을 통해 추출된 이론적 개념들의 조합을 통해 사회적 행위의 구성 요소들을 규정하고 있다. 그런 점에서, 경험적 현실과 유리된, 즉 현실유관성이 논란될 수 있는 이론이라는 점이 하나의 문제점으로 지적되었다. 『구조』이후에 이루어진 이론적 작업에 대해서 제기된 문제점들 역시 그로부터 크게 달라진 것은 아니었다. 그 발전의 방향은 오히려, 기능론적 관점이 이론 속으로 유입됨에 따라 더욱 높은 수준의 추상적 개념들을 포함하는 이론으로 발전하게 되었다. 이로써 현실 속에서 일어나는 행위들을 설명한다는 것은 오히려 더욱 어려워지게 되었다. 경험적 현실 속에서 관찰되는 행위 상황들과 극도로 추상화된 개념들로 구성된 이론 사이에 간극이 더욱 커지게 되었다는 것이다. 콜만의 관점에서 본다면, 현실과 이론 간에 이와 같이 괴리가 발생한 이유는 파슨스가 사회적 행위를 설명하는 데 있어서 가장 기본적인 원칙을 망각하고 있었기 때문이다. 즉, 어떤 목적을 가지고 행동하는 개인들의 행위가 사회학적 설명의 가장 기본적인 단위가 되어야 한다는 원칙으로부터 파슨스의 사회학은 시작되었다. 그러나 파슨스는 그의 이론을 구축하는 과정에서 자신이 제시했던 그와 같은 원칙을 망각하고 바로 거시적 이론으로 도약하는 무리를 저질렀다는 것이다. 파슨스의 이론적 작업이 갖는 문제점, 즉 미시적 이론의 토대를 포기한 가운데 사회학 이론을 구축하려는 시도에서 나타나는 문제점을 해결하기 위해 일부 사회학자들이 택한 하나의 방법은, 파슨스가 사회과학에서는 이미 극복되었다고 주장한, 공리주의 이론으로의 후퇴였다. 호만스의 이론이 대표적 사례로 꼽힐 수 있다. 콜만의 표현을 빌리자면, 호만스는 "파슨스와는 반대 방향인 환원론적인 행태주의(reductionist behaviorism)를 향해 움직여 간 것이다"(Coleman, 1986: 1311). 물론 이와 같은 고전적 행태주의로까지 회귀하는 접근방법에 대한 콜만의 반응은 부정적이었다. 이유로서는 심리학적 환원론이 일반적으로 지닌 한계가 지적된다. 즉, 심리학적 명제를 기반으로 하여 설명이 가능한 현상의 범위는 대체로 사람들 간의 대면적 관계로 제한된다는 것이다. [190] 콜만(1987)이 제시한 대안은, 그가 예를 들어 보여주는 바와 같이, 베버의 『청교도 윤리와 자본주의 정신(*The Protestant Ethic and the Spirit of Capitalism*)』(1958)에서 지적된 "청교도 윤리"와 "자본주의 정신" 간의 인과관계에 대한 거시적 수준의 명제를 중간에 미시적 행위 변수들을 경유하는, 보다 세분화된 형태의 인과 모형으로 바꾸어 서술하는 것이다. 즉, 전자는, 청교도 윤리에서 자본주의 정신으로 직접 이어지는 하나의 경로로 서술된 거시적 인과관계의 모형을 제시하고 있다. 반면에 후자는 1) 청교도의 교리가 교도들에게 어떤 내용의 가치들을 주입하고, 2) 어떤 가치들은 개인들로 하여금 어떤 방식으로 경제 활동을 하도록 영향을 미치며, 3) 개인들이 수행하는 어떤 방식의 경제적 활동들은 사회에서 자본주의적 경제 체제가 형성되는 데 이바지하게 된다는, 세 경로로 구성된 인과 모델을 제시한다(Coleman, 1987: 154-155; 1990: 8). 이렇게 되면, 적어도 콜만이 보기에, 행위 이론의 토대 위에서 자본주의 체제의 발달이라는 거시적 현상에 대한 설명이 가능하게 되는 셈이다. 다른 말로 표현한다면, 사회학 연구의 오랜 과제였던 "거시-미시의 연계 (macro-micro link)"를 가능케 하는 다리가 놓아지는 것이다.

---

190) 이 점과 관련하여, 호만스의 대표적 저서 『사회적 행위: 그 기초적 형태들(*Social Behavior: Its Elementary Forms*)』(1974a)의 제목에 나타나는 "기초적(elementary)"라는 말이 곧 "대면적 관계"를 의미한다는 것을 이해한다면, 위에서 지적한 콜만의 우려에는 근거가 없지 않음을 짐작할 수 있을 것이다.

이와 같은 콜만의 시도가 과연 사회적 행위 이론이 지향하는 기본적 취지에 비추어 어떤 의의를 갖느냐를 평가해야 한다면, 필자의 판단은 그다지 긍정적인 편으로 기우는 것은 아니다. 대부분의 사회학자들은 필자가 다음에 지적하고자 하는 행위 이론의 기본적 취지에 동의할 것으로 생각한다. 왜냐하면, 가장 최근 시기에 발표된 여러 사회학적 이론들 가운데 부르디외의 이론이 특히 주목을 받고 인기를 끈 이유는 그의 이론이 다음에 지적하고자 하는 행위 이론의 기본적 취지에 부합된다고 여겨졌기 때문이다. 부연한다면 필자가 미드를 이 책에서 다루기로 결정한 것도 동일한 이유에서였다. 행위 이론이 사회학에서 달성하려고 한 목적은, 상호연관성을 갖는 다음과 같은 두 가지로 과제로 요약해 볼 수 있다. 하나는, 인간 행위를, 적어도 상당한 부분에 있어서는, 행위자가 위치한 사회적 환경의 산물이라는 관점에서 개인들의 행위를 그것에 영향을 미친 사회적 요인들의 결과로서 설명하려고 한다는 것이다. 여기에서 행위에는 외부에 나타나는 행동뿐만 아니라 그것의 내면적 구성요소로서 간주되는 행위자의 신념, 태도 등도 포함된다. 두 번째는, 역으로 사회는 근원적으로는 개인들의 행위의 결과물이라는 전제 하에, 개인들의 행위를 통해 사회가 어떤 종류의 질서 또는 구조를 지닌 현상으로 존재하는 기제에 관한 이해를 얻으려고 시도한다. 첫 번째 지적된 과제와 관련하여, 인간 행위에 영향을 미치는 사회적 현상을 마치 자연 현상처럼 인간 의지나 인식과는 별개로 움직이는 현실로 간주하는 경우에 인간 행위는 결과적으로 사회적 사실들의 피조물과 같은 위치로 전락할 것이다. 이와는 반대로 인간의 행위를 순수하게 행위자의 주관적 의향에 따라 자의적으로 "구성(構成, construct)"되는 현상으로 규정한다면, 인간의 의지 외에는 그들의 마음이나 행위를 설명할 다른 어떤 요인도 인정할 수 없는 결론에 이를 수밖에 없을 것이다. 이와 관련하여 필자는 이 책에서 이미 언급한 바 있는 한 가지 사실을 상기시키고자 한다. 부르디외(1989: 14)는 그의 저술을 "구성주의적 구조주의(*constructivist structuralism*)" 또는 "구조주의적 구성주의(*structuralist con-structivism*)"라는, 두 마디로 특징지은 바 있다. 반대되는 의미를 지닌 두 용어를 연결해서 그의 이론적 시각을 특징짓고 있다. 이 모순된 표현은 사회적 행위를 이해하는 데 있어서는, 인간 행위를 사회적 산물로, 그러나 동시에 사회를 인간 행위의 산물로 다룰 필요가 있음을 강조하고 있다는 데 의미가 있다. 어느 한 편만을 강조하는 경우에 우리는 바로 앞에서 지적한 바와 같이 사회적 행위의 양면적 본질을 어느 한 편으로 왜곡하는 문제에 빠지게 된다는 것이다.

필자가 간단히 소개한 콜만의 자본주의 사회의 발원에 대한 설명은, 적어도 콜만 자신의 평가를 따른다면, 위에서 이야기한 조건을 충족하고 있다는 점에서 의미를 부여할 수 있다. 1) 객관적인 사실로 존재하게 된 청교도의 종교적 교리가 (즉, 하나의 사회적 사실이), 2) 개인들의 가치와 경제적 행동에 (개인의 어떤 유형의 행위적 지향에) 영향을 미치고, 그 행위들이 결국 3) 자본주의 경제 체제라는 거시적 현상을 출현시키게 된 과정을 설명함으로써 소위 "거시와 미시 간의 전환의 문제(the problem of transformation)"(Wippler and Lindenberg, 1987: 146-149)가 해결될 수 있는 길을, 하나의 연구 실례를 통해 보여주고 있다는 것이다. 문제는 사회적 행위의 핵심적 측면인 개인들의 행동이나 인지적 요소들의 특성 및 그 기능을 놓고 콜만을 비롯한 합리적 선택주의자들이 보여주는 지식의 심도나 폭이, 미드나 부르디외의 그것들과 비교했을 때, 너무 단순하고 피상적이라는 것이다. 미드의 경우에, 사회적 행위의 이러한 측면은 "행태(behavior)," "마음(mind)", "자아(self)"와 같은 개인적 수준의 현상들을 통해 설명되고 있다. 미드에 의해 지적된 이 세 현상은 부르디외가 제안하는 "아비투스(habitus)—실천 행동(practice)—장(field)"을 잇는 일련의 인과적 연관 고리 속에서 앞의 두 부분에 해당되는 현상이다.

미드를 다룬 부분에서 우리가 살펴보았듯이, 행태와 마음 그리고 자아의 현상이 갖는 특성과 함께 이들 현상 사이에 연관성에 대한 설명은 매우 심층적인 성찰과 분석을 통해 이루어지고 있다. 미드는 개인들이 주변의 상황, 특히 사회적 자극들에 대해 보이는 행태적 반응에 대해 다른 사람들이 어떤 행태적 반응을 보이고, 그로부터 나타나는 결과가 마음과 자아의 형성에 어떤 영향을 미치는지를 철학적 학문에 단련된 사회심리학자의 안목을 활용하여 매우 면밀하게 들춰내고 있다. 사람들의 마음속에 타인들의 관점에서 자신을 대상화하는 자아의 본질을 들춰냄으로써 개인들의 자아에 의해 인식된 현실이 타자들이 보는 현실과 융합되어가는 과정에 대한 미드의 설명은 개인의 행동과 마음의 사회적 본질에 대해 다른 어떤 사회학자도 미치지 못한 탁월한 증언이었다. 물론 행동이 이루어지는 국면에서 사회적으로 통제되지 않은 요인들이 작용함으로써 나타나는 예측 못했던 행동들 역시 자아로부터 연유하고 있음은 분명하다. 아울러 창의적 발상에 의한 새로운 행동도 기존하는 사회적 관계 속에서 형성되는 인간 자아의 자기성찰적 능력 때문에 가능하다는 미드의 견해는 인간이 단지 사회의 수동적인 피조물로서만 그치지 않는다는 주장을 뒷받침하는 매우 설득력이 있는 논리를 제공한다. 미드의 이론적 시각 속에서 인간이 사회의 피조물이라는 주장은 구조주의적 사회학 이론의 결정론적인 시각으로만 이어지는 것은 아니다. 그것은 다른 하나의 관점, 즉 사회가 인간의 적극적인 의지와 행동의 산물이라는 "구성주의적(constructive)" 시각으로도 연결된다는 것이다. 이러한 점에서 미드의 이론은 인간의 사회적 행위가 지닌 양면적 특성에 대한 매우 설득력 있는 증언을 제공한다는 것이 필자의 평가이다.

부르디외의 이론 역시 기존의 사회학 이론들에서 대개는, 구조주의적 시각으로든지 아니면 구성주의적 시각으로든지, 어느 한편으로 기울던 편향성을 극복하기 위한 적극적인 노력의 산물이었다. 이미 앞에서 인용한 바 있듯이, 이러한 의도는 부르디외가 자신의 사회학이 추구하는 이론적 노선에 대해 "구성주의적 구조주의 또는 구조주의적 구성주의"라는 모순된 표현을 복합적으로 사용한 데서도 분명히 드러난다. 사회적 행위의 **규정되고 규정하는** 그와 같은 이중적 특성은, 부르디외에 있어서는, 아비투스, 실천 행동, 장(場)의 재생으로 이어지는 일련의 사회적 과정 속의 각각의 국면들에서 표현된다. 즉, 주어진 사회적 장의 구조적 현실은 그 속에서 생활하는 개인들의 성향을 결정하고, 그러한 성향에 의해 어떤 규정된 방향을 향해 실천되는 개인들의 행동을 통해 사회구조는 다시 재현되는 것이다. 부르디외는 그 과정의 어느 국면에서 사람들의 의식을 지배하는 상징 권력을 위협하는 사건들이 벌어질 가능성은 언제든지 존재한다고 보고 있다. 왜냐하면, 사람들의 인식에 변화가 나타나고, 결과적으로 과거와 다르게 행동한다면, 이전부터 이어지던 어떤 방식의 실천 행동들을 통해 유지되어 온 사회적 현실의 구조는 변화할 수밖에 없기 때문이다. 문제는, 부르디외가 살던 프랑스 사회의 계급적 현실에 왜 별다른 변화가 나타나고 있지 않으냐 하는 것이다. 이 문제를 다른 말로 표현하자면, 왜 실천 행동이, 그것이 본연적으로 가지고 있는 가능성에도 불구하고, 구조적 현실을 바꿀 수 있는 힘을 실제로는 발휘하지 못하느냐 하는 것이다. 이는 부르디외의 이론이 비판되는 이유이기도 한 쟁점이었다. 즉, 부르디외는 실천 행동을 사회가 구성되는 데 핵심적 변수로 강조하고 있으나, 실제적으로는 구조에 의한 규정력을 일방적으로 강조하는 이론이라는 비판이 그것이다.

여기에는 두 가지 해석이 가능할 것으로 여겨진다. 사람들이 처한 계급 현실이 그들의 의식을 규정한다는 생각은 마르크스주의자들의 기본적인 신조 가운데 하나이다. 이는 부르디외의 경우도 마찬가지인 것으로 여겨진다. 부르디외의 대표적 저술인 『구별짓기(distinction)』(1984)는 프랑스 사회에서 기존의 사회적 및 문화적 제도에 의해 사람들의 취향과 의식이 어떻게 틀지어지고 있는지를 다양한 경험적 자료들을 토대로 서술하고 설명한 연구서이다. 이와 같은 연구의 저변에 깔린 시각들은 기본적으로 구조주의적 시각, 즉 계급결정론적인 시각이 우세하게 작용하고 있다는 점에서 부르디외가 자신의 이론적 입장을 "구성주의적 구조주의 또는 구조주의적 구성주의"라고 그 성격을 규정지은 것 자체부터 설득력이 결여된 주장처럼 여겨진다. 물론 본문(p.288)에서 지적한 바 있듯이, "부르디외의 이론 체계 속에서는 위에서 서술된 바와 같은 과거 구조의 재생이 거의 기계적으로 일어날 수밖에 없다는 논리적 결론을 배제할 수 없다는 데에 대해 반박하는(1990a: 107; 1990b: 27; Wacquant, 1989: pp. 36-37; cf. Croce, 2015: 328) 입장 역시 그의 저술의 다른 부분들에서 목격되고 있다." 그러나 많은 논평자들이 지적하고 있듯이, 부르디외가 보여주는 사회는 사회의 구조적 힘이 사람들의 의식과 행동을 압도하는 모습을 보여주고 있다. 아마 이는 부르디외의 이론적 지향이 마르크스의 그늘 속에 아직도 머물고 있기 때문으로 진단될 수 있다. 부르디외의 이론에서 관찰되는 이와 같은 한계는 사람들의 행동이나 패러다임에 변화를 가져올 요인들을 중요한 관심거리로 다루었던 미드나 쿤의 이론과 뚜렷한 대조를 보인다.

부르디외의 연구에서 "구성주의적" 측면보다는 "구조주의적" 시각이 더 우세하게 작용한 것으로 판단되는 결론이 나오는 이유에 대해 다른 해석도 가능하다. 그와 같은 결론은 그의 이론적 입장 자체가 구조주의적 입장으로 일방적으로 기울고 있기 때문은 아니라는 것이다. 그보다는 부르디외의 연구는 그가 실증적 조사를 통해 밝혀내고 있는 현실을 정직하게 설명하고 있을 따름이라는 것이다. 즉, 프랑스 사회에서 아직도 기존하는 사회적 구조의 영향력이 그것을 개혁하고자 하는 어떤 행동도 무력화시킬 수 있을 만큼 강하게 작용하는 현실을 그의 경험적 연구가 밝혀내고 있고, 그대로 보고하고 있을 뿐이라는 것이다.

위의 어떤 해석이 더 맞는지에 관계없이 내릴 수 있는 하나의 결론은 거시−미시, 구성주의적 시각과 구조주의적 시각, 관념론과 유물론적인 시각을 결합시키고자 한 부르디외의 야심찬 의도에 비해 아직 충분한 정도로 명료하고 체계화된 모습을 갖추지 못한 상태에 있다는 것이다. 필자의 평가는 "아비투스"라는 하나의 현상만 표적으로 삼더라도 실로 방대한 사회심리학적인 과제들이 거론될 수 있을 것으로 여겨진다. "장"이라는 이름으로 불려진 인간 행위 영역의 실태적 특성들과 구조 그리고 그 안에서 전개되는 개인들의 "실천 행동"의 실태와 본질을 파악하는 과제 자체만 해도 실로 엄청난 시간과 노력이 경주되어야 하는 과업일 것이다. 부르디외의 이론은 그와 같은 일련의 현상들에 대해 우리의 궁금증을 해소시켜주는 데는 아직도 미진한 부분들이 너무 많은 것이 사실이다. 그러나 우리가 사람들의 사회적 행위를 이해한다는 과제와 관련하여 매우 주목할 만한 업적을 남긴 것은 분명하다. 가장 중요한 성과로는, 사회적 행위의 이해를 놓고 사회학의 이론적 진영들 사이에 분산된 관심 영역과 주제들을 "구성주의적 구조주의 혹은 구조주의적 구성주의"라는 명칭 하에 하나의 이론적 체계 속으로 통합시켰다는 점이다. 아비투스−실천 행동−장으로 이루어진 행위 요소들 및 이들 요소들을 기반으로 행위의 실천이 이루어지는 사회적 영역들 그리고 이들 간에 형성된 일련의 인과적 과정을 하나의 이론 체계 속에서 다루기 위한 이론적 준비 작업이 상당 수준까지 진척되었다는 것이다. 물론 이를 보다 명료화시키고, 확장시키고 수정 또는 보완하는 작업들이 필요하다고 보는 것은 역설적으로 그 발전의 가능성에 대한 인정을 의미한다. 이러한 의미에서, 필자의 이 책에서 부르디외를 다루면서 기대한 바에 부합하는 충분한 의의를 지닌 것으로 평가된다. 즉, 사회적 행위를 이해하기 위한 앞으로의 지적 여정에 중요한 하나의 디딤돌이 될 수 있는 가능성을 지닌 것으로 판단한다는 것이다.

미드의 이론에 대해서 필자는 부르디외의 이론에 대해 내린 바와는 조금 다른 각도에서 그 의의를 평가하나, 그러나 결코 못지 않은 중요성을 지닌다는 점을 강조하고자 하는 입장이다. 미드 이론이 사회적 행위 이론에 대해 가질 수 있는 가장 중요한 의의는, 필자가 본 어떤 다른 이론에 비해서도, 개인의 행동과 인간 의식 그리고 사회 사이에 존재하는 상호연관성을 심층적으로 파헤치고 있다는 점이다. 이 가운데 사회의 현상적 실태에 대해 미드가 이야기하고 있는 사실들은 1930년대 이후부터 축적된 사회학적 연구들의 성과에 비추어 볼 때 대체로 피상적 수준에 머물고 있다는 것이 공정한 평가일 것이다. 반면에 실용주의적 관점에서, 개인의 "마음"과 "자아"가 형성되는 과정을 심도 있게 파헤쳐 간 미드의 노력은 사회적 행위의 본질을 이해하는 데 어느 다른 사회학자에 의해서도 대체하기 어려운 매우 탁월한 업적을 남긴 것으로 평가될 수 있을 것이다. 우리가 이미 지적한 바 있듯이, 사회적 행위의 본질은 인간 행위는 사회의 산물임과 동시에 사회는 행위의 결과로서 나타나는 현상이라는, 양면적 특성을 갖는다는 점에서 찾을 수 있다. 이와 관련하여 미드의 과제는 두 가지로 나누어 볼 수 있다. 하나는, 개인들의 내면에 형성된 마음과 자아의 현상이 개인의 행동에 대한 사회적 반응들을 통해 어떻게 형성되는지를 살펴보아야 한다는 것이다. 두 번째는, 역으로 사회 과정을 통해 형성된 마음과 자아가 지닌 어떤 종류의 특성과 기능에 비추어 사회 질서가 어떻게 가능하게 되었는지를 설명하는 것이었다. 여기에서 우리가 주목해야 할 한 가지 사실이 있다. 그것은 인간의 내면적 의식이 핵심적 변수가 되고 있기 때문에, 질문지 조사나 관찰조사와 같이 외부로 나타나는 반응 또는 행태들을 기록하는 방법을 통해서는 그 현상의 이해는 가능치 않다는 점이다. 따라서 외부 현상과 상호작용하는 가운데 인간의 마음 내면에서 전개되는 사유 현상의 본질적 속성을 간파해내는, 심도 있는 성찰이 요구되는데 이는 결코 쉬운 일은 아니다. 결과적으로, 미드가 이룬 성과는 인간의 마음이 얼마나 사회에 의해 영향을 받아 형성된 사회적 산물인지를 증언하는 매우 탁월한 업적으로 꼽힐 만한 것이었다. 미드의 시선을 통해 우리는 왜 우리가 보는 현실이 다른 사람들이 보는 현실과 왜 대체로는 다르지는 않은지, 또는 어느 면에서는 왜 달라지는지를 이해할 수 있게 되었으며, 사회가 가능한 이유에 관하여 파슨스와는 또 다른, 필자에게는 더 설득력 있는, 설명을 접하게 된다.

미드의 관점에서, 자아를 비롯한 어떤 대상들에 대하여 개인들이 가지고 있는 의미들이 사회적 산물이라는 이야기는 그것들이 외부 사물들에 대한 개인들의 행동적 반응과 그에 반응하여 이루어진 타인들의 행동 그리고 그 결과들에 대한 경험들이 모여 형성된 산물임을 의미한다. 이와 같은 맥락에서, 사물들이 갖는 의미의 핵심은 개인이 그의 경험을 토대로 그것들에게 보이는, 또는 보일 것으로 기대되는, 행동에 있다. 또 어떤 특별한 경우에는, 그가 이제까지 경험한 여러 가지 사실들을 토대로 아직은 경험해보지 않은 어떤 결과가 나올 수도 있을 것으로 추정하는, 그러나 결과를 아직은 추단하기 어려운, 미래의 어떤 행동에 있기도 할 것이다. 그러나 사물들에 대해 이와 같은 의미를 가지고 개인들이 행동을 한다고 가정했을 때, 그것이 사회에 미치는 영향은 이제, 부르디외가 그의 이론을 토대로 생각하는 것처럼, 사회를 다시 예전의 형태로 재생하는 결과로만 그치지는 않을 것이다. 왜냐하면, 우선 개인의 행동은 학습된 요인들만 영향을 미치는 것은 아니기 때문이다. "**I**" 국면에서 나타나는 개인의 행동에는 본인도 예상하거나 이해하지 못한 다양한 요인들이 작용할 가능성이 있다고 미드는 보고 있다. 또한 어떤 행동이 과거의 그것을 단순하게 반복하는 것만은 아닐, 또 다른 이유가 있다. 미드는 개인의 내면에서 이루어지는 자아와 일반화된 타자 사이에 이루어지는 대화는 인간의 이성적 사유 능력과, "**I**"와 "**Me**"의 융합을 통한 "국제주의적 심성(international mind-edness)"(1962: 270), "민주주의"와 같은 태도 및 가치의 형성을 가져왔다고 본다. 보다 높은 수준의 존재로 발전하려는 자아의 의지 역시 마음속에 형성된 일반화된 타자와 이루어지는 내적 대화의 산물이라고 미드는 보고 있다. 이러한 견해를 통해 우리는 곧 미드가 사회의 진화적 변화를 가능하게 했던 가장 근원적 요인을 자아의 사회적 속성으로부터 유래된 인간의 심리적 속성과 인지적 능력에 귀착시키고 있음을 알 수 있다. 인간들의 역사적 경험들을 통해 아마는 상식으로도 통하고 있을 법한 이와 같은 견해가 왜 파슨스라든지 부르디외의 이론과 같이 유력한 이론들에 의해 외면되고 있는지는 흥미를 끄는 의문을 제공한다. 더욱이 파슨스나 부르디외가 각자의 이론을 통해 의도했던 체제 수준의 현상과 개인 행위 간의 통로를 마련하는 데 나름대로 기울인 노력에도 불구하고 체제결정론적인 결론이 도출될 수밖에 없는 논리적 함정에서 탈피할 수 없었다면, 미드에 의해 제시된 대안은 숙고를 요하는 충분한 가치를 지니고 있다는 것이 필자의 평가이다.

사회적 행위의 양면성은 현실적으로 체험되는, 부인하기 어려운 현실이라는 것은 분명한 것으로 여겨진다. 즉, 개인들의 행동이 사회의 영향을 받아 어떤 규정된 형태로 나타나고 있으며, 동시에 사회적 관계의 구조가 오직 개인들이 실천하고 있는 어떤 행동들을 통해서 실현될 수 있다는 것은 부인될 수 없는 사실이다. 문제는 사회이론가들이 이 양 측면의 현실이 어떻게 이어지고 있는지를 설명하는 데 제기되는 어려움을 해소하고 있지 못하다는 것이다. 그러나 이 어려운 문제를 해결해 줄 이론을 구성하는 데 필요한 원칙을 이야기하기는 어려운 일이다. 그와 같은 이론을 실제로 구성한다든지 그에 필요한 예비작업을 위해 우리가 해야 할 일들을 미리서 안다는 것 자체가 매우 창의적인 발상을 요하기 때문이다. 필자가 미드를 매우 긍정적으로 평가하는 이유는 여기에 있다. 행동과 마음과 사회를 잇는 연결 통로를 개인들 간에 행동을 주고받는 현장 속에서 포착해낸 미드의 연구 결과는 그 자체의 성과로도 높은 평가를 받아야 할 것으로 여겨지지만, 사회적 행위에 관해 보다 심층적인 이해를 얻기 위해 앞으로 진행될 연구들을 위해서도 매우 중요한 기여를 하리라는 것이 필자의 평가이다.

다음으로, 이 책에서 또한 논의의 대상이 되었던 토마스 쿤의 이론이 지닌 의의를 이 결론 부분에서 다시 간결하게 정리해서 이야기해보려고 한다. 쿤의 과학 이론을 이 책에서 논의 대상으로 삼은 일차적인 이유이자 명분은 그것이 주어진 과학자들의 공동체의 구성원들에 의해 공유되는 소위 패러다임이 파슨스가 말하는 "일반적 행위 체계"와 상당한 유사한 특성을 보여주고 있다는 점이다. 이러한 유사성에 대해 특별히 이상하다고 말할 수는 없을 것이다. 과학자들의 공동체 역시 인간공동체이고, 그들의 활동 역시 집단적 규약의 틀 속에서 수행되는 사회적 행위라는 점에서 일반적인 또는 다른 분야의 인간공동체와 공통성을 지니기 때문이다. 어떤 점에서 공통성을 보이고 있느냐는 이미 본문에서 논의된 바 있다. 따라서 필자가 쿤의 이론을 논의에 끌어들인 이유와 관련하여, 필자에게 요구되는 바가 있다. 그것은 어떤 점에서 쿤의 이론이 우리가 사회적 행위를 재정립하고자 하는 작업에 중요하게 고려되어야 할 요소들을 포함하고 있는지에 관해서 설명이 필요하다는 것이다. 필자는 서문에서 사회적 행위 이론이 해결해야 할 세 가지의 중요한 과제가 있음을 지적한 바 있다. 하나는, 인간의 본연적 자질과 소위 "사회 질서" 사이에 제기되는 문제에 대한 해답을 제시해야 한다는 점이다. 둘째는, 미시—거시의 연계의 문제이다. 즉, 기존의 사회학 이론들은 사회와 개인들 간에는 어떤 형태의 뗄 수 없는 연관성이 존재하고 있다는 사실 자체는 너무도 당연한 사실로 인정하고 있었다.

그러나 사회학자들은 사회결정론적인 시각이 아니면 명목론적인(nominalist)[191] 관점에서 그 관계를 설명하는, 두 입장으로 나뉘어 왔다. 이 두 입장 사이에 괴리가 주어진 사회이론의 구조 속에서 얼마만큼 해소되고 있느냐 하는 것은 현대 사회학의 중요한 관심사가 되어왔다. 물론 이는 사회적 행위 이론의 경우에도 당연히 적용된다. 세 번째는, 주어진 사회적 행위 이론이 갖는 현실 유관성의 문제이다. 사회의 현실적 현안들에 대해 주어진 이론이 얼마나 의미 있는 해답을 제공하느냐 하는 문제에 대한 사회학자들의 의견은 엇갈릴 수는 있을 것이다. 그 현안들이 무엇인가에 따라 현실유관성에 대한 평가는 달라질 수 있기 때문이다. 따라서 필자는 본문에서 쿤의 이론을 다루는 과정에서 필자가 중요하다고 생각하는 현실 사회 속에서의 쟁점을 하나 골라 쿤의 이론에 의해 제시될 수 있는 가능한 해답을 구상해 보았다. 그것은 후쿠야마의 논문 "역사의 종말(The End of History)"(Fukuyama, 1989)을 통해 제시되었던 주장에 대한 평가였다. 본문의 논의에서 이미 지적된 바 있듯이, 후쿠야마의 주장과 관련하여 두 가지 측면에서 설명이 요구된다. 하나는, 사회주의 체제의 붕괴와 동시에 더 이상 역사 속에서는 그 체제의 부활이 불가능하다는 판단의 근거이다. 다른 하나는, 역사에서는 이제 자본주의 사회의 내재적 진화의 과정만 남아 있다고 판단하는 근거에 대한 설명이다. 필자에게는 매우 중요하다고 생각되는 이와 같은 역사적 사실들과 관련하여 통상적인 사회학 이론들로부터 어떤 판단을 도출한다는 것은 매우 어려울 것이다. 우리가 이 책에서 검토한 어떤 이론을 통해서도 앞에서 우리가 제기한 현실적 문제점에 대해 어떤 종류의 판단을 이끌어내기

---

191) 명목론적 이론에서 주장하는 바는 사회란 개인들의 모임을 일컫는 명칭에 지나지 않는다는 것이다. 즉, 사회란 실체가 없는 이름에 불과한 개념이기 때문에, 논리적으로 본다면 사회를 일컫는 모든 사실들은 개인들에 관한 사실들로 환원가능하다고 보는 것이다. 이와는 반대의 입장, 즉 사회적 사실주의(social realism)에서는 사람들이 모여 집단을 이루게 되면 사람들 간의 관계를 규제하는 규범들과 같은 집단 차원의 새로운 현상들이 새롭게 "생겨남으로써(emerging)" 집단은 그 자체로서 어떤 규제력을 행사하는 현실로 작용하게 된다고 본다. 이와 관련하여, 명목주의적 논리를 옹호하는 대표적 학자로서는 호만스 (Homans, 1974b)를 들 수 있다. 반대의 입장으로서는, 일정한 수의 사람들로 이루어진 모든 집합들을 가정했을 때, 그 모든 집합이 사회가 될 수는 없으며, 어떤 조직이라든지 규범과 같은 조건들이 갖추어졌을 때 비로소 사회로의 조건을 갖춘 것으로 간주될 수 있다는, 사회적 사실주의적 관점을 옹호하는 주장(Wojtasiewicz, 1979)을 살펴본다면, 이 논쟁을 이해하는 데 유익한 참고자료가 될 것이다.

는 어려울 것으로 여겨진다.

사회 체제와 인간 행위 간의 연관성을 설명하기 위한 목적으로 만들어진 사회적 행위 이론이 사회주의 체제의 붕괴라는 엄청난 역사적 사실이 벌어진 이유와 그 역사적 재현의 불가능성을 논증하기 위한 목적으로 쓰이는 것이 불가능하다고 일단 전제해보자. 아울러 자본주의 체제가, 그것이 치유하지 못한 여러 고질적인 문제점들이 누증(累增)되고 있는데도 불구하고, 단명으로 끝난 사회주의 체제와는 정반대로 생명력을 유지해나가는 이유를 설명하는 데 무용할 따름이라고 또한 전제해보자. 그렇다고 했을 때 당장 우리에게 떠오르는 의구심은 현대 사회에서 가장 중요한 두 체제의 운명과 추이에 관해 어떤 시안적 설명도 제시하지 못하는 사회적 행위 이론의 용도에 대한 회의이다. 우리가 무엇 때문에 그것을 만들어내느냐 하는 것이다. 사회학자들이 마르크스와 베버의 대립을 주목한 큰 이유 가운데 하나는 자본주의의 발원을 설명하는 시각과 앞으로의 전망을 놓고 양자 사이에 나타나는 차이 때문일 것이다. 그들이 사회주의 체제의 대두를 경험했다면, 아마 마찬가지로 관심을 보였을 것이다. 자본주의 체제와 사회주의 체제의 출현은 인류 역사상 엄청난 중요성을 지닌 사건들로 평가되기 때문이다. 적어도 자본주의 체제의 출현에 관한 한 사회적 행위의 이론은 그것을 이해하고자 하는 사회학의 노력에 중심에 서 있었다. 그만큼 인간들에게 현실적으로 중요한 문제였기 때문이다. 이는 사회주의 체제에 대해서도 마찬가지로 이야기될 수 있을 것이다. 사회주의 체제의 몰락과 자본주의 체제의 대조적 운명 역시 행위론적인 시각에서의 설명이 요구되는, 못지않게 중요한 역사적 사실이라는 것은 분명한 것으로 여겨진다.

이 문제와 관련하여 필자는 그와 같은 역사적으로 중요한 변화과정을 이해하는 데 쿤의 이론이 어떤 점에서 기여할 수 있는 요소들을 포함하고 있는지에 관하여 논의한 바 있다. 물론 현재보다 발전된 수준의 사회적 행위 이론을 구상하는 과정에서 쿤의 이론으로부터 얻어진 착상들이 어떻게 반영되어야 하는지에 관하여 구체화된 제안을 하고 있는 것은 아니었다. 이 책에서 검토된 많은 다른 이론적 관점들 역시 새로운 이론을 재정립하는 데 유용한 자원들이 될 수 있다는 가능성 때문에 논의의 대상으로 선택되었고, 쿤의 이론도 마찬가지였다. 즉, 잠재적 가능성을 점검하고, 강조하기 위한 목적에 주안점을 두고 있었다는 것이다.

마지막으로, 거론된 『역경』과 관련하여 필자는 먼저 이 책에서 『역경』을 논의의 대상으로 선택한 데는 거기에서 담긴 사회적 행위에 관한 발상들이 가진 가능성에 대한 필자 나름대로의 객관적 평가가 이유가 되었다는 점을 강조하고 싶다. 다시 말해, 필자가 동양인으로서 너무 서양 일변도의 사고에 빠져 있다는 평가를 피하기 위한, 일종의 면피용 선택은 아니었다는 것이다. 역경의 사회적 행위에 대한 상황적 사고방식을 이해하기 위해서는 "상황(situation)"이 갖는 의미에 대해 먼저 이해해둘 필요가 있다. 『역경』의 시각에서, 행위와 그 결과에 영향을 주는 요인은 두 가지로 분류될 수 있다. 하나는, 주어진 공동체 또는 조직체 속에서 주어진 행위 주체가 차지하는 사회적 위치이다. 그러나 이와 같은 영향은, 『역경』에서 보는 한, 모든 사회조직 속에서 동일한 위치를 점하는 모든 행위 주체에 대해 보편적으로 작용한다는 점에서 "상황적 요인"으로 간주되지는 않는다. 다시 말해, 상황의 차이에 따라서 다르게 작용하는 요인으로는 간주되지 않는다는 것이다. 상황적 요인들에 있어서 차이가 나타나는 이유에 관한 『역경』의 설명은 "변화한다는 사실이 현상의 본질"이라는 대답 외에 별다른 대답을 제시하지는 않는다. 『역경』은 상황이 변함에 따라 나타나는 행위자들 간의 역학적 관계의 구조를 실로 다양한 유형으로 분류하여 제시하고 있다는 점에서 특징을 찾을 수 있다. 분류된 각각의 상황 유형은 대체로 각 행위자들이 추구하는 어떤 일 또는 행위들을 제약하거나 촉진하는 일련의 조건들로 구성되어 있다고 표현할 수 있다. 이는 곧 『역경』에서는 개인들의 사회적 행위가 그와 같은 역동적 관계의 구조 속에서 이루어지는 것으로 이해되고 있음을 의미한다.

여기에서 한 가지 특별히 주목해야 할 점은 행위가 수행되는 특별한 상황 속에 작동하는 요인들에는 일반적으로 사회적 행위에 작용하는 모든 요인들이 포함되는 것은 아니라는 것이다. 전투 중에 병사의 행동을 결정짓는 요인들에는 아마 전투의 상대방으로부터 느끼는 공포와 증오, 상급자의 명령, 동료 병사와의 유대감 등일 것이다. 군인이 군대를 벗어나 일상 생활으로 돌아오면, 그와 같은 요인들은 더 이상 영향을 미치지는 않을 것이다. 이 경우, 우리는 "상황"이 바뀌었다고 말할 것이다. 쿠르트 레빈은, 우리가 본문에서 지적한 바 있듯이, 개인 또는 집단의 행동이 이루어지는 현장에 작용하는 상황적 요인들을 표현하기 위해 "장"이라는 개념을 도입한 바 있다. 거기에 포함된 요인들은 오직 개인의 행동이 이루어지는, 그 상황에서 영향력을 발휘하는 요인들로서만 이루어져야 한다고 강조한 것은 바로 이와 같은 맥락에서이다. 다시 말해서, 개인의 행동에 영향을 미치는 요인들은 상황-특수적인 조건들의 맥락에서 효력을 발휘한다는 것이다.

이와 같은 맥락에서, 사회적 행위에 영향을 미치는 특수한 상황적 유형들에 대한 체계적 분류가 이루어지고, 그 각각의 상황적 조건 속에서 행위를 결정하는 보다 구체적 요인들을 규명한다는 것은 사회적 행위 이론의 발전을 위해 매우 바람직한 방향으로 판단된다. 이런 경우에 사회적 행위와 관련된 연구 주제를 머튼이 제안하는 "중간수준 이론(middle-range theory)"(1968c)의 수준, 또는 사례 연구의 수준으로까지 낮추는 것도 하나의 가능한 전략일 것이다. 사회적 행위 이론의 유용성을 높이기 위한 이와 같은 전략이 보다 구체적으로 다듬어지는 과정에서 『역경』에 담긴 무수할 정도로 다양한 유형의 상황들을 조금은 더 정리된 체제 속에 담을 수 있는 방안이 발견될 수 있을지도 모른다.

이제 우리는 이 책을 끝맺을 단계에 이르렀다. 이 책에서 논의된 이론들은 사람들의 사회적 행위를 이해하는 데 있어서 다들 다른 이론들이 미진한 부분에서 그 나름대로 기여할 수 있는 부분들이 있다는 판단이 있었기 때문에 여기에 소개가 되었다. 여기에서 당연한 의문은 그것들을 가지고 이제 무엇을 할 것이냐?일 것이다. 누구에게나 아마 가장 머리에 먼저 떠오르는 생각은 있을 것으로 여겨진다. 그것은 이제까지 논의된 이론들을 하나의 거대한 이론 체계 속에 통합시키는 것이다. 그러나 기존에 이루어진 이론 통합의 사례를 보면, 이론과 이론을 다소 억지스럽게 꿰붙인 후, 그 중합(重合)된 이론이 갖는 장점은, 수많은 조건적 구절들을 포함하는 복잡한 논리 구조 때문에, 현실에 적용하기에는 오히려 불편해지고, 따라서 설명력은 원래의 단일 이론에도 미치는 못하는 경우가 대부분이라는 것이 필자의 판단이다. [192] 미시적 이론을 거시적 이론과 결합시켜 미시-거시적 변수들이 통합

---

192) 하나의 전형적인 예로서, 루이스 코저(Coser, 1956)의 "갈등론적 기능론(conflict functionalism)"을 들 수 있다. 필자에게는 코저의 이론이 갈등론과 기능론이 각기 갖는 장점을 결합하고 있다는 주장에는 동의하기 어려운 면이 있다. "갈등이 기능적일 수 있다"는 주장은 주어진 체제가 갖는 기능이 갈등 현상을

된 인과적 경로 속에 포함하는 이론을 만들고자 하는 시도는 오히려 원래의 미시 또는 거시 이론보다 논리적 정합성이라든지 설명력이 떨어질 이론이 나올 가능성을 배제하기 힘들다는 것이다. 이론 통합의 요구는 현재 제안되고 이론들이 거의 모두가 어떤 면에 있어서는 심각한 한계를 노출하고 있고, 학자들이 각자 자기 이름이 붙은 이론을 가지려고 경쟁하면서 온갖 이론들이 난립하는 상황 하에서 아마 당연한 반응일 것이다. 필자 역시 사회적 행위를 이해하고자 하는 과제와 관련하여 여기에 선택된 이론들에 관해 논의를 벌이게 된 것도 종국에 있어서는 그와 같은 의도가 작용하고 있었다는 것은 분명하다. 그러나 필자의 판단은 무슨 주의(ism)라는 이름을 가진 메타이론과 또 다른 이름의 메타이론 수준의 이론을 접합시키려는 시도로부터 어떤 실질적인 소득을 기대하기는 어렵다는 것이다. 실제로도 80년대부터 강조되어온 그러한 요구에 부응하여 현실적으로 나타난 성과가 별로 없었다는 것은 분명하다.

이 문제와 관련하여 현재 필자가 실험적인 수준에서 생각하는 하나의 방법은 "실용주의적 해법"이다. 이는 경험적 연구를 수행하는 사람들이 그때그때 연구 주제에 맞추어 흔히 수행하는 임기응변적 이론 통합의 방식과 유사하다고 보면 될 것이다. 경험적 연구 현장에서 구체적 사회적 사건 또는 현상을 연구하는 사람들이 흔히 이론을 빌려다 쓰는 방법은 그 주제를 연구하는 데 적절하다고 보는 이런저런 이론들을 "주의(主義)"에 관계없이 빌려다 쓰는 것이다. 필자가 "실용주의적"이라고 표현한 것은 이 때문이다. 우리가 이제까지 논의해온 이론들을 예로 들어 설명해 보자. 우리는 부르디외의 관점에서 개인들이 행동하는 "장"의 상황을 설명하는 과정에서 『역경』의 상황론적 시각을 활용하는 방법을 모색해 볼 수 있을 것이다. 부르디외의 "아비투스"는 대체로 주어진 자본주의 체제를 유지, 재생하는 데 기여하는

포함하여 매우 다양한 상황에 대처하는 과정을 통해 주어진 체제가 갖추게 된 능력을 의미한다는 점에서, 구태여 갈등론이라는 이론적 시각과의 통합을 통해서만 설명될 수 있는 것은 아니기 때문이다. 필자가 강조하고자 하는 점은, 기능론적인 시각에서 오히려 간결하게 설명될 수 있는 현상을 구태여 갈등론을 끌어들여 보다 복잡하게 설명할 필요는 없다는 것이다. 이론 통합의 노력은 대체로 이와 같이 실패로 끝날 확률이 높다는것이 필자의 생각이다.

공동체 구성원들의 습관화된 인지적 또는 행위 성향으로 설명되어 왔다. 우리가 미드의 "마음"과 "자아"의 관점에서 보았을 때, 아비투스의 이와 같은 "보수적" 성향은 사회적 행위에 작용하는 인간의 여러 가능한, 예를 들어 "자기반성적," "창의적," "감정적"과 같은, 다른 성향들을 도외시하고 있다는 점에서 문제를 제기할 수 있다. 우리가 어떤 구체적 사회적 상황에 대한 이해를 시도할 때, 자아의 기능이나 구조에 대한 미드의 이론은 아비투스의 개념과 나란히 또는 그것을 대신하여 매우 유용한 이론적 시각을 제공할 것으로 여겨진다. 아마 이와 유사하게, 어떤 구체적인 상황 하에서 사람들의 "실천 행동(practice)"이 집단에 기여하는 역할에 관해 설명하려고 하는 경우가 있을 수 있다. 이 경우에, 쿤이 말하는 "문제 풀이"를 위한 일련의 행동들의 맥락에서 생각해본다면, 개인들의 행동은 단순히 체제 재생을 위한 기능을 수행하는 것만은 아니다. 그것은 개인들이 주어진 집단 내에서 누릴 수 있는 경제적 복지와 사회적 위세를 결정하는 중요한 의미를 담고 있음은 물론이거니와, 문제 해결의 실패로 인해 초래되는 개인사(個人史)의 불행들은 그 개인에게는 물론이거니와, 그것들이 많은 사람들에 의해 반복되고 누적될 경우에는, 집단의 전체적 기능에도 위기를 초래할 가능성도 있을 것이다. 필자가 이를 통해 강조하고자 하는 점은, 어떤 체제 속에서 제기되는 과제들의 해결을 위해 행동하는 사람들의 활동을 부르디외의 이론에 대입해 보는 경우, 우리는 사회의 현실적인 모습에 훨씬 더 가깝게 다가갈 수도 있으리라는 것이다.

여기에서 제안하는 이론 통합 방법은 경험적 연구 과정에서 연구자들이 연구하는 주제에 따라 그때그때 요구되는 이론적 요소들의 결합을 강조한다는 점에서 실용주의적인 특징을 지닌다는 것이 필자의 주장의 요지이다. 물론 필자는 이 책에서 논의된 이론들 외에 다른 이론들도 고려의 대상이 될 수 있다고 생각한다. 필자는 물론이거니와 다른 어떤 사회학자도 어떤 특정의 이론들에게만 사회적 행위 이론의 재구성을 위한 과정에서 어떤 특권적 지위를 부여한다는 것이 가능한 일도 아닐 것이다.

이제 위의 주장과 관련하여 다음의 논의를 끝으로 이 책을 마치려고 한다. 파슨스의 『구조』를 통해 그가 내놓은 최종 결과물은 "자원론적 행위 이론"이었다. 이는 알렉산더(Alexander, 1987:22-23)에 따른다면, 당시까지 이루어진 여러 대가들의 업적들을 종합하여 통합 이론을 성취한 실례로 간주될 수 있는 업적이었다. 지금에 와서는 이 역시 여러 다른 시각들과의 통합을 통해, 그것이 나름대로 갖는 한계들의 극복이 요구되는 일면의 시각만을 대변하고 있다고 평가되고 있다. 그러나 다른 일면에서 생각해본다면, 모든 이론들은 나름대로 일관된 논리를 내재하고 있기 때문에, 서로 다른 기반의 논리 체계를 통합하여 하나의 이론으로 만들어내는 작업은 결코 쉬운 일은 아닐 것이다. 사실상 성공한 사례를 지적할 수 있을지에 대해서도 필자는 의문을 가지고 있다. 그렇다면 매우 지난(至難)할 수도 있는 "이론 통합"을 파슨스는 어떻게 달성할 수 있었는지에 대한 의문이 제기된다. 우리는 이러한 의문에 대한 하나의 가능한 해답을 포프(Whitney Pope)와 제레(Jere Cohen) 그리고 하젤리그(Lawrence E. Hazelrigg) 등에 의해 제기된 주장(Cohen, Jere, Lawrence E. Hazelrigg and Whitney Pope, 1975; Pope, Whitney, 1973; Pope, Whitney, Jere Cohen and Lawrence E. Hazelrigg. 1975)에서 찾을 수 있다. 이들의 주장을 간단히 요약하자면, 파슨스가 자신의 "자원론적 행위 이론"의 타당성을 뒷받침하기 위해 뒤르케임과 베버의 이론 간에 (실제로는 많은 점들에 걸쳐 존재하지 않은) "합치점(convergence)"을 강조하는 무리를 저지르고 있다는 것이다. 뒤르케임과 베버의 이론에 의해 공유된 시각이 존재하고 파슨스의 이론 역시 그 연장선상에 있다는 주장은 그의 이론이 서구 사회과학의 주된 흐름을 계승하고 있다는 주장에 훌륭한 명분을 제공하게 된다. 그러나 뒤르케임과 베버 그리고 파슨스의 "자원론적 행위 이론" 간에 일치하는 부분들에 대한 파슨스의 주장은, 포프와 제레 그리고 하젤리그의 논문들에 의한 반박과 그에 대한 파슨스(1976)의 반론 그리고 다시 전자들(Pope, Jere, and Hazelrigg, 1977)에 의해 재반박이 이루어지는 과정에서 발표된 논의들을 살펴보고 필자가 다다른 판단에 의한다면, 상당 부분 그 근거가 취약할 수밖에 없다는 느낌이 든다.

아마 행위의 "규범성(normativeness)"에 대한 입장을 공유하고 있거나, 또는 그 중요성에 대한 인식이 뒤르케임, 베버 그리고 파레토의 이론 속에 이미 성숙하고 있다는 점에 착안하여, 그와 같은 "합류점(合流點, convergence)"을 당시 초창기에 있었던 미국 사회학을 위한 이론적 토대로 계승, 발전시키고자 했던 것이 파슨스의 의도였다. 그들의 이론들 가운데 이러한 야심찬 기획에 부합되지 않은 자료들에 대해서는 파슨스의 "의도된 왜곡"이나 "오독(誤讀)"이 있었을 수도 있다. 반면에 필자가 평가하기에, 기존의 이론들을 통합한다는 관점에서 보자면 파슨스의 이와 같은 전략적 입장은 매우 현명한 선택이었던 것으로 평가된다. 19세기에서 20세기에 이르는 사이에 실증주의를 지향하는 사회과학자들 사이에 공리주의적 인간관에 근거하여 인간 행위를 이해하고자 했던 시도들이 대체로 성공을 거두지 못했다는 결론으로부터 파슨스의 이론적 탐색 작업은 시작된다. 그 대표적인 실례가 소위 "질서의 문제"에 대해 홉스가 제시한 "사회계약설"이었다. 공리주의적 인간관에 기초한 설명으로서 가장 논리적인 결론에 다다르고 있다고 평가할 수 있는 홉스의 설명이 "실패"로 판정된 이유는 어디에서 찾을 수 있을 것인가? 그것은 이 책에서도 누차에 걸쳐 언급된 바 있듯이, 개인들 간의 "계약"은 당사자들이 그것을 어떻게든 이행해야 한다는 도덕적 의무감과 함께 제도적 강제력이 수반되지 않는다면 사실상 효력을 유지할 수 없다는 점이다. 그리고 계약의 이면에 존재하는 "비계약적 요소," 즉 합의된 "사회적 규범"의 존재와 효력은 공리주의적 가정에 의해서는 설명될 수 없다는 점을 이유로 들 수 있다. 파슨스의 『구조』에 마샬의 경제학 이론에 대한 논의가 포함된 것은 바로 이 때문이었다. 즉, 마샬의 이론에는 "이해의 일치에 대한 이성적 이해(rational recognition of the natural identity of interests)"라든지 "활동 이론(theory of activites)"에 의해 표현되는 요소들이 포함되어 있다. 파슨스의 해석은 이들 요소들은 사람들의 활동에 과대하게 작용할지도 모르는 이기적 욕구들에 대한 억제 요소로 작용하는 규범적 요인들을 지칭한다는 것이다. 그렇다면 여기에서 공리주의적 이론과 사회적 행위에 있어서 규범적 요소를 강조하는 여타의 이론들이 결합될 수 있는 연결고리가 생기게 된 셈이다. 뒤르케임이나 베버 또는 파레토의 이론과 같은 이론들도 서로 간에 "합류점(convergence)"이 존재하고 있다는 것이 파슨스의 주장이었다.

파슨스의 "자원론적 행위 이론"은 결국 그러한 합류점을 형성하는 "규범주의적 (normative)" 이론과 그 고리를 통해 비로소 연결 가능했던 공리주의적 가정들을 하나의 등식 속에 표현한 이론으로 특징지을 수 있다. 이미 어떤 "합류점"이 존재한다고 판단한 이론들로부터 연계 가능한 요소들을 추출해서 하나의 이론 체계로 구성한다는 것이 파슨스의 이론 구성의 전략이었고, "자원론적인 행위 이론"이 그 성과물이었다. 물론 검토한 이론가들의 문헌 자료들을 검토하고 분석함으로써 파슨스가 가정한 이론적 요소들이 실제로 거기에 담겨 있는지를 확인하는 작업이 결코 쉽지는 않았으리라고 짐작한다. 이론가들의 문헌에 담긴 모든 내용들의 참된 뜻과 의의를 **정확하게** 파악한다는 일이 결코 쉬운 일은 아니기 때문이다. 단련된 식견과 높은 통찰력과 함께 학자적 성실함과 정직함도 요구되는 과업일 것이다. 더욱이 시대와 학문적 배경을 달리하는 학자들 간의 견해들에 있어서 "합치점"과 "이견들"을 상호 비교를 통해 가려내는 작업은 매우 어려운 학문적 과제였을 것으로 짐작된다. 어쨌든 파슨스는 그 과제를 완성해냈다는 점에서 칭송받을 자격이 있다는 점은 분명하다. 이로써 사회과학의 대가들로 불릴 수 있는 학자들의 이론들 간에 "합류점"을 근거와 명분으로 해서 파슨스는 그가 제시한 등식 속의 행위 요인들을 구성요소로 포함하는 하나의 "통합된" 사회적 행위 이론을 완성할 수 있었다.

필자의 이 책의 저술은, 비록 학자적 위상이나 학문적 성취에 있어서는 파슨스에 비교한다는 것 자체가 외람된 일이기는 하겠으나, 위에 기술된 파슨스의 『구조』와는 전혀 다른 방향의 전략을 염두에 두고 착수되었다. 이 책에 소개된 사회적 행위에 대한 이론들은 그것들 간에 발견되는 **합의점**보다는, 적어도 필자가 평가하기에 중요한, **차이점**에 기준을 두고 선택되었다. 합의점을 기준으로 한다는 것은 우선 중요한 학자들 간에 사회적 행위에 영향을 미치는 어떤 요인들에 대해 합의가 이루어지고 있다는 점에서 의의를 갖는다. 즉, 적어도 주어진 요인들이 중요하다는 점에 대한 합의가 이미 이루어지고 있다는 점에서 그것들을 토대로 구성된 이론에 대해서 일단 신뢰를 부여할 수 있다는 것이다. 이에 비해 차이점을 기준으로 삼는 선택 역시 거부하기 어려운 요구를 반영한다. 자연과학과는 달리 사회과학은 경쟁하는 수많은 이론들이 난립하는 상황을 보인다는 점에서 특징을 보인다. 사회과학에 나타나는 그 같은 다양성의 이유가 어디에 있는지에 대한 진단 역시 다양할 수 있다. 아마 사회과학은 근원적으로는 인간의 행위 또는 그로부터 파생되는 산물들을 다루는 학문 분야라는 점에서 그 이유를 찾을 수 있지 않은가 하는 것이 필자의 짐작이다. 즉, 인간이라는 존재가 보이는 예측할 수 없는 다양한 행태와 속성들에 그 원인이 있으리라는 것이다. 이는 곧 인간 행위에 관한 이론에 있어서는 "합치점"도 중요한 의미를 지니지만 "차이점들"에 대한 고려 역시 매우 중요한 의미를 지닌다는 사실을 시사한다. 어떤 이론에서 강조하는 인간 행위의 어떤 측면이나 속성들, 또는 그에 영향을 미치는 것으로 주장된 어떤 요인들은 그러한 주장의 타당성을 뒷받침하는 어떤 경험적 증거 또는 이론적 논의들을 수반하게 마련이다. 적어도 현대 학문에서 경우에, 그와 같은 근거가 제시되지 않은 상태에서 주장되는 이론들을 공인된 학술기관에 발표된 학술 문헌들 가운데서 찾는다는 것은 어려운 일일 것이다.

따라서 어떤 이론이든지 어떤 측면 또는 측면들에서는 어느 정도의 설명력을 보여주게 마련이다. 즉, 인간 현상에 대해 전부는 아니라고 하더라도 **어떤 일면(들)**에 대해서는 **사실**을 이야기해주고 있다는 것이다. 경험적인 연구를 강조하는 사회과학자들은 사람들의 마음이나 실제 행동을 측정하기에는 사실상 매우 피상적이고 조야한 형태의 측정 도구인 질문지를 사용하여 사람들의 행태나 태도들을 측정하는 경우가 대부분이다. 이를 통해 나온 측정치나 지수(index)들이 얼마나 그것들이 측정을 목표로 하는 현상들을 측정하고 있는지에 대해서는 많은 논란이 있어 왔다. 연구자들은 사람들이 지닌 물질적 가치 또는 정신적 가치에 대한 태도가 소득의 차이에 의해 나타나는 차이를 조사하기도 하고, 또 반대로 그러한 태도가 결과적으로 소득에 미치는 영향을 조사하기도 한다. 주목할 만한 사실은, 그렇다 하더라도, 발표된 연구물들에서는 대체로 투입된 설명 변수들이 대부분 유의한 영향을 미치는 것으로 나타난다는 점이다. 어떤 이론이든지 대체로 예측하는 바를 뒷받침하는 결과를 보여준다. 터무니없는 억측에 기반을 두지 않는다면, 사회과학자들에 의해 제안된 대부분의 이론들은, 보편적 타당성은 주장할 수 없다고 할지라도, 다른 이론들은 눈여겨보지 않은 인간 현상의 어떤 제한된 측면에 대해서는 설명력을 갖는다는 것이다. 이러한 일련의 사실들은 인간 행위와 속성들이 현재까지 제안된 어떤 하나의 이론을 가지고 포착할 수 없는 다양성과 깊이를 지닌 현상이기 때문이라는 것이 필자의 판단이다. 여러 이론들이 주장하는 사실들 간에 어떤 "합류점"이 발견되는 것도 부인하기 어려운 사실일 것이다. 그러나 그로부터 벗어나는 주장을 뒷받침하는 현상들도 우리 생활의 주변에서 넘치도록 경험되는 것도 사실이다.

필자가 인간의 사회적 행위 이론을 재정립하고자 하는 노력의 일환으로서 기존하는 이론적 자원들을 탐색하고자 하는 과정에서 그것들 간의 "합류점"보다는 "차이점"을 더 중요한 선택의 기준으로 삼고자 했던 것은 바로 위에서 지적한 바와 같은 이유 때문이다. 일부 사회과학자들은 흔히 우리가 보는 이론들의 난립 상태를 사회과학의 미성숙으로부터 야기되는 상황으로 규정하려는 경향을 보인다. 머튼 (Merton, 1968d: 47)은 자연과학에 비해 사회학에 보여주는 미성숙 상태에 대해 다음과 같이 언급한 적이 있다.

아마 사회학은 자신의 분야에서 아인슈타인을 갖게 될 수준에 아직 이르고 있지는 않다. 그 이유는 아직 케플러(Kepler)와 같은 수준의 업적을 쌓은 학자도 아직 나오지 않고 있고, 그에 따라 그 이후에 나온 뉴턴(Newton)이라든지, 라플라스(Laplace), 깁스(Gibbs), 맥스웰(Maxwell) 또는 플랑크(Planck)에 비견할만한 학자들도 나온 적이 없기 때문이다.

요약해서 말하자면 사회과학이, 케플러 이전의 자연과학도 그러했던 것처럼, 아직 의사과학(pseudo-science)의 단계에 머물러 있기 때문이라는 것이다. 필자는, 머튼은 인정받을 만한 업적을 이룬 사회학자이기는 하지만, 이는 아주 잘못된 비유라고 생각한다. 위의 인용문을 문자 그대로 해석하자면, 뒤르케임이나 베버, 파레토의 이론들 그리고 필자가 다룬 여러 사회과학적 견해들은 모두 16세기의 케플러의 수준까지도 진화하지 못한, 과학적 근거가 결여된 의견들에 불과하다는 주장을 펼치고 있는 것으로 읽혀진다. 이와 같은 비교의 근거가 어떤 논리에 바탕을 두고 있는지는 분명하다. 자연 현상에 대해서와 마찬가지로 인간 현상 역시 "실증적" 방법을 통해서 비로소 보다 발전된 지식을 얻어내는 것이 가능하다는 것이다. 단지 문제는 머튼의 견해를 따른다면, 우리가 인간 현상을 대상으로 과학적 지식을 취득하는 데 적합하다고 볼 수 있는 과학적 방법론을 아직 확립하고 있지 못하다는 것이다. 자연과학에서는 갈릴레오가 쇠로 만든 공이 피사의 사탑으로부터 떨어지는 속도를 실제로 측정함으로써 결정적 계기를 마련했던 것으로 알려지고 있다. 그에 비해, 인간 행위를 어떻게 연구하는 것이, 또는 할 수 있는지에 관한, 방법적인 논쟁은 현재도 결론이 요원한 문젯거리가 되고 있다.

이 상황은 사회학이 출범한 시기부터 논란이 계속되어 온 문제이다. 방법론적인 논쟁은, 우리가 과학을 하는데 지체현상을 보이기 때문이라기보다는 본질적으로 과학적 방법을 가지고 다루기 어려운 인간 현상을 다루고 있기 때문에, 어떤 방향으로도 해답을 얻을 전망이 보이지 않는다는 것이 정확한 진단일 것이다. 따라서 필자가 판단하기에, 인간 현상을 이해하기 위해서 우리가 사용할 수 있는 최선의 방법은, 지금까지 축적된 지식들을 그저 개별 연구자들이 생각할 수 있는 최선의 방법으로 활용하고, 또 가능하다면 나름대로 적절하다고 생각되는 방향으로 발전시키는 것 외에 다른 방안은 없다는 것이다. 파슨스가 시대를 대표하는 저명한 학자들 간에 합의가 모아지고 있다고 판단한 요인들을 골라 "자원론적 행위 이론"을 구성한 것도 그와 같은 취지에 입각한 하나의 방안이었을 것이다. 그러나 이와는 대조적으로, 사회적 행위를 각기 다른 관점에서 접근한 이론들을 골라 취합하는 방법이 더 나으리라는 것이 필자의 판단이었다. 그 이유는 각각의 이론들이 보이는 차이들을 통해 사회적 행위의 다양한 면모들이 드러나고 있으며, 이 점이 바로 이제까지 어떤 하나의 이론에 의해서 파악되기 어려웠던 사회적 행위의 실체적 모습을 더 가깝게 보여주고 있다고 여겨졌기 때문이다.

그러나 여기에서 제기되는 하나의 어려움이 있다. 이 책에서 다룬 다양한 이론들을 논리적으로 상호 연관된 하위 구성 요소로서 포함하는, 하나의 통합된 이론을 구축하는 방법은 현재로서는 거의 가능성이 없어 보인다는 점이다. 아마 언젠가는 누군가가 시도해보고, 성공을 거둘 수 있을지는 모르는 일이다. 실제로 실현된다면, 이것이 가장 이상적인 상황일 것이다. 그러나 당장 그것이 어떻게 가능한지는 필자의 입장에서는 도저히 가늠이 되지 않는다는 것이 솔직한 고백이다. 이론들 간에 연계 또는 융합이 이루어지기에는 이론적 관점들 간에 서로 차이가 크다는 점이 가장 중요한 이유로서 지적될 수 있다. 필자가 이 문제에 대해 "실용적"인 접근방법을 제안한 것은 이 때문이었다. 우리는 경험적인 연구를 설계하거나, 또는 연구 결과를 해석하는 과정에서, 통상 연구 대상이 되는 경험적 현상들이 보여주는 다양하고 복합적인 특성들 때문에 다양한 이론적 자원들의 검토와 함께 활용이 요구된다. 이러한 경우들은 이론들 간에 제한된 범위 내에서나마 실험적으로 이루어지는 통합의 기회를 제공하게 된다. 이와 같은 기회와 관련하여, 특히 경험적 연구 결과가 시사하는 이론적 함의를 해석하는 과정에서, 이론들 간의 연계를 스스로 시도해 본 경험들을 지닌 사람들도 있을 것이다. 물론 대체로 이러한 시도는 일시적이고, 또 본격적인 이론 구축의 작업으로 이어지는 경우는 드물다. 그러나 사회적 행위 이론을 재정립한다는 과제를 염두에 두고 우리가 이러한 기회들을 보다 적극적으로 활용한다면, 이제까지 축적된 다양한 학문적 자원들은 인간 행위의 본질을 이해하는 데 매우 다양한 가능성을 제공하고 있다는 주장을 끝으로 필자는 이 책을 마치려고 한다.

참고문헌

고형. 1995. 『고형의 주역(김상섭 옮김)』. 서울: 예문서원.

곽신환. 1990. 『주역의 이해』. 서울: 서광사.

김태영. 2003. "조선 성리학과 실학의 역사적 연관." 태동고전연구 19.

성백효(成伯曉 역주). 『論語集註』. 2006 개정증보판. 서울: 전통문화연구회.

맹자. 〈공손추장구 상〉. 〈https://moontaknet.com/?page_id=179&mod=document&uid=2581〉

머튼, 로버트 케이. 1998. "소로킨의 과학사회학 이론." 『과학사회학 I』(석현호 · 양종회 · 정창수 공역). 서울: 한길사. (원저: Robert K. Merton. 1973. *The Sociology of Science*. Chicago: University of Chicago Press), pp. 272-335.

_____. 1998. 『과학사회학 I』. 서울: 한길사. (원저: Robert K. Merton. 1973. *The Sociology of Science*. Chicago: University of Chicago Press).

이운구 역. 2006. 『순자 2』. 서울: 한길사.

임채우 옮김. 1998. 『주역 왕필주』. 서울: 도서출판 길.

이기동(譯解). 1997a. 『주역강설(주역강설) · 상』. 서울: 성균관대학교출판부.

이기동(譯解). 1997b. 『주역강설(주역강설) · 하』. 서울: 성균관대학교출판부.

이운구 역. 2002. 『한비자 I』. 서울: 한길사.

정창수. 1984. "조선조의 지리지에 나타난 사회설명의 원리: 동국여지승람을 중심으로 본 조선조 지식층의 인식체계의 특질." 한국 사회와 사상. 한국정신문화연구원, pp.7-28.

정창수. 1990. "사회심리학적 관점에서 본 사칠논변(四七論辯)의 의의와 문제점." 한국사회학, Vol. 24(No. 1).

정창수. 1996. 『사회과학 방법론』. 서울: 대영문화사.

정창수. 2013. 『예의 본질과 기능: 예기의 사회학적 서설』. 서울: 성균관대학교 출판부.

조광. 2010. 『조선후기사회의 이해』. 서울: 경인문화사.

Ahmad, Itfikhar. 1996. "Theory and Method in Explaining the Collapse of the Soviet Union." *Strategic Studies*, Vol. 18(No.4), pp. 87-118.

Aksan, Nilgun et al. 2009. "Symbolic Interaction Theory." *Procedia: Social and Behavioral Sciences*, 1(1), pp. 902-904.

Alexander, Jeffrey C. 1983a. *Theoretical Logic in Sociology(vol. 1: Positivism, Presuppositions, and Current Controversies)*. Berkley and Los Angeles: University of California Press.

Alexander, Jeffrey C. 1983b. *Theoretical Logic in Sociology(vol. 2: Antinomies of Classical Thought: Marx and Durkheim)*. Berkley and Los Angeles: University of California Press.

Alexander, Jeffrey C. 1983c. *Theoretical Logic in Sociology(vol. 3: The Classical Attempt at Theoretica Synthesis: Max Weber)*. Berkley and Los Angeles: University of California Press.

Alexander, Jeffrey C. 1983d. *Theoretical Logic in Sociology(vol. 4: The Modern Reconstruction of Classical Thought : Talcott Parsons)*. Berkley and Los Angeles: University of California Press.

Alexander, Jeffrey C. 1987a. "Parsons' First Synthesis." In *Twenty Lectures: Sociological Theory Since World War II*. New York: Columbia University Press, pp. 22-35.

Alexander, Jeffrey C. 1987b. "Sociological Theory Today." In *Twenty Lectures: Sociological Theory Since*

World War II. New York: Columbia University Press, pp. 374-380.

Alexander, Jeffrey and Bernard Giesen, et al. (eds.). 1987. *The Micro-Macro Link*. University of California Press.

Alexander, Jeffrey and Bernard Giesen, 1987c. "From Reduction to Linkage: The Long View of the Micro-Macro Link." In *The Micro-Macro Link*. University of California Press, pp.1-42.

Alexander, Jeffrey C. 1992. "Formal and Substantive Voluntarism in the Work of Talcott Parsons: A Theoretical and Ideological Reinterpretation." In *Talcott Parsons: Critical Assessments*, Vol.2(ed. by Peter Hamilton). London and New York: Routledge, pp. 319-346.

Alexander, Jeffrey C. 1995. "The Reality of Reductionism: The Failed Synthesis of Pierre Bourdieu." In *Fin de Siecle Social Theory*. London: Verso, pp. 128-216.

Appelbaum, Richard P. 1970. *Theories of Social Change. Chicago*: Markham Publishing Company.

Archer, Margaret. 1990. "Human Agency and Social Structure: A Critique of Giddens." In Clark, Jon, et al. (eds.), *Anthony Giddens: Consensus and Controversy*, Falmer Press, pp. 73-84.

Aristotle. 1999. *Nicomacean Ethics*. Translated by W. D. Ross. Kichener: Batoche Books.

Aristotle. 2009. *Politics*. Translated by Ernest Barker and revised with introduction and noted by R. F. Stalley(1st ed.). Oxford University, pp. 320-21.

Athens, Lonnie. 2005. "Mead's Lost Conception of Society." *Symbolic Interactionism*, Vo. 28(no. 3), pp. 305-325.

Bandura, A. 1962. "Social Learning through Imitation." In Jones, M. R. (ed.), *Nebraska Symposium on Motivation: 1962*. Lincoln: University of Nebraska, pp. 211-269.

Bandura, A. 1966. "A Vicarious Processes: A Case of No-trial Learning." In Berkowitz, L. (ed.), *Advances in Experimental Social Psychology, Vol. 2*. New York: Academic Press, pp. 1-55.

Baraldi, Claudio, Giancarlo Corsi, and Elena Esposito. 2021. "Constructivism." In *Unlocking Luhman: AKeyword Introduction to Systems Theory*. Bielefeld University Press.

Barns, Barry. 1986. *T. S. Kuhn and Social Science*. London: Macmillan.

Biddle, B. J. 1986. "Recent Development in Role Theory." *Annual Review of Sociology*, Vol. 12, pp. 67-92

Bijukumar, V. 2008. "Interrogating 'End of History Theory': Liberal Democracy in the Contemporary World." *Indian Journal of Political Science*, Vol. 69 (No. 1), pp. 27-42.

Bird, Alexander. 2018. "Thomas Kuhn." In *Stanford Encyclopedia of Philosophy*(https://plato.stanford.edu/entries/thomas-kuhn).

Bird, Alexander. 2012. "The Structure of Scientfic Revolutions and Its Significance: An Essay Review of the Fifth Anniversary Review." *The British Journal for the Philosophy of Science*, Vol. 63(no. 4), pp. 859-883.

Blain, Robert R. 1971. "On Homan's Psychological Reductionism." *Sociological Inquiry* 41.

Blumer, Herbert. 1980. "Mead and BluMer: The Convergent Methodological Perspectives of Social Behaviorism and Symbolic Interactionism." *American Sociological Review*, Vol. 45,(No. 3), pp. 409-419

Bodde, Derk. 1957. *China's Cultural Tradition*. Hinsdale, Ill.: Dryden Press.

Bottomore, Tom. 1992. "Out of This World." In *Talcott Parsons: Critical Assessments*(ed. by Peter Hamilton). London and New York: Routledge, pp. 216-227.

Bourdieu, Pierre. 1977a. *Outline of a Theory of Practice*. Cambridge: Cambridge University Press.

Bourdieu, Pierre. 1977b. "Symbolic Power." pp. 112-119 in *Identity and Structure: Issues in the Sociology of Education*(ed. by Dennis Gleason). Dimiffield, England: Nefferton.

Bourdieu, Pierr. 1984. *Distinction: A Social Critique of the Judgment of Taste*. Cambridge: Harvard University Press.

Bourdieu, Pierr. 1986. "The Forms of Capital." In *Handbook of Theory and Research in the Sociology of Education*(ed. by J. G. Richardson. New York: Greenwood.

Bourdieu, Pierr. 1987. "What makes a Social Class? On the Theoretical and Practical Existence of Groups." *Berkeley Journal of Sociology*, Vol. 32, pp. 1-17.

Bourdieu, Pierre. 1989. "Social Space and Symbolic Power." *Sociological Theory* Vol. 7, No. 1, pp.14-25.

Bourdieu, Pierre. 1990a. *In Other Words: Essays towards a Reflexive Sociology*. Stanford(C.A.): Stanford University Press.

Bourdieu, Pierre. 1990b. *The Logic of Practice*. Stanford: Stanford University Press.

Bourdieu, Pierre. 1993. *Sociology in Question*. London: Sage.

Bourdieu, Pierre. 1999. "Structures, Habitus, Practices." In *Contemporary Social Theory*(ed. by Anthony Elliott). Malde(Mass.):Backwell.

Bourdieu, Pierre and Loic J. D. Wacquant. 1992. *An Invitation to Reflexive Sociology*. Chicago: Universiy of Chicago Press.

Brook, Timothy. 1996. "The Sinology of Joseph Needham," *Modern China*, Vol. 22(No. 3), pp. 340-348.

Brus, Wlodzimierz. 1989/1990. "The March into Socialism- Expectations and Reality." *International Journal of Political Economy*, Vol. 19(No. 4), pp. 78-90.

Burnes, Bernard, and Bill Cooke. 2013. "Kurt Lewin's Field Theory: A Review and Re-evaluation." International Journal of Management Review, Vol. 15(Issue 4), pp. 408-425.

Calhoun, Craig. 2003. "Obituary," Footnotes, March. (https://www.asanet.org/about/governance-and-leadership/council/presidents/robert-k-merton).

Callinicos, Alex. 1985. "Anthony Giddens: A Contemporary Critique." *Theory and Society*, Vol. 14(No. 2), pp. 133-166.

Camic, Charles. 1989. "Structure After 50 Years: The Anatomy of a Charter." *American Journal of Sociology*(vol. 95, no. 1), pp. 38-107.

Camic, Charles. 1998. "Reconstructing the Theory of Action." *Sociological Theory*, Vol. 16, No. 3, pp. 283-29.

Charlmers, A. F. 1976. What Is This Thing called Science: An Assessment of the Nature and Status of Science and Its Methods(2nd. ed.). St. Lucia(Queensland): University of Queensland Press.

Cartwright, Dorwin. 1997. "Foreword to the 1951 Edition." In Lewin, Kurt. 1997. "Field Theory and Learning." In *Field Theory in Social Science: Selected Theoretical Papers*(ed. by Dorwin Cartwright). Washington DC: American Psychological Association.

Chung, Chang-Soo. 2000. *The I Ching On Mand Society: An Exploration into Its Theoretical Implications in Social Sciences*. Lanham(Md.); University Press of Amrerica.

Cohen, Jere. 1975. "Moral Freedom Through Understanding in Durkheim." American Sociological Review, Vol. 40(No. 1), pp. 104-106.

Cohen, Jere, Lawrence E. Hazelrigg and Whitney Pope. 1975. "De-Parsonizing Weber: A Critique of Parsons' Interpretation of Weber's Sociology." *American Sociological Review*, Vol. 40(No. 2), pp. 229-241.

Cole, Robert. 1966. "Structural-Functional Theory, the Dialectic, and Social Change," *The Sociological Quarterly*, Winter, 1966, Vol. 7, No. 1, pp. 39-58.

Coleman, James S. 1986. "Social Theory, Social Research, and a Theory of Action," *American Journal of*

Sociology, Vol. 91, No. 6, pp. 1309–1335.

Coleman, James. 1987. "Microfoundations and Macrosocial Behavior." In Alexander, et al., eds., The *Micro-Macro Link. Berkley*(Calif): University of California.

Coleman, James. 1990. *Foundations of Social Theory*. Cambridge(Mass.): Belknap Press of Harvard University Press.

Coser, Lewis. 1956. *The Functions of Social Conflict*. New York: Free Press, pp. 1–10.

Craib, Ian. 1984. *Modern Social Theory*: From Parsons to Habermas. Havester Press.

Croce, Mariano. 2015. "The Habitus and the Critique of the Present: A Wittgensteinian Reading of Bourdieu's Social Theory." *Sociological Theory*, Vol. 33(No. 4), pp. 327–346.

Cumings, Bruce. 1999. "The End of History or the Return of Liberal Crisis?", *Current History*, Vol. 98, (No. 624), pp. 9–16.

Dahrendorf, Ralf. 1969. "Toward a Theory of a Social Conflict. In *Sociological Theory*(ed. by Walter L. Wallace). Chicago: Aldine Publishing Co., pp. 213–226.

Dahrendorf, Ralf. 1990. "Out of Utopia: Toward a Reorientation of Sociological Analysis." In *Talcott Parsons: Critial Assessments*(eds. Peter Hamilton) (vol. II). London & New York: Routledge.

Dale, Stephen Frederic. 2006. "Ibn Khaldun: The Last Greek and the First Annaliste Historian." *International Journal of Middle East Studies*(vol. 38, no. 3).

de Lacy, P. H. 1967. "Epicurus." In T*he Encyclopedia of Philosophy*(vol. 3 & 4). New York: Macmillan Publishing Co., Inc & The Free Press.

DiMaggio, Paul. 1979. "Review: On Pierre Bourdieu." *American Journal of Sociology*, Vol. 84(No. 6), pp.1460–1474.

Drury, Shadia B. 1992/1993. "The End of History and the New World Order." *International Journal*, Vol 48(No. 1), pp. 80–99.

Durkeim, Emile. 1951. *Suicide*. New York: Free Press.

Durkheim, Emile. 1964a. T*he Division of Labor in Society*. New York: Free Press.

Durkheim, Emile. 1964b. T*He Rules of Sociological Method*. New York: Free Press.

Durkhiem, Emile. 1965. T*he Elementary Forms of the Religious Life*(Trans. by J. W. Swain). New York: Free Press.

Durkhiem, Emile. 1973. "The Sociology in France in the Nineteenth Century." In *Emile Durkheim on Morality and Society*(ed. Robert Bella). Heritage of Sociology: University of Chicago Press.

Durkheim, Emile. 1974. "Individual and collective representations." In *Sociology and philosophy* (pp. 1–34). New York: Free Press. (Original article, 'Représentations individuelles et représentations collectives', published in French in 1898).

Durkheim, Emile. 1974. "The determination of Moral facts." In *Sociology and philosophy*(pp. 1–34). New York: Free Press.

Durkheim, Emile. 2011. *Moral Education*(Trans. by Paul Fauconnet & Everett K. Wilson). Dover Publications.

Ebeling, Richard. 2017. "Economic Ideas: Thomas Malthus on Population, Passions, Property and Politics."(blog. heartland.org /2017/01/economic−ideas−thomas−malthus−on−population − passions−property−and−politics).

Ermakoff, Ivan. 2010. "Theory of Practice , Rational Choice, and Historical Change." Theory and Society, Vol. 39(no. 5), pp. 527–553.

Evens, T. M. S. 1999. "Bourdieu and the Logic of Practice: Is All Giving Indian−giving or Is 'Generalized Materialism' Not Enough?" *Sociological Theory*, Vol. 17(no. 1), pp. 30–31.

Freud, Sigmund. 1960. *The Ego and the Id* (Trans. by Joan Riviere). New York: Norton, Inc.

Fiala, Andrew. 2017. "Anarchism." In *Stanford Encyclopedia of Philosophy*. (https://plato.stanford.edu/entries/anarchism/#Aca).

Fukuyama, Francis. 1989. "The End of History." *The National Interest*, No. 16, pp. 3−18.

Giddens, Anthony. 1979. *Central Problems in Social Theory*. Berkley: University of California Press.

Giddens, Anthony. 1984. *The Constitution of Society*. Cambridge: Polity Press.

Goody, Jack. 1990. "Religion and Ritual." In *Emile Durkeim: Critical Assessments*(ed. by Peter Hamilton) (pp. 264−286). London and New York: Routledge.

Gouldner, Alvin. 1970. *The Coming Crisis of Western Sociology*. Avon Books.

Graaff, Johann. 1993. "The Trouble with Anthony Giddens: Problems of Status and Structure in Structuration Theory." *South African Sociological Review*, Vol. 6(No. 1), pp. 35−51.

Guins, George C. 1952. "Claims and Realities of Soviet Socialism." *The Russain Review*, Vol. 11(No. 3), pp. 138−147.

Gunder Frank, Andre. 1990. "No End to History! History to No End?" *Social Justice*, Vol. 17(No. 4), pp. 7−29.

Hechter, Michael & Satoshi Kanazawa. 1997. "Sociological Rational Choice Theory." *Annual Review of Sociology*, Vol. 23, pp. 191−214.

Hekman, Susan. 1990. "Hermaneutics and the Crisis of Socail Theory: A Critique of Giddens' Epistemology." In Clark, Jon, et al. (eds.), *Anthony Giddens: Consensus and Controversy*, Falmer Press, pp. 155−165.

Hirst, Paul. 1982. "The Social Theory of Anthony Giddens: A New Syncretism?", *Theory, Culture and Society*, Vol. 2(No. 2), pp 78−82.

History of the Communist Party of the Soviet Union. 1939. New York.

Hobbes, Thomas. 1958. *Leviathan*(Parts I and II). The Liberal Arts Press.

Homans, George. 1974a. *Social Behavior: Its Elementary Forms*. New York: Harcourt Brace Jovanovich.

Homans, George. 1974b. "Bringing Men Back In." In *Theories and Paradigms in Contemporary Sociology* (ed. R. Serge Denisoff, Orel Calahan, and Mark H. Levine). ItascaIll.): F.E. Peacock.

Huntington, Samuel P. 1989. "No Exit: The Errors of Endism." *The National Interest*, No. 17, pp. 3−11

Hutt, Curtis. 2007. "Pierre Bourdieu on the "*Verstehende* Soziologie" of Max Weber." *Method & Theory in the Study of Religion*, Vol. 19(No. 3), pp. 232−254.

Irwin, Robert. 1997. "Tynbee and Ibn Khaldun." *Middle Eastern Studies*(vol. 33, no. 3).

Jenkins, Richard. 1982. "Pierre Bourdieu and the Reproduction of Deterninism." *Sociology*, Vol. 16(no. 2), pp. 270−281.

Joas, Hans. 1990. "The Creativity of Action and the Intersubjectivity of Reason: Mead's Pragmatism and Social Theory." *Transactions of the Charles S. Peirce Society*, Vol.26(No. 2), pp. 165−194.

Johnson, Randal. 1993. "Editor's Introduction: Pierre Bourdieu on Art, Literature amd Culture." In Pierre Bourdieu. 1993. *The Field of Cultural Production*. New York: Columbia University Press.

Jung, Carl. G. 1961. "Forward." In Wilhelm, Richard (trans.), *The I Ching Or Book of Changes*(rendered into English by Cary F. Bayrnes). Princeton: Princeton University Press.

King, Anthony. 2000. "Thinking with Bourdieu against Bourdieu: A 'Pratical Critique of the Habitus." *Sociological Theory*, Vol. 18(no. 3), pp. 417−433.

Kolb, William L. 1944. "A Critical Evaluation of Mead's "I" and "Me" Concepts. *Social Forces*, Vol. 22 (March), pp. 291−296.

Kuhn, Thomas S. 1962. *The Structure of Scientific Revolutions*. Chicago: University of Chicago Press.

Kuhn, Thomas S. 1970. "Reflections on My Critics." In Lakatos, Imre and Alan Musgrave(eds.), *Criticism and the Growth of Knowledge*. London: Cambridge University Press.

Kuhn, Thomas S. 1970. *The Structure of Scientific Revolutions*(2nd. ed.). Chicago: University of Chicago Press.

Kuhn, Thomas. 1977a. "Objectivity, Vlue—Judgement and Theory Choice." In *The Essential Tension*, Chicago: University of Chicago Press.

Kuhn, Thomas. 1977b. "The Essentisal Tension: Tradition and Innovation in Scientific Research." In *The Essential Tension*, Chicago: University of Chicago Press.

Lakatos, Imre and Alan Musgrave(eds). 1970. *Criticism and the Growth of Knowledge*. Aberdeen(G.B): Cambridge Universirty Press.

Lakatos, Imre. 1974. "Falsification and the Methodology of Scientific Research Programmes." In *Criticism and the Growth of Knowledge*(eds. Imre Lakatos and Alan Musgrave). Cambridge University Press.

Lamont, Michele and Annette Lareau. 1988. "Cultural Capital: Allusions, Gaps and Gissandos in Recent Theoretical Developments." *Sociological Theory*, Vol. 6(No. 2), pp.153—168.

Larrabee, Harold A. 1935. "Pareto and the Philosophers." *The Journal of Philosophy*, vol. 32, No. 19(Sep. 12, 1935), pp. 505—515.

Legge, James(trans). 1963. T*he Book of Changes*. New York: Dover.

Lewin, Kurt. 1936. *Principles in Topological Psychology*. New York: McGraw—Hill.

Lewin, Kurt. 1939. "Field Theory and Experiment in Social Psychology: Concepts and Methods." *American Journal of Sociology*, Vol. 44(No. 6), pp. 868—89.

Lewin, Kurt. 1997a. Resolving Social Conflicts: *Selected Theoretical Papers*(ed. by Dorwin Cartwright). Washington DC: American Psychological Association.

Lewin, Kurt. 1997b. F*ield Theory in Social Science: Selected Theoretical Papers*(ed. by Dorwin Cartwright). Washington DC: American Psychological Association.

Lewin, Kurt. 1997c. "Field Theory and Learning." In *Field Theory in Social Science: Selected Theoretical Papers*(ed. by Dorwin Cartwright). Washington DC: American Psychological Association.

Lockwood, David. 1990. "Some Remarks on 'Social System.'" In *Talcott Parsons: Critial Assessments*(eds. Peter Hamilton) (vol. II). London & New York: Routledge.

Lopreato, Joseph. 1973. "Notes On the Work of Vilfredo Pareto." *Social Science Quarterly*, Vol. 54(No. 3), pp. 451—468.

Luhmann, Niklas. 2012. *Theory of Society*, Vol. 1(Trans. by Rhodes Barret). Stanford: Stanford University Press.

Lukács, Georg. 1967. *History and Class Consciousness*(Trans. by Livingstone, Rodney) Merlin Press.

Lynn, Richard John. 1994. *The Classic of Changes: A New Translation of the I Ching as Interrpeted by Wang Bi*. New York: Columbia University Press.

McLennan, Gregor. 1984. "Critical or Positive Theory? A Comment on the Status of Giddens's Socail Theory." *Theory, Culture, and Society*, Vol. 2(No.2), pp. 123—129.

Mansfield, Harvey, E. O. Wilson, Gertrude Himmelfarb, Robin Fox, Robert J. Samuelson and Joseph S. Nye. 1999. "Responses to Fukuyama." *The National Interest*, No. 56, pp. pp. 34—44.

Marples, David R. 2011. "Revisiting the Collapse of the USSR." *Canadian Slavonic Papers / Revue Canadienne des Slavistes*, Vol. 53(No. 2), pp. 461—473

Martin, John Levi. 2003. "What Is Field Theory?". *American Journal of Sociology*, Vol. 109(No. 1), pp. 1—49.

Marx, Karl. 1973. "Historical Materialism Summarized." In *Social Change*(eds. Amitai Etzioni and Eva Etzioni-Halevy, New York: Basic Books.

Masterman, Margaret. 1970. "The Nature of a Paradigm." In Lakatos, Imre and Alan Musgrave(eds.), *Criticism and the Growth of Knowledge*. London: Cambridge University Press.

Mcphail, Clark, and Cnythia Rexroat. 1979. "Mead vs. Blumer: The Divergent Methodological Perspectives of Social Behaviorism and Symbolic Interactionism." *American Sociological Review*, Vol. 44(June): 449-467.

McGill, V. J. 1942. "Scheler's Theory of Sympathy and Love." *Philosophy and Phenomenological Research*, 2, 273-291.

Mead, Herbert. 1910. "Social Consciousness and the Consciousness of Meaning." *Psychological Bullitin* 6, pp. 401-8.

Mead, George H. 1912. "The Mechanism of Social Consciousness." *Journal of Philosophy, Psychology and Scientific Methods*, Vol. 9(No. 15), pp. 401-406.

Mead, George H. 1962. *Mind, Self, and Society from the Standpoint of a Social Behaviorist*(ed. and with an Introduction by Charles W. Morris). Chicago and London: University of Chicago Press.

Meltzer, Benard M. 1972. "Mead's Social Psychology." In Manis, Jerome G., and Bernard M. Meltzer (eds.), *Symbolic Interaction: A Reader in Social Psychology*, 2nd edition. Boston(Mass.): Allyn and Bacon, pp. 4-23.

Mercier, Paul. 2018. "Cultural Anthropology."(https://www.britannica.com/science/ cultural-anthropology).

Merton, Robert K. 1967. "On the History and Systematics of Sociological Theory." *On Theoretical Sociology*. New York: Free Press, pp. 1-37.

Merton, Robert K. 1968a. "Continuities in the Theory of Reference Groups and Social Structure." *Social Theory and Social Structure*(enlarged edition.). New York: Free Press, pp. 335-440.

Merton, Robert K. 1968b. "Contributions to the Theory of Reference Group Behavior." *Social Theory and Social Structure*(enlarged edition.). New York: Free Press, pp. 279-334.

Merton, Robert K. 1968d. "On Sociological Theories of the Middle Range." *Social Theory and Social Structure*(enlarged edition.). New York: Free Press, pp. 39-72.

Merton, Robert K. 1968c. "Manifest and Latent Functions." *Social Theory and Social Structure*(enlarged edition.). New York: Free Press, pp. 73-138.

Merton, Robert K. 1968e. "Social Structure and Anomie." *Social Theory and Social Structure*(enlarged edition.). New York: Free Press, pp. 185-213.

Mills, C. Wright. 1956. *The Power Elite*. Oxford University Press.

Mills, C. Wright. 1959. *The Sociological Imagination*. Oxford University Press.

Morris, W. Charles. 1934. "Introduction: George Herbert Mead as Social Psychologist and Social Philosopher." In Mead, George H. 1934. *Mind, Self, and Society from the Standpoint of a Social Behaviorist*(ed. and with an Introduction by Charles W. Morris). Chicago and London: University of Chicago.

Needham, Joseph. 1954. *Science and Civilisation in China*, Vol.1. New York: Cambridge University Press.

O'Boyle. Brian. 2013. "Reproducing the social structure: a Marxist critique of Anthony Giddens's Structuration Methodology." Cambridge Journal of Economics, Vol. 37(No. 5), pp. 1019-1033.

Pareto, Vilfredo. 1963. *The Mind and Society: A Treatise on General Sociology*, vol. I & vol. II. New York: Dover Publications.

Parsons, Talcott. 1951. *The Social System*. New York: Free Press.

Parsons, Talcott. 1964. "Levels of Organization and the Mediation of Social Interaction." *Sociological Inquiry* 34.

Parsons, Talcott. 1966. *Societies: Evolutionary and Comparative Perspectives*. Englewood Cliffs(N.J.): Prentice-Hall.

Parsons, Talcott. 1968a. *The Structure of social Action*, vol. 1. New York: Free Press.

Parsons, Talcott. 1968b. *The Structure of social Action*, vol. 2. New York: Free Press.

Parsons, Talcott. 1971. *The System of Modern Societies*. Englewood Cliffs(N.J.): Prentice-Hall.

Parsons, Talcott. 1973. "A Seminar with Talcott Parsons at Brown University: "My Life and Work." *American Journal of Economics and Sociology*(vol.65, no. 1).

Parsons, Talcott. 1976. "Reply to Cohen, Hazelrigg and Pope." *American Sociological Review*. Vol. 41, No. 2(Apr., 1976), pp.361-365.

Parsons, Talcott and Edward Shils, eds. 1951. *Toward a General Theory of Action*. Cambridge(Mass.): Harvard University Press.

Parsons, Talcott, Robert F. Bales, & Edward A. Shils. 1953. *Working Papers in the General Theory of Action*. Glencoe(Ill.): Free Press.

Phillips, D. C. 2000. *Constructivism in Education*. Chicago: University of Chicago Press.

Plato. 1998. *The Republic*(trans. by B. Jowett). E-Book #1497 produced by Sue Asscher and David Widger.(https://www.gutenberg.org/files/1497/1497-h/1497-h.htm).

Polanyi, Michael. 1958. *Personal Knowledge: Towards a Post-Critical Philosophy*. Chicago: University of Chicago Press.

Pope, Whitney. 1973. "Classic on classic: Parsons' interpretation of Durkheim." *American Sociological Review* 38(August):399415.

Pope, Whitney. 1975. "Parsons on Durkheim, Revisited." *American Sociological Review*, Vol. 40(No. 1), pp. 111-115.

Pope, Whitney, Jere Cohen and Lawrence E. Hazelrigg. 1975. "On the Divergence of Weber and Durkheim: A Critique of Parsons' Convergence Thesis." American Sociological Review, Vol. 40 (No. 4), pp. 417-427.

Pope, Whitney, Jere Cohen and Lawrence E. Hazelrigg. 1977. "Reply to Parsons." *American Sociological Review*, Vol. 42(No. 5), pp. 809-811.

Popper, Karl. 1968a. "Science: Conjectures and Refutations." In *Conjectures and Refutations*. London: Routledge and Kegan Paul, pp. 33-65.

Popper, Karl. 1968b. "Truth, Rationality and the Growth of Knowledge" In *Conjectures and Refutations*. London: Routledge and Kegan Paul, pp. 215-248.

Popper, Karl. 1976a. "The Logic of the Social Sciences." In *The Positivist Dispute in Geramn Sociology*(ed. by Theodore W. Adorno et al.)(Translated by Glyn Adey and David Frisby). Harper Torchbooks, pp. 87-104.

Popper, Karl. 1976b. "Reason or Revolution?". In Adorno, Theodore W., et al.(eds.), *The Positivist Dispute in Germany*(trans. by Adey, Glyn and David Frisby). New York: Harper Torchbooks, pp. 288-300.

Razak, Nevell W. 1966. "Razak on Homans." *American Sociological Review* 31.

Ritzer, George. 1988. "Review: The Micro-Macro Link: Problems and Prospects." *Contemporary Sociology*, Vol. 1(no.5), pp. 703-706.

Ritzer, George. 1990. "Micro-Macro Linkage in Sociological Theory: Applying a Metatheoretical Tool."

In *Frontiers of Socail Theory: The New Synthesis*(ed. by George Ritzer). New York: Columbia University Press.

Rokeach, Milton. 1974. "Attitudes:Nature." In *International Encyclopedia of the Social Sciences*(vol.1). Macmillan Company & Free Press.

Setiya, Kieran. 2008. "Practical Knowledge." *Ethics*, Vol. 118(no. 3), pp. 388–409.

Sherman, Howard J. 1994. "Rise and Fall of the Soviet Union," *International Journal of Political Economy*, Vol. 24(No. 1), pp. 5–18.

Simpson, George. 1964. "Preface to the Translation." *In Emile Durkheim, The Division of Labor in Society*. New York: Free Press.

Skinner, B. F. 1953. Science and Human Behavior. New York: Macmillan.

Spencer, Herbert. 1974. *The Evolution of Society*(Ed. and with Introduction by Robert L. Carmeiro). Chicao(Ill.): University of Chicago Press(Midway reprint).

Sorokin, Pitirim. 1957. *Social and Cultural Dynamics*. Boston: Extending Horien Books.

Stinchcombe, Arthur. 1990. "Milieu and Structure Updated: A Critique of the Theory of Structuration." In Clark, Jon, et al.(eds.), *Anthony Giddens: Consensus and Controversy*, Falmer Press, pp. 47–56.

Swartz, David. 1997. *Culture and Power*. Chicago: University of Chicago Press.

Swartz, David. 2003. "In Memoriam Pierre Bourdieu(1930–2002): Drawing Inspiration from Bourdieu'sSociology of Symbolic Power." *Theory and Society*, Vol. 32(No. 5/6), pp. 519–528.

Tejera, V. 1988. *Semiotics From Peirce to Bartes: A Conceptual Introduction to the Study of Communication, Interpretation and Expression*. New York: E. J. Brill.

Toynbee, J. Arnold. 1962–1963. *A Study of History*, Vol. 1–8. New York: Galaxy Books.

Turner, Jonathan. 1992. "Parsons as a Symbolic interactionist: A Comparison of Action and Interaction Theory." In *Talcott Parsons: Critical Assessments* (eds. Peter Hamilton) (vol. II). London & New York: Routledge, pp.283–300.

Turner, Jonathan. 1998. *The Structure of Sociological Theory*(6th. ed.). Wadsorth Publishing Co.

Ritzer, George. 1975. *Sociology: A Multiple Paradigm Science*. Boston: Allyn and Bacon, Inc.

Yilmaz, Kaya. 2008. "Constructivism: Its Theoretical Underpinnings, Variations, and Implications for Classroom Instruction." *Educational Horizons*, Vo. 86(no. 3), pp.161–172.

Yu, Jiuan. 2001. "The Moral Self and The Perfect Self in Aristotle and Mencius." *Journal of Chinese Philosophy* 28:3, 235–256.

van den Berghe, Pierre L. 1963. "Dialectic and Functionalism: Toward a Theoretical Synthesis." *American Sociological Review*, Vol. 28, No. 5, pp. 695–705.

Veblen, Thorstein. 1953. T*he Theory of the Leisure Class*. New York and Toronto: Mentor Book.

von Shelting, Alexander. "Die logische Theorie der historischen Kultuwissenschaften von Max Weber und im besonderen sein Beriff des Idealtypus," *Archiv für Sozialwissenshaft und Sozialpolitik*, Vol. 49, pp. 623 ff.

Wacquant, Loic J. D. 1989. "A Wirkshop with Pierre Bourdieu." *Sociological Theory*, Vol. 7(no. 1), pp. 26–63.

Watson, J. B. 1913. "Psychology as the Behaviorist Views It." *Psychological Review*, Vol. 20, pp. 158–177.

Weber, Max. 1958. *The Protestant Ethic and the Spirit of Capitalism*, (trans. by Talcott Parsons and with a Foreword by R. H. Tawney), New York: Scribners.

Weber, Max. 1968. "The Interpretive Understanding of Social Action." In May Brodbeck(ed.), *Readings in Social Philosophy of the Social Sciences*. New York: Macmillan.

Whitehead, Alfred North. 1997. *Science and the Modern World*. Free Press.

Wilhelm, Helmut. 1960. *Changes: Eight Lectures on the I Ching*(trans. by Cary F. Barnes), New York: Harper Torch Books.

Wilhelm, Richard(trans.). 1961. *The I Ching Or Book of Changes*(The Richard Wilhelm Translation rendered into English by Cary F. Bayrnes). Princeton: Princeton University Press.

Winch, Peter. 1958. *The Idea of a Social Science and Its Relations to Philosophy*. New York: Humanity Press.

Wippler, Reinhard & Siegwart Lindenberg. 1987. "Collective Phenoma and Rational Choice." In *The Macro-Micro Link*(eds. by Alexander, Jeffrey et al.), University of California Press.

Wojtasiewicz, Olgierd Adrian. 1979. "On Realism and Nominalism." *The Polish Sociological Bulletin*, No. 45, pp. 89−90.

Wrong, Dennis H. 1961. "The Oversocialized Conception of Man in Modern Sociology." *American Sociological Review*, Vol. 26(no. 2), pp. 183−193.

색인

사회적 행위의 구조

다양한 이론적 시각과 쟁점들

초판 1쇄 인쇄 2023년 11월 27일
초판 1쇄 발행 2023년 11월 30일

지은이 정창수
펴낸이 유지범
책임편집 신철호
편집 현상철·구남희
마케팅 박정수·김지현

펴낸곳 성균관대학교 출판부
등록 1975년 5월 21일 제1975-9호
주소 03063 서울특별시 종로구 성균관로 25-2
대표전화 (02)760-1253~4
팩시밀리 (02)762-7452
홈페이지 press.skku.edu

ISBN 979-11-5550-605-9 93330